（第二版）

汽车维修工程

Qiche Weixiu Gongcheng

储江伟　主编

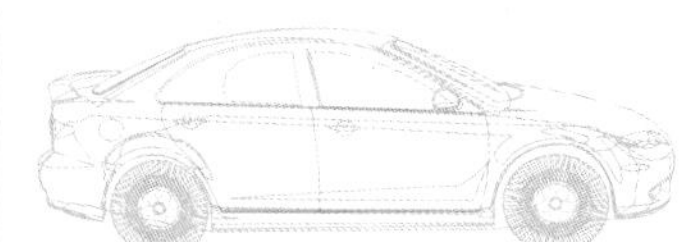

人民交通出版社
China Communications Press

内容提要

本书共十章，主要内容包括汽车零部件损伤机理分析、汽车故障及统计分析方法、汽车维修理论及维修性评价、汽车维修标准化与工艺规范化、汽车维护工艺及养护作业、汽车检测技术与故障诊断、汽车修理工艺及修复方法、汽车维修生产与运作管理及汽车维修服务需求与发展。

本书为全国高校汽车服务工程专业教学指导委员会(筹)"十二五"规划教材，可作为汽车服务工程、车辆工程、交通运输等本科专业教材，也可作为从事汽车维修工程教学、科研、企业管理等人员的学习参考书。

图书在版编目(CIP)数据

汽车维修工程／储江伟主编. —2版. —北京：人民交通出版社，2013.10

"十二五"普通高等教育汽车服务工程专业规划教材

ISBN 978-7-114-10605-7

Ⅰ.①汽… Ⅱ.①储… Ⅲ.①汽车—车辆修理—高等学校—教材 Ⅳ.①U472.4

中国版本图书馆CIP数据核字(2013)第093220号

书　　名：汽车维修工程（第二版）
著 作 者：储江伟
责任编辑：夏　韡
出版发行：人民交通出版社股份有限公司
地　　址：（100011）北京市朝阳区安定门外外馆斜街3号
网　　址：http://www.ccpress.com.cn
销售电话：（010）59757973
总 经 销：人民交通出版社股份有限公司发行部
经　　销：各地新华书店
印　　刷：北京市密东印刷有限公司
开　　本：787×1092　1/16
印　　张：22.75
字　　数：550千
版　　次：2008年11月　第1版
　　　　　2013年10月　第2版
印　　次：2016年11月　第3次印刷　累计8次印刷
书　　号：ISBN 978-7-114-10605-7
定　　价：48.00元

（有印刷、装订质量问题的图书由本社负责调换）

第二版前言

DierbanQianyan

进入21世纪，随着我国国民经济的迅速发展和汽车产能的不断提高，在用车辆的保有量迅速上升，而且私人所有汽车的数量占有较大的比例。根据中国统计年鉴的数据，1990～2009年，全国人均GDP增加近16倍，城镇居民人均可支配收入增加约11倍，而私人汽车拥有量更是增加了56倍。2009年，我国汽车产销分别达到1379.10万辆和1364.48万辆，成为全球汽车生产和销售第一大国。2011年8月底，全国机动车保有量已达到2.19亿辆。其中，汽车保有量占机动车总量的45.88%，超过1亿辆。我国汽车保有量已突破1亿辆，仅次于美国的2.85亿辆，位居世界第二。汽车消费的高速增长使我国的"汽车化社会"提前到来，除了汽车消费有着巨大的服务需求外，还带来了一系列不可忽视的能源消耗、排放污染以及交通安全等必须面对的问题。尽管汽车维修是汽车服务需求的一个方面，但是对保持或恢复汽车良好的技术状况具有不可替代的作用。另外，随着汽车科技的进步以及设计、制造水平的不断改进和各类材料性能的不断提高，汽车的使用寿命得到了延长。汽车零部件的机械故障减少，修复量下降，使"以换代修"成为汽车维修方式的主流。同时，在用汽车的所有权者不仅是企业，而且占有较大比例的车辆是个人所有，形成了"集中管理"与"分散自用"的在用车辆的保有形态，且对车辆维修的服务需求有很大差异。根据使用目的不同，汽车作为从事道路运输营运或生产过程运输的工具有生产装备的属性；而作为个人出行的代步工具有个人消费品的特点。此外，汽车还具有在公共环境下使用的特点，在用汽车的各项使用性能指标必须符合公共管理的要求和技术法规标准。因此，目前汽车维修工程的活动范围已经扩大并且内涵也在增加。

面对汽车维修需求的变化，既要对维修理论进行深入的研究以指导汽车维修生产实践，也要求维修技术水平不断提高以解决汽车使用中出现的新问题。所以，本书作为2008年11月出版的《汽车维修工程》第二版，在总结教学实践经验的基础上，根据新的教学要求不断反思第一版教材编写中在章节结构、知识体系以及内容深度上存在的不足，结合汽车维修技术的进步、服务需求的发展以及相关院校在教材使用中提出的宝贵建议，对第一版教材进行修订。主要有以下几个方面：

（1）第二版在章的结构上，由原来的八章，扩展为十章，内容更充实。前四章次序不变，原第六章分解扩充为现在的第五章和第六章；原第五章改为第七章，原来的第七章、第八章顺次改为第八章、第九章，增加了第十章，使汽车维修工程知识体系更加完善。

（2）第二版在节的内容和次序上，除第二章、第八章外，其余各章在节的内容和次序等方面都做了适当的增减或调整。使知识的深浅程度更适于教学层次要求，以及内容前后的连贯顺序符合分析问题的基本逻辑。

（3）第二版新增第五章"汽车维修标准化与工艺规范化"和第十章"汽车维修服务需求与发展"两章内容，主要是考虑提高汽车维修质量需要加强维修服务过程的标准化与规范化，同时汽车维修随着社会发展和市场需求的变化要掌握新的服务领域的基本专业知识。

第二版在内容编写上，仍以介绍汽车维修发展及其服务需求为前提，以系统阐述汽车零部件损伤机理、汽车故障及统计分析方法、汽车维修理论及维修性评价等应用基础理论为核心，以汽车维修标准化和工艺规范化的相关知识为基础，以在汽车维修活动中已得到应用的技术、工艺和方法为重点，力求专业知识内容丰富，理论基础有深度、应用技术有水平，博采众家之长，充分反映当代汽车维修工程的新理论、新技术和汽车维修服务的新需求。

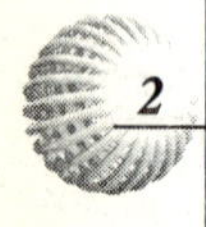

本书由东北林业大学交通学院储江伟主编。其中，东北林业大学储江伟编写第一章、第二章、第十章；吉林大学施树明编写第三章；东北林业大学陈萌编写第四章；东北林业大学崔鹏飞编写第五章、第九章的第一、二、三节；东北林业大学杨瑞编写第六章的第一、二、三节，第七章的第五、六、七节；东北林业大学张丽莉编写第七章的第一、二、三、四节；东北林业大学田广东编写第八章的第一、二、三、四、六节；东北林业大学乔广明编写第八章的第五节；黑龙江工程学院张鹏编写第八章的第七、八、九节；东北林业大学李洋编写第九章的第四、五、六、七节。此外，东北林业大学交通学院研究生官世雯、李洪亮、王伊安、齐鹏、孙中鑫等进行了本书的资料收集整理、图表处理和文字排版工作。

本书在编写过程中，参考和引用了与之相关的资料和文献，并在参考文献中列出。在此向有关作者致以谢意！

限于编者水平，书中难免出现错误和不足，恳请读者指正，并提出宝贵意见和建议，以便及时修改。

编　者

2013年01月26日

第一版前言

DiyibanQianyan

随着对汽车安全、排放、节能以及汽车再生资源利用要求的不断提高，汽车技术正发生着日新月异的变化；计算机及其控制技术的广泛应用，使汽车成为典型的机电液一体化产品；汽车新材料、清洁能源的研发，使其产品的内涵与以往相比具有质的差别。特别是2000年以来，我国汽车保有量在迅速增加的同时，在用汽车类型比例也发生了明显变化，乘用车在汽车保有量的构成上已占据主导地位；汽车不仅仅作为生产装备，而且也是具有消费品性质的代步工具。由于汽车使用方式及所有权性质的变化，汽车维修活动方式也发生了变化，由过去以生产性维修为主，向以服务性维修为主的方向演变。在对汽车维修本质认识的不断深化的基础上，汽车维修活动的理念更加明确。生产性维修是对汽车运输生产过程的技术保障，可以产生间接的经济效益；而服务性维修是对汽车消费需求的技术服务，可以保障汽车的使用价值。汽车维修服务企业的生产活动直接形成服务产品，既有经营经济效益又能带来满足市场需求的社会效益。因此，面对汽车维修需求的变化，不仅要对维修理论进行深入的研究以指导汽车维修生产实践，而且也要求维修技术水平不断提高以解决汽车使用中出现的新问题。针对汽车技术的发展和汽车维修市场的需求，为适应汽车维修人员素质提高要求和满足汽车维修工程教学需要，编写出在汽车维修思想、理论体系、基本方法和技术内容等方面，既反映知识更新，又具有创新理念与探索意识的新教材十分迫切；同时，也可为致力于汽车维修工程学研究的群体提供修正与参考的实例，以促进汽车维修工程学的深入研究与不断发展。

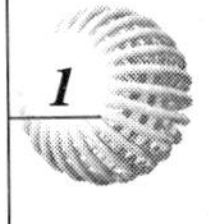

汽车维修工程是在现代科学理论、工程技术和管理方法的指导下，对在用汽车所进行的保持技术状态或恢复性能的各种维修生产与服务活动。因此，本书在编写内容上，以系统阐述汽车零部件损伤、汽车故障统计分析方法、汽车维修性及维修理论等应用基础理论为基点，全面介绍在汽车维修活动中已得到应用的新技术、新工艺和新方法；融入基础理论在解决生产实际问题上的应用实例，启发创新思维、探索意识；力求专业知识内容丰富、适应性强，为实践能力不断提高奠定技术基础。此外，本书在编写过程中，从课程体系、知识结构、内容更新、章节安排以及与相关课程教学内容的关系等方面做了全面细致分析，博采众家之长，以系统、全面和深入反映当代汽车维修工程的新理论和新知识。

本书由吉林大学储江伟主编。其中，吉林大学储江伟编写第一章，第二章，第四章，第六章的第六、七节，第八章；施树明编写第三章；崔鹏飞编写第五章、第七章；东北林业大学张丽莉编写第六章的第一、二、三、四、五节。

本书在编写过程中，参考和引用了与之相关的资料和文献，并在参考文献中列出。在此向有关作者致以谢意！

限于编者水平，书中难免出现错误和不足，恳请读者指正，并提出宝贵意见和建议，以便及时修改。

编　者

2008 年 06 月 08 日

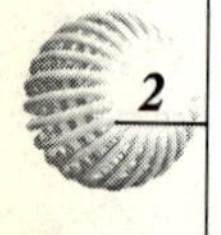

目　录

Mulu

第一章 概论

第一节 汽车维修及其服务

一、汽车维修及类型

1. 汽车维修定义

按《汽车维修术语》(GB/T 5624—2005)的定义,汽车维修(Vehicle maintenance and repair)是汽车维护和修理的泛称。其中,汽车维护(Vehicle maintenance)或称汽车保养,是为维持汽车完好技术状况或工作能力而进行的作业。汽车修理(Vehicle repair)为恢复汽车完好技术状况(或工作能力)和寿命而进行的作业。因此,汽车维修是为了保持和恢复汽车正常技术状况而进行的生产活动。

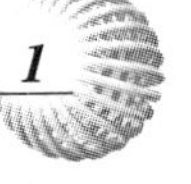

依据《汽车和挂车类型的术语和定义》(GB/T 3730.1—2001)将汽车分为两大类,即乘用车(Passenger car)和商用车辆(Commercial vehicle)。对于在用商用车辆,尽管也有部分为个人所有(如个体运输车辆),但是其使用性质仍是作为生产工具以创造商业价值并取得经济效益为目的。车辆维修作为运输企业(或车辆所有者)投资的一种选择方式,可以使固定资产具有的生产力继续保持下去。这与投资购买车辆形成生产力一样,可以继续使用车辆产生经济效益。如果将购置车辆称为一次投资,那么,维修投入则是一种再投资。由于商用车辆的维修实际上是对运输生产过程的技术保障,在运输企业内部进行的维修活动可以产生间接的经济效益,即通过技术保障来保持或恢复车辆的运输生产力,使车辆创造出更多的商业价值。对于乘用车辆主要是以消费品的形态作为个人交通工具,其使用不为所有者直接创造价值。因此,对这类汽车进行维修实际上是对汽车拥有者进行消费所需的一种技术服务。汽车维修企业所进行的维修生产活动,可以直接形成服务产品,产生经济效益并带来满足市场需求的社会效益。

2. 汽车维修类型

汽车维修按车辆维修生产活动的属性,可分为生产性维修和服务性维修。

生产性维修是指企业为保持运输生产能力,将车辆维修作为企业生产过程必要的辅助性生产活动。例如,公共交通、物流运输等企业车辆拥有量大、使用集中,其车辆维修是使运输生产正常进行的一个重要环节。生产性维修的生产组织方式具有计划性(时间、地点和任务计划性强)、稳定性(车辆运行时间与维修生产计划协调、维修任务与维修能力平衡)和具体性(车辆类型明确、维修设施专用)等特点。

服务性维修是指车辆所有者为保持车辆的使用价值,要求维修企业提供服务的生产活动。服务性维修的生产组织方式具有随机性(时间、地点和任务不确定)、适应性(满足市场上多变的需求、利于企业间激烈的竞争)、多元性(车辆类型复杂、技术需求多样)等特点。

生产性维修和服务性维修的不同主要体现在车辆维修者和所有者之间的关系上。生产性维修的车辆所有者与维修者之间通常是同一主体,而服务性维修所涉及的车辆维修者和所有者主体不同,维修活动的进行是以双方的合同契约要求为前提。

另外,汽车维修按车辆运用性质又可以分为装备性维修和消费性维修。

装备性维修是将车辆作为生产工具,为保障其安全可靠、节能环保并取得最佳经济效益为目的所进行的车辆维修活动。消费性维修主要是将车辆作为代步工具,为保障其安全、节能、环保和可靠使用为目的所进行的车辆维修活动。

二、汽车维修服务与作用

1. 汽车维修服务定义

服务性维修是针对消费者保障和维持汽车技术性能需求所进行的技术服务活动,或称汽车维修服务。目前作为汽车维修生产的一种主要方式,汽车维修服务具有以下特征:

首先,服务被认为是以劳务的形式为顾客提供有价值劳动的过程,从而使顾客得到消费需求和利益满足。而现代服务业一般应具有五大基本特性,即知识性、高增值性、高素质性、高科技性和新兴性,汽车维修服务也具备这些特点。

其次,由于社会分工的专业化,部分从事运输生产的企业也不再附设汽车维修单位,汽车维修也委托给专门从事汽车维修的企业进行。而且,国家机关、事业部门、企业单位等的公务用车也通过在社会上公开招标的方式进行定点维修。所有这些汽车维修方式都表现为维修企业对车辆产权所有者进行的有商业价值的技术服务。

因此,汽车维修服务可以定义为:满足车辆所有者对保障车辆技术状态(生产性)和维持使用价值(消费性)所进行的技术服务活动。同时,汽车维修服务作为汽车产业链上的一个环节,随着汽车大量使用而形成并与汽车制造业发展相辅相成,是具有服务性质的第三产业,并且具有现代服务业的主要特点。

2. 汽车维修服务的作用

随着汽车制造技术的发展和汽车应用的普及,人们对汽车维修作用的认识也在不断的深入。在对汽车维修具有排除汽车故障的直接效果,以及可以预防汽车故障发生的明显作用等技术层面认同的基础上,又形成了汽车维修是未来“汽车化社会”不可缺少的服务性行业的一致共识。这种认识主要是基于以下三方面原因。

1)满足汽车消费需求

美、日、德等国都拥有强大的汽车制造业,汽车业的发达程度已成为一个国家综合国力的标志。在美国每7个人中就有1个人的工作与汽车工业相关,1/5的消费与汽车产品相关;在经济合作组织国家中,15%的收入是用于交通;交通消耗了世界能源的1/3(大约30%)。随着中国加入WTO和国内汽车市场的逐渐成熟,中国汽车产业将迎来历史上持续时间最长的高增长期。随着中国居民消费结构的升级,私人购车正支撑汽车产业发展。例如,1990年以前,中国乘用汽车市场处于公务车阶段,需求量非常低,其中70%的需求来自于政府、事业单位的公务用车,30%左右是企业单位的商务用车,几乎没有私人用车。1990~2000年,公务用车的份额下降,商务用车的份额加大,私人购车开始起步。2002年以来,私人购车占整个市场的份额迅速提升,进入私人购车阶段。2002 年私人购车比例首次超过 50%,达到 60% 左右。2007 年末,我国汽车保有量达到 5600 多万辆,私家车已经占全国汽车保有量的 60% 左右,这标志着我国汽车消费已经进入了以私人消费为主的阶段。私人用车的需求远远大于公务用车,这为我国汽车产业的持续快速发展提供了市场机遇。从汽车消费结构看,轿车比重明显上升,而载货汽车比重逐年下降。从世界发达国家汽车保有量的类型结构上看,乘用车所占比例一般为 70% 左右。2009 年,我国汽车产销分别完成 1379.10 万辆和 1364.48 万辆,成为世界汽车生产和销售第一大国。2011 年 8 月底,全国机动车保有量达到 2.19 亿辆。其中,汽车保有量占机动车总量的 45.88%,超过 1 亿辆。这是中国汽车保有量首次突破 1 亿辆大关,仅次于美国的 2.85 亿辆,位居世界第二。我国用十几年的时间就达到了发达国家几十年的"汽车化社会"进程。2011 年,我国汽车售后市场产值约为 4000 亿人民币,而美国汽车售后市场产值每年稳定在 2800 亿美元左右。目前,我国每千人拥有汽车 60 辆,美国每千人 400 多辆,全球平均水平为 140 辆。

汽车产业的快速发展,将使汽车销售、汽车维修、汽车金融等汽车服务业出现爆炸式的增长。在公务用车时期,汽车不是一般消费品,没有现代意义上的汽车销售市场,汽车金融更是一片空白。随着我国加入 WTO,外资被允许进入汽车服务业,这个汽车产业链的重要环节得到了空前的发展,吸引庞大的社会资金并产生大批新的就业岗位。

随着我国经济建设的迅速发展,人民群众生活水平也不断提高。"汽车进入家庭"作为小康生活的时尚,促使我国的汽车保有量迅速增加。目前,在我国的汽车保有车辆种类的构成中,车型已由原来的"生产运输装备"为主体转变为"私人交通工具"为主体。由于车辆所有权和用途的变化,使汽车消费服务的内容和范围不断扩大,而且要求和方式也发生了明显变化。同时,由于各种高新技术在汽车上的广泛应用,使汽车成为机—电—液高度集成的具有高技术特征的产品。在"汽车进入家庭"的时代,需要社会能提供与汽车消费有关的各种服务,汽车维修服务就是这种需求之一。汽车维修不仅在汽车合理使用寿命期内具有保持和恢复汽车正常技术性能的作用,而且也使车辆所有者获得使其财产"保值"的技术服务,这满足了消费者对"行"的市场需求。

汽车作为一种现代化的运输工具,是一种高性能行走机械,其特点是结构复杂,使用条件苛刻且变化大。因此,要求在运行中必须具有高度的可靠性、安全性和经济性。车辆在运行中,为保持其良好的技术状况,就要及时地对车辆进行各种不同类别的维修作业,必然要花费大量的人力、物力和财力。这些需求只有汽车维修服务企业通过合理安排和有效组织汽车维修生产,积极开发和采用维修新技术、新工艺和新材料,提高维修质量等措施才能得到解决。

2)具有多元社会效益

汽车维修在减少汽车排气污染,保障汽车运行安全和节约汽车消耗等方面具有明显的社会效益。这是因为:(1)由于汽车保有量的迅速增加导致交通事故数量明显上升,这给交通安全带来了巨大的压力;(2)汽车排放总量的增加造成了大气污染的加剧,使环境保护面临着更为艰巨的任务;(3)汽车燃油消耗总量的增加,加快了有限的能源消耗速度。

因此,尽管汽车技术的进步是以安全、环保和节能为主题,但是,汽车维修服务对解决上述三大问题也起到了不可低估的作用。所以,汽车维修服务在"汽车化社会"中的作用不可忽视。此外,随着循环经济的发展,汽车维修是汽车再生资源以再使用(Reuse)和再制造(Remanufacturing)方式进行利用的重要领域。

3）增强厂商竞争能力

汽车产业链已成为中国最有增长潜力的产业群。汽车工业是产业关联度很高的产业，是一个国家综合经济实力的标志，也是欧美发达国家除高技术产业以外仍严格掌控的少数产业之一。汽车工业对机械、冶金、电子、橡胶、石化等行业都有很强的拉动作用，据测算，汽车工业产值与相关产业的直接关联度是1:2，间接关联度则达到1:5。当前我国汽车产业链的产值已占规模以上工业产值的20%左右。随着信息电子技术在汽车中的大量采用，电子系统已可以占到一辆高级轿车总成本的70%，普通轿车的30%。信息技术与汽车工业的结合，将促进我国信息产业和汽车工业的共同发展，是我国新型工业化的重要标志。

汽车工业的发展需要上下游产业的支持，汽车维修服务是市场经济条件下汽车制造企业实现产品销售和保持与提高市场占有率的关键环节。汽车维修服务作为其下游行业，对汽车产品销售市场的占有率有着直接影响，即汽车维修服务可为汽车产品保持稳定的市场占有率提供有效的市场支持。汽车工业是一个关联性、带动性很强的行业，它的上游涉及钢铁、石化、有色金属、橡胶、塑料、玻璃、皮革、纺织、涂料、机械、电子、电器等行业，下游延伸到汽车销售、汽车维修、汽车配件、汽车金融、汽车保险、汽车美容以及交通运输、物流等诸多行业。汽车工业每增值1元，可带动上、下游产业增值3.28元；汽车工业每增加1个就业人员，可带动上、下游产业增加10～15人就业；而上、下游各个行业的发展状况又直接影响、制约着汽车行业的发展。汽车行业与其上、下游的各个行业形成了一个相互依存、密不可分的汽车产业链。

三、国内汽车维修业演变与现状

1. 我国汽车维修业演变

我国汽车维修业的发展按企业所有制性质和经营规模大致划分为3个时期，即私有小型化时期、国有标准化时期和市场多元化时期。这3个时期维修业的状况与我国汽车保有量和汽车工业技术水平相对应。

（1）私有小型化时期。这个时期以20世纪50年代初期为界限，即50年代以前我国没有民族汽车工业，在用汽车品种繁杂，保有量少；汽车维修业规模很小，数量少，从业人员也少。汽车维修水平取决于维修工人的经验。

（2）国有标准化时期。20世纪50年代～80年代中期，这个时期以我国民族汽车工业的诞生为主要标志，并随着我国汽车保有量的增加而发展。国有标准化时期大约经历了30年的发展历史。由于当时是汽车集中使用、统一管理，因此，维修厂的建设都按着需求范围和维修能力进行标准化设计。其厂房面积和设备配置是根据我国保有车型进行规划和选型。在这个时期，我国保有车型单一，所以，劳动组织形式、维修作业方式都有明显的工厂化生产特点。

（3）市场多元化时期。这个时期从20世纪80年代中期开始。随着我国市场经济的发展，汽车维修行业的市场化进程也十分迅速。在短短的时间里，就改变了维修企业国有标准化的现状。不仅在所有制上，国有、公有和私有等多元化，而且生产经营具有市场经济的特点；在规模上，大、中、小共存，且专项维修、特约维修十分普遍。这不仅是市场经济的产物，也是汽车保有数量迅猛增加的结果。

2. 我国汽车维修业现状

（1）汽车维修服务网络基本形成。由于汽车维修业和汽车制造业相辅相成，协调发展，因此,汽车工业的蓬勃发展,给汽车维修业的发展也带来了生机和活力,并且在激烈的市场竞争中迅速壮大。一个以城市为依托,以一类企业为骨干,二类企业为基础,三类企业为补充,沿公路向外辐射的汽车维修网络已基本形成,为汽车工业的发展和汽车服务的需求起到了强有力的保证作用。同时,随着汽车保有量的增加,我国汽车维修业已经形成一个庞大、独立的产业。较20世纪70~80年代,汽车维修业已经有了长足的发展,并不断的满足汽车消费新的需求。根据中华人民共和国交通运输部《道路运输业"十二五"发展规划纲要》中的统计数据,2005年至2010年间,我国汽车维修业户由34.6万户增加到了40.5万户,增加了17.1%。

(2)汽车维修法规建设不断加强。政府主管部门为加强汽车维修行业管理发布了一系列的管理规定。例如,1986年交通部会同其他部委联合发布的《汽车维修行业管理暂行办法》、《道路运输车辆维护管理规定》(交通部令1998年第2号,交通部令2001年第4号修正)、《机动车修理业、报废机动车回收业治安管理办法》(公安部1999年第38号令)、《机动车维修管理规定》(交通部令2005年第7号)、《道路运输从业人员管理规定》(交通部令2006年第9号)等。上述规定,明确了汽车维修的市场化方向和各级交通主管部门的管理职责,规范了市场的准入原则和经营者的经营行为,为汽车维修业的发展提供了法制依据。此外,交通运输部还制定了一系列的相关管理规章。主要有《汽车运输业车辆技术管理规定》、《汽车维修质量管理办法》、《汽车运输业车辆综合性能检测站管理办法》、《汽车维修工时定额和收费标准》、《汽车大修企业开业条件(试行)》、《汽车专项修理业户开业条件(试行)》、《汽车机电一体化维修专业能力标准(试行)》、《机动车检测维修专业技术人员职业水平评价暂行规定》、《机动车检测维修专业技术人员职业水平考试实施办法》、《机动车检测维修从业人员职业资格标识管理办法》和《机动车维修企业质量信誉考核办法(试行)》等。与国家工商行政管理局联合制定了《汽车维修合同实施细则》,各地方也结合实际又制定了一系列汽车维修管理方面的地方性法规、规章及配套的规范性文件。

(3)汽车维修技术标准不断完善。我国还相继发布了一系列与汽车维修行业相关的国家标准或行业标准。关于汽车维修的主要标准,如表1-1所示。标准的颁布对实行定期检测、强制维护、视情修理的汽车维修制度,促进行业素质与维修质量的同步提高起到了规范化作用。

我国发布的有关汽车维修标准 表1-1

序号	标准名称	标准代号
1	机动车维修服务规范	JT/T 816—2011
2	事故汽车修复技术规范	JT/T 795—2011
3	汽车修理质量检查评定方法	GB/T 15746—2011
4	机动车维修从业人员从业资格条件	GB/T 21338—2008
5	机动车维修技术人员从业资格培训技术要求	JT/T 698—2007
6	汽车维修术语	GB/T 5624—2005
7	商用汽车发动机大修竣工出厂技术条件	GB/T 3799—2005
8	汽车大修竣工出厂技术条件	GB/T 3798—2005
9	大客车车身修理技术条件	GB/T 5336—2005
10	汽车发动机电子控制系统修理技术要求	GB/T 19910—2005

续上表

序　号	标 准 名 称	标 准 代 号
11	汽车综合性能检测站能力的通用要求	GB/T 17993—2005
12	汽车维修业开业条件	GB/T 16739—2004
13	轿车车身维护技术要求	JT/T 509—2004
14	汽车防抱制动系统检测技术条件	JT/T 510—2004
15	营运车辆综合性能要求和检验方法	GB 18565—2001
16	汽车维护、检测、诊断技术规范	GB/T 18344—2001
17	汽车盘式制动器修理技术条件	GB/T 18343—2001
18	汽车鼓式制动器修理技术条件	GB/T 18274—2000
19	汽车制动传动装置修理技术条件气压制动	GB/T 18275—2000
20	汽车维修质量检验人员技术水平要求	JT/T 425—2000

(4)汽车维修市场逐步规范。随着汽车维修市场的全面开放,各行业原为本系统部门服务的汽车维修企业纷纷走向市场。同时,大量个体和私营经济成分的维修业户也纷纷进入市场,汽车维修经营业户数量以数十倍的速度迅猛增加,维修市场一时出现了维修质量参差不齐的混乱局面,影响了经济效益和社会效益的增长。为此,各级行政管理部门做了大量工作。首先,依据国家和地方有关维修企业开业的规定和要求,对从事汽车维修的经营业户进行资格审查、登记和定期审验,并据此核定经营类别,确定经营范围,有效地缓解了汽车维修市场中企业盲目上马,数量增长过快的问题。其次,认真贯彻经济合同法,实行汽车维修合同制度,将承托双方的经济活动纳入法制轨道。再者,加强市场监督,严厉查处各种违法、违章经营活动,规范了市场经营秩序,为市场公平竞争创造了良好的外部环境。

(5)汽车维修质量逐步提高。汽车维修是技术性、专业性较强,且在服务企业中属技术密集型产业。汽车维修质量不仅仅是经济问题,而且还直接涉及交通安全、节能、环保等社会问题,有关部门正积极地督促企业逐步建立汽车维修质量检验制度与汽车维修质量保证期制度。按规定配备质量检验人员,购置检测仪器和设备,对维修车辆进行作业前与竣工后的技术状况检测,既提高了判断车辆故障的准确性和速度,又使汽车维修质量和可靠性得到了提高和保证。

(6)汽车维修技术明显改进。随着市场经济的发展,原有的汽车维修作业方式和生产经营管理模式已不能适应社会对汽车维修的要求。加大技术改造投入的力度,走内涵发展的道路,振兴汽车维修业已是汽车维修界有识之士的共识。一些维修企业千方百计地筹措资金,实施技术改造,改善作业条件,购置汽车举升机、轮胎动平衡机、燃油系统清洗机、喷烤漆房等普通设备。同时,具有现代高新技术的发动机故障电脑诊断仪、四轮定位电脑检测仪等也开始得到广泛的应用。通过技术改造、企业内部结构得到调整和优化,改变了过去整车大修的单一模式,开始形成汽车大修、总成修理、汽车维护、汽车小修、汽车专项修理、汽车制造厂特约维修等门类齐全、分工合理的市场结构体系。基本上满足了目前不同车种、不同车型和不同作业项目的维修需要。

汽车维修行业的可持续发展必须满足社会经济发展的总体要求,并需要技术进步的强有力支持。汽车维修行业必须符合"四化"的发展要求,即"专业化、标准化、信息化、绿色化"。前"三化"是现代服务业的要求,而绿色化则是近年来节能减排保护环境的社会发展要求。汽车维修行业的“四化”是一个循序渐进的发展过程，专业化和标准化是基础，而信息化和绿色化则是更高的要求。从环保要求出发，汽车维修企业主动提供绿色维修服务是行业可持续发展的关键。而从车主、企业和社会多方利益出发，将有更多的汽车维修企业通过采用绿色维修技术来履约环保的社会责任。

(7)汽车维修技术培训走向正轨。首先，针对汽车维修行业人员素质低这一现实，重视并加强人员培训。各地普遍建立了以普及基本维修操作技能为基础，以有关大中专院校和科研院所为依托的正规化培训体系，根据企业的需要，组织人员进行多渠道、多层次、多形式的培训。培训对象从质量检验人员和技术工人扩展到企业法人、统计员、核算员等管理人员。

3. 国内汽车维修业发展方向

汽车维修业既是汽车服务产业链中不可缺少的重要环节之一，又是一个相对独立、具有很大发展空间与市场潜力的技术性服务行业。汽车维修业的发展应体现环境友好、资源节约的科学发展观，坚持和谐社会、以人为本的服务理念；应与现代汽车技术进步相适应，实现业态结构优化，网点布局合理，企业功能互补，市场供需均衡，能够为社会提供多元便捷、诚信公平、优质可靠和环保舒适的汽车维修服务。

所谓的多元便捷是指为各品牌、类型和型号的汽车提供各种方便、快捷的维修服务和救援服务；诚信公平是指在服务项目、服务收费、配件使用、质量保证等方面为汽车维修消费者提供诚信与透明的服务；优质可靠是指汽车维修服务过程达到规定的质量体系要求，维修技术、工艺、材料和检验等符合标准要求；环保舒适是指应对维修生产的废弃物进行安全和无害化处理、应用绿色材料和采用环保工艺进行维修、保证维修竣工的车辆排放达标、为汽车维修消费者提供良好适宜的维修服务环境等。

汽车维修业的业态结构优化、市场机制完善、服务质量提高和管理机制改善能够推进汽车维修与道路交通运输、汽车制造、其他汽车服务业以及公共利益需求等方面的协调发展，可以提升汽车维修服务能力，不断满足汽车维修消费者的新需求。

四、国外汽车维修业概况

国外的汽车维修业在市场规律的导向和作用下，不断地调整产业结构，推进汽车维修向专业化、协作化方向发展。同时，也在不断地加强科技投入，提高人员素质，重视信息资源，所有这些都成为国外汽车维修业发展的主要特点。

1. 美国汽车维修业

美国被世人喻为“汽车轮子上的国家”，是全球汽车行业的“风向标”，它的发展历史值得研究，其经验和教训应予借鉴和重视。纵观美国的汽车维修业的发展历史，它走过了一条发展、繁荣、衰落和再兴旺之路。特别是“维换为主，免拆维护，终身使用”的维修观念，使汽车快修维护连锁业兴旺发达，这也反映出汽车维修行业发展的必然规律。

1)汽车维修企业类型

美国汽车维修企业按经营方式可以分为 4 种类型，即综合型(Full-service gasoline stations)、独立型(Independent garages)、特约型(Automotive dealerships)和连锁型(Chain automotive centers)。20 世纪 90 年代中期，综合型和独立型企业受特约型和连锁型企业发展模式的影响，其数量迅速下降。根据美国蓝市场资源公司(Lang Marketing Resources, Inc.)的调查研究结果，1980～1996 年，综合型和独立型企业不断减少，维修企业由原来的 227000

个减少到了155000个，其中主要是轻型汽车维修企业。1980年，综合型和独立型企业占50%，而1996年只占35%。据美国人口普查局提供的资料显示，20世纪90年代后期，美国的汽车维修企业数量为192000个；1996年美国汽车维修企业产值情况，如表1-2所示。2001年产值已超过47亿美元，2001年美国汽车维修企业的从业人员达到了683640人，平均小时工资为14.79美元，而且特约型和连锁型企业的人员需求还在增加，这主要是由于汽车使用年限不断延长的结果。

1996年美国汽车维修企业产值统计分布(Auto Inc. Magazine)　　表1-2

序　号	产值范围(万美元)	所占比例(%)
1	<10	6
2	10～25	15
3	25～50	37
4	50～75	17
5	75～100	14
6	>100	11

美国汽车运输公司平均每家拥有汽车130辆，约73%的公司有自己的维修企业；另外27%的公司不单设维修厂，其车辆到汽车维修企业进行维修，并以合同的形式提出维修质量要求，而且还能降低维修费用。美国全国的汽车维修工时费平均为29.7美元，由于企业间的竞争压力，该项指标近几年来增长甚微，基本没有变化。在美国，平均资本总额为10万美元的企业，平均营业额可达30万美元，年均盈利4.38万美元，投资回报率为43.8%。

此外，按服务性质可分为专营维修企业、兼营维修企业(汽车销售商)以及自营维修企业(运输公司或其他车辆保有量较大的单位)。按企业规模主要有以下3种类型：

(1)大型维修企业。相当于我国在各地设的专门为某一车型服务的特约维修服务站。这类企业的专业化生产特点非常显著，生产效率也高。高档车几乎都定点在这类企业进行维修，每工时收费55～60美元，这些企业装备精良，生产条件好，服务周到，对所承修的车型在技术上有权威性，同时也能为其他车型提供全方位的维修服务。

(2)小型维修企业。主要进行车辆的维护和小修，如更换润滑油、检查底盘状况和电路状况等，类似于我国二类汽车维修企业的生产规模。这类企业能承修各种车型的车辆，配备了日常生产所必需的检测诊断仪器、专用设备和各种手工、气动和电动工具。为了方便服务，有很多维修企业还建立加油站。

(3)专项维修企业。这类企业散布在公路沿线，其中有车身整型，修补轮胎和涂装作业等企业。但是，这种维修企业绝不占道修理，都有各自的车间和车位，收费也较低。一个工时约35美元，另加11美元的辅料费。作为从事该类作业的维修企业，专用设备很多，生产效率高，且维修质量好。

2)维修连锁企业的发展及其影响

目前，美国的汽车维修连锁企业是汽车维修业的主要形式。在一些汽车维修厂先后倒闭的市场形势下，快修养护连锁企业逐渐占到了整个汽车维修行业的80%以上，取代了传统汽车维修业的霸主地位。从某种意义上讲，美国发展成为当今世界第一汽车大国，除了通用、福特和克莱斯勒三大公司在汽车制造方面的巨大贡献外，汽车连锁业也可谓功不可没。

在美国，NAPA(“全国汽车配件联盟”的缩写)是一个家喻户晓的品牌，许多人把它形象地比作汽车售后服务行业中的“麦当劳”。NAPA成立于1925年，随着美国汽车业的蓬勃发展应运而生，并为了满足广大驾车者对先进汽车零件配送系统和专业化汽车维修的需求而不断完善。NAPA 最早是以经营汽车配件起家，后来在丰厚利润的吸引下投入汽车维修业。在公司运作至今的大半个世纪里，不断抓住发展机遇，逐步奠定了在汽车售后服务行业中的地位。20 世纪 80 年代是 NAPA 迅猛发展的一个重要时期，当时传统的汽车维修业在经历了大发展和空前繁荣之后开始走上萎缩和衰败之路，而汽车快修维护连锁业猛然兴起，汽车"以维代修"、"三分修，七分维"的观念开始流行。NAPA 在这一重要历史机遇期，大力改造原有汽车维修企业并通过特约加盟的模式将全国各地大量分散经营的汽车维修店收归旗下。目前，NAPA 的实力在同行业中无与伦比，它旗下大小规模的连锁维修店多达 10500 家，在全国 50 个州星罗棋布，顾客一般都能很方便地在公路沿途和自己居家附近找到 NAPA 连锁店。

由于 NAPA 提供的是标准化的专业服务，不少人往往都会固定选择邻近的一家 NAPA 店进行一般的维修。NAPA 维修店的技术人员都受过专业培训，素质比较高。根据 NAPA 连锁店的加盟条件，维修人员必须拥有各种级别的汽车服务资格证书。NAPA 维修连锁网络拥有的汽车服务资格证书的技术人员比同行业任何企业都要多得多。同时，由于 NAPA 根据汽车维修技术的更新而不断为各连锁店的技术人员举办各种业务培训班，加之各维修店的设备也很先进，采用的零配件都是统一配送的正品，故 NAPA 旗下的维修店维修车辆速度快、质量好、价格公道，深得广大驾车者的青睐。

NAPA 的维修连锁网络是多层次的，包括事故车维修中心，即以事故车维修、保险理赔及处理车辆突发紧急事故为主要业务的汽车维修企业。此类企业占地规模大，维修设备和技术水平都较高，但所处位置一般距离市区较远，但交通便利。而以汽车快修维护服务为主的汽车快修维护店规模相对要小得多，有的业务也比较单一，或专门维修制动系统、冷却系统、转向/悬架系统，甚至专管换润滑油和换滤清器。这类店数量较多，且大多分布在市区或交通要道附近，对顾客来说非常便利。另外，这些维修店设备和人员专业化程度非常强，维修质量让人放心。顾客完全可以根据自己的偏爱、汽车的受损程度以及所需维修的项目来选择适合的厂家。

NAPA 不仅是美国最大的汽车维修网络，同时也是美国最大的独立汽车配件经销商。在全国各地分布了 65 个汽车配件配送中心，6000 家连锁配件店，常年库存的各种配件达到 31 万种。这不仅巩固了其最大配件供应商的地位，同时也确保了旗下汽车维修店所需配件的及时和足量供应，为赢得宝贵的修车时间创造了必要的条件。

NAPA 今天的成功显示了连锁经营模式的强大优势。首先，连锁经营的规模化确保了服务价格和服务质量的优势。连锁网络成功地将分散零落、规模不大的区域市场结合起来，形成了一个巨大而稳定的用户市场，确保了巨大而稳定的经营额，从而以独立经营者所不可能具备的强大实力获得价格优势。其次，管理现代化、集约化有效地兼顾了经营成本和市场需求。连锁经营网络的仓储配送和库存调配是一般独立经营企业不能企及，它利用信息系统充分调动总部、分中心和连锁店库存，科学利用仓储流动资金，有效地减少物资储存和资金占用，降低运营成本。再有，品牌统一化树立了整体信誉。连锁经营将各连锁店的有限资金集合起来，形成巨大的行销投资。这种投资规模足以使连锁网络的总部集中最专业的市场策划人员负责策划工作，组织多种媒体参与广告宣传和促销活动，从而快速、有效地提升整体品牌的知名度。也许正是连锁经营模式的这些明显优势，使 NAPA 从夹缝中争夺了部分市场份额。

3)美国对汽车维修企业的管理

汽车工业是国民经济的重要产业,也是国家科技水平的反映。但是,如果不注意恰当的规划和引导,汽车也会给人类社会带来各种问题,如停车问题、犯罪问题、环境污染问题以及交通安全问题等。此外,随着高新技术不断地用于汽车工业,车辆维修工作越来越复杂,技术信息、维修资料的滞后给汽车维修生产和管理造成了越来越多的困难。美国政府已充分意识到上述问题的严重性,各州纷纷建立起机构庞大的汽车维修管理机构,而且赋予它们很多的权力。

为对汽车维修企业实施有效的管理,美国各州有专门的管理机构——汽车维修局(相当于我国省一级汽车维修主管机构)。例如,加利福尼亚州汽车维修局有600名员工,全部纳入公务员序列,负责对该州各汽车维修厂进行登记发证、人员培训考核、修竣车辆的废气排放监督,受理维修质量投诉,调节或处理汽车维修中承托双方的各种纠纷和矛盾。该州还规定,拟办汽车维修厂的业主须经过160h的法规和业务知识的学习,才能申领汽车维修业主登记证。加州汽车维修局长由州长任命、议会授权,代表政府行使管理职能。根据美国联邦政府的法令,各州维修局还负责在用汽车的废气检测。加州汽车维修局委托650个检测机构严格对在用汽车废气排放进行监督检测,检测不合格的车辆必须维修至达标才允许出厂。另外,美国各州都制定了适应本地业主的、非常详细又方便操作的汽车维修法规。虽然各州掌握的尺度有差异,但有一点是明确的,那就是从业人员必须经过培训考核,而且竣工车辆必须满足环保要求。

4)美国汽车零部件修复业

美国拥有一个十分活跃的汽车零部件修复业,汽车配件修复协会(APPA)所属的旧件修复企业有2000家左右,每年在市场上销售的修复件已占全年配件总销量的1/4。而且在美国,无论是新件或是修复件基本上都经过同样的配件供货渠道在市场上销售。按有关规定,修复件或总成的使用寿命不低于甚至略高于新件或总成,而售价却大大降低,从而充分保障用户利益。

2. 日本汽车维修业

在日本通过机动车维护修理业制度对汽车维修企业加以界定,运输省通过“认定”和“指定”方式,规定了各类汽车维修企业应具备的技术力量和设备条件及其相应的业务范围。

日本的汽车维修企业中个体企业占总数的63.6%,有限公司占22.1%,股份有限公司占13.1%。就企业规模而言,5人以下的占59.46%,10人以下的占78.32%,有职工人数100人和300人以上的分别占3.3%和0.88%。另外,日本营业性汽车维修企业占66.52%,其平均人数为6.9人;汽车销售商兼营汽车维修企业占23.17%,平均人数12.4人;大公司自设维修企业占10.31%,平均人数12.4人。

据20世纪90年代初的统计,日本全国经认证的汽车维修企业有8.2万个,从业人员52.5万人。由于日本国土狭小,维修企业属地域密集型,大约每710辆汽车设置一家汽车维修企业,此项数据较之美国的530辆汽车设置一家汽车维修企业要高出不少。

除汽车制造厂商向各自的特约维修汽车提供检测诊断与维修技术资料外,日本汽车修理振兴联合会每年也定期向维修企业发布新车性能、维修数据、修理手册等方面的资料。另外,每月还向所有的汽车维修企业发行《技术月报》。为保证汽车的使用性能、运行安全性及防止环境污染,日本规定了汽车检查和维护制度。表1-3即为日本各类汽车的检查周期及相应的检查项目数。相应的检查方法则在汽车检查法中加以界定。

日本汽车检查周期及检查项目数 表1-3

适用车型	检查周期(月)	检查项目数
私人用轿车	6	12(20)
	12	60
	24	102
私人用货车	6	41
	12	120
商用车(客车、出租车)	1	42
	3	94
	12	149

日本汽车市场的兴旺带动了汽车维修领域的蓬勃发展。多年来,日本汽车维修领域形成了完善的服务体系,人性化的服务,这使得日本有车族们安心享受着完美的“车居生活”。在日本,几家大型汽车公司同时也是汽车维修厂的主要供应商。为完善售后服务,同时也看好汽车维修领域巨大的经济利益,许多直营或加盟的特约维修站应运而生。由于有配套的技术、品牌的质量保证、统一的标准等因素,使得许多日本人愿意将车送到特约维修站进行维修。特约维修站有一整套专业的车辆技术资料支持,维修人员经验丰富,当汽车进行维修时,运用这些技术资料可以快速查找出故障原因,设计出最佳的排除故障方案,而且在维修站里使用的都是与自己车型相匹配的原厂件,能够保证汽车维修的质量。

3. 加拿大

为了规范汽车维修市场,加强驾车者和汽车服务商之间的联系,解决双方的纠纷和常见问题,加拿大在全国范围内成立了国有的非赢利性机构——“驾车者安全担保计划”(MAPC),为汽车驾驶员和服务商提供有关汽车维修方面的培训,并制定了严格的行业标准,监管全国的汽车零售商、销售公司团体和维修服务商。

加入“驾车者安全担保计划”的汽车维修厂都会悬挂醒目统一的MAPC标识,这个标识在加拿大家喻户晓,也是车主选择汽车维修地点的根据。具有标志的汽车维修厂是通过国家维修技术鉴定的服务商,必须遵守“驾车者安全担保计划”规定的所有行业标准,履行对消费者的承诺,并接受相应的监督。“驾车者安全担保计划”的成员资格只授予那些诚实可信,严守职业道德的服务商。在加拿大,要想获得这个资格,必须通过“驾车者安全担保计划”全方位的鉴定。汽车维修技工需要为车主提供汽车性能评估、汽车维修服务。

在“驾车者安全担保计划”的加盟维修厂里,消费者享有整个维修过程的控制权,服务商必须与顾客进行全面、诚实的沟通,不能对汽车状况和维修内容有所隐瞒或扭曲,必须为顾客提供最适当的维修方案,以提高车辆的可靠性能、保障车主的安全。服务商必须在店面的明显位置悬挂“驾车者安全担保计划”的服务标准和担保承诺,并严格遵守。

4. 国外汽车维修业发展特点

(1)汽车维修业的专业化与协作化。专业化和协作化体现了行业内部结构的优化,为行业经济增长开辟了新的市场空间。这里所谓专业化包括两层含义:一是相当一部分企业演化成为特约的维修企业,维修对象集中于某一家或几家著名公司的产品;二是按维修的总成或系统作业性质的不同,趋于专业化。另一方面,随着汽车技术的不断进步,汽车系统与结构越来越复杂,以往那种万能型的维修模式也越来越不适应,因此,汽车维修的经营不断向自己的特长方向发展。同时,专业化还可最大限度地提高仪器设备的利用率,减少资源浪费,亦有利于工人的技术提高,确保维修质量和企业效益。

专业化的推动,自然促进了汽车维修行业内分工协作局面的形成。专业化和协作化是相辅相成的,协作化的发展也具有必然性。如开展车身维修业务,大多需要较大的固定资产投入,而普遍配置相应设备的利用率不会很高。因此,行业内的分工协作成为必然。如在北美,仅占维修企业总数的20%的企业承担了80%的碰撞受损事故汽车的修理业务。

(2)维修作业的机械化、自动化与电子化。随着科学技术的不断进步,国外汽车维修企业正日益摆脱以往传统的手工作坊作业方式,越来越多地采用机械化、自动化、电子化的检修仪器设备。在国外,企业普遍配置发动机综合性能检测仪、车轮定位仪、故障解码器、电动或液压举升器等设备。专业化的维修企业中,如车身维修企业,配置有车身测量及矫正设备、电子调漆设备、喷(烤)漆房等。这些设备的应用保证了维修质量,提高了作业速度,减轻了劳动强度,降低了维修费用。

(3)注重技术培训,强化职业教育,提高从业人员素质。国外维修企业均强化对从业人员受教育程度及素质的要求,大力吸取经过正规训练的专门技术人员和技工,摒弃落后的"师傅带徒弟"方式。一般而言,发达国家均要求技工首先进入技术学院,经过2年专业学习及实习后,方可进入汽车维修企业独立工作。即便如此,各国也都普遍重视从业人员的技术再培训,使其能面对汽车技术迅速发展所带来的挑战。因此,从业人员的素质对现代汽车维修企业的生存和发展有着举足轻重的作用。在美国,汽车维修企业对技工要求很高,相当一部分技工(如80%的诊断技工)是接受过正规学校教育的。在美国有一种汽车维修技工证书制度,如要得到该证书,至少要有2年的实际操作经验,或为期2年的技工培训辅之以实际操作。同时,还要通过由"全美争取汽车维修质量优异协会"(NIASE)举行的某一项统考。除NIASE外,大汽车公司、社区大学等也从事维修技工的专业培训。另外,对维修技师的考试按发动机、自动变速器、手动变速器、底盘和前轮定位、电路、空调、暖风、制动及整车9个专题进行。考试必须在政府授权的考核机构(SAE)主持下进行,试题的内容主要是根据各控制模块和传感器的数据判断故障,每份试卷须在4h内完成。除此之外,维修局还要考核技工的动手能力,若能全部通过上述9个专题考试(包括动手能力的测试),即可成为全美汽车维修行业的最高技师。通过考试的汽车维修工人被厂方录用前,往往厂方还要加试该厂维修项目的实际操作能力。在日本,对汽车维修技工的要求很严格,制定了汽车修理技工一、二、三级检定规则,其中的三级技工级别最高。修理技工技能考核有多年的历史,每隔一年还要举行全国性的技术比赛。在日本,有汽车维修职业培训学校204所,汽车维修专门学校48所,短期大学12所,专门高校92所。

(4)重视汽车维修的信息服务。国外的汽车维修企业越来越认识到除了人员和检测诊断及维修设备以外,汽车维修在很大程度上依赖于维修信息和技术资料的及时掌握。国外汽车制造厂商也极为重视产品的售后服务,新车型上市时也同步推出维修手册等技术资料。各种行业协会、大的信息公司及出版机构常与各制造厂商签有许可协议或购买原厂资料,重新编辑加工后,定期出版年度维修指南,介绍最新车型全套维修检验数据。

近年来,国外维修信息资料的电子化程度越来越高,某些信息系统不仅具有专家系统的功能,而且还可提供零部件图、电路图、配件价格、诊断与维修工时标准等,甚至还包括碰撞修复指导和相应的工时费用估算。在美国,著名的Mitchell公司目前的电子信息用户已达

3.5 万个，约占全美汽车维修企业总数的 11.7%。

(5)倡导旧件修复及其利用工作。汽车修理，尤其是专业化修理，就其所消耗的材料、能源和工时来说，均大大低于制造新车，而且还有利于环境保护。因此，各国均对此十分重视，并大力予以支持和加强管理。如果旧件修复采用专业化方式，不仅生产批量大，设备利用率高，而且还可以组织流水生产，并采用先进的工艺以及生产手段，从而保证修复件的质量、降低修理成本。在美国约占 40% 的旧件修复工作集中在几家大型零件修复企业，主要是制造厂附设的修旧厂。在德国的西部地区，几乎所有的废旧发动机曲轴都集中在 3 家专业修理厂中加以修复。

(6)注重企业形象设计及其宣传。西方发达国家由于市场竞争的缘故，汽车维修企业近年来普遍重视企业的形象设计，以期改变经营环境，提高经营效益，并在社会公众中建立一种全息化的企业识别系统。这种崭新的企业形象，一般由 3 个层面组成，即理论识别(MI)、行为识别(BI)和视觉识别(VI)，并非可以狭义地将其理解为企业的外部形象和内在形象的布置。

五、汽车维修服务技术发展趋势

自汽车诞生的 100 多年以来，汽车维修业便伴随着汽车工业的发展而不断壮大。汽车维修不仅是道路交通运输业必不可少的技术保障，而且也成为汽车产业链上的重要环节。尤其是近 20 年来，汽车电子化的进程加快，各种高新技术在汽车产品上获得了广泛的应用，为汽车工业的发展以及提高汽车的动力性、经济性、安全性、环保性、可靠性和舒适性等各项性能起到了极大的推进作用。与此同时，汽车维修业也随着汽车产品的高科技化，面临着前所未有的技术压力和生存挑战；高新技术在汽车维修服务各方面的不断应用，也进一步地推动了汽车维修服务技术的提高。由于科学技术的迅速发展以及汽车产品高技术化进程的加快，传统的汽车维修业正在被或将被现代化的汽车维修服务所替代。高科技的维修设备、高技术的维修人员、现代化的管理方式等正在替代往日落后、陈旧的汽车维修企业，并给汽车服务业带来活力，推动着汽车维修服务业的不断进步与快速发展，“科学技术是第一生产力”在汽车维修服务业得到了极其充分的体现。

1. 服务技术高新化

20 世纪 70 年代初，随着电子技术广泛地应用于汽车产品，汽车的性能得到了很大的提高。德国奔驰公司首先采用 K 型机械电子控制燃油供给系统，揭开了汽车发动机电子化控制的序幕。此后，底盘及其他组成部分也逐渐电子化，如电子控制自动变速器、ABS 制动防抱死制动系统、SRS 安全气囊系统、TCS 防滑控制系统、ECS 电子控制悬架、自动巡航系统及自诊断系统等。20 世纪 90 年代以后，由于微型计算机技术在汽车领域的广泛应用，汽车智能化程度也不断提高，主要产品有防盗系统、夜行装置和防撞系统等。所以，现在的汽车已不再是以前那种纯粹的以机械构造为主的产品，而是以各种电子控制装置逐步取代传统的机械构造，具有明显的机电一体化特征。正是由于汽车产品的机电一体化，给汽车维修业带来了前所未有的冲击，从而导致了汽车维修技术内涵的变革，特别是高新技术的应用已成为汽车维修服务业的必然选择。

2. 服务设备电子化

随着具有高新技术的汽车保有量的增加，汽车维修技术所涉及的范围、维修产品的种类等也在不断扩大。传统的锤子、钳子、螺丝刀和检查试灯等作坊式修理工具已经成为历史，取而代之的是先进的汽车检测设备和仪器的广泛使用,如汽车故障扫描仪、四轮定位仪、专用示波器、发动机分析仪、废气测试仪以及其他的一些专用工具和设备。这些设备、仪器和工具都是机电一体化的维修、检测设备,已成为现代维修服务企业必备的生产工具。

3. 服务人员知识化

汽车技术的迅速发展使汽车维修服务的专业技术知识更新很快,维修服务企业人员的素质相当重要。对现代高新技术含量不断增加的汽车产品进行维修,要求从事维修服务的人员,尤其是一些工程技术人员,必须具备较高水平的综合素质。除了具有坚实的机械工程基础理论,还要掌握汽车维修服务专业技术知识,并能熟练运用汽车检测设备及仪器;对出现的各种疑难杂症能使用计算机从互联网查询汽车维修技术资料进行分析。汽车维修服务人员除要加强自身的业务技术的学习以外,还要参加企业的相关技术培训,如网络培训或利用最新的光盘资料进行学习,从而不断更新维修观念,掌握新知识、新技能,提高汽车维修服务业务素质。

4. 技术信息网络化

信息化社会的标志之一就是计算机网络技术的普及应用。面对层出不穷的新车型、新结构、新材料和新功能,没有人能够将这些车辆的诊断数据、维修方法等全部记忆。如果不掌握相应的诊断数据、维修流程、电路图或结构图等,则对汽车的维修根本无从下手。所以,维修服务资讯的网络化将解决维修人员在资讯占有能力上的局限性。同时,网络技术也突破了资讯传递在空间上和时间上的局限,网络资讯甚至能够在几乎相同的时间内,快速地传到全球的各个角落。目前,国外汽车维修业的技术资料查询、故障检测诊断和网络技术培训等已十分普及。例如,美国早在20世纪80年代末就已经实现了汽车维修信息综合管理、专家远程诊断、网络资料查询、网络技术培训和网络咨询等。所以,汽车维修服务资讯的网络化是现代汽车维修服务业的一个基本特征。

汽车本身的发展促进汽车维修行业的信息化发展。最初的汽车产品只是机械工业的结晶,汽车维修业长期以来也一直处于原始、落后的状态,是公认的脏、苦、累、差行业。汽车已经由最初的机械产品演变为智能机电一体的产品,电子燃油喷射系统、ABS制动防抱死制动系统、SRS安全气囊系统、电子控制自动变速器系统、空气悬架系统、动力转向系统、自动巡航系统、中控门锁及防盗系统、动力牵引系统、自我诊断系统……这一系列高新技术不断完善和提高着汽车性能。先进技术的不断应用使得汽车维修技术人员对汽车维修信息方面的需求越来越强烈,从而促进了汽车维修业信息化的发展。

5. 管理过程信息化

传统的汽车维修企业管理信息主要采用人工统计整理,不仅周期长、效率低,而且易出错、数量少。在信息处理方面,计算机具有数据处理数量大、速度快、结果准等特点,所以计算机信息管理系统被应用到了各行各业,汽车维修服务业也不例外。通过建立计算机局域网进行企业经营信息管理,实现客户接待、维修车间、材料配件和财务管理等部门之间的信息共享,并在企业内部快速传递。由于提高了信息的利用效率,可以缩短经营作业环节之间的等待时间。例如,在汽车维修服务企业经营过程中,客户接待部门将待修车辆接收检验结果从局域网上发送到各有关部门,维修车间可在此信息基础上制定维修方案;采购部门在接到维修方案后准备所需材料配件;财务部门可根据这些信息进行相应账目的处理和应付钱款的收支;业务经理可根据各部门的信息及时对各种生产计划进行调整和控制。由于企业内部各种生产经营活动信息畅通,不仅降低了管理成本,而且也提高了工作效率,同时又树立起了良好的企业经营形象。

6.故障诊断集成化

汽车维修企业的服务质量,如服务态度的好坏、是否彻底排除了故障、技术检测的准确性和全面性等,都与企业维修技术的先进程度、专家水平的高低和技工的实际经验有关。由于汽车产品中各种电子装备日益增多,各种新材料、新技术的不断应用,新车型不断问世,汽车发生的故障也越来越复杂,所以没有一个人能够熟悉所有车型的故障,甚至在某个领域也不可能做到。传统的望、闻、问、听显得捉襟见肘,一般的经验在汽车产品高技术条件下也难以发挥出更大的作用。为解决这样的问题,世界各大汽车公司都开始生产各种形式的故障诊断专家系统,利用计算机强大的信息处理功能,广泛收集各种车型的技术数据、各种故障表现和处理诊断程序、各种修理工艺及专家修理经验,构成一个集成化的故障诊断系统。利用现代各种汽车传感技术,由计算机自动而迅速地完成汽车的技术状态检验和故障诊断工作,确定故障部位,提出维修方法,从而从本质上提高了汽车维修的质量。

第二节　汽车维修工程学简介

汽车维修工作主要是采用各种工艺方法修复车辆在运用过程中产生的损伤或排除不符合技术性能要求的故障现象,同时也包括进行保持车辆技术性能持续稳定发挥的各种生产活动。汽车维修工程是在现代科学理论、工程技术和管理方法的指导下,对在用汽车所进行的保持技术状态或恢复性能的各种生产活动。汽车维修工程学是在对汽车维修生产活动进行科学总结的基础上,将与汽车维修实践相关的基础理论、工艺方法和生产管理等专业知识系统化的应用基础性理论。作为应用型科学技术,它涉及运用基础性理论、原理和方法,如机械制造、电子控制和信息处理等,专业技术以及生产管理等知识。本节将通过对汽车维修工程学的全面系统的论述,介绍汽车维修工程中所应用的基本理论、技术方法和生产管理等主要知识内容。

一、汽车维修工程学形成的条件

一般来说,一门独立存在的学科应具备3个条件:特定的研究对象、科学的研究方法和足够的现实意义。汽车维修工程学是一门正在不断发展和完善的学科,它的形成和发展经历了从实践到理论,从经验到科学的基本过程。

汽车的诞生至今已有100多年的历史,汽车维修业是与汽车制造业几乎同时出现的行业。最初,由于汽车是单机、小批量生产,汽车维修往往由制造者承担。随着汽车工业的发展,尤其是在20世纪20年代初,汽车生产进入大批量生产阶段,汽车保有量急剧增加,汽车维修工作量的日益增大,对维修技术的要求也越来越高,汽车维修便脱离制造业而成为一个独立的服务性行业。

对汽车维修业来说,随着汽车工业技术的不断进步,维修技术也在不断进步。人们不仅积累了丰富的经验,而且也做了相应的理论总结。例如,人们从大量的维修实践中发现,维修工作量的大小、物力和财力的消耗,并不单纯取决于维修工作本身;有些故障不能通过维修就能有效预防,维修工作的全面改善经常受汽车本身状态的制约和影响。由于维修的各项措施和有关活动都要从汽车的具体情况出发,最后落实到具体的车辆上。因此,汽车本身的固有状态具有决定意义。要全面改善维修工作,必须从汽车的设计阶段就着手解决维修问题，把汽车的维修性作为一个基本的要素来考虑，并把汽车的设计、使用、维修和管理作为一个系统进行研究。尤其是在研究维修性时，不仅要考虑可靠性、经济性，还要涉及人的生理和心理活动等一系列问题。

随着可靠性和摩擦学等许多新理论和新方法的日益成熟，它们成为汽车维修工程学的理论基础；各种先进的工艺技术的广泛应用成为汽车维修工程学的技术方法基础；现代管理理论成为汽车维修工程学的生产管理理论基础。目前，汽车维修工程学正从零散的、定性的经验积累阶段，进入到系统的、定量的科学总结阶段。

二、汽车维修工程学研究范畴

对于汽车维修工程学研究范畴，目前还很难给出统一的结论，但一般分为以下几个方面。

1. 汽车维修工程总论

汽车维修工程总论是从现代科学技术的观点，对汽车维修的目的、对象、主体等方面进行总体研究，具体包括：

(1)研究对汽车有影响的各种基本因素，如汽车维修的特点、性质、维修思想、维修方针的发展及变化趋势；

(2)研究汽车维修发展历史，总结汽车维修业发展规律及经验教训；

(3)研究汽车维修制度及其维修方式的特点和变革原因等。

2. 汽车可靠性理论与故障诊断技术

汽车维修工程学的基础理论之一是可靠性理论。可靠性理论在第二次世界大战期间诞生，20 世纪 50 年代完善。可靠性理论是应用概率论和数理统计方法研究故障发生、发展的总体规律，并依此为依据优选维修方式、确定维修周期、选定维修项目、制定维修制度，从而采取科学的维修管理措施。可靠性理论包括可靠性数学、可靠性工程、可靠性试验、可靠性经济、可靠性设计、可靠性管理等内容。

另外，随着汽车电子化程度的日益提高，发生故障后的诊断问题已成为汽车维修工作的重点。因此，现代化电子技术、自动控制技术与理论、信息理论与技术、计算机技术与应用，特别是人工智能理论在故障诊断方法与技术中已得到越来越多的应用，并且已变成汽车维修基础理论研究的重要领域和前沿课题。

3. 汽车零部件损伤理论与修复工艺方法

汽车维修工程学所研究的汽车零部件损伤理论主要是指汽车零部件的损伤机理及其影响因数，以及预防和改进措施等问题。汽车零部件的损伤有多种多样：磨损、疲劳、腐蚀、变形、老化以及击穿和烧蚀等是最常见的故障模式。由于汽车技术的不断进步，汽车零部件所使用的材料也多种多样，其损伤模式也各不相同，损伤机理更是有明显差异。因此，零部件损伤理论的研究成为十分重要的技术基础。

汽车维修工程学中所涉及的修复工艺方法，不仅有适用现场的工艺手段，而且也有适合于修复大批量损伤零件的工艺技术。修复工艺一般都是具有特殊性，适合汽车维修工作的基本要求。

4. 汽车维修工艺组织与生产管理方法

汽车维修生产过程也是一个比较复杂的系统工程。把汽车维修所涉及的各个方面作为一个系统来研究，首先需要将技术与经济统一起来，从全局出发，相互协调，科学管理，才能获得效益。

汽车维修生产管理理论是研究如何以最小的投入获得最佳维修效果的科学方法，它对维修过程中的各项经济活动的预测、计划、组织、调整和检验都有一定的指导作用，主要包括维修决策分析、维修经济分析、维修组织的研究及维修信息理论等方面的内容。

5. 汽车维修服务理论与方法应用

随着汽车维修服务需求的日益增加，需要用科学的服务理念指导汽车维修生产活动。汽车维修服务理论是将有关服务产品、特性和价值理论以及服务控制等知识应用于分析和解释汽车维修生产中出现的各种问题，例如，汽车维修服务营销、维修消费者行为、服务选型决策、服务战略与定位、服务品牌及合理定价策略、服务提供系统的建立和完善策略等。

作为汽车维修服务研究基础的服务产品理论，认为服务产品（简称服务）是服务劳动者生产的非实物劳动成果。可用于交换，具备商品的二因素（使用价值和价值）。其中，服务产品的价值是人类一般劳动的凝结。服务产品的使用价值具有以下基本特点：

（1）非实物性。可以通过人们的消费后果感知到服务产品的存在。

（2）生产与消费的同时性。

（3）服务需求的潜在性与无限性——服务供给创造服务需求。

由于服务业在国民经济中地位日益提高，服务业的现代化要求日益显现。服务业现代化有利于推动我国服务业产业结构升级，加快我国服务业从粗放型向集约型转变的步伐。服务业的现代化实际上是服务业转型升级、提高产业素质的问题，其核心内容包括：技术进步、标准化、规模化、品牌化。汽车维修服务理论与方法是上述思想、理论和方法在汽车维修生产实践中的具体应用。

三、汽车维修理论研究概要

1. 关于科学和理论解释

"科学"这个词的意思是知识，它与无知或缺乏验证的任何信息都是对立的。科学知识不仅以确凿的事实和对它的描述为前提，而且还解释在该科学概念的整个体系中所认识的事实。因此，科学不仅回答发生这种或那种现象是怎样的和为什么的问题，而且也确立了控制它们的规律。任何科学知识的重要标志是系统性，即在一定的理论原则基础上被系统地推论出来的那些知识的总和。因此，理论是科学建立的基础。

"理论"狭义上讲是关于某些对象的确切的、科学的知识形态，是相互联系的论点和论据的体系，这些论点和论据包括解释方法和对该学科范围内各种现象的推论。因此，在理论中主要的是相互联系的论点和论据的体系，利用它可以解释现象的本质并推论发展的特点和预测发展的途径。理论通常是由以下基本内容构成：

（1）事实结果。包括大量记载的事实和进行的大量实验结果，虽然它们已经得到了某些描述，但还有待于系统的解释，即理论上的阐明。

（2）基础理论。即假设、公理、公设和普遍定律。

（3）逻辑运用。在理论范围内被允许的大量逻辑论断和论据规则。

（4）公认结论。在理论上所做出的结果、定理、具有论据的论点的总和。

在上述基本内容中，后几部分是最大的和主要的，也是理论的主体。理论依据结构分为 3 种，即叙述性、数学化和演绎推理性。

叙述性理论的特点在于这种理论中所表达的一般规律乃是经验材料的普遍化，它们是根据理论扩展的需要而建立。通常在其中没有明显的方式来说明所使用的逻辑规则，也不检验所提出证明的正确性。这类形式的理论带有定性的性质，且具有相当的局限性。

数学化的理论利用了数学模型。在数学模型中建立了专门的理想对象以代替和描述某个实际对象。对现代理论知识而言，理论的这类形态具有代表性，然而也有某些缺点，从而引起了推断性理论体系的产生。严格建立的推断性理论满足了现代科学方法论的全部要求。

现在人类活动的一切方面都立足于科学知识，立足于相应的理论总结。由于机器使用所带来的维修问题在生产和生活中产生了影响，所以就产生了建立科学的维修理论的要求。在国内外已经发表的关于机器维修的论著中，绝大多数是叙述性的。其中，最主要的是研究维修方法和实施的工艺组织，理论概括和规律性的结论还很缺少。但是，近年来用数学的方法概括所积累的经验材料的研究已经形成为发展趋势。在维修理论中，数学已应用在概括诸如发生在机器维修过程中的许多物理化学现象。因此，与机器维修有关的这样和那样的过程或现象的任何数学描述，都应当认为是实际的物理化学过程或现象，这是因为即使是数学化的维修理论也不应是抽象的，而是具有实际的过程和现象相对应。此外，为了使汽车维修理论知识具有清晰的概念，需要确立它在一般科学体系中的地位、对象和方法。

2. 汽车维修理论研究的对象与主题

任何科学只有完全明确地决定了研究对象和研究方法才能进行清晰的描述。应用科学是建立在自然科学、社会科学和哲学这些基础科学之上，汽车维修理论是属于应用科学理论。

现代方法论区别了研究对象和研究主题，这时在研究中所观察到的某些对象的任何方面或某种性质均可理解为研究主题。当然，这样理解研究主题时，每个对象可以由许多学科来分析，从而取决于该门学科是分析研究对象的哪些方面和哪些性质。如果从这个观点出发来分析汽车维修理论的话，那么显然它是某些理论的综合。所以，每一个方面都应研究维修过程的任何特殊性质，即具有自己的研究主题。因此，汽车维修理论是应用维修工程、服务行为以及生产管理等知识，阐述汽车维修生产过程中产生现象的规律及其性质的知识体系。

维修工程理论主要研究损伤产生的一般规律及使产品保持或恢复性能的方法。服务行为理论主要是研究服务过程中服务主体的服务动机、运作模式和执行效果，服务对象的要求机制、反馈形式以及交互关系等。关于汽车维修理论至今所采用的经验方法以及积累的大量材料，需要用推断演绎的方法来加工，以形成系统的知识体系。

除了事实记录和实验之外，维修理论还使用推理演绎方法，可以比较深入地研究各方面问题。关于汽车维修理论也像其他应用理论一样，不是孤立存在的，它是建立在一系列科学知识的基础之上，而且同时也作为一系列其他相近技术方法的基础。

在汽车维修理论的基础知识中，涉及数学、物理、化学、工程、经济和管理等一系列学科。而且汽车维修理论也是应用技术的基础，如汽车运用技术、汽车维修技术和汽车维修管理等。

对产品使用或运用而言，术语和概念的精确定义极为重要，但是目前条件还不充分。使用效果在很大程度上取决于所用方法的明确性和准确性，特别是对其进行研究和考察所获得的认识深度取决于所研究的范畴和认识的方面。考察对象所具有的现象的各方面的密切联系，是辩证逻辑的要求之一。研究对象的特点或方面越多，对它的了解也越深。

汽车作为对象可以而且需要从许多观点出发来进行研究，如从技术学科、生理学、心理学、经济学和社会学的观点出发来进行研究，只有这样汽车所具有的本质特征才能被揭示出来。对于汽车维修研究而言，需要选择某些最基本的观点，以便对研究条件做某些限制。同时，还不能丧失研究的完整性。

汽车维修工程是作用于对象（车辆、人）的特定生产活动的综合。这些活动的进行要有一定的条件，以保证活动的效果。因此，多方面的见解不仅对于对象需要，而且对于实现维修工作的条件也需要。维修工作的质量与效果取决于工作条件。所以，对于完成维修工作的条件也需要做多方面的研究处理。

根据汽车维修理论主题的定义，应从系统论、过程理论、可靠性理论和控制论的观点出发来研究汽车维修工程问题。甚至那些狭义的见解也揭示了对象的许多方面特征，这对汽车维修理论来说也是需要的。

四、汽车——基于系统论观点的研究

1. 系统概念

汽车可以被合理地看成是由大量子系统组成的复杂系统。例如，汽车可以划分为发动机、传动系、行驶系、转向系、制动系和电器设备等子系统。汽车的基本元素是零件，因为它符合系统概念的所有要求，如它们之间有着一定的关系，应完成规定的功能等。零件由于不能再分，应当认为是基本的子系统。

系统可能是闭式或开式结构。前者可能只是能量的交换，后者可能既是能量的又是物质的交换。汽车或它的部件应该看成是开式结构系统，这是因为汽车与周围环境之间不仅有能量的交换，而且也有物质的交换，如废气排放、腐蚀破坏等。

根据现代系统理论来识别系统，可以用一个物理性质的过程或现象来说明。而这个物理过程或现象与为数不多的变量有关，则系统可以用函数关系来描述。在这种情况下，允许所有无关变量保持不变，亦即在其余因素被孤立和对立的过程与现象的任何影响没有表现出来的假定条件下，可以研究任何一个因素的影响。扩散系统（有时也称为大系统）同时具有多个因素，用简单的函数关系来说明它们是不可能的，这样的系统仅可能用概率模型来描述。

汽车、部件甚至零件都是扩散系统，因为在其内和其上作用着不同组合的各种因素的集合，这些因素按其影响特性的大小，既可能是常值，又可能是变量。所有这些决定了在汽车中进行着既有不变过程，又有随机过程。分析汽车中的不变过程和随机过程可以得出结论：汽车应当被认为是扩散系统，它具有某些系统的特点，即：

（1）按元素和所完成功能的数目而言，是大规模的；

（2）系统元素之间大量的相互联系，具有行为的复杂性；

（3）外部影响可以用统计分布的方式纳入系统。

阐述系统与环境的相互作用时，应当考虑到系统总的行为可能产生反作用，即当系统行为在各方面都取决于环境的作用时就是这样。而当系统的行为不仅取决于环境的作用，而且也取决于系统对环境的作用，这就是主动作用。从这个观点出发，汽车应当认为是主动作用的系统。由于使用条件对它的作用，因而汽车也会影响环境，例如汽车废气造成的大气污染、道路覆盖物加速磨损和对人们心理的影响等。

以系统的观点看待汽车十分重要。当忽视这些看法时，任何其他的见解都不可能深入地研究汽车的特点。

2. 系统条件

系统乃是相互作用的元素总合，与环境对立，同时也与环境相互作用，表现自己的特性。系统与环境的相互作用可以严格地用概率和随机过程来表示。

正如已经指明的，在系统的研究中及其重要的是确定系统起作用的条件。对系统起作用的大量条件予以合理的分类，即所有条件可以近似分为外部的和内部的。把超出所研究系统范围的条件列入第一类，而把纳入系统的或纳入系统某一部分的列入第二类。

每种条件的特点是任意主导因素作用的影响，它是确定的，因而也是具体的。适用于汽车系统外部因素分为两大类：即道路因素和气象条件因素。

属于第一种综合的有：路面状态、道路线性和交通限制等。

属于第二种综合的有：环境温度、空气湿度、大气压力、风沙灰尘和雾霜雨雪等。

所列举的每个因素既在第一组范围内，又在两组综合范围内，不是孤立的起作用，而是处在某些组合之中，而且这些组合是不固定和不稳定的。在某个时候或某个瞬间，从所列举的因素中，可能是综合作用组成具体的外部条件。因此，外部条件的基本特点乃是它的不稳定性。外部条件的随机性决定了汽车行驶中进行着的许多过程的随机性。

汽车零件或组件的内部工作条件决定于机构内部作用的各种因素。其中最重要的是摩擦、加载方式（拉伸、弯曲、扭转、剪切、交变应力、振动、冲击等）、温度变化和腐蚀环境。上述每个因素都不是孤立地起作用，而是经常存在着某些因素的综合作用，而在这些综合因素中经常能够分出某个决定性因素。这样或那样因素作用的综合造成了零件或组件的内部工作条件，在内部条件上又加上各种各样的外部条件。零件和组件的内部工作条件按其工作性质分为 5 种：第一种：接触载荷。属于这种的可以列出 4 类条件，即侵蚀环境的接触载荷；弯曲条件的接触载荷；交变条件的接触载荷；摩擦条件的接触载荷。第二种：相互摩擦。属于这类的有 3 种，即有交变载荷和机械变形的摩擦；有温度周期变化的摩擦和有振动的摩擦。第三种：挤压状态。第四种：侵蚀环境。第五种：变形作用。属于此类的条件有：当存在振动时有变形载荷；当存在侵蚀介质时有变形载荷。

对于这样或那样的零件或装配单元，内部条件决定了零件或装配单元中所进行过程的性质。这个过程既是工作过程，又是破坏过程，而外部条件就是给过程以扰动。

3. 系统过程

在汽车、部件和零件中都进行着大量的各种各样的过程，这些过程的最后结果决定着汽车或零件的老化和各种故障的来临。

所谓的过程即它具有对象的任何性质的连续变量，$x_1, x_2, \cdots, x_n$。从数学的观点出发，当 n 取从 0 到∞的任何数值时，过程可能是无限的；而当 n 取从某个 n_1 到 n_j 范围内的数值时，过程将是有限的，这个过程可能是离散的或是连续的。

在汽车中也在零件中进行着所有可能的过程，对它们予以分类，显然是不容易，而且需要大量的研究工作。对于实际过程的分类可能存在的各种处理办法，原则上与主要标准有关，这些标准是分类的基础。汽车中发生的过程，可以分成三种基本形式：

第一，工作过程。这是一个有益的过程，确定整个汽车的工作和其子系统作用的过程。

汽车维修理论特别重视破坏过程以及其与工作过程的关系。在理论上任何过程可以用微分方程 $\varphi(t)\mathrm{d}t$ 来描述。而过程的总合为：

$$\phi(t) = \sum_{i=1}^{n} \varphi(t)\mathrm{d}t \tag{1-1}$$

汽车制造时，汽车被赋予一定的工作过程水平，但是同时设计者也确定了其破坏过程的临界水平。这时，如果第一过程的数值确定得较为精确，那么第二个仅是很近似的。如果考虑到在破坏过程中，在本质上施以大量外部和内部的条件因素，那么，它的进行就带有完全的随机性。

工作过程与破坏过程的对比关系可以近似用两个中断的曲线来模拟，如图 1-1 所示。

其中，工作过程函数为：

$$\phi_w(t) = \sum_{i=1}^{n}\varphi_w(t)\,\mathrm{d}t \tag{1-2}$$

破坏过程函数为：

$$\phi_d(t) = \sum_{i=1}^{n}\varphi_d(t)\,\mathrm{d}t \tag{1-3}$$

工作过程曲线随时间或行驶里程下降，而破坏过程曲线则相应上升。

在某些时间 $t_1, t_2, \cdots, t_n$ 时刻，也即在此时所进行的维修可以制止工作过程曲线的下降，也相应地制止了破坏曲线的上升。当破坏过程达到点 T 时，汽车达到了极限工作状态。

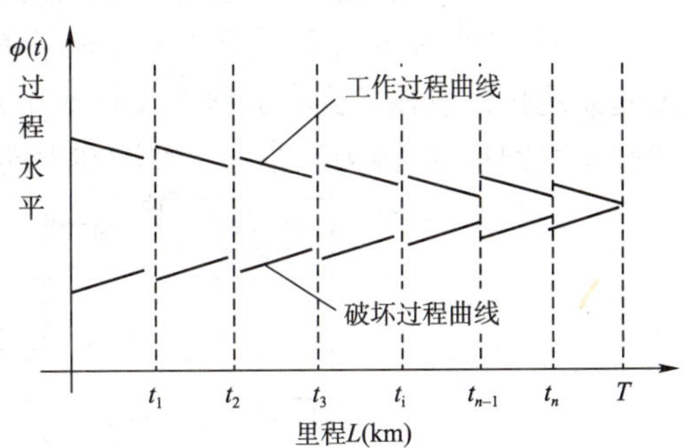

图 1-1　汽车潜在的工作可能性

t_i-维修时间（行驶里程）；T-极限工作时间（行驶里程）

工作过程和破坏过程两条曲线所包含的面积可以认为是汽车潜在的可能性。汽车潜在的可能性的概念不应当与潜在性能相混淆。

在理论上，潜在的可能性可以确定为：

$$A = \int_0^T [\phi_w(t) - \phi_d(t)]\,\mathrm{d}t \tag{1-4}$$

随着极限状况的到来，汽车也耗尽了自己潜在的可能性。

汽车工作过程的变化基本上是一个以行驶里程为变量的函数；而破坏过程的变化取决于行驶里程和工作时间。破坏过程的变化通常比工作过程的变化要迅速得多。当然，破坏过程将引起各种故障的增加，并且随着破坏过程强度的增加，故障率也增加。

第二，辅助过程。它本身不是工作过程，但是可促进工作过程的实现。例如，发动机的冷却、润滑过程。根据工作过程和辅助过程进行的性质，在一定范围内可以认为是确定性工作过程。

第三，随机过程。由于在实际条件下，各种随机因素和随机干扰对确定性工作过程产生影响，因此，该过程不可能用任何函数来精确描述。描述该过程的函数仍是基本变量和随机变量的某个平均函数。这些随机分量形成独特的过程，基本函数沿着它变化，如图 1-2 所示。

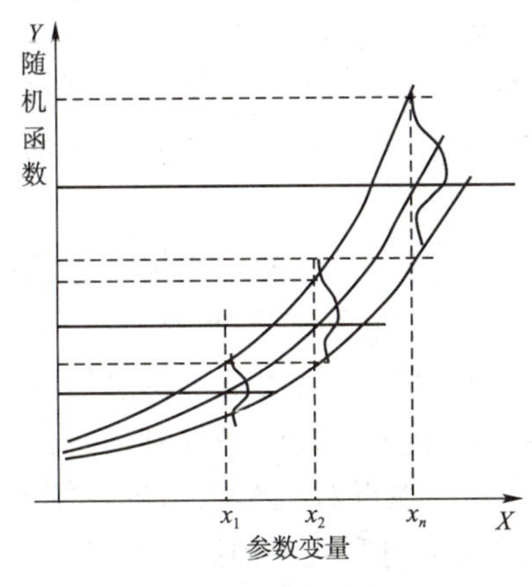

图 1-2　随机过程

在数学上，这些过程被称为随机过程或随机函数。这是因为每个时刻变量值对应着不确定的函数值，而它是按某个规律分布（通常按正态分布）的随机变量。例如，t_i 对应着 $x_1, x_2, \cdots, x_n$。

在工作过程和辅助过程中，随机成分比较小，所以实际上这些过程可以用各种微分方程来描述。虽然对每个破坏过程进行单独研究时，可以认为是稳定的工况。但是,在破坏过程中通常随机变量的成分要比基本变量大得多,因而整个过程应当看成是随机的。破坏过程具有相关性,有相互增加或相互削弱的能力。

4. 汽车设计、生产、使用和维修的相互关系

汽车是确定的系统,它作为元素包含在一系列其他的大系统中。汽车作为使用元素包含在汽车运输系统中,从而也包含在生产—运输—消费的综合系统中,如图 1-3 所示。

汽车的全部潜在性能是基于子系统的设计,为最大限度地保证实现对子系统的性能要求,要研究整个系统与主要子系统之间存在着的直接的和反馈的联系。这种反馈联系在于不间断地将信息输入到有关汽车设计的子系统中,即对设计子系统而言,所有子系统具有反馈联系特别重要,因为汽车的全部潜在性能都基于这个设计系统。

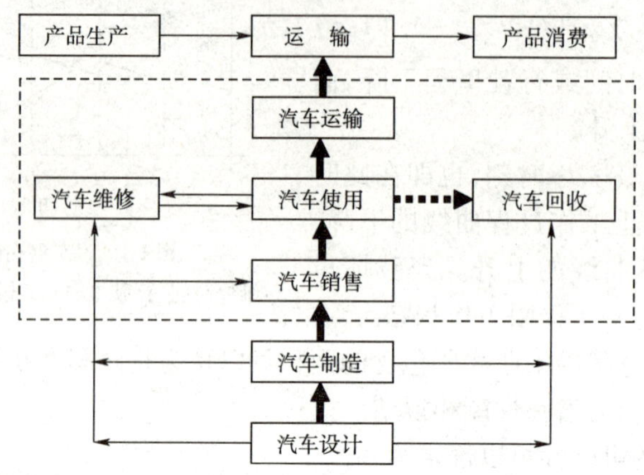

图 1-3　汽车设计、生产、使用和维修的相互关系

所谓潜在性能是每个产品所固有的内部性能的总和,它与外部使用因素无关。在汽车的设计过程中,给它赋予了某些综合潜在性能的基础。其中包括:生产的,即在生产过程中实现;实用的,即在使用过程中实现的,决定其寿命和可靠性的性能以及维修性能。为了使汽车具有所需要的潜在性能,设计子系统应当依据科学技术领域内的最新成就,而主要的是了解在相近的子系统中潜在性能是怎样实现,为此需要反馈的联系作为良好的提供信息的形式。

五、汽车——基于控制论观点的研究

汽车技术的进步使汽车工作过程的自动化程度在不断增加,要求汽车技术状况检测与故障诊断方法能迅速确定汽车破坏过程的程度。这些无可争辩的要求,使得在汽车设计时有了尽量利用控制论的现实性。既然在汽车维修时也涉及汽车特性,那么,在汽车设计时的控制论处理方法,在汽车维修时也同样需要。但是,首先需要认清,对汽车的控制论处理方法意味着什么?它的实质在哪里?

控制论是在复杂的动力系统中关于过程的控制科学,它是建立在数学与逻辑学理论的基础上。任何控制过程具有如下内容:由控制和被控制部分组成的系统;控制环节;控制算法;控制系统与外部环境(表现为随机或系统的干扰源)的相互作用;以及基于信息接收与传递的控制实现。所有上述内容都是相互联系和相互依存的,其中主要的是控制信息。由此可以做出结论,控制论对汽车的处理方法是从信息和控制的观点对汽车状态进行解释。汽车的有效使用仅当此时才有可能,即当有关其过程的信息最大时和能够控制这些过程时。

众所周知,信息理论是研究信息的测量规律和方法、信息的变换、信息的传递、信息的保

存和利用的科学。运用于汽车就需要确定信息的形式和范围、保证对破坏过程和工作过程的信息观测必须能够可靠的获得。例如,保证获得车辆行驶速度、润滑系统压力、冷却系统温度等信息。在任何复杂的系统中,大量信息的积聚是不可能和不合理的,汽车也是一样。因此,要进行信息分类,以便选择需要的和有价值的信息。

研究和建立控制工作过程的系统是汽车设计的主要课题,这个任务在汽车维修过程中也有价值。即在汽车维修过程中,控制工作过程的系统应当符合汽车系统要求,维修过的汽车和新的汽车控制系统的输入和输出参数应当彼此一致。

控制破坏过程的问题比较复杂,需要研究控制和积累破坏过程的信息。利用控制原理,建立反馈关系,可以调节控制破坏过程的发展。汽车诊断学的理论和实践是建立在控制论的基础上,正如获得破坏过程的信息是故障诊断的前提一样重要。

六、破坏过程的数学模拟分析

1. 破坏过程数学模型

实际的破坏过程不是孤立的,它是各种因素综合作用的结果。这些过程的全部因素并不是都能被考虑到,它的组合带有偶然性。所以,需要用随机量和随机函数等数学描述方法。当研究任何过程时,重要的是确定说明该过程的参数和决定这些参数值的因素。在实际条件下,任何复杂的现象都可以用有限数量的参数来近似描述。同样,在任何现象中,这样或那样的参数以及数值都由有限数量的因素来决定。例如,零件变相现象以变形程度作为参数之一,但是这个参数的大小由一些因素的作用来决定,如压力、温度及其他因素。

在任何现象和系统中,参数和因素可以看成是元素的集合。这些集合的元素处在一定的从属关系中,现象和过程的数学描述或数学模型建立,在于寻求现象的参数和因素之间的关系。现象或过程的数学模型,可以具有多种数学表达形式。

为了建立破坏过程模型,在研究实验资料的基础上,合理地确定基本破坏过程的形式,然后按每个过程来确定主要的和基本的因素,即这些因素不是任何变量的函数,或者在极端的情况下选取那些可以带有一定附带条件的因素作为最基本的因素,从而建立最一般形式的数学模型。对主要破坏过程,可以建立如下一般形式的数学模型。

1)强度破坏 R_1

$$R_1 = f_1(p, \Phi, \omega, Q, C, t, Z) \tag{1-5}$$

式中:p——材料的强度性质;

Φ——外载荷;

ω——材料的组织结构;

Q——分子的连接;

C——晶格状态;

t——时间;

Z——其他考虑的因素。

2)变形 R_2

$$R_2 = f_2(P, n, N, D, T, t, Z) \tag{1-6}$$

式中:P——所加外力;

n——材料的点状缺陷;

N——分布;

D——扩散作用；

T——温度；

t——时间；

Z——其他因素。

3）时效 R_3

$$R_3 = f_3(n, T, V, t, \omega, Z) \tag{1-7}$$

式中：n——结晶中心的形成；

T——温度；

V——马氏体分解过程；

t——时间；

ω——分子的消耗；

Z——其他因素。

4）疲劳 R_4

$$R_4 = f_4(\alpha, N, L_{rj}, A, K, t, Z) \tag{1-8}$$

式中：α——振幅；

N——循环次数；

L_{rj}——溶解潜热；

A——力学的热当量；

K——应力集中；

t——时间；

Z——其他因素。

5）腐蚀 R_5

$$R_5 = f_5(I, V, \varepsilon, v, \omega, c, Z) \tag{1-9}$$

式中：I——电流；

V——电位差；

ε——淋水延续时间；

v——淋水频率；

ω——材料组织结构；

c——介质的侵蚀常数；

Z——其他因素。

6）摩擦磨损 R_6

$$R_6 = f_6(F, f, T, \omega, Q, t, Z) \tag{1-10}$$

式中：F——摩擦力；

f——摩擦系数；

T——温度；

ω——表面状况；

Q——中间介质（润滑油状况）；

t——时间；

Z——其他因素。

2. 过程描述

借助随机变量来描述这个或那个参数时,必须解决4个问题:

(1)确定选择范围,按范围进行计算;

(2)选择适合的说明参数的随机变量理论分布;

(3)检查实际随机变量分布与所选择理论分布符合程度,而理论分布是根据同一标准选择;

(4)给定随机变量分布与其他的是否相依。

用随机变量的特征值来说明这个或那个事件,应当明确类似的数量值反映的不是发生在零件中的过程,而是某瞬间过程的结果,即在该瞬间所取得的随机变量。

随机变量之间可能存在着某种关系。如果任何物理量或任何参数取决于一个或一些量的单值函数:$Y=f(x,z,u)$,即变量Y完全取决于x、z和u的值,那么,Y与x、z和u变量之间的关系称为函数关系。函数关系也可能是随机变量之间的关系。任何函数关系按其本性是对应的,因为单值变化的函数Y的变化对应于变量的任何变化。但是,随机变量之间可以存在着非对应关系,它表现为随机变量用分布规律的其他变化来反映变化,这种关系被称为随机的或概率性的。

对于实际目标而言,最有意义的是以下关系:非随机的独立自变量与随机的相关因变量之间关系,称为回归关系;随机的独立变量与随机的相关变量之间的关系,称为相关关系。回归分析做回归类型关系的研究,而相关分析做相关类型从属地位的研究。

3. 过程矩阵

按所估计的结果选择最接近的过程总和建立模型,因素的数量大将使矩阵和相应的计算复杂化。在矩阵中,每一行和每一列赋予一个因素。零件中作用的摩擦、腐蚀、疲劳的过程矩阵,如表1-4所示。但是,所列矩阵是有条件的,即按行分析每一个因素与表中任何一列因素的关系如何。

如果所研究的因素影响到其他因素,那么,在相应的行中规定为1;如果没有影响则规定为0。当行的元素影响到列的元素时(相反的影响)也一样。当列元素与行元素相遇时,即自然而然的置为1。例如,第一个因素摩擦力,在一行一列的交点置1。在第一行第二列的交点也置1,因为摩擦力影响到温度。但在第6行置零,因为摩擦力不影响电位差,以此类推。

相互过程矩阵 表1-4

因素			摩擦					腐蚀					疲劳			
			摩擦力	温度	表面状况	时间	中间介质状况	电位差	潮湿延续时间	潮湿频率	材料结构	介质侵蚀性	振动振幅	循环次数	应力集中	溶解潜热
			1	2	3	4	5	6	7	8	9	10	11	12	13	14
摩擦	摩擦力	1	1	1	1	0	1	0	0	0	0	0	0	0	0	0
	温度	2	1	1	1	0	1	0	0	0	0	0	0	0	0	0
	表面状况	3	1	1	1	0	0	0	0	0	0	0	0	0	0	0
	时间	4	0	1	1	1	1	0	1	1	0	0	0	1	0	0
	中间介质状况	5	1	1	0	0	1	0	0	0	0	1	0	0	0	0

续上表

因素			摩擦					腐蚀					疲劳			
			摩擦力	温度	表面状况	时间	中间介质状况	电位差	潮湿延续时间	潮湿频率	材料结构	介质侵蚀性	振动振幅	循环次数	应力集中	溶解潜热
			1	2	3	4	5	6	7	8	9	10	11	12	13	14
腐蚀	电位差	6	0	1	0	0	0	1	0	0	0	1	0	0	0	1
	潮湿延续时间	7	1	0	0	0	1	0	1	0	1	0	0	0	0	0
	潮湿频率	8	1	1	1	0	1	0	1	1	0	1	0	0	0	0
	材料结构	9	1	1	1	0	0	1	1	0	1	1	1	0	1	1
	介质侵蚀性	10	1	1	1	0	1	0	0	0	0	1	0	0	1	0
疲劳	振动振幅	11	0	1	1	0	1	0	0	0	0	1	1	0	1	0
	循环次数	12	0	1	1	1	1	0	0	0	1	1	1	1	1	0
	应力集中	13	0	0	0	0	0	1	0	0	1	0	0	0	1	0
	溶解潜热	14	1	1	0	0	0	1	0	0	1	0	0	0	1	1

复习思考题

1. 名词解释

(1)汽车维修;(2)汽车修理;(3)汽车维护;(4)生产性维修;(5)服务性维修

2. 什么是汽车维修服务？有何作用？

3. 服务性维修具有何特征？与生产性维修有何区别？

4. 我国汽车维修业发展经历了几个阶段？有何特点？发展趋势是什么？

5. 简述汽车维修服务技术发展趋势。

6. 简述汽车维修工程学研究的主要内容。

7. 怎样理解基于系统论观点对汽车维修问题的研究？

8. 怎样理解基于控制论的观点对汽车维修问题的研究？

第二章　汽车零部件损伤机理分析

第一节　摩擦学基础

一、固体表面性质及接触面积

1. 表面形貌

任何固体表面不可能绝对光滑平整。固体表面形貌在显微镜下观察，如图 2-1 所示。根据粗糙表面轮廓上的峰谷和间距的大小不同，将零件加工表面的几何特性分为宏观形状误差、表面波纹度和表面粗糙度 3 类，如图 2-2 所示。

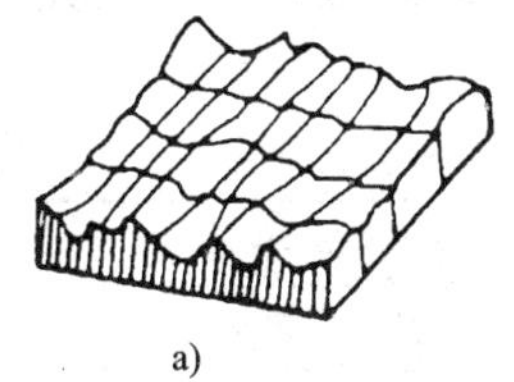
a)

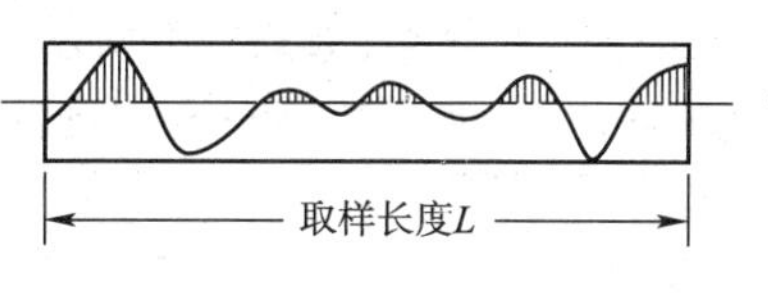

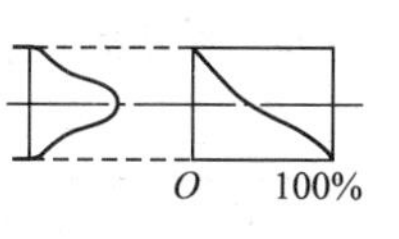

b)

图 2-1　固体表面形貌

a) 高度分布；b) 支撑面积曲线

固体表面形貌特征常用《表面粗糙度术语及其数值》(GB 3505—83) 和《表面粗糙度参数及其数值》(CB/T 1031　95) 中评定参数 R_a、R_z、R_y、t_p 和 γ 米描述。

2. 金属表面物质

在大气条件下，由于不可能得到纯净的固体表面，固体表面上总是覆盖着各种性质的薄膜。金属表面的一般组成，如图 2-3 所示。即金属表面一般覆盖着 4 层物质：污染膜、吸附膜、氧化膜和加工变形层。污染膜包括手指的油污或灰尘等；吸附膜是来自大气中的液体和气体分子的吸附层（包括物理吸附膜和化学吸附膜）；氧化膜是金属表面被氧化而成的；加工变形层是由机械加工而形成的冷作硬化层。

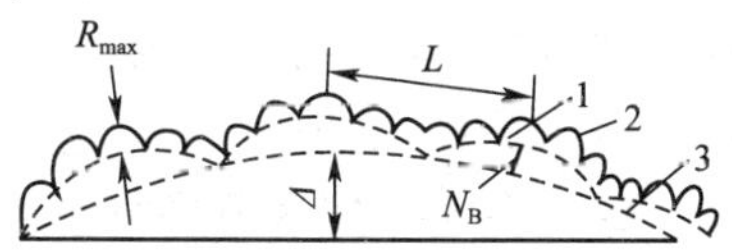

图 2-2　固体表面的几何形状

1-波纹度；2-粗糙度；3-宏观偏差

3. 表面接触面积

由于物体的亚微观表面凸凹不平，使得两物体表面总是在某些微凸体上接触，如图 2-4 所示。

表面接触面积可分为 3 种：名义接触面积 A_n、轮廓接触面积 A_p 和实际接触面积 A_r。名义接触面积 A_n 是由接触表面的宏观界面的边界确定的面积，即 $A_n = a \times b$，如图 2-4 所示。

轮廓接触面积 A_p 是物体接触表面被压皱部分所形成面积，如图 2-4 中虚线范围面积的总和，大小与所受载荷有关。实际接触面积 A_r 是在轮廓接触面积内，各真实接触部分微小面积，如图 2-4 中虚线圈内黑点，A_r 表示各接触点面积的总和。

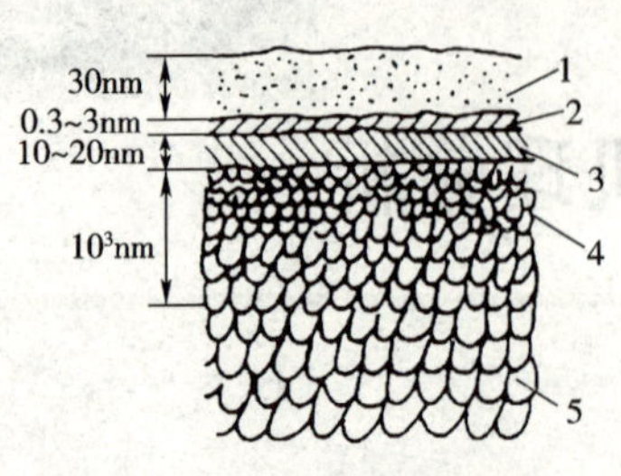

图 2-3　金属表层的一般结构

1-污染膜；2-吸附膜；3-氧化膜；4-加工变形；5-金属基体

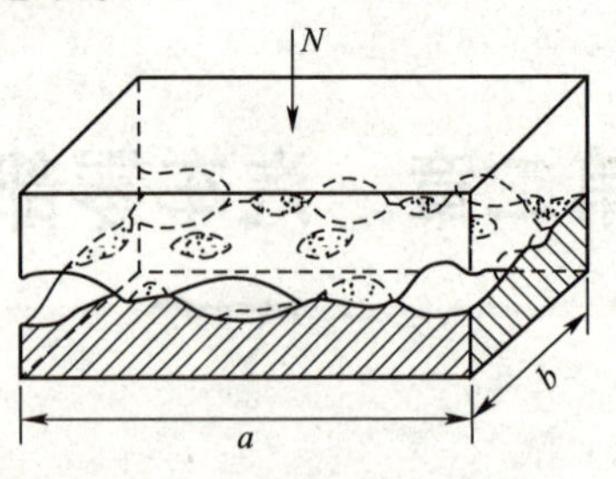

图 2-4　3 种接触面积

A_p 只有 A_n 面积的 5% ~10%，A_r 则仅为 A_n 的 0.01% ~1%。对于一般材料，呈弹性接触时，A_r 与载荷的 2/3 次方成正比；呈塑性接触时，A_r 与载荷的一次方成正比。

二、摩擦的定义和分类

两个相互接触的物体在外力作用下发生相对运动或具有相对运动趋势时，在接触面间产生切向运动阻力，这种阻力叫摩擦阻力，而这种现象称之为摩擦。这里主要讨论外摩擦。为了研究和控制摩擦，对摩擦作如下分类，如表 2-1 所示。

摩　擦　的　分　类　　　　表 2-1

分类依据	主要类型
摩擦副运动状态	静摩擦；动摩擦
摩擦副运动形式	滑动摩擦；滚动摩擦
摩擦副表面的润滑情况	干摩擦；边界摩擦；液体摩擦；混合摩擦

1. 干摩擦

干摩擦是指物体纯净表面直接接触时的摩擦。但通常所讲的干摩擦是指在无润滑油条件下，两物体表面之间可能存在着自然污染膜时的摩擦。

1）古典摩擦定律

库仑在对摩擦现象进行了比较系统的研究后，于 1785 年提出了摩擦定律的基本公式。

$$\mu = F/W \tag{2-1}$$

或

$$F = \mu W \tag{2-2}$$

式中：F——滑动摩擦力；

μ——滑动摩擦系数；

W——法向载荷。

古典摩擦定律的主要内容包括：

（1）摩擦力与作用在摩擦面上的法向载荷成正比；

（2）摩擦力与名义接触面积的大小无关；

（3）摩擦力与滑动速度的大小无关；

(4)静摩擦系数大于动摩擦系数。

古典摩擦定律是在实验基础上获得的，几百年来广泛地应用于工程计算中。但是，随着对摩擦的深入研究，其局限性日趋明显。例如，对于很洁净、光滑的零件表面或当承受很大载荷时，由于接触面积之间出现很强的分子引力，摩擦力将与实际接触面积成正比。因此，关于滑动干摩擦的机理人们又提出了多种理论。

2)简单粘着理论

鲍登(Bowden)和泰伯(Tabor)在1950年提出了简单粘着理论。当两金属表面相接触时，仅仅在微凸体顶部压力很大，以致产生塑性变形，如图2-5a)所示。接触处的变形使实际接触面积增大，直至增大到接触面积恰好能承受全部载荷为止。对于理想的弹性-塑性材料，实际接触面积与载荷的关系，如图2-5b)所示，并可用下式表示：

$$W = A_r \cdot \sigma_{xy} \tag{2-3}$$

式中：W——法向载荷；

A_r——实际接触面积；

σ_{xy}——金属材料的压缩屈服极限。

其摩擦力可用下式表示：

$$F = A_r \tau'_b + P_e \tag{2-4}$$

式中：τ'_b——粘接部分的剪切强度；

P_e——犁沟力。

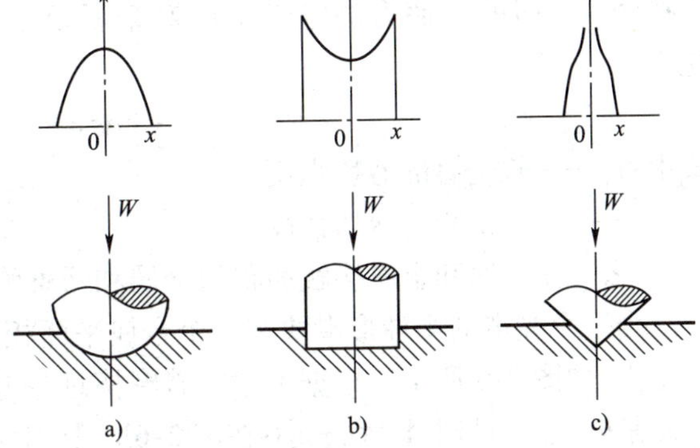

图2-5 微凸体模型及其压力分布图

a)球体；b)柱体；c)锥体

由式(2-4)可知，摩擦力F包括两部分：$A_r\tau'_b$是粘着摩擦力，由于高压和变形等原因在接触面间产生很强烈的粘着(或称固相焊和)，相对滑动时就形成了粘着摩擦力。其次，是犁沟力P_e，它是由于相互接触平面的硬度不同而产生。一般情况下，P_e只占$A_r\tau'_b$的百分之几，可略去不计。因此式(2-4)可表达为：

$$F = A_r \cdot \tau'_b \tag{2-5}$$

摩擦系数：

$$\mu = \frac{F}{W} = \frac{\tau'_b}{\sigma_{xy}} \tag{2-6}$$

由式(2-6)可见，当摩擦表面的材料一定时，摩擦力与法向载荷成正比，而与名义接触面积无关。

上述分析是建立在理想的弹性材料的基础上，忽略了加工硬化的影响。为了更接近实际情况，以较软的金属剪切强度极限τ_b代替金属粘结点的剪切强度τ'_b。则：

$$\mu = \frac{\tau_b}{\sigma_{xy}} \tag{2-7}$$

对大多数金属材料而言$\tau_b \approx 1/5\sigma_{xy}$，则$\mu$的值为0.2左右，这与实际情况(大气中$\mu >$ 0.5)相差很大。因此，简单粘着理论必须进行修正，从而提出了有自然污染膜存在时金属表面粘着理论。

3)有自然污染膜的金属粘着理论

在简单粘着理论上考虑到接触面间有自然污染膜的条件下提出的。实验表明，污染膜的剪切强度极限一般低于金属基体的剪切强度极限。

设膜的剪切强度为 τ_f,则 $\tau_f = c\tau_b(c<1)$。当 $F/A_r = \tau_f$ 时,污染膜开始剪切,粘结面积停止增大,并且开始滑动。开始滑动的条件是:

$$\sigma_s^2 + \alpha\tau_f^2 = \sigma_{xy}^2 \tag{2-8}$$

式中:α——待定系数;

σ_s——法向应力。

当 c 很小时,则:

$$\mu = \frac{c\tau_b}{\sigma_{xy}} = \frac{\tau_f}{\sigma_{xy}} \tag{2-9}$$

这个结论与简单粘着理论是一致的,这是因为污染膜的剪切强度极限比金属的低。其次是实际接触面积不可能大幅度地增长,因而实际接触面积仅由法向载荷和屈服极限 σ_{xy} 决定,而与金属的剪切力无关。这些现象也是与实际情况相符合的。

在极限情况下,由于表面自然膜破裂,金属不但与自然污染层接触,而且金属之间也相应接触。此时的摩擦力决定于金属对金属及金属对污染膜摩擦时实际接触面积所占的比例。

$$F = A_r[\alpha\tau_1 + (1-\alpha)\tau_2] \tag{2-10}$$

式中:τ_1——软金属的剪切强度;

τ_2——污染膜的剪切强度;

α——金属和金属接触面积与金属和污染膜接触面积的百分数。

当一个光滑的半球形滑块和一个金属平面相接触,用它来解释粘着理论在实际应用中的意义,如图 2-6 所示。根据上述粘着摩擦理论知 $F = A_r\tau$。在图 2-6a)中,滑块是硬金属,平面是软金属,此时 A_r 大,τ 小;在图 2-6b)中,滑块和平面都是硬金属,此时 A_r 小,τ 大。故在这两种情况下,摩擦力和摩擦系数都较大。在图 2-6c)中,滑块是硬金属,而平面是其上涂覆了一层软金属薄膜的硬金属。这时 A_r 和 τ 都小,所以摩擦力 F 和摩擦系数 μ 都小。这就是汽车曲轴轴承的钢带上涂一层巴氏合金起减磨作用的道理。

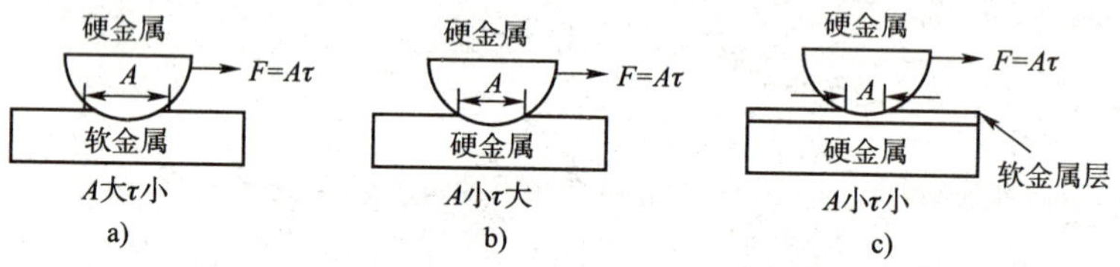

图 2-6 半球形滑块在平面上的摩擦

4)分子—机械理论

苏联学者克拉盖尔斯(N. B. KpazellckuX)在 1939 年提出了分子—机械摩擦理论。理论认为摩擦具有两重性,摩擦表面的实际接触部分,在很大的单位压力作用下,表面凸峰相互压入和啮合,同时相互接触的表面分子也有引力作用。因此,摩擦过程就是克服表面凸峰的机械啮合和表面分子相互吸引的过程。摩擦力就是克服表面凸峰的机械啮合作用和表面分子引力所产生的切向阻力的总和。用摩擦二项式定律表示:

$$F = \beta W + \alpha A_r \tag{2-11}$$

或

$$F = W(\beta + \alpha\frac{A_r}{W}) \tag{2-12}$$

式中：F——摩擦力；

W——法向载荷；

A_r——实际接触面积；

α,β——由摩擦表面的物理性质和机械性质所确定的系数。

由此可得摩擦系数：

$$\mu=\beta+\alpha\frac{A_r}{W} \tag{2-13}$$

式(2-13)中，β 是定值，它是根据机械啮合理论所确定的系数；$\alpha A_r/W$ 是变量，它是考虑了分子引力作用后对机械啮合理论的修正。

摩擦二项式还可以表示为：

$$F=\mu'(W+N_0) \tag{2-14}$$

$$\mu=\mu'(1+\frac{N_0}{W}) \tag{2-15}$$

式中：N_0——两物体间分子作用力的合力；

μ'——当量摩擦系数。

摩擦二项式定律不仅适用于干摩擦，也适用于边界摩擦，它可以用来解释实际接触面积较大时的摩擦问题。

2. 液体摩擦（液体润滑）

液体摩擦是两个固体摩擦表面被连续的润滑油完全隔开的摩擦状态。

1）流体动压润滑

利用摩擦表面的相对运动，把润滑油带到摩擦表面之间，形成一层有一定厚度和压力的油膜，外载荷由润滑油的压力来平衡，摩擦表面完全被润滑油膜隔开，而不直接接触，这种状态称为流体动压润滑。

汽车的曲轴轴颈与轴承，活塞、活塞环和汽缸，齿轮、凸轮、滑动轴承等均采用流体动压润滑。这些配合副在特殊情况下可能变成边界润滑。

形成流体动压润滑的条件有 3 个：一是两摩擦表面间两端的间隙由大到小，即沿运动方向上的油膜厚度逐渐减小，形成油楔；二是两摩擦表面间有一定的相对运动；三是有充足的润滑油。

润滑油膜内压力的产生，如图 2-7 所示。运动平板和固定平板间形成楔形间隙，入口处间隙为 h_1，出口处间隙为 h_2，且 $h_1>h_2$。当下平板以速度 v 沿 x 方向运动时，黏性润滑油被带入逐渐狭窄的楔形间隙中。润滑油在流动时，由于本身分子间的内聚力及与固体表面之间的附着力，使各流层之间存在速度梯度，流动时必然产生内摩擦力。由于润滑油是不可压缩的，油楔形状和尺寸不发生变化，而单位时间内流过每一端面的流量相等，则油膜内必然产生压力梯度，其压力梯度 $\mathrm{d}r/\mathrm{d}x$ 将使入口处的速度梯度内凹，以限制流入量，使出口处的速度梯度外凸，以增加流出量。作用在平板上的油膜压力的合力等于平板上所承受的载荷，这就形成了流体动压润滑。

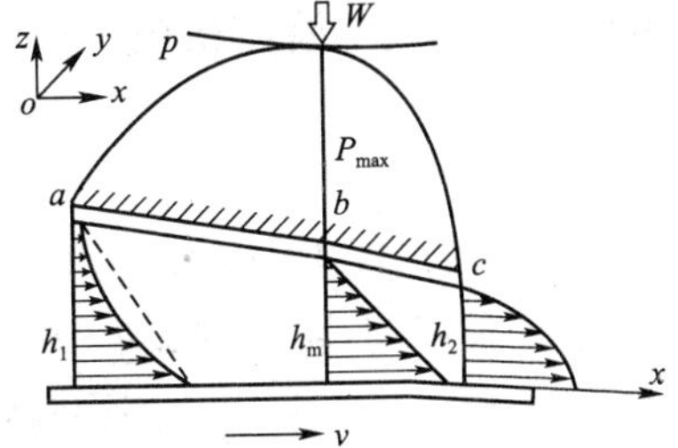

图 2-7　压力油膜的产生及其速度分布

流体流动时产生内摩擦力的性质叫流体的黏性。黏性的大小用黏度表示。黏度是衡量流动物体内摩擦力的尺度，是物质内部反抗滑动的粒子的摩擦力。流体层间的内摩擦力可用牛顿黏性公式表达，即：

$$T=\eta A\frac{dv}{dz} \tag{2-16}$$

式中：T——内摩擦力；

dv——两流层间的相对运动速度；

dz——两流层间的距离；

A——流体的面积；

dv/dz——速度梯度；

η——流体的黏度。

当速度梯度变化时，η 为常数的流体称为牛顿流体。除高黏度或含有大量特种添加剂的流体外，一般的润滑油均可看作是牛顿流体。

2）弹性液体动压润滑

这是又一种性质的流体动压润滑。流体动压润滑适用于低副机构，但对于点、线接触的高副机构，流体动压润滑就不完全适用了。原因是高副机构的接触比压相当高（比低副高1000倍）。若按流体动压润滑原理计算，油膜厚度比原子半径还小，根本不能保护齿轮等高副机构的工作表面。然而，生产实践证明高副机构也能建立起分隔摩擦表面的油膜，形成流体动压润滑。高副机构在轻载荷的工作条件下，仍可利用流体动压润滑的雷诺方程进行计算。但是，在重载荷条件下产生了两种情况：

第一，由于接触压应力大（轮齿表面接触应力可达70MPa、发动机凸轮轴凸轮与挺杆间的接触应力可达689MPa），接触处产生很大的弹性变形和塑性变形，使接触面进而变平、变大，有利于产生油楔。

第二，在很高压应力下，润滑油黏度增大。当压力在689MPa时，油的黏度可提高1000倍。油的黏度提高，有利于形成润滑油膜。

弹性流体动压润滑理论是考虑到弹性体的接触变形和润滑油黏度随压力变化对动力润滑油膜起作用的事实，它的主要特征是雷诺方程和弹性方程的结合。

3. 边界摩擦（边界润滑）

两固体摩擦表面被具有分层结构和润滑性能的边界膜分开时的摩擦，称为边界摩擦。

1）边界摩擦的特点

在边界摩擦情况下，摩擦界面上存在着一层与介质性质不同的薄膜，其厚度在0.1μm以下，并具有良好的润滑性能，称为边界膜。界面的润滑性能取决于这层膜的性质，所以，边界摩擦也叫边界润滑。

边界摩擦是一种极为普遍的摩擦状态。例如汽缸与活塞环、滑动轴承、凸轮与挺杆等处都可能有边界润滑。其摩擦系数只取决于摩擦表面的性质和边界膜的结构形式，而与润滑油的黏度无关，一般在0.05～0.2之间变化，能有效地减少零件的磨损，延长汽车的使用寿命。

2）边界膜分类

（1）界面存在吸附膜时，边界膜可吸附在金属表面的极性分子形成定向排列的分子栅的单分子层吸附膜，如图2-8所示，也可以形成多分子层吸附膜。

当单分子层吸附膜达到饱和状态时，极性分子紧密排列，分子间的内聚力使吸附层具有一定的承载能力，有效地防止两摩擦表面直接接触。摩擦副相对滑动时，表面的吸附膜如两把毛刷相互滑动一样，降低摩擦系数，起到润滑作用，如图 2-9 所示。

图 2-8　单层分子吸附膜的定向结构

(2)当边界膜是反应膜时，由于摩擦主要发生在熔点高、剪切强度低的反应膜内，有效地防止金属表面直接接触，使摩擦系数降低。

由于表面凸凹不平，在载荷的作用下，接触凸峰的压力很大。当两摩擦表面相互滑动时，点接触上的温度很高，导致这部分的边界膜破裂，产生金属的直接接触，如图 2-10 所示。这时，摩擦力为剪断表面粘结部分的剪切抗力与边界膜分子间的剪切阻力之和，用公式(2-17)表示：

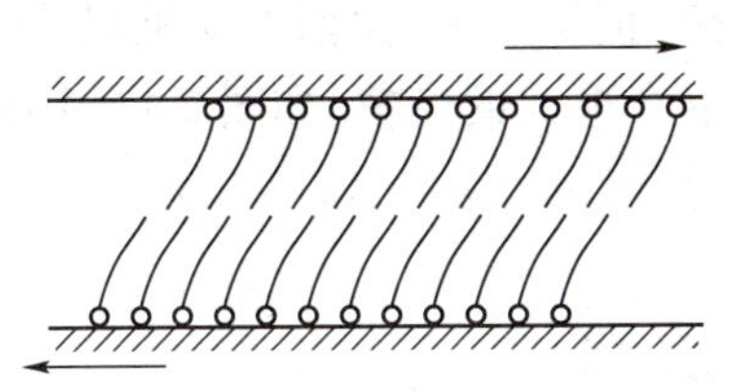

图 2-9　单分子层吸附膜的润滑作用模型

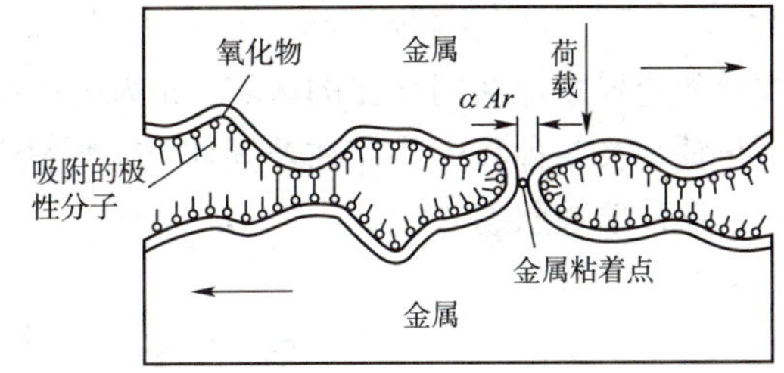

图 2-10　边界润滑机理模型

$$F = \alpha A_r \tau + A_r(1-\alpha)\tau_l \tag{2-17}$$

式中：A_r——承担全部载荷的面积；

τ——金属粘结部分的剪切强度；

τ_l——边界膜的剪切强度；

α——在承担载荷面积内发生金属直接接触部分的百分数。

当边界膜能够起很好的润滑作用时，α 是一个比较小的值。摩擦力和摩擦系数可以近似地表示为：

$$F = A_r \tau_l \tag{2-18}$$

$$\mu = \frac{\tau_l}{\sigma_{sy}} \tag{2-19}$$

式中：σ_{sy}——较软金属的压缩屈服极限。

当 α 值比较大时，摩擦系数升高。通常这种情况下摩擦系数比边界膜润滑很好时的摩擦系数大 3～4 倍，从而使磨损增大很多。

影响边界膜润滑性能的因素有：速度、温度和载荷。

4. 实际摩擦特性(混合摩擦)

实际的摩擦现象是固体摩擦、流体摩擦和边界摩擦的混合存在状态，把这种状态叫做混合摩擦。当 α 较大时，可用图 2-11 来描述。在汽车的设计、使用和维修中，应创造条件尽可能使重要摩擦副，如轴和轴承、齿轮、活塞环与汽缸等，在理想的流体润滑状态下工作，这样可使零件磨损减小。

在不同摩擦状态下，摩擦系数的变化曲线，即 μ-$\eta v/W$ 变化曲线，如图 2-11 所示。μ 为摩擦系数，η 为润滑油动力黏度，v 为摩擦速度，W 为负载。从曲线的形状看出 μ 与 $\eta v/W$ 在不同摩擦状态都接近线性关系，所以，研究摩擦与润滑以 $\eta v/W$ 为变量是很方便的。

在 e 区域，$\eta v/W$ 值较大，摩擦副保持在流体摩擦区域 μ 随 $\eta v/W$ 的增加而缓慢呈线性

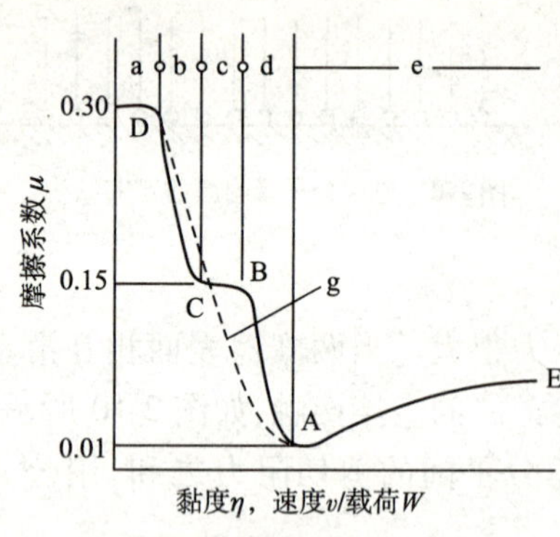

图 2-11　各种不同润滑条件下的摩擦系数

增加，黏度μ由于温度升高而下降，或v减小，使得μ缓慢减小，摩擦状态由 E 向 A 变化，摩擦系数在 A 位置达到最低值。

为了保持流体润滑状态，当v增加时，ηv应相应增加，实际上，润滑油的黏度η总是随着W、v增加带来的温度升高而减小。因此，对大功率、高速运转的发动机，选择润滑油的质量很重要，且应选择黏温性特好的润滑油。

d 为部分边界摩擦和流体摩擦共同存在的区域，μ由 0.01 上升到 0.15。c 为边界摩擦状态。b 为部分固体摩擦和边界摩擦共同存在的区域。a 为固体摩擦状态。但实际上，比如发动机起动时，曲轴颈与轴承在某种程度上存在着固体、液体、边界 3 种混合形式的摩擦，如图 2-11 中虚线 g 所示的那样摩擦状态。

第二节　零件的磨损

一、磨损含义及分类

根据《金属磨损实验方法》（GB 12444.1—90）中规定，磨损就是“物体表面相接触并做相对运动时，材料自该表面逐渐损失以致表面损伤的现象”。通常将磨损按其表面破坏机理和特征分为磨料磨损、粘着磨损、表面疲劳磨损和腐蚀磨损。各类磨损的特点如表 2-2 所示。

各类磨损的内容及特点　　表 2-2

类　型	定　义	磨损表面特征	实　例
磨料磨损	在摩擦过程中，因硬的颗粒或硬的凸出物，冲刷摩擦表面而引起材料脱落的现象	刮伤、沟槽、擦痕	农业及矿山机械零件、内燃机汽缸壁等
粘着磨损	摩擦副相对运动时，由于固相焊合，接触表面的材料由一个表面转移到另一个表面的现象	擦伤、锥形坑、鱼鳞片状、麻点、沟槽	内燃机的铝活塞与缸壁、轴瓦等
表面疲劳磨损	两接触表面做滚动或滑动复合摩擦时，因周期性载荷作用使表面产生变形和应力，从而使材料导致裂纹和分离出微片或颗粒的磨损	裂纹、麻点、剥落	滚动轴承、齿轮副、凸轮和挺杆
腐蚀磨损	在摩擦过程中，金属与周围介质发生化学或电化学反应，产生材料损失的现象	有反应物产生，形成膜、颗粒	曲轴轴颈氧化磨损、汽缸套低温腐蚀等

二、磨料磨损

1. 磨料磨损含义

物体表面与磨料相互摩擦而引起表面材料损失的现象称为磨料磨损。一般地说，凡是硬质颗粒或硬质凸出物(包括硬金属)都是磨料。磨料磨损包括:第一种情况是粗糙的金属表面相对较软的金属表面滑动时的磨损;第二种情况是硬金属对软金属摩擦表面有游离硬磨料引起的磨损。

磨料磨损是最常见的磨损形式。统计分析表明,在各类磨损形式中,它大约占总数的50%。同时,它也是危害最为严重的磨损形式。工程机械、农业机械处于尘土和土壤的环境中,磨料磨损是其早期损坏的主要原因。因此,减少磨料磨损的危害是提高机械寿命的重要措施之一。

2. 磨料磨损机理

磨损形成过程不但与材料和磨料的性质有关,而且也与它们之间的接触和运动形式以及接触压力有关。目前,关于磨料磨损的机理有 3 种假说:即以微量切削为主的假说、以疲劳破坏为主的假说和以压痕为主的假说。

(1)微量切削为主的假说。由苏联学者赫鲁晓夫提出,认为当塑性金属同固定磨料摩擦时,在金属表层内发生两个过程:首先是塑性挤压,形成擦痕;其次是切削金属,形成磨屑。在摩擦过程中,大部分磨料在金属表面上只留下两侧凸起的擦痕,小部分磨料,也就是那些棱面在有利位置的磨料将切削金属,形成切屑。磨屑的形成在于切削磨料的作用,非切削磨料形成的两侧凸起的擦痕,只有被新的磨料切削时,才形成磨屑。

(2)疲劳破坏为主的假说。以苏联学者克拉盖斯基为代表,认为金属同磨料摩擦时,主要的磨损原因并不是由于磨料切下磨屑,而是金属的同一显微体积的多次塑性变形结果导致发生金属疲劳破坏,小颗粒从表层脱落下来。但不排除同时存在磨料直接切下金属的过程。

(3)压痕为主的假说。对于塑性较大的材料磨损进行分析的结果,即当磨料在压力的作用下压入材料表面并移动时,压入的磨料犁耕金属表面,形成沟槽。使金属表面受到严重的塑性变形,压痕两侧金属已经受到破坏,其他磨料也很容易使其脱落。

从上述的 3 种假说可以认为磨料磨损产生的原因是:作用力 W 使磨料垂直楔入表面,切向力 F 使磨料与表面作相对切向运动。两个表面硬度相差不大时,磨料嵌入表面之间,并把运动的表面剪开,如图 2-12 所示。若把磨料看成是服从虎克定律的弹性体,则法向应力和摩擦力组合成的合成应力应沿虚线方向作用,剪开面 A-A 与合成应力成 45°方向。

当两个表面硬度相差很大时,磨料的尖角嵌入软表面中,在硬表面上只有很小的嵌入,如图 2-13 所示。这种情况正如硬度试验时硬压头压入材料表面一样。当磨料硬度等于软材料屈服极限的 3 倍时,就可能完全压入软表面而不能嵌入硬表面中。如果处于中等条件,则只能压入一部分,而让另一部分露出软表面,形成软表面的凸起点,这样的凸起相对运动的另一表面形成切削作用,便产生了磨损。根据实验,当磨料与被磨材料表面形成了 80°~100°的夹角时,将产生最高的磨损率。

当两个表面在硬度很大且相差很小或相等的情况下,磨料将不嵌入任何一个表面,而是受到一个力偶,在摩擦表面之间滚动,使表面受到反复的压应力而疲劳,形成小的疲劳碎片而脱落下来。但比刮伤作用造成的磨损小得多,如图 2-14 所示。

总之,磨料磨损主要是由连续的微量切削和刮伤作用而产生的。其特征是刮痕方向与相对运动方向平行,磨削脱落下来的微粒用显微镜观察发现呈螺旋状、环状或卷曲状,如图 2-15 所示。

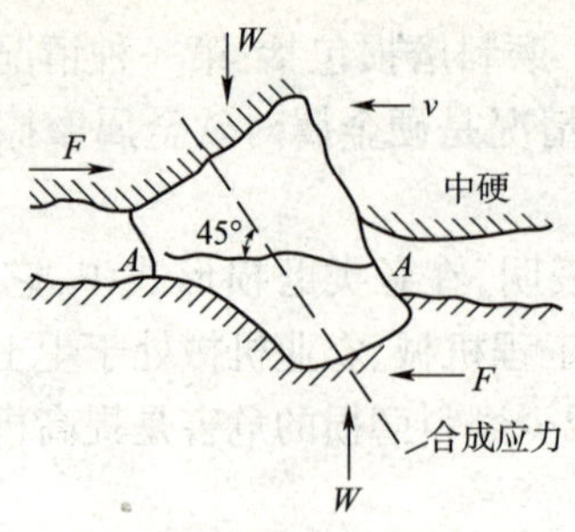

图 2-12 磨料沿 A-A 面剪开

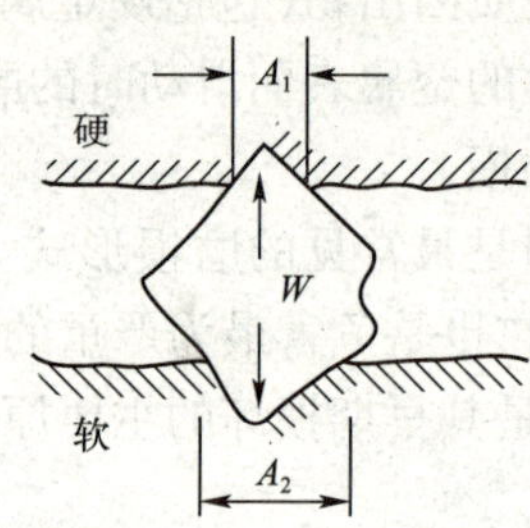

图 2-13 磨料嵌入软表面

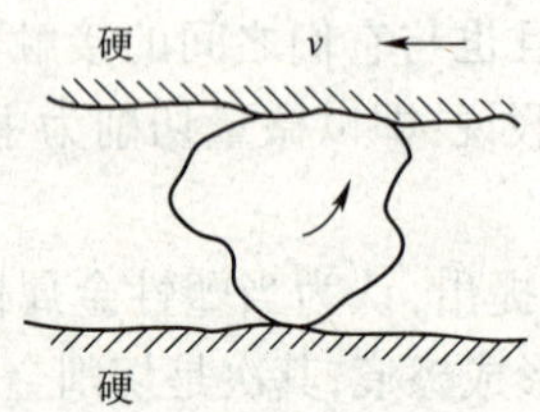

图 2-14 磨料在硬表面间的滚动

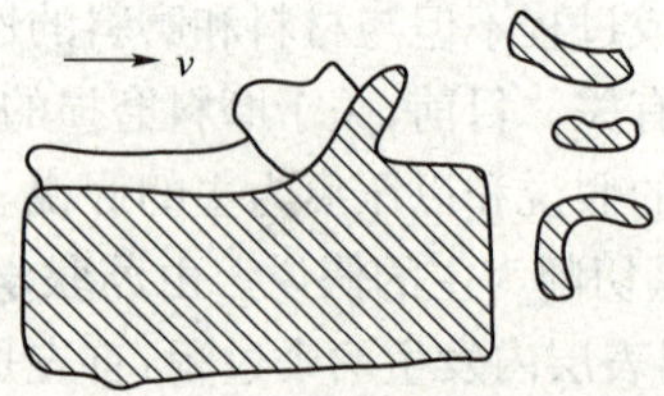

图 2-15 磨料磨损的切屑

3. 磨料磨损的影响因素

1）金属材料硬度

一般情况下，金属硬度越高，耐磨性越好。工业纯金属、退火钢及淬火结构钢在固定磨料实验机上测得的相对耐磨性表明了这一点，如图 2-16a）所示。

（1）纯金属如 Fe、Ni、Cn、Sn、Pb 等及未经热处理的钢，其抗磨料磨损的相对耐磨性与它们的自然硬度成正比。

（2）经过热处理的钢，其耐磨性随硬度的增加而增加，但比未经热处理的钢，相对耐磨损增加得缓慢一些，如图 2-16b）所示。

（3）钢中含碳量及碳化物生成元素含量越高，其相对耐磨性越高，如图 2-16b）所示。

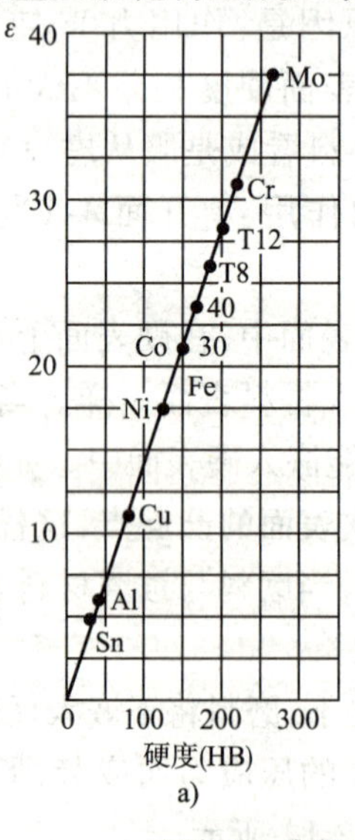

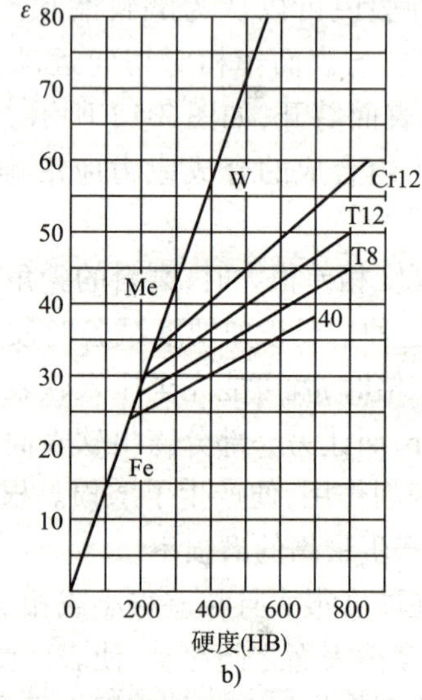

图 2-16 磨料磨损相对耐磨性与材料硬度的关系

a）工业纯金属及退火钢；b）热处理淬火结构钢与工具钢

2）材料断裂韧性

耐磨性、硬度和断裂韧性的关系，如图 2-17 所示。在区域Ⅰ，断裂韧性低，材料的磨损主要由断裂磨损机理控制。提高断裂韧性,耐磨性增加;提高硬度则耐磨性下降。在区域Ⅲ,材料的断裂韧性高,塑性变形—显微切削机理起主要作用,可用提高硬度的办法提高耐磨性。在区域Ⅱ,耐磨性最好,在此区域,两种机理共同作用,材料的硬度和断裂韧性的配合最佳。

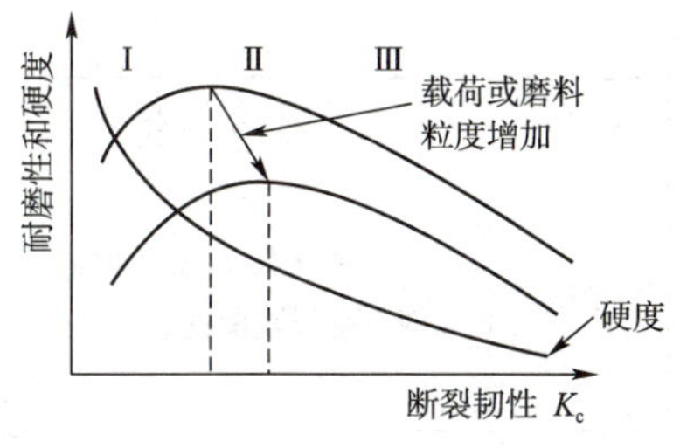

图 2-17 耐磨性、硬度和断裂韧性的关系

3)磨料硬度

如果以金属表面硬度 H_m 比磨粒硬度 H_a 来研究耐磨性,则当 $H_m/H_a>0.8$ 时,耐磨性将迅速提高,这种磨损状况称"软磨料磨损"。虽然这时磨损继续发生,但直至 $H_m/H_a>1$ 时,磨损才不明显。当 $H_m/H_a<0.8$ 时的磨损称为"硬磨料磨损",磨损将比较严重。因此,为了减少磨料磨损,金属的硬度 H_m 应比磨料的硬度高,大约为 1.3 倍,即 $H_m=1.3H_a$ 时耐磨性为最佳。如果继续提高材料的硬度,则耐磨效果不显著。

4)磨料粒度

用固定磨料(比如砂纸)对不同的金属进行磨损试验时,发现金属的磨损随磨料尺寸的增大而增加;磨料尺寸达到某一临界时,磨损与磨料的尺寸无关,磨损保持恒定不变。同时还发现不同材料的磨料临界尺寸是不完全相同的,如图 2-18 所示。

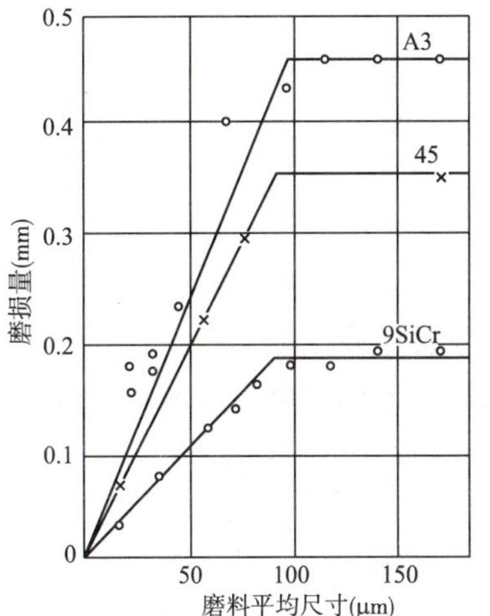

图 2-18 钢的磨损量与磨料颗粒平均尺寸的关系

对柴油机进行磨损试验研究时,发现粒度为 3 ~ 6μm 的机械杂质对柱塞副的磨损危害最大;粒度为 20 ~ 30μm 的磨料对曲轴轴颈和轴承的磨损影响严重;粒度为 5 ~ 10μm 的磨料对汽缸与活塞环的磨损严重;粒度为 1μm 以下的磨料对凸轮轴、凸轮与挺杆的磨损也有影响。因此,发动机工作时,要严防上述磨料进入配合摩擦表面。

三、粘着磨损

1. 粘着磨损含义及分类

摩擦副相对运动时,由于固相焊合,接触表面的材料从一个表面移到另一个表面的现象,叫作粘着磨损。按摩擦表面的破坏程度可分为 5 类,如表 2-3 所示。

粘着磨损的分类 表 2-3

类 型	损 伤 现 象	损 伤 原 因	实 例
轻微磨损	剪切破坏发生在粘着结合面上,表面转移的材料极轻微	粘着结合强度比摩擦副的基体金属都弱	缸套-活塞环的正常磨损
涂抹	剪切破坏发生在离粘着结合面不深的软金属浅层内,软金属涂抹在硬金属表面	粘着结合强度大于软金属的剪切强度	重载蜗轮副的蜗杆上常见
擦伤	剪切破坏发生在软金属的亚表层内,有时硬金属亚表面也有划痕	粘着结合强度比两基体金属都高,转移到硬面上的粘着物质又拉削软金属表面	内燃机的铝活塞壁与缸体摩擦常见此现象

续上表

类　型	损伤现象	损伤原因	实　例
撕脱	剪切破坏发生在摩擦副一方或两方金属较深处	粘着强度大于任一基体金属的剪切强度，剪切应力高于粘着结合强度	主轴-轴瓦摩擦副的轴承表面经常可见
咬死	摩擦副间咬死，不能相对运动	粘着强度比任一基体金属的剪切强度都高，而且粘着区域大，剪切应力低于粘着结合强度	不锈钢螺栓与螺母在拧紧过程中常发生此现象

2. 粘着磨损规律

粘着磨损的体积磨损量，与滑动距离和法向载荷成正比，与较软材料的屈服极限（或硬度）成反比，其规律可用下式表示：

$$W_v = k\frac{NL}{3P_0} = k'\frac{NL}{HB} \tag{2-20}$$

式中：W_v——体积磨损量；

L——滑动距离；

N——作用在摩擦副的法向载荷；

P_0——软材料的屈服压力；

HB——软材料的布氏硬度；

k, k'——磨损系数，与接触产生的概率、摩擦副的材料等因素有关。

从式(2-20)可知，k 值越大，体积磨损值 W_v 越大。摩擦副表面间有润滑剂时不论在空气中，还是在真空中，W_v 均小；摩擦副表面无污染膜，并在空气中摩擦时 W_v 最大。

由于不能精确考虑摩擦副材料特性、表面膜的状态、润滑条件差异等因素，式(2-20)不能用于精确的定量计算。

3. 粘着磨损的主要影响因素

1）材料特性

（1）脆性材料比塑性材料的抗粘着能力强。

（2）互溶性大的材料所组成的摩擦副，粘着倾向大；互溶性小的材料所组成的摩擦副则粘着倾向小。

（3）多相金属比单相金属粘着倾向小；金属中化合物相比单相固溶体粘着倾向小；金属与非金属材料（石墨、塑料等）组成的摩擦副比金属组成的摩擦副的粘着倾向小。

（4）元素周期表中 B 族元素与铁不相溶或能形成化合物，它们的粘着倾向小；而铁与 A 族元素组成的摩擦副粘着倾向大。

从上述可知，采用表面处理工艺，使摩擦副表面生成互溶性小、多相带有化合物组织或采用非金属涂层，避免同种金属相互摩擦，均可防止粘着磨损发生。

2）压力

粘着磨损量一般随压力增大到某一临界值后急剧增加，如图 2-19 所示。由试验可知，当负载超过材料硬度的 1/3 时，磨损量增加，严重时咬死。故设计中选择的许用压力必须低于材料硬度的 1/3，否则将产生粘着磨损。

3）滑动速度

在压力一定的情况下，粘着磨损量随滑动速度的增加而增加，达到某一极大值后，又随滑动速度的增大而减小，如图 2-20 所示。

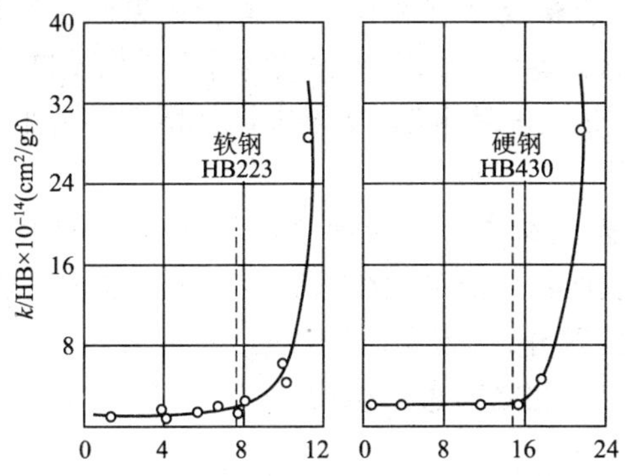

图 2-19　不同硬度的钢 k/HB 与压力 P 之间的关系

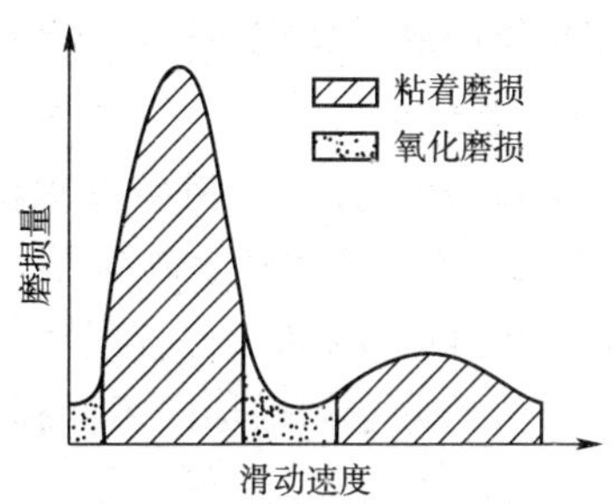

图 2-20　磨损率和滑动速度的关系

4）温度

温度升高到一定程度将加剧粘着磨损的产生。摩擦副表面温度与 PV 值有关，因此，控制 PV 值，选用热稳定性高的金属材料和加强冷却措施是防止因温度升高而产生粘着磨损的有效方法。

5）表面粗糙度

一般而言，摩擦表面粗糙度愈低，则抗粘着磨损能力愈强；但过低地降低摩擦副表面粗糙度，又会促进粘着的发生。

6）润滑

润滑状态对粘着磨损值影响比较大，边界润滑时粘着磨损值大于流体动压润滑，而流体动压润滑时又大于流体静压润滑。

四、表面疲劳磨损

1. 表面疲劳磨损含义及类型

两接触面作滚动或滚动滑动复合摩擦时，在循环接触应力的作用下，使材料表面疲劳而产生物质损耗的现象叫作表面疲劳磨损。表面疲劳磨损分为非扩展性和扩展性两类。

（1）非扩展性的表面疲劳磨损。在新的摩擦表面上，接触点较少，单位面积上的压力较大，容易产生小麻点的现象。随着接触的扩大，单位面积的实际压力降低，小麻点停止扩大。对于塑性较好的金属表面，因加工硬化提高了表面强度，使小麻点不能继续扩展，机件可继续正常工作。

（2）扩展性的表面疲劳磨损。当作用在两接触面上的交变压力较大时，由于材料塑性稍差或润滑选择不当，在磨合阶段就产生小麻点。有的在短时间内，而有的在稍长时间内，小麻点就会发展成痘状凹坑，使机件失效。

2. 表面疲劳磨损的机理

对表面疲劳磨损的研究表明，其磨损过程有两个阶段：首先是疲劳核心裂纹的形成；其次是疲劳裂纹的扩展，直至材料微粒的脱落。对于疲劳裂纹的形成和发展，有下述几种理论。

1)最大剪应力理论

研究表明,在纯滚动时,最大压应力发生在表面上,最大剪应力则发生在表面下一定距离,即次表层内,裂纹起源于次表面,如图2-21所示。

若此材料强度低或有缺陷(存在非金属夹杂物或已有裂纹等),就会首先产生塑性变形,经一定的循环后产生疲劳裂纹。裂纹沿着最大剪应力方向或夹杂物分布走向发展,直至使摩擦表面破坏和形成磨损微粒而脱落。磨屑形状多呈扇形,摩擦表面上留有各种形状的"痘斑"状点坑。

实践表明,凡是润滑条件优良、摩擦力小、表面材质好的滚动接触表面,若出现疲劳磨损,裂纹的生成多发生在次表层。这种疲劳磨损的特点是裂纹生成阶段小于裂纹扩展阶段,即裂纹扩展缓慢,断口比较亮。如果除纯滚动接触外,还带有滑动接触时,最大切应力的位置随着滑动分量的增加向表面移动,则破坏位置也随之向表面移动。

2)油楔理论

在滚动带滑动的接触过程中(如齿轮啮合表面),由于外载荷作用,表层的应力和摩擦力引起塑性变形,导致表层软化,最后在表面出现初始裂纹。裂纹起源于摩擦表面,裂纹方向与摩擦力方向一致。当有润滑油时,润滑油挤入裂纹中,在裂纹尖端处形成油楔,如图2-22所示。如果滚动方向和裂纹开口方向一致,则滚动体接触到裂口处,将把裂口封住。润滑油使裂纹的两壁承受很大压力,从而使裂纹扩展。在交变载荷的作用下,材料断裂。在接触面留下深浅不同的麻点剥落坑。一般深度为0.1~0.2μm;如果滚动方向和裂纹开口方向相反,则当滚动体接触到裂口时,裂纹内的润滑油被挤出来,因而裂纹扩展缓慢,工作寿命长。

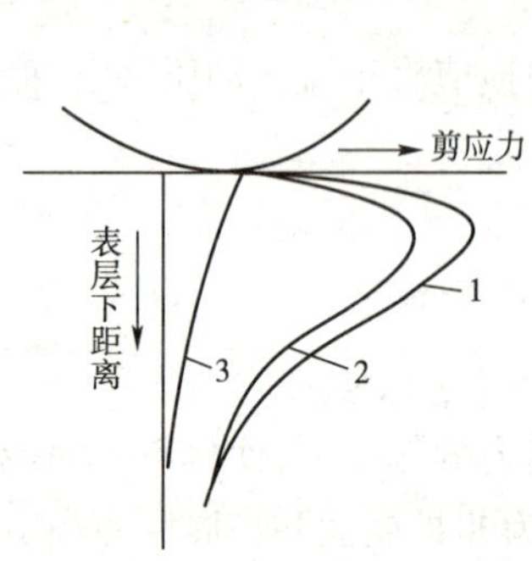

图2-21 表层下剪应力的分布
1-纯滚动;2-滚动兼有滑动;3-纯滑动

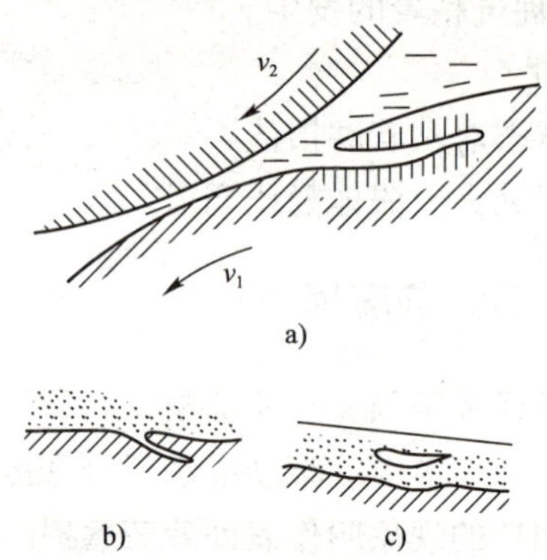

图2-22 润滑油对疲劳裂纹的促进作用
a)润滑油楔入裂纹;b)裂纹扩大;c)微屑脱离母体

裂纹起源于表面的疲劳磨损的特点是裂纹生长阶段大于裂纹扩展阶段,即裂纹扩展阶段快,断口颜色较暗。

3)硬化过渡层破坏理论

经表面强化处理(渗碳、淬火等)的零件,其接触疲劳裂纹往往并不是起源于最大剪切应力处,而是在表面硬化层与心部交界的过渡层,即裂纹起源于硬化层和心部过渡层。这是因为该处所承受的剪切应力较大,而材料的剪切强度较低。试验表明,只要该处承受的剪切应力与材料的剪切强度之比大于0.55时,就可能在过渡区形成起始裂纹。

裂纹的发展一般是先沿平行于表面的方向扩展到一定长度后,再沿垂直或倾斜接触表面的方向向外扩展,先是小的麻点剥落,然后是大块剥落,形成表面压碎现象。

3. 表面疲劳磨损的影响因素

从表面疲劳磨损的机理可知，疲劳磨损与裂纹的形成和扩展有关，故凡能够阻止裂纹形成和扩展的方法都能减少表面疲劳磨损。影响表面疲劳磨损的主要因素有：

(1)材料。在一定硬度范围内，各种金属材料随硬度的提高，接触疲劳强度也相应提高，但并不永远保持正比关系。如轴承钢，当表面硬度为HRC62时，抗疲劳磨损能力最大。随硬度的增加或降低，寿命均有较大的下降，如图2-23所示。对齿轮来说，齿面硬度在HRC58～HRC62，心部硬度在HRC35～HRC40范围内最佳。

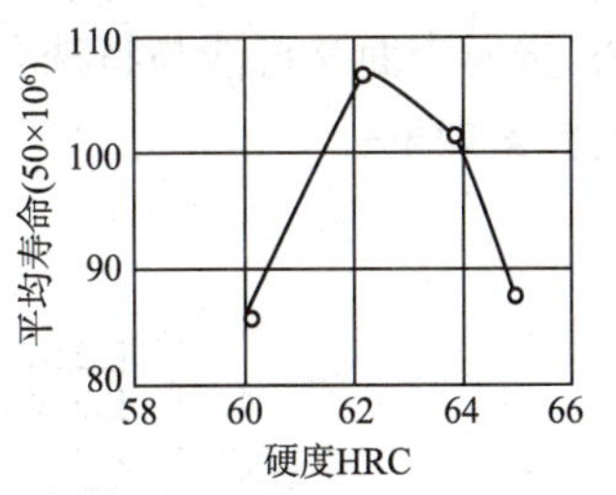

图2-23　轴承的表面硬度与平均寿命的关系

两个接触滚动体硬度匹配是否恰当，直接影响接触疲劳寿命。齿轮摩擦副的硬度选配，对硬齿面来说不考虑硬度差；对软齿面来说，一般要求小齿轮的硬度大于大齿轮，有利于磨合，使接触应力分布均匀，以提高齿轮的寿命。硬化层的厚度也是很重要的影响因素，厚度不够，在材料硬度弱的地方易形成裂纹。硬化层的厚度要足够，使最大剪切应力在强化层内，相应裂纹也会在具有“鼓形齿面”的轮齿硬化层内部发生。

(2)润滑油黏度。根据弹性流体动压理论，润滑油的黏度愈高，接触部分的压力愈接近平均分布，抗疲劳磨损的能力就愈高。润滑油的黏度愈低，愈易渗入裂纹中，加速裂纹扩展，降低寿命。润滑油中含水量过多对疲劳磨损有较大影响，须严格控制含水量。润滑油中加入适当固体润滑剂(MoS_2)能提高抗疲劳磨损性能。

(3)表面粗糙度。降低表面粗糙度，会相应提高抗疲劳磨损能力。接触应力大小不同，对粗糙度的要求也不同。一般接触应力大，对粗糙度要求高。硬度愈高的轴承和齿轮，对粗糙度的要求也愈高。

(4)装配精度。保证装配精度，如对齿轮的装配要防止和减轻齿面的对角接触，保证接触印痕总长不少于齿宽的60%，并且接触印痕处在节圆附近，这就有可能避免出现早期麻点。

五、腐蚀磨损

1. 腐蚀磨损含义及分类

在摩擦过程中，金属同时与周围介质发生化学或电化学反应，使腐蚀和磨损共同作用而导致零件表面物质的损失，这种现象称为腐蚀磨损。

由于介质的性质、介质作用在摩擦表面上的状态以及摩擦材料性能的不同，摩擦表面出现的状态也不同，故常将腐蚀磨损分为氧化磨损、特殊介质腐蚀磨损和微动腐蚀磨损。

2. 氧化磨损

简言之，氧化磨损就是摩擦副表层的氧化膜不断被除去，又反复形成的过程。在汽车零件磨损中，首先，应创造条件并设法使其他可能出现的磨损形态转化为氧化磨损；其次，再设法减少氧化磨损速率。氧化磨损速率决定于所形成氧化膜的形状和氧化膜与基体的结合力，同时也决定于金属表面的塑性变形抗力。若形成的氧化膜是脆性的，它与底材金属结合的抗剪切性能差或是氧化速度小于磨损速度，则氧化膜极易磨损；反之，若形成的氧化膜韧性好，它与底材金属结合处的抗剪切性能好或氧化速度大于磨损速度，则氧化膜起着保护摩

擦表面的作用。因此，磨损率相当小。曲轴颈发生氧化磨损后，摩擦表面沿滑动方向磨痕细而均匀。

3. 特殊介质腐蚀磨损

特殊介质腐蚀磨损的磨损机理与氧化磨损相似。不过随着腐蚀速度增加，磨损速度加快，金属表面又可能与特殊介质起作用，生成耐磨性较好的保护膜。特殊介质腐蚀磨损的影响因素如下：

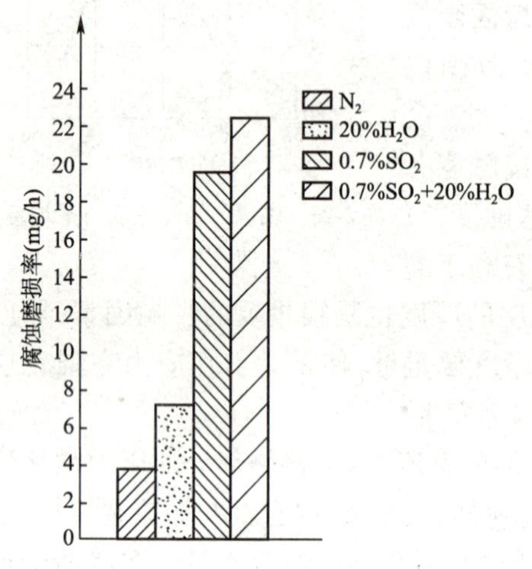

图 2-24　4 种介质中钢的腐蚀磨损率

1）腐蚀介质性质和温度

钢试样在 3 种腐蚀性介质和氮气中进行表面喷砂磨损试验的结果，如图 2-24 所示。从图 2-24 中可看出，钢的腐蚀磨损率随介质的腐蚀性增大而增大。但若钢的表面上形成一层结构致密、与基体金属结合较高的保护膜或膜的生成速度大于磨损速度时，磨损率不再随介质腐蚀性的强弱而变化。

此外，磨损率随介质温度的升高而增大，温度高于一定值时，腐蚀磨损急剧增大。

2）合金元素

镍铬两金属在特殊介质作用下，易形成化学结合力较高，结构致密的钝化膜，从而减轻腐蚀磨损。钨钼两金属在 500℃以上表面生成保护膜，使摩擦系数减小，是抗高温腐蚀磨损的重要材料。此外，由碳化钨、碳化钛等组成的硬质合金，都具有高的抗腐蚀磨损能力。

滑动轴承的材料，若含有镉、铅等元素，容易被润滑油中的酸性物腐蚀，在轴承表面生成黑点，逐渐扩展成海绵状空洞，并在摩擦过程中成小块剥落。若含有银、铜等元素，则低温时能起减磨作用，高温极易剥落。

为防止或减轻轴承的腐蚀磨损，应从选材、表面镀铜、降低表面加工温度及选择适当的润滑油等方面进行改进。

4. 微动腐蚀磨损

1）微动腐蚀磨损机理

摩擦副没有宏观的相对运动，但在外界变动载荷的作用下，有小振幅的相对滑动，振幅小于 100μm，一般为 2 ~ 20μm。此时表面上产生大量微小氧化物磨损粉末，由此造成的磨损称之为微动腐蚀磨损。可见，微动磨损发生在相对静止的配合副上，如键连接处、螺栓连接处、过盈配合的轮和轴等处。

若振动应力足够大，微动磨损处形成表面应力源，疲劳裂纹发展引起完全的破坏。因此，微动磨损是一种复合形式的磨损。

2）影响微动磨损的因素

在一定条件下，磨损量随负荷的增加而增加，但增加的速率则不断减小，超过极大值后，微动磨损不断减小，如图 2-25 所示；磨损量与零件振动总次数成比例增加，且随振幅增大而增大；在总振动次数相同时，磨损量随振动频率的增加而减小，如图 2-26 所示；在大气条件下，微动磨损量随相对湿度的增加而下降，如图 2-27 所示。

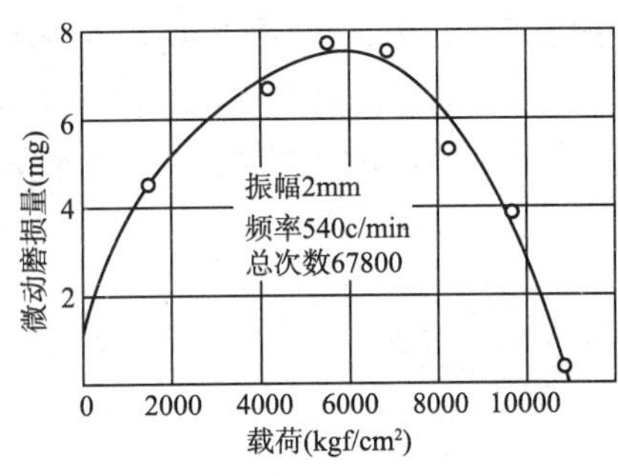

图 2-25　微动腐蚀磨损与载荷的关系

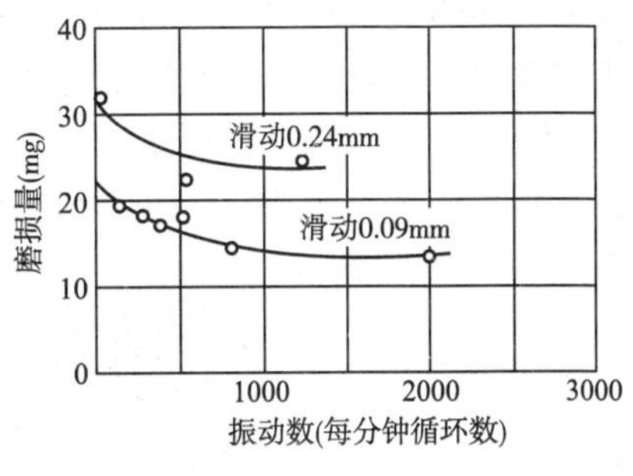

图 2-26　微动磨损磨损量与零件振动频率的关系

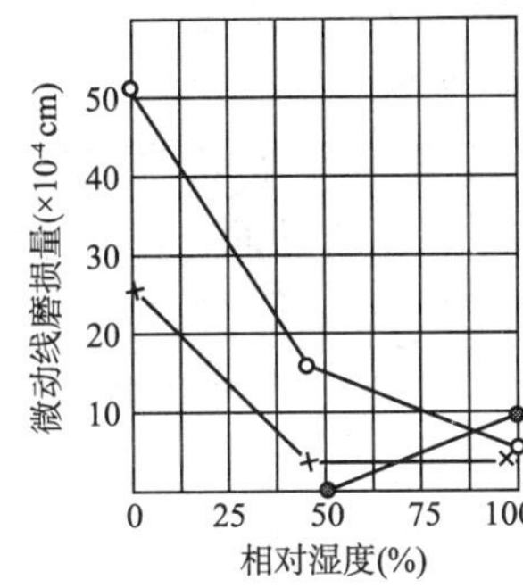

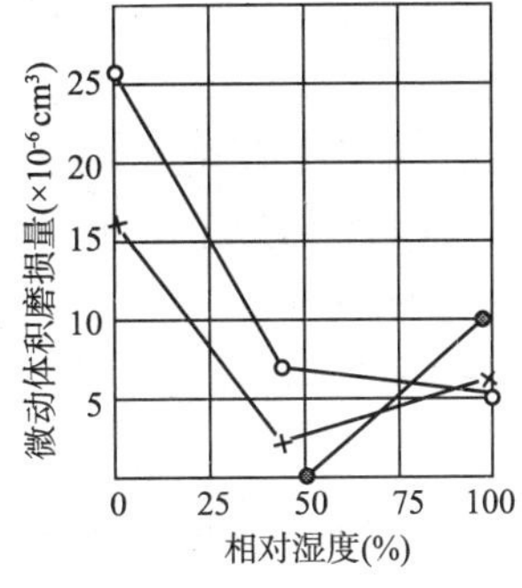

图 2-27　相对湿度与微动磨损量的关系

六、典型零件的磨损

1. 汽缸和活塞环的磨损

汽缸的磨损是粘着、磨料、腐蚀 3 种磨损形式综合的作用结果，其影响因素很多。在磨损过程中起主要作用的磨损形式不同，磨损后的宏观形状也不同。

1) 正常磨损

在正常使用条件下，汽缸的磨损率较小。汽缸磨损后的纵向形状呈锥形，如图 2-28 所示。最大磨损部位位于第一道活塞环在上止点时所对应的汽缸壁处。活塞环工作区外的上口几乎没有磨损，而呈现明显的台肩。在第一道活塞环下止点位置所对应的汽缸壁处，磨损也较邻近处大，磨损曲线在此部位有小小的突起，正常磨损的汽缸壁表面光滑。

汽缸沿径向方向的磨损也是不均匀的。各个方向的磨损往往相差 3 ~ 5 倍，最大磨损区的位置与发动机结构、使用条件有关。一般认为与进气门的位置对应的径向方向的不均匀磨损最大，如图 2-29所示。主要原因是此部位受到可燃混合气的冲刷，润滑油膜可能遭破坏，汽缸沿圆周方向温度不均匀。另外，活塞连杆组的弯曲等也是造成径向方向磨损不均匀的原因。

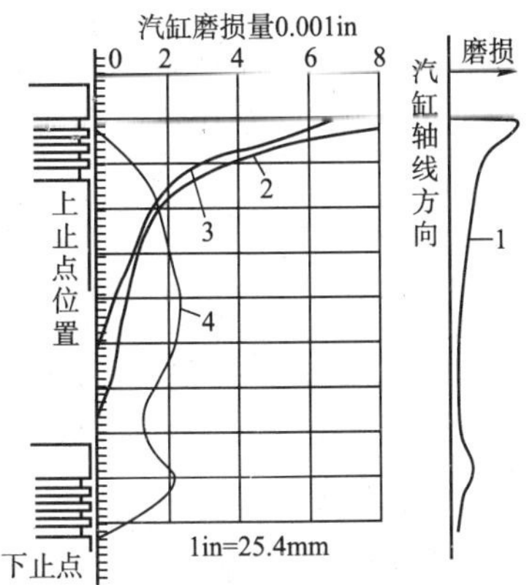

图 2-28　汽缸沿轴线方向的磨损

1-正常磨损；2-低温腐蚀磨损；3-磨料(进气尘土)磨损；4-磨料(润滑油中尘土)磨损

2) 异常磨损

(1) 磨料磨损。磨料来自两方面：一是来自润滑油；另一是来自进入汽缸的新鲜空气。润滑油中

的磨料所引起的磨损在汽缸中部最大，它使汽缸被磨成鼓形，如图 2-28 中曲线 4，其原因是该处活塞滑动速度最大。在圆周上垂直于曲轴轴线方向的部位磨损最大。这是侧压力作用的结果。润滑油中的磨料来源于润滑油受热分解产生的不易溶解的胶状沉淀物、缸壁和其他摩擦表面磨损物碎屑、废气中的炭粒和铅的化合物、空气中的尘埃等。

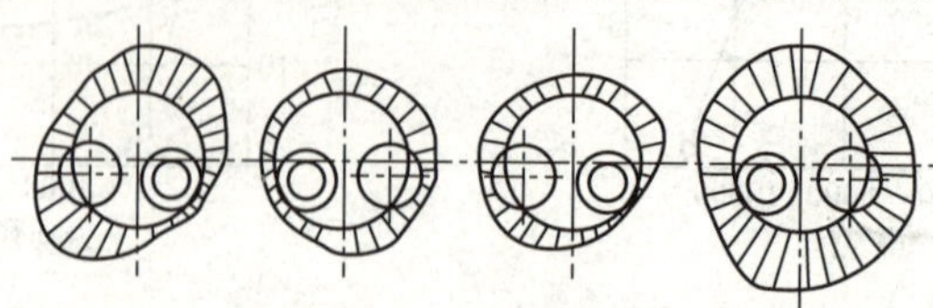

图 2-29 顶置气门发动机和汽缸径向磨损特点

（图中：单圆为排气门；双圆为进气门）

尘埃引起的最大磨损发生在第一道活塞环上止点位置处，磨损区在汽缸的上部，如图 2-28 中曲线 3。这是因为尘埃首先进入汽缸的上部滑磨面，往下运动时，磨料被压碎或锐角被磨钝，对磨损的影响变小。

磨料磨损还受到磨料尺寸和硬度的影响，对汽缸来说，尺寸为 20 ~ 30μm 的磨料颗粒对磨损影响最大。

（2）腐蚀磨损。汽缸腐蚀磨损的强度和汽缸壁的温度有关，如图 2-30 所示。在 $t_k \sim t_n$ 温度范围内，汽缸的磨损很轻微，高于这个温度，润滑油变得很稀，油膜可能遭到破坏，使燃烧生成物中的酸性物质和缸壁直接接触，产生化学腐蚀磨损。温度愈高，腐蚀磨损加剧。当温度低于 t_k 时，酸性物质与汽缸壁发生电化学反应，引起电化学腐蚀，使发动机汽缸腐蚀增加，这种情况下的磨损称为低温腐蚀磨损。温度愈低，其磨损速率愈大。

从减少发动机磨损和保持良好的动力性和经济性考虑，发动机的冷却液温度要求为 92 ~ 98℃。发动机机体温度过高，常会出现发动机功率不足和过热现象。而冷却液温度偏低，会发生腐蚀磨损。

腐蚀磨损的特征是磨损区在汽缸的上部，最大磨损也发生在第一道活塞环上止点位置对应的部位，如图 2-28 曲线 2。腐蚀磨损的强度比正常磨损大得多，腐蚀磨损严重时，在活塞环工作区外的汽缸壁上也往往出现腐蚀凹坑。

（3）其他原因。活塞在汽缸中倾斜，会使汽缸下部的磨损也变得较大，在活塞环下止点位置对应的汽缸壁处形成一非常明显的小台肩。其倾斜的原因有：汽缸轴线与曲轴轴承孔轴线的垂直度偏差；连杆轴颈轴线与主轴颈轴线平行度偏差等位置精度超差。

2. 活塞环的磨损

1）活塞环擦伤

活塞环擦伤的部位大致在环面的中间，有细小的擦伤痕迹，如图 2-31 所示。其擦伤原因可能是由于环的弹力过大，不能保持足够厚度的油膜，或是环卡死在环槽中不能自由活动。有时是活塞裙部先开始产生擦伤，裙部擦伤扩展时会使汽缸壁表面产生擦伤而变得粗糙，最后导致活塞环的擦伤。

2）活塞环磨料磨损

在有磨料磨损的情况下，活塞环外表面的磨损将急剧增加，而环的上、下端面磨损增加较少，当磨料来自空气和燃油时，第一道活塞环的磨损增加最多；而当磨料来自润滑油时，最下端环的磨损增加最多。

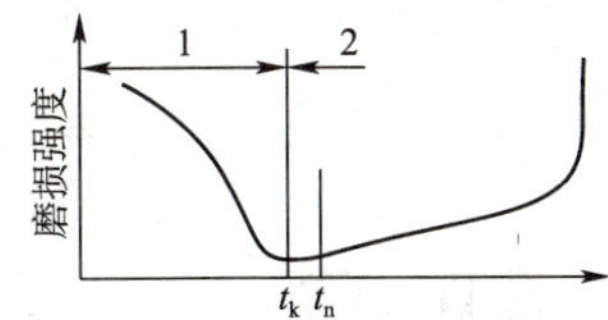

图 2-30　汽缸壁温度与腐蚀强度的关系

1-电化学腐蚀;2-化学腐蚀

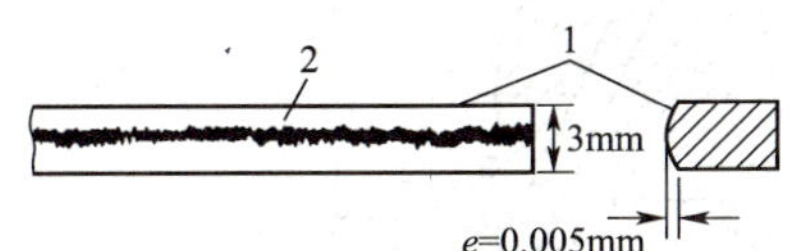

图 2-31　活塞环的擦伤外观

1-镜面;2-擦伤

为了减少活塞环和汽缸的磨损,在加工制造方面一要提高活塞环的表面粗糙度和珩磨网纹轨迹的角度。在使用方面,一要使用性能优良的润滑油(一般可用车辆制造厂家推荐的润滑油);二要定期对车辆进行维护,定期更换三滤。

3. 曲轴轴颈与轴承的磨损

1)连杆轴颈的磨损

连杆轴颈在径向方向上的磨损是不均匀的。最大磨损发生在朝向主轴颈轴线的一侧,而不是发生在轴颈的最大受力部位。这是因为在四行程发动机中,连杆轴颈所受到的气体压力,活塞和连杆往复运动的惯性力以及连杆大头旋转运动所产生的离心力和合力主要作用在连杆轴颈的内侧,作用的时间长。对于连杆轴颈的磨损来说,连杆旋转部分质量的离心力对它影响最大。因为离心力在整个工作循环中始终存在。

连杆轴颈的最小磨损处一般在轴颈的侧面,而距连杆轴颈最高点(顺曲轴旋转方向)45°~75°的范围内。

连杆轴颈在径向方向上磨损的不均匀度,平均变动在 500%~1000%。在中等磨损量下,磨损后连杆轴颈的圆柱度偏差不超过 0.025mm。在大的磨损量下,圆柱度偏差可达 0.05mm 或更大,而且轴颈磨损愈大,圆柱度偏差也愈大。

连杆轴颈沿轴颈轴线方向的磨损也往往是不均匀的,某些发动机的连杆轴颈磨损后圆柱度误差大大增加,其原因往往是受结构的影响,如 NJ130 汽车发动机采用不对称连杆,从主轴颈通过连杆轴颈的斜油道,也是使连杆轴颈磨成锥形的一个原因。润滑油由主轴颈流往连杆轴颈的过程中,其中的机械杂质在离心力的作用下被抛到油道的外侧,在油道的出口处,集中在油道外侧的微粒偏积在油道倾斜方向相反的一边,并在此处形成较大的磨料磨损。且大的磨粒往往嵌入轴承的合金层中,长久地擦伤和磨损轴颈,往往在轴颈的这一部位磨出环状的沟痕,如图 2-32 所示。

此外,汽缸轴线与曲轴轴承座孔轴线不垂直、连杆弯曲、活塞销孔轴线与活塞轴线垂直度偏差等,都会引起连杆轴颈在长度上的不均匀磨损。

2)主轴颈的磨损

曲轴主轴颈的磨损部位与发动机的汽缸数、曲拐的布置形式以及是否有平衡块等有关。引起主轴颈磨损不均匀的主要原因是连杆轴颈和连杆大头旋转的离心力。四缸机和六缸机曲轴主要磨损部位如图 2-33 和图 2-34 所示的粗黑线处,即靠连杆轴颈一侧的主轴颈表面的磨损较严重。若在曲柄的相对位置装上平衡块,则主轴表面的磨损会均匀些。各道主轴颈的磨损又以第一道轴颈较为严重,这是由于曲轴前端的带轮轴颈、正时齿轮轴颈所受的径向负荷大,振动负荷也较大造成的。

总之,连杆轴颈的磨损比主轴颈的磨损严重,中碳钢曲轴的磨损也比球墨铸铁曲轴的磨损严重。连杆轴颈磨损较严重的原因是它的润滑条件较主轴颈差;而球墨铸铁磨损较小的原因是球墨铸铁的减磨性好,内含石墨。

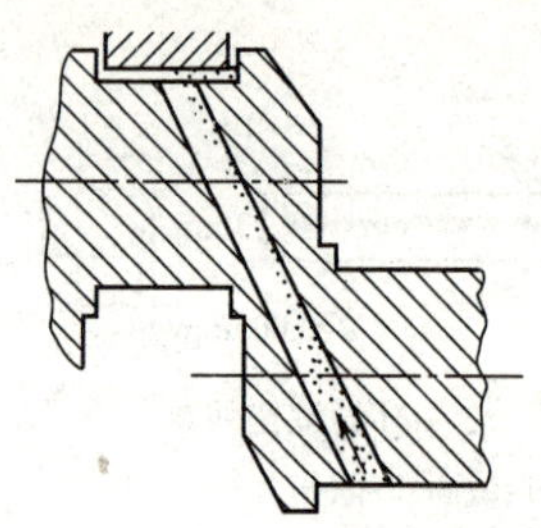

图 2-32　润滑油中机械杂质偏积示意图

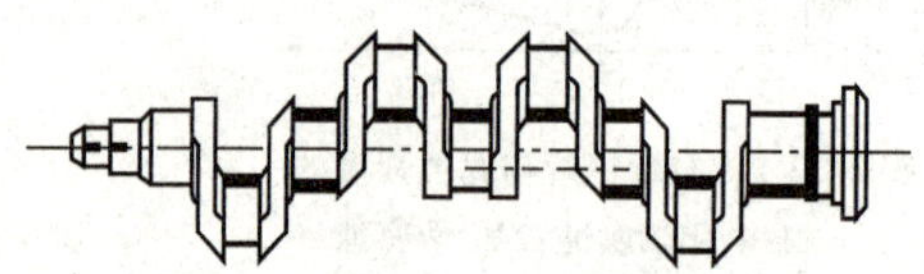

图 2-33　四缸机曲轴主轴颈磨损部位

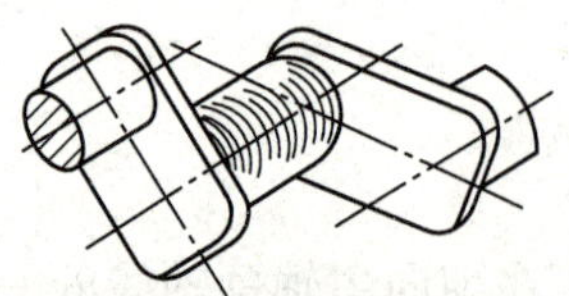

图 2-34　六缸机曲轴主轴颈磨损部位

对于 V 型发动机来说，主轴颈的负荷比连杆轴颈大，此外，连杆轴颈内部设有分离润滑油中的杂质存储沉井，防止机油中的机械杂质进入轴颈表面，因此，主轴颈的磨损要比连杆轴颈大。

3）轴承的磨损

在所有的发动机中，连杆轴承和主轴承在径向方向上的磨损都是不均匀的。连杆轴承的上轴承磨损较大，而且最大磨损部位总是在上轴承的中部。主轴承的下轴承比上轴承的磨损大，同时轴承的下部地带磨损大。轴承磨损最大的部位是润滑油油膜厚度最小的区域，这个区域的温度最高，从而使轴承材料的抗磨损强度受到削弱。此外，机油中大多数磨粒也是在这个区域中与轴承表面接触。总之，轴承的磨损特点是由曲轴的运动性质决定的。

在直列式发动机中，主轴承的磨损比连杆轴承的磨损小 30% ~20%，而在 V 型发动机中，主轴承的磨损比连杆轴承大 0.5 ~1 倍。另外，轴承合金还可以产生腐蚀、疲劳和气蚀。

第三节　零件的变形

一、零件变形的基本概念

汽车在使用过程中，由于受力的作用使零件的尺寸或形状产生改变的现象叫做零件的变形。汽车零件，特别是基础零件和车架等零件的变形，将严重影响相应总成和汽车的使用性能及寿命。

1. 弹性变形

弹性变形是指金属在卸除外力后能完全恢复的那部分变形。弹性变形的机理是晶体中的原子在外力作用下偏离了原来的平衡位置，使原子间距发生变化，从而造成晶格的伸缩或扭曲。因此，弹性变形量很小，一般不超过材料原长度的 0.10% ~1.0%。而且，金属在弹性变形范围内，符合虎克定律，即应力与应变成正比。

许多金属材料在低于弹性极限应力的作用下，会产生滞后弹性变形。所谓滞后弹性变形，就是材料在一定应力作用下，不能瞬时地达到其平衡位置；当卸除载荷时，也不能瞬时恢复原状的现象，简称弹性后效。

通常经过冷校后的零件（如曲轴），经过一段时间后，又发生弯曲，这就是弹性后效的结果。消除弹性后效的方法是长时间的回火，一般钢件的回火温度是 300 ~450℃。

2. 塑性变形

塑性变形是指材料在外力除去后，不能恢复的那部分永久变形。实际使用的金属材料，大多数是多晶体,且大部分是合金。由《金属材料学》的基本理论可知:多晶体的变形抗力比单晶体高,而且使变形复杂化。因此,晶粒愈细,则单位体积的晶界越多,塑性变形抗力越大,即强度愈高。

金属塑性变形后会引起组织结构和性能的变化,使晶界向某个方向延展,所承受的应力也有方向性,即由原来的各向同性变为各向异性。金属塑性变形还会产生加工硬化现象,同时在金属内部还产生应力(或残余应力)。另外,塑性变形使原子活泼能力提高,造成金属的耐腐蚀性下降。

二、基础件变形对寿命影响

汽车零件的变形是十分常见的。有些零件如曲轴、连杆等,由于形状简单,变形的产生比较直观,变形的检查和校正也比较简单,因此,在维修中容易被重视。但是,对于一些基础件如汽缸体、变速器壳、桥壳和车架等,其形状复杂、相互位置精度要求高,变形的测量检查及变形的校正均较困难,因此,在维修中容易被忽视。

1. 汽缸体

汽缸体经使用后,甚至长期放置的备用汽缸体,绝大多数会产生不同程度的变形。据统计约有 80% 以上的缸体变形超过了规定的公差要求。汽缸轴线与曲轴轴线的垂直度对发动机的使用寿命影响最大,经发动机台架试验证明,该数值在 200mm 长度上达到 0.17 ~ 0.18mm 时,发动机汽缸的磨损增加 30% ~40%,也就是发动机的使用寿命相应缩短了 30% 以上。这是因为该垂直度超差过大,将使活塞在汽缸内产生倾斜,从而使活塞环和活塞与缸壁的局部接触应力增高,以致加剧了摩擦和磨损。

主轴承座孔同轴度及圆度超过公差要求时,可能使曲轴在轴承中翘曲。不但增加了曲轴的附加载荷,加速了曲轴及轴承的磨损,严重时还常常导致曲轴的断裂事故。

2. 变速器壳

修理实践证明,汽车变速器壳的变形也是比较严重的,变速器壳变形主要表现为轴承座孔轴线的同轴度、平行度以及前后端面的垂直度等超过公差要求。

变速器各轴承座孔轴线的同轴度、平行度是影响变速器使用寿命和正常工作的重要因素。试验表明,当平行度偏差达到 0.19mm 时,其转矩的不均匀性比新的变速器要高一倍左右。同时,它还破坏了齿轮的正常啮合,造成齿轮偏磨,产生较大的轴向分力,不仅加剧了轮齿的磨损,有时还造成变速器工作中自动跳挡。

三、零件变形的影响因素

汽车零件在使用过程中产生变形的原因是多方面的,主要是由于外载荷、内应力、结晶缺陷及较高的温度等作用的结果。

1. 外载荷

汽车在使用过程中,由于传递力而承受外载荷。当外载荷产生的应力超过材料的屈服强度时,则零件将产生过应力永久变形。

汽车工作条件相当恶劣,使用过程中经常满载或超载,而且路面条件很差,并频繁制动、停车和起动,产生较大的瞬时超载,导致基础件或零件发生变形。另外,还有零件的变形是由于其结构布置不合理而引起的。

2. 温度

温度升高，金属材料的原子热振动增大，临界切向变形抗力下降，容易产生滑移变形，使材料的屈服极限降低。当温度超过一定程度时，金属材料还会产生蠕变现象（高温蠕变）。即在一定的温度和一定的应力作用下，随时间的增加，金属将缓慢地发生塑性变形。如碳钢的温度高于300～350℃时，就会产生蠕变。温度愈高，产生蠕变的应力愈小。另外，如果零件受热不均，各处的温差过大，会产生较大的热应力，也会引起零件的变形。

3. 内应力

汽车中的壳体零件和车架等，一般为铸铁或焊接件，且形状复杂、尺寸较大。在制造和加工过程中，不可避免地会产生较大的内应力。零件虽然经时效处理，但内应力不一定彻底消除，将有部分应力残存下来。残余应力对零件的静强度、尺寸稳定性等，有较大的影响。材料在残余应力的长期作用下，不仅使弹性极限降低，还会产生减小内应力的塑性变形（即内应力松弛）。因此，由于残余应力的长期作用，或者工作应力与残余应力的叠加使零件的实际应力增大，而容易导致变形。

4. 结晶缺陷

零件产生变形的内在原因是材料的内部缺陷，如位错、空位等。

位错是晶体中的线缺陷，在金属材料中大量存在。位错是一种易运动的缺陷，即在较小的切应力作用下即可运动。因此，具有大量位错的材料是不稳定的，在外力长期作用下，特别是在高温下，不大的应力可引起位错运动，而使金属产生滑移变形。

空位是晶体结构中某些结点位置出现的空着的位置，是晶体中普遍存在的一种点缺陷。空位的存在对晶体的内在运动和某些性能有较大的影响。由于空位的存在，出现了一个负压中心，且空位在一定的能量条件下，可以产生合并或消失。这一过程是一种扩散，是通过空位的移动来达到的。而空位的移动也是原子向空位运动的过程，其结果引起金属的变形。

由此可知，金属的变形是有多方面原因的，它往往是几种原因共同作用的结果。

第四节　零件的疲劳断裂

疲劳断裂是指零件在反复多次的应力或能量负荷循环后才发生的断裂现象。零件在使用过程中发生的断裂，有60%～80%属于疲劳断裂。其特点是断裂时应力低于材料的抗拉强度或屈服极限。不论是脆性材料还是塑性材料，其疲劳断裂在宏观上均表现为无明显塑性变形的脆性断裂。

一、疲劳裂纹的产生和发展

1. 疲劳裂纹的产生

经实验研究表明，零件在疲劳载荷作用下，因位错运动而造成的不均匀滑移带，是产生疲劳裂纹的最根本原因。表面缺陷或材料内部缺陷起着尖缺口的作用，产生应力集中，促使疲劳断裂的形成。

承受交变载荷的零件，在较低的应力（低于屈服极限）下，在其表面（当表面经强化处理后可转至表面以下或内部）将出现不均匀的滑移带。在某些强烈滑移带内，各小滑移带的滑移不均匀性更为严重，其高度差造成许多如锯齿状显微缺口。在两侧高度差较大的滑移面间较尖锐的缺口处，由于应力和应变集中的不断加强，而形成滑移裂缝。

零件的表面难免存在加工缺陷(如刀痕、磨削裂缝、锻造或热处理过热或裂缝等)、截面尺寸突变(如台肩、尖角、键槽和小孔等)、以及各种腐蚀缺陷(如晶界腐蚀、应力腐蚀、蚀坑等),这些地方将产生较大的应力集中,疲劳裂纹容易产生。

金属材料的第二相质点、非金属夹杂物、晶界和弯晶界、疏松、孔洞、气泡等处,有较高的应力集中(比工作应力高 2 ~3 倍),易造成该处滑移不均或夹杂物断裂而引起疲劳裂纹的产生。滑移带达到晶界或弯晶界处,滑移方向将发生改变,在该处也形成高应力区,使滑移不均匀。在交变应力的继续作用下,晶界处的变形和应力不断增加,最后晶界处或弯晶界处产生疲劳裂纹。

因此,减少零件的表面加工缺陷和应力集中部位,控制夹杂物等级和细化晶粒,强化金属表面等,是提高抗疲劳强度,延长疲劳寿命的有效途径。

2. 疲劳裂纹的扩展

一般情况下,疲劳裂纹的扩展分为 2 个阶段,如图 2-35 所示。

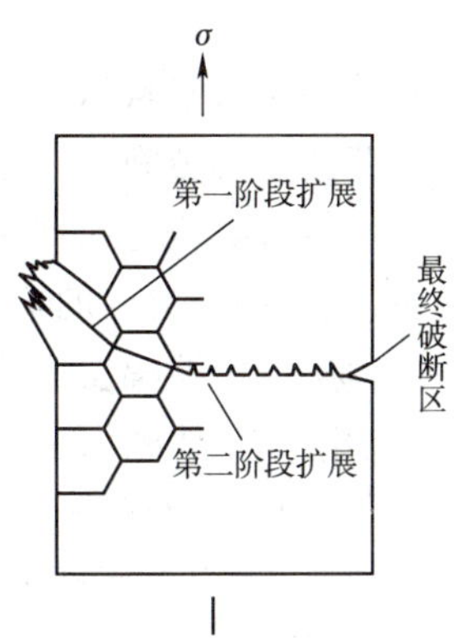

图 2-35　疲劳裂纹扩展的两个阶段

第一阶段,也称为切向扩展阶段。即当疲劳裂纹在零件表面形成后,立即沿着最大切向力方向(与主应力方向成 45°角)的滑移面向金属内部扩展。扩展的深度一般决定于材料的晶体结构、晶格尺寸、应力幅度和温度等,大约只有零点几毫米。

第二阶段,裂纹按第一阶段方式扩展一定距离后,将改变方向,沿与正应力相垂直的方向扩展。因此,该阶段也称为正向扩展阶段。其裂纹基本上以单位正向疲劳方式,较均匀的速率稳定向前扩展。当扩展至一定深度后,由于剩余的工作截面减少,应力逐步增大,裂纹将加速扩展,直至最后发生瞬时过载断裂。这一扩展阶段在疲劳断口上,产生宏观的疲劳弧带(前沿线、后纹线)和微观的疲劳纹(疲劳辉纹、疲劳条痕),这是判断零件是否疲劳断裂的有利依据。经研究表明:疲劳辉纹与超载应力循环对应,其间距对应于超载应力循环的疲劳裂纹扩展速率。因此,疲劳裂纹也是对疲劳断口进行微观定量分析的重要依据。

二、疲劳断口形貌及其分析

1. 疲劳断口的形貌

典型的疲劳断口按照断裂过程有 3 个区域:疲劳核心区、疲劳裂纹扩展区和瞬时破坏区,如图 2-36 所示。

1)疲劳核心区

也称疲劳源,是疲劳裂纹最初形成的地方,用肉眼或低倍放大镜就能判断其位置。它一般总是发生在零件的表面,但若材料表面强化或内部有缺陷,也可在表面下或内部发生。在疲劳核心周围,往往存在着以疲劳源为焦点的,非常光滑细洁、贝纹线不明显的狭小区域。疲劳破坏好似以它作为中心,向外散射海滩状的疲劳弧带和贝纹线。此外,在该区域还常看到以疲劳核心为中心的向四周辐射的放射台阶或沟线,如图 2-37 所示。这是由于疲劳裂纹沿着一系列具有高度差的宏观平面向周围扩展,或者是在疲劳核心区同时存在若干个疲劳核心扩展而形成的。一般来说,疲劳核心的数目越多,核心区有台阶或疲劳沟线,说明零件的过载程度较大。

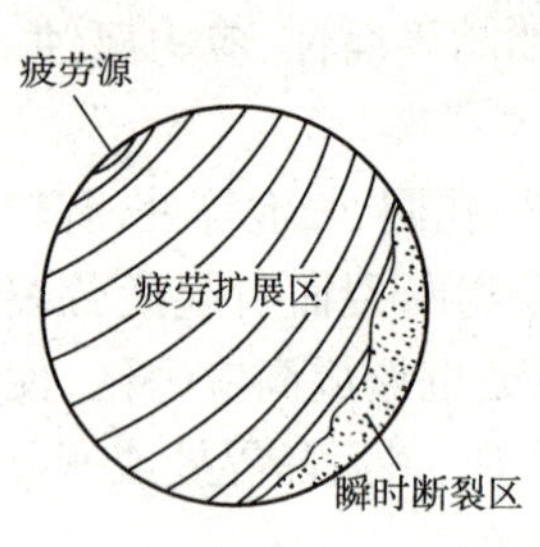

图 2-36　疲劳断口的宏观形貌

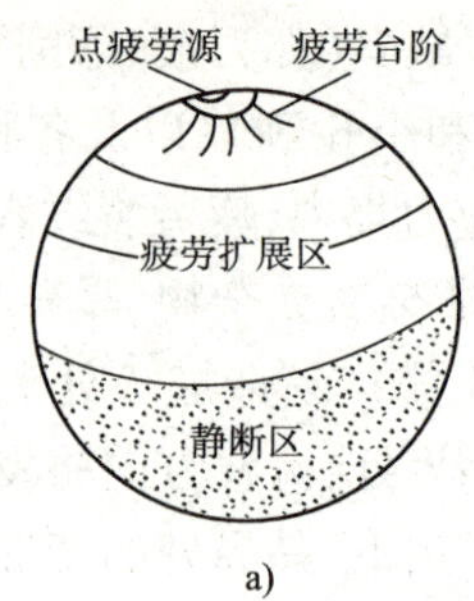

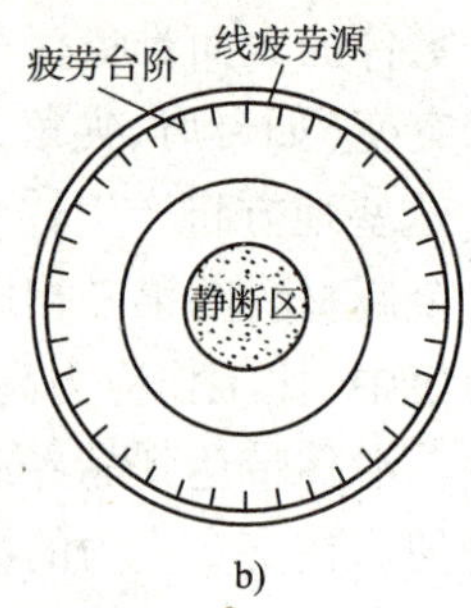

图 2-37　疲劳台阶与疲劳源关系示意图
a）点疲劳源时，台阶呈辐射状；
b）线疲劳源时，台阶沿疲劳源线分布

2）疲劳裂纹扩展区

疲劳区是疲劳断口上最重要的特征区域。其最明显的特征是常呈现宏观的疲劳弧带和微观的疲劳纹。疲劳弧带大致以疲劳源为核心，似水波形式向外扩展，形成许多同心圆和同心弧带，其方向与裂纹的扩展方向相垂直。一般认为，疲劳弧带是由于机器间歇工作，或在使用过程中应力振幅发生显著变化等，在断口上留下的痕迹。通常铝合金和碳钢等软金属材料的疲劳弧带比较清晰。当零件超载程度很大时，疲劳弧带就不清晰。

微观的疲劳纹是一系列基本上相互平行的、略带弯曲、呈波浪形的条纹。其方向与局部裂纹扩展方向相垂直。每一条疲劳纹，代表一次载荷循环，疲劳纹的条数与循环次数相等。这是疲劳断口进行微观定量分析的理论依据。疲劳条纹的出现与否，决定于应力状态、材料性质以及环境等因素。有时疲劳端面无疲劳弧带，而呈现细晶状，甚至光洁得像细瓷状结构。这是由于疲劳断口表面，在交变应力作用下，多次反复压缩、摩擦造成的。一般情况下，疲劳断面愈光滑，说明零件在断裂前，所经历的应力循环次数愈多，所受载荷愈小。

3）瞬时断裂区

该区简称静断口，也称最终破断区、过载破断区，是当疲劳裂纹扩展到临界尺寸时发生的快速破断区。其宏观特征与静载拉伸断口中，快速破断的放射区及剪切区相同。但有时仅出现剪切区，而无放射区。对于非常脆的材料，该区为结晶状的脆性断口。

由瞬间破断区的位置和大小，可估计所受载荷，名义应力的大小。瞬时破断区在断口上所占的面积越大，则零件所受载荷及名义应力越高。对于旋转弯曲疲劳断口，还可根据瞬时破断区的位置，来估计所受载荷的大小。所受载荷越大，则最终破断区越移向端面的中央，如图 2-38 所示。

根据疲劳断口的宏观形貌，可对疲劳断口进行宏观定量分析。即根据疲劳源的数目、疲劳断裂区和瞬时断裂区面积的比值、疲劳源区台阶数目、疲劳源及疲劳区的光泽和粗糙度、疲劳断裂区弧带密度等，并结合零件的工作条件和实际工作时间；估算疲劳应力的大小和应力集中的影响程度。应力大小对疲劳断口宏观形态的影响情况，如表 2-4 所示。

2. 断口分析

断口分析是从断口的宏观和微观形态、原材料的化学成分、晶体结构、冶金缺陷、力学性能及零件的制造工艺、表面质量、几何形状和使用条件等多方面进行分析，推断破断的原因，并提出改进的措施。断口分析的目的主要是：

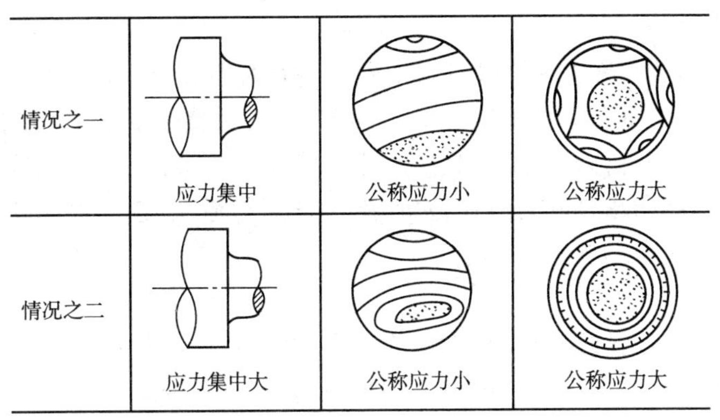

图 2-38　应力对旋转弯曲疲劳断口宏观形态的影响

应力大小对疲劳断口形态的影响　　表 2-4

分析内容 \ 应力大小	应力小		应力大	
光泽度	亮、细		暗、粗	
弧带密度		细密		稀疏
有无疲劳台阶		无台阶		有台阶
瞬时破断区面积		面积小		面积大
疲劳源数目		单源		多源
综合分析				

(1)判定断裂的性质和类型,分析、找出破坏的原因;

(2)研究断裂的机理;

(3)提出防止断裂事故的措施。

如考虑实际零件的断裂原因则往往是非常复杂的,故断口分析也是多方面的,其主要内容如下。

1)实际断裂情况的现场调查

实际破断情况的现场调查是破断分析的第一个重要环节,实际零件是在服役条件下破断,有时会产生许多碎片。对于断口和碎片,不管其形状如何,都必须严加保护,避免化学侵蚀。特别防止手指污染断口。在未查清断口的重要特征和照相记录以前,不允许对断口进行清洗。另外,还应对零件的实际工作条件,运行情况以及周围环境等作详细的调查和研究。

2）断口的宏观分析

指用肉眼或低倍放大镜（20倍以下），对断口进行观察和分析。断口宏观分析是破断分析中最常用、最方便、最重要和不可缺少的步骤和方法，是整个断裂分析的基础。宏观分析的范围很大，能观察和分析破坏主貌、裂纹和零件形状的关系；断口与变形方向的关系、断口与受力状况的关系；能初步判断裂纹源位置、断裂性质与原因，缩小进一步分析和研究的范围，为微观分析提供线索和依据。

3）断口的微观分析

它是对断口的重要区域用金相显微镜或电子显微镜进行观察和分析。微观分析的目的主要是观察和分析断口的形貌与显微组织的关系；断裂过程微观区域变化；裂纹的微观性质与裂纹两侧夹杂物性质、形态和分布，以及显微硬度、裂纹的起因等。

4）金相组织、化学成分和机械性能的检验

金相组织检验主要是研究材料是否有宏观及微观缺陷、裂纹分布与走向以及金相组织是否正常等。化学分析主要是复验金属的化学成分是否合乎零件要求，杂质、偏析及微量元素的含量和大致分布等。机械性能检验则主要是复验金属材料的常规性能数据是否合格。

5）其他因素

其他因素的考虑主要是结合零件的设计、加工及周围环境等情况，进行全面考虑。

第五节　零件的腐蚀与气蚀

腐蚀是指金属受周围介质的作用而引起破坏的现象。金属零件的腐蚀是一个十分严重的问题。据统计，全世界每年因腐蚀而损坏的金属制品的质量占金属年产量的1/5～1/3。因此，研究金属的腐蚀具有非常重要的现实意义。

一、零件的腐蚀

零件腐蚀按其机理可分为化学腐蚀和电化学腐蚀。

1. 化学腐蚀

金属与介质直接发生化学作用而引起的损坏叫化学腐蚀。腐蚀产物直接生成于发生腐蚀的部位，并在金属表面形成表面膜。膜的性质决定化学腐蚀的速度，如膜完整严密，则有利于保护金属而减慢腐蚀。金属在干燥空气中的氧化，以及金属在不导电介质中的腐蚀均属于化学腐蚀。

2. 电化学腐蚀

金属表面与周围介质发生电化学作用而有电流产生的腐蚀称为电化学腐蚀。引起电化学腐蚀的原因是金属与电解质溶液接触形成原电池，产生了电化学反应，而使电极电位较低的部分遭受腐蚀。这种原电池，由于其电流无法利用却使阳极金属受到腐蚀，因此称为腐蚀电池。

两种金属制成的零件，由于其电极电位不同，可以形成腐蚀电池。即使同一金属，由于各部位接触的溶液成分不同，也可形成浓差腐蚀电池。况且，各种金属都不是绝对纯，常含有杂质，并存在化学成分不均匀，组织差异和应力差异等。这些现象均可产生电位不等，构成许多微小的局部电池。当金属表面有氧化膜或镀层时，常因氧化膜不完整，有孔隙，或镀层有破损、裂纹等，在电解质溶液存在的环境下，亦形成局部腐蚀电池。

金属按电化学机理发生腐蚀时,同时进行两个过程:第一是阳极过程——金属原子变成离子进入溶液,并在金属上留下电子;第二是阴极过程——溶液中的去极化剂吸收掉金属上多余电子。氢离子和氧是常见的去极化剂。氢离子作为去极化剂的腐蚀过程称为析氢腐蚀。许多金属在盐酸或稀硫酸中均受到析氢腐蚀;氧作为去极化剂的腐蚀过程称为吸氧腐蚀。金属在盐或碱溶液中,或在大气、海水和土壤中均可产生吸氧腐蚀。

二、零件的气蚀

1. 气蚀的含义及特点

气蚀(亦称穴蚀)是当零件与液体接触并有相对运动时,零件表面出现的一种破坏现象。这种破坏的特点是在局部区域出现麻点、针孔,严重时呈聚集的蜂窝状的孔穴群。小孔的直径可达1mm甚至几毫米,深度可穿透零件。水冷柴油机缸套外壁、滑动轴承等都可能发生穴蚀破坏。由于柴油机的输出功率较大,缸套穴蚀破坏比较严重,成为影响缸套寿命的重要因素之一。

柴油机缸套穴蚀的特征是孔穴群常集中出现在连杆摆动平面的两侧,尤其在活塞侧压力大的一侧外壁最为严重,如图2-39所示。另外,在进水口的水流转向出口处、缸套支撑面及密封处也可能出现穴蚀破坏。

2. 气蚀产生的机理

以柴油发动机缸套为例,其振动产生的空穴及空穴生成原理,如图2-40所示。

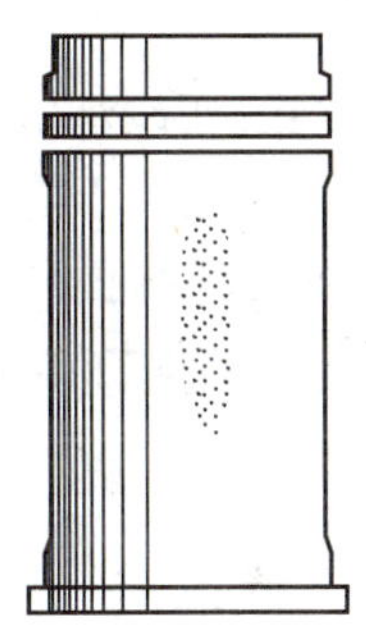

图2-39　柴油机缸套的穴蚀

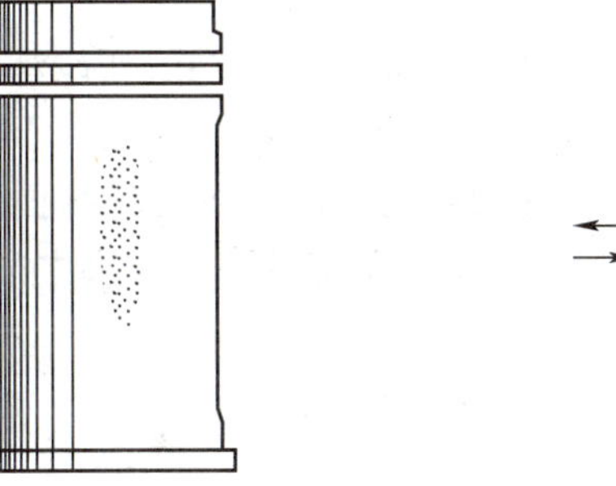

图2-40　缸套振动产生的空穴及空穴生成原理

由于汽缸内压力的周期变化和活塞侧推力 p_H 的作用,对汽缸套的周期性撞击使汽缸套产生弹性变形及高频振动,造成水套中冷却液交替地拉伸和压缩。由于水的内聚力小于附着力,紧贴缸壁的水膜与大部分水层之间形成局部瞬时"真空",在水中出现气泡(或真空泡)。另外,当汽缸套振动速度很大时,导致冷却液的运动跟不上,"水膜"也难附于缸壁上,冷却液与缸壁之间则出现局部"真空",从而也产生气泡(或真空泡)。当气泡周围的压力较高时,气泡受压爆炸。气泡爆炸时的速度很高(可达250m/s),时间很短,产生的瞬间冲击波可达几千甚至上万个大气压和数百度以上的高温。这种冲击波连续反复地作用到汽缸套外壁极小的面积上(作用直径几个微米),致使金属产生疲劳而逐渐脱落,并在金属表面形成空洞。

日本学者古滨庄一对穴蚀从力学的观点进行了解释,如图2-41所示,从而推导出气泡爆炸时压力上升值 Δp,即:

$$\Delta p=\sqrt{\frac{2}{3}\frac{p_0}{\beta}\left[\left(\frac{R_0}{R}\right)^3-1\right]} \tag{2-21}$$

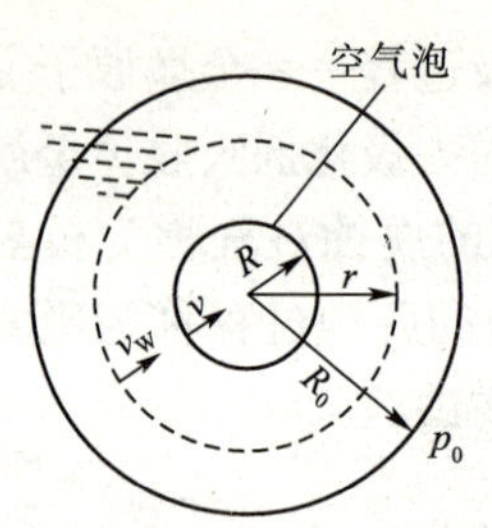

图 2-41　真空泡溃灭时的能量

式中：p_0——水初始压力；

β——水的压缩率；

R_0——气泡初始半径；

R——气泡爆炸时的半径。

当气泡爆炸时，$R\to 0$，$R_0/R\to\infty$，则 $\Delta p\to\infty$。由于压力急剧上升，对缸套外壁产生很大的冲击，气泡生成再破灭反复作用，以致发生穴蚀。

穴蚀是一种比较复杂的破坏现象，它不单纯是机械力所造成的破坏，液体的化学作用及电化学作用，液体中的磨料作用等均可加剧破坏过程。

3. 减轻零件穴蚀的措施

减轻零件穴蚀破坏主要应从两方面着手，一是要防止或减少气泡的形成；二是如气泡不可避免地产生，就要设法使它在远离零件表面的地方破裂，或是提高零件材料的抗穴蚀能力。目前，主要采取如下措施：

（1）改进冷却系的结构，消除冷却液管路中局部涡流区和死水区。采用切向进水布置，冷却液沿切线方向流入汽缸套壁，在气泡尚未破裂时被冷却液带走，这就减轻了气蚀破坏。由于消除了死水区，冷却效果得到改善。

（2）减轻缸套的振动。增加缸套的刚性（如适当增加缸套壁厚，加中间支撑）；尽可能减小活塞-汽缸间隙；使柴油机工作柔和等都有利于减少缸套的振动，对防止和减少穴蚀的产生都有一定的作用。

（3）改变冷却液的性质。在清洁的冷却液中加入某些添加剂改变冷却液的性质。如冷却液中加入1% ~1.5%的NL防锈乳化油，可使穴蚀破坏减轻。这是由于防锈乳化油不但有很强的吸附力，而且有良好的防腐蚀作用。它很容易吸附在缸套外壁面和包围在气泡的周围，这样不但气泡不易溃灭，而且缸套壁有一层吸附膜，起到一定的保护作用。

第六节　其他损伤

前面几节介绍了金属零件的失效模式和失效机理，并分析了导致损伤的主要影响因素。随着新技术和新材料在汽车制造中的广泛应用，电子元件、工程塑料和橡胶制品在汽车零件中所占的比例越来越大。因此，有关电子元器件失效模式、失效机理、工程塑料及橡胶制品的损伤原因，也成为汽车维修工作中经常遇到的问题。研究这些问题有助于提高汽车的维修质量，延长汽车的使用寿命。

一、电子元器件的损伤

1. 电子元件及设备损伤的影响因素

汽车电子元件及设备工作环境可概括地归纳为以下几点：温度和湿度的变化范围宽、电源电压波动大、脉冲电压强、电磁相互干扰多、振动与冲击剧烈，尘埃与有害气体侵蚀等。

1）温度

主要有两方面，即气候温度和工作环境温度。我国幅员辽阔，南北方不同地区，气候温度的变化范围是 -40 ~40℃。而汽车电子元件的工作环境温度与汽车运行时间的长短、电子元件安装的位置以及自身的散热条件密切相关。据资料统计，发动机缸体最高温度可达

100℃左右，仪表盘可达60℃，而排气管可达600℃。对电子元件来讲，这样高的温度往往是造成过热损坏的重要原因。例如，伏尔加24-10的无触点晶体管点火器的典型故障之一就是大功率晶体管发生热穿透。

2）湿度

湿度随地区和季节不同而不同，湿度的增加，会使电子产品的绝缘性能下降，加速老化。

3）电源电压的波动

电源电压的波动有2个方面的原因：第一是由调节器工作引起的波动，其波动范围较小，一般不影响电子元件正常工作。第二就是瞬间过电压（浪涌电压和脉冲电压），瞬间过电压对电子元件和设备的危害如下：

（1）当断开点火开关时，由于发电机磁场绕组与蓄电池之间的通路瞬间断开，磁场绕组中产生的感应电压可达50～100V。此时电路中已断开与蓄电池的连接，因而作用在电路中的过高电压极易引起电子元件和相关设备的损坏。

（2）发电机与蓄电池之间的连线在运行中意外地松脱，或突然抛负载（短路），则发电机的端电压可能瞬间升高，极限情况下可能达到100V以上，且持续时间长达0.1s。对于某些对电压敏感的元件，这样幅值和脉宽的电压足以引起元件的损坏。

4）电磁干扰

电磁干扰虽然不会直接造成电子元件的损伤，但会影响电器设备的正常工作。由于汽车上的各种电器都以不同的方式进行工作，它们之间将会产生相互的电磁干扰，并且这些相互干扰还是不可避免的。因此，对于汽车的电器设备来说，电磁相容性就十分重要。为此，汽车上的电子计算机都应具有良好的电磁屏蔽措施，一旦屏蔽损坏，将导致控制系统的工作异常。

其他的对汽车电子设备造成的损坏原因还有振动与冲击。汽车运行中不可避免存在着振动和冲击的状态。它对电子设备造成的破坏属于机械性的，往往表现为松脱、断线、松焊、触点抖动、搭铁不良等现象。此外，尘埃、有害气体的侵蚀会导致绝缘降低、接触不良等问题。

2. 电子元件的损伤及其故障的特点

一般的电子元件对过电压和温度特别敏感。例如：晶体管的PN节易过压击穿；电解电容器在温度升高时，漏电将增加；可控硅元件则对电流敏感。将它们归纳成以下几种形式。

1）元件击穿

元件击穿有许多原因，主要是过压击穿、过流击穿和过热击穿。击穿的现象有时表现为短路形式，有时表现为断路形式。由电路故障引起的过压、过流击穿常常是不可以恢复的。

据资料统计，汽车上的电器由于介质击穿造成的损坏大约占85%，而其中约有70%的击穿故障是发生在新车上的。同时，电容器的击穿又常常会烧坏与其串联的电阻元件。

晶体管的击穿也是一种主要的故障现象。由于元件质量的问题，其稳定性较差。例如进口汽车（主要是苏联及东欧车）上的电子元件，由于自身热稳定性差而导致类似于击穿的故障，称为“热短路”或“热击穿”现象。

2）元件老化

元件老化也是指性能退化。它包括许多现象，如电容器的容量减小、绝缘电阻下降、晶体管的漏电增加、电阻值变化、可变电阻不能连续变化、继电器触点烧蚀等。对于继电器这类元件，往往还存在由于绝缘老化、线圈烧坏、匝间短路、触点抖动、甚至无法调整初始动作电流等故障。

3）连接故障

这类故障包括接线松脱、接触不良、潮湿、腐蚀等导致的短路、断路等。这类故障一般与元件无关。

二、工程塑料的损伤

1. 工程塑料

汽车制造技术的主要进步之一就是越来越广泛地采用新的结构材料，其中最有前途的是合成材料，特别是工程塑料（简称塑料）。

工程塑料就是具有工程特性的高分子合成材料。工程塑料大致可分成热塑性塑料和热固性塑料。热塑性塑料对热具有可逆反应，热固性塑料则没有。但一般来说，热固性塑料无论是耐热性和耐溶剂性都比热塑性塑料好得多。现在由于新的耐热性塑料有了更多的发展，哪种塑料属于哪种分类已没有严格区别。

2. 工程塑料的特点

1）塑料的物理性质

它的密度小，同体积的零件其重量较金属材料轻。塑料和其他工业材料密度的比较，如图2-42所示。

2）塑料的机械性能

（1）抗拉强度。几种材料的抗拉强度的比较，如图2-43所示。

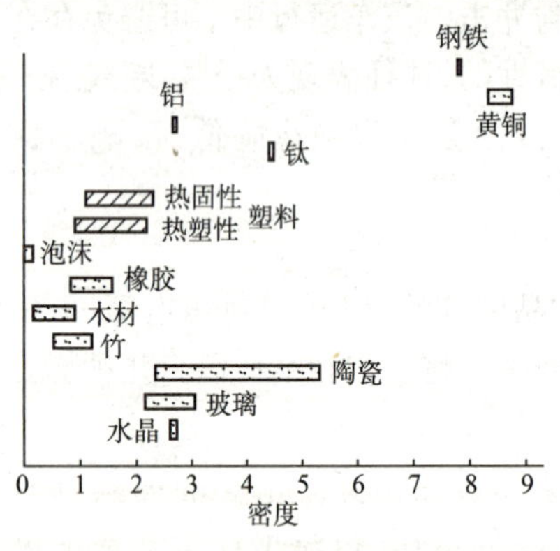

图2-42 各种工业材料密度的比较

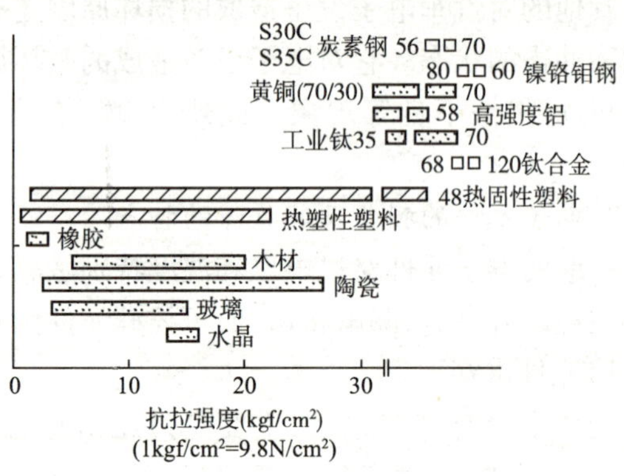

图2-43 各种工业材料抗拉强度的比较

由图2-43可以看出：塑料与金属材料相比抗拉强度较低，特别是热塑性塑料更低。然而，某些热固性塑料通过加入玻璃纤维，其抗拉强度几乎和黄铜、铝合金、钛钼相当。

（2）弹性模量。几种材料的弹性模量的比较，如图2-44所示。由图2-44可看出，塑料和其他的材料相比弹性模量较小，这是它作为结构材料的一个致命缺点。热塑性塑料的弹性模量大约为4000N/mm^2，热固性塑料大约为10000N/mm^2。加入玻璃纤维后的塑料，其弹性模量可超过20000N/mm^2，有的是可达到70000N/mm^2，几乎和铝合金的弹性模量相等。

3）塑料的热性能

它的质量比热较大（比钢大1.6~5.0倍），热传导率小，热膨胀系数大，容积比热较小

(仅为钢的 0.3～0.8 倍)。塑料的这些热特性决定了它基本上不能在 200℃以上工作。由于塑料在使用中容易产生热量,所以热固性塑料易引起变焦和变色,热塑性塑料容易引起熔化、粘着、变色。

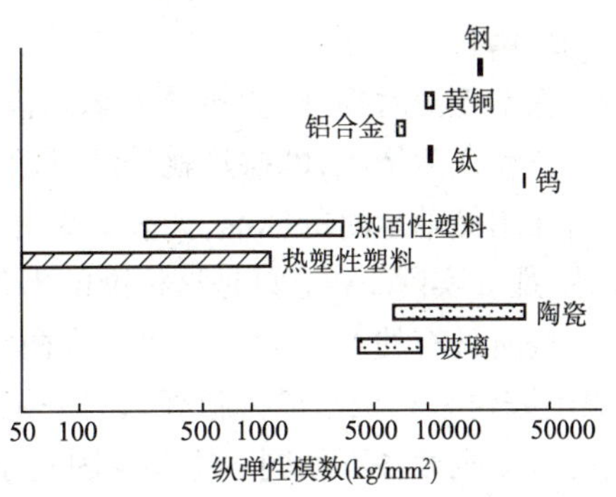

图 2-44 各种工业材料弹性模数的比较

4)塑料的摩擦性能

摩擦系数较小,所以不易引起磨损。但用塑料做轴承,由于和轴之间的摩擦热,使塑料表层的温度上升,产生热膨胀,减少了轴和轴承之间的间隙,于是产生了磨损,但塑料的电学、化学、光学性质仍不变。各种塑料在干燥状态下的静摩擦系数 μ_s 和动摩擦系数 μ_m,如表 2-5 所示。

各种塑料的摩擦系数　　表 2-5

材　料	塑料和钢		塑料和塑料	
	μ_s	μ_k	μ_s	μ_k
聚四氟乙烯	0.10	0.05	0.04	0.04
聚四氟乙烯～六氟丙烯共聚体(FEP)	0.25	0.18	—	—
聚乙烯(低密度)	0.27	0.20	0.33	0.33
聚乙烯(高密度)	0.18	0.08～0.12	0.12	0.11
聚甲醛	0.14	0.13	—	—
聚偏氟乙烯	0.33	0.25	—	—
聚碳酸酯	0.06	0.58	—	—
聚对苯二甲酸乙二烯脂(薄膜)	0.29	0.28	0.27*	0.20*
聚酰胺(尼龙 66)	0.37	0.34	0.42	0.35
聚三氟氯乙烯	0.45*	0.33*	0.43*	0.32*
聚氯乙烯	0.45*	0.40*	0.50*	0.40*
聚偏聚氯乙烯	0.68*	0.45*	0.90*	0.52*

注:*间歇运动。

3. 工程塑料的损伤

1)老化

塑料在自然条件下长期放置,逐渐地起物理化学变化,将引起变色、变形、龟裂,从而降低其机械性能等,这种现象叫老化。引起老化的原因是零件使用的环境条件,如:热和光的作用;氧、臭氧及其他元素的作用;风和雨的作用;机械外力的作用等,其中氧化对老化的影响最大。此外,和金属并用时金属离子也会使其老化。但是,用改变组成和使用添加剂等方法可以延缓塑料的老化,增加使用的耐久性。

2)疲劳破坏

塑料零件在实际使用的时候,当承受随时间变动的载荷时尽管其最大应力小于静破坏应力,但在某种程度的反复作用后仍有破坏现象发生。在反复应力条件下材料不发生疲劳破坏的应力最大极限值叫疲劳强度。为了防止塑料的疲劳破坏,其所受的交变应力应小于其疲劳强度。

3)磨损

除不光滑磨损外,塑料做轴承和齿轮用的时候,光滑面彼此的滑动或滑滚时也易于磨损。滑动速度增大,摩擦热就升高,最后产生发热熔化、分解或者变色等故障。PV 值是各种塑料在用做轴承时的标准,如表 2-6 所示。这个标准适用于短时间或间歇情况。如果连续使用,那么实际 PV 值只是这标准的 1/2 ~ 1/3。

按所具有的 PV 值大小,可分为两组,一组是达到一定的 PV 值且熔融而产生强的磨损(聚酰胺树脂和聚乙烯树脂等);另一组完全看不出熔融现象,且 PV 值小(聚四氟乙烯),它们的磨损机理各不相同。主要原因是摩擦面的温度。

4)刮痕

塑料零件在使用中容易产生损伤,这种情况只能根据压痕硬度、划痕硬度、耐磨性、抗擦伤加以判定。

5)龟裂

塑料零件在使用中由于各种原因引起的。龟裂可分为一般环境应力龟裂,溶剂龟裂及热应力龟裂 3 种。龟裂是由于几种原因复合而同时引起的,所以,损伤现象分析比较困难。应力龟裂现象被分子结构、结晶状态所支配,所以受原料及成型加工条件的影响较大。另外,产生龟裂时间的长短是受外部所加应力、变形的大小、媒介物质的性质影响。

塑料轴承的使用极限

表 2-6

材料名称	最高适用温度(℃)	最高速度(m/min)	负荷(kN/cm^2)	PV 极限(kN/cm^2,m/s)
酚醛层压材	93	750	4.22	0.253
聚酰胺	93	300	0.70	0.011
聚四氟乙烯	260	30	0.35	0.004
增强聚四氟乙烯	260	300	1.76	0.035
聚四氟乙烯树脂结构	260	15	42.22	0.088
聚碳酸酯	104	300	0.7	0.011
聚甲醛	82	300	0.7	0.011

三、橡胶制品的损伤

汽车上使用的橡胶制品主要有轮胎、传动带、散热器热水胶管、燃油胶管以及各类油封等。其典型的工作环境和损伤形式将分别加以介绍。

1. 轮胎

汽车行驶时,轮胎在负荷和路面阻力的作用下,连续发生复杂的形变,使内部受力和发热。温度的升高,将严重地影响橡胶的性能和轮胎的组织,从而大大地增加轮胎的磨损而缩短其使用寿命。根据实验和理论分析,轮胎的发热程度随轮胎的结构,内部压力、载荷、行驶速度和驱动力的大小而变化。例如轮胎气压不符合标准,气压不足或超过标准都影响其使用寿命。气压不足对轮胎寿命的影响尤其大(高于标准 25% 气压的轮胎,其寿命降低 30% 左右)。实际使用中,气压不足是十分普遍的现象,这是造成轮胎损坏的主要原因。

1)轮胎气压不足

轮胎气压不足将使轮胎侧弯曲变形加大,各层帘布之间的摩擦加剧,轮胎过度发热,橡

胶耐磨性和帘线强度降低,结果在轮胎内部造成隐蔽损伤:

(1)胎侧内壁的帘线松散断裂、缺气过多时甚至碾烂。

(2)胎体脱层和胎面剥离,脱层处常因帘线和橡胶磨成粉末积聚而形成灰色,明显的损害是胎面磨损快,同时因轮胎接地面积大、胎肩部位加速磨损,也使滚动阻力增加,因而燃料消耗也增加。例如,轮胎气压低于标准25%时,燃料消耗增加10%以上。

2)轮胎气压过高

轮胎气压过高也加速损伤,其损伤形式如下:

(1)帘线过度伸张,甚至拉断。

(2)接地面积减小,胎面中部磨损增加,在花纹底部开裂。

另外,轮胎因变形摩擦而发出热量,促使胎温升高。当超过一定的温度时(一般为100℃左右)胎体强度大大降低,很容易引起脱层、爆破损坏等。

2. 胶管

1)燃油胶管

燃油胶管由内层橡胶和外层橡胶两种不同橡胶双层复合而成。内层采用的是耐汽油性能优异的NBR,外层则采用耐臭氧性能优良的聚环氧氯丙烷橡胶。此外,靠近发动机位置的燃油胶管使用了氟橡胶,它的主要损伤形式是高温老化。

2)散热器水胶管

冷却液中加有乙二醇防冻液和防锈液。因此,散热器水胶管除要求耐热性能外,还要求耐腐蚀性优良的橡胶。过去以SBR为主,现在主要采用耐热性优良的EPDM。其损伤形式主要也是老化。

3)液压油管

液压制动系统输油和转向助力系统的供油管,其寿命主要受介质的性质、环境温度和工作负荷所决定。在某些使用位置上的部件,振动和冲击等外力也会成为老化的因素。

3. 油封件

油封件由它的工作特点决定了对其耐疲劳性的要求很高。同时还受液体的性质和环境温度的影响,因此其主要损伤形式是老化和机械破坏。

4. 减振橡胶

发动机橡胶支撑块,要求具有良好的动态抗疲劳特性。从耐久性考虑,还要求具有高温机械特性,主要使用NR材料。但目前也采用具有良好减振性和防振性的SBR/BR和丁基橡胶。另外,提高减振性会使耐久性不稳定,故应综合考虑。

1. 名词解释

(1)干摩擦;(2)摩擦定律;(3)液体摩擦;(4)边界摩擦;(5)混合摩擦;(6)磨损;(7)磨料磨损;(8)粘着磨损;(9)表面疲劳磨损;(10)腐蚀磨损;(11)氧化磨损;(12)微动腐蚀磨损;(13)零件变形;(14)疲劳断裂;(15)腐蚀;(16)化学腐蚀;(17)电化学腐蚀;(18)气蚀

2. 古典摩擦定律的主要内容是什么?

3. 简述关于摩擦的简单粘着理论的基本内容。

4. 简述关于摩擦的分子—机械理论的基本内容。
5. 简述边界摩擦的特点。
6. 简述混合摩擦的特点。
7. 简述磨料磨损机理有哪几种学说？其主要内容是什么？
8. 磨料磨损的影响因素有哪些？如何提高零部件抗磨料磨损的性能？
9. 简述粘着磨损的规律。
10. 粘着磨损的主要影响因素有哪些？如何提高零部件抗粘着磨损的性能？
11. 表面疲劳磨损有几种类型？其主要特点是什么？
12. 表面疲劳磨损的机理有哪几种？其主要内容是什么？
13. 表面疲劳磨损的影响因素有哪些？如何提高零部件抗表面疲劳磨损的性能？
14. 简述汽缸、曲轴磨损规律和影响因素。
15. 简述零件变形的影响因素有哪些？
16. 简述疲劳裂纹的产生和发展有几个阶段？各具什么特点？
17. 简述疲劳核心区、疲劳裂纹扩展区和瞬时破坏区的形貌各具什么特点？
18. 简述断口分析的主要目的是什么？主要内容有哪些？
19. 简述气蚀产生的机理。
20. 电子元器件的损伤模式有哪些？电子元件及设备损伤的影响因素是什么？
21. 电子元件的损伤类型及其故障的特点是什么？
22. 工程塑料的特点有哪些？其主要损伤类型及原因是什么？

第三章　汽车故障及统计分析方法

第一节　汽车故障及影响因素

一、故障状态界定

1. 故障定义

按《可靠性、维修性术语》(GB/T 3187—94)中的规定，故障是“产品不能执行规定功能的状态。预防性维修或其他计划性活动或缺乏外部资源的情况除外。故障通常是产品本身失效后的状态，但也可能在失效前就存在”。

关于“失效”《可靠性、维修性术语》(GB/T 3187—94)中也有明确的定义，失效是“产品终止完成规定功能这样的事件”。由“故障”和“失效”的含义可知，失效用于描述不可修复的产品，而故障常用于描述可修复的产品。

产品分为可修复和不可修复两大类。不可修复产品是指产品发生故障以后不能维修而报废的产品。狭义上，有的产品(如电容器、晶体管……)就是一次性使用，不存在维修的问题；还有的就是产品在技术上不便进行维修，一旦发生故障只有报废；广义上，有的产品价格低廉维修很不经济。汽车、拖拉机和其他工程机械等的机械零部件属于可修复产品，它们在使用过程中发生的故障一般都是通过修复或更换新的零部件而恢复原来的规定功能。

同样，按《汽车维修术语》(GB/T 5624—2005)的定义，汽车故障是指“汽车部分或完全丧失工作能力的现象”。因此，上述两个关于故障的定义具有相同的含义。如汽车不能行驶、功能不正常或性能下降都属于故障。此外，发动机的功率降低，燃料和润滑材料的消耗增加；传动系工作不平稳超出了规定的技术指标的现象，也属于汽车故障。

汽车故障在结构上表现为零件的耗损和零件的相互配合关系的破坏，如零件断裂、变形、配合件间隙增大或过盈丧失，固定和紧固装置松动和失效等。

2. 故障模式

按《可靠性、维修性术语》(GB/T 3187—94)中的规定，故障模式是指“相对于给定的规定功能，故障产品的一种状态”。故障模式是通过人的感官或测量仪器得到的，如发动机怠速不稳、离合器打滑等状态。它相对于给定的规定功能即发动机怠速稳定、离合器传递规定的转矩的状态而言。故障模式是汽车故障状态的形式分类，只涉及汽车故障为何种故障，而不涉及为什么产生这种故障。

研究汽车的故障时，应从汽车的故障模式入手，进而通过故障模式找出故障的原因。同时，故障模式也是其他故障分析方法的基础(如故障树分析法)。因此，有必要分清汽车在

各功能级上的故障模式。例如，汽车是由若干子系统（如润滑系统、冷却系统……）构成的复杂系统。因此，确定零部件的故障模式是研究整车故障原因的基础。

故障描述要尽可能地从零部件的故障模式来进行。只有在难以用零部件的故障模式描述或无法确认是某一零部件发生故障时，才可用总成、子系统的故障模式来描述，如汽车变速器异响、转向沉重等。

整机性能方面的故障，以整机故障模式描述，如汽车动力性下降、油耗过高等。

汽车及其零部件的故障模式大致可分为：损坏、退化、松脱、失调、堵塞与渗漏、整机及子系统故障等类型，它们主要包括：

（1）损坏型——断裂、裂纹、烧毁击穿、弯曲、变形、点蚀；

（2）退化型——老化、变质、腐蚀、剥落、早期磨损；

（3）松脱型——松动、脱落、脱焊；

（4）失调型——间隙不当、流量不当、压力不当、行程不当、照度不当；

（5）塞漏型——堵塞、不畅、泄漏；

（6）整机型——性能不稳、功能不正常、功能失效、起动困难、供油不足、怠速不稳、总成异响及制动跑偏等。

3. 故障判断准则

首先，要明确“规定功能”是什么，或者说汽车的规定功能丧失到什么程度才算出了故障。有些规定的功能很明确，不会引起误解，如发动机缸体破损，将导致发动机丧失规定的功能，必须停机修理。而有些规定的功能难以确定，如发动机缸体磨损超过一定限度将会加剧其磨损。机油中的含铁量、机油消耗量，曲轴箱串气量最能反映汽缸的磨损情况，但必须事先制定出合理的标准。

其次，在确定故障的过程中，还要分析故障的后果，看故障是否影响汽车的工作和汽车及人的安全。除了以技术参数中的任何一项不符合规定的允许极限作为故障判断准则外，还要考虑若在这种状态下继续工作是否发生不允许故障的后果来判断。汽车主要零部件故障的判断准则，如表 3-1 所示。

汽车主要零部件故障判断准则 表 3-1

名　称	故障判断准则	继续工作可能的后果
壳体零件、轴	裂纹、花键磨损、弯曲、不同心度	壳体损坏、振动、其他件损坏、加剧磨损
齿轮	齿断（打碎、裂纹）	碎片落入啮合处，其他零件损坏
滑动轴承	磨损、擦伤、减磨层脱落	润滑条件恶化、擦伤
滚动轴承	框架损坏	损坏部分落入齿轮中间，使其他零件损坏
摩擦片	损坏	丧失摩擦力或制动能力
飞轮	与曲轴连接松动	曲轴后支撑、飞轮壳体和其他零件损坏
轮胎	磨损、胎面断裂	打滑、突然爆胎、出事故
密封件	烧结、损坏	密封性破坏，液体漏出、进灰，磨损加剧
前后灯泡	烧坏	夜间不能作业
仪表和传感器	无指示	无监测功能使总成损坏
蓄电池	壳体有裂纹或洞	发动机不能起动

不同类型汽车的故障判断准则的数值有一定差异，其数值在有关技术标准或产品说明书、维修手册中都有规定。同一类型的汽车由于功用、载荷、道路和使用环境不同，所制定的故障判断标准也要有所差别。这就要求制定故障判断标准时，应考虑以下一些原则：

(1)不应在规定使用条件下丧失规定功能；

(2)不同产品可按该产品的主要性能指标进行衡量。

二、故障分类及等级划分

1. 故障的分类

在进行汽车维修管理及故障分析时，应了解、掌握故障的分类，以便明确各种故障的物理概念，以便进一步分门别类地解决各种类型的故障。

故障的分类方法多种多样，随着研究目的不同而异。常见的故障分类方法如表 3-2 所示。

常见的故障分类方法　　表 3-2

序　号	分　　类	名　　称
1	按故障性质	自然故障、人为故障
2	按故障部位	整体故障、局部故障
3	按故障时间	磨合期、正常使用期、耗损故障期
4	按故障急慢程度	突发性故障、渐进性故障
5	按故障责任	相关故障、非相关故障
6	按故障外部特征	可见故障、隐蔽故障
7	按故障程度	局部故障、完全故障
8	按故障原因	设计结构方面、生产工艺方面、使用方面
9	按故障结果	致命故障、严重故障、一般故障、轻微故障

现将常见的故障分类方法说明如下：

按故障发生的性质可分为自然故障和人为故障。自然故障是汽车在使用期内，由于受外部、内部不可抗拒的自然因素的影响而产生的故障。人为故障是汽车在制造和维修中，由于使用了不合格的零件或违反了装配技术要求，或汽车在使用中没有遵守使用条件和操作工艺规程以及运输、保管不当等人为因素所造成的故障。

按故障发生的速度可分为突发性故障和渐进性故障，它是根据故障发生的快慢程度来划分的。主要有：

1)突发性故障

突发性故障是指零件在损坏前没有可以觉察到的征兆，零件损坏是瞬时出现的。这是由于各种不利因素以及偶然的外界影响共同作用的结果。这种作用已经超出了产品所能承受的限度。如汽车运行时由于遇到意外的障碍物等原因而引起的超载造成零件的损坏；轮胎被地面尖石或铁钉刺破；发动机油路堵塞；导线松脱以及驾驶员操作失误引起的事故性损坏等。故障发生的特点是具有偶然性和突发性，一般不受运转时间影响，无法监控，因而这种故障是难以预测的。但这种故障容易排除，因此通常不影响汽车的使用寿命。

2)渐进性故障

渐进性故障是由于汽车某些零件的初始参数逐渐劣化，其参数值超出允许范围而引起的故障。如发动机的汽缸-活塞，由于磨损使配合间隙超过了允许范围，导致润滑油消耗量增加、曲轴箱串气量增加。这种故障的特点是故障发生的概率与使用时间有关，它只是在汽车有效寿命的后期才明显地表现出来。渐进性故障的发生标志着产品寿命的终结，对汽车而言则往往是需要进行大修的标志。由于这种故障是逐渐发展的，所以是可以进行预测的。

通过诊断和监测仪器进行测试或监控,能预测故障的发生时间。

突发性故障和渐进性故障之间一般是有联系的。应该说所有的故障都是渐进的,因为事物的变化都是由量变到质变的过程。如零件的磨损发展到一定程度,就可能导致突然的损坏;例如旧轮胎发生故障的概率要比新轮胎大得多。因此,汽车使用的时间愈长,发生故障的概率愈高,损坏的程度也就愈大。

按故障发生的后果划分即按故障对总成、系统或整机及人身安全性的影响分类。根据《客车、轿车可靠性评定办法》(QZ 610/710—85),将客车、轿车按故障后果划分为4类,即致命故障、严重故障、一般故障和轻微故障,如表3-3所示。

客车、轿车的故障分类 表3-3

故障级别	故障类别	划分原因
Ⅰ	致命故障	危及汽车行驶安全,导致人身伤亡。引起主要总成报废,造成重大经济损失或周围环境造成严重危害
Ⅱ	严重故障	可能导致主要零部件,总成严重损坏,或影响行车安全。且不能用易损备件和随车工具在较短时间(30min)内排除
Ⅲ	一般故障	使客车、轿车停驶或性能下降,但一般不能导致主要部件、总成严重损坏、并可用更换易损备件和随车工具在较短时间(30min)内排除
Ⅳ	轻微故障	一般不会导致汽车停驶或性能下降,不需要更换零件,用随车工具能轻易(30min)排除

2. 故障等级的划分

对故障进行定性或定量分析时,必须事先划分故障的等级。因为各种故障的程度有一个很大的范围,只有正确地划分了故障的等级,才能弄清故障后果对汽车的影响,才能根据故障等级合理组织维护和修理。划分故障等级需考虑以下因素:

(1)发生故障后,人员的伤亡情况;

(2)发生故障后,汽车本身的损坏情况;

(3)发生故障后,对完成规定功能影响的情况;

(4)发生故障后,要恢复其功能所需要的费用、工时及停歇时间的情况;

(5)发生故障后,汽车因失去功能而造成的经济损失情况。

总之,故障等级划分要综合考虑性能、费用、周期和安全性等诸方面因素。

三、汽车故障原因及其影响因素

汽车在使用过程中,发生故障的原因有设计方面的问题,如零件结构设计的不合理,零件尺寸、配合及材料选择不当;制造方面的问题,如零件存在铸锻缺陷,机械加工误差、热处理不合技术要求、装配质量低劣等。除此之外,发生故障更重要的原因是汽车使用、维修不合技术要求、技术管理不善等所引起的。本节重点介绍汽车使用、维修和技术管理方面造成汽车故障的原因及其影响因素。

1. 汽车制造和修理因素对故障的影响

汽车在使用过程中产生故障,不仅与制造质量有关,更与修理(已修过的)质量有关。影响制造、修理质量的因素是多方面的,除了设计方面的因素以外,概括起来主要有:材料因素、生产加工质量和装配质量。

1)零件材料的选择

现代汽车所用的零件视其工作状况分别由结构材料、耐磨材料、摩擦材料、耐热材料、耐腐蚀材料以及其他特殊材料所制成。在具体汽车设计、制造和修理中,都要根据零件工作的性质和特点,正确选择这些材料。

在发动机中,许多零件同时要求具有多种性能,如强度和不同的表面性能。为了提高零件的综合性能,以达到提高耐久性的目的,在制造和修理中利用表面覆盖层的办法来解决这一问题具有重要意义。因为这样可以利用基体材料来满足结构强度要求;而利用覆盖层可以获得耐磨、减磨、耐腐蚀等各种特殊需要的表面性能。在生产实践中,堆焊层、喷涂层和电镀层等是常见的可供选择的工艺方法。

总之,在制造和修理零件时,正确地选择材料才能保证汽车的使用可靠性。如果材料选择得不符合技术要求,汽车在使用过程中容易产生故障,导致汽车使用可靠性下降。

2)零件的生产加工质量

采用不同的加工方法和工艺措施,可以使零件得到不同的工作性能。

为了改变钢制零件的强度和表面硬度,可以根据需要对零件进行诸如调质、淬火、渗碳、氮化等不同的热处理措施。

在交变载荷下工作的零件,利用表面塑性变形强化的方法,可以大大提高它的疲劳寿命。例如,对轴类零件,包括发动机的曲轴在内,可以用滚压加工强化;对于小的内孔可用特制的挤压工具进行挤压加工强化;对于不规则的表面和粗糙表面,包括连杆、齿轮、弹簧、板簧等可采用喷丸处理强化。零件表面塑性变形的结果,使之产生了残余的压应力,这时,当零件受到交变载荷的作用时,只有当载荷引起的拉应力与残余压应力抵消后仍超过疲劳强度时,才引起疲劳破坏。

利用电流的热效应和机械滚压加工的联合作用、激光的加热作用等,可以同时改变金属的金相组织、硬度、表面残余应力和表面粗糙度,提高零件的疲劳寿命和耐磨性。

对复杂的铸锻零件的质量,需要严格控制化学成分,防止产生白口。进行人工时效处理,可以消除内应力。任何微小的过失都可带来严重的不良后果,以致降低整机的使用寿命。

零件的机械加工质量包括它的加工精度和表面粗糙度,受加工方法、机床精度和生产工人的主观因素的影响。目前,某些制造和修理企业中,零件加工质量不能满足技术要求,是汽车寿命不高的重要原因。

3)汽车的装配质量

汽车的装配质量首先取决于正确的配合要求。间隙配合的极限值包括了装配后(经过磨合后)的初始间隙。当初始间隙过大时,有效寿命期就会缩短。过盈配合则要有适当的配合紧度,过松的配合副工作时会产生动载荷,使零件疲劳寿命下降,严重时配合松脱;配合副配合过紧,严重时会胀裂零件。

装配中各零件之间互相的位置精度也很重要,如同轴度、平行度、垂直度等,当达不到精度要求时,可能引起附加应力、偏磨等后果,从而加速零件的失效。

2. 汽车使用因素对故障的影响

汽车使用过程中产生的故障不仅与制造和修理质量有关,而且也与使用因素有关。汽车的使用因素是极其复杂的,它既有客观方面的因素,也有主观方面的因素。概括起来主要有:负荷因素、环境因素、技术维护因素和操作技术水平等。

1）负荷因素

汽车发生耗损性故障的主要原因是零件的磨损和疲劳破坏。

在规定的使用条件下，零件在单位时向内的磨损量与负荷的大小呈线性关系。而零件的疲劳破坏是在一定的交变载荷下发生，也是随交变应力的增大而加剧的。因此，磨损和疲劳破坏都是负荷的函数。负荷的大小不同，对汽车的技术状况的影响是不一样的。不同大小的负荷所造成的零件磨损和疲劳破坏的程度也不同。

在负荷超过额定（或设计所允许的）负荷时，无论磨损还是疲劳都将引起零件剧烈地破坏，甚至导致事故的发生，这是不允许的。

研究和实践表明，汽车运行过程中有间歇性停机或停驶的负荷对零件的磨损影响很大。例如，汽车在单位行驶里程中，如将具有长时间的间歇性负荷和连续负荷的情况相比较，前者零件磨损量大。以发动机为例，前者缸套磨损增加0.5～1倍，活塞磨损增加0.5倍，曲轴轴径磨损增加10%～15%。

2）环境因素

汽车的工作环境包括气候条件、地域条件、介质条件的状况等。

在气温升高的情况下，汽车的工作温度相应升高，这时的磨损和腐蚀必然有所增大，因而加速机件的损坏。对水冷式发动机来说，如果冷却水没有达到正常温度或风冷式发动机在低温下工作，若没有防护措施，会给腐蚀创造条件，从而加速缸套的腐蚀；过高的温度和空气中的腐蚀介质的存在，会造成机件的腐蚀或腐蚀磨损；空气中含尘量过多，灰尘有可能进入摩擦副而加速零件磨料磨损；道路条件恶劣，会增大零件的振动程度。

环境因素是一个客观因素，但在某些情况下可以人为地采取某些措施来使之得到改善，如采用专用的油、将冷却液加温以及使用防护罩、多功能的润滑剂，或改进空气滤清器和润滑油滤清器来提高过滤效果等，都可以减少汽车使用过程中故障的发生。

3）技术维护和操作因素

汽车在使用过程中，由于零件的磨损和变形等因素有可能造成配合件相互之间关系的某些失调；润滑剂会逐渐脏污、变质；各种滤清器可能出现堵塞；某些螺纹连接可能出现松动等。这些情况的出现和不断发展，将加速汽车、总成及零部件的损坏，导致故障率增高。

在汽车维护工作中，不严格遵守操作技术要求，如操作不当，调整工作没有达到技术要求，使用了不合格的润滑剂和液压油，或装配时零件不清洁等，常常是导致汽车加速损坏的原因。

驾驶员的操作技术水平也直接影响着汽车的使用寿命。例如起动操作方法，加速方法，对各种情况的处理能力以及责任心等，都是汽车使用过程中产生故障的相关因素。

3. 管理水平对汽车故障的影响

影响汽车产生故障的因素，除了制造、维修和使用因素以外，还有汽车的管理水平。管理水平不高，常常是导致汽车在使用过程中过早产生故障的主要原因。

如何减少汽车在使用过程中过早产生故障的现象，提高汽车的可靠性，是可以通过建立和执行合理的维修制度；制定和严格执行零件修理技术标准；严格执行汽车维修、使用技术操作规程；进行维修人员和驾驶员的岗前培训等措施，来达到预期的目的。

第二节　故障统计分析及其规律

随着科学技术的发展，可靠性理论不仅应用于汽车设计和制造，而且也用于维修活动的理论研究。要定量地研究汽车在使用过程中出现故障的规律,必须应用统计分析,而且这些统计特征量也是可靠性工程中常用的指标。对于汽车来说,在某个特定的时刻只能处于故障或正常两种状态,不存在其他中间状态。当然,汽车的规定功能或判断汽车是否处于故障状态的技术指标必须十分明确。

由概率理论可知,在一定条件下可能发生和不可能发生的事件称随机事件,即随机事件发生与否有随机性。因此,在研究汽车故障的特征量时,就必须运用故障统计理论。所谓故障统计理论是指利用统计理论和方法,对零部件、总成、子系统或整机的故障模式、寿命特征等进行定量的描述和分析,使之在统计上体现出一定的规律性。

故障统计理论在汽车维修活动中的应用,是通过故障统计掌握汽车的主要故障及其规律,使管理上目标明确,技术上及时采取相应的维修措施,保证汽车的使用可靠性和有效利用率。同时,给汽车设计、制造部门提供信息,以便这些部门采取相应对策,提高汽车的可靠性。

一、故障的统计特征

在考查产品的故障情况或者说在研究产品的可靠性时,往往关心产品从开始使用到丧失规定功能这段时间的长短。对于可修复的产品汽车来说,除了关心它的使用寿命以外,还关心它的两次故障之间的工作时间有多长。有时还需要了解汽车在某个瞬间的故障概率是多少,以及各种故障模式所占的比例和故障原因的重要程度等,当然还有其他一些项目。汽车可靠性问题的研究是从故障入手的,所以,对故障的统计也是对可靠性进行分析的基础。

1. 可靠度

可靠度是产品在规定的条件下和规定的时间内,完成规定功能的概率,一般用 $R(t)$ 表示。

$$R(t)=P(T>t) \tag{3-1}$$

式中:T——产品完成规定功能的时间,是一个随机变量;

t——规定时间。

可靠度是无量纲的,常用百分数(%)来表示。

产品按《可靠性、维修性术语》(GB/T 3187—94)中的规定,是指能够被单独考虑的任何元器件、零部件、组件或系统。它可以是硬件、软件或两者兼有,也可以是产品的总体或产品的一个子样。

规定的条件包括产品使用时的环境条件(如温度、湿度、振动、冲击等),维修条件、储存条件等。

规定功能就是产品应具备的完成任务所需的性能。

根据产品的特点,使用时间的单位可用工作小时或日历时间,也可用周期、次数、里程或其他寿命单位度量。

2. 累积故障概率

累积故障概率是产品在规定的条件下和规定的时间内,丧失规定的功能,而发生故障(对于不可修复产品称失效,下同)的概率,记为 $F(t)$。即:

$$F(t)=P(T\leqslant t) \tag{3-2}$$

由于故障与无故障这两个事件是对立的,因此又将故障分布函数 $F(t)$ 叫做不可靠度,所以:

$$R(t)+F(t)=1 \tag{3-3}$$

由概率的定义可知,某个事件的概率可用大量试验中该事件发生的频率来估计。因此,为了估计一种产品在一定时间内的可靠度及累积故障概率(不可靠度),可以通过这类产品的大量试验来确定。例如有 N_0 个产品在规定的条件下工作到某规定的时间 t,有 $n(t)$ 个产品出故障,则此时的统计不可靠度(观测值),即

$$F^*(t)=\frac{n(t)}{N_0} \tag{3-4}$$

当 N_0 足够大时

$$F(t)=\lim_{N_0\to\infty}\frac{n(t)}{N_0}$$

即可靠度的观测值为:

$$R^*(t)=1-F(t)=\frac{N_0-n(t)}{N_0} \tag{3-5}$$

可靠度为:

$$R(t)=\lim_{N_0\to\infty}\frac{N_0-n(t)}{N_0}$$

从可靠度的定义可知,可靠度是对一定的时间而言的。所以规定的时间不同,故障数不同,可靠度的数值就不一样。由此可知,可靠度 R 是时间 t 的函数,称为可靠度函数。产品在开始使用瞬间(即 $t=0$),所有产品都是好的,故障数 $n(0)=0$,则 $R(0)=1$。随着使用时间的增加,总的故障数也不断增加,可靠度相应地降低。所有产品在使用中最后总是要有故障的,因此 $n(\infty)=N_0$,$R(\infty)=0$。从而可知可靠度函数是在$[0,\infty)$区间内的非增函数,取值范围为:

$$0\leqslant R(t)\leqslant 1$$

【例 3-1】 有 1000 个活塞环,工作到 500h,累积失效 100 个,工作到 1000h 时共计有 500 个失效,求该产品分别在 500h 和 1000h 时的可靠度观测值大致为多少?

解:$N_0=1000$ 个,$n(500)=100$ 个,$n(1000)=500$ 个

由式(3-5)得:

$$R^*(t)=\frac{N_0-n(t)}{N_0}$$

$$R^*(500)=\frac{1000-100}{1000}=0.9$$

$$R^*(1000)=\frac{1000-500}{1000}=0.5$$

由计算可知,这批(1000 个)活塞环,从开始工作至 500h 时,其可靠度观测值为 0.9,即意味着这批活塞环在规定的条件下使用时,到规定的时间 500h,仍有 90%(即 900 个)的活塞环在可靠地工作。而使用到 1000h 时,只有 50% 的活塞环能完成规定的功能。

3. 故障分布密度与可靠度的关系

如上所述,$F(t)$是累积故障分布函数,它是表示在时刻 t,产品累积故障数占产品总数的比例,是时间的函数。为了反映任意时刻故障率的变化,对 $F(t)$取导数,则

$$f(t)=\frac{\mathrm{d}F(t)}{\mathrm{d}(t)},\quad f(t)=-\frac{\mathrm{d}R(t)}{\mathrm{d}(t)} \tag{3-6}$$

即$f(t)$为故障密度函数。显然

$$F(t) = \int_0^t f(t)\,\mathrm{d}t \tag{3-7}$$

则统计故障密度函数$f(t)$的观测值为：

$$f^*(t) = \frac{n(t+\Delta t) - n(t)}{N_0 \Delta t} = \frac{\Delta n(t)/N_0}{\Delta t} \tag{3-8}$$

式中：$\Delta n(t)$——间隔时间Δt内(由时刻t到$t+\Delta t$)的故障数。

$f(t)$的量纲是1/h，用%/h来表示。$f(t)$、$F(t)$和$R(t)$之间的关系，如图3-1所示。图中曲线$f(t)$下的面积为1。

由上述公式可以知道，可靠度$R(t)$与累积故障分布函数$F(t)$成互补关系，累积故障分布函数$F(t)$与故障分布密度函数$f(t)$成微积分关系。

如图3-1所示，t时刻前的面积代表累积故障分布函数，t时刻以后的面积代表可靠度。即

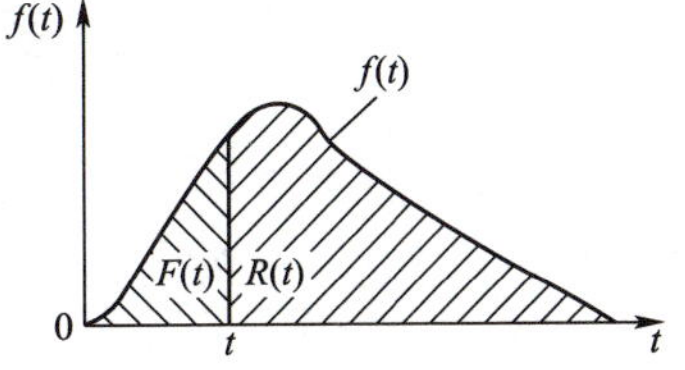

图3-1 $f(t)$、$F(t)$和$R(t)$之间的关系

$$R(t) = 1 - F(t) = \int_0^\infty f(t)\,\mathrm{d}t - \int_0^t f(t)\,\mathrm{d}t = \int_t^\infty f(t)\,\mathrm{d}t$$

【例3-2】 如例3-1数据，当$t+\Delta t=501$时，$n(t+\Delta t)=102$支，求$f^*(500)$。

解：由式(3-8)

$$f^*(500) = \frac{102-100}{1000\times 1} = 0.2\%\ (1/\mathrm{h})$$

4. 瞬时故障率与可靠度的关系

瞬时故障率$\lambda(t)$是工作到某时刻t尚未发生故障的产品，在该时刻后单位时间内发生故障的概率。瞬时故障率记为$\lambda(t)$，它是时间的函数。

由上述定义可知，在时刻t的故障率观测值可由下式估算，即

$$\lambda^*(t) = \frac{n(t+\Delta) - n(t)}{N_s(t)\Delta t} = \frac{\Delta n(t)}{N_s(t)\Delta t} \tag{3-9}$$

式中：$N_s(t)$——工作到t时刻的残存产品数，$N_s(t) = N_0 R(t)$。

故障率的单位为1/h或%/1000h(单位时间内发生故障的百分数)；对于间歇工作的产品如开关用1/动作，汽车用1/km。

【例3-3】 如例3-1及例3-2之数据，求$\lambda^*(500)$。

解：已知$n(t)=100$支，$n(t+\Delta t)=102$支；$N_s(t)=N_0R(500)=900$支；$\Delta t=1$。

由式(3-9)可知：

$$\lambda^*(500) = \frac{n(t+\Delta t) - n(t)}{N_s(t)\quad \Delta t} = \frac{102-100}{900\times 1} = 0.22\%\ (1/\mathrm{h})$$

显然，通过上述讨论，$\lambda(t)$与$f(t)$的不同之处在于：$f(t)$是单位时间产品故障数与产品总数之比；而$\lambda(t)$是单位时间故障数与残存产品数之比。二者关系为：

$$\lambda(t) = \frac{f(t)}{R(t)} \tag{3-10}$$

对汽车来说，$\lambda(t)$表示汽车、总成或零部件在使用中工作能力丧失的频繁程度。所以汽车故障率愈高，其可靠性愈差。而故障分布密度$f(t)$则反映汽车在所有可能工作时间范围内的故障分布情况。

将式(3-6)代入式(3-10)中,则

$$\lambda(t)=\frac{\mathrm{d}F(t)}{\mathrm{d}t\cdot R(t)}=\frac{\mathrm{d}F(t)}{[1-F(t)]\cdot \mathrm{d}t}$$

$$\therefore \lambda(t)\mathrm{d}t=\frac{\mathrm{d}F(t)}{1-F(t)}$$

上式两边积分

$\because t=0$ 时,$R(t)=1,\ln R(t)=0$,

$$\int_0^t\lambda(t)\mathrm{d}t=\int_0^t\frac{\mathrm{d}F(t)}{\mathrm{d}t}\cdot\frac{\mathrm{d}t}{1-F(t)}=\int_{F(0)}^{F(t)}\frac{\mathrm{d}F(t)}{1-F(t)}$$

$$=[-\ln(1-F(t)]_{F(0)}^{F(t)}=-\ln R(t)|_0^t$$

$$f(t)=\lambda(t)\exp[-\int_0^t\lambda(t)\mathrm{d}t] \tag{3-11}$$

$$\therefore \int_0^t\lambda(t)\mathrm{d}t=-\ln R(t)$$

$$R(t)=\exp[-\int_0^t\lambda(t)\mathrm{d}t] \tag{3-12}$$

这就是汽车零部件耗损的数学模型。

二、汽车总成和零部件的寿命指标

为了量度汽车总成和零件的可靠性水平,除了掌握可靠性基本参数可靠度和故障率这些随机变量以外,还须掌握一些寿命数字特征。在这些数字特征中比较重要有平均寿命、可靠寿命、中位寿命、特征寿命和寿命方差等等。

1)平均寿命

平均寿命是评价产品质量所达到水平的一个重要指标。对可修复产品是指平均故障间隔时间,对不可修复产品是指平均无故障时间。

(1)平均故障间隔时间 MTBF(Mean Time Between Failures)。可修复产品两次相邻故障的平均工作时间。

其量度方法是:在规定的条件下和规定的时间内,产品的寿命总和与故障总数之比。对于成批产品,在故障密度函数$f(t)$为已知的情况下,为数学期望:

$$E(T)=\int_0^\infty tf(t)\mathrm{d}t \tag{3-13}$$

(2)平均无故障时间 MTTF(Mean Time To Failure)。不可修复产品故障前工作时间的平均值。

其量度方法是:在规定的条件下和规定的时间内,产品寿命总和与故障产品总数之比。对于成批产品,在故障密度函数$f(t)$为已知的情况,可求数学期望:

$$E(T)=\int_0^\infty tf(t)\mathrm{d}t \tag{3-14}$$

2)可靠寿命

可靠寿命是给定可靠度$R(T_r)=r$时,所对应的产品工作时间T_r。例如,$R(T_r)=0.9$或0.95时对应的工作时间或分别表示可靠度0.9或0.95的可靠寿命。

3)中位寿命

中位寿命是可靠度$R(T_r)=0.5$时,所对应的产品工作时间$T_{0.5}$。

4）寿命方差

寿命方差是产品的使用寿命与平均寿命的偏离程度为寿命方差 $D(T)$。

三、常用的寿命分布函数

对于一批产品来讲，其中每一个产品故障前的工作时间有长有短，参差不齐，具有随机性；对于一个特定的汽车产品，在使用过程中什么时间发生故障也完全是随机的，但它们都遵循一定的规律，分布函数就是反映这种规律的。可靠性各个特征量都与分布函数密切相关。因此，在研究汽车可靠性时，常常需要找出它的分布函数。在找到合适的分布形式后，按这种分布进行分析。

1. 指数分布

指数分布是汽车可靠性分析中最常用的寿命分布。由式（3-11）得：

$$R(t) = e^{-\int_0^t \lambda(t)\mathrm{d}t}$$

由式（3-12）得：

$$f(t) = \lambda(t)e^{-\int_0^t \lambda(t)\mathrm{d}t}$$

当 $\lambda(t)=\lambda$ 为常数时，便得：

故障密度函数：$$f(t)=\lambda e^{-\lambda t} \quad (\lambda>0) \tag{3-15}$$

它的分布函数：$$F(t)=1-e^{-\lambda t} \tag{3-16}$$

所以，可靠度：$$R(t)=1-F(t)=e^{-\lambda t} \tag{3-17}$$

根据故障率函数的定义，可以得到

$$\lambda(t)=\frac{f(t)}{R(t)}=\lambda \tag{3-18}$$

指数分布有一个重要性质是“无记忆性”，即一个产品的寿命 T 服从指数分布，当时刻 t 产品正常时，则它在 t 以后的剩余寿命与新的产品一样，故障率与 t 无关。若令

$$R(T_r)=e^{-\lambda T_r}=r$$

则按着可靠寿命的定义 $R(T_r)=r$，则固有可靠寿命为：

$$T_r=-\frac{\ln r}{\lambda}$$

按照中位寿命的定义有：

$$T_{0.5}=-\frac{\ln 0.5}{\lambda}=\frac{0.693}{\lambda}$$

产品的平均寿命为：

$$\bar{T}_{BT} = E(T) = \int_0^\infty tf(t)\mathrm{d}t = \frac{1}{\lambda}$$

寿命方差为：

$$D(T) = \sigma^2 = \int_0^\infty t^2f(t)\mathrm{d}t - [E(T)]^2 = \frac{1}{\lambda^2}$$

指数分布的各函数曲线，如图 3-2 所示。

当 $t=1/\lambda$ 时，$F(t)=1-\mathrm{e}^{-1}=63.2\%$，这时的随机变量 $t=1/\lambda=\eta$ 称为特征寿命，由此可见，指数分布的特征寿命等于它的平均寿命，都是故障率的倒数。

根据统计规律表明，许多电子产品和较复杂的机械产品在使用期内的寿命绝大多数是服从指数分布的。此外，电路的开路、机构的或结构的缺陷、损坏或过度偏离某一原来的允

许量而造成的故障与耗损等，都服从指数分布。

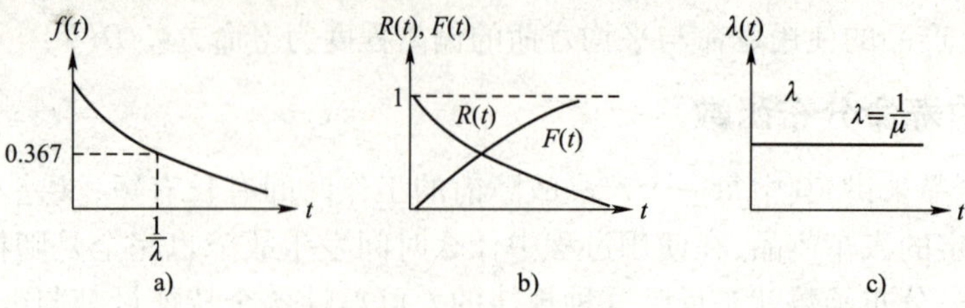

图 3-2　指数分布函数曲线

a）概率密度函数曲线；b）累计故障概率曲线；c）故障率曲线

【例 3-4】　汽车控制系统某组件的寿命服从指数分布，它的平均寿命为 5000h，求其故障率和使用 125h 后的可靠度？

解：根据题意，有

$$\lambda = \frac{1}{\mu} = \frac{1}{5000} = 0.2 \times 10^{3}/\mathrm{h}$$

当 $t = 125\mathrm{h}$ 时，$\lambda_t = 125 \times 0.2 \times 10^{-3} = 0.025$，则 $R(t) = \mathrm{e}^{-\lambda t} = \mathrm{e}^{-0.025} = 0.975$。

2. 正态分布

正态分布又称高斯分布或误差分布函数，它是一种应用极其广泛的分布函数。在可靠性工程中常用于描述零件强度和应力分布，同时，也是磨损零件的失效分析的重要工具。寿命服从正态分布时，它的故障密度函数为：

$$f(t) = \frac{1}{\sigma\sqrt{2\pi}}\exp\left[-\frac{1}{2}\left(\frac{t-\mu}{\sigma}\right)^2\right] \qquad (t < \infty \text{ 及 } \sigma > 0) \tag{3-19}$$

记为 $N(\mu, \sigma)$，式中的 μ 称为均值，即 $\overline{T}_{BF}$（或 $\overline{T}_{BF} = \mu$）；σ 称为标准差，表示偏离均值的离散程度；σ^2 称为方差，即 $D(T) = \sigma^2$。

当 $\mu = 0, \sigma = 1$ 时的正态分布称为标准正态分布，记为 $N(0,1)$。它的故障分布密度函数记为 $\varphi(t)$，即

$$\varphi(t) = \frac{1}{\sqrt{2\pi}} e^{-\frac{t^2}{2}} \tag{3-20}$$

对于 $\mu \neq 0, \sigma \neq 1$ 的一般正态分布，可将其化成标准形式，其关系式为：

$$f(t) = \frac{1}{\sigma}\varphi\left(\frac{t-\mu}{\sigma}\right) \tag{3-21}$$

若记标准形式的正态分布函数为 $\Phi(t)$，则一般形式的正态分布：

$$F(t) = \Phi\left(\frac{t-\mu}{\sigma}\right) \tag{3-22}$$

可靠度可表示为：

$$R(t) = 1 - \Phi\left(\frac{t-\mu}{\sigma}\right) \tag{3-23}$$

其故障率为：

$$\lambda(t) = \frac{f(t)}{R(t)} = \frac{\frac{1}{\sigma}\varphi\left(\frac{t-\mu}{\sigma}\right)}{1 - \Phi\left(\frac{t-\mu}{\sigma}\right)} \tag{3-24}$$

已知μ,σ时，先计算$(t-\mu)/\sigma$，查标准正态分布表可得$\varphi\left(\frac{t-\mu}{\sigma}\right)$或$\Phi\left(\frac{t-\mu}{\sigma}\right)$，利用上述公式可以求得可靠性各参数值。

【例 3-5】 设某产品的寿命服从正态分布，其中$\mu=1000\text{h}$，$\sigma=200\text{h}$，求产品工作到800h时的可靠度？

解：

$$\because R(t)=1-\Phi\left(\frac{t-\mu}{\sigma}\right)$$

查标准正态分布表，可得到

$$R(800)=1-\Phi\left(\frac{800-1000}{200}\right)=0.841345$$

3. 威布尔分布

威布尔分布在可靠性工程中被广泛使用，它特别适用于磨损等故障模式。由于它可以利用概率纸很容易地推断出它的分布参数，所以用于寿命试验的数据处理等特别方便。它的故障密度函数为：

$$f(t)=\frac{m(t-\gamma)^{m-1}}{t_0}e^{-\frac{(t-\gamma)^m}{t_0}}\ (\gamma\leqslant t,及\ m,t_0>0) \tag{3-25}$$

式中：m——是表征分布曲线形状的，叫做形状参数；

γ——是表征分布曲线起始位置的，叫做位置参数；

t_0——是表征分布曲线坐标尺度的，叫做尺度参数；

t——到出现故障为止的时间。

关于m、γ和t_0三参数的几何意义说明如下：

1）形状参数m

为了讨论方便，假定$r=0$，$t_0=1$，并按$m<1$，$m=1$和$m>1$三种情况分别画出威布尔分布的故障密度曲线，如图3-3所示；故障率函数曲线，如图3-4所示。其中γ和t_0是仅与横坐标轴t的位置和尺寸大小有关的参数，而m才是影响故障密度曲线、故障率函数曲线形状的本质参数。

当$m<1$时，$f(t)$曲线（图3-3）和$\lambda(t)$曲线（图3-4）都随时间的增加而单调下降。它反映了产品早期故障过程的数量特征，即$\lambda(t)$曲线相当于浴盆曲线的早期故障期，故障率属于渐减型。

当$m=1$时，威布尔分布就成了指数分布。$f(t)$曲线（图3-3）仍随时间的增加而单调下降，$\lambda(t)=1/\eta$是常数，在图3-4中是一条水平线，故障率属于恒定型。它可以用来描述突发性故障，因为，突发性故障在任何时候发生的机会都相等，所以它相当于浴盆曲线的偶然故障期。

当$m>1$时，$f(t)$曲线出现峰值，当$m>3.5$时，$f(t)$曲线趋于正态分布的情况，如图3-3所示。而$\lambda(t)$曲线则有单调增加的倾向，如图3-4所示，故障率属渐增型，它相当于浴盆曲线的耗损故障期。

2）位置参数γ

位置参数γ表示分布曲线在t轴上的起始位置，对$f(t)$曲线的形状没有影响。当$\gamma<0$时，曲线由$\gamma=0$时的位置向左平移$|\gamma|$距离；当$\gamma>0$时，曲线有$\gamma=0$的位置向右平移$|\gamma|$距离，如图3-5所示。位置参数的物理意义是：γ为负值时，表示某些产品开始工作前就已

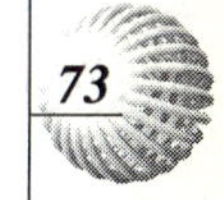

发生故障,即在储存期已有故障;γ 为正值时,表示产品有一段不发生故障的时间。

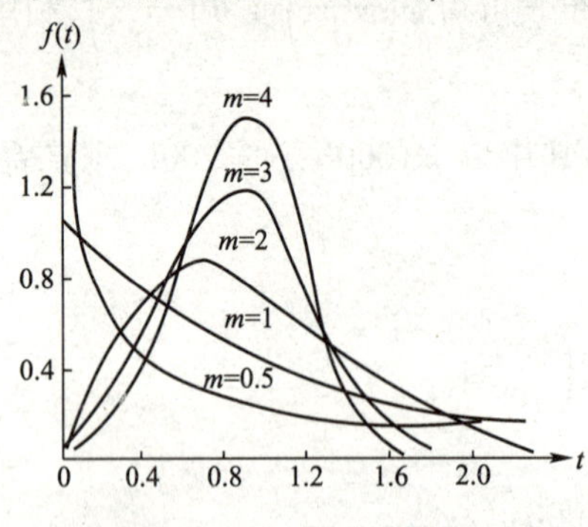

图 3-3　威布尔概率密度曲线

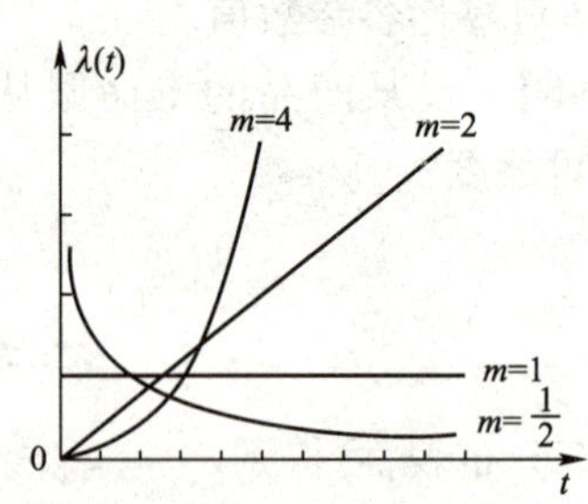

图 3-4　形状参数 m 对故障率 $\lambda(t)$ 的影响

3)尺度参数 t_0

尺度参数 t_0 仅与 $f(t)$ 曲线坐标轴的标尺比例有关,如图 3-6 所示。t_0 值越大,$f(t)$ 曲线越平缓。

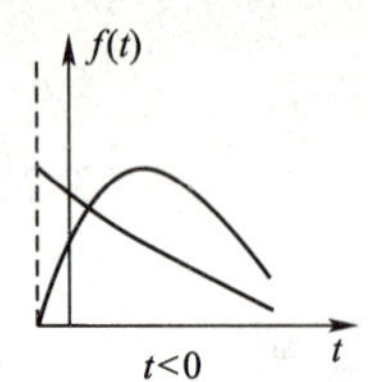

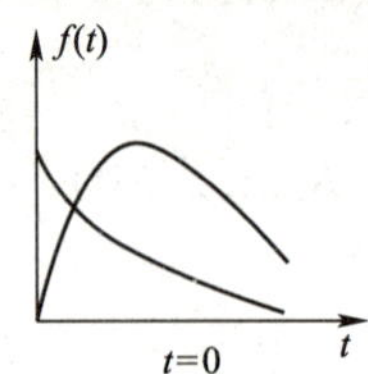

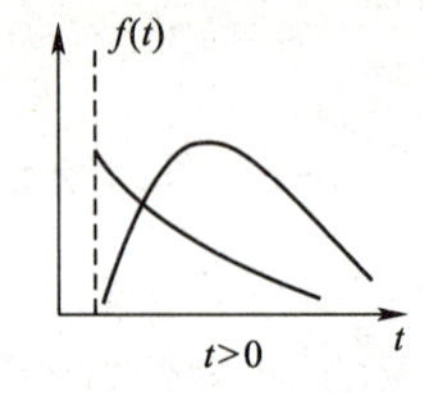

图 3-5　位置参数 r 不同时的 $f(t)$ 曲线

图 3-6　尺度参数不同 t_0 时的 $f(t)$ 曲线

服从威布尔分布的产品可靠度和故障函数为:

$$R(t) = e^{-\frac{(t-\gamma)^m}{t_0}} \tag{3-26}$$

$$\lambda(t) = \frac{f(t)}{R(t)} = \frac{m(t-\gamma)^{m-1}}{t_0} \tag{3-27}$$

其中位置参数 γ 使得问题复杂化,为了简便起见,令 $\gamma = 0$。也就是说,当 $t = 0$ 时,$F(t) = 0$,这就使得 $F(t)$ 在任何时候均为正值,经过简化,则:

$$R(t) = e^{-\frac{t^m}{t_0}} \tag{3-28}$$

$$\lambda(t) = \frac{mt^{m-1}}{t_0} \tag{3-29}$$

假如令尺度函数 $t_0 = \eta^m$,则威布尔分布的另一种形式为:

$$F(t) = 1 - e^{-\left(\frac{t}{\eta}\right)^m} \tag{3-30}$$

$$R(t) = e^{-\left(\frac{t}{\eta}\right)^m} \tag{3-31}$$

$$\lambda(t) = \frac{mt^{m-1}}{\eta^m} = \frac{m}{\eta}\left(\frac{t}{\eta}\right)^{m-1} \tag{3-32}$$

$$f(t) = \lambda(t) \cdot R(t) = \frac{mt^{m-1}}{\eta^m} \cdot e^{-\left(\frac{t}{\eta}\right)^m} \tag{3-33}$$

其中 $m > 0$ 仍是形状参数,$\eta > 0$ 是特征寿命。

这就是汽车可靠性工程中最常用的威布尔分布函数。

【例 3-6】　某种元件的寿命服从 $m = 4$,$\eta = 1000$h 时的威布尔分布,求 $t = 500$h 时的可靠度和故障率。

解:利用 $R(t)$ 和 $\lambda(t)$ 的公式可直接求得:

$$R(500)=e^{-\left(\frac{500}{1000}\right)^4}=e^{-0.0625}=0.939$$

$$\lambda(500)=\frac{4}{1000}\left(\frac{500}{1000}\right)^{4-1}=0.0005(\text{h})$$

四、汽车故障的基本规律

1. 产品故障率变化一般规律——典型故障率曲线

通过大量使用和试验,大多数产品的故障率是时间的函数,故障率曲线的形状,如图 3-7 所示,通常又叫浴盆曲线。由图 3-7 可以看出,产品的故障率随时间的变化,大致可划分为 3 个阶段:早期故障期、偶然故障期和耗损故障期。

(1)早期故障期。出现在产品工作的初期。它的特点是故障率高,且故障率随时间增加而迅速下降。故障的原因通常是设计制造缺陷或修理工艺不当,以及装配质量欠佳引起的。它可以通过强化试验或磨合、走合、调整加以排除。例如加工材料不合格,装配不合技术要求,质量检验不认真等。对于刚修理过的产品来说,装配不合技术要求是发生故障的主要原因。对于新出厂的或修理过的产品,可以在工厂或投入使用的初期进行磨合、走合和调试,以便减少或排除这类故障,使产品进入偶然故障期。因此,一般不认为早期故障是使用中总故障的组成部分。

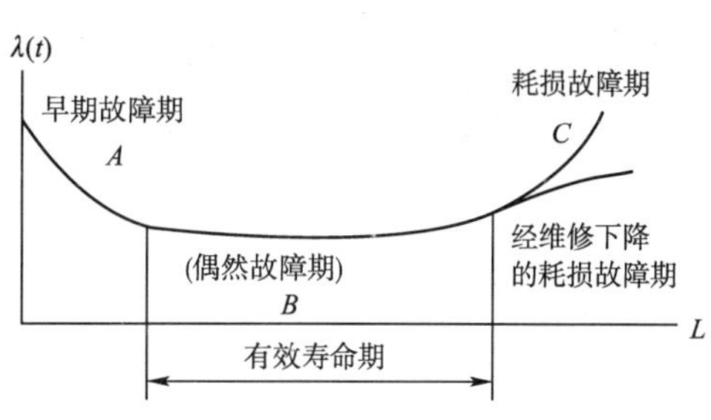

图 3-7 典型寿命曲线

(2)偶然故障期。指产品在早期故障期之后耗损故障之前的这段时期。这个时期是产品工作的良好阶段,也叫有效寿命期。它的特点是故障率低而稳定,近似为常数。这一阶段的故障是随机性的,与产品新旧无关。故障的原因一般是由于使用维护不当或应力突然超过极限值、零件或元件的随机失效等因素造成的。对于偶然故障不能通过磨合、走合来消除,也不能通过定期更换故障件来预防。一般来说,再好的维修工作也不能消除偶然故障。偶然故障什么时候发生是无法预测的,但是,人们希望在有效寿命期内故障率尽可能低,并且持续时间尽可能的长。因此,只能通过提高管理水平,包括提高驾驶员操作水平,加强产品维护来减少偶然故障的发生。

(3)耗损故障期。产品使用的后期。其特点是故障率随时间的增加而显著增加。这是由于产品长期使用,零件产生磨损、变形、疲劳、腐蚀、老化等因素造成的。防止耗损故障的唯一办法就是在产品进入耗损期前后及时进行维修,这样可以把上升的故障率降下来。如果产品故障太多,修理费用太高(高于新品价格 60% 以上),则只能报废。可是,准确掌握产品何时进入耗损故障期,对维修工作具有重要意义。

以上 3 个故障期是就一般情况而言的,并不是所有产品都有这 3 个故障阶段,有的产品只有其中一个或两个故障期,甚至有些质量低劣的产品在早期故障后就进入了耗损故障期。例如,汽车发动机曲柄连杆机构的磨损产生的故障率基本上按照这三个时期发展,如图 3-8 中 A 所示;前桥通常只有后两个时期,如图 3-8 中 B 所示;汽车油路、电路一般只表现出一个时期,如图 3-8 中的 C 所示;紧固件则基本上有前两个时期,如图 3-8 中 D 所示;而某些质量低劣件,则随机故障期很短,即直接进入耗损故障期,如图 3-8 中 E 所示。

由此可见：

(1)由于机件的材质、使用水平和工作条件的不同，其实际故障规律也不同；

(2)即使故障率曲线符合典型故障率曲线，但故障率曲线的长短也可能不一样。这一点需要维修、管理人员认真探索并研究解决。

2. 汽车故障的分布规律

对于由大量零件组成的汽车，由于各个零件结构特点和工作性质的不同，其参数随时间变化的速率和参数的极限指标也各不相同。如果用一组曲线来表示各个零件的参数变化规律，即可根据各个零件达到极限指标的时刻而得到汽车故障的分布规律，如图3-9所示。坐标 $u(t)$ 表示零件的状态参数，u_c 是它的极限值。图中用直线近似地表示了各个零件的状态参数随时间变化的情况。但应指出，实际的零件参数变化规律大多是非线性的，上述的直线表示是为简便起见。其一般的规律应为：

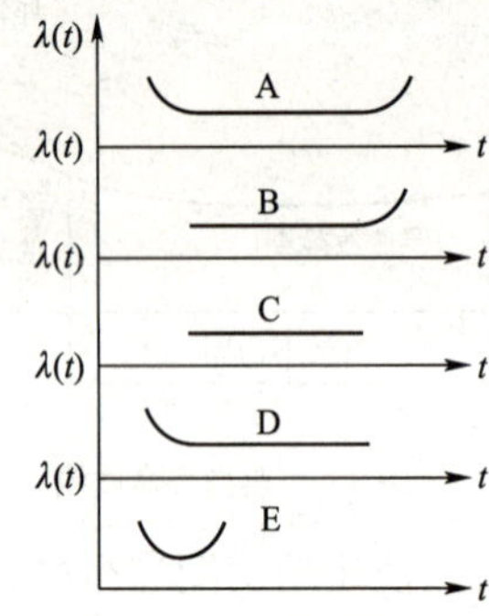

图3-8 某些汽车零件的故障率曲线

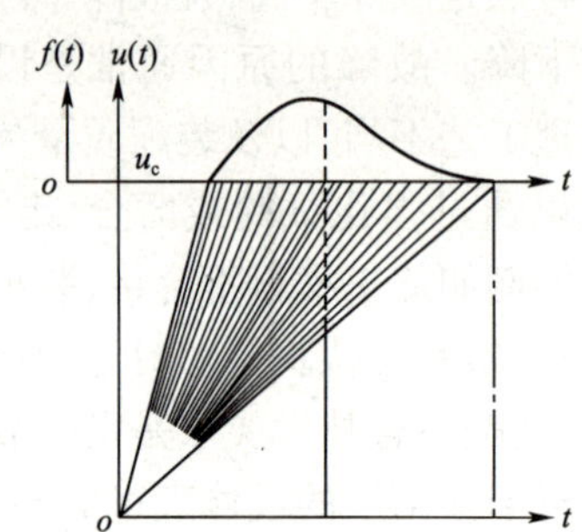

图3-9 零件状态参数的变化与汽车的故障分布密度及相互关系

$$u(t)=ct^{\gamma}+u_0 \tag{3-34}$$

式中：c,γ——常数；

u_0——初始状态参数。

零件的状态参数达到极限值 u_c 后，即引起汽车的故障，且图中 $f(t)$ 即为相应的故障概率分布密度函数。

第三节 故障数据收集与处理

汽车在使用过程中不可避免地出现各种类型的故障，它们都有不同的故障机理并表现出不同的故障模式。收集并分析故障发生的时间数据，成为寻找故障原因、弄清故障规律的重要途径。所谓的故障数据是指汽车、总成或零件在规定的条件下，丧失规定功能的时刻或工作时间的各种记录值。它包括使用寿命、故障时间、储存寿命、能工作时间、工作时间、不能工作时间等数据。实际上，这里所强调的是从可靠性工程观点出发的故障数据。由于可靠性是各类产品在时间上的质量，因此，以时间为内容就成为故障数据收集的主要方向。

一、收集方法与注意事项

故障数据的收集可以从汽车产品设计和试验开始，并在使用和维修中不断的积累。数据的收集方法主要有以下两种模式：

第一，给有关的汽车试验、使用和维修的现场工作人员分发故障数据记录表，并要求定期收回。此种方法使用的记录表格简单、明确，不需要进行专业培训，但获得的数据可能不完整，而且不准确。

第二，组织专业人员使之对记录内容有充分的理解，因此，能掌握好记录的标准，容易发现异常数据，能对其进行适当选择。所以可以保证获得的数据完整和正确。

数据收集所采用的方式要根据所研究的对象和目的来确定。通过现场收集汽车产品的使用及维修数据，是故障数据收集的重要方式。数据收集时应主要注意以下几点：

第一，明确研究对象。在每一份数据收集的记录中，产品的对象要统一，否则因统计数据的对象不明确，会导致出现记录数据不完整的现象。例如，记录的数据是桑塔纳整车的故障，或只是电器系统的故障，或不包括电器系统的故障。如果有的记录包括电器故障，而另外一些记录都没有，则所得的记录就不完整一致了。

第二，规定故障含义。故障的含义一般是以原产品的性能为依据，但在实际的记录中往往存在困难。这是因为制造厂与使用者以及维修人员对故障的看法往往不一致。因此在数据收集时，要制订出尽可能明确的故障判别标准。特别是对产品性能下降的界限以及人为差错造成的故障，予以准确地说明。

第三，统一时间单位。汽车产品的寿命或工作时间，可以用行驶里程、无故障工作小时或故障发生时的振动次数来表达。对特定的故障现象应指出记录的时间单位，以便能有效地分析故障原因，掌握故障规律。

第四，说明使用条件。使用条件对汽车产品的性能有直接的影响，如工作方式（连续使用、断续使用、一次性使用等）、气候特点（寒带、温带、热带）、现场环境（风沙、潮湿、无路）等，都应该详细地记录。

第五，反映维修状况。尽管汽车产品的使用条件相同，但由于维修状况的不同，其故障率相差很大。维修状况应包括维修人员技术水平、维修方式、设备条件等。

第六，掌握取样原则。对故障数据的收集首先要有系统性，其次是完整性，再者就是准确性。要达到以上要求必须对大量的汽车产品进行长时间的统计记录。但也可以采用随机抽样的方法，对有限的样本进行统计分析。

数据收集记录单的主要内容应包括：

(1)使用单位名称；

(2)记录对象；

(3)时间(生产日期、使用前库存时间、开始使用日期、故障日期等)；

(4)使用条件(使用场合、气候环境、工作方式等)；

(5)故障内容(故障的预兆、产生的部位、故障形式、故障原因等)；

(6)维修状况(维修类型、维修条件、停机时间、修理时间等)；

(7)现场人员分析(故障现象、原因及维修建议等)。

二、数据统计处理

为了分析、研究汽车、总成及零件的故障规律、故障原因、故障征兆，如何对所记录的故障数据进行分析是值得重视的问题。方法选择不当，所得结果不能反映故障的本质规律和真实原因。基于具体的车辆故障的发生都具有随机性，因此，对故障数据的处理主要采用数

理统计的方法。

1. 直方图法

从汽车试验、使用及维修工作中收集到的有关故障数据都具有随机性，但它们都具有统计规律。因此，可以收集足够的一组故障数据，即某个随机变量的一组观测值，作为数据分析的样本，用直方图对这些数据进行加工、整理和归纳，就能简单的定量描述其规律。

直方图的具体做法如下：把一组故障数据按顺序整理、排列，并划分若干个区间，统计各区间数据的数量（个数或比例），以区间的度量单位为横坐标，以数量度量单位为纵坐标，可以画出若干个直方形，并用曲线连接起来，便构成直方图。

【例 3-7】 某型汽车风扇传动带的损坏时间（单位：km）为：647、662、1049、1319、1734、2390、3514、3550、3557、3703、3749、5894、6321、6947、6978、7001、7098、7551、7782、9931、11649、12075、12725、13026、13716、13781、13808、13924、14735、16117、17312、18118、18994、19025、19666、20346、22191、23250、23542、26559、27097、27804、28682、30028、32749、33975、34112、41354、42500、45864、55032、57391、75359、83183、95107，试作出直方图并分析故障规律。

解：要分析风扇传动带折断的损坏规律，可以通过作直方图弄清故障分布的基本规律和特点。

a. 找出故障数据中的最大值与最小值

最大值为 95107 公里，最小值为 647 公里。

b. 分组

分组要进行两项工作，即决定分组组数和组距。一般情况下，当数据较多时，通常分成 10～20 组，数据个数少于 50 时，分成 5～6 组。先决定组数 k，然后再决定组距 h。已有统计数据超过 50 个，可取 $k=10$。根据下列表达式，可以确定组距 h，即

$$h=(\text{最大值}-\text{最小值})/k$$

将有关数据代入上式，求得 $h=10000\text{km}$。

c. 列出频数表

每组内的故障数称为频数。频数与故障总数之比称为相对频数（或频率）。表 3-4 为某型汽车风扇传动带损坏的相对频数表。

某型汽车风扇传动带损坏的相对频数表 表 3-4

序 号	分组范围	频 数	相对频数(%)	序 号	分组范围	频 数	相对频数(%)
1	0～10000	20	36.36	6	50000～60000	2	3.63
2	10000～20000	15	27.27	7	60000～70000	0	0
3	20000～30000	8	14.54	8	70000～80000	1	1.81
4	30000～40000	4	7.27	9	80000～90000	1	1.81
5	40000～50000	3	5.45	10	90000～100000	1	1.81

根据上表，以分组点为横坐标，纵坐标为相对频数，则可以得到相对频数分布直方图，如图 3-10 所示。若纵坐标为频数，就可以得到频数分布直方图。

从图形可知，风扇传动带折断的相对频数分布，近似为指数分布函数。

2. 假设检验

在处理故障数据时，往往先假设故障分布函数的形式，然后再去求有关参数。这种假设

是否符合实际，需要进行检验。用作图法（如正态概率纸、威布尔概率纸等）求分布函数的参数，虽然可以看到数据与拟合直线的吻合程度，但也只是一种直观的感性认识。用数学方法来确定假设分布与实际数据是否相适合的检验方法，称为假设检验。

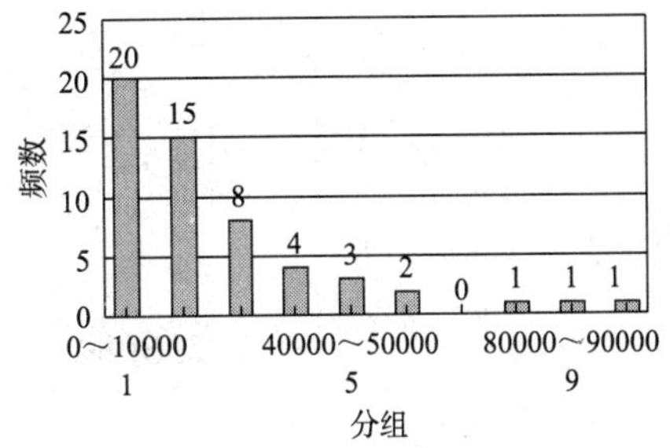

图 3-10　风扇传动带损坏的相对频数直方图

x^2检验也称皮尔逊检验。根据概率统计理论，利用 x^2 来作假设检验称为 x^2 检验。

$$x^2=\sum_{i=1}^{k}\frac{(r_i-n_ip_i)^2}{n_ip_i} \tag{3-35}$$

式中：k——时间域的分组数；

r_i——第 i 个时间域发生故障数（$i=1,2,\cdots,k$）；

n_i——第 i 个时间域之初尚未发生故障的数；

p_i——第 i 个时间域的平均故障概率。

首先假设被试验的总体服从某种分布，然后根据一批统计数据，估计出相应的参数值。在此基础上，再来检验该总体分布函数是否与假设相符。

由式（3-35）可知，$\frac{r_i}{n_i}$为第 i 个时间域内实际的故障率；而 p_i 为第 i 个时间域内的理论故障率。如果假设成立，则$(\frac{r_i}{n_i}-p_i)^2$ 应该比较小。

于是 $V=\sum_{i=1}^{k}(\frac{r_i}{n_i}-p_i)^2\cdot\frac{n_i}{p_i}$也应该比较小才合理。

由于 n_i/p_i 是起平衡作用的因子，因此，对于较小的 p_i而言，即使 r_i/n_i与 p_i相对来说有较大的差别，而$(\frac{r_i}{n_i}-p_i)^2$ 也不会很大。V 作为统计量，也是一个随机变量，在假设成立的条件下，V 近似地服从自由度为 γ 的 x^2分布。

作假设检验时，根据观测值按上式可算得 x^2值，然后与按危险率 α 和自由度 γ 从 x^2 表中查出的值相比较，若前者大于后者，则应否定假设，否则可认为假设成立的。

【例 3-8】　100 台汽车起动机，在 510h 使用时间内有 34 台发生了故障，其故障统计结果见表 3-5。假设该汽车起动机的故障时间服从指数分布，试求其平均无故障工作时间的估计值，并进行 x^2检验。

汽车起动机故障统计结果　　表 3-5

序　号	时间域（h）	故障数 γ_i
1	0～105	7
2	105～223	9
3	223～357	12
4	357～510	6

解：取时间域的中位值来作平均无故障工作时间估计。按题意，对于故障时间服从指数分布的汽车起动机，其 100 台总的可能工作时间可以按下式计算：

$$T = \sum_{i=1}^{k} t_i r_i + (h-r)t$$

$$= \frac{105}{2} \times 7 + \frac{105+223}{2} \times 9 + \frac{223+357}{2} \times 12 + \frac{357+510}{2} \times 6 + (100-34) \times 510$$

$$= 41689.5(\mathrm{h})$$

故 $\hat{\mu} = \frac{T}{\gamma} = \frac{41689.5}{34} = 1226(\mathrm{h})$

其可靠度函数

$$R(t_i) = e^{-t_i/1226}$$

为了进行 x^2 检验，将有关数据列于表3-6中。其中的 P_i 可由下式确定。

$$P_i = 1 - \frac{R(t_i)}{R(t_{i-1})} \tag{3-36}$$

式中：$R(t_i)$——第 i 个时间域之末所具有的可靠度的理论值；

$R(t_{i-1})$——第 i-1 个时间域之末所具有的可靠度的理论值。

$$\sum \frac{(r_i - n_i p_i)^2}{n_i p_i} = 2.84$$

汽车起动机故障时间分布函数的 x^2 检验　　表3-6

时间域	r_i	n_i	$R(t_i)$	P_i	$n_i p_i$	$(r_i - n_i p_i)^2$	$(r_i - n_i p_i)^2 / n_i p_i$
0 ~ 105	7	100	0.918	0.082	8.2	1.44	0.176
105 ~ 223	9	93	0.827	0.099	9.2	0.04	0.0043
223 ~ 357	12	84	0.748	0.096	8.06	15.32	1.926
357 ~ 510	6	72	0.659	0.118	8.496	6.23	0.733

当自由度 $\gamma = 3(\gamma = k - 1 = 4 - 1 = 3)$，并且取危险率 $\alpha = 0.05$ 时，查 x^2 表得 $x^2 = 7.81$。由此看出，计算所得的 x^2 值小于7.81，所以原假设总体服从指数分布是成立的。

复习思考题

1. 名词解释

(1)故障；(2)失效；(3)故障模式；(4)可靠度；(5)累积故障概率；(6)故障率；(7)平均故障间隔时间；(8)平均无故障时间；(9)可靠寿命；(10)中位寿命

2. 简单解释“故障”与“失效”有什么异同？

3. 简述汽车及其零、部件的故障模式有哪些类型？

4. 故障的分类有几种方法？其主要依据是什么？

5. 可靠度数学描述的表达式是什么？有何含义？

6. 可靠度、故障分布密度与故障率的数学关系是什么？

7. 指数分布、正态分布和威布尔分布的密度函数表达式是什么？有何特点？

8. 证明指数分布的“无记忆性”。

9. 汽车控制系统某组件的寿命服从指数分布，它的平均寿命为10000h，求其故障率和使用500h后的可靠度？

10. 产品的寿命服从正态分布，其中 $\mu = 10000\text{h}$，$\sigma = 500\text{h}$，求产品工作 1000h 时的可靠度？

11. 某种元件的寿命服从 $m = 4$，$\eta = 1000\text{h}$ 时的威布尔分布，求 $t = 500\text{h}$ 的可靠度和故障率？

12. 简述复杂产品故障发生的基本规律。

13. 故障数据的收集方法与注意事项有哪些？

14. 简述汽车故障原因及其影响因素有哪些？

第四章 汽车维修理论及维修性评价

第一节 维修策略演化及方式选择

一、维修方式分类

维修不仅是现代化生产的辅助过程，也是现代服务业的一种产品形式。维修活动可能出现在生产和消费的不同过程中，其活动本质是相同的，而活动特点可能不一样。例如，汽车作为运输生产必备的物质条件，是一种常见的生产装备。其生产活动主要是运送货物和人员，即货运与客运。货运又有厂（场）内运输和厂（场）外运输之分，厂（场）内运输的距离一般是较短，而厂（场）外运输的距离较长。对这类汽车进行维修的主要目的是保持汽车完好的技术状况，汽车维修活动具有生产辅助过程的性质。因此，汽车作为运输生产装备进行维修时，可以根据运输生产活动特点采用相应的设备维修方式。

维修是伴随着生产设备的大规模使用而出现的辅助性生产活动，并且随着生产的发展对设备维修的认识也不断深化。最初人们只认为维修的作用是为了预防设备故障的发生和排除已发生的故障，后来又认为维修是设备正常使用的前提和安全运行的保障。因为一旦设备发生故障将可能使生产被迫停止，正在提供的服务也可能被中断。这不仅会造成经济损失，甚至还会危及人身安全，即影响生产效率、效益和可能导致严重事故。由于维修能提高设备的完好率，延长设备的使用寿命，因此维修有助于生产效率的提高，是生产力的重要组成部分。此外，维修也是设备投资的一种选择，可以为企业带来经济效益；维修也是企业产品售后服务的一种形式，是建立企业信誉、扩大产品在市场上销售份额的手段。目前，工业的发展和人口的增长，使自然资源的消耗急剧增大。产品消费扩大的同时，报废产品的数量也同时增加，并可能造成环境污染。循环经济要求采用再使用（Reuse）、再循环（Recycling）和再制造（Remanufacturing）的方式，使产品报废后所形成的再生资源能得到充分利用。再使用和再制造产品的利用将是维修生产和维修服务资源的必然选择。

因此，随着设备生产能力的提高和产品技术水平的升级，设备维修有了更多的内涵。维修从单纯为了排除设备故障，发展到了通过维修改善设备性能、提高利用率和保障产品售后性能等多方面作用。设备维修和维修服务不应只看到直接效益，而且还要重视到关系到企业生产和用户利益的间接效益，如提高生产力、生产效率、完好率、安全性、经济性、环保性、资源节约性和售后服务效益等，生产企业和维修服务企业都应关注维修的这个特点。

1. 预防性维修

预防性维修（PM，Preventive Maintenance）是指通过对设备的检查、检测发现故障征兆以防止故障的发生,并使其保持在规定状态所进行的各种维修活动。

预防性维修包括清洁、润滑、检查、调整、更换和定时拆修(计划修理)等活动,是在故障发生前预先对设备或其部件进行的维修。目的是为消除故障隐患,防患于未然。这种维修方式主要用于故障后果会危及安全、影响生产任务完成或导致较大经济损失的情况。预防性维修分为以下几种形式:

(1)定时拆修(RW, Rework at Some Interval)。定时拆修是指设备使用到规定时间予以拆修,使其恢复到规定的状态。规定的时间可以采用不同的方式进行计量,如间隔时间、累计工作时间、日历时间、里程和次数等。拆修的工作范围可以从将设备分解后清洗直到对设备进行全面修复。对于不同的设备,拆修的技术难度、资源要求和工作量的差别都较大。拆修的特点是可以预防那些不拆开就难以发现和预防的故障,避免可能产生的经济损失。拆修的结果可能是设备、总成和零件可以继续使用或者是需要重新加工和修复后才能使用。

(2)定时报废(DS, Discard at Some Interval)。定时报废是指设备或零部件使用到规定的时间就予以废弃,其结果是使设备更换零部件或者直接报废。定时报废比定时拆修是一种资源消耗更大的预防性维修工作。

定时拆修和定时报废这两种预防性维修类型,统称为定时维修(HT, Hard Time Maintenance)。定时维修适用于已知寿命分布规律的而且有耗损期的设备。这种设备的故障的发生、发展与使用时间有明确的关系,设备的大部分总成和零部件能工作到预期的时间,以保证定时维修方式的有效性。

(3)视情维修(OC, On Condition Maintenance)。视情维修是指经过一定的时间间隔后,将观察到的设备技术状态与确定的标准进行比较,其结果可能是设备可以继续使用到下一个检查期,或者对总成、零部件进行更换或修复后继续使用,也可能是使设备、总成或零部件报废。

视情维修是基于大量的故障不是瞬时发生的,故障从开始发生到发展成为最后的故障状态,总有一段出现异常现象的时间,而且有征兆可以查寻。因此,如果找到跟踪故障迹象过程的方法,就可能采取措施预防故障或避免事故发生。所以,也称这种维修为预知维修或预兆维修(Predictive Maintenance),有人也将这种维修方式称临近故障状态维修。

(4)状态监控维修(CMM, Condition Monitoring Maintenance)。状态监控维修是指对那些不会影响设备的安全和生产任务的早期故障、偶然故障和耗损故障,当采用定时维修、视情维修等预防行维修方式效果不佳时,需要在故障发生之前,通过所积累的故障发展信息,进行故障原因和故障趋势分析,从总体水平上对设备的可靠性水平进行连续监控。状态监控维修的结果除决定更换零部件或修复设备外,还可以用于转换维修类型和更改设计等决策。状态监控维修不规定设备的使用时间,因此能最充分利用设备寿命,使维修工作量达到最低,是一种经济的维修方式。目前应用较为广泛,例如汽车的自诊断系统(OBD, On Board Diagnosis)。

(5)隐患检测(IH, Inspection for Hidden Failure)。隐患检测是指在规定的时间间隔内,为发现设备已存在但对操作人员来说尚不明显的功能性故障所进行的检测工作,也称之为隐蔽功能故障检测或故障状态检查。

严格地说,隐患检测不是预防性工作,这是因为在故障发生之后才寻找故障。之所以认为是预防性的,是因为其目的在于预防,如果隐蔽功能故障没有被发现,就可能引起连锁性的第二次反应,甚至多次故障(多重故障)的发生。

2. 恢复性维修

恢复性维修(CM, Corrective Maintenance)是指设备或零部件发生故障后,使其恢复到规定状态所进行的维修活动,也称排除故障维修或修理。恢复性维修包括:故障定位,故障隔离,分解、更换、调校、检验以及修复损坏件等。

预防维修的内容和时机是事先加以规定并按照预定计划进行的,也称之为计划维修(Scheduled maintenance)。但是,恢复维修因其内容和时机具有随机性,不能在事前做出确切安排,因而也可以称之为非计划维修(Unscheduled Maintenance)。

3. 改进性维修

改进性维修(IM, Improvement Maintenance)是利用完成设备维修任务的时机,对设备进行改进或改装,以提高设备的固有可靠性、维修性和安全性水平。这种结合维修工作进行的改进和改装,是维修工作的扩展,实质上是修改设备设计,应属于设计、制造的范畴。但是,由于维修部门的职责是保持和恢复设备的良好状态,也了解设备使用和维修中的缺陷,因此在设备固有可靠性、维修性和安全性水平不足时,提出改进性维修是进行有效的预防性维修和恢复性维修的补充手段,也是设备性能改进与提高的必要环节。

二、维修策略的演化

近年来,维修管理方法和应用技术已经有了很大的进步。维修技术的进步已经被产品的复杂性和多元性所展示,维修的重要性在保护环境、个人安全、商业利益和产品质量等方面都产生了重要影响。其中,应用最典型的范例就是视情维修 CBM(Condition Based Maintenance)和以可靠性为中心 RCM(Reliability-Centered Maintenance)的维修方式。基于风险的维修方式目前正受到越来越多的关注,也引起人们的日益重视。维修策略的演化过程,如图 4-1 所示。图 4-1 中的内容反映了维修策略是不断进化的,而且被分成了第一、二、三和现代等四个阶段。

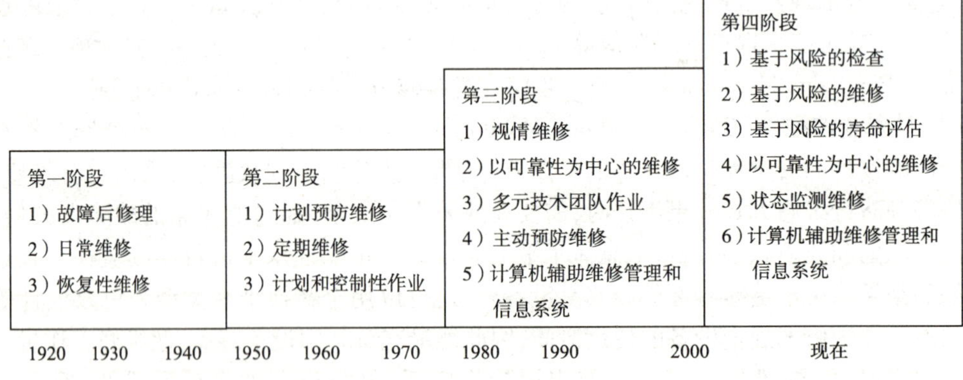

图 4-1 设备维修策略演化过程的主要维修方式

1. 传统维修策略

从维修策略的演变过程来看,传统维修策略或称早期维修策略属于第一阶段,即 1920 ~ 1940 年期间。工业生产不是高度的机械化,设备结构简单,而且设计的也容易修理。设备一直使用到发生故障为止,没有办法预测故障什么时候发生。

在第一阶段中,主要采取的维修方式有:故障后修理(Fix it when it broke),日常维修(Basic and Routine maintenance)和恢复性维修(Corrective maintenance)。

2. 计划预防维修策略

计划预防维修策略属于第二阶段，即 20 世纪 50 年代初期至 20 世纪 70 年代中后期。工业生产越来越复杂，而且更加依靠机械设备。机械化大生产中，设备维修费用比其他运行费用变得相对更高。采用的维修方式包括：计划预防维修（Planned Preventive maintenance）；定期维修（Time based maintenance）；计划和控制性作业系统（Systems for planning and controlling work）。

这些维修方式的主要问题是经常产生不必要的过度维修，以致影响正常的生产过程和设备的使用效率。同时，由于维修操作失误，甚至导致设备故障的产生。

3. 可靠性为中心的维修策略

可靠性为中心的维修策略属于第三阶段，即 20 世纪 70 年代后期至 2000 年期间。在这段时间内，设备维修所采取的策略被认为是第三次进化。这一阶段生产方式的典型特点是：(1)生产的复杂性继续增加；(2)自动化程度加速；(3)即时生产系统出现；(4)产品标准和服务质量要求提高；(5)视情维修（CBM）、以可靠性为中心的维修（RCM）和计算机辅助维修管理方式被普遍采用。因此，第三阶段主要采取的维修方式有：视情维修（CBM），以可靠性为中心的维修（RCM），计算机辅助维修管理和信息系统（CAM/MIS，Computer Aided Maintenance Management and Information System），多元技术团队作业（WMS/TW，workforce multi- skills and team working），主动预防维修（P/S，Proactive and strategic）等。

4. 基于风险评估的维修策略

基于风险评估的维修策略属于现代阶段，即 2000 年开始到现阶段。20 世纪 90 年代以后，基于视情维修（CBM）和可靠性为中心（RCM）的维修原理的扩展，提出了基于风险监测的维修理论，而且进入 21 世纪以后应用的更为普遍。2000 年以前，维修和安全被作为独立的活动而分别对待。因此，有的学者认为将维修和安全集成化，并且进行统一处理是利用企业资源的最佳方法。安全和维修不是相互排斥的两个方面，维护的目的是增加生产效益，优化整个生命周期费用，而不是对安全和环境的折中考虑。基于风险分析的检查和维护计划减少了系统发生故障的可能性。同时，也可以在维修和其他相关领域做出正确的管理决策。这个阶段主要采取的维修方式有：基于风险的检查（Risk Based Inspection），基于风险的维护（Risk Based Maintenance），基于风险的寿命评价（Risk Based Life Assessement），以可靠性为中心的维修（RCM），状态监测维修（CMM），计算机辅助维修管理和信息系统（CAM/MIS）等。

三、维修方式的选择

1. 选择原则

设备或汽车等的维修具有鲜明的时代特征，随着先进的维修思想和先进技术的发展其内涵不断地创新，设备或汽车维修工作是一个系统工程，与高产、优质、低耗、安全和效益密切相关。随着现代设备和汽车的高科技化的发展，结构的复杂性和操作自动化程度不断地提高，其维修的要求愈来愈高、难度愈来愈大，维修地位也日益重要。

设备或汽车维修方式选择的一般原则是：

(1)通过维修消除设备或汽车在维修前存在的缺陷，恢复设备或汽车规定的功能，保持设备或汽车的可靠性，并充分利用零部件的有效寿命；

(2)力求维修费用、设备或汽车维修对生产的经济损失之和为最小。

2. 定期维修方式

根据设备或汽车的磨损规律，事先确定维修类别、维修间隔期、维修内容及技术要求。维修计划按设备或汽车的工作计划，可作较长时间的安排。

定期维修方式适用于已充分掌握磨损规律和在生产过程中平时难以停机维修的流程生产设备、自动化生产线中的主要设备及连续运行的设备。

实践经验表明，实行定期维修方式的同类设备或汽车的磨损规律是有差异的，即使是同型号的设备或汽车，由于出厂质量、使用条件、负荷率等使用因素的不同，维护质量的优劣等情况的差别，按照统一的维修周期结构安排计划维修，会出现以下问题。一是设备或汽车的技术状况尚好，仍可继续使用，但仍按规定的维修间隔期进行大修，将造成维修过剩。二是设备或汽车的技术状态劣化已达到难以满足生产要求的程度，但是由于未达到规定的维修间隔期而没有安排维修计划，将造成失修。为了克服上述弊端，吸收状态监测维修的优点，对实行定期维修的设备或汽车应采用状态监测诊断技术，以求切实掌握设备或汽车的技术状态，并适当调整维修间隔期。

由上述可见，对设备或汽车实行定期维修方式时，应重视探索具体设备或汽车的磨损规律。据此制定出适合设备或汽车实际情况的维修周期结构，并在实践中修改完善。

长期以来，人们认为设备或汽车的安全性取决于其可靠性，故认为预防工作做得越多、修理周期越短、设备或汽车越可靠，这就是沿用多年的以定期维修为主的预防性维修方法。即不论每个具体维修对象的技术状况、使用环境如何，都必须按照统一规定的时间或行驶里程进行强制性维修，如规定的一、二、三级保养。定期维修的这种方法对于早期设备及零件的维修比较合适。

早期的定期维修制度增加了维修工作量、维修费用及停机时间，其结果是做了很多无效维修，却不能及时排除随机故障和早期故障。对故障数据的统计分析表明，定期维修对许多故障的控制并不起作用，所进行的分解检查不能提供尚可使用的零件在何时会可能出现故障的真实情况，过多地拆修反而易产生人为故障、增加维修消耗、降低维修效率。

理论证明，对于复杂的设备或汽车主要是随机性的故障，而定期维修不能排除随机故障，因此，20 世纪 60 年代初人们开始对传统的维修方法产生了怀疑。这时期有的国家开始通过应用可靠性大纲、针对性维修、按需检查和更换等试验性工作进行探索，在统计的基础上初步产生了以可靠性为中心的维修方法。

3. 以可靠性为中心的维修与视情维修

以可靠性为中心的维修是现代维修理论的核心。系统工程的观点认为，维修对象的研制、设计、制造、使用都是与维修有关的环节，各个环节都围绕着可靠性这个中心进行工作，因此维修对象的可靠性在循环往复中得到不断的改进和提高。以可靠性为中心的维修方法也是对传统的以预防为主的维修方法的继承和发展，人们对维修的认识由原来的工作—磨损—故障—危及安全演变为采取积极有效的措施，控制机械设备可靠性下降的因素，以保持恢复机械设备的固有可靠性。通过对机械设备各环节中可靠性诸因素的分析，科学地确定维修工作项目，优选维修方式，确定合理的维修周期，只做必须做的维修工作，既使机械设备的可靠性得到恢复，又节省维修时间和费用。

以可靠性为中心的维修方法有下列 4 个要点：

（1）机械设备的可靠性取决于设计制造，固有可靠性的恢复和保持取决于正确的使用和维修，维修不当反而会使可靠性下降；

(2)维修要有针对性，在以可靠性为中心的维修方法指导下对机械设备不可靠的因素和部位做必要的检修工作；

(3)根据其适用性和有效性准则确定预防维修的形式，有定时维修、视情维修、故障诊断(或称隐蔽功能检测)3 种形式；

(4)建立完整的维修信息系统，为维修宏观决策提供可靠的信息，维修信息是实施维修的关键。

视情维修是立足于故障机理的分析，根据不解体测试的结果，当维修对象出现潜在故障时就进行调整、维修或更换，从而避免功能故障的发生。许多单位在贯彻以可靠性为中心的维修方法、实施视情维修制的过程中，由于维修检测设备不到位，对设备的状态监控往往存在漏检、漏控等问题，这对于正常维护保养工作和提高设备的可靠性极为不利。

4. 定期维修与视情维修相结合

设备或汽车的故障按发生的时间进程可以分为突发性和渐进性两类。突发性故障是指征兆没有出现但可以觉察到，而损坏是瞬时发生；渐进性故障是指使用过程中损坏程度逐渐加重，如零件的磨损、腐蚀等。汽车作为一种复杂设备，其故障发生过程也具有早期、随机和耗损三个阶段。

在使用初期汽车的故障率较高，并随着使用时间增长故障率下降，而预防维修对此无能为力。在进入随机故障阶段后，不但故障率很小，且大体上是一个常数，由于故障是偶然发生的，大部分与其强度和所承受的负荷有关，因此，预防维修对此也无效。在耗损故障阶段，汽车经过长期使用后，由于疲劳或磨损等原因造成零件的强度和性能下降、损坏率上升，此阶段的故障多属于零件老化的问题。对耗损故障及时进行预防检查、维护，可减少故障的发生，防止故障率迅速上升。

综上所述，定期维修适用于发展迅速或无视情条件的渐进故障，视情维修则适用于发展缓慢且有视情条件的渐进故障。由此可见，将定期维修与视情维修两者结合，将起到互补作用。

5. 基于未来投资的维修

现代维修已不仅是恢复原有性能的手段，而且是改善设备性能进而提高质量不可缺少的措施，20 世纪 90 年代初，东欧国家提出为了未来投资的维修方法反映了对维修地位的新认识。它从对故障和破损的修复发展为通过维修达到保证在用设备正常运行的目的，后来又提高到“维修对企业是一种投资，而且是与固定资产同样重要的投资”的认识，没有维修投资则固定资产就难以收回和扩大。

“维修——为了未来投资”的思想亦是对传统维修方法的突破，说明在现代化大生产中维修已不再是一种辅助手段和应急措施，而是生产力的重要组成部分，是关系到经济发展长远利益的一项重要任务。

6. 绿色维修方法

众所周知，环境、资源、人口是当今人类社会面临的 3 大问题，尤其是生态环境遭到严重破坏、地球资源大量消耗成了突出问题。绿色维修是综合环境影响和资源利用效率的现代维修模式，产品除达到保持和恢复规定状态，既在维修过程及维修后直至报废处理这一段时期内能最大程度地保持和恢复其原来规定的状态这一目标外，还要实现维修废弃物和有害排放物最小、对环境的负面影响最小、对维修和使用人员的劳动保护性好，同时资源利用效率最高的目标。

绿色维修是一个涉及多方面的综合体系，是清洁生产模式在维修业中的具体体现，是现代维修业的可持续发展模式。当今制造工程与维修工程将越来越趋于统一，再制造工程也日益受到重视并迅速发展，成为新兴产业领域。

理论源于实践并指导着实践，又在实践中不断发展和完善。50 多年来维修方法的不断演变和发展大大推动了我国维修事业的进步，使各行各业在维修工作中取得了丰硕成果。在现代设备管理工作中，应合理地选用维修制度，使设备管理和维修工作随着先进管理思想和先进技术的发展而不断创新，21 世纪的维修将是绿色的维修、以再制造工程为基础的维修。

四、汽车维修方式的变革

1. 我国汽车维修方式演变简介

目前，我国对营运车辆的维修，采取定期检测、强制维护和视情修理的策略。

20 世纪 80 年代以前，汽车维修执行的是四级保养制度。分为例行保养：清洁、检查、补给；一级保养：紧固、润滑；二级保养：检查、调整；三级保养：部分总成解体。四类修理，即大修、小修、总成大修和零件修复。

20 世纪 80—90 年代，采用的是“定期保养、计划修理”制度。

20 世纪 90 年代，交通部颁布了 13 号令，提出了“定期检测、强制维护和视情修理”的营运车辆技术管理规定。

进入新世纪以后，日趋严格的汽车排放限制标准使以排放指标的检测结果来指导汽车的维修形成日趋完善的理论和管理体系，即 I/M 制度（Inspection & Maintenance）。

2. 汽车不解体诊断技术的应用

不解体诊断与检测将成为汽车维修作业的主体，只有依托科学的检测手段才能实现“视情修理”。制造工艺、材料技术的提高，强度设计思想引入汽车设计，使设计不鼓励拆卸的构思根深蒂固。近代汽车一次性的和不可拆卸总成增多，盲目地大拆大卸会无形中引发新的故障。

汽车排气成分分析将成为汽车维修的技术支点，作为燃烧产物的排气成分不仅是大气的污染源，也是判断燃烧品质的重要信息。排气成分分析可以判断空燃比、点火提前角或喷油提前角、配气定时、废气再循环、曲轴箱强制通风阀、氧传感器、三元催化器等的技术状态。排气成分分析可以判断机械故障，如氧排放量过高，可以判断排气管裂纹漏气。

I/M 制度由政府环保、交管、公安部门强制推行，必须通过网络系统监督，及时发出和获取指令。通过 Internet 进行汽车维修技术信息管理的模式，是基于 Browser/Server 架构，即浏览器/服务器的技术。

3. 汽车维修需求的主动与被动

当汽车的动力性、经济性、安全性等与车主的切身利益息息相关，当这些性能出现故障时车主将积极寻求技术支援，这就是汽车维修的主动模式。

当汽车的排放性能下降、排放指标超标时将污染大气，破坏人类赖以生存的自然环境，但是因这一后果与车主的当前的利益无关，希望车主主动提出维修排放超标车辆的要求是不现实的。因此，汽车排放的检查必须是强制性的政府行为，目前已经建立了机动车排放指标定期、强制性检查机制。排放检测站检查出排放超标的车辆（一般为 25% ~30%）将责令到汽车维修厂进行维修，以恢复正常的排放性能，这就是汽车维修的被动模式。恢复汽车正常的排放性能，对于汽车维修厂是崭新的业务，也孕育着无限商机。

面对营运汽车实行“定期检测、强制维护、视情修理”的车辆技术管理态势，大修和零件修复的业务已急剧萎缩，大有被总成维修、配件更换所取代之势。汽车诊断与检测设备必将取代“车、铣、刨、磨、铸、锻、焊”等设备成为维修厂生存的物质基础。

社会已进入信息的时代，汽车维修企业被动等客上门“就诊”的陈旧经营方式已经过时，维修企业只有将政府管理部门、相关行业、车主用户、被修车辆档案等联为网络系统，才能不失时机地跟踪法规条例，及时获取技术和商业信息，主动扩大业务面，以取得更大的经营回报。

第二节　基于可靠性为中心的维修理论

一、简介

维修理论是关于设备维修本质和规律的系统知识，包括维修性设计、维修工艺方法和维修生产管理等方面的知识。维修理论是建立在概率统计、可靠性、维修性、失效物理、状态检测技术、故障诊断方法和生产管理等现代科学基础上的一门综合性工程技术应用理论，用于设备全寿命周期维修效益的优化、保证设备使用的有效性和安全性等生产活动。

以可靠性为中心的维修（RCM：Reliability Centered Maintenance）是确定设备预防性维修需求、优化维修方案的一种系统性工程方法，其基本思想是：对设备进行功能与故障分析，明确总成、零部件发生故障的后果；用规范化的逻辑决断方法，确定出各故障后果的预防性对策；通过现场故障数据统计、专家评估、定量化建模等手段在保证安全性和完好性的前提下，以维修停机损失最小为目标优化设备的维修策略。

以可靠性为中心的维修理论强调将一切维修活动都归结到保持和恢复设备的可靠性。根据设备及其零部件的可靠性状况，运用逻辑判断分析法来制定设备维修大纲，确定所需的维修内容，合理的维修类型，适当的维修时间间隔和维修级别等，从而达到优化维修的目的。在这种原理指导下进行设备维修，既可以提高质量和完好率，又能保证使用安全和节约费用。以可靠性为中心的维修理论在应用实践中不断得到完善和发展，已成为理论体系完整、应用实践有效的维修理论之一。

1. 理论的起源

20 世纪 50 年代以前，由于当时的机器大多数采用传动带或齿轮传动等相对简单的机械结构，可以凭眼（睛）看，耳（朵）听，手（掌）摸等直观感觉性判断或通过传授经验的办法来排除故障。因此，维修基本上属于一门操作技艺，缺乏系统的理论总结和完整的知识体系。

随着生产的发展和装备技术水平的不断提高，出现了流水线生产方式。为了保证生产过程不因为设备故障而导致中断，20 世纪 20 年代美国率先采用了具有预防性的定时维修方式进行设备维修，即在规定的时刻对设备进行分解检查，更换翻修，以预防故障的发生，从而达到防患于未然的目的。这种定时维修方式在预防设备出现故障、防止产生过程事故、减少停机损失和提高生产效益等方面，明显的优于“不坏不修”的事后维修方式。因此，定时维修方式在设备维修中应用的最早、最广。

传统的定时维修方式的原理是基于设备的每个具有摩擦副的零部件工作时会出现磨损，而磨损会引起故障。有故障产生就存在着事故风险，因而有导致事故发生的可能。基于每个零部件的可靠性与使用时间有直接关系的认识，可以找到在使用中不应该超过的使用寿命，即定时拆修的间隔时间。同时还认为，拆修的越彻底，分解的越全面，防止故障发生的作用就越大；定时维修工作做得越多，则设备运行的可靠性就越高；对影响设备安全性的关键零部件，应采用较大的设计冗余度来防止产生运行事故；可靠性与拆修间隔期之间有直接的关系，常常以缩短定时拆修时间间隔的办法来预防故障的发生。然而，超出人们预料的是设备故障在拆修后仍旧发生，于是又认为所定的拆修间隔期仍然过长，因此就再缩短拆修间隔期。但是，发现不管怎样缩短拆修间隔期或加大拆修范围及拆修深度，无论维修活动进行的多么充分，很多故障仍然不能防止和有效减少，甚至单位时间内故障发生的次数反而增加。频繁的维修工作不仅影响了设备的正常使用，降低了可利用率，而且消耗了大量的人力和物力，增加了维修费用。例如，20 世纪 50 年代末，美国航空公司的维修费用约占使用费用的 30%；美国空军有 30% 的人力和将近三分之一的经费用于维修，维修费用超过购置费用。

基于上述事实，人们对多做维修工作就能预防故障发生的效果产生了怀疑。1960 年，美国联合航空公司首先提出了“我们懂得飞机维修的基本理论吗?”和“我们懂得要做所做的事吗?”这样两个基本问题。同时，如何以最小的费用消耗取得最佳的维修效果，也就成为摆在人们面前的紧迫问题。为此，美国联邦航空公司与联合航空公司双方代表组成了一个维修指导小组（MSG：Maintenance Steering Group），对可靠性与拆修间隔期之间的关系进行了研究。由于可靠性工程、维修性工程、失效物理学和故障诊断技术等新兴学科的出现，以及概率统计和管理科学的新发展，为研究维修问题提供了更广泛的理论基础。经过多年的实践，不仅积累了丰富的维修经验，而且还取得了足以进行科学研究的实践数据和信息资料。因此在上述基础上，颁布了《联邦航空局/航空工业可靠性大纲》（FAA/Industry Reliability Program）。美国航空界应用 RCM 制订飞机维修大纲的指导性文件从 1968 年的 MSG-1 到 1993 年的 MSG-3 经过了多次修订，前后共有 5 个版本。1978 年，美国联合航空公司兰诺等受国防部的委托发表了《以可靠性为中心的维修》专著，使以可靠性为中心的维修理论又向前的进一步发展。从此，人们把制订预防性维修大纲的逻辑决断分析方法统称为 RCM（Reliability - Centered Maintenance）。

20 世纪 70 年代初，美军装备费用以相当惊人的幅度增长，而与此同时采用 MSG-2 的民航维修费用却下降了 30%，因而引起了美国军方的注意，进行了大量的理论与应用研究。为了提高维修的经济性和有效性，美国国防部下决心推广民航的经验。首先，在以服役列装的军用飞机上采用以可靠性为中心的维修理论制订飞机预防维修性大纲，应用取得了明显的效果。例如，1972 年将 MSG-2 首先用于海军的 P-3 飞机和 S-3A 飞机，后来又应用到其他的各种飞机的维修上。其中，P-3 飞机的拆修工时节省了 50%；拆修间隔也从 3 年延长至 5 年；检查项目取消了 55%，改为状态监控维修；此外，还降低了维修频率，从而使飞机的飞行准备时间缩短了 40%，维修停用时间减少了 79.1%，而维修质量明显提高。如此巨大的成功使美国国防部进一步将以可靠性为中心的维修推广到陆海空三军的各种装备的维修中。

到 20 世纪 80 年代中期，美国陆、海、空三军分别颁布了其应用 RCM 的标准。例如：1985 年 2 月，美空军颁布了《飞机、发动机及设备以可靠性为中心的维修》（MIL-STD-1843（USAF））；1985 年 7 月，美陆军颁布了 AMCP750-2；1986 年 1 月，美海军颁布了《海军飞机、武器系统和保障设备以可靠性为中心的维修要求》(MIL-STD-2173(AS))等,这些都是关于RCM应用的指导性标准或文件。美国国防部指令和后勤保障分析标准中,也明确把RCM分析作为计划预防性维修大纲编制的要求。目前,美军几乎所有的军事装备(包括现役与新研制装备)的预防性维修大纲都应用了RCM方法制订。

从上述RCM研究与应用发展历史可知,从1960年起,许多国家的民航界运用现代科学技术,对飞机的维修基本规律进行了探索。到20世纪60年代后期,形成了以可靠性为中心的维修理论,其成果具体表现为MSG-1和MSG-2,这标志着维修从技艺发展成为科学。由于其应用具有普遍意义,也显示出维修理论的科学价值。1977年,美国《维修工程手册》主编希金斯在书的序言中写到:"在四分之一世纪稍多一些的时间里,维修已经从给以技艺的称号也不怎么光彩的活动中成长为一门严谨的工程技术性学科。"

2.理论的发展

以可靠性为中心的维修思想自20世纪60年代产生以来,在设备维修领域内产生了重大影响。尤其在机械维修领域内以可靠性为中心的维修思想更是体现出了它的强大生命力,这不仅对大大提高机械维修的经济效益起到了推进作用,而且在机械维修实践中使以可靠性为中心的维修思想得到了不断发展和完善。1991年,英国Aladon维修咨询有限公司的创始人John Moubray在多年RCM的实践基础上,出版了系统阐述RCM的专著——《以可靠性为中心的维修》。由于这本专著与以往的RCM标准、文件有较大区别,John Moubray又把这本书称为《RCMⅡ》。1997年,《RCMⅡ》第二版出版发行。再版书中的内容对以可靠性为中心的维修思想做了更深层次的诠释,主要体现在如下几个方面:

1)强调主动维修观念,减少整体维修需求

在以可靠性为中心的维修思想中,引入了"主动维修"这个新概念。把定期维修和视情维修方式归属于"主动维修",从而使"以可靠性为中心"的维修思想在维修工作中得到了更明确、更深刻地体现,也从更深层面上阐明了以可靠性为中心的维修思想是一种先进的维修方式。主动维修是指设备在发生影响正常使用的关键故障之前的一种主动预测、预防性维修行为,其要点是通过对设备故障的根本原因进行预先的系统化识别、判断和排除,以达到减小设备整体维修需求并使设备的寿命增至最长为目的。此外,把主动维修分为预防工作和预测工作两类。预防是在设备发生故障之前所进行的主动性维修工作;预测是在对故障状态无法运用有效的主动防止方法时所选用的方法,它包括故障检测与改进设计等手段。

以可靠性为中心的维修思想的目标在于保持和恢复设备的固有可靠性,而主动维修却要求把维修工作扩展到系统识别、分析判断、排除或缓解故障的根本原因等方面。这些主动活动的结果使设备的固有可靠性得到提高,所以,主动维修是传统维修概念的新拓展。

实现狭义的主动性维修必须具备一定的条件。首先,设备要有所谓的5种故障:条件性故障、初始性故障、临近性故障、急剧性故障及功能性故障;还要求具有先进的检测技术,准确地判定可能引起故障的原因并在装备的性能退化之前及时采取措施进行维修,恢复和保持设备完好的运行状态。因此,实施狭义的主动性维修要看是否有适用的、经济的、有效的主动维修措施。

主动维修方式可对重复出现的潜在故障根源进行系统分析,采用先进维修技术或更改设计的办法,从故障根源上预防故障。采用监测诊断技术随时监测那些可能产生故障根源信息的关键性参数,如零部件的力学性能、流体的物理或化学性能、热稳定性、污染和磨损等有关参数。也就是说,它不是监测设备的故障症状,而是监测可能造成故障的原因,如对于振动主要是监测不平衡、不对中等参数,而不是监测振动的频率和幅值等;对于磨损不是监测润滑油中的磨粒及其特征元素浓度来判断过度磨损是否已经发生了,而是监测润滑油本身的性能指标、污染程度等来判断过度磨损是否有可能发生,从而采取必要的对策,把故障最大限度地消灭在萌芽状态。主动维修方式是视情维修方式的发展与深化,比视情维修方式更为合理、更为有效。

2)重视维修风险效应,关注安全环境影响

以可靠性为中心的维修并不等同对待各类故障,它以故障后果的严重程度确定维修对策,这是它区别于以前的预防性维修的基本点之一。对于具有安全性或环境性后果的故障来说,可以采用可容忍的风险度来评价预防工作的有效性。

风险是普遍存在的,预防性维修当然也不例外。以可靠性为中心的维修能否有效地控制风险已经成为一个发展趋势,而且维修风险已是一个普遍关心的热点问题。

3)应用状态监测技术,扩大视情维修范围

在选择预防维修工作时,应优先考虑视情维修。原因有以下几个方面:第一,状态监测基本上可以在线进行,并可以经常在工作状态下进行。第二,能识别具体的潜在故障状态,在维修之前能确定排除故障措施,这将减少维修工作量,缩短维修时间。第三,能使设备几乎全寿命的工作。但是,应用状态监测技术只有在满足下列条件与技术后才是可行的:

(1)能够确定一个明显的潜在故障状态;

(2)从潜在故障点至功能故障点的间隔比较稳定;

(3)以小于间隔的时间长度来进行监测;

(4)最小间隔时间必须足够长,以预防或避免功能故障后果。

由此可见,推行视情维修方式除了积极应用状态监测技术外,还必须深入研究产品各种故障模式的时间规律,缺少对潜在故障点的判据实现不了视情维修。

3. 应用的要求

1)明确的 RCM 过程判据

1999 年,美国汽车工程师协会(SAE)颁布了《以可靠性为中心的维修过程的评审准则》(SAE JA1011),给出了正确的 RCM 过程应遵循的准则。如果某个大纲制定过程满足这些准则,那么这个过程就被称为"RCM 过程"。反之,则不能称之为"RCM 过程"。按照 SAE JA1011 第五章的规定,只有保证按顺序回答了标准中所规定的下面七个问题的过程,才能称之为 RCM 过程。

(1)功能:在具体使用条件下,设备应具有的功能是什么?

(2)故障模式:无法实现设备功能的条件是什么?

(3)故障原因:引起设备功能故障的原因是什么?

(4)故障影响:设备故障发生时,出现的状况是什么?

(5)故障后果:设备故障发生时,导致的损失是什么?

(6)主动故障预防:预防各种故障应做的工作是什么?

(7)非主动故障预防:找不到适当的主动故障预防措施应怎么办?

回答上述七个问题,必须对设备的功能、功能故障、故障模式及影响有清楚明确的定义。为此必须通过"故障模式及影响分析(FMEA)"对设备进行故障审核,列出其所有的功能及其故障模式和影响,并对故障后果进行分类评估;然后,根据故障后果的严重程度,对每一故障模式做出是采取预防性措施,还是不采取预防性措施等待其发生故障后再进行修复的决策;如果采取预防性措施,应选择哪种办法?RCM分析中对故障后果的评估分类和预防办法的选择是依据逻辑决断图。

2)重视安全性与环境性后果

RCM认为,故障后果的严重程度影响着采取预防性维修工作的决策。即如果故障有严重后果,就应尽全力设法防止其发生。反之,除了日常的清洁和润滑外,可以不采取任何预防措施。RCM过程把故障后果分成下列4类:

(1)隐蔽性故障后果。隐蔽性故障没有直接的影响,但它有可能导致严重的、经常是灾难性的多重故障后果。

(2)安全与环境后果。如果故障会造成人员伤亡,就具有安全性后果;如果由于故障导致违反了行业、地方、国家或国际的环境标准,则故障具有环境性后果。

环境性后果已成为预防性维修决策的重要因素之一。将环境性后果引入RCM决策过程是RCMⅡ与其他RCM版本最显著的区别。

(3)使用性后果。如果故障影响生产,包括产量、产品质量、售后服务或除直接维修费用以外的运行费用,就认为具有使用性后果。

(4)非使用性后果。即使是明显的功能故障,但它们既不影响安全也不影响生产,只涉及直接维修费用。

3)进行合适的维修工作分类

RCMⅡ把预防性维修工作定义为预防故障后果而不仅仅是故障本身的一种维修工作,这样的定义使预防性维修的范畴大大扩展。因此,RCMⅡ把预防性维修分为2大类:

(1)主动性工作。为了防止设备达到故障状态,在故障发生前所采取的工作。包括传统的计划性维修和预防性维修,如定期修复、定期报废和视情维修等。

定期修复要求按一个特定的工作期限或在工作期限之前,重新加工部件或翻修组件,而不管当时其状态如何。与此相同,定期报废工作要求按一个特定的工作期限或在工作期限之前报废,也不考虑其技术状态。

视情维修是通过监控掌握设备的状况,对其可能发生的功能故障项目进行必要的预防性维修。视情维修适用于耗损故障初期有明显劣化症状的设备,但需要适当的检测手段。

(2)非主动性工作。当不可能选择有效的主动性工作时,选择非主动性对策处理故障后的状态,它包括故障检查、重新设计和故障后修理。

在RCMⅡ中故障检查是指定期地检查隐蔽功能以确定其是否已经发生故障。从预防故障的时机上讲,它是在隐蔽功能故障发生后为防止多重故障的后果而进行的一项检查工作。故障检查工作需要定期地检查隐蔽功能以确定其是否有故障。

重新设计是指改善系统的固有能力,包括硬件的改型和使用操作程序的变化两个方面;无预定维修是指对所研究的故障模式不需进行计划或预防,因此只是简单地允许这些故障发生并进行修理,这种对策也称为故障后维修。

4)加强RCM实施过程的管理

尽管RCM的应用属于技术层面的问题,但它产生的结果却对设备的使用以及维修方式产生了直接的影响。在RCM的实施过程中注重加强管理,具体表现在:

(1)建立RCM指导小组。RCM指导小组由熟悉设备维修的有关人员共同组成,如熟悉RCM原理与分析过程的专家和熟悉设备结构及维修的人员。通过对了解具体维修工作的小组成员提出问题,确保小组成员对问题的回答取得一致结论并进行记录。达成一致意见

后，组织 RCM 理论应用。

（2）组织 RCM 的培训。培训是投资回报率最高的一项工作，目的是在尽可能的时间内把专家的经验传给其他的人。通过对 RCM 相关人员的培训使他们增强对 RCM 的认识，从而促进 RCM 的推广应用。

5）强调数学模型对 RCM 决策的支持

RCM 是一种复杂的系统工程方法，其研究和应用非常注重数学模型的支持作用。从不同角度对 RCM 模型进行如下分类：

（1）按预防性维修工作的类型分为：使用检查模型、功能检测模型和定期更换模型；

（2）按 RCM 建模的目的分为：故障风险模型、可用度模型和费用模型；

（3）按产品的复杂程度分为：单部件模型和复杂部件模型；

（4）按建模的时间基准分为：无限基准模型和有限基准模型。

目前已开发出绝大多数的 RCM 支持模型，包括：不同时间基准、不同复杂程度、不同决策目标下的使用检查模型、功能检测模型和定期更换模型等。

上述数学模型强调了 RCM 逻辑决断的有效性定量评估，增强了 RCM 决策的准确程度，对 RCM 的推广将起到非常积极的作用。

4. 应用的领域

自从 20 世纪 60 年代美国民航界首先创立了以可靠性为中心的维修理论以来，经历了怀疑、试验、肯定、推广和制订标准的过程。多年来，以可靠性为中心的维修理论在指导维修生产的过程中不断地发展和完善。以可靠性为中心的维修理论最初应用于飞机及其航空设备，后应用于军用系统与设备，现已逐渐扩展到企业的生产设备与民用设施，广泛用于其他各个行业，如核电企业、电力公司、汽车制造厂等。为了更准确地反映 RCM 的应用对象与范围，《RCMⅡ》把 RCM 定义为：确定有形资产在其使用背景下维修需求的一种过程。从其定义可以看出 RCM 的适用对象为有形资产，而不仅仅是传统 RCM 规定的大型复杂系统或设备。这里有形资产主要是相对于无形资产（资金或软件）而言，它可以是军用装备、生产设备，也可以是民用设施。这样的定义使 RCM 的适用范围大大扩展。从《RCMⅡ》（1997 年版）公布的 Aladon 公司已推广应用 RCM 的行业清单中可以看出：目前的 RCM 应用领域已涵盖了航空、武器系统、核设施、铁路、石油化工、生产制造等行业。

随着生产自动化程度的不断提高，维修在现代企业中的地位也日益重要。据统计，现代企业中，故障维修和停机损失费用已占其生产成本的 30% ~40%。有些行业，维修费用已跃居生产总成本的第二位，甚至更高。另外，环境保护与安全生产业的立法越来越严格，故障控制与预防必然成为现代企业管理所面临的重要课题，而 RCM 正是解决这一课题的关键手段之一。所以，进入 20 世纪 90 年代后，RCM 在工业界获得了广泛的应用。例如，英国 Aladon 维修咨询有限公司，从 20 世纪 90 年代开始就为 40 多个国家的 1200 多家大中型企业成功地进行过 RCM 的咨询、培训和推广应用工作。据统计，这些企业中大约 25% 的高级管理人员受到了 RCM 初级培训，约 10% 的企业至少在一个工厂的所有设备上应用了 RCM，65% 的企业对其部分设备进行过审查。

1979 年，我国民航和空军首先引进了以可靠性为中心的维修方式，取得了较好的效果。随后在海军、陆军和各工业部门也逐渐地开展理论研究和应用实践。例如，某型坦克发动机应用以可靠性为中心的维修理论，使寿命延长了 40%；1987 年，在国产民用运输机上全面开展 RCM 的应用研究，并取得了实际效果，获得了成功应用。1989 年 5 月，航空航天工业部

发布了航空工业标准《飞机、发动机及设备以可靠性为中心的维修大纲的制订》(HB 6211—89),并运用于轰炸机和教练机维修大纲的制订。1992 年,总后勤部、国防科工委发布了国家军用标准《装备预防性维修大纲的制定要求与方法》(GJB 1378),并于 1994 年 3 月颁布了该标准的实施指南。以标准化的形式对 RCM 加以规范化,并指导各类武器装备维修大纲的制订。

二、RCM 原理概要

以可靠性为中心的维修理论认为,维修活动归根到底是为了保持和恢复设备的固有可靠性,也就是说根据设备及其零部件的可靠性状况,以最少的维修资源的消耗,运用逻辑决断分析法来确定所需的维修内容、维修类型、维修间隔期和维修级别,制订预防性维修大纲,从而达到优化维修的目的。以可靠性为中心的维修理论更新了传统维修的观念,按照新理论指导维修实践,与传统维修活动有较大的区别,其理论有以下 8 个基本方面。

1. 定时拆修的作用

RCM 理论认为,定时拆修对复杂设备的故障预防几乎不起作用,但对简单设备的故障预防有作用。传统维修观念与 RCM 原理对定时拆修的不同认识,如表 4-1 所示。

传统维修观念与 RCM 原理对定时拆修的不同认识 表 4-1

对 比 点	不同认识的差别
传统维修观念	设备老,故障多。设备故障的发生、发展都与使用时间有直接的关系。定时拆修是预防故障发生的有效方法
RCM 原理	设备老,故障不见得多;设备新,故障不见得就少。只要做到机件随坏随修,则设备故障与使用时间没有直接关系。定时拆修不是解决故障发生的普遍适用的方法

传统的设备维修观念认为,设备越老,则故障越多;故障的发生与发展与使用时间有直接的关系。拆修时间间隔期的长短是控制故障的重要因素,拆修得越频繁、越彻底,故障发生的可能性就越小。并且认为这是解决故障发生的有效办法。

RCM 理论认为,故障是随机发生的,故障与使用时间没有直接关系。按照德雷尼克定律的观点,复杂设备的故障是由许多不同的故障模式作用而产生,每一种故障模式都会在不同时刻随机发生。在设备使用中如果出现的故障能够及时的排除,则其总的故障率为常数。因此,不存在着耗损期故障。但事实上,简单设备故障的发生、发展与使用时间存在着直接的关系,这与传统的认识又是一致的。具有金属疲劳或机械损耗的零部件以及设计时作为消耗性的元器件的故障都属于这种类型,应当按照某一使用时间或应力循环数来规定使用寿命,这对预防故障是有用的,特别是规定安全寿命对控制危险性故障模式具有作用。

传统维修观念的缺陷在于默认复杂设备故障的发生、发展与使用时间有着直接的关系这种假设,进而导致相信复杂设备如果不在恰当的时间内拆修,故障就会发生。如果按照这个假设进行拆修,则在两次拆修之间,特别是在刚拆修之后不久,不应该发生故障;即使发生了故障,也不能归咎于拆修。事实上,复杂设备的故障发生是随机的,不能假设故障是设备使用一段时间之后才发生。

定时拆修不仅对控制故障没有作用,相反会给本来是稳定使用的设备带来早期故障和造成人为差错。一些故障恰恰是由为预防故障所进行的维修工作所引起的,结果大大增加了总的故障率。所以,定时拆修不是预防故障的普遍通用方法。

复杂设备的故障率为常数,故障率曲线上不存在耗损故障区。但是传统的维修观念仍然认为有一个使用寿命,并人为规定一个定时拆修时间来控制故障的发生。

2. 潜在故障与功能故障的区别

RCM 理论认为,潜在故障可使设备在不发生功能故障的前提下得到充分利用,达到安全、经济的使用目的。传统维修概念与 RCM 原理对预防功能故障的不同策略,如表 4-2 所示。

传统维修概念与 RCM 原理对预防功能故障的不同策略 表 4-2

对比点	预防功能故障的不同策略
传统维修观念	无明确的潜在故障的概念,少量视情维修也是根据故障频率或故障危险程度来确定的。如果定时维修和视情维修二者在技术上都可行时,采用定时维修
RCM 原理	有明确的潜在故障概念,视情维修是根据潜在故障发展为功能故障的间隔时间来确定的。如果定时维修和视情维修二者在技术上都可行,采用视情维修

采用视情维修的依据是多数零部件的故障模式有一个发展过程,不是瞬间出现的。在尚未丧失其功能之前有迹象或征兆可寻,可根据某些物理状态或工作参数的变化来判断其功能故障即将发生。例如,轮胎磨损发生故障前,先呈现出胎面胶层磨损,露出胎身帘线层。如果在临近发生功能故障之前更换或修理,就可以防止功能故障的发生或避免功能故障的后果。这种在临近功能故障之前可以确定机件将不能完成预定功能的状态,即潜在故障。所谓潜在故障是一种指示功能故障即将发生的可以鉴别的状态。潜在故障包含着两重意思:

第一,潜在故障是指功能故障临近前的状态,而不是功能故障前的任何时刻状态;

第二,潜在故障状态经观察或检测可以鉴别。反之,不存在潜在故障。

设备的总成、零部件、元器件的磨损、疲劳、烧蚀、腐蚀、老化或失调等故障模式大都存在由潜在故障发展到功能故障的过程。检测潜在故障的工作即为视情修理。其目的在于发现潜在故障,以便预防功能故障。这种工作是对总成、零部件状态的定量检测,通常需要使用仪器设备,并要求有明确的潜在故障和功能故障的定量判断依据。

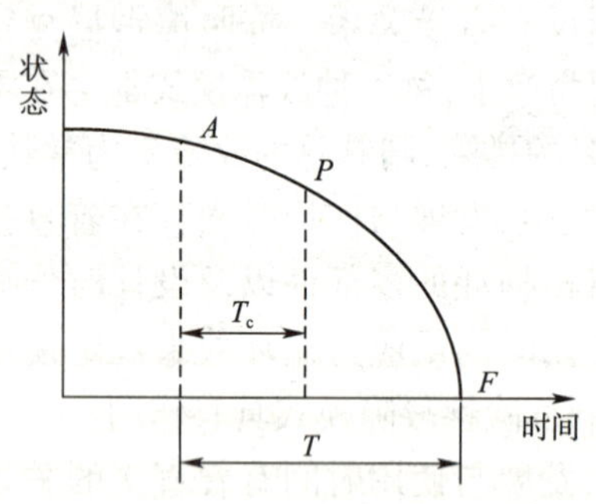

图 4-2 潜在故障的发展过程示意图

由潜在故障发展到功能故障的过程,如图 4-2 所示。A 点为故障开始的发生点,P 点为能够检测到的潜在故障点,F 点为功能故障点;T 为由潜在故障发展到功能故障的间隔期;T_c 为视情维修检测的间隔期。由图 4-2 可见,视情维修的检测间隔其 T_c 只有小于 T 时才有可能在功能故障发生前,检测到潜在故障。一般 T_c 应为 T 的几分之一,在 T 内作几次检测,以防止漏检。但检测过于频繁又会浪费资源,需要综合权衡确定 T_c。视情维修要求第一次检测间隔期要长到能发现恶化的某种实际迹象,而重复检测间隔期要短到能保证在功能故障出现之前检测到潜在故障。

以可靠性为中心的维修理论提出的潜在故障概念,使设备总成、零部件在潜在故障阶段得到更换或修理,因而可以利用潜在故障来防止功能故障的出现,使设备、总成或零部件在不发生功能故障的前提下得到充分的利用,达到既安全又经济的使用目的。

传统的维修观念无明显的潜在故障的概念,少量视情维修也往往是根据故障频率或故障危险程度来确定的。直观认为,故障经常出现的就应该经常去检查,故障危险程度大的更应该多检查。这种企图以多做维修工作来解决故障的做法,导致了维修工作陷入盲目被动的局面。为防止故障发生,应加强维修工作的计划性,而不能采用加大维修工作量的简单方法。以可靠性为中心的维修思想是根据潜在故障发展为功能故障的间隔期 T 来确定视情检测间隔期 T_c,而且要求 $T_c < T$,以确保潜在故障能够检测出来,以防止功能故障的出现。

采用视情维修可以使每个零部件都能实现其几乎全部有用寿命,达到经济使用目的。也意味着能用鉴别潜在故障的办法来防止功能故障的出现,达到安全使用的目的,并且能减少大量定时拆修的工作量。所以,视情维修和定时维修二者技术上都可行时,应该优先采用视情维修,把工作重点放在状态检查上。

3. 隐蔽故障与多重故障的关系

RCM 理论认为,检查并排除隐蔽故障是预防多重故障严重后果的必要措施。传统维修观念与 RCM 原理,对预防多重故障的不同对策,如表 4-3 所示。

传统维修观念与 RCM 原理,对预防多重故障的不同对策 表 4-3

对 比 点	预防多重故障的不同策略
传统维修观念	无隐蔽故障的概念,不了解隐蔽故障与多重故障的关系,并认为多重故障的严重后果是无法预防的
RCM 原理	有隐蔽故障的概念,了解隐蔽故障与多重故障有密切的关系,认识到多重故障的严重后果是有办法预防的,至少可以将多重故障概率降低到一个可以接受的水平,它取决于对隐蔽故障的检测频率和更改设计

传统维修观念无隐蔽功能概念,不了解隐蔽故障与多重故障的关系,并认为多重故障的严重后果无法预知。而以可靠性为中心的维修理论有隐蔽功能的概念,了解隐蔽功能与多重故障有密切关系。认为多重故障的严重后果是有办法预测的,至少可以将多重故障概率降低到一个可以接受的水平,这取决于对隐蔽功能故障的检测频率和设计方案更改。

隐蔽故障是正常使用设备的人员不能发现的功能故障(不工作或不能完成规定功能的故障),可以分为两种情况:

第一,正常情况下工作的设备,其功能故障对于正常使用设备的人员是不明显的。

第二,正常情况下不工作的设备,使用时是否良好对正常使用设备的人员是不明显的。

多重故障是指由连续发生的两个或两个以上独立故障所组成的故障事件,它可能造成其中任一故障不能单独引起的后果,多重故障与隐蔽故障有着密切关系。如果隐蔽故障没有及时被发现和排除,就会有造成多重故障的可能性,产生严重的后果。例如,火警探测系统和灭火系统的故障都是隐蔽故障,如果使用时故障连续发生并有火灾,则后果是严重的。这说明一个隐蔽故障本身没有直接的后果,但是有可能增大多重故障风险的间接后果,即隐蔽故障的唯一后果是增大了多重故障的概率。

及时检查设备的隐蔽故障是预防多重故障严重后果的必要措施,要付出多大的代价来检查和排除隐蔽故障取决于多重故障的后果。

4. 预防性维修的作用

RCM 理论认为,有效的预防性维修工作能够以最少的资源消耗保持设备的固有可靠性水平,但不可能超过这个水平。要想超过这个水平,只有重新设计设备。传统维修观念与 RCM 原理相比,对预防维修作用的不同认识,如表 4-4 所示。

传统维修观念与 RCM 原理相比，对预防维修作用的不同认识　　表 4-4

对比点	对预防维修作用的不同认识
传统维修观念	预防性维修能够提高设备的固有可靠性水平，能够使设备保持做所期望做到的事
RCM 原理	预防性维修不能提高设备的固有可靠性水平，最高只能保持或达到设备的固有可靠性水平

任何设备的固有可靠性是设计和制造时赋予设备本身的一种内在的固有属性，是设备设计和制造时就确定了的一种属性。固有可靠性包括设备的平均故障间隔时间和故障率的大小，故障的后果，故障察觉的明显性和隐蔽性，抗故障能力及下降速率，安全寿命的长短，预防性维修费用和修复性维修的高低等固有属性。

固有可靠性水平是指对设备进行有效的预防维修工作能够以最少的资源消耗保持设备的固有可靠性水平。维修不可能把可靠性提高到固有可靠性水平之上，最高只能保持或达到设备的固有可靠性水平。要想超出这个水平，只有重新设计，或者实施改进性维修。

5. 故障后果的改变

RCM 理论认为，预防性维修能降低故障发生的频率，但不能改变故障的后果，只有通过设计才能改变故障的后果。传统的维修观念与 RCM 原理对改变故障后果的不同认识，如表 4-5 所示。

传统的维修观念与 RCM 原理对改变故障后果的不同认识　　表 4-5

对比点	对改变故障后果的不同认识
传统维修观念	预防性维修能避免故障的发生，能改变故障后果
RCM 原理	预防性维修难以避免故障的发生，不能改变故障后果，只能通过设计才能改变故障后果

传统维修观念过高地估计了预防性维修的作用，以为只要认真地做好预防维修工作，就可以"万无一失"，就能够避免故障的发生，改变故障的后果。事实上，故障是难以避免的，特别是早期故障和偶然性故障，是不可能靠预防性维修工作来防止的。预防性维修工作仅仅能降低故障出现的次数，从而降低故障发生的频率或概率，但是，不能改变故障的后果。

故障后果可以分为安全性和环境性、隐蔽性、使用性和非使用性等后果。故障后果的改变，不决定于维修而决定于设计。预防性维修可以降低故障发生的概率，但不能改变故障的后果。具有安全性后果的故障一旦发生，所造成的影响仍然是安全性的。只有通过设计，才能改变故障的后果。

6. 预防性维修工作的确定

RCM 理论认为，预防性维修工作是根据故障后果和所做的维修工作既要技术可行，又要有效果来确定。否则，不做预防性维修工作，而是要考虑更改设计方案。传统的维修观念与 RCM 原理对于确定预防性维修工作的不同策略，如表 4-6 所示。

传统的维修观念与 RCM 原理对于确定预防性维修工作的不同策略　　表 4-6

对比点	确定预防性维修工作的不同策略
传统维修观念	对可能出现的任何故障都要做预防性维修工作
RCM 原理	只有故障后果严重，而且所做的维修工作既要技术可行，又要有效果时才能做预防性维修工作，否则，不做预防性维修工作

传统的维修观念认为，对可能出现的任何故障都要进行预防性维修工作，维修工作做越多，越能够预防故障。但是，实践证明无论怎样加大预防性维修的工作量和维修的深度和广度，故障仍旧发生，设备的总故障率不见下降反而上升，使"多做维修工作能够防止故障"的

观念受到了挑战。以可靠性为中心的维修理论首先是按故障后果,然后按维修工作既要技术可行,又要有效果来确定预防维修工作。

这里所谓的"技术可行"、"有效果"是具有特定含义的。所谓技术可行是指维修工作与设备或零部件的固有可靠性特性是适应的;所谓有效果是指维修工作能够产生相应的效果。

(1)"技术可行"分定时维修、视情维修和隐患检查3种情况:

第一,定时维修的技术可行性。考虑设备或零部件必须有确定的耗损故障期;设备或零部件的大多数能工作到耗损故障期;通过定时维修能够将设备或零部件修复到规定状态。

第二,视情维修的技术可行性。考虑设备或零部件功能的退化必须是可检测的;设备或零部件必须存在一个可以确定的潜在故障状态;设备或零部件从潜在故障发展到功能故障之间必须有段较长的时间。

第三,隐患检测的技术可行性。考虑隐患检测技术是否能确定隐蔽功能故障的发生。

(2)"有效果"也分3种情况:

第一,对安全性、环境性和隐蔽性后果,要求能将发生故障或多重故障的概率降低到规定的、可以接受的水平;

第二,对使用性后果,要求预防性维修费用低于使用后果的损失费用和修理费用;

第三,对非使用后果,要求预防性维修费用低于修理费用。

故障后果是确定预防性维修工作的重要依据。对于具有安全性、环保性和隐蔽性后果的故障,只有当预防性维修工作技术可行并且又能把这种故障发生的概率降低到一个可以接受的水平时,才需要做预防性维修工作;否则,就不需要做预防性维修工作,必须更改设计。对于具有使用性后果的故障,只有当预防性维修费用低于使用性后果所造成的损失费用(如故障使工作或服务中断造成的经济损失)加上排除故障费用(修理费用)时,才需要做预防性维修工作;否则,就不必做预防性维修工作,而是需要更改设计。

对于具有非使用性后果的故障,只有当预防性维修费用低于修理费用时,才需要做预防性维修工作;否则,就不必做预防性维修工作,或进行设计更改。而对于一些后果甚微或后果可以容忍的故障,除了日常清洁、润滑之外,不必采取任何预防性维修工作,允许这些零部件工作到发生故障之后才做修复性维修(事后维修)工作。这时直接的代价是排除故障所需费用,但是零部件的使用寿命可以得到充分地利用。也就是说,不是根据故障而是根据故障的后果来确定预防性维修工作,这比预防维修工作本身更重要。只有当故障后果严重,而且所做的维修工作既技术可行又有效果时,才做预防性维修工作。

7.初始预防性维修大纲的制订

RCM理论认为,设备使用前的初始预防性维修大纲制订后,需要在使用期间收集使用数据资料,不断修订逐步完善。传统维修观念与RCM原理对制订初始预防性维修大纲的不同对策,如表4-7所示。

传统观念是重设计制造,轻使用维修。维修被视为"事后"辅助工作,只有在设备研制出来后,甚至投入使用后,才开始考虑维修的问题。初始预防性维修大纲总是在设备投入使用后才制订,而且制订后一般就不再修订。按照以可靠性为中心的维修理论,初始预防性维修大纲是在设备投入使用之前的研制阶段就开始制定,以保证新设备及时投入使用,包括维修项目、类型、维修间隔期和级别等内容。初始预防维修大纲一般是不够完善的,需要在使用过程中收集使用的数据资料,进行不断的修订才能逐步达到完善。

传统维修观念与 RCM 原理对制订初始预防性维修大纲的不同对策　　表 4-7

对 比 点	制订初始预防性维修大纲的不同对策
传统维修观念	初始预防维修大纲是在设备投入使用之后才制订;已经制订的一般不再进行修订
RCM 原理	初始预防性维修大纲是在设备投入使用之前的研制阶段就开始制订,一般是不够完善的,需要在使用中不断进行修订才能逐步完善

在制订初始维修大纲时,可用通常只限于类似零部件的以往使用结果,以及新设备研制试验结果等数据资料。利用这些数据资料,可以粗略地估计预测出使用寿命或维修间隔期。在没有足够的数据资料确定故障问题时,可以采取保守的维修对策,此时所确定的维修间隔期可能是比较短。如果研制部门采用了较多的新技术、新材料和新工艺,或者设备在一种新环境中使用时,这个使用寿命和间隔期可能更短。

用于确定设备使用寿命和最佳间隔期所需的数据资料,只有在设备投入使用之后才能取得。因此,使用前的初始预防性维修大纲一般是不够完善的,需要在使用过程中不断地收集使用数据资料,及时地进行动态修订,才能逐步趋于完善。

8. 预防性维修大纲的完善

RCM 理论认为,预防性维修大纲只有通过使用维修部门和研制部门长期共同协作才能逐步完善。传统维修观念与 RCM 原理对于完善预防性维修大纲的不同对策,如表 4-8 所示。

传统维修观念与 RCM 原理对于完善预防性维修大纲的不同对策　　表 4-8

对 比 点	完善预防性维修大纲的不同对策
传统维修观念	一个完善的预防性维修大纲能单独由使用维修部门或者研制部门制订出来
RCM 原理	一个完善的预防性维修大纲不能单独由使用维修部门或研制部门制定出来,只有通过双方长期地共同协作才能完善

传统维修观念认为,设备的维修任务由使用部门来完成,因为他们最熟悉维修工作,因此可以制定出一个完善的维修大纲。但事实上,维修不可能把可靠性水平提高到固有可靠性水平之上。如果设备固有可靠性水平低,维修只能面对既成事实,被动地面对使用寿命短、故障频发、维修不断、利用率低、使用费高等一系列问题。由此可见,使用维修部门难以制订出一个完善的维修大纲。但是,随着市场经济的发展,用户在购置新设备时,往往要求研制部门提供相应的预防性维修大纲,作为供货合同的一项内容,但这并不意味着研制部门就知道用户的各项要求。虽然,研制部门掌握设备设计、制造、试验和性能指标等方面的资料,但是,不可能完全知道今后在使用维修中将出现的各种问题,特别是一些难以准确预测故障模式及其后果的问题。所以,研制部门也难以单独制订出一个完善的维修大纲。

设备固有可靠性是由厂商设计、制造出来的,而这个特性又是靠使用维修工作来保持的。因此,固有可靠性的目标需要厂商和使用维修部门双方共同努力来实现。

三、RCM 逻辑决断图

按故障后果确定维修方式的决断图称为 RCM 逻辑决断图,即用来判断在预防性维修工作中应选择确定哪种维修方式,如图 4-3 所示。

RCM Ⅱ的逻辑决断图的基本流程和传统的 RCM 逻辑断决断图(MSG-3,MIL-STD1843,GJB 1378)区别不大,但有以下几点不同:

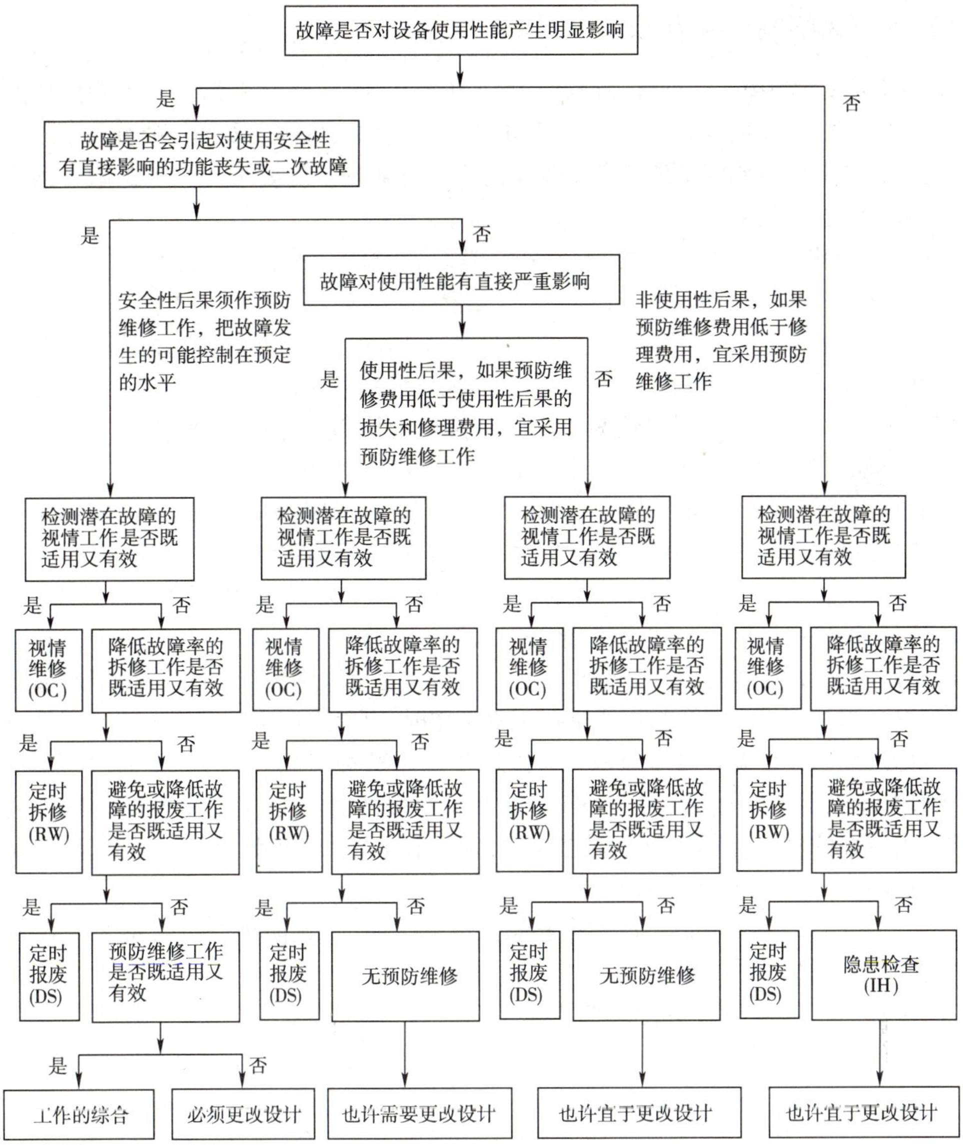

故障是否对设备使用性能产生明显影响

是

否

故障是否会引起对使用安全性有直接影响的功能丧失或二次故障

是

否

安全性后果须作预防维修工作，把故障发生的可能控制在预定的水平

故障对使用性能有直接严重影响

是

使用性后果，如果预防维修费用低于使用性后果的损失和修理费用，宜采用预防维修工作

否

非使用性后果，如果预防维修费用低于修理费用，宜采用预防维修工作

检测潜在故障的视情工作是否既适用又有效

是 视情维修(OC)

否 降低故障率的拆修工作是否既适用又有效

是 定时拆修(RW)

否 避免或降低故障的报废工作是否既适用又有效

是 定时报废(DS)

否 预防维修工作是否既适用又有效

是 工作的综合

否 必须更改设计

无预防维修 → 也许需要更改设计

无预防维修 → 也许宜于更改设计

隐患检查(IH) → 也许宜于更改设计

图 4-3　以可靠性为中心的 RCM 逻辑决断图

(1)增加了对环境问题的考虑，把隐蔽性后果与其他后果并列使故障后果有四个分支，即隐蔽性故障后果、安全性和环境性后果、使用性后果和非使用性后果；

(2)使用“技术可行性”和“有效果”，代替传统的决断准则用语“适用性”与“有效性”。因为 RCMⅡ的提出者认为后两个术语的使用方式在维修领域不被熟悉，需要经常做大量的解释工作；

(3)增加了各项具体工作的“技术可行性”和“有效果”的详细准则；

(4)未单独把保养/润滑列为一项预防性维修工作，但 RCMⅡ要求对集中润滑系统作完整的 RCM 分析，把各独立的润滑点看作是单独的故障模式；

(5)把故障检查看作非主动性工作，排在各项主动性工作之后，而在传统的决断图中故障检查工作排在了定期恢复、定期报废等主动性工作之前。

四、维修大纲制订要点

应用以可靠性为中心的维修理论制订汽车维修大纲,主要是根据汽车可能出现的故障后果和可靠性要求,运用RCM决断图来分析各系统、总成、机构及零部件的维修要求和选择维修方式,以最低的维修资源消耗实现既定的汽车可靠性目标要求。汽车维修大纲的制定主要分为以下几个步骤:

(1)确定维修目标。汽车作为一个系统,其总成、机构、零部件的特性、功用各不相同,以可靠性为中心的维修目标也不同。

(2)划分主要项目。为了简化对维修方式和工作内容的分析,将总成、机构、零部件按其安全性、故障后果进行分类,划分出重点与非重点维修的项目。

(3)明确故障后果。以可靠性为中心的维修理论认为,故障后果比故障发生频度更重要,故障后果的严重性决定维修工作的次序。按其性质可以分为:

a. 安全性后果,导致严重事故。故障的发生将直接导致严重的经济损失,需要采用预防维修方式,使事故风险降低到可以接受的水平,否则就应重新设计。

b. 使用性后果,影响正常工作。因为汽车工作性能下降,将造成间接的经济损失,如工作效率降低、油耗增加等,应采取预防维修方式进行维修。

c. 非使用性后果,对使用无影响。非使用性后果也可以称为容错性后果,即对采用冗余设计的结构,当其有最小冗余结构能进行正常工作时,可以采用事后维修方式进行维修。

d. 隐蔽性后果,可能导致多重故障。故障导致隐蔽性后果一般不会产生直接的影响,但是当具有隐蔽性后果的零部件与另一个或几个零部件相关时,若隐蔽性故障原因未被发现,则相关零部件发生故障时,可能造成多重故障,甚至导致危险性事故。因此,必须采取预防维护方式减少造成这种风险的因素。

(4)选择作业内容。以可靠性为中心制定维修大纲时,预防维修工作主要内容为以下几方面:

a. 在规定时间对零部件进行检查,以发现和消除潜在故障。

b. 在规定时间内,零部件出现故障之前对零部件进行检修,以减少功能故障的发生频率。

c. 当总成或零部件使用到规定时间或间隔里程时,对零部件进行检修或更新。

d. 在规定时间对具有隐蔽性故障的总成或零部件进行检查,以发现和消除隐蔽性故障。

第三节　基于磨损规律和风险评估的维修理论

一、基于磨损规律的维修理论

设备或汽车在使用或闲置过程中,会发生两种形式的磨损:一种是有形磨损,亦称物质磨损或物质损耗;一种是无形磨损,亦称精神磨损或经济磨损。这两种磨损都会造成经济损失。为了减少设备或汽车磨损和在磨损后及时进行补偿,首先必须弄清产生磨损的原因和磨损规律,以便采取相应的技术、组织与经济措施。

1. 有形磨损的原因

设备或汽车无论在使用或是在闲置过程中,都会产生有形磨损。

设备或汽车在运转使用过程中，作相互运动的零部件的表面，因摩擦而产生各种复杂的变化，使表面磨损和形态改变，以及由于物理、化学的原因引起零部件疲劳、腐蚀和老化等，这种有形磨损为第一种有形磨损。其磨损的结果，通常表现如下：

(1)使组成设备或汽车的各零部件的原始尺寸改变。当磨损到一定程度时，甚至会改变零部件的几何形状。

(2)使零部件之间的相互配合性质改变，导致传动松动，精度和工作性能下降。

(3)零件损坏，甚至因个别零件的损坏而引起与之相关联的其他零件的损坏，导致整个部件损坏，造成严重事故。如压铸机的曲轴箱，会因曲轴断裂而引起箱体开裂，连杆损坏等，造成曲轴箱整套报废。

设备或汽车在闲置过程中，由于自然力的作用而锈蚀，或由于保管不善，缺乏必要的维护保养措施而使其遭受有形磨损，随着时间的延长，腐蚀面和深度不断扩大、加深，造成精度和工作能力自然丧失，甚至因锈蚀严重而报废，这种有形磨损为第二种有形磨损。

在实际生产中，以上两种磨损形式往往不是以单一形式表现出来，而是共同作用于设备或汽车上。设备或汽车有形磨损的技术后果是导致性能下降，到一定程度可使设备或汽车丧失使用价值。

2. 有形磨损的规律

构成汽车的基本单元是零件，许多零件构成了摩擦副，如轴承，齿轮和活塞-汽缸等，它们在外力作用下以及热力、物理和化学等环境因素的影响，承受着一定的摩擦磨损，最后导致失效。对汽车故障模式统计结果表明，零件表面损坏占 51.7%，其中磨损约占表面损坏故障的 50%。因此，了解零件磨损规律是非常必要的。

磨损所产生的故障属于渐进性故障。大量的试验与使用实践表明，零件磨损量与工作时间的关系，可用磨损曲线来表示，如图 4-4 所示。

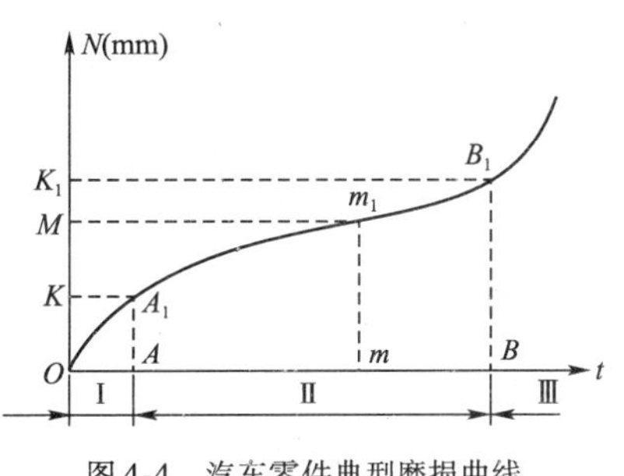

图 4-4　汽车零件典型磨损曲线

由图 4-4 可以看出，零件的磨损过程基本上可以分为 3 个阶段，即：

Ⅰ阶段：零件装配后开始运转磨合（或走合）阶段，如图 4-4 中曲线 OA_1 段。它的磨损特点是在短时间内（OA 段）磨损量（OK）增长较快，经过一段时间后趋于稳定，它反映了零件配合副初始配合情况。在该阶段的磨损强度在很大程度上取决于零件表面的质量，润滑条件和载荷的大小。随着表面粗糙度的增加以及载荷的增大，在零件初始工作阶段，都会加剧磨损。零件配合间隙也由初始状态逐步过渡到稳定状态。

Ⅱ阶段：又称正常磨损阶段，如图 4-4 曲线 A_1B_1 段。零件的磨损特点是增长缓慢而属于自然磨损，且大多数零件的磨损量与工作时间呈线性关系。磨损量与使用条件和技术维护的好坏关系极大，使用维护得好，可以延长零件的使用寿命。

Ⅲ阶段：又称极限磨损期。零件自然磨损到达 B_1 点以后，磨损强度急剧增加，配合间隙急剧变大，磨损量超出 OK_1，破坏了零件正常润滑条件。零件过热，以至由于冲击载荷出现敲击现象，零件进入极限状态。因此，达到 B_1 点以后，不能继续工作，否则将出现事故性损坏。一般零件或配合副，使用到一定时间 B 点（到达 B_1 前后），应采取调整、维修和更换等预防措施，来防止事故性故障的发生。

由于零件在汽车中所处的位置及摩擦工况不同，以及制造质量和功能等原因，并不是所有零件都有磨合期和极限磨损期。如密封件(油封)、燃油泵的精密偶件等,他们呈现不能继续使用的不合格情况,并不是因为在他们使用末期出现极限磨损,而是由于他们的磨损量已影响到不能完成自身的功能的限度。

其他一些元件,例如电器导线、蓄电池、各种油管、油箱等,他们实际上没有初始工作磨损较快阶段。

零件典型磨损曲线对汽车使用、维修和管理有一定指导作用:

(1)根据曲线的变化规律,应增加磨合、走合的维护,以减少零件早期磨损,延长零件使用寿命。

(2)在正常磨损阶段,应加强管理,提高使用水平,适时维修,减少零件磨损。

(3)当零件使用到一定时间(图4-4中B点)时,应进行调整、维修或更换有关的零件,以提高汽车完好率,并根据曲线的变化规律,正确组织汽车使用和维修。

3.有形磨损规律的应用

掌握汽车有形磨损规律,可以研究如何使初期磨损阶段缩短,正常磨损阶段增长,避免出现剧烈磨损的问题。初期磨损阶段短,说明设备的零、部件加工制造的精度高、质量好。正常磨损阶段长,说明了零部件的磨损速率低,使用寿命长,可以减少更换或修复的次数和停机时间,可提高汽车的利用率。如果能控制零部件的磨损在未进入剧烈磨损阶段时,就采取相应的维修措施,以保持汽车良好的技术状况。

汽车有形磨损的经济后果是造成生产效率的逐步下降,消耗不断增加,从而使单位生产成本上升。当有形磨损比较严重或达到一定程度仍未采取维修措施时,汽车就不能继续正常工作,并由此可能引发事故,使汽车提前失去工作能力。这样,不仅需要较大的修理费用,造成经济上的严重损失,还可能直接危及人身安全。

二、基于风险评估的维修理论

1.理论框架

基于风险的维修理论的主要目的是减少运行设备可能出现的不可预测的导致故障发生的因素。检查和维修活动是量化部件故障可能引起的风险,以至于应用基于风险的维修方法可以减少总的风险。对高风险零部件的检查常常采用高频率和全面检查,并给予全面的维护,以保证可以接受的风险界限。

基于风险的维修理论框架有两部分组成:(1)风险评估;(2)基于风险的维修计划。

2.风险评估

维修活动的风险评估,即风险识别和预测,是基于风险的维修决策的中心工作之一。风险被定义成“由于不可预测事件的出现而导致不希望的损失和伤害出现”。

风险评估是系统化的确定危险,确定哪些风险多,哪些风险少,它可以帮助确定维修活动存在的风险和可以优化维修获得的利益。

危险(Hazard)具有损失和损伤的原因之意;风险是损失和损伤发生的可能性概率。被用来识别高风险的操作和识别在这些操作中减少风险的方法已经十分成熟,包括识别潜在的威胁,预测可能性(时间数量、时间间隔)和估计后果(影响、效果),如图4-5所示。

风险评估方法包含了可靠性和后果分析,而且回答了下列问题:什么出现了错误?怎样导致的错误?怎样的表现?什么样的后果?

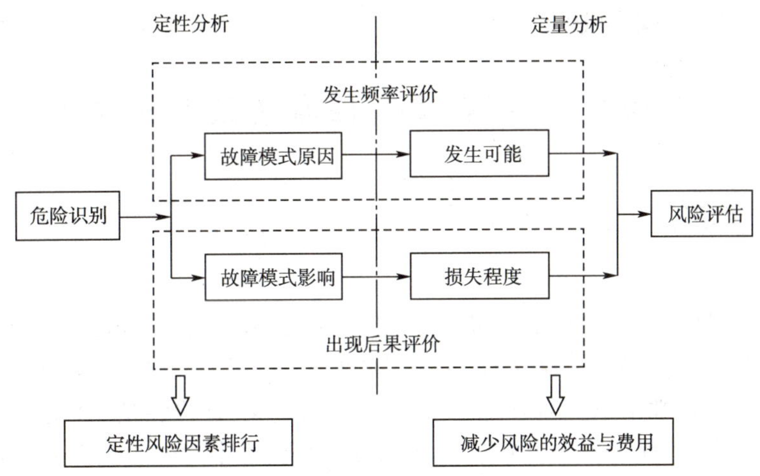

图 4-5　风险评估方法

风险评估可能是定量的，也可能是定性的。定量的评估是以出现的频率和后果来分析，数量化的评估仅仅有限地反映了合理性和可能性。解决问题的费用不高是合理的，信息和数据的有效才是可行的。

定性的风险评估可以用于风险较小，而且容易掌握时的情形。这类事故可以简单描述，出现的后果、可能性以及判断标准是可查的。结果可以表示成风险矩阵，其因子分别是概率和后果。

3. 维修计划编制

基于风险的维修计划编制由 6 个过程模块组成，如图 4-6 所示。

1）危险分析（Hazard analysis）

危险分析是识别故障环节，假设故障的出现是基于系统的运转特性、运转条件、设备结构和安全设计。

2）可能概率（Likelihood assessment）

目标是计算意外事件发生的可能。故障频率和故障概率需在确定的时间周期内进行计算。

3）后果评估（Consequence assessment）

目的是确定量化故障可能产生的后果，这些后果包括生产损失、资产损失、环境损失、健康损失和安全损失。

4）风险评估（Risk estimation）

根据后果估计和故障概率分析，进行风险预测。

5）风险承受（Risk acceptance）

将计算出的结果与临界值进行比较。如果任何元件的风险超出了规定的临界值，则应进行相应的维修，以减少风险。

6）计划编制（Maintenance planning）

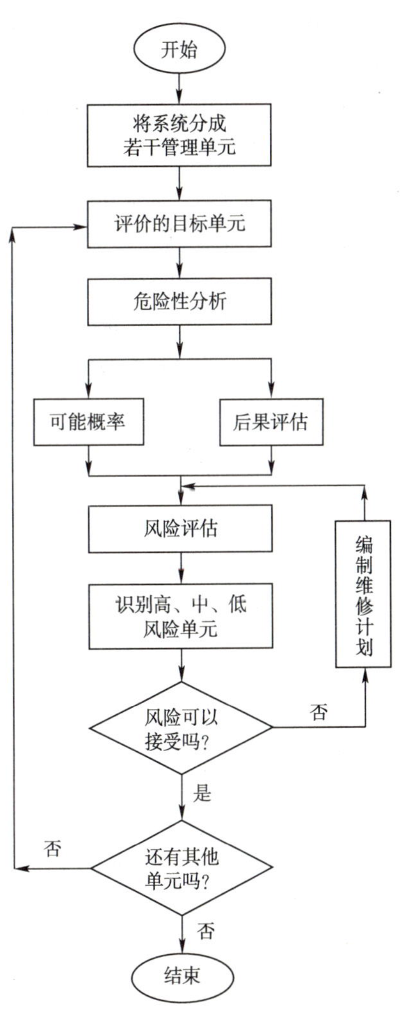

图 4-6　基于风险的维修计划编制过程

编制维修计划，以减少风险。

第四节 汽车维修性与有效性评价

一、维修性定义

1. 维修性

对汽车这种可修复产品的可靠性而言，从广义上讲还应包括维修性。这也就是说，除要求其不发生故障外，还得考虑故障发生后修复的难易程度以及维修质量等问题。

按《可靠性、维修性术语》(GB/T 3187—94)中的定义，维修性是"在规定的条件下，规定的时间内，按规定的程序和方法维修时，保持或恢复到规定功能的能力"。所谓规定的条件包括行驶里程、维修条件、运行条件和载荷变化等；所谓规定的时间，是根据用户要求或设计目标决定的期限，对维修性来讲是个重要条件；而规定的程序和方法要视具体情况而定；所谓规定功能是指要求达到的维修质量和所能恢复的规定功能。

2. 维修度

按《可靠性、维修性术语》(GB/T 3187—94)中的定义，维修度是"在规定的条件下，规定的时间内，按规定的程序和方法维修时，保持或恢复到规定功能的概率"。显然，维修度是时间的函数，是定量地度量维修性的一项重要指标。维修度函数通常用 $M(t)$ 表示，即：

$$M(t) = P(T \leqslant t) \tag{4-1}$$

式中：T——完成维修的时间，是一个随机变量；

t——规定的维修时间。

显然 $0 \leqslant M(t) \leqslant 1$。

对于可修复的产品汽车来说，$M(t)$ 是时间的增函数。当 $t=0$ 时，$M(t)=0$ 即表示汽车处于故障状态；$t \to \infty$ 时，$M(t)=1$，即表示汽车的故障已完全排除。

根据维修度定义：

$$M(t) = \lim_{N_0 \to \infty} \frac{n(t)}{N_0} \tag{4-2}$$

式中：N_0——送修的产品总数；

$n(t)$——$[0,t]$ 时间内修完的产品数。

当 N_0 有限时，用观测值 $M^*(t)$ 来近似表示 $M(t)$：

$$M^*(t) = \frac{n(t)}{N_0} \tag{4-3}$$

【例 4-1】 送修某型车 30 台次，统计各台次修复所需的时间(min)为：10、14、28、10、16、34、24、15、12、42、18、19、23、15、20、26、28、24、12、18、19、24、20、35、17、10、11、29、14、27。求规定时间 $t=30\text{min}$ 时，该产品维修度的观测值 $M^*(t)$。

解：显然 $n(30)=27$，$N_0=30$，则

$$M^*(30) = \frac{n(30)}{N_0} = \frac{27}{30} = 0.9$$

需要注意，维修度是对复杂耐用和成本昂贵的一些汽车总成(零部件)提出的要求。对于一些简单而成本低廉的零部件如螺钉、螺母、电池、灯泡等，通常作为易耗品来对待，不进

行修理。

3. 维修密度函数

既然维修度函数 $M(t)$ 是概率分布函数，那么其概率密度函数则为维修度的导数，即维修密度函数，表示在某一时刻（如 t 时刻）单位时间内完成维修的概率。

$$m(t)=\frac{\mathrm{d}M(t)}{\mathrm{d}(t)}=\lim_{\Delta t\to 0}\frac{M(t+\Delta t)-M(t)}{\Delta t} \tag{4-4}$$

显然：

$$M(t)=\int_0^t m(t)\,\mathrm{d}t \tag{4-5}$$

由式(4-3)、式(4-4)可得维修密度函数的观测值 $m^*(t)$：

$$m^*(t)=\frac{n(t+\Delta t)-n(t)}{N_0\Delta t}=\frac{\Delta n(t)}{N_0\Delta t} \tag{4-6}$$

式中：$\Delta n(t)$——在 t 到 $t+\Delta t$ 时刻完成修复的产品数。

4. 瞬时修复率

瞬时修复率 $\mu(t)$ 是到 t 时刻未修复的产品，在 t 时刻后的单位时间内被修复的概率，显然有：

$$\mu(t)=\frac{m(t)}{1-M(t)} \tag{4-7}$$

其观测值：

$$\mu^*(t)=\frac{\Delta n(t)}{N_s\cdot\Delta t} \tag{4-8}$$

式中：N_s——t 时刻尚未修复的产品数。

瞬时修复率 $\mu(t)$ 与维修度 $M(t)$ 的关系，可由式(4-4)、式(4-7)推出：

$$\mu(t)=\frac{m(t)}{1-M(t)}=\frac{\mathrm{d}M(t)}{\mathrm{d}t}\cdot\frac{1}{1-M(t)}$$

上式整理合并两边积分：

$$-\int_0^t\frac{\mathrm{d}(1-M(t))}{1-M(t)}=\int_0^t\mu(t)\,\mathrm{d}t$$

即：

$$\ln(1-M(t))=-\int_0^t\mu(t)\,\mathrm{d}t$$

取反对数函数，得

$$M(t)=1-e^{-\int_0^t\mu(t)\mathrm{d}t} \tag{4-9}$$

显然，修复率也是定量地衡量汽车维修性的尺度。

二、维修时间分析

1. 维修延续时间

为了实际生产中使用的方便，而将维修时间列为评价维修性的指标之一。维修时间包括：维修延续时间、维修工时和维修频率等。这些参数与时间的关系密切，如图 4-7 所示。全部时间包括生产活动时间和自由时间，生产活动时间分为能工作时间（Up Time）和不能工作时间（Down Time）。

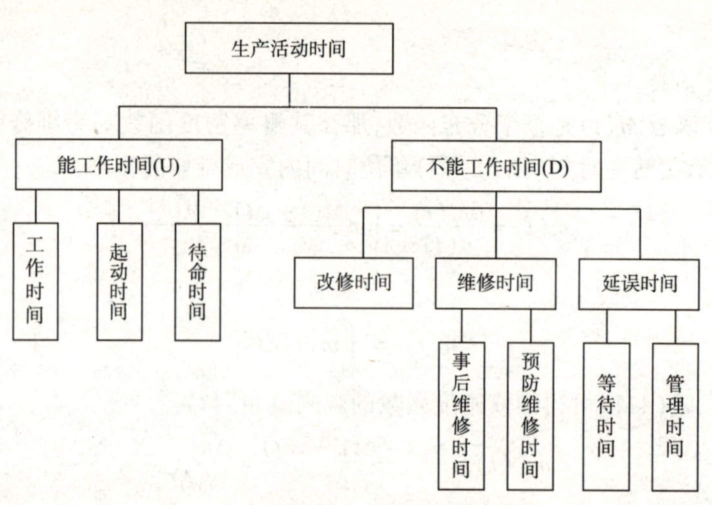

图 4-7　时间的分类和关系

缩短维修延续时间是汽车维修中非常重要的目标,即维修快捷性的表征。由于产品的功能不同,使用条件不同,可选用不同的延续时间指标。

(1)平均事后维修时间(或平均修理时间 *MTTR*)是指排除故障所需实际时间的平均值,当系统由 n 个项目组成时,可用数学式表示为:

$$\overline{M}_{ct} = \frac{\sum_{i=1}^{n} M_{cti}}{n} \tag{4-10}$$

式中:M_{cti}——每一项事后维修作业所需时间;

n——事后维修抽样数。

不同的维修级别,同一类型的汽车也会有不同的平均修复时间。$\overline{M}_{ct}$ 的倒数称为修复率:

$$\mu = \frac{1}{\overline{M}_{ct}} \tag{4-11}$$

或

$$\mu = \frac{1}{MTTR} \tag{4-12}$$

(2)平均预防维修时间 $\overline{M}_{pt}$ 是指完成预防维修项目所需实际时间的平均值,其表示式为:

$$\overline{M}_{pt} = \frac{\sum_{i=1}^{m} f_{pi} M_{pti}}{\sum_{i=1}^{m} f_{pi}} \tag{4-13}$$

式中:f_{pi}——第 i 项预防维修作业的频率;

M_{pti}——第 i 项预防维修作业所需的时间;

m——预防性维修作业项目数。

也可用下式来计算:

$$\overline{M}_{pt} = 预防维修总时间/预防维修总次数$$

同样,平均预防维修时间 $\overline{M}_{pt}$ 只包括直接用于维修作业的时间,不包括后勤保障和行政管理延误的时间。

(3)平均维修时间 $\overline{M}$ 包括事后维修和预防维修所需的平均延续时间，其表达式为：

$$\overline{M}=\frac{\lambda\overline{M}_{ct}+f_p\overline{M}_{pt}}{\lambda+f_p} \tag{4-14}$$

式中：λ——在规定的时间内，事后维修的次数；

f_p——在同一规定的时间内，预防维修的次数。

或用下式来计算：

$$\overline{M}=\text{维修总时间}/\text{维修总次数}$$

(4)后勤保证拖延时间 LDT 为图 4-7 中的等待时间，它是由于等待备件、材料、运输等所延误的时间。

(5)行政管理拖延时间 ADT 为图 4-7 中的管理时间，它是指由于行政管理性质的原因，使维修工作不能进行而延误的时间。

(6)维修停机时间 MDT 包括维修时间 $\overline{M}$、后勤保证延误时间 LDT 和管理延误时间 ADT。即：

$$MDT=\overline{M}+LDT+ADT \tag{4-15}$$

2. 维修工时

在评价维修性时，还应考虑维修所花费的劳动工时。工时指标是维修作业复杂性和维修频度的函数，常用的工时指标有：

(1)维修性指数是指汽车(系统)每运行 1h 的维修工时(工时/h)，它可用下式表示：

$$MI=\text{平均维修工时}/\text{平均无故障工作时间} \tag{4-16}$$

也可由事后维修性指数 MI_c 和预防维修性指数 MI_p 求出。

$$MI=MI_c+MI_p \tag{4-17}$$

(2)汽车或总成每运行一个月的维修工时。

(3)汽车或总成每运行一个周期的维修工时。

(4)汽车或总成每项维修措施的维修工时。

3. 维修费用

维修费用是评价维修性的经济指标。维修费用的评价，可根据具体情况选用：

(1)每项维修措施的费用。汽车每运行单位时间或里程的维修费用。

(2)每项任务或任务中每个部分的维修费用。

(3)维修费用占寿命周期费用的比率。

4. 影响维修性的主要因素

维修性关系到维修工作效率、维修质量及维修费用等各项指标。其影响因素有以下几个方面：

(1)汽车的总体布局和结构设计。各部分应易于检查、修理和维护。

(2)部件和连接件的拆装。特别是在日常维修中要拆卸的那些部位。

(3)维修作业程序。维修作业应简单、方便。

(4)可达性。它是指维修时，能够迅速方便地进入和容易看到所需维修的部位，并能用手或工具直接操作的性能。

(5)检测性。汽车上应配置测定状态参数的仪表和检测点，以便于及时发现故障和对技术状态进行诊断。

(6)无维修设计。尽量使零部件或总成不需润滑和调整。

三、汽车的有效性

汽车或总成在某时刻具有或维持其规定功能的能力。它是一个综合反映汽车可靠性和维修性的指标。用概率来定量地描述有效性，便是有效度。

1. 有效度的基本概念

有效度是指汽车（总成、子系统）在某一时刻，能维持正常功能的概率。它是将可靠度与可维修度综合起来的一个尺度。

假设汽车的状态 $s(t)=0$ 时为正常状态；$s(t)=1$ 时为故障状态，则有效度 $A(t)$ 用下式表示：

$$A(t)=P\{s(t)=0\} \tag{4-18}$$

$A(t)$是时间的函数，取决于汽车的可靠度和维修度，它们之间的关系为：

$$A(t,\tau)=R(t)+[1-R(t)]M(\tau) \tag{4-19}$$

式中：t——给定的使用时间；

τ——维修时间；

$R(t)$——在时间 t 时汽车的可靠度；

$M(\tau)$——维修时间为 τ 的维修度。

用可能工作时间系数来表示的有效度是系统在长时间使用的平均有效度，即：

有效度＝可工作时间/［可工作时间＋故障时间（停机时间）］

实际上，有效度与可靠度和维修度三者之间存在着一定的关系，如图 4-8 所示。

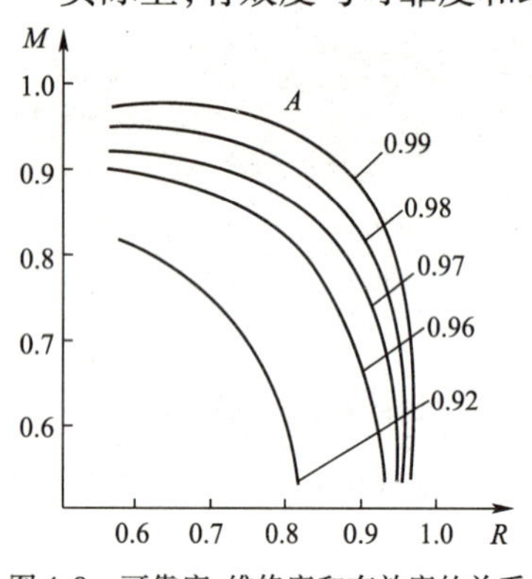

图 4-8　可靠度、维修度和有效度的关系

使用有效度这一指标时，所关心的并不是某个时刻的有效度，而是某一时间间隔的有效度。按维修时间不同的定义分为 3 种有效度，即：固有有效度 A_i，可达有效度 A_α 和工作有效度 A_0。

2. 有效度指标

1）固有有效度

固有有效度 A_i 是指汽车在规定的使用条件和理想的保证环境中，能在给定的时间内正常运行的概率。它不包括预防维修时间以及后勤和行政管理拖延时间。

$$A_i=\frac{MTBF}{MTBF+\overline{M}_{ct}}=\frac{MTBF}{MTBF+MTTR} \tag{4-20}$$

式中：$MTBF$——汽车在给定的时间内平均无故障工作时间；

$\overline{M}_{ct}(MTTR)$——在同一时间内汽车平均事后维修时间。

在故障率和修复率均为常数的情况下，又得下式：

$$MTBF=\frac{1}{\lambda}\qquad(\lambda\text{—故障率}) \tag{4-21}$$

$$MTTR=\frac{1}{\mu}\qquad(\mu\text{—修复率}) \tag{4-22}$$

$$A_i=\frac{\mu}{\lambda+\mu} \tag{4-23}$$

$$\frac{MTTR}{MTBF}=\alpha\qquad(\alpha\text{—维修系数或维修时间比}) \tag{4-24}$$

$$A_i = \frac{1}{1+\alpha} \tag{4-25}$$

2)可达有效度

可达有效度A_α定义与固有有效度相似,只是在汽车的停机时间中不但包括事后维修时间$\overline{M}_{ct}$,还包括预防维修时间$\overline{M}_{Pt}$。停机时间除去后勤管理和行政管理拖延时间。

$$A_\alpha = \frac{MTBM}{MTBM + \overline{M}} = T_{工作}/(T_{工作} + \sum T_{修理}) \tag{4-26}$$

式中:$MTBM$——平均维修间隔期(包括事后维修和预防维修);

$\overline{M}$——平均维修时间;

$T_{工作}$——汽车某一使用期工作时间;

$\sum T_{修理}$——汽车在同一使用期内各次修理所用时间的总和。

A_α有时也可用下式表示:

$$A_\alpha = \frac{1}{1+\overline{M}(\lambda + f_p)} \tag{4-27}$$

由式(4-27)可看出,A_α与预防维修频数f_p有关。

3)工作有效度

工作有效度A_0又称使用有效度,是汽车在规定的条件和实际运行环境中使用时,一旦需要,能正常运行的概率。其表示式为:

$$A_0 = \frac{MTBM}{MTBM + MDT} = 工作时间/(工作时间 + 停机时间) \tag{4-28}$$

式中:MDT——平均停机时间(除了维修时间外的全部停机时间)。

A_0用来评价实际运行环境中汽车的利用率是比较适用的。

在计算有效度时,时间间隔太短是不合适的,至少应考虑汽车的一个使用周期。

【例4-2】 某汽车每月生产活动时间为200h,其中工作时间$T = 180$h,在这期间发生故障4次,修复这些故障用了16h(停车时间),求它的平均无故障工作时间$MTBF$,故障率λ,平均修复时间$MTTR$和修复率μ。

解:$TBF = 总工作时间/故障次数 = \frac{180}{4} = 45(\text{h})$

$$\lambda = \frac{1}{MTBF} = \frac{1}{45} = 0.022(1/\text{h})$$

$$MTTR = 全部故障修理时间/全部故障次数 = \frac{16}{4} = 4(\text{h})$$

$$\mu = \frac{1}{MTTR} = \frac{1}{4} = 0.25(1/\text{h})$$

1. 名词解释

(1)维修性;(2)维修度;(3)瞬时修复率;(4)有效度;(5)预防性维修;(6)视情维修;(7)状态监控维修;(8)RCM;(9)潜在故障;(10)危险(Hazard);(11)风险评估(Risk estimation)

2. 预防性维修分为哪几种形式？各有什么特点？

3. 什么是“主动维修”？具有什么特点？

4. 在满足什么条件下，应用状态监测技术是可行的？

5. 传统维修观念与 RCM 原理对定时拆修的不同认识是什么？

6. 传统维修概念与 RCM 原理对预防功能故障的不同策略是什么？

7. 传统维修观念与 RCM 原理对预防多重故障的不同对策是什么？

8. 传统维修观念与 RCM 原理对预防维修作用的不同认识是什么？

9. 传统维修观念与 RCM 原理对改变故障后果的不同认识是什么？

10. 传统维修观念与 RCM 原理对确定预防性维修工作的不同策略是什么？

11. 传统维修观念与 RCM 原理对制订初始预防性维修大纲的不同对策是什么？

12. 传统维修观念与 RCM 原理对于完善预防性维修大纲的不同对策是什么？

13. 应用以可靠性为中心的维修理论制订汽车维修大纲的要点是什么？

14. 汽车有形磨损的规律是什么？有何特点？

15. 简述基于风险的维修理论的基本内容？

16. 基于风险的维修计划编制的程序是什么？

17. 维修度数学描述的表达式是什么？有何含义？

18. 送修某型车辆 30 台次，统计各台次修复所需的时间(min)为：10、14、28、10、16、34、24、15、12、42、18、19、23、15、20、26、28、24、12、18、19、24、20、35、17、10、11、29、14、27。求 $t=$ 20min、40min 和 60min 时，该产品维修度的观测值 $M^*(t)$。

19. 影响维修性的主要因素有哪些？

20. 固有有效度、可达有效度和工作有效度有何区别？

21. 某汽车每月生产活动时间为 180h，其中工作时间 $T=150$h，在这期间发生故障 3 次，修复这些故障用了 15h(停车时间)，求它的平均无故障工作时间 $MTBF$，故障率 λ，平均修复时间 $MTTR$ 和修复率 μ。

第五章　汽车维修标准化与工艺规范化

第一节　汽车维修标准及体系简介

一、标准的作用与意义

1. 关于“标准”

《标准化工作指南　第1部分:标准化和相关活动的通用词汇》(GB/T 20000.1—2002)中对标准的定义是:为了在一定范围内获得最佳秩序,经协商一致制定并由公认机构批准,共同使用的和重复使用的一种规范性文件。标准宜以科学、技术的综合成果为基础,以促进最佳的共同效益为目的。标准是科学、技术和实践经验的总结。为在一定的范围内获得最佳秩序,对实际的或潜在的问题制定共同的和重复使用的规则的活动,即制定、发布及实施标准的过程,称为标准化。

标准类型按使用范围划分有:国际标准、区域标准、国家标准、专业标准、地方标准、企业标准;按内容划分有基础标准(一般包括名词术语、符号、代号、机械制图、公差与配合等)、产品标准、辅助产品标准(工具、模具、量具、夹具等)、原材料标准、方法标准(包括工艺要求、过程、要素、工艺说明等);按成熟程度划分有法定标准、推荐标准、试行标准、标准草案。制定标准应当有利于合理利用资源,推广科学技术成果,提高经济效益,保障人们安全和身体健康,保护消费者的利益,保护环境,有利于产品的通用互换及标准的协调配套等。

2. 作用与意义

技术意义上的标准就是一种以文件形式发布的统一协定,其中包含可以用来为某一范围内的活动及其结果制定规则、导则或特性定义的技术规范或者其他精确准则,其目的是确保材料、产品、过程和服务能够符合需要。一般而言,标准文件的制定都经过协商过程,并经一个公认机构批准。标准往往对应该严肃对待的方面(比如机器和工具的安全、可靠性和效率,玩具,医学设备)有深远影响。动态标准化过程体现了科技创新的演进,有助于推动自主创新。

通过标准及标准化工作,以及相关技术政策的实施,可以整合和引导社会资源,激活科技要素,推动自主创新与开放创新,加速技术积累、科技进步、成果推广、创新扩散、产业升级以及经济、社会、环境的全面、协调、可持续发展。

二、国内外汽车维修标准化概况

1. 美国汽车维修标准及法规

美国的汽车维修检测标准和法规主要包括:美国联邦机动车安全标准(运输篇)的第

396 部分(检查、修理和维护)、各州汽车维修检测标准和法规、美国第 107 次国会会议 H. R. 2735 法案、相关的 SAE 标准。美国联邦机动车安全标准(运输篇)中除第 396 部分外的其他标准、SAE 标准,主要与汽车及相关零部件的生产、制造有关,对汽车维修检测标准的制定有技术指标的参考作用。汽车维修检测、售后服务,不在美国消费者产品安全委员会(独立的联邦机构)的管辖之内。

(1)美国联邦机动车安全标准(运输篇)的第 396 部分——检查、修理和维护,主要包括"适用范围"、"检查、修理和维护"、"润滑"、"严禁不安全操作"、"机动车操作检查"、"驾驶员车辆检查报告"、"驾驶员检查"、"厂方驾驶—牵引交车操作、检查"等方面。但标准的内容比较简洁,都是原则性规定,不涉及具体的维修检测项目过程和技术参数。

(2)美国各州的维修检测标准中的适用范围和技术参数有很大不同,主要原因是各州的经济、人口、地域面积、汽车保有量等社会环境不同,对经济发展、环境保护要求的追求程度不一致。

(3)为保护美国消费者在本国享有对车辆诊断、服务及维修的权利及其他目的,根据美国第 107 次国会会议 H. R. 2735 文件,制定了"2001 年汽车所有者享有的车辆维修权利"法案。制定该法案的主要目的是:

①要求联邦贸易委员会制定和执行法规,确保消费者在车辆诊断、维修中享有知情权。

②为确保所有汽车消费者的安全,要求维修者提供所有对车辆及时、可信赖的和消费者能够承受的诊断、服务与维修行为的相关信息。

③促进维修业在汽车诊断、维修服务中的良性竞争。

2. 德国汽车检测与维修标准

(1)最高层。在德国汽车检测和维修的最高层次是 StVZO,它是其他标准如汽车维修和汽车检测的标准以及规则、规范、细则和条例的基础。其作用类似如我国的《机动车安全运行技术条件》(GB 7258)。

(2)第二层次。主要是等效引用 ISO 标准,包括汽车维修的有关概念、内容和工时定额等有关维修基础进行规范。例如:汽车维修概念和措施(DIN 31051 1985—01);维修基础(DIN 31051 2001—01);修理—修理指南的内容和组成(DIN 31052 1981—06);修理—制定工时定额体系的原则(DIN 31054 1987—09)。

(3)第三层次。主要涉及较为具体的规定、细则。主要是关于车辆、安全(包括车辆结构与设计、事故预防、修理方法、修理作业安全、修理厂规则、汽车清洗设备、修理工作中的安全与健康保护、焊接作业规则以及安全防护、汽车评估方法与专家评估、汽车损坏评估规则、汽车前照灯检测、轿车腐蚀损坏与修理、维修场所规范、人员资格要求等)。主要有:规范—汽车修理(BGR 157 1999—11BG),车辆修理安全概要(BGI 550 1999—02),车辆修理厂(BGI 703 1997—04),车辆清洗设备技术规范(ZH1/543 1986—10),汽车维修焊接法规及规则(DVS 德国焊接联合会)(DVS—2501—2505. 1514),车辆修理过程中的安全和健康保护的规范(GUV 17. 1 2000—02),车辆修理危险和精神压力分类(GUV 50. 11. 01 2000-—01),前照灯检测设备(联邦物理技术管理局测试规范 PTB 第 9 卷 1973),环境标志说明基础(Ral 细则 Ral-Gz 2000—01),循环水式汽车清洗设备 VdTüV—细则乘用车腐蚀损坏及其修理的评定(VdTüV MB728 1989—04),汽车修理企业维修人员的职业资格以继续教育(VDV 规范 VDV 800 1995—04),大客车维修场的建筑规范(VDV 822 1997—05)等。

(4)第四层次。汽车检测和维修行业标准,是对德国国家标准的细化。主要有:根据

StVZO §29执行汽车主要项目检测以及由主要项目检测确定汽车缺陷的技术规范(BMW B 3601),普通(技工)汽车测试原理(BGG 915 1991—04),它对VBG12 §36进行了细化,规定普通汽车测试原理,汽车定期检测的专家检测鉴定 根据VBG12 §57第1款UVV"车辆"制定的细则。

3. 国外汽车维修标准化工作的特点

世界汽车工业发达的国家,如美国、日本、德国等国家已经在汽车修理、检测方面各自形成体系。它们在汽车修理、检测标准的制定主要侧重以下几个方面:

(1)涉及新技术领域,如电子、计算机以及通讯技术在汽车检测维修领域的应用。

(2)汽车安全设施与技术方面,如乘员安全、维修人员安全、环境影响。这两个方面与汽车标准整个体系融为一体。

(3)环境保护,如汽车排放、噪声、电磁干扰、清洗等,其中大部分作为国家标准或国际标准。

(4)汽车检测与维修技术要求的细化。如汽车维修的焊接技术要求、人员安全、环境保护;检测与维修人员的划分、培训、继续教育以及资质要求;普通层次的标准如计算机、通信、电子技术、焊接技术、安全技术、环境保护在汽车维修与检测领域的细化,特别是针对计算机、电子元件、传感器、汽车车载或专用诊断监视器类的标准中,都详细规定如关键字、关键字格式化、ECU等的规范,力求实现检测诊断仪器设备关键技术参数的统一。

(5)日本和美国将涉及汽车安全、环境以及注册的有关要求以国家法的形式予以颁布,如日本的《道路运送车辆法》及《指定自动车整备事业规则》,美国的美国第107次国会会议H. R. 2735法案,其他细节由标准化组织、行业、企业和协会具体制定。

(6)有的国家标准工作由标准化协会直接规划、组织、协调制定、修订和出版,国家或标准化协会仅负责带有普遍性的根本性法规。例如,列入德国标准化协会(DIN)标准汇编的StVZO是以国家法的形式颁布的,并按照标准实施的机动车安全运行的基础性法规。在德国,其他较为具体的技术要求由行业、企业或协会以标准、规范、细则,或者直接引用ISO标准以及欧洲标准(EN),并统一汇编在德国标准化协会DIN的国家标准汇编内。

(7)国际标准化机构(ISO)国际道路车辆标准化专业委员会ISO/TC22制定的有关道路车辆互换性和安全性是制定汽车维修检测标准的基础,各国的其他相关标准是以其作为基础,进行细化和补充。

(8)目前,国外标准中针对具体的某一类汽车检测设备的技术标准、测试标准和维修设备技术标准还很少。

4. 我国汽车维修标准化工作

汽车维修行业是伴随着我国汽车工业发展起来的传统行业,随着在用汽车迅速增加,汽车维修业也在日益壮大,已成为一个相对独立、门类齐全、分布广泛、颇具规模的开放经营型行业。随着社会的发展和新技术的不断出现,汽车维修行业内的技术含量逐步加大。汽车维修标准化有利于保证和提高汽车维修服务质量,有利于提高汽车检测诊断维修设备的产品质量,是规范市场行为、提倡公平竞争、增强经济效益的重要手段,是推行科学管理、促进技术进步的有效途径,有利于更可靠、更经济地应用新技术、新工艺、新材料开发新产品,也有利于提高汽车使用水平,降低使用消耗,保证汽车的各项性能,减少汽车的环境污染。

根据国家质量技术监督局质技监局标函[2000]45号文,2000年8月正式成立了全国汽车维修标准化技术委员会。该委员会国内编号为SAC/TC247,由国家标准化管理委员会和交通部领导。全国汽车维修标准化技术委员会成立以来,对汽车维修行业的标准进行了整理,协助行业主管部门制订标准计划,组织标准审查工作,组织标准化工作培训及标准的宣贯,编制了“汽车维修标准体系表”,正在逐步完善我国的汽车维修标准体系,加强汽车维修标准组织管理和技术归口工作,使我国的汽车维修行业得以健康发展。

三、我国汽车维修标准体系

1. 制定标准体系的目的

制定汽车维修标准体系的目的是维护汽车修理、检测企业和维修检测设备生产企业的利益,以及汽车用户的利益,建立汽车维修市场的最佳秩序,获得社会效益。标准体系适用于汽车维修标准体系的建立和国家标准、行业标准规划、计划的编制和修订。汽车维修行业的地方标准、企业标准规划、计划的编制和修订也可参考。

2. 汽车维修标准体系结构

汽车维修标准分为两个部分,即“汽车维修管理、服务标准”,“汽车维修基础和通用标准”。

“汽车维修管理、服务标准”只有一个层次,分四个类别,分别是企业、人员、定额、统计标准。“汽车维修基础和通用标准”分为三个层次,每个层次的类别不同,但是标准内在之间都有着密切联系。

在标准体系表中,把汽车维修行业划分为三个门类,即:1 汽车维护、保养;2 汽车修理、加工;3 汽车检测、诊断。在各门类下又分别包括:汽车维护、保养设备,汽车修理、加工设备和汽车检测、诊断设备。

汽车维修标准体系表分三个层次,分别为 10X、20X、30X,第一层次中对应“101 汽车维修管理、服务标准”的编码为 101.1~101.4,对应“102 汽车维修基础和通用标准”的编码为 102.1~102.6。第二层次中对应“201 汽车维护”的编码为 201.1~201.2,以此类推。第三层次 301~303 的不再细分,直接对应标准。考虑到标准体系的扩展,预留“102.6 质量保证”标准类别。我国汽车维修标准体系总结构,如图 5-1 所示。

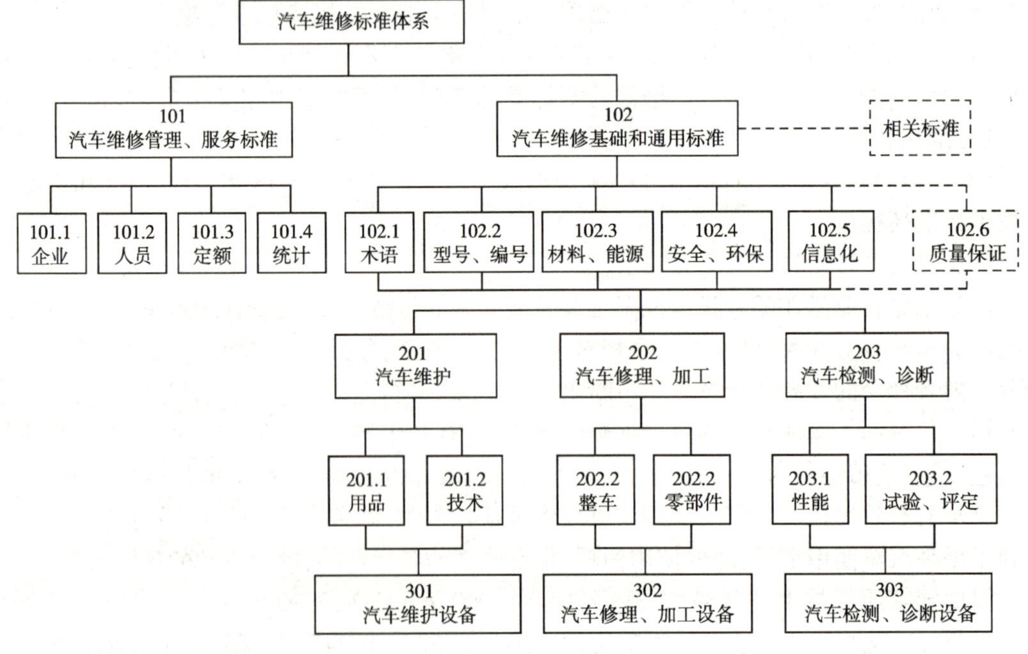

图 5-1　我国汽车维修标准体系总结构

第二节　汽车维修工艺基础知识

一、工艺释义

“工艺”一词在《辞海》中的解释是，“工艺：劳动者利用生产工具对各种原材料、半成品进行加工或处理，如锻压、切削、热处理、检验等，最后使之成为产品的方法，是人类在劳动中积累起来并经过总结的操作技术经验。”此外，与“工艺”有着相同或相似含义的常用词语是“技术”，其在《辞海》中的解释是，“技术：泛指根据生产实践经验和自然科学原理而发展成的各种工艺操作方法与技能。如电工技术、焊接技术、激光技术、作物栽培技术和育种技术等。广泛地讲，除操作技能外，还包括相应的生产工具和其他物资设备，以及生产的工艺过程或作业程序、方法。”上述关于工艺的定义主要以制造产品的方法为出发点，即实物型产品的形成方法为主。对于具有服务性质的生产活动或作业过程，即服务性过程型产品的形成方法没有十分明确的表述。

因此，“工艺”的概念有狭义和广义的两种理解。狭义上是把工艺等同于加工方法；广义上则是把工艺理解为工艺技术，泛指制造技术、维修技术以及服务技术等与生产和服务有关的各种方法。所以，工艺实际上是利用生产工具对各种原材料、半成品进行加工或处理以及实现服务需求，使之成为实物型产品或形成过程型产品的方法。综上所述，工艺可以解释为：利用劳动工具改变劳动对象的状态（如形状、尺寸、成分、性质、位置以及表面状况等）或实现服务需求（运输、维修、清洗、润滑以及检测等），使其变成预期的实物型产品和过程型产品的各种方法和过程。

汽车维修（vehicle maintenance and repair）是汽车维护和修理的泛称。汽车维护（vehicle maintenance）或称汽车保养是为维持汽车完好技术状况或工作能力而进行的作业；而汽车修理（vehicle repair）是为恢复汽车完好技术状况（或工作能力）和寿命而进行的作业。维修作业所产生的劳动成果具有过程性，所以维修服务是属于过程产品。因此，汽车维修工艺可以定义为：在利用维修设备和检测仪器等技术装备的作业条件下，修复车辆在运用过程中产生的损伤、排除不符合技术性能要求的故障现象以及保持车辆技术状态的各种作业所采用的方法。

二、工艺过程

就实物型产品生产来讲，工艺过程一般是指通过利用各种设备直接改变材料的形状、尺寸或性质，将原材料加工成符合技术要求的产品的一系列工作的组合。工艺过程是生产过程的一个组成部分，是完成生产过程的基本部分，也是最主要的部分。依据相似的概念，也可以定义过程型服务产品的工艺过程。

工艺过程是广义的工序组合。产品一般是需要经过许多工序才能形成，每道工序是由若干动作组成的。产品从原材料、中间产品到成品，这个生产过程就是工艺过程。工艺过程可以用工艺流程图来表示。

工序是一个或一组工人，在一个工作地对一个或同时对几个工件所连续完成的那一部分工艺过程。划分工序的依据是工作地点是否变化和工作是否连续，也就是说要完成某个工艺过程要分成几步做，每个步骤就是一道工序。

汽车维修按作业的性质不同可以分成为车辆修理工艺过程、车辆维护工艺过程以及车辆性能检测工艺过程等类型。例如，在汽车维修工作中，一方面为保持车辆的技术状态，需要及时采取清洁、润滑、检测或调整等维护性操作行为；另一方面为尽快消除车辆故障现象以恢复使用性能，需要应用各种不同的方法改变维修对象的形状、尺寸、相对位置或进行更换零件等修理性生产活动。因此，为恢复和保持车辆技术状态所应用和采取的各种符合技术标准和生产要求的维护或修理活动顺序组合，分别称为维护工艺过程和修理工艺过程。

维修工艺过程是在维修生产实践的基础上，对维修生产活动过程的理论化和系统化的总结与综合，是一种物化了的科技成果，也是生产力水平的一种表现。通过科学的组织与全面的管理，可以使维修工艺过程在维修生产和维修服务中得到合理的运用与系统的实施，并成为保持和恢复车辆的技术状态和满足维修服务要求的技术前提。

三、工艺规程

工艺规程是规定工艺过程和操作方法等内容的技术文件。它是在具体的生产条件下，将最合理或较合理的工艺过程和操作方法，按规定的形式制成文本，经审批后用来指导生产并应严格贯彻执行的指导性文件。

1. 内容与作用

工艺规程一般包括以下内容：工艺流程及所经过的车间和工段；各个工序的内容及采用的工艺装备；检验项目及检验方法；作业技术要求；工时定额及工人的技术等级等。

工艺规程有以下几方面的作用：

(1)工艺规程是指导生产过程的技术依据。合理的工艺规程是在总结生产实践经验的基础上，依据工艺理论和工艺实验结果制定的技术性文件。因此，严格按工艺规程组织生产是保证产品质量、提高生产效率的前提。实践证明，不按科学的工艺进行生产，往往会引起产品质量的严重下降，生产效率显著降低，甚至使生产陷入混乱。

(2)工艺规程是生产计划组织的管理依据。在生产管理中，涉及生产前原材料的购置、工艺装备的准备与调整、专用工艺装备的设计与制造、作业计划的编排、劳动力的组织以及生产成本的核算等内容，这些都以工艺规程作为依据。

(3)工艺规程是新建改建企业的规划依据。在新建、扩建或改造企业或车间时，只有依据工艺规程和生产纲领，才能正确地确定生产所需要的设备种类、规格和数量；确定车间面积、工位布置、生产工人的工种、等级和数量及辅助部门的安排等。

2. 类型与格式

根据机械电子工业部指导性技术文件《工艺管理导则——工艺规程设计》(JB/Z 338.5—88)中的规定，工艺规程的类型有：

1)专用工艺规程

专用工艺规程针对每一个产品和零件所设计的工艺规程。对于汽车维修这种服务性过程型产品来说，专用工艺规程是指对具体品牌，规定型号车辆或总成、系统的维修工艺规程。例如，某型捷达轿车发动机大修工艺规范。

2)通用工艺规程

通用工艺规程包括：

(1)典型工艺规程，即为一组结构相似的设备、总成或零部件所设计的通用工艺规程。

(2)成组工艺规程，按成组技术原理将零件分组，针对每一组零件所设计的通用工艺规程。

(3)标准工艺规程,即已纳入国家标准或工厂标准的工艺规程。

例如,在汽车维修中,空调充冷、蓄电池充电以及轮胎充气等的工艺规程具有典型性;而某型汽车发动机汽缸的修理工艺规程具有成组性;汽车维护技术规范具有标准性。

将工艺文件的内容填入一定格式的卡片,即成为生产准备和施工依据的工艺文件。常用的工艺文件的格式有下列几种:

(1)工艺过程卡片。这种卡片以工序为单位,简要地列出整个生产过程所经过的工艺路线。例如,对于汽车的大修工艺过程除了拆解清洗、检验分类、零件修复、装配检验以及性能试验外,还可能包括修复件的机械加工和表面处理(喷涂、刷镀)等工艺过程。工艺过程是制订其他工艺文件的基础,也是生产准备、编排作业计划和组织生产的依据。在这种卡片中,由于各工序的说明不够具体,故一般不直接指导工人操作,而作为生产管理使用。但是,在单件小批生产中,由于通常不编制其他较详细的工艺文件,而就以工艺过程卡片指导生产。

(2)工艺卡片。工艺卡片也是以工序为单位,是详细地说明整个工艺过程的一种工艺文件。工艺卡片是用来指导工人生产和帮助车间管理人员和技术人员掌握整个生产工艺过程的一种主要技术文件,广泛用于成批量生产和重要的小批量生产中。

工艺卡片内容包括工序号、工序名称、工序内容、工艺参数、操作要求以及采用的设备和工艺装备等。对于汽车维修生产来讲,特约维修服务和4S店都应制订相应车型的维修工艺卡片,以保证进行大量维修同类型、同系列车型的维修质量。

(3)工序卡片。工序卡片是根据工艺卡片为具体工序制订的工艺文件。工序卡片更详细地说明了各个工序的具体生产要求,是用来具体指导工人操作的工艺文件。在这种卡片上画有工序简图,以及说明每个步骤项目、操作要求、工艺参数、检测仪器和工艺装备等内容,一般用于大批量生产。在汽车维修生产过程中,对于涉及行车安全、环境污染和燃料消耗等方面的系统、总成、机构或装置的维护或修理操作,应制订工序卡片,以保证维修过程操作的规范性和安全性。

3. 制订原则

工艺规程制定的原则是优质、高效和低成本,即在保证质量的前提下,争取最好的经济效益。因此,在制订工艺规程时应遵循下列原则:

(1)技术上的先进性。在制订工艺规程时,要了解国内外本行业的工艺技术的发展水平,通过必要的工艺试验,积极采用先进的工艺技术和工艺装备。

(2)经济上的合理性。在一定的生产条件下,可能会有几种能保证技术要求的工艺方案,此时应通过成本核算,相互对比,选择经济上最合理的方案,使能源和材料消耗最少,生产费用最低。

(3)作业条件的安全性。在制订工艺规程时,要注意保证工人操作时有良好而安全的劳动条件。因此,在工艺方案上要注意采用机械化或自动化措施,以减轻繁杂的体力劳动,保证作业安全。

(4)生产过程的环保性。应选择绿色环保型生产工艺,保证水、空气和土壤等环境不遭到破坏,实现清洁生产;生产工艺也应是资源节约型的先进技术,并尽量减少生产过程的废弃物等。

4. 原始资料

制订工艺规程时的原始资料主要有:

(1)图样及技术条件,如装配图及零件图,对于车辆维修主要是产品使用维修手册;

(2)验收要求及质量标准等文件,对于车辆维修主要是性能指标、相关法规和技术标准等;

(3)车间分工明细表及企业管理情况,对于车辆维修主要是作业项目和要求;

(4)生产纲领计算方法及生产类型确定,对车辆维修企业主要是确定维修能力;

(5)企业生产条件,如工人的技术水平、检测仪器、专用工具及现有设备状况等;

(6)国内外有关工艺的资料。

5. 制订步骤

(1)计算生产纲领、确定生产类型;

(2)了解产品的功能,分析产品结构,确定维修工艺性、拆装工艺性及技术要求;

(3)确定维修工艺类型、作业项目和维修方法等;

(4)拟订工艺路线,包括选择维修工艺、划分工序、确定作业的集散程度、安排作业顺序等;

(5)确定各工序的作业标准、工艺参数、检验量具、操作方法等;

(6)选择维修设备及工艺装备;

(7)确定耗材用量及计算工时定额;

(8)填写工艺文件。

四、工艺管理

工艺管理被定义为"科学地计划、组织和控制各项工艺工作的全过程"。根据这个定义,工艺管理一方面是存在于将原材料、半成品转变为成品的全过程中,对整个工艺过程所实施的科学的、系统的管理;另一方面又有解决和处理工艺过程中人与人之间的生产关系方面的社会科学问题。尽管维修企业所维修的车辆类型、产品规格各不相同,服务类型、企业规模各有差别,但是其工艺管理一般应包括以下各项具体工作。

1. 工艺管理基础

工艺管理基础性工作主要包括以下内容:

(1)工艺制订及其过程标准化;

(2)工艺管理规章制度的制订与实施;

(3)工艺情报信息的收集、整理、分析和研究;

(4)工艺技术培训。

2. 工艺制订内容

对维修工艺的制订过程来说,主要包括以下内容:

(1)维修工艺性分析和检查;

(2)维修工艺方案设计和工艺规程编制;

(3)维修工艺定型(工艺定型包括技术验证、材料消耗定额和工时定额验证、专用工艺装备生产验证,通用工艺装备标准的制定等)。

3. 工艺装备准备

维修工艺装备的准备包括设计和选型两个方面的工作,主要有以下内容:

(1)提出专用工艺装备设计任务书,设计和试制专用工艺装备,并进行验证;

(2)按工艺要求,进行工艺装备选型,形成采购的规格、型号、质量标准和服务要求等文件;

(3)对所需工艺装备进行技术经济分析,完成性能评价、费用评估和效益预测等工作。

4. 工艺日常管理

工艺日常管理是要保证维修质量的稳定和提高,以最大限度地提高劳动生产率和减少物耗,实现文明生产和改善劳动条件等为目标。工艺日常管理工作内容一般包括以下几方面:

(1)分析维修生产或维修服务工艺流程,及时发现和纠正工艺设计上的差错,不断总结工艺实施过程中的各种先进经验,并加以实施和推广,以求维修工艺过程的最优化;

(2)组织相关的所有人员学习工艺文件,切实掌握工艺要求;

(3)监督和指导工艺文件的正确实施,严格贯彻工艺纪律;

(4)保持工艺文件的完整和统一,确定工序质量控制点,规定有关管理和控制的技术内容。

第三节　汽车维修工艺的编制方法

一、汽车维修工艺分类

1. 按作业性质分类

按《机动车维修管理规定》(中华人民共和国交通部令2005年第7号)对机动车维修经营范围的规定:获得一类汽车维修经营业务、一类其他机动车维修经营业务许可的,可以从事相应车型的整车修理、总成修理、整车维护、小修、维修救援、专项修理和维修竣工检验工作;获得二类汽车维修经营业务、二类其他机动车维修经营业务许可的,可以从事相应车型的整车修理、总成修理、整车维护、小修、维修救援和专项修理工作;获得三类汽车维修经营业务、三类其他机动车维修经营业务许可的,可以分别从事发动机、车身、电气系统、自动变速器维修及车身清洁维护、涂漆、轮胎动平衡和修补、四轮定位检测调整、供油系统维护和油品更换、喷油泵和喷油器维修、曲轴修磨、汽缸镗磨、散热器(水箱)、空调维修、车辆装潢(篷布、坐垫及内装饰)、车辆玻璃安装等专项工作。因此,可以将汽车维修工艺划分为三大类:即维护、修理和检测。

2. 按生产组织分类

(1)生产型维修工艺。车辆作为生产资料,是企业大量使用的装备,并以创造经济价值为目的,其维修工艺的制订应考虑集中使用、统一进行生产营运的特点。例如,公共汽车公司,物流运输企业,工程施工单位等。但是,由于4S店和特约维修站所维修的同品牌、同系列、同型号的车辆既集中,而且数量也大,因此,可以考虑制订与集中营运类似的维修工艺。

(2)服务型维修工艺。主要是指面对市场,不确定主修车型的企业所制订的维修工艺。

二、汽车维修工艺规程类型

我国现行的汽车维修制度是以预防为主、定期检测、强制维护和视情修理为原则。预防为主要求保持车容整洁,及时发现和消除故障、隐患,从而防止车辆早期损坏;定期检测是通过现代化的技术手段，定期对汽车进行检查测量，以正确判断汽车的技术状况；强制维护是为了防止不及时进行维护所造成的车辆故障，并规定了基本作业项目作为定期维护的主要内容。视情修理是经过检测诊断和技术鉴定，确认需要进行修理的项目后才进行修理，其中二级维护附加作业项目为视情修理内容。因此，根据上述汽车维修制度的要求，汽车维修工艺规程有以下几种类型。

1. 国家标准推荐的工艺规程

基于国家标准推荐的工艺规程是指由国家标准技术规范附录所推荐的维修工艺规程。目前，我国正在执行的关于汽车维修技术规范的国家标准是《汽车维护、检测、诊断技术规范》(GB/T 18344—2001)。该标准规定了汽车日常维护、一级维护、二级维护的周期、作业内容和技术规范，适用于所有在用汽车。由国家质量技术监督局 2001 年 3 月 26 日发布，2001 年 12 月 1 日实施。2006 年，该标准进行了修订，并更名为《汽车维护技术规范》。

《汽车维护、检测、诊断技术规范》是一个全面贯彻车辆二级维护制度的通用性标准，标准中所提出的车辆各级维护的基本内容和方法，适用于所有车型。其中，附录 A 中提供了《主要车型维护工艺规程》。《主要车型维护工艺规程》中规定的车辆合理维护周期、车辆维护作业深度是建立在对各类车型大量实验和验证工作基础上，进行类比优化之后确定的。首批发布的主要车型涵盖了目前国内在用车辆中保有量较大和技术含量较高的车型。《主要车型维护工艺规程》作为《主要车型维护工艺技术规范》的配套性文件，是道路运输管理部门监督汽车维修企业和道路运输业户与驾驶员执行技术规范的依据。

国家标准《汽车维护、检测、诊断技术规范》(GB/T 18344—2001)自颁布实施以来，对规范在用汽车维修、检测、诊断作业，使汽车保持良好技术状况，减少汽车故障，保证行车安全，延长车辆使用寿命，有效地控制汽车排放污染物等方面，发挥了重要作用。但是多年来汽车维护的理论和实践，特别是汽车二级维护前检测项目、基本作业项目、竣工检验项目规定不尽合理，作业项目繁多，作业深度不到位，以修代维情况很普遍，需要对汽车维护进行重新定位。因此，如何科学确定汽车维护作业周期、内容、技术要求、竣工检验制度，如何规范汽车维修市场、保障车辆技术状况，已成为亟须解决的课题。

随着我国汽车工业和道路运输业的发展，有关道路运输车辆管理、汽车维修的法规、规章和相关标准等发生了较大变化，为提高维修质量，适合社会发展和技术进步，提高营运车辆技术管理能力，适应我国营运车辆管理的需要，国家标准化管理委员和交通部决定对该标准进行修订。修订后的标准涵盖汽车新技术，并与近几年相继颁布实施的在用汽车新法规、新标准相适应，其内容更趋科学、完善、实用，对保障我国在用汽车安全、环保、节能发挥了重要的作用。

可作为工艺规程制定依据的国家标准还有：《机动车运行安全技术条件》(GB 7258—2004)，《营运车辆综合性能要求和检验方法》(GB 18565—2001)，《商用汽车发动机大修竣工出厂技术条件》(GB/T 3799—2005)，《大客车车身修理技术条件》(GB/T 5336—2005)及《汽车发动机电子控制系统修理技术要求》(GB/T 19910—2005)等。

2. 行业标准制定的工艺规程

基于行业标准制定的汽车维修工艺规程的技术规范主要有《汽车维护工艺规范》(JT/T 201—1995)、《液化石油气汽车维护、检测技术规范》(JT/T 511—2004)和《压缩天然气汽车维护、检测技术规范》(JT/T 512—2004)。这类维修规程的特点是以部颁的行业标准为依据，针对具体类型的汽车。例如，《汽车维护工艺规范》(JT/T 201—1995)适用于东风

EQ1090(EQ140)和解放 CA1091(CA141)型载货汽车的维护作业,其变型车和其他类型的汽油车可参照执行。该部颁标准规定了汽车一、二级维护周期、作业内容和技术要求,由交通部公路管理司提出,交通部科技司归口管理,交通部公路科学研究所负责起草。但是随着东风 EQ1090(EQ140)和解放 CA1091(CA141)型载货汽车保有量的减少,该标准于 2006 年 6 月 23 日作废。

《液化石油气汽车维护、检测技术规范》(JT/T 511—2004)规定了液化石油气(以下简称 LPG)汽车维修企业具备的技术条件、LPG 汽车维护、检测的周期、作业内容和技术要求,适用于 LPG 汽车,包括单一燃料 LPG 汽车和 LPG 汽油两用燃料汽车。《压缩天然气汽车维护、检测技术规范》(JT/T 512—2004)规定了压缩天然气(以下简称 CNG)汽车维修企业具备的技术条件、CNG 汽车维护、检测的周期、作业内容和技术要求,适用于 CNG 汽车,包括单一燃料 CNG 汽车和 CNG/汽油两用燃料汽车。上述两个标准 2004 年 4 月 16 日发布,2004 年 7 月 15 日开始实施。

可作为工艺规程制定依据的行业和地方标准主要有:《轿车车身维护技术要求》(JT/T 509—2004),《汽车发动机大修竣工出厂技术条件》(DB11/T 135—2001),《汽车维护竣工出厂技术条件》(DB11/T 136—2001)和《汽车小修竣工出厂技术条件》(DB11/T 137—2001)等。

3. 制造厂商提出的工艺规程

厂商制订的工艺规程分为以下几种情况:

(1)汽车制造商。通过随车提供维修保养手册,对日常维护、定期维护的作业内容、技术要求(材料用量、操作方法)和时间周期(使用时间或行驶里程)等做出明确的说明,但这也只是为具体的维修工艺规程制订提供的基本信息。特约维修站和 4S 店都应执行制造厂商制订的维修工艺规程。

(2)用品制造商。一般也为其产品销售商、用户提供相应的养护作业工艺规程。

4. 企业制订的工艺规程

(1)车辆运用企业。车辆运用企业也可能根据具体的运用条件,如高原、山区、热带或寒带等条件,对通用的维修工艺规程进行补充、修改或重新制订。

(2)连锁服务企业。汽车连锁维修企业针对具体的维修服务项目制订统一的工艺规程,以保证服务质量的一致性。

5. 汽车维修工艺规程体系

汽车维修工艺分为维护、修理和检测三大类型。汽车维修工艺规程体系,如图 5-2 所示。

三、汽车维修工艺规程编制

1. 维修工艺规程编制要求

1)明确维修工艺规程的作用

工艺规程是具体指导作业的技术文件,包括工艺过程、工艺装备、工时定额、所用材料及消耗定额等内容。工艺规程是安排生产作业计划、生产调度、质量控制、原材料与工具供应、生产组织和劳动组织的基础资料,因此,工艺规程是十分重要的生产指导文件,在维修企业生产中具有如下作用:

(1)维修工艺规程是生产组织管理的依据。首先,在制订维修工艺规程的基础上,就可

以进行有关维修作业前的各项技术准备。例如,维修所需的人员、材料、设备、仪器和量具等。其次,生产调度部门根据工艺规程,可安排耗材的购置时间和规格数量,调整生产负荷,使各工位都能按工时定额有节奏地进行生产。使整个企业的各部门紧密配合,保证均衡地完成维修任务。

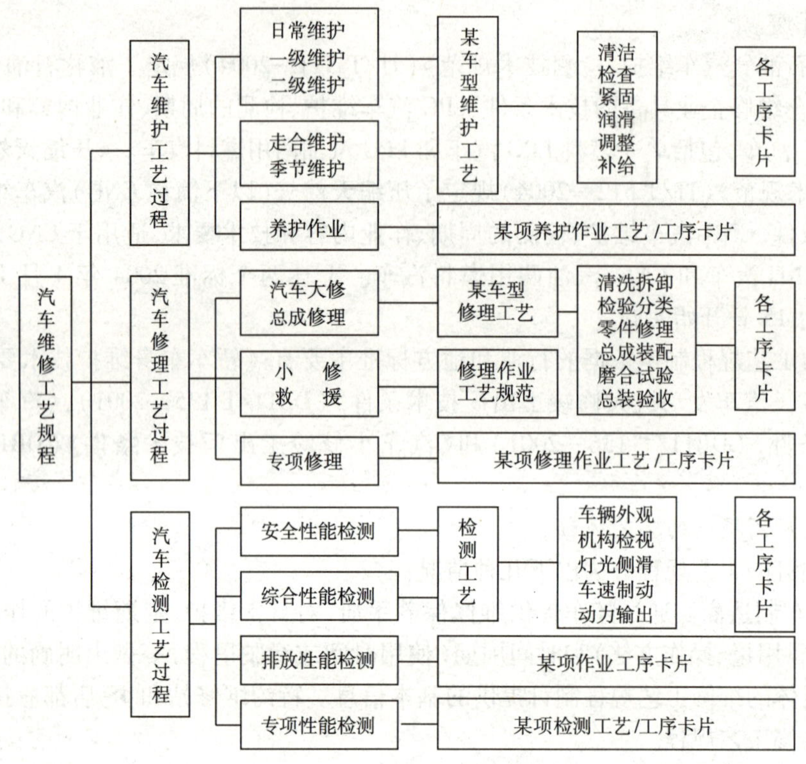

图5-2　汽车维修工艺规程体系

(2)维修工艺规程是服务质量鉴定的依据。由于汽车维修服务面对的是各种不同的车辆类型、品牌和规格,而且车辆的技术水平和技术状态不完全一样,因此这与大批量进行产品加工的制造厂的生产过程不完全一样。但是,维修生产也需要组织严密,分工细致,规程详细,才能组织和管理好生产过程,保证达到维修质量要求。

尽管目前的维修生产具有单件、多样、量少的特点,有些工艺规程虽然可能简单些。但是,无论生产规模大小,都必须有工艺规程,否则生产调度、工艺装备准备、技术研究、器材配置等都无法安排,容易使生产陷入混乱。同时,工艺规程也是处理维修服务质量问题的依据,既可以按工艺规程来明确作业责任。按照工艺规程进行维修,有利于保证服务质量,并能提高生产效率和获得较高的经济效益。

(3)维修工艺规程是企业建设规划的依据。在新建企业或改(扩)建车间时,只有依据工艺规程才能确定生产所需要的设备、仪器等的种类、数量和规格;车间的面积;设备的布局;生产工人的工种、技术等级及数量;辅助部门的安排等。但是,工艺规程并不是固定不变的,它是生产工人和技术人员在生产过程中的实践的总结,它可以根据生产实际情况进行修改,使其不断改进和完善,但必须进行严格的审定。

2)遵守维修工艺规程编制原则

维修工艺规程的编制应遵循在一定的生产条件下,使维修生产能严格地达到技术规范、全面地保证服务质量和积极地促进作业效率提高,并能有效地获得最佳的经济效益的原则。

制订维修工艺规程时,应注意以下几个方面:

(1)技术上的先进性。所谓技术上的先进性,是指高质量、高效益的获得不是建立在提高工人劳动强度和操作手艺的基础上,而是依靠采用相应的技术措施。因此,在制订维修工艺规程时,要了解国内外相关工艺技术的发展,通过必要的工艺试验,尽可能采用先进的工艺和装备。

(2)经济上的合理性。在一定的生产条件下,可能会有几个都能满足产品质量要求的工艺方案,此时应通过成本核算或评价,选择经济上最合理的方案,使生产成本最低。

(3)作业环境的安全性。在制订维修工艺规程时,要注意保证有良好而安全的作业环境,防止伤亡事故和避免火灾的发生;采用先进技术,使工人从繁杂、笨重、脏污的作业环境中摆脱出来。

(4)维修过程的环保性。维修生产要符合国家环境保护法的有关规定,避免环境污染。应选择绿色环保型生产工艺,保证水、空气和土壤等环境不遭到破坏,实现清洁生产;生产工艺也应是资源节约型的先进技术,应尽量减少生产过程的废弃物等。

(5)文件表述的规范性。由于工艺规程是直接指导生产和操作的技术文件,因此,工艺规程还应做到清晰、正确、完整和统一,所用术语、符号、编码、计量单位等都必须符合相关标准。

3)掌握维修工艺规程编制依据

制订维修工艺规程时,必须具备下列原始资料:

(1)汽车用户手册和维修手册。可以了解车辆的使用要求,掌握拆装规范(拆卸顺序、拧紧力矩和配合尺寸等)、调校参数(标准、许用和极限数值等)、检验方法和安全事项等内容。

(2)汽车产品使用和维修的标准。如《机动车安全运行技术条件》(GB 7258—2004)、交通部《机动车维修管理规定》(2005 年第 7 号令)和《汽车维护、检测、诊断技术规范》(GB/T 18344—2001)。

(3)汽车维修企业实际生产条件。全面掌握企业现有的生产条件,如设备的规格、仪器的性能、工具的精度、工人的水平、作业区面积、配件的供应能力和流动资金规模等技术经济条件,只有深入进行调查研究,掌握上述各方面的第一手资料,才能使制订出符合企业的生产实际的工艺规程。此外,维修工艺规程必须考虑到企业的实际生产能力,以确保维修服务质量为前提,达到生产纲领。

(4)国内外先进的汽车维修工艺。制订汽车维修工艺规程时,还需掌握国内外汽车维修的先进工艺技术发展情况,以便结合企业的生产实际加以应用,使制订出的工艺规程具有先进性,并能获得最佳的经济效益。

2. 汽车维护工艺规程

主要针对有计划生产任务的物流运输、工程施工和公共交通等企业单位的车辆运用要求,制订集中运用型维修工艺规范。

(1)明确维护分级。汽车维护类别(Class of vehicle maintenance)是指汽车维护按汽车运行间隔期(指汽车运行的里程间隔或时间间隔)、维护作业内容或运行条件等划分的不同类别或等级。

建立在汽车有形磨损理论基础之上的汽车维护分级和周期,是以汽车经过一段时间使用而产生故障或使技术性能下降为依据,这些故障往往是可以通过仪器检测,如汽车动力性下降、油耗增加、制动距离加大等。汽车有形磨损主要发生在使用过程中,产生的原因主要是机件配合副的机械磨损、基础零件的变形、零件的疲劳破坏等,也称为第一种磨损。汽车在闲置过程中也发生有形磨损,如长期不用而生锈,日晒、雨淋使车身漆面及轮胎等橡胶件老化,或因其他管理不善和缺乏正确的管理而引起的其他损失,称为第二种磨损。根据汽车磨损理论分析,有形磨损通过相应的维护措施可以周期性地消除,如汽车通过各级维护作业、小修可消除因各种失调或损伤而造成的运行故障,保证车辆以安全、经济和环保的状态运行。

根据汽车磨损理论分析,考虑汽车产品质量现状及使用条件,我国将汽车维护分为三级:即日常维护、一级维护和二级维护。在汽车使用过程中,对汽车随时进行日常维护,确保汽车的正常行驶。日常维护是由驾驶员每日出车前、行车中和收车后负责执行的车辆维护作业。随着汽车行驶里程的增加,有些零部件可能会出现松脱,润滑部位出现缺油、漏油等不正常现象,影响了汽车的操纵安全性。因此,定期对汽车进行一级维护是必要的。当汽车行驶达到一定里程后,汽车的磨损和变形会增加,为了延长汽车的使用寿命和保证行车安全,汽车二级维护必须按期执行。一级维护、二级维护由维修企业进行。

除此之外,还有季节性维护和磨合维护等保障车辆使用性能的维护作业。季节性维护(Seasonal maintenance)是为使汽车适应季节变化而实施的维护;磨合维护(Running-in maintenance)是汽车在磨合期满实施的维护。

(2)确定维护周期。定期维护(Periodic maintenance)是按技术文件规定的运行间隔期实施的维护。汽车进行同级维护之间的间隔期,就称为汽车维护周期(Period of vehicle maintenance)。

汽车维护周期一般以汽车行驶里程为基本依据,但有时也按使用时间来确定。由于汽车车型结构,使用条件和环境状况等各不相同,因此维护周期也不一样。通常情况下,可按照汽车使用说明书、维修手册的有关规定确定。

(3)完善作业项目。汽车维护是为维持汽车完好技术状态或工作能力而进行的作业,其作业项目的确定原则是保障安全,强化环保和重视节约。例如,日常维护(Daily maintenance)的作业中心内容是清洁、补给和安全检视。一级维护(Elementary maintenance)是除日常维护作业外,以润滑、紧固为作业中心内容,并检查有关制动、操纵等系统中的安全部件的维护作业。二级维护(Complete maintenance)是除一级维护作业外,以检查、调整制动系、转向操纵系、悬架等安全部件,并拆检轮胎,进行轮胎换位,检查调整发动机技术状况和排放相关系统等为主的维护作业。

随着新技术在汽车产品中的应用,汽车或总成的结构及原理可能发生了较大的变化,因此需要对维护作业项目及时调整,以适应汽车新技术的应用。例如,随着汽车技术的进步,在汽车二级维护基本作业项目增加正时传动带、电子控制装置、挂车连接装置、ABS 车轮传感器、GPS 卫星定位系统、行车记录仪、全车车窗以及安全出口等的维护项目。汽车维护作业部位及项目数统计结果,如表 5-1 所示。

(4)统筹安排工艺过程——维护工艺过程卡片编制。汽车维护方法(Method of vehicle maintenance)是进行汽车维护作业的工艺和组织规则的总和。汽车维护作业方法分为流水作业法(Flow method of vehicle maintenance)和定位作业法(Method of vehicle maintenance on universal post)。汽车维护流水作业法是指汽车在维护生产线的各个工位上按确定的工艺顺序和节拍进行作业的方法。汽车维护定位作业法是指汽车在全能工位上进行维护作业的方法。

汽车维护作业部位及项目数统计 表 5-1

一级维护作业			二级维护作业		
序号	作业部位	作业项数	序号	作业部位	作业项数
1	整车	2	1	整车	3
2	发动机	6	2	发动机	17
3	电器电控系统	2	3	电器电控系统	4
4	离合器	1	4	离合器	1
5	传动系	1	5	传动系	2
6	转向系	1	6	转向系	2
7	行驶系	2	7	行驶系	2
8	制动系	1	8	制动系	3
9	全车润滑	1	9	全车润滑	1
合计	9	17	合计	9	35

汽车维护作业工艺过程的特点是:

a. 多个工位,并行作业。大部分企业都采用汽车维护定位作业法。因此,当以专业分工形式进行劳动组织时,应统筹安排作业流程。

b. 项目繁多,部位分散。一级维护有 17 项作业,二级维护作业项目达到 35 项。因此,为提高作业效率,可以根据作业的内容,同时进行不同作业。应尽量避免交叉干涉,遗漏作业项目。

c. 先内后外,先上后下。维护作业项目、部位遍及整车,避免涂漆表面的擦划、座椅装饰的脏污,应做好防护。同时,按照先内后外与先上后下的顺序,安排作业项目。

d. 先难后易,重点突出。尽量将工艺复杂,要求较高的作业先进行,然后安排作业量小和容易操作的项目。

二级维护工艺过程卡片格式和主要内容,如表 5-2 所示。基于工艺过程卡片内容,可以进行作业的前期准备,包括技术准备,物质准备,费用计划,安全措施和人员要求等。

(5)细化维护工艺内容——维护作业工艺卡片编制。在工艺规范的基础上,按清洁、检查、紧固、润滑、调整和补给等作业项目分别编制作业工艺卡,如表 5-3 所示。若车型有特殊要求,则应单独编制作业项目工艺卡片。维护作业工艺卡片应包括以下内容:

a. 作业部位,即对车辆进行维修作业的位置;

b. 作业内容,是指完成作业所进行的操作;

c. 作业标准,是指作业应达到的质量要求以及调整、检查及校核数据等,如标准值、许用值和极限值等;

d. 作业要点,是指对同品牌、同类型车辆进行不同要求、应引起注意的关键作业项目;

e. 作业人员,包括工种、等级和数量等;

f. 作业装备,是指所用设备、使用量具和检测仪器等;

g. 作业工时,是指完成作业项目规定的时间;

二级维护工艺过程卡片 表5-2

(企业名称) (文件编号)				捷达		实施日期		
				(系列型号)		共　张	第　张	
序号	项目	项数	要求	工种	设备	时间	地点	附注
1	进厂接待	1	查、建档案	接待员	计算机	0.15h	接待室	
2	车况调查	1	定检测项目	技术员	计算机	0.30h	接待室	车况录入
3	状态检测		定附加作业	检验员	检测设备	1.00h	检测间	视检测项目
4	维护作业							
4-1	整车检查	3	按照有关技术要求规定进行操作;要求进行过程检验	检验员		0.50h	维护车间	
4-2	电器电控系统	4		电　器	万用表	1.50h		
4-3	发动机	12		发动机	换油机	2.50h		
4-4	离合器	1		底盘		2.00h		
4-5	传动系	2						
4-6	转向系	2						
4-7	制动系	4						
4-8	行驶系	2						
4-9	全车润滑	1			加注枪			
5	附加作业			维修工				视作业项目
6	竣工检验	29	依技术标准	检验员	检测设备	0.50h	检测间	
7	填写合格证书	1	按规定颁发	检验员	计算机	0.15h	接待室	
8	填写维护档案	1	录技术状态	技术员	计算机	0.40h	技术室	档案整理
9	合计	—	—	—	—	9.00h	—	—

二级维护作业工艺卡片 表5-3

二级维护作业工艺卡片														
(企业名称) (文件编号)			作业名称:整车检查		品牌		解放				实施日期			
			作业编号:工艺过程卡序号		型号		轻型车				共　张		第　张	
序号	部位	内容	要求	标准	条件									附注
					工种	等级	人数	设备	仪器	量具	时间	材料	检验	
1	车架	检查	车架无变形;纵横梁无裂纹;铆钉无松动;各部螺栓及拖(挂)钩、托盘、备胎架紧固可靠,无裂损,无窜动,齐全有效	相关项目按GB 7258规定进行检查	检验员	初级	1	—	—	—	0.5h	—	按要求检验并签字	
2	车身	检查												
3	驾驶室	检查												
4	半挂车托盘	检查												
5	相关各附件	检查												
6	灯光	检视	齐全有效安装牢固											
7	信号	检视												
8	仪表	检视												
9	全车密封	检查	不漏油、水、气、电及尘											

h. 作业材料，是指完成作业所需要消耗的材规格、配件型号等；

i. 作业检验，是指对检验人员的要求及其方式，如签字、权限、仲裁及调解的说明；

j. 附注，包括安全事项及其他要求。

(6)说明维护作业操作要求——维护作业工序卡片编制。工序卡片是根据工艺卡片为一道工序制订的工艺文件。它更详细地说明整个操作过程，是用来具体指导工人操作的工艺文件。在这种卡片上要画工序简图，说明该工序每步的作业内容、工艺参数、操作要求、所用设备及测量仪器。

在汽车维修中，维修人员一定要按照维修技术规范和工艺要求进行操作，只有这样才能保证维修质量和安全生产，并防止违反汽车维修工艺规程的错误做法出现。

3. 汽车修理工艺规程

汽车各个总成在运行过程中，运动件之间无论润滑工况是否正常，仍然会产生摩擦和损伤。金属零件磨损后会产生一定数量的磨屑，润滑油也会在高温和氧化作用下，产生一定数量的氧化物积炭，这些磨屑氧化物及积炭在机件表面和润滑油内，会使各摩擦副的零件磨损速度加快，车辆的技术状况变坏，形成诸如动力下降，油耗上升、产生异响、难以起动等弊病。因此，使用中的汽车(新车)都需要定期进行保养、维护。但是，当车辆行驶到若干里程后由于磨损逾限，其技术状况仍然会不断恶化，当车辆的经济性、稳定性、工作可靠性、加速性等各项指标下降到一定的程度，就需要进行修理。局部的故障可通过小修排除，当总成的技术状况各项指标下降到逾限的程度时就需要进行大修。

随着汽车设计水平的进步和制造质量的提高，汽车的可靠性明显改进，修理性工作也随之减少。在“以维代修”的汽车使用观念影响下，汽车维护受到重视。而且随着循环经济的发展和再制造技术的进步，汽车大修将逐渐地消失，总成大修正被再制造的方式所取代，因此，关于汽车大修工艺问题的研究和应用越来越少，而重点是专项修理技术及其工艺的研究开发和推广应用。

(1)汽车大修工艺过程。接车检视、签约交接、外部清洗、拆卸分解；一次清洗、检验分类；零件修理；二次清洗、总体装配；磨合试验、验收交车。

(2)总成修理工艺过程。与大修工艺过程相似，但是将逐步被再制造生产工艺替代。

(3)小修工艺过程。目前的工艺特点是换件式维修，即经过检查确定故障原因及部位后，直接更换发生故障的零部件。

(4)零件修理工艺过程。采用相应的检验方法(无损探伤法如磁力探伤和渗透探伤、零件形位误差的检验)进行检验，并按其技术状况对零件分类；根据修复方法(机械加工、焊修、粘接、矫正、刷镀和喷涂修复法)的用途和特点，选择零件修理方法；按选择的修复方法确定修理工艺。

4. 汽车检验与检测工艺规程

1)汽车维护质量检验工艺规程

(1)进厂检验。维修车辆进厂后，检验员应记录驾驶员对车况的反映和报修项目，查阅车辆技术档案，了解车辆技术状况，检查车辆整车装备情况，然后按照《汽车维护、检测、诊断技术规范》(GB/T 18344—2001)的要求进行维修前的检测。确定附加作业项目，并把检验、检测的结果填写在检验签证单上，未经检验签证的车辆，作业人员应拒绝作业。

(2)过程检验。在维修作业的全过程中，都要进行过程检验。过程检验实行维修工自检、班组内部互检及厂检验员专检相结合的办法。过程检验的主要内容是零件磨损、变形、裂纹情况;配合间隙大小;有调整要求的调整数据;重要螺栓螺母的力矩。对涉及转向、制动等安全部件更须严格地检查。对不符合技术要求的部件,应进行修复、更换,以确保过程作业的质量。过程检验的数据由检验员在检验签证单上完整记录,未经过程检验签证的车辆,厂检验员有权拒绝进行竣工检验。

(3)竣工检验。竣工检验由检验员专职进行。必须严格按《汽车二级维护竣工出厂技术条件》逐项进行检验签证,必要时进行路试。竣工检验的结果应逐一填写在检验签证单上,未经竣工检验合格的车辆不得送检测站检测,不得出厂。

检验标准主要包括:《汽车维护、检测、诊断技术规范》(GB/T 18344—2001)、《营运车辆综合性能要求和检验方法》(GB 18565—2001)和《车辆运行安全技术条件》(GB 7258—2012)等。

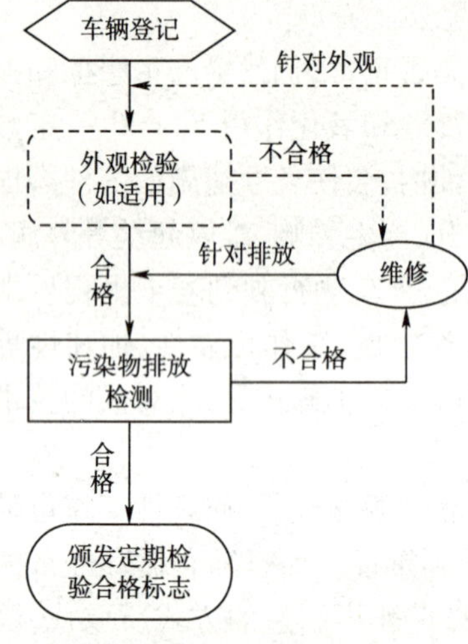

图 5-3　汽车排放检测程序流程

2)汽车综合性能检测工艺规程

检测工艺的制订应依据《营运车辆综合性能要求和检验方法》(GB 18565)的各项要求,突出对营运车辆的特殊要求,对营运车辆的整车装备、动力性、经济性、制动性、操纵稳定性、可靠性、排放和噪声控制等综合性能进行相应检验,制定检测规程。

3)汽车排放性能检测工艺规程

在用汽车污染物排放检测流程包括:车辆登记、车辆外观检验、车载诊断装置的检查(适用情况下)和排气污染物排放检测、颁发合格证等。各检验、检测项目均合格的车辆,颁发定期检测合格标志。检测不合格的车辆,必须采取措施进行维修治理,直至检测合格。汽车排放检测程序流程,如图 5-3 所示。

(1)点燃式发动机汽车的定期检测

点燃式发动机汽车排放性能定期检测检测工艺规程,如表 5-4 所示。

(2)压燃式发动机汽车的定期检测

a. 排放控制系统的外观检验。检查排气管、排气消声器和排气后处理装置的外观是否完好,如有腐蚀、漏气、破损,则应要求车主进行维修或更换。

b. 排气污染物排放检测。排气污染物排放检测采用自由加速烟度法测量,按照《车用压燃式发动机和压燃式发动机汽车排气烟度排放限值及测量方法》(GB 3847—2005)进行检测。

点燃式发动机汽车排放性能定期检测工艺卡片　　表 5-4

汽车排放性能检测工艺卡片								
(企业名称) (文件编号)		作业名称:定期检测	品牌	解放	实施日期			
		作业编号:工艺卡序号	型号	轻型车	共　张		第　张	
序号	检测项目	检测内容	检测要求		设备	仪器	时间	附注
1	排放控制系统的外观检验	检查曲轴箱通风系统连接管是否连接正确、通畅和完好	如果有老化、龟裂、破损或堵塞则应要求车主进行维修或更换					

续上表

汽车排放性能检测工艺卡片									
（企业名称） （文件编号）		作业名称:定期检测	品牌	解放	实施日期				
		作业编号:工艺卡序号	型号	轻型车	共　张		第　张		
序号	检测项目	检测内容	检测要求	设备	仪器	时间	附注		
1	排放控制系统的外观检验	检查燃油蒸发控制系统连接管是否连接正确、通畅和完好	如果有老化、龟裂、破损或堵塞则应要求车主进行维修或更换。对于不需装备燃油蒸发控制系统的燃气汽车和替代燃料汽车,不进行此项检验	—	—	0.2h			
		检查排气管、排气消声器和排气后处理装置的外观是否完好	如有腐蚀、漏气、破损,则应要求车主进行维修或更换						
2	车载诊断装置 OBD 的检查	对于满足国Ⅲ以上标准的装有车载诊断装置 OBD 的轻型车辆,读取 OBD 故障记录,确认 OBD 系统功能完好,排放控制系统工作正常	如果发现不正常,应要求车主进行维修,必要时再进行排气污染物排放检测	—	扫描仪	0.2h			
3	排气污染物排放量检测	检测车辆怠速和高怠速时排放的 CO、HC;对于闭环电喷并装有催化转化器的车辆,还应按照标准要求检测过量空气系数 λ	检测按照《点燃式发动机汽车排气污染物排放限值及测量方法(双怠速法及简易工况法)》(GB 18285—2005)进行	转鼓试验台	废气分析	0.1h			

复习思考题

1. 名词解释

(1)标准;(2)标准化;(3)工艺;(4)工艺过程;(5)工序;(6)工艺规程

2. 简述工艺规程制定的原则是什么?

3. 简述汽车维修企业的分类及其经营范围是什么?

4. 我国汽车维修制度的基本原则是什么?如何理解?

5. 汽车维修工艺规程类型有几种?各有什么特点?

6. 汽车维修工艺规程的编制要求有哪些?

第六章　汽车维护工艺及养护作业

第一节　汽车维护工艺技术规范简介

一、概述

在《汽车维修术语》(GB/T 5624—2005)中,定义了汽车维护规范和汽车修理规范两个概念。汽车维护规范(Norms of vehicle maintenance)是对汽车维护作业技术要求的规定;汽车修理规范(Norms of vehicle repair)是对汽车修理作业技术要求的规定。从具体含以上讲,维修规程和维修规范还是有一定的差别。维修规程对维修作业的规定更全面和更具体,而维修规范一般也称技术规范,更强调维修作业的技术要求,具有通用性强的特点,但是不等同于汽车维修工艺规程。

国家标准《汽车维护、检测、诊断技术规范》(GB/T 18344—2001)自颁布实施以来,规范了我国在用汽车维护、检测、诊断作业,对于维持和恢复车辆技术状况,保障道路运输安全,发挥了重要作用。营运车辆主要以客运、货运、危运、公交、出租等几种形式为社会提供服务,营运车辆的技术状况又是直接影响道路运输安全、节能、环保的重要因素。因此,对营运车辆定期进行维护和检测,既是确保车辆符合国家规定技术法规的重要保证,也是保障运行安全的重要措施。

实践证明,在我国实行的“定期检测、强制维护、视情修理”维护制度能够促进车辆以安全、环保和节能的状态运行。2005 年以来,交通部相继颁布实施了《道路货物运输及站场管理规定》,《道路危险货物运输管理规定》和《道路旅客运输及客运站管理规定》等部令,对营运车辆管理提出了新的要求,特别强调对营运车辆实行定期维护制度,执行《汽车维护、检测、诊断技术规范》(GB/T 18344)标准。

二、规范内容

1. 维护分级

汽车维护分为日常维护,一级维护和二级维护。

2. 维护周期

在《汽车维护、检测、诊断技术规范》(GB/T 18344)附录中给出了指导性汽车维护周期,如表 6-1 所示。

汽车一级维护、二级维护周期表 表 6-1

车型人类 \ 维护周期			一、二级维护周期	
			一级维护间隔里程或时间	二级维护间隔里程或时间
乘用车（轿车和≤9 座的商务车）			6000～10000km 或 20～30 天	20000～30000km 或 60～90 天
商用车辆	客车	微型客车 （L^{a}≤3.5m）	4000～7000km 或 20～30 天	15000～20000km 或 60～90 天
		小型客车 （3.5m＜L^{a}≤6m）	5000～8000km 或 20～30 天	16000～25000km 或 60～90 天
		中型客车 （6m＜L^{a}≤9m）	6000～10000km 或 20～30 天	20000～30000km 或 60～90 天
		大型客车 （9m＜L^{a}≤12m）	7000～11000km 或 20～30 天	23000～35000km 或 60～90 天
		特大型客车 （12m＜L^{a}≤13.7m）	8000～13000km 或 20～30 天	25000～40000km 或 60～90 天
	货车	微型货车 （M^{b}≤1800kg）	5000～7000km 或 30～40 天	15000～20000km 或 90～120 天
		轻型货车 （1800kg＜M^{b}≤3500kg）	5000km～8000km 或 20 天～30 天	16000km～25000km 或 60 天～90 天
		大型货车 （3500kg＜M^{b}≤12000kg）	6000～10000km 或 20～30 天	20000～30000km 或 60～90 天
		重型货车 （M^{b}＞12000kg）	7000～11000km 或 20～30 天	23000～35000km 或 60～90 天
		低速货车 （原四轮农用运输车）	4000～5000km 或 20～30 天	10000～15000km 或 60～90 天
	半挂牵引车和挂车		7000～11000km 或 20～30 天	23000～35000km 或 60～90 天
教练车[c]			3000～5000km 或 30～40 天	10000～15000km 或 90～120 天

注：a 指客车的长度；b 指货车的最大设计总质量；c 指机动车驾驶员培训机构用于驾驶员培训的教学汽车。

3. 执行要求

（1）日常维护（Routine maintenance），以清洁、补给和安全检视为作业中心内容，由驾驶员负责执行车辆维护作业。

（2）一级维护（Elementary maintenance），除日常维护作业外，以清洁、润滑、紧固为作业中心内容。并检查有关制度、操纵等安全部件，由维修企业负责执行车辆维护作业。

（3）二级维护（Complete maintenance），除一级维护作业外。以检查、调整转向节、转向摇臂、制动蹄片、悬架等经过一定时间的使用容易磨损或变形的安全部件为主，并拆检轮胎，进行轮胎换位，检查调整发动机工作状况和排气污染控制装置等，由维修企业负责执行车辆维护作业。

三、作业要求

1. 日常维护

(1) 对汽车外观、发动机外表进行清洁，保持车容整洁。

(2) 对各部润滑油（脂）、燃油、冷却液、制动液、各种工作介质、轮胎气压进行检视补给。

(3) 对制动、转向、传动、悬架、灯光、信号等安全部位和位置以及发动机运转状态进行检视、校紧，确保行程安全。

2. 一级维护

一级维护作业项目及技术要求，如表 6-2 所示。

3. 二级维护

二级维护作业内容包含一级维护作业项目及技术要求，并应填写二级维护基本作业表。二级维护基本作业项目，如表 6-3 所示。

一级维护作业项目及技术要求 表 6-2

序号	作业部位	作业项目	作业内容	技术要求
1	整车	车架、车身、驾驶室、半挂车托盘及相关各附件	检查、紧固	车架无变形，纵横梁无裂纹，铆钉无松动，各部螺栓及拖（挂）钩、托盘、备胎架紧固可靠，无裂损，无窜动，齐全有效
		灯光、仪表、信号装置	检查（测）	齐全有效，安装牢固
		全车密封和润滑	检查、清洁、润滑	全车不漏油、不漏水、不漏气、不漏电、不漏尘，各润滑装置及防尘罩齐全完好，润滑良好
2	发动机	发动机总成	清洁	无油污、无灰尘
		发动机传动带	检测、调整传动带松紧度	符合原厂说明书规定
		空气滤清器	检查、清洁	各滤芯应清洁无破损，上下衬垫无残缺，密封良好，滤清器应清洁，安装牢固
		机油、冷却液、制动液等	检查（测）液位高度，补充	符合原厂说明书规定
		散热器、油底壳、发动机支架、水泵、空压机、进排气歧管、喷油泵	检查校紧各部位连接螺栓	各连接部位螺栓、螺母应紧固，锁销、垫圈及胶垫应完好有效
3	离合器	离合器及操纵机构	检查（测）调整	操纵机构应灵敏可靠；踏板自由行程应符合原厂说明书规定
4	转向机构	转向器、转向传动机构	检查（测）转向器液面及密封状况，润滑万向节十字轴、球头销、转向节等部位	各连接部位螺栓、螺母应紧固，锁销、垫圈齐全有效，转向盘自由行程符合原厂说明书规定
5	传动系	变速器、差速器、传动轴	检查（测）变速器、差速器液面及密封状况，润滑传动轴万向节十字轴、中间轴承，校紧各部连接螺栓，清洁各通气塞	符合原厂说明书规定

续上表

序号	作业部位	作 业 项 目	作 业 内 容	技 术 要 求
6	行驶系	轮胎	检查轮辋及压条挡圈;检查(测)轮胎气压(包括备胎),并视情况补气;检查(测)轮毂轴承间隙	轮辋及压条挡圈应无裂损、变形;轮胎气压应符合规定,气门嘴帽齐全。轮毂轴承间隙无明显松旷
		悬架	检查钢板弹簧(或空气气囊)	无损坏,连接可靠,钢板(气囊)支架无裂纹及变形
		减振器	检查	稳固有效
		前后轴	检查	无变形及裂纹
7	制动系	制动管路、制动踏板及传动机构	检查紧固各制动管路、检查(测)调整制动踏板自由行程	制动管路接头应不漏气(油),支架螺栓紧固可靠,储气筒无积水。制动传动机构应灵敏可靠,制动踏板自由行程符合原厂说明书规定

注:若检查过程中发现需要更换的零部件,则应增加小修作业内容。

二级维护基本作业项目及技术要求 表 6-3

序号	作业部位	作 业 项 目	作 业 内 容	技 术 要 求
1	整车	整车装备与标识	检查(测)	齐全、完整、有效、各部件连接坚固完好,车体周正、外缘左右对称高度差不大于 40mm,左右轴距差不大于 1.5/1000
		车架、车身、驾驶室、半挂车托盘及其各相关附件	检查(测)、紧固、调整	表面无锈迹、无脱掉漆,各部螺栓及拖钩、挂钩应紧固可靠,无裂损,无窜动,齐全有效,性能可靠,工作良好无变形、断裂、脱焊、连续螺栓、铆钉紧固
		内装饰、坐椅、靠背、卧铺及安全带	检查(测)	设备完好,无松动、齐全有效,安装牢固
		"四漏"	检查(测)	全车不漏油、不漏水、不漏气、不漏电、不漏尘,各种防尘罩齐全有效
		车窗、安全出口	检查(测)	完好、可靠
		空调装置、冷凝器	检查(测)空调系统工作状况、冷凝器的清洁	1)制冷效果良好;2)暖气装置工作正常
		空压机、储气筒	清洁,校紧	清洁、连接可靠,无漏气,安全阀正常
		车厢、地板、护轮板(挡泥板)	清洁、检查(测)	符合 GB 18565 的要求

续上表

序号	作业部位	作业项目	作业内容	技术要求
2	发动机	发动机润滑油、机油滤清器	1)更换润滑油; 2)视情更换机油滤清器	1)润滑油规格性能指标符合原厂说明书规定;2)液面高度符合原厂说明书规定;3)机油滤清器密封良好,无堵塞,完好有效
		检测润滑油面高度	检查(测)转向器、变速器、主减速器等润滑油和液面高度,不足时按要求补给	符合原厂说明书规定
		空气滤清器	清洁空气滤清器	空气滤清器清洁有效,安装可靠恒温进气装置真空软管安装可靠。进气转换阀工作灵敏、准确
		油箱及油管	检查(测)接头及密封情况	接头无破损、渗漏,紧固可靠
		燃油滤清器	清洁燃油滤清器,并视情更换	燃油滤清器工作正常
		曲轴箱通风装置	检查(测)、清洁	清洁畅通、连接可靠、不漏气、各阀门无堵塞、卡等现象
		散热器、膨胀箱、百叶窗、水泵、节温器、传动带	1)检查(测)密封情况、箱盖压力阀、液面高度、水泵; 2)检视传动带外观,调整传动带松紧度	1)散热器及软管无变形、破损及渗漏。箱盖接合表面良好。胶垫不老化、箱盖压力阀开启压力符合要求。水泵不漏水、无异响,节温器工作性能符合原厂说明书规定;2)传动带应无裂痕和过量磨损,表面无油污、传动带松紧度符合原厂说明书规定
		进、排气歧管、消声器、排气管	检查(测)、紧固,视情补焊或更换	无裂痕、漏气、消声器性能良好
		增压器、中冷器	检查(测)、清洁	符合原厂说明书规定
		发动机支架	检查(测)、紧固	连接牢固、无变形和裂缝
		喷油器、喷油泵	检查测喷油器和喷油泵作用,必要时检测喷油压力和状况,视情调供油提前角	1)喷油器雾化良好、无滴油、漏油现象,喷油压力符合原厂说明书规定;2)供油提前角符合原厂说明书规定
		分电器、高压线	清洁、检查(测)	分电器无油污,调整触点间隙在规定范围内,无松旷、漏电现象、高压线性能符合原厂说明书规定
		火花塞	清洁、检查(测)或按照原厂使用说明书要求更换火花塞	电极表面清洁,间隙符合原厂说明书规定
		电控燃油喷射系统供油管路	检查(测)密封状况	密封良好,作用正常

序号	作业部位	作业项目	作业内容	技术要求
3	电器电控系统	前照灯、仪表、喇叭、刮水器、全车线路	检查(测)、调整,必要时修理或更换	1)前照灯(灯光数量、光色、位置)、喇叭、各仪表及信号装置功能齐全、有效,符合原厂说明书规定;2)刮水器电机运转无异常,连动杆连接可靠;3)全车线路整齐,连接可靠,绝缘良好
		蓄电池	检查,清洁,补给	清洁、安装牢固,电解液面符合原厂规定
		ABS	检查、消除故障码	功能正常
		空气悬架	检查(测)	工作正常
		缓行器	检查(测)	功能正常
		行驶记录仪	检查(测)	作用正常
		空气调解与控制	检查(测)	功能正常
		电子控制装置	检查、消除故障码	工作正常
4	离合器	离合器	检查(测)调整离合器踏板自由行程	离合器踏板自由行程符合原厂说明书规定
5	传动系	变速器、差速器	检查(测)密封状况和操纵机构,清洁通气孔	密封良好、通气孔畅通,操纵机构作用正常,无异响、跳动、乱挡现象
		传动轴、传动轴承支架、中间轴承	1)检查(测)防尘罩; 2)检查(测)传动轴万向节工作状况; 3)检查(测)传动轴承支架; 4)检查(测)中间轴承间隙	1)防尘罩不得有裂纹、损坏,卡箍可靠,支架无松动;2)万向节不松旷,无卡滞,无异响;3)传动轴承支架无松动;4)中间轴承间隙符合原厂说明书规定
6	转向系	转向器、转向传动机构	1)检查(测)转向系传动机构的工作状况和密封性,校紧各部螺栓; 2)检查(测)调整转向盘自由转动量	转向盘自由转动量符合规定,转向轻便、灵活,无卡滞和漏油现象。垂臂及转向节臂无弯曲及裂损,各部螺栓连接可靠
		四轮定位	检查(测)、调整	符合原厂说明书规定
7	制动系	驻车制动	检查(测)制动蹄片厚度、制动性能,驻车制动器自由行程	符合原厂说明书规定
		制动阀、制动管路、制动踏板	1)检查(测)制动踏板自由行程; 2)检查(测)紧固制动阀和管路接头; 3)液压制动检查(测)制动管路内是否有气	1)制动踏板自由行程符合原厂说明书规定;2)制动阀和管路接头连接可靠,无漏气;3)液压制动管路内无气

续上表

序号	作业部位	作业项目	作业内容	技术要求
7	制动系	转向轴制动	检查(测)制动蹄片厚度、制动蹄及支撑销和制动盘、制动凸轮轴,视情选择作业内容	1)制动蹄无裂损及明显变形,摩擦片不破裂,铆接可靠,摩擦片厚度符合原厂说明书规定;2)支撑销无过量磨损,支撑销与制动蹄孔、衬套配合间隙符合原厂说明书规定
			检查(测)内外轮毂轴承及其间隙,视情选择作业内容	轴承保持架无断裂,滚柱无脱落,无裂损和烧蚀,轴承内圈无裂损和烧蚀,符合原厂说明书规定
			检查(测)前轮制动器调整臂的作用	作用正常,符合原厂说明书规定
			根据检查(测)结果视情拆卸前轮毂总成、制动蹄、支撑销;必要时进行清洗转向节、轴承、支撑销、清洁制动板等作业	清洁、无油污
			根据检查(测)结果视情校紧制动盘、制动凸轮轴装置螺栓	1)制动底板不变形,按规定原厂说明书力矩扭紧装置螺栓;2)凸轮轴转动灵活、无卡滞,转向间隙符合原厂说明书规定
			检查(测)转向节及螺母、保险片及油封、转向节臂,校紧装置螺栓	1)转向节无裂纹,螺纹完好,与螺母配合应无径向松旷,保险片作用良好,油封完好不漏油;2)转向节轴径与轴承的配合间隙符合要求,转向节臂装置螺栓拧紧力矩符合原厂说明书规定
			检查(测)制动蹄复位弹簧	复位弹簧应无明显变形,自由长度、拉力符合原厂说明书规定
			根据检查(测)结果视情进行前轮毂、制动鼓及轴承外座圈进行校对,校紧轮胎螺栓内螺母等作业	1)轮毂无裂损;2)轴承外座圈无裂纹,无麻点,无烧蚀;3)制动鼓无裂纹,外边缘不得高出工作表面,检视孔完整,内径尺寸、圆度误差、左右内径差符合原厂说明书规定;4)轮胎螺栓齐全完好,规格一致、按规定力矩拧紧
			根据检查(测)结果视情进行前轮毂装复、调整前轮轴承松紧度及制动间隙等作业	1)装复支撑销,制动蹄支撑销孔均应涂润滑脂,开口销或卡簧齐全有效;2)润滑轴承;3)制动鼓、制动片表面清洁,无油污;4)制动片与制动鼓的间隙应符合规定,转动无碰擦现象或声响,检视孔挡板齐全;5)轮毂转动灵活,用拉力计测量时可转动、且无轴向间隙;6)保险可靠,防尘罩、衬垫完好,螺栓垫圈齐全紧固(螺栓规格一致)

续上表

序号	作业部位	作 业 项 目	作 业 内 容	技 术 要 求
7	制动系	其他轴制动	检查(测)制动蹄片厚度、制动蹄及支撑销和制动盘、制动凸轮轴,视情选择作业内容	1)制动蹄无裂损及明显变形,摩擦片不破裂,铆接可靠,摩擦片厚度符合原厂说明书规定;2)支撑销无过量磨损,支撑销与制动蹄承孔衬套配合间隙符合原厂说明书规定
			检查(测)轮毂轴承及其间隙,视情选择作业内容	轴承保持架无断裂,滚柱无脱落,无裂损和烧蚀,轴承内圈无裂损和烧蚀,符合原厂说明书规定
			拆半轴,根据检查(测)结果视情进行轮毂总成、制动蹄、支撑销,清洗各零件及制动底板、半轴套管等作业	1)轮毂通气孔畅通;2)各零件及制动盘、后桥套管清洁无油污
			检查(测)制动底板、制动凸轮轴,校紧连接螺栓	1)制动底板不变形,连接栓按规定力矩紧固;2)凸轮轴转动灵活,无卡滞,轴向间隙和径向间隙符合原厂说明书规定
			检查(测)制动蹄复位弹簧	复位弹簧无变形,自由长度符合原厂说明书规定,拉力良好
			检查(测)后轮毂、制动鼓及轴承外座圈	1)轴毂无裂损;2)轴承外座圈不松动,无损坏;3)制动鼓无裂纹,内径、圆度误差、左右内径差符合原厂说明书规定,外边缘不得高出工作表面,制动鼓检视孔完整
8	行驶系	后桥	检查(测)后桥半轴套管、螺母及油封	1)套管无裂纹及明显松动,与螺母配合无径向松旷;2)油封完好,无损坏,无漏油;3)套管颈与轴承配合间隙符合原厂说明书规定
			检查(测)半轴及螺栓	半轴螺栓齐全有效,半轴无明显变曲,不磨套管,无裂纹,花键无过量磨损或扭曲变形,符合原厂说明书规定
			检查(测)轮胎螺栓,校紧内螺母	符合原厂说明书规定
			根据检查(测)结果视情进行装复后轮毂,调整制动间隙等作业	1)装复支撑销、制动蹄片时,销孔均应涂润滑脂,开口销或卡簧齐全可靠;2)润滑轴承;3)套管轴颈表面应涂机油后再装上轴承;4)制动蹄片、制动鼓面应清洁,无油污;5)制动蹄片与制动鼓的间隙应符合原厂规定,无转动物碰擦现象和声响,检视孔挡板齐全紧固;6)轮毂转动灵活,拉力符合原厂说明书规定;7)锁紧螺母按规定力矩拧紧

续上表

序号	作业部位	作业项目	作业内容	技术要求
8	行驶系	轮胎(包括备胎)	检查(测)紧固,补气,视情进行轮胎换位、磨损严重时更换轮胎	气压符合原厂说明书规定。清洁,无裂损、老化、变形,气门嘴完好,轮胎螺栓紧固,轮胎的装用符合规定
		钢板弹簧	检查(测)	无损坏、连接可靠,后钢板支架无裂纹变形
		悬架	检查(测)、紧固,视情补焊、校正	不松动,无裂纹,无断片,按原厂说明书规定拧紧力矩紧固螺栓
		减振器	检查(测)	稳固有效
		车架	检查(测)	车架无变形,纵横梁无裂纹,铆钉无松动,拖车钩、备胎架齐全,无裂损变形,连接牢固
		前后轴	检查(测)	无变形及裂纹
9	全车润滑	润滑	全车加注润滑脂的部位全部润滑	润滑脂嘴齐全有效,润滑良好
10	滑行	滑行性能	检查(测)	符合原厂说明书规定,满足 GB 18565 要求
11	排放	排放情况	尾气排放测量	符合 GB 18285、GB 3847 规定

注:通过进厂检查诊断,若需要小修作业的项目,则增加小修作业内容。

第二节 汽车维护作业及要求

一、作业流程

1. 二级维护作业流程

汽车二级维护首先要进行检测,汽车进厂后,根据汽车技术档案的记录资料(包括车辆运行记录,维修记录,检测记录,总成修理记录等)和驾驶员反映的车辆使用技术状况(包括汽车动力性,异响,转向,制动及燃、润料消耗等)确定所需检测项目,维护前检测项目,如表6-4所示。

汽车二级维护检测项目　　表6-4

序号	检测项目	检测要求	附注
1	发动机功率,气缸压力	符合技术要求	—
2	排气污染物(CO、HC、NO_x)	符合国家标准	催化器及OBD系统正常
3	电控燃油喷射系统	符合技术要求	—

续上表

序　号	检测项目	检测要求	附　注
4	供油提前角、间隔角和压力(柴油车)	符合技术要求	—
5	制动性能	符合国家标准	—
6	转向轮定位,转向盘自由转动量	符合技术要求	—
7	车轮动平衡	符合技术要求	—
8	前照灯	符合国家标准	
9	操纵稳定性	符合技术要求	无摆头、跑偏、抖动
10	变速器	符合技术要求	无泄漏、异响、裂纹,换挡轻便、灵活
11	离合器	符合技术要求	无打滑、发抖,分离彻底,接合平稳
12	传动轴	符合技术要求	无泄漏、异响、松脱、裂纹等
13	后桥,主减速器	符合技术要求	无泄漏、异响、松动、过热等

依据检测结果及车辆实际技术状况进行故障诊断,从而确定附加作业。附加作业项目确定后与基本作业项目一并进行二级维护作业。二级维护过程中要进行过程检验,过程检验项目的技术要求应满足有关的技术标准或规范;二级维护作业完成后,应经维护企业进行竣工检验,竣工检验合格的车辆,由维护企业填写《汽车维护竣工出厂合格证》后方可出厂。二级维护作业流程,如图6-1所示。

2. 二级维护检测诊断

对汽车二级维护检测项目进行检测时,仪器精度须满足有关规定,技术要求应参照国家有关的技术标准或原厂要求。

3. 二级维护的竣工检验

汽车在维修企业进行二级维护后,必须进行竣工检验;各项目参数符合国家或行业及地方标准;竣工检验合格的车辆填写维护竣工进厂合格证后方可出厂。检验不合格的车辆应进行进一步的检验、诊断和维护,直到达到维护竣工技术要求为止。二级维护竣工技术要求,如表6-5所示。

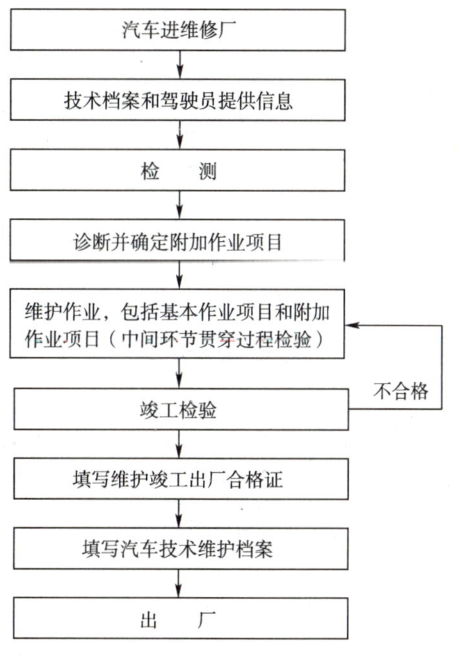

图6-1　二级维护作业流程

二级维护的目的是恢复汽车的正常技术状况,延长车辆的使用寿命,所以维护后应能保证部分项目达到原有的技术等级。要求二级竣工检验中不低于原技术等级的项目主要有车速、制动、动力性、转向盘最大自由转动量、轮胎花纹深度等,即把重点放在影响安全(制动、悬架系统)、环保(燃油供给系统)的检验上。

车轮阻滞力是指行车和驻车制动装置处于完全释放状态,变速器处于空挡时,制动试验台驱动车轮所需的作用力。考核车轮阻滞力目的是了解制动器是否拖滞,大小取决于轮毂总成、制动器总成、半轴总成的维护情况，因此车轮阻滞力对汽车的动力性、经济性有明显的影响。只有对这些部位进行调整、润滑等维护作业才能有效减少车轮阻滞力。

二级维护竣工检验技术要求 表 6-5

序号	检测部位	检 测 项 目	技 术 要 求	备 注
1	整车	1)清洁	汽车外部、各总成外部应清洁	
		2)车身表面	表面应无脱掉漆，补漆颜色应与原色基本一致	
		3)车身	装备应齐全、完好、有效，各连接部件应紧固完好。车体应周正，左右轴距差和外缘左右对称部位高度差应不低于维护前该车原技术等级要求	检视与检测
		4)车厢	车厢不歪斜，整体不变形，底板无损坏，边板、后门平整无变形，铰链完好，关闭严密，锁扣可靠	
		5)紧固	各总成外部螺栓、螺母应紧固，锁销齐全有效	检视
		6)润滑	发动机、变速器、转向器、减速器润滑符合规定，各通气孔畅通。各部润滑点润滑脂加注符合要求，润滑脂嘴齐全有效，安装位置正确	检视与检测
		7)密封	全车各连接件无油、水、气泄漏，密封良好	检视
		8)电器	发电机应工作正常，蓄电池保持常压，所有电气导线应捆扎成束、整齐、牢固，绝缘良好	
		9)灯数量、光色、位置	符合 GB 18565 规定	检视
		10)信号装置与仪表	符合 GB 18565 规定	检视
		11)前照灯	前照灯发光强度及光束照射位置应符合 GB 7258 要求	检测
		12)喇叭声级	机动车喇叭声级在距车前 2m、离地高 1.2m 处测量时，其值为 90～115dB(A)	检测
		13)车速表指示误差	车速表指示车速 v_1（单位：km/h）与实际车速 v_2（单位：km/h）之间应符合下列关系式： $0 \leqslant v_1 - v_2 \leqslant (v_2/10) + 4\text{km/h}$ 且不低于维护前该车原技术等级要求	检测
2	发动机	1)发动机装备	齐全有效	检视
		2)发动机工作状况	发动机应能正常起动，低、中、高速运转均匀及稳定并无异响，冷却液温度正常，加速性能良好，无断缸、回火、放炮等现象	运行检查
		3)正时传动带	应无裂痕和过量磨损，松紧度符合使用说明书规定	
3	转向系	1)转向盘最大自由行程	符合 GB 18565 规定且不低于维护前原技术等级要求	检测
		2)转向轻便性	符合 GB 18565 规定	检测
		3)横、直拉杆装置	转向节及臂，转向横直拉杆、球销应无裂纹和损伤，球销不松旷，各部件螺栓螺母紧固，锁止可靠	检查
		4)车轮定位及最大转角	符合该车技术规定	检测
		5)侧滑	符合 GB 7258 规定	检测

续上表

序号	检测部位	检 测 项 目	技 术 要 求	备 注
4	传动系	1)变速器、传动轴、主减速器	变速器操纵应灵活,不跳挡。变速器传动轴、主减速器各部应无异响,传动轴装配正确	运行检查
		2)离合器情况	接合平稳,分离彻底无抖动、异响及异常打滑现象	运行检查
5	行驶系	1)车轮、轮胎	符合 GB 18565 规定,轮胎花纹深度不低于维护前该车原技术等级要求,后轮辋孔制动鼓观察孔应对齐	检视与测量
		2)钢板弹簧	钢板弹簧无断裂、位移、缺片,U 形螺栓紧固,前后钢板支架无裂纹及变形	检视
		3)减振器	稳固有效,悬架特性符合 GB 18565 规定	检视与检测
		4)车架	车架无变形,纵横梁无裂纹,铆钉无松动。拖车钩、备胎架应齐全,无裂损变形,连接牢固	检视
		5)前、后轴	应无变形及裂纹	检视
6	制动系	1)行车制动性能	符合 GB 7258 的规定	检测
		2)驻车制动性能	符合 GB 7258 的规定	检测
		3)制动踏板力	符合 GB 18565 的规定	检测
		4)车轮阻滞力	符合 GB 18565 的规定	检测
7	滑行	滑行性能	符合 GB 18565 规定	检测
8	排放	尾气排放	符合 GB 18285、GB 3847 的规定,且不低于维护前该车原技术等级要求	检测
9	空调系统	空调装置	制冷系统应密封、效果良好,暖气装置工作正常	检视

对二级维护检测项目进行检测时,仪器设备应满足《汽车维修业开业条件第 1 部分:汽车整车维修企业》(GB/T 16739.1—2004)第 9 条规定。汽车维护检测、诊断设备产品质量直接影响到检测结果的准确性和可比性,为保障汽车维护企业设备配置的科学、合理、规范,本标准规定汽车维护企业选备的仪器设备应符合受检汽车类别、型号、性能参数量值,测量范围、分辨力、准确度等级或允许误差等关键指标应满足国家、行业产品标准和计量方面的规定要求。

《中华人民共和国道路运输条例》第四十五条机动车维修经营者对机动车进行二级维护、总成修理或者整车修理的,应当进行维修质量检验。检验合格的,维修质量检验人员应当签发机动车维修合格证,机动车维修实行质量保证期制度。质量保证期内因维修质量原因造成机动车无法正常使用的,机动车维修经营者应当无偿返修。《机动车维修管理规定》第三十七条规定机动车维修实行竣工出厂质量保证期制度。

二、维护作业要点

1. 维护作业特点

汽车维护作业分为清洁、检查、紧固、调整、润滑和补给等 7 大类。各个作业项目的具体工艺要求和操作重点不尽相同,从作业要求上具有如下特点:

(1)量度型——检查。掌握标准状态和关键数值,用规定仪器、仪表、量具和方法检测。

(2)调校型——调整、紧固。按要求步骤、使用规定工具进行操作。

(3)物耗型——清洁、润滑和补给。特点是使用规定牌号、规格和数量的耗材进行作业。其中补给作业包括充气、充电和充冷等;润滑作业包括加注滑脂、加补滑油和更换机油;清洁作业包括清洗、美容和装饰作业。

2. 检查作业要点

(1)日常维护。以安全检视为中心内容,围绕车辆巡视一周。重点检查制动器、转向器和灯光等与运行安全有关的部件。

(2)一级维护。由维修企业承担,主要检查有关制动、操纵等安全部件。

(3)二级维护。也由维修企业承担,主要以检查、调整转向节、转向摇臂、制动蹄片、悬架等容易磨损和变形的安全部件为主,并检查轮胎。

三、维护作业安全

1. 遵守安全事项

在汽车维护作业中应严格遵守操作规程,同时还须执行以下安全事项:

(1)禁止在作业时或在有汽油等易燃物的附近吸烟,以防止火灾。

(2)避免在通风不良的车库里或室内运转发动机,防止一氧化碳等有毒气体使人中毒。

(3)作业要穿工作服和戴工作帽,并将头发收在帽里;不戴手表手链,胸前无装饰物。

(4)作业需要照明时,必须使用安全电压(36V 以下)灯具。

(5)进行作业前,必须掌握安全规定,注意观察并读懂车上车下的各类警示标识。

(6)各种工具放在规定处,不得将衣服口袋做工具袋,以防摔跤或撞击时造成伤害。

(7)在车下作业时,一定用安全支架;接地车轮一定要塞三角木,并使用驻车制动器。

(8)必须使用规定的工具或设备拆装零部件,以避免发生人体伤害事故。

(9)作业完毕后应清理工具,并保证发动机及运动部位无杂物,以防机械和人体损伤。

(10)进行蓄电池维护作业时,穿戴应符合规定。蓄电池充电时,不要在附近吸烟。

(11)电解液或硫酸溅到眼睛和皮肤上时,应立刻用清水或苏打水冲洗。

(12)注意有害物质对人体的影响,按照说明书进行使用和处理。

(13)灭火器和急救箱应放在容易取用的地方。

2. 避免违规操作

汽车维护作业过程中应避免的违规操作行为,如表 6-6 所示。

汽车维护作业过程中应避免的违规操作 表 6-6

序号	违规操作内容	原因及危害
1	用试火法检查电路	现代汽车电路大多数已电子化,例如,应用计算机、集成电路等。如果用试火法检查汽车电路故障,很容易损坏电子元件,造成故障源的扩大。因此,必须用万用表或专用仪表检查
2	用化纤擦布	用化纤布做擦布,摩擦时容易产生静电,或者产生火花,很容易点燃汽油,造成火灾,是安全隐患
3	不同型号机油混合用	不同型号的机油混合加注,受热后会使机油变质,降低润滑的效果;严重时阻塞集滤器和油道,可能发生烧瓦抱轴事故

续上表

序号	违规操作内容	原因及危害
4	用打火机、火柴照明	有的维修人员有时可能会用打火机、火柴等明火照明进行检查作业，这是很危险的操作行为，十分容易引起火灾。因为挥发在空气中的汽油及蓄电池充电时产生的氢气，与空气混合达到一定浓度，遇上火花会立即引起爆炸或燃烧
5	用氧气吹通管路	在管路不畅时，要用压缩空气吹通，尤其是刚焊接的油管、空调管。不要使用气焊枪的氧气吹通，因为氧气容易与一些化学物质发生反应，甚至爆炸，如果管内有油，刚焊过的管路由于温度高会引起爆炸，造成事故

四、典型维护作业要求

1. 轮胎维护

1）轮胎气压检查

不同的轮胎气压，使轮胎的承载能力和使用寿命不同。如果气压过高，将影响乘坐的舒适性，并使胎面中间部分过度磨损；如果气压过低，汽车的载荷则不能均匀地分布在整个胎面上，而是集中在胎面的两侧，这就导致了胎面两侧过度磨损，同时也损伤了轮胎的内部结构。两侧轮胎气压的差异，不利于汽车行驶的稳定性和安全性。

轮胎气压应在轮胎达到环境温度时检查，并应符合规定值。由于正常的轮胎气压可有效地提高车辆的燃油经济性，所以应该时常检查轮胎的充气压力。以轿车 205/70 R15 型轮胎为例，用于前轮时充气压力 240kPa。轮胎的充气压力根据车型、轮胎型号以及安装的前后位置略有区别，具体车型应以使用说明书的参数为准。此外，还要注意保证左、右两侧车轮充气压力的一致。当一侧轮胎压力过低时，行车、制动过程中车辆就会向这一侧跑偏。同时也要注意不同厂家、不同花纹的轮胎不可同时用于两前轮，否则也会出现跑偏现象。

因此，轮胎要经常检查气压及胎纹的磨损情况，这样可以减少在高速行驶出现爆胎现象及行驶跑偏的情况。轮胎气压可通过目测方法检查，但目测在一定程度上需要经验且准确度较低。因此要用轮胎气压表进行检查。

2）轮胎磨损检查

检查轮胎磨损，看其是否被割破、擦伤，是否有隆起或物体嵌入胎面。作为胎面状况的直观标记，胎面磨损指示标记被模压在胎面纹槽的底部，横贯胎面的带形区。当轮胎磨损到磨损指示标记显露，应更换轮胎。

检查轮胎时，只能用淡肥皂水清洗，并用清水冲净，不要使用腐蚀性液体或研磨材料清洗轮胎。清洗白色胎壁的凸起字符和数字时，只能使用被认可的清洗物。不要使用钢丝棉、钢丝刷、带矿物油基的清洗液（如汽油、油漆稀料和松节油），这些液体对轮胎有害，并使胎侧凸起字符数字变色。

3）车轮平衡检查

轮胎更换后，必须进行车轮平衡的检查。检查车轮的平衡：当车速在 46km/h 和 64km/h 之间产生车轮回转振动时，应做静平衡；当车速在 64km/h 以上产生车轮偏摆振动时，应做动平衡。

未装轮胎时，轮辋的不平衡度应不大于 0.05N·m；装上轮胎后，车轮的不平衡度应不大于 0.12N·m，轮辋边缘允许的平衡块重量不大于 70g。

4）车轮换位

为使轮胎的磨损均衡，经过一段时间的使用，应进行轮胎换位。轮胎换位时的行驶里程，应依据车辆使用说明书的要求。第一次换位对于提高轮胎寿命、胎面均衡磨损尤为重要。换位后，按照轮胎充气压力表所规定的值，调整充气压力。

子午线轮胎换位的方式与斜交轮胎的换位方式不同。斜交轮胎采用交叉换位，而子午线轮胎采用同侧换位，即非交叉换位方式，由前到后和由后到前换位。子午线胎、宽胎面轮胎必须成套安装，对用于深凹式轮辋的轮胎最好进行充分清洗，不同宽度的轮胎，不能混用。另外，需要注意的是，修补过的轮胎不要安装在前轮，也不可在高速公路上长时间使用。

5）轮胎更换

当胎侧损坏时，因胎侧比较薄且在使用中是轮胎的变形区域，承受来自轮胎内气压的周向力较大，故应更换此轮胎。

轮胎更换时，要依据车辆使用说明书进行选用。在注意轮胎气压的同时，也应注意轮胎的负荷。因为轮胎是承受车辆负荷的最终部件，轮胎的结构，强度，以及使用气压和速度是经过厂家严格计算确定的，不遵守标准而超载使用的轮胎会影响使用寿命。根据实验证明：超负荷10%时轮胎寿命降低20%；超负荷增大30%时轮胎滚动阻力将增加45%，同时燃油消耗也会增加。

6）轮胎修理

轮胎有可修理区域，若在其他部位有裂缝或损坏，不可修理，应更换新轮胎。有下列损伤的轮胎不能修理：胎肩或胎侧穿孔；直径大于6.5mm的穿孔；胎圈断裂或开裂；隆起或鼓包；胎体帘布开裂或割断；轮胎帘布层分离；轮胎磨损到胎体纤维或磨损标记有可见的损坏。只有轮胎胎面部位的穿孔才能修理。

2. 发动机润滑系维护

1）检查机油液位

检查机油液面高度时，首先是要求车辆处于水平位置；其次是要求发动机停止运转，并且要等一段时间，使机油流回油底壳，以保证检查的准确性。

2）确认机油牌号

应确认机油的牌号和规格符合原车要求。即核对机油黏度和性能等级。大多数发动机要求使用多级黏度复合机油，因为多级黏度机油适合的工作温度范围较广，且消耗率比单级黏度机油低约30%。此外，机油的性能等级代表了机油添加剂的水平。

对于重载荷的发动机，起保护作用的主要是机油中的添加剂。由于添加剂随着时间的延续会逐渐消耗，只有选用足够等级的机油，才能保证发动机在整个换油周期内都能得到可靠的润滑保障。

3）核实加注数量

若进行机油补给作业，则应根据机油液位高度检查的结果，决定加注数量。如果是进行更换机油作业，则应根据使用说明书的要求确定加注数量。

4）加注操作要求

加注时车辆应置于水平位置，通过加油口加注机油。加完油后要等一段时间，再检查油尺上的油位标记，即等机油都流入油底壳后才进行油位的检查。

5）机油更换程序

（1）检视；（2）放出；（3）加入。

6）机油滤清器更换

更换机油虑清器时，应加满清洁机油，然后才能装到发动机上。

3. 冷却系统维护

加注冷却液时,应打开发动机上部冷却系统的放气阀门,缓慢地将冷却液从散热水箱的加注口加入到发动机中,直至没有气泡再从放气阀门中排出为止。冷却液应加注至规定的高度,不宜过满。加注完毕后,将放气阀门关闭。

冷却系统所用冷却液主要应由纯净水、防冻液及添加剂 3 种成分构成。配好的冷却液一年四季均可使用,并且一般可以连续使用 2 年。

纯净水由于经过净化,因而可避免形成水垢。防冻液系指工业用的乙烯乙二醇或丙烯乙二醇,可以降低水的冰点及提高水的沸点。防冻液的浓度过高或过低均会影响冷却液的防冻能力。在大多数气候条件下,推荐使用的防冻液浓度为 50%,此时冷却液的冰点可达 -33℃。

添加剂可在水系统内表面形成一层保护膜,以防止缸套和机体产生穴蚀及阻止沉淀物堆积。有的发动机安有水滤器,水滤器除了有过滤介质外,内部还含有添加剂。添加剂的浓度有一定要求,可以通过检测包来检测。

4. 空调系统维护

汽车空调换季时必须清洗。经过一冬的闲置,车内的空调系统需要及时进行一次彻底的检测和清洗,以免使用中才发现空调不制冷或是气味难闻、尘土扑鼻,应该做的检测有以下几方面:

(1)检查。在使用汽车空调之前,应检查冷凝器、蒸发器表面的清洁情况。如果灰尘较多,应予以清洗并用压缩空气吹净。

检查各开关、控制元件的性能是否可靠,空调制冷剂是否缺少。制冷剂不足是空调失效的原因之一。

检查制冷剂是否泄漏,可以通过观察压缩机零件表面、软管、管子接头处油迹的多少来判断。如果油迹很多,说明系统泄漏,应及时进行修理。

检查空调滤芯是否需要更换。如果长时间不更换,其上面吸附堆积的尘土会在空调开启时吹进车内。

检查与冲洗空调的散热器和散热风扇,以免过厚的油泥和尘土影响散热效果。可使用发动机外部专用清洁剂进行清洗。

(2)清洗。汽车的空调系统最常见的故障是空调制冷不良、压缩机噪声过大及空调霉味、臭味严重等。其主要原因是:

空调系统在使用一段时间之后,由于压缩机工作时高温、磨损及外界环境的影响,将不可避免地产生机械杂质、油泥和污物。这些杂质和污物在空调系统运行过程中,将会随着冷媒的循环,附着在空调系统的高低压管部、冷凝器、蒸发器及膨胀阀等处。经过长时间积累,将会极大地影响空调系统的制冷效果,造成制冷不良、空调系统停止工作和冷气时有时无的故障现象。而且这些杂质随着系统循环,还可能阻塞膨胀阀、储液干燥器等。只要这些装置发生阻塞,就必须更换;同时,系统内机械杂质和污物会在系统内部循环下与冷媒一起进入压缩机,造成液击和拉缸,使压缩机报废。对于一般修理因为管路里的杂质和污物会随系统的循环,有可能很快再次阻塞膨胀阀、储液干燥器等,甚至再次损坏压缩机。这样残留和新生的杂质及污物周而复始,因此,空调系统必须定期进行清洗。

空调系统内部清洗剂与清洗设备配合使用,具有较强溶解能力和清洗能力。可以有效清除系统内部各处的机械杂质和污物,使系统的压缩机、膨胀阀和储液干燥器得到有效保护,确保整个系统保持最佳状态。

整个空调系统要进行全面清洗，用专用的空调泡沫清洗剂，将冷凝器、蒸发器彻底洗净，同时，还把空调进、出风口之间的风道进行了洗净。

(3)润滑。实际上，空调系统的润滑保养同发动机的润滑保养同等重要。保养不好，会加剧压缩机的磨损，同时噪声很大，这同样会影响驾乘人员的舒适性和安全性。因此，为有效减少压缩机运行中的磨损，降低空调系统噪声，使整个空调系统可靠工作，还必须在空调管路中加入一种空调系统润滑油。

(4)除臭。在夏季，当进入开有空调的密闭车内，有时会感到头疼、头晕甚至呕吐，这是由于在潮湿的蒸发器及通风管道中极易滋生霉菌和真菌。这些真菌和霉菌会带来腐烂性异味，并导致乘车人头疼、眩晕、眼睛灼痛和呼吸困难等过敏性反应，尤其是在刚开启空调时，很多车内的气味简直让人难以忍受。传统的方法只是用空气清新剂改善驾驶室气味，或者卸下蒸发器组件以清除蒸发器的霉菌团，但这不能彻底根除异味源。高效空气净化剂能快捷清除空调系统中蒸发器上、进出风口通道上以及驾驶室内各处滋生的霉菌和异味，并且不用拆卸，使用方便，定期使用能彻底根除异味源，使车内空气清新。

5. 进排气系统维护

进、排气系统的主要部件有：过滤灰尘的空气滤清器、反映空气滤清器清洁状态的进气阻力指示器、提高进气压力的增压器、输送空气的进气管路、冷却增压空气的中冷器以及排放废气的排气管路。

进气系统应保证发动机吸取干净的空气，因而空气滤清器必须安装到位；进气管路应密封良好、没有裂纹、卡箍安装紧密和管路支架支撑牢靠；进气阻力指示器应安装稳固、密封胶密封可靠；排气系统应与底盘接线、冷却系统、起动系统等没有干扰；增压器要有充足的机油润滑。

6. 蓄电池维护

蓄电池在使用及保养过程中需要注意的问题：

(1)蓄电池长期不用，会慢慢自行放电。因此，每隔一段时间就应给蓄电池充电。

(2)蓄电池有一定的使用寿命，到期就要更换。

(3)蓄电池电量不足时，要及时充电。因蓄电池电量不足使发动机起动不了时，作为临时措施可以用其他车辆上的蓄电池来起动，即将两个蓄电池的负极和负极相连，正极和正极相连。

(4)电解液的密度应按照不同的地区、不同的季节，进行相应的调整。

(5)在电解液不足时，应补充蒸馏水或专用补液，切忌用饮用纯净水代替。因为纯净水中含有多种微量元素，对蓄电池会造成不良影响。

(6)在起动汽车时，连续不间断地使用起动机会导致蓄电池过度放电。正确的起动方法是每次起动的时间不超过5s，再次起动的间隔时间不少于15s。多次起动无效时，应从电路或油路等方面寻找原因。

(7)日常行车时应经常检查蓄电池盖上的小孔是否通气；电池的正、负极有无被氧化的迹象；电路各部分有无老化或短路的地方。

(8)拆除汽车蓄电池连接线注意事项。

a. 拆卸蓄电池时，应注意的是要先拆搭铁（负极）线，然后再拆带有正极标志的电源线。不过在把电源线接到蓄电池时，次序则相反，即先接正极，然后再接负极。

b. 未读取发动机电控单元（ECU）记录的故障码之前，不应随意拆卸蓄电池连接线，以保留故障记录信息。因为在读取故障码之前便贸然拆下蓄电池连接线或拔下电源熔丝时，由于中断 ECU 的电源，存储在其随机存储器中的故障码便会自动消除，失去了一个重要的故障判断信息。

c. 点火开关接通(ON)时，不能随意拆除蓄电池连接线。当点火开关处于(ON)位置时，无论发动机是否运转，不可以拆下蓄电池连接线或拔下电源熔丝。因为突然的断电会使电路中的线圈产生自感电动势，从而出现很高的瞬时电压，使 ECU 及相关的传感器等电子器件严重受损。

d. 不能随意用拆除蓄电池连接线的方法清除故障码。对于大多数电控发动机而言，拆下蓄电池连接线或拆下通往 ECU 的熔丝，保持断电 30s，即可清除 ECU 中存储的故障码。但对有些汽车来说，这种方法则不合适。因为车辆防盗、音响、石英钟等的内存(包括防盗密码)也有信息存在随机存储器中，断电后这些内存也会被一起清除掉，从而导致音响锁码等现象。对这些汽车应该按维修手册上要求的方法来清除故障码，切不可随意拆除蓄电池连接线。

第三节　汽车养护作业及技术

一、清洗作业

1. 外部清洗

1)清洗作用

车辆清洗是车辆维护项目中清洁作业的内容之一。车辆清洗不仅仅是使汽车清洁亮丽、光彩如新，其主要的目的还在于漆面的保养，也就是说清洗是车身漆面保养的基本作业。现在汽车所使用的烤漆型面漆，可以为车身提供光亮度的保护面。但是，经过长时间的风化、酸雨、高温、强光、树汁、鸟粪及虫尸等的侵蚀，也给漆面造成诸多不良影响。例如，化学污染过的雨水或融化的雪水，对漆面的损害最为严重；阳光紫外线透过车身上的酸雨水珠，聚光点的穿透能力极强。如果不及时进行护理，就会在车漆表层产生难处理的印痕，而有害物质的不断沉积、腐蚀、渗透，使车漆褪色、失去光泽、形成氧化层。盐、尘土、昆虫、鸟粪等杂物粘在汽车上时间越长，对汽车的破坏性就越大，应及时进行清洗。

2)清洗作业

汽车清洗不应理解为只是用清水去冲洗，而是进行专业化清洗。清洗是汽车美容的重要组成部分，也是美容的基本工序。从理论上讲，用清洗剂洗车是一个复杂的化学现象和物理现象相互作用的过程。如果清洗不当，不仅没有延长汽车漆面的寿命，反而还会造成损伤。

(1)选用专业清洗剂。目前，市场上出售的含有活性剂成分的通用型清洗剂是碱性，其 pH 值在 14 ~ 10，如洗衣粉、肥皂、洗涤灵等。用做清洗剂有一定的去污能力，但专业化汽车清洗应禁止使用碱性清洗剂清洗汽车油漆表面。

汽车清洗剂应采用 pH 值为 7.0，且含阴离子表面活性剂的清洗剂。这样的清洗剂能同时达到清洗去除车身静电、油污和保养的目的。在进口汽车美容用品中有汽车清洗香波、清洗及上蜡香波，其 pH 值为 7.0 ~ 9.8，均属专业汽车美容用品。汽车其他部位的清洗按照同样的道理，对不同属性的材料制成的部件必须使用不同的专业清洗剂。这些清洗剂都是根据汽车技术的要求，按照独特的配方和生产工艺而制造出来的，是一般普通清洗剂不能替代的专用清洗剂。

(2)采用正确清洗方法。在了解汽车不同部位必须用不同的清洗剂的基础上,还需要掌握每种清洗剂的使用方法。因为不掌握正确的清洗方法,也达不到应有的效果。

例如,对发动机表面油污的清洗,应选用具有良好生物降解功能的含阳离子表面活性剂的弱碱性清洗剂。其使用方法是,喷洒在机器表面后应停留 2~3min,待表面活性剂对污垢的润湿、乳化、增容、分散过程完后再用水冲洗。若过早冲洗,油污冲洗不掉,达不到清洗效果。具有生物降解功能的清洗剂不污染环境。

在清洗发动机时,应注意对电路电器部分的清洗。目前轿车采用电子喷射式燃料供给系统及其电子控制部件,对清洗剂的要求较高。如果不加区分对发动机的机械部分和电器部分都使用水基型清洗剂,就可能损坏电子器件。这时必须采用易挥发的电子设备专用清洗剂,或采用具有绝缘性的电子元器件清洗剂来清洗电子器件部位。

(3)掌握操作注意事项。对汽车进行清洗时,应注意以下几点:

a. 清洁车身油漆表面时,切勿使用刷子、粗布,以避免留下刮伤痕迹。

b. 注意不要将水喷在锁孔内。

c. 用分散水流使坚硬泥土浸润而被冲去,再用海绵从上而下擦洗,最后用布擦掉水迹。

d. 清洗发动机室时,不要将水溅到电器件上。否则,会影响发动机工作性能。如果溅到了电器件上,应用布擦干净或用压缩空气把水吹除,并将分电器盖内的水分擦净。

e. 清洗时可能使制动器浸湿,导致制动效能降低。因此,清洗后开始行驶时,应首先轻踩制动踏板判断制动状态。当制动不正常时,应低速行驶,并通过断续制动恢复制动效能。

首先洗车大量的水冲洗无疑是十分必要的。但很多时候,洗车工喜欢用高压水枪垂直方向冲洗车漆。这种情况下,高压水一样可能对油漆造成损坏。这些损伤虽然一次两次看不出来。但天长日久,危害不可忽视。

3)节水清洗技术

(1)循环水洗车。洗车方式分为自动洗车和人工洗车两种。

自动洗车基本上是采用循环水形式或利用中水进行清洗。清洗时在水中加入 pH 值为中性的专用洗车香波和水蜡,在清洗车身的同时保护车漆不受腐蚀。洗车后,漆面光滑并留有清香。

自动洗车机的设计会针对车身不同流线造型调节最佳力度和角度,彻底洗净全车所有部位,更会细致到在车身和轮胎部位分别用软、硬两种清洁刷清洗,既保证不伤车漆,又能把轮胎、轮毂等容易堆积污垢的部位彻底洗净。自动洗车机还设定了自动风干和擦干程序,能把车身缝隙中的水流全部吹出,有效保护内部部件不被腐蚀生锈。同时,自动洗车的底盘清洁系统还能将汽车底盘彻底冲洗干净。

自动洗车在配合循环水系统使用的情况下,可以大量节约洗车用水,符合环保要求,净化环境。

(2)免擦拭清洗。免擦拭清洗是采用专用清洗机和清洗液的一种汽车清洗方式。通过对车身喷洒含护理成分的活性物质后,再用清水冲洗,整个洗车过程不需要清洁工具直接接触汽车表面即达到清洁汽车目的。这种洗车方式具有以下特点:

a. 免擦拭。车身喷上具有活性物质的环保型清洗液后,直接用清水冲洗。消除传统洗车方式过程中用海绵、抹布擦拭车身可能造成的漆面划痕。

b. 防结垢。彻底清洗车身、胎冠等部位的油垢、污渍、泥沙及表面氧化物。改变传统洗车方式清洗中缝隙、胎冠污垢陈结,表面氧化物增厚的现象。

c. 多功效。清洗液中含有护理成分,每次洗车即对漆面进行一次护理。洗车、打腊、上光一次完成,不会再有脱蜡、失光现象。

d. 用水少。一辆轿车清洗用水大约 30 ~ 40L,免擦拭清洗比传统洗车方法节约用水 50% 。

2. 发动机积炭清洗

1)积炭的产生原因及危害

发动机工作时,燃油和进入燃烧室的少量润滑油不可能完全燃烧,未燃烧的部分油质在高温和氧化作用下形成胶质粘附在进气门、进气管道、活塞或燃烧室表面,再经过高温作用进一步凝成沥青质和油焦质的混合物,就形成了积炭。产生积炭的主要原因有:

(1)频繁起停。由于喷油嘴正对着进气门头颈部喷射,发动机在停止运转前喷出的油不能被燃烧,沉积在进气门头、颈部。进气门头、颈部的环境高达 300℃,燃油中的汽油挥发走了,其中的胶质、蜡质则逐步沉积在进气门上。多孔的积炭容易吸收汽油,产生更多的积炭。

(2)短时运行。发动机长期处在正常工作温度以下运转,导致汽油燃烧不充分,汽油中未燃烧成分会沉积在活塞和燃烧室表面,加速积炭的形成。

(3)进气门密封不良。进气门密封不良,导致机油渗入。在进气门上的机油低温蒸发产生残留物,由于机油燃烧困难,形成积炭。

(4)结构设计。为减小发动机体积,大量采用高转速、高压缩比技术。积炭的产生导致发动机的压缩比进一步提高,易产生爆震。爆震又导致燃烧不均匀、不充分,汽油中未燃烧的成分沉积在活塞和燃烧室表面,反过来又加速了积炭的形成。

发动机经过一段时间的使用,由于空气中的尘埃和汽油中的杂质等会使油路不畅或堵塞,加上燃烧过程中产生的积炭和胶质也会附着在进排气门、进气道、节气门和燃烧室上,尤其是附着在柴油机的喷油嘴或汽油喷射的喷油嘴上,使喷油嘴堵塞、黏着,造成喷油渗漏、雾化不良,甚至不喷油,从而造成油耗量增加、发动机动力下降、怠速不稳、加速不良和起动困难。

根据试验结果,如果有 10% 的喷油量受到阻碍,就会导致发动机燃烧不完全、性能下降、燃油消耗增加和排气温度升高等现象。因此,有必要对发动机各相关系统进行清洗。另外,从电控燃油喷射发动机的喷油器结构上分析,为了更好地控制燃油和空气的混合比,提高燃油效率、减少排放,其精密程度要求较高,这也导致了燃油中胶质、蜡质和杂质等容易堵塞喷油嘴,并且电控系统对其变化十分敏感。

容易产生积炭的部位主要有:进气门头部和颈部、进气门、进气歧管、节气门、活塞和燃烧室等。积炭的危害主要有:

(1)汽车加速不良。积炭减小了进气通道、降低了充气系数,引起汽缸压力增高、点火时间推迟,导致发动机功率下降。

(2)发动机难起动。积炭落入进气门座的通道,会造成汽缸压力不足。此外,起动时喷射的燃油被积炭吸附,导致汽缸内混合气稀薄,发动机无法正常起动。

(3)发动机怠速不稳。当积炭附着在进气门和节气阀时,发动机无法准确控制送往燃烧室的汽油和空气的数量,从而引起发动机怠速不稳。

(4)汽车油耗增加。当积炭堆积在燃烧室时,容易引起爆震,导致发动机点火时间推迟,功率下降,油耗增加4% ~5%。

(5)汽车废气排放超标。积炭导致汽油和空气的混合比失调,从而导致汽油燃烧不充分,尾气中 CO、HC 含量增加,排放不达标。

(6)导致发动机故障。当进气门杆上附有积炭时,会使气门杆与导管间卡滞,导致活塞撞击气门,发动机异响,从而使进气门和活塞损坏。

2)发动机积炭免拆清洗

(1)汽车免拆清洗释义。汽车行驶一定里程后,应清除发动机各系统中的灰尘、积炭、油泥等。为此可能需要把总成或部件解体,用机械刮削或使用碱液、煤油等进行清洗。这样随着拆卸次数的增加,车辆的性能会受到影响,而且拆卸过程中还可能破坏原车各机件之间的配合关系。按照被养护部位的不同,常见的汽车免拆养护的内容包括:燃油、润滑、冷却、自动变速器、动力转向、空调、制动、差速器和蓄电池等九大系统的清洗和养护。

汽车免拆清洗作为适应汽车技术集成化、精密化发展的一项维护技术,是兼具恢复和保持发动机性能的维护方法,其作业时机与使用条件有关,如行驶里程、行车环境、驾驶习惯、油品质量等,并不是任何在用车每年都必须进行的维护项目。

发动机免拆养护就是在不用对发动机总成解体的情况下,清除相关部件灰尘、积炭和油泥的养护方法。由于免拆养护时无需拆解发动机部件,从而避免因拆装而造成发动机原始参数改变、性能受损、密封性被破坏、原配件损伤等现象。

(2)发动机免拆清洗时机。一般是在发动机出现以下状况时,进行拆免拆清洗:

a. 冷起动困难,加速不良,从其他转速回到怠速时常有短时不稳,经常发生爆震。

b. 氧传感器电压在0.10 ~0.95V 间,且变化较慢(正常情况下,电压在0.3 ~0.7V 间变化),燃油修正值大于10%。

c. 常在市区行驶的车辆,每行驶1.5 万 ~2 万 km 就应清洗一次。

d. 车辆正常使用中,油耗比新车时明显增加。

e. 由于积炭落在进气门与气门座圈之间使缸压突然降低,发动机不能起动或起动困难。

f. 节气门开度超过3°。

g. 车辆年检或正常养护时,排放超标。

(3)免拆清洗方法。根据国家标准《车用汽油清净剂》规定,汽油中加入的清净剂必须能够清除在发动机各部件上已经生成的积炭和沉积物,并抑制新的沉积物生成,使发动机始终保持最佳、最洁净的工作状态。实际上,这些添加剂并没有完全解决缸外喷射式发动机进气道积炭问题,以至于影响了发动机性能,出现了发动机怠速不稳,抖动及加速无力等症状。

目前,对发动机进行免拆清洗的方法主要有清洗剂清洗和免拆清洗机清洗两种。

清洗剂清洗法就是把清洗剂直接加入油箱中与燃油混合在一起,发动机在运行过程中即可完成对油路和燃烧系统的清洗。免拆清洗机清洗的原理就是利用发动机原有系统及压力,用清洗剂替代燃油完成对发动机的清洗。

免拆清洗大致分为三个步骤:浸润、清洗及清洁。每一个环节对时间和工况有不同的要求,如果操作不规范,即便设备和步骤都没有问题,也难以达到最佳的清洗效果。

积炭是长时间积累的,需要一个浸泡、冲刷的过程。但是为了达到最好的清洗效果,不是简单的一次性浸泡、冲刷,而是反复多次。在长时间的浸润之后,发动机怠速运行,通过清洗剂慢慢浸透积炭的表层,然后靠气流冲刷。

清洗开始 10min 内不允许加速，10min 后表层的积炭清洗掉了，加速到 2000 ~ 2500r/min，保持 1min，利用加速的气流继续冲刷。然后，再回到怠速工况，再做 10min 的浸润，使新的表层又出现。然后再按照上面的操作过程再重复循环，一般需要进行 6 次，直到用清洗剂把积炭全部洗掉。清洗后的发动机也需要进行一系列的调试，如电控系统的重新设定等。因此，必须严格按照厂家规定的流程进行操作。

3）喷油器清洗

对喷油器的清洗有也分为三种类型：清洗剂清洗、免拆清洗和清洗机清洗。

(1) 清洗剂清洗。把清洗剂直接加入油箱里，随发动机工作对喷油嘴进行清洗。此种方法简便易行，只需要将合适的清洗剂加入油箱即可。这种清洗方法具有预防作用，产生保养效果。但是，应注意由于清洗剂热值不同（一般都偏大），燃烧时的温度和压力比单纯汽油时要高，部件承受的热负荷与机械负荷都会增大。

(2) 免拆清洗。免拆清洗机清洗的原理就是利用发动机燃油系统的压力进行循环，用清洗剂替代油料燃烧对喷油嘴的积碳进行清洗。免拆清洗的优点在于方便快捷，而且对于喷油嘴的清洗效果也比较明显；缺点是喷油嘴的运行状况检查不出来。

(3) 专用清洗机。这种清洗方式与上述两种清洗方式不同，需要把喷油器从发动机上拆下来，使用专用的喷油器清洗机对喷油器清洗。

清洗机一般都具有化学清洗、物理清洗、超声波清洗功能以及检测功能，可以对喷油嘴雾化参数、响应程度、密封状态等进行检测。在超声波清洗喷油器过程中，喷油器清洗过程中也通电，让阀芯往复运动，改进了清洗效果。

3. 冷却系统清洗

一般防冻液的更换周期为 2 年。更换防冻液前，应进行发动机冷却系统的清洗。

1）怠速清洗

发动机散热器性能不正常，可能导致发动机过热，使汽缸产生黏着磨损的危险。要想避免这类严重故障的发生，必须保持冷却系统的功效。冷却系统的清洗能使散热器的工作效率提高，清洗程序如下：

(1) 确保发动机处于冷却状态并熄火时取下散热器盖；

(2) 打开散热器底部的排放塞（或水管），让冷却液流入桶里；

(3) 关上排放塞（或装上水管）并给散热器注水；

(4) 起动发动机，添加冷却系统清洁剂，发动机怠速 30min（或者按照指示进行操作）；

(5) 关掉发动机冷却 5min，将散热器内液体排空；

(6) 关上排放塞，往散热器注水并让发动机空转 5min。然后重新注入 50/50 水和乙二醇防冻剂/冷却液的化合物（或使用汽车以前用过的冷却液）。

2）运行清洗

将六偏磷酸钠 20mg 加入 1L 水中，然后再加入羟基乙叉二膦酸钠盐 35mg，聚丙烯酸钠 30mg，并搅拌均匀。然后加入冷却系中，控制 pH 值为 5.5 ~ 6，运行 48h 左右，排放、清洗即可。

4. 自动变速器清洗

一般情况下需要每两年更换一次自动变速器传动液，每行驶 4 万 km 需要对自动变速器进行清洗维护。

自动变速器传动液的更换与机油更换要求有些不同，需要使用自动变速器换油设备对旧传动液和其他杂物进行清除。因为自动变速器油液不可能通过利用大气压力自动排出变速器,残余的油液会与油泥、杂质等聚集在阀体、液力变矩器和冷却管路中,如果不处理干净就会造成系统内部油路堵塞。自动变速器工作失效大多数是由于过热和自动变速器传动液久未更换,出现杂质引起的。对于自动变速器的维护,合理更换自动变速器传动液是关键。

自动变速液通过传动液的流动传递发动机的动力。自动变速器传动液本身具有润滑、清洁,散热等作用,防止自动变速器机件磨损。由于自动变速器内的工作温度较高,各个零部件配合精密,对自动变速器传动液的质量及清洁度有很高的要求。如果自动变速器传动液老化和衰变,将会使内部的传动机件抗磨能力下降,缩短自动变速器的使用寿命;自动变速器中的油泥、杂质会直接影响到系统油压和动力传递,使自动变速器升速减慢或失效,甚至使某个挡位失灵。

5. 内饰清洗

汽车内饰件主要是由塑料、皮革、纤维等材料制成的,这些材料容易在使用过程中被外界污染或腐蚀。比如塑料制品在风吹日晒下会出现氧化龟裂而失去光泽,皮革品会出现老化、磨损、褪色,纤维容易被尘埃脏物污染及氧化褪色,从而影响内部的舒适度和美观,还会缩短使用寿命。

1)座椅清洗

汽车座椅一般有两种类型,一是绒毛类,二是皮革类。

清洗绒毛座椅必须采用专用的丝绒清洁剂,绝对不能使用漂白粉。皮革类的座椅分为真皮革和人造革,清洁时切不可使用清水或洗衣粉,否则不仅清洗不干净,还会产生裂纹。清洗皮革座椅应该使用专门的清洁产品皮革保护剂,不但能迅速清洁上光,更能有效去除静电,增强保护功能。

对于较脏的皮革表面,要先使用丝绒清洗剂进行预先处理,因为有些污垢可能硬结在皮革表面,使用丝绒清洗剂能有效地润湿和分解油污,可使清洁工作更加顺畅。对汽车内饰的清洗,应遵照产品标签上的说明选用清洗剂。使用某些去污剂去除十分明显的污渍之前,应该先在不影响观瞻的地方进行测试,看看是否会掉色。如果需要使用溶剂类去污剂,要确保良好的通风状况,使用量越少越好。用得太多,难闻的气味会长时间挥之不去。

2)仪表板清洗

仪表盘面板等多为塑胶或皮革制品,表面较多细条纹,沾染物多藏里面。

清洗这些部件过程中要注意,不应该将丝绒清洗剂、全能泡沫清洗剂、塑胶护理剂等喷到电器、开关及车身漆面上。

对仪表盘、变速挡区清洗时,必须先去除仪表盘区的条纹、褶皱和边角上的灰尘。对方向盘清洗时,因为方向盘多为人造革或真皮材料,沾染物多为人体油脂,不容易清洗。要在清洗剂喷敷上后,用软毛刷刷洗,并配合干净毛巾擦拭。

如果方向盘有外套,要将其拆下,单独进行清洁上光。对方向盘的清洗护理要求是应该不粘手、不打滑。

3)其他部件清洗

空调通风口清洁要小心,空调通风口的材料多为硬质塑料、栅格式。沾染的污垢多为粉尘、沙土。特别在栅格处清洗,由于较细和脆,一定要小心,要将栅格拆下清洗,用小毛刷清洁空调通风口的栅格窗。

清洁地毯和布面时,若用水过多会引起过度的潮湿。因为需要很长时间才能干,并且会存留在织物中,可能引发霉变。清洁地毯或座位污垢时,在硬刷子上缠块干净的毛巾,这个工具有助于吸收水分和灰尘。如果清洁污渍后留下圈印,应立刻清洁整块地方,否则圈印会固定下来。

在车内饰材料上不要使用如下物质:汽油、苯、石脑油、四氯化碳、丙酮、油漆稀释剂和松节油等。只有用户手册特别建议时,才可使用酒精、洗衣皂和漂白剂等。

二、漆面护理

1. 打蜡

汽车打蜡是汽车面漆养护的基本方法,有以下两点作用:第一,在汽车漆面形成保护膜,有效隔离外部环境对面漆的不良影响,如阳光、酸雨、鸟粪、灰尘、工业污染等;第二,增进漆面的光泽,在抛光的基础可达到镜面效果。

1)车蜡选择

车蜡的种类繁多,既有固体和液体之分,也有高档和中档之别,还有国产和进口之选择。由于各种车蜡的性能不同,其作用与效果也不一样,所以在选用时必须要慎重,选择不当不仅不能保护车体,反而使车漆变色。

一般情况下,应根据车蜡的作用特点、车辆的新旧程度、车漆颜色及行驶环境等因素综合考虑。对于高级轿车,可选用高档车蜡;新车最好用彩涂上光蜡以保护车体的光泽和颜色;夏天宜用防紫外线车蜡;行驶环境较差时则用保护作用突出的树脂蜡比较合适;而对普通车辆,用普通的珍珠色或金属漆系列车蜡即可。当然,选用车蜡时还必须与车漆色相适应,一般深色车漆选用黑色、红色、绿色系列的车蜡,浅色车漆选用银色、白色、珍珠色系列车蜡。

2)作业要点

(1)新车不要随便打蜡。因为新车本身的漆层上已有一层保护蜡,过早打蜡反而会把新车表面的原装蜡除掉,造成不必要的浪费。一般新车购回5个月内不必急于打蜡。

(2)要掌握好打蜡频率。由于车辆行驶的环境、停放场所不同,打蜡的时间间隔也应有所不同。一般有车库停放,多在良好道路上行驶的车辆,每3~4个月打一次蜡;露天停放的车辆,由于风吹雨淋,最好每2~3个月打一次蜡。一般用手触摸车身感觉不光滑时,就可再次打蜡。

(3)打蜡前最好用洗车液清洗车身外表的泥土和灰尘。不能盲目使用洗涤精和肥皂水,因其中含有的氯化钠成分会侵蚀车身漆层、蜡膜和橡胶件,使车漆失去光泽、橡胶件老化。如无专用的洗车液,可用清水清洗,将车体擦干后再上蜡。

(4)应在阴凉处给汽车打蜡,保证车体不致发热。因为随着温度的升高,车蜡的附着性变差,会影响打蜡质量。

(5)上蜡时,应用海绵块涂上适量车蜡,在车体上直线往复涂抹,不可把蜡液倒在车上乱涂或做圆圈式涂抹;一次作业要连续完成,不可涂涂停停;一般蜡层涂匀后5~10min用新毛巾擦亮,但快速车蜡应边涂边抛光。

(6)车身打蜡后,在车灯、车牌、车门和行李舱等处的缝隙中会残留一些车蜡,使车身显得很不美观。这些地方的残蜡若不及时擦干净,还可能产生锈蚀。因此,打完蜡后一定要将蜡垢彻底清除干净,这样才能得到完美的打蜡效果。

3)操作要求

(1)首先必须要确认车子已经清洗干净并已经擦干,不能还有水纹。

(2)在上蜡作业中,要防止烤漆面被刮伤,所以手表、戒指等要全部都拿下来。

(3)打蜡作业环境清洁,有良好通风。

(4)应在阴凉且无风沙处打蜡,避免车表温度高,车蜡附着能力下降,影响打蜡效果;沙尘若附着在车身上,极易产生划痕。

2. 抛光

1)材料选用

全能抛光剂含有研磨剂、去污剂、还原剂、光亮剂等多种成分,可解决漆面划痕、哑光、褪色、氧化、粗糙等漆面缺陷,适用于旧车漆面、划痕较深的漆面和橘皮、流挂等。若配合镜面釉使用,可达到镜面效果。

2)抛光方法

将抛光机调整好转速,海绵轮用水充分润湿后,甩去多余水分。先取少量抛光剂涂于漆面,每一小块作一次处理,不可大范围涂抹,从车顶开始抛光。

抛光机的海绵轮应保持与漆面相切,力度适中,速度保持一定。抛光时按一定的顺序抛光,不可随意进行。用过抛光剂后,再换用增艳剂按以上步骤操作。

3. 釉化

1)封铀原理

釉实际上是一种从石油副产品中提炼出来的抗氧化剂。特点是防酸、抗腐、耐高温、耐磨、耐水洗、渗透力强、附着力强、光泽度高等。封釉就是用柔软的羊毛或海绵通过震抛机的高速震动和摩擦,利用釉特有的渗透性和黏附性把釉分子强力渗透到汽车表面油漆的缝隙中,使油漆也具备釉的上述特点,从而起到美观和对车漆保护作用。

2)釉化效果

当整车漆面处理完毕后,漆面会很平滑、光亮,但有时也还会有一些极其细小的划痕和花痕或光环,为了保持漆面的光滑和光亮,则需镜面釉化。这种镜面釉以高分子釉剂等聚合物为主要原材料,不含蜡、硅及硝基合成氨,可在任何车型的漆面上做出釉质镜面效果。在汽车漆面上形成具有光滑、明亮、密封的釉质镜面保护膜,保持光亮如镜。同时具有防酸雨、抗氧化、防紫外线、防褪色等多项显著功能,还可抵御硬物轻度刮伤,不怕火和油污等。

3)处理方法

釉化时,先用干净软布将抛光残留物清除干净,摇匀镜面釉,用软布或海绵将其涂在漆面上,停留60s后用手工或机器抛光。机器抛光保持转速在1000r/min以下,最后用干净软布擦去残留物。手工处理时,直线抛光、抛亮即可。操作注意事项:

(1)控制抛光机的转速,不可超过选定的速度范围;

(2)保持抛光方向的一致性,应有一定的次序;

(3)更换抛光剂的同时更换海绵轮,不可混用海绵轮;

(4)严禁使用羊毛轮进行镜面釉处理。

4)漆面保护

抛光后并做过镜面釉处理的漆面,必须再上蜡层才能完成最后的保护,这样才会更加充分地达到保护汽车的目的。因为漆面长期与外界接触,受外部影响很大,紫外线、雨水、树枝、石块等均可对漆面造成伤害。为了保持汽车的整体美,必须注意随时上蜡保护,一般每2个月左右一次,根据气候等外部条件随时调整,漆面上镜面釉后更应加强保护。

上蜡操作时应按一定的顺序进行。将少量蜡挤在海绵上,保证每次处理的面积一定,不可大面积涂抹。上蜡时手的力度一定要均匀,用大拇指和小拇指夹住海绵,手掌和其余的三个手指按住海绵,均匀地环行顺序上蜡。保持上蜡的一致性,从前到后或从左到右,蜡膜尽量做到薄而均匀,停留几分钟后用手工擦除或用抛光机将其打亮。手工擦除时应先用手背感觉车蜡的干燥程度,以刚刚干燥不粘手为宜;采用机械处理时应在车蜡完全干燥后再进行,转速控制在1000r/min以下。

4. 补漆

1)汽车油漆

在汽车制造厂里,车架、车身焊接完成并手工修补车身后工序是上漆。一般来说,首先是涂底漆。将白皮车身浸入漆槽,取出烘干底漆;然后送入无尘车间,用静电喷漆工艺喷上面漆,再用200℃左右的温度烘干;有的还会再上一层清漆。

汽车油漆一般都是烘烤漆,而且常用的面漆有普通漆、金属漆、珠光漆等。普通漆的主要成分为树脂、颜料和添加剂;金属漆多了铝粉,所以喷后显得很亮;珠光漆是加入云母粒,云母是很薄的一片片的,具有反光性,也就有了色彩斑斓的效果。如果是金属漆加上清漆层,车漆就很耀眼。

2)修补要求

一般小的擦伤,油漆表面有伤痕,伤痕泛白或者是油漆表面被刮成发丝状,没有必要补漆。轻的用车蜡就可以处理,重的抛光也可以处理。严重到能看到下层底漆的颜色,那就要补漆。保险杠、后视镜和轮眉这些部位是塑料件,不会生锈,不补漆也可以。如果是刮到车身的钢板上面,那就要补漆了,否则,很小的破损,钢板也会开始生锈,即使补漆效果也不理想。

3)补漆方法

一般情况下,厂家会推荐指定品牌的修补漆。修补漆的颜色都是修补前调配出来的,但要尽可能和原来颜色相匹配,为了尽可能不出现色差,可能需要相邻的整块全部重新喷漆。例如,车门上有块地方需要补,那么,以防擦条为界,上半扇或者下半扇全喷。这样,如果有很小的一点点色差也就不容易看出来。

烘烤漆有个特点,一般要滞后一段时间才能真正牢固、坚硬。所以,新车别急着打蜡。三个月以后也尽量别用硬蜡。补过漆,一个星期之内最好别洗车。

4)工艺流程

汽车修补漆主要是溶剂型双组分聚氨酯,因为自干型双组分聚氨酯汽车修补漆在整体质量和性能方面都优于烘烤型涂料。近年来,致力于有机溶剂(挥发性有机化合物VOC)含量较低的环保型喷漆的开发已取得了相当的进展。VOC含量为420g/L的水性单组分聚氨酯底漆层已经成功使用,水性双组分酯涂料和溶剂型高固体涂料也开始使用,以减少溶剂挥发量,保护环境。

汽车修补漆的典型涂料构有如下功能:

(1)腻子:使有缺陷的底材表面进一步趋于平整;

(2)二道底漆:起到防蚀作用并使底材表面进一步趋于平整;

(3)中涂:赋予色彩和特殊效应(如金属效应);

(4)罩光清漆:一层保护膜,起到耐老化、耐溶剂和耐划伤作用;

(5)实色面漆:一道涂层,既可赋予颜色又可起到保护作用。

汽车修补漆工艺流程如下：

清洁——打磨——喷涂环氧底漆——填补——打磨——二道填补——打磨——微填——研磨——贴护——喷涂底漆——喷涂打磨指示层——研磨——面漆前处理——面漆喷涂——打蜡。

1. 名词解释

(1)定期维护;(2)维护周期;(3)强制维护;(4)视情修理;(5)定期检测;(6)车轮阻滞力

2. 我国汽车维护分为几级？主要作业要求是什么？

3. 汽车维护作业工艺过程的特点是什么？

4. 汽车维护作业工艺卡片应包括哪些内容？自选某个维修作业编制工艺卡片。

5. 简述汽车大修工艺过程。

6. 汽车维护质量检验工艺规程的主要内容是什么？

7. 简述汽车二级维护作业流程？

8. 简述汽车二级维护的目的和作业要点？

9. 为什么要进行车轮阻滞力检验？

10. 汽车维护作业分为几类？各具什么特点？

11. 汽车维护作业应遵守的安全事项有哪些？

12. 汽车维护作业过程中应避免的违规操作行为有哪些？

13. 子午线轮胎换位的方式与斜交轮胎的换位方式有哪些不同？试编制工序卡片。

14. 发动机润滑系维护作业要点是什么？试编制工序卡片。

15. 冷却系统维护作业要点是什么？试编制工序卡片。

16. 空调系统维护作业要点是什么？试编制工序卡片。

17. 蓄电池维护作业要点是什么？试编制工序卡片。

18. 车辆清洗的作用是什么？

19. 清洗作业的方法与要点是什么？试编制工序卡片。

20. 节水清洗技术有哪些？基本原理是什么？

21. 发动机积炭的产生原因、影响及危害是什么？如何清洗积炭？试编制工序卡片。

22. 喷油器清洗有几种方法？如何进行清洗？试编制工序卡片。

23. 如何进行自动变速器换油与清洗？试编制工艺卡片。

24. 漆面护理如何进行？试编制工序卡片。

25. 抛光如何进行？试编制工序卡片。

26. 釉化如何进行？试编制工艺卡片。

27. 汽车补漆如何进行？试编制工艺卡片。

第七章 汽车检测技术与故障诊断

第一节 汽车技术状态检测

一、概述

汽车在使用过程中，受各种应力以及环境因素所造成的随机干扰的作用，其技术状态将发生变化。这种变化要在不解体的状态下被全面实时的监控并做出变化趋势的预测，需要以检测技术为基础，并能得到故障诊断理论的支持。这种硬技术和软科学的有机结合与相互补充，是了解和掌握汽车技术状态变化原因及发展趋势的必然要求。特别是在汽车电子化迅速发展的今天，汽车上各种电子装置越来越多、功能也越来越强，维修的难度不断增加，维修的技术含量也更大。因此，对汽车进行高效、优质和经济的维修，并对汽车的技术状态进行全面的控制与及时的改善，是汽车设计制造和使用维修人员所面临和必须解决的问题之一。

汽车使用的初期，对汽车故障主要是依靠有经验的维修人员通过"望(眼看)"、"闻(耳听)"、"切(手摸)"方式进行判断。目前，随着汽车检测技术的不断进步，人们能依靠各种先进的仪器设备，对汽车进行不解体检测，而且安全、迅速和可靠。

1. 国外汽车检测技术发展状况

20 世纪 50 年代，一些工业发达国家就形成了以故障诊断和性能调试为主的单项检测技术并生产单项检测设备。20 世纪 60 年代初期，进入我国的汽车检测试验设备有美国的发动机分析仪、英国的发动机点火系故障诊断仪和汽车道路试验速度分析仪等。20 世纪 60 年代后期，国外汽车检测诊断技术发展很快，并且大量应用电子、光学、理化与机械相结合的一体化检测技术。例如，非接触式车速仪、前照灯检测仪、车轮定位仪、废气分析仪等都是光机电一体化的检测设备。

20 世纪 70 年代以来，随着计算机技术的发展，出现了对数据可进行自动化采集与处理的汽车性能检测仪器和设备。在此基础上，发达国家为了加强在用汽车管理，相继建立汽车检测站和检测线。使汽车技术状态检测，在管理上实现了"制度化"，在检测基础技术方面实现了"标准化"，在检测技术发展上向"智能化"方向发展。

(1)制度化。在德国，汽车的检测工作由交通部门统一领导，在全国各地建有由交通部门认证的汽车检测场(站)，负责新车的登记和在用车的安全检测。修理厂维修过的汽车也要经过汽车检测场的检测，以确定其安全性能和排放是否符合国家标准。在日本，汽车的检测工作由运输省(相当于交通部)统一领导。运输省在全国设有"国家检车场"和经过批准的"民间检测场",代替政府执行车检工作。其中"国家检测场"主要负责新车登记和在用车安全检测;"民间检测场"通常设在汽车维修厂内,经政府批准并受政府委托对汽车进行安全检测。

(2)标准化。发达国家的汽车检测有相应的标准,对受检汽车技术状况的判断是以标准中规定的数据为准。国外重视安全性能和排放性能的检测,如美国规定,修理过的汽车必须经过严格的排放检测,符合要求才能再投入使用。

除有严格完整的检测标准以外,国外对检测设备也有标准规定,如检测设备的检测性能、具体结构、检测精度等都有相应的标准。对检测设备的使用周期、技术更新等也有具体要求。

(3)自动化。随着科学技术的进步,国外汽车检测设备在精密化、综合化、自动化、智能化方面都有新的发展,应用新技术开拓新的检测领域,研制新的检测设备。例如,国外生产的汽车制动检测仪、全自动前照灯检测仪、发动机分析仪、计算机四轮定位仪等检测设备,都具有较先进的全自动功能。

2. 国内汽车检测技术发展概况

20 世纪 60 年代,我国开始研究汽车检测技术。当时进行了发动机汽缸漏气量检测仪、点火正时灯等检测仪器的研究与开发。

20 世纪 70 年代,我国大力发展汽车不解体检测技术及设备,并被列为国家科委的开发应用项目。研制开发了反力式汽车制动试验台、惯性式汽车制动试验台、发动机综合检测仪以及汽车性能综合检验台(具有制动性能检测、底盘测功和速度测试等功能)等检测设备。

20 世纪 80 年代,随着我国汽车制造业和公路交通运输业的发展,对汽车检测技术和设备的需求也与日俱增。汽车保有量的迅速增加,交通事故和环境污染等社会公害日趋严重,并被提到议事日程,因而也促进了汽车诊断和检测技术的发展。交通部主持研制开发了汽车制动试验台、侧滑试验台、轴(轮)重仪、速度试验台、灯光检测仪、发动机综合分析仪、底盘测功机等。"六五"期间,国家重点推广了汽车检测和诊断技术。

1980 年开始,交通部有计划的在全国公路运输和车辆管理系统(交通部当时负责汽车监理)筹建汽车检测站,检测内容以汽车安全性能检测为主。20 世纪 80 年代初,交通部在大连市建立了国内第一个汽车检测站。从工艺上提出将各种单台检测设备安装联线,构成功能齐全的汽车检测线,其检测纲领为 30000 辆次/年。20 世纪 80 年代中期,汽车监理由公安部主管。公安部在交通部建设汽车检测站的基础上,进行了推广和发展。仅 1990 年底统计,全国已有汽车检测站 600 多个,形成了全国的汽车检测网。1990 年交通部发布第 13 号令《汽车运输业车辆技术管理规定》和 1991 年交通部发布第 29 号部令《汽车运输业车辆综合性能检测站管理办法》以后,汽车综合性能检测站的建设又迅速发展。到 1997 年,全国已建立汽车综合性能检测站近千家,其中 A 级站 140 多家。与此同时,汽车的检测技术和设备也得到了大力发展。

从 20 世纪 70 年代国内仅能生产少量的简单的检测、诊断设备开始,我国已能自己生产全套汽车检测设备,如大型的技术复杂的汽车底盘测功机、发动机综合分析仪、四轮定位仪、悬架检测台、制动检测台、废气分析仪和灯光检测仪等。

为了配合汽车技术状态检测工作,国内已发布实施了有关汽车检测的国家标准、行业标准、计量检定规程等 100 多项。从汽车综合性能检测站建站到汽车检测的具体检测项目,都基本有法可依。

《机动车运行安全技术条件》(GB 7258)规定了机动车整车及发动机、转向系、制动系、照明和信号装置等有关运行安全和排气污染物排放、车内噪声及驾驶员耳旁噪声的基本技术要求及检验方法,是我国车辆管理和机动车安全性能检测的最基本的标准,是我国汽车安全性能和综合性能检测站对车辆实施检测的重要依据。两者的主要区别是:

(1)安全技术检测适用的范围广,包含了道路上行驶的所有机动车,规定了最基本的技术要求和检验方法;而综合性能检验只适用于营运(经营性客、货运输)车辆,非营运车辆可参照执行。

(2)安全技术检测重点突出机动车安全性能(制动、转向、灯光等)的要求,而综合性能检测则强调动力性、经济性、环保性和安全性及整车装备的重要性。如驱动轮输出功率、制动性、转向操纵性及悬架特性、照明、信号装置、排放控制、燃料消耗都需要进行检测。

3. 汽车技术状态检测发展方向

我国对在用汽车的技术状态检测技术研发,经历了从引进检测设备到自主研究开发的过程,但是,还应该在汽车检测基础性技术、汽车检测设备智能化和汽车检测管理网络化等方面进行更深入的研究。

(1)汽车检测基础性技术。在技术状态检测技术发展过程中,由于普遍重视硬件技术,忽略了难度大、投入多、社会效益明显的检测方法、限值标准等基础性技术的研究。例如,汽车功率检测原理、ABS 模拟检测方法;发动机燃料消耗率、悬架性能、可靠性的限值标准确定方法等。

(2)汽车检测设备智能化。目前,汽车检测设备已大量应用光、机、电一体化技术,并采用计算机测控,因此,有些检测设备具有智能化的硬件条件。因此,在对汽车技术状况进行检测的基础上,利用智能化方法诊断出汽车故障发生的部位和原因,有利于维修人员迅速排除故障。

(3)汽车检测信息应用开发。目前,汽车综合性能检测站已实现了检测系统的计算机化管理,为检测信息的网络化共享提供了条件。但是,还需要对汽车检测信息资源进行更深入的应用研究。

二、状态监测与故障诊断

1. 基本定义

状态监测与故障诊断是汽车设计制造与使用维修领域的主要研究方向之一。特别是随着电子技术在汽车上的广泛应用,它已成为解决控制系统与装置的可靠性、安全性、维修性等问题的关键技术。作为复杂的机械电子设备维修工程的支撑技术,20 世纪 60 年代初是由航天、军工的需要而发展起来的。最早开展这方面工作的是美、英、瑞典、挪威等国家,日本也于 20 世纪 70 年代初着手这方面的研究。我国直到 20 世纪 70 年代中期才开始起步,但发展较快,已从理论与生产上建立起了状态检测与故障诊断理论以及各种针对具体对象的诊断系统。20 世纪 80 年代以来,集多学科交叉于一体的监控、诊断、预测理论与技术,随着现代电子技术、自动控制理论、信息理论与技术以及计算机技术,特别是智能理论和技术等前沿科学技术的迅猛发展而发展,使建立智能状态监控与故障诊断系统成为发展趋势。

根据国际标准化组织、汽车工程师协会和日本汽车标准组织的定义,诊断技术是指能用来发现和分析故障元件及故障区域的技术。就汽车诊断技术而言，诊断方式大致可分为车载诊断（On Board Diagnostics）或车上诊断和非车载诊断（Off Board Diagnostics）或车下诊断。车载诊断主要是指诊断装置安装于车内并由仪表盘的指示灯提示故障。它能实现以下功能，即当一个系统运行时能发现故障或通过系统运行前的预先自我诊断发现故障。非车载诊断是指诊断装置没有安装在车上，它是通过采用常规测试仪表来检查故障或利用专家系统来发现问题。

我国对汽车诊断技术也有明确的定义，根据国家标准《汽车维修术语》（GB/T 5624—2005）的定义，所谓的汽车诊断是在不解体（或仅卸下个别零件）的条件下，确定汽车技术状况，查明故障部位及原因的检查。实际上，广义的汽车诊断包括状态检测、故障判断以及性能预测三个方面。

2. 技术发展与现状

汽车诊断技术的发展大致经历了三个阶段，而且以发动机的诊断技术的发展为主要内容。第一阶段 20 世纪 50 年代以前，以人的感觉为特征的人工经验诊断时期；第二阶段是 20 世纪 50 年代至 70 年代，以简单仪器和检测工具进行检测诊断时期；第三阶段是 20 世纪 70 年代以后，以电子仪器为手段的精密诊断时期。但是由于汽车结构日益复杂，性能提高，特别是汽车的电子化，动态的随机故障日益增多，使以计算机为核心的专家诊断技术得到了广泛的应用。因此，20 世纪 90 年代后，人工智能诊断成为时代的主流。

20 世纪 70 年代中期以来，汽车工业不断进行技术更新，汽车由传统的机械产品逐渐地向机电一体化方向转化。据资料统计，电脑控制部件正以每年 10% 的速度增长，电子元件也以每年 6% 的速度上升。此外，电子电器元件在某些汽车制造成本中所占的比例增加到了 23%。毫无疑问，在大量采用电子元件及其计算机控制技术使汽车产品质量、安全性和排放性得到提高的同时，也带来了使用中汽车故障诊断的难题。

20 世纪 70 年代后期，汽车诊断技术由车下诊断向车上诊断发展，其最主要的标志是 1979 年美国通用汽车公司首次把计算机成功地用于发动机的控制中，并开发出了实时车载诊断系统，它既对发动机进行控制又进行自我诊断。这个构想引起了汽车工业界的广泛关注，并且各个公司也都相继开发出了类似的控制系统。20 世纪 80 年代后期，车上诊断与车下诊断相互结合，使自诊断技术取得了相当大的进展。这种全新的诊断方式是用车下诊断装置通过车上的特定接口获取车上的自我诊断信息和车辆状态数据。车下诊断装置既能全面显示故障信息，又可以对故障信号进行校正。除此以外，还可以利用计算机网络获取各汽车公司的技术资料，并作为专家系统的知识资源。

车下诊断系统在日本使用不多，而在美国却得到了广泛的应用。但是，这种诊断方式也并未达到人们预期的成效，其主要原因是：第一，诊断功能不强；第二，检测精度不够；第三，制造成本过高；第四，软件更新频繁。因此，从市场需求的角度出发车上诊断应比车下诊断的发展更快，应用更广。这主要是因为车上诊断具有：第一，记忆非重复性故障的能力；第二，集中显示诊断信息的特点。但也不能忽视车下诊断的突出特点：第一，通过数据传输获得车上诊断的各种数据；第二，通过计算机网络取得诊断数据及技术资料；第三，可以利用复杂的诊断技术。

总之，由于各自的观点不同，欧美国家既发展车上诊断技术，又开发车下诊断方法，而日本则全力开发车上诊断技术。在美国车下诊断系统的诊断能力在 1990 年大致占到 20% ~ 30%，到 1996 年福特和通用汽车公司的该项指标已占到了 60% ~ 70%。由于汽车电子化的趋势是从整体上来设计全车的控制系统，因此，对诊断技术的开发要求是：第一，具有更新诊断功能；第二，预测故障功能；第三，自修复功能。所谓的更新诊断功能就是重新确定或组合诊断方式，并通过车上的数据信息接口与车下诊断系统连接，实现信息的融合。另外，随着社会的进步人们对汽车又有更新更高的要求，诸如环保和安全等。因此，有必要开发相应的诊断系统来检测车辆的状态，预测零部件的使用寿命，并提示可能存在的故障，只有这样才能改变诊断系统的被动地位。

有关汽车故障诊断专家系统的研究，作为人工智能（AI）应用研究的了领域之一，自20世纪80年代中期以来，取得了一定的成果，但是目前仍停留在试用、评价阶段，还不能投放市场。汽车故障诊断专家系统的开发动向，自20世纪80年代以来可分为三个阶段。

（1）萌芽期（20世纪70年代后半叶~80年代前半叶）：这是为了适应高度信息化社会，应用计算机的人工智能作业需求不断增加的时期。在汽车行业中，人工智能应用的领域，首先就是开发故障诊断支援系统。

（2）生长期（20世纪80年代中期~80年代末）：随着汽车电子控制技术的飞速发展，故障诊断越来越趋于集中化和复杂化，故障诊断支援系统的开发重要性显著提高。例如，日本1985年10月召开的汽车技术秋季学术讲演会上，日产、丰田汽车公司发表了有关发动机诊断专家系统的研究报告。各汽车厂也都试制故障诊断专家系统并进行了可行性的评价，而且这些试制的专家系统都要为进入市场而不断提高性能。应用称为人工智能语言的LISP或PROLOG语言而进行专家系统开发，在构造知识库方面要解决以下两大问题：即知识库的效率降低和知识库的有效合理性的确认及编辑。

（3）应用期（1990年~目前）：这一时期为了适应电子控制系统的故障诊断中的应用，其中部分开始投入应用。这种称为第三代的"专家系统构造工具"具有知识获得支援功能的专用编辑器，不需要智能语言，从而解决了以往存在知识库应用效率下降的缺点。预计多媒体在大规模故障诊断支援系统的应用将成为再度研究的对象。

三、汽车检测与诊断目的

汽车检测与诊断的目的是确定汽车的技术状况和工作能力，查明故障部位、故障原因，为汽车继续运行或维修提供依据。汽车检测可分为安全、环保检验和综合性能检测三大类。

1. 安全、环保检测

进行汽车运行安全和环保性能的检测，目的是在汽车不解体情况下建立交通安全和环境污染监控体系。在确保车辆具有符合要求的外观形貌、良好的安全性能和符合规定排放的前提下，使汽车在安全、高效和低污染状态下运行。

2. 综合性能检测

对汽车进行综合性能的检测，目的是在不解体情况下，对运行车辆确定其工作能力和技术状况，查明故障或隐患的部位和原因；对维修车辆实行质量监督，建立质量监控体系，确保车辆具有良好的安全性、可靠性、动力性、经济性和排放性。同时，对车辆实行定期综合性能检测，是实行"定期检测、强制维护、视情修理"修理制度的前提和保障。

3. 故障诊断

对汽车进行故障诊断，目的是在不解体情况下，对运行车辆查明故障部位、故障原因进行的检查、测量、分析和判断。确定故障部位后，通过调整或修理的方法排除。

第二节　汽车自诊断系统原理

一、车载自诊断系统简介

1. 车载自诊断系统发展

为了保证车辆各电控系统的正常工作和检修方便,现代汽车电子控制单元 ECU 一般都有故障自诊断功能。在汽车使用中,它能够对各传感器、执行器和连接线路进行不断地监测。当汽车电控系统出现故障时,故障指示灯闪亮,警示驾驶员汽车电控系统出现故障,并将故障以代码的形式存储在汽车各系统电控单元(ECU)中。在车辆检修时,可通过特定的程序读取存储器中的故障代码即故障码,并判断故障的类别和范围,查找故障部位。

车载故障诊断系统最初是以电控发动机废气排放性能监测和故障诊断为对象。1988 年,美国汽车工程学会(SAE:Society of Automotive Engineers)提出了用以控制排放系统实效的车载诊断系统,即第一代车载诊断系统(OBD-I,On-Board Diagnostics I),用来监测氧传感器、EGR 系统、燃油供给系统和发动机控制系统,以满足美国环境保护局 EPA(Environmental Protection Agency)对汽车废气排放标准的监测和故障诊断的需要。1994 年,美国环境保护局要求汽车厂商采用第二代车载故障诊断系统 OBD-Ⅱ(On Board Diagnostics Ⅱ),即 1996 年后生产的轿车和轻型卡车的电控系统都要求配置 OBD-Ⅱ,并在 2000 年 1 月 1 日开始所有汽车制造商生产的轿车及轻型卡车都必须配置 OBD-Ⅱ系统。随后,欧共体也相应要求欧洲各国汽车制造商生产的轿车都相应配置欧洲电控汽车故障自诊断系统,并规定 2001 年欧洲所有新生产的轿车仅限于汽油发动机配置车载诊断系统(EOBD: European On-Board Diagnostics),而对于柴油发动机轿车要求到 2004 年必须强制配置 EOBD 系统。到目前为止,OBD 系统的研发和应用已经历了 OBD-I 及 OBD-Ⅱ两个阶段。世界其他国家则根据本国排放法规的制定和实施情况决定采用 OBD-Ⅱ或 EOBD 系统,例如,1998 年加拿大开始采用 OBD-Ⅱ系统。我国已经颁布的排放法规国Ⅱ标准中无 OBD 的有关规定,但是自国Ⅲ标准实施之后,OBD 的应用已经提上日程。

OBD-Ⅱ是根据美国汽车工程学会(SAE)提出的 SAEJ1962、SAEJ2012、SAEJ1930 和 SAEJ1978 等标准构建的车载自诊断系统,即第二代车载诊断系统,其故障诊断连接插座,故障代码,结构单元/系统名称及故障码显示等都是统一的,以便进行排放监测和对汽车电控系统的故障检测和诊断。

根据 ISO 15031—5 标准,OBD-Ⅱ系统使用了 3 种基本的通讯协议,即克莱斯勒汽车和所有欧洲产的汽车以及大多数亚洲进口的汽车都使用 ISO 9141—2 通讯协议电路,而美国通用汽车(GM)公司生产的轿车及轻型卡车使用 SAEJ1850VPW(可变脉冲宽度调节)通讯协议电路,福特(FORD)汽车使用 SAEJ1850PWM(脉冲宽度调节)通讯协议电路。.

2. 车载自诊断系统作用

在用车检测与维护(I/M:Inspection/Maintenance)程序在汽车工业发达国家早已实施,这不但降低了在用车的排放水平,同时对汽车排放控制系统也提出了更高的要求,车载故障诊断(OBD)系统的作用也更为明显。配置 OBD 系统的目的就是用以经常监测发动机的排放各部件及子系统、汽车底盘、车身附属装置和设备及部件的工作状况,同时还可用作汽车故障诊断及网络故障诊断的物理条件。

例如,汽车电控发动机的 OBD 系统通过对车辆与排放相关的控制子系统和零部件的在线监测,判断排放控制子系统及零部件是否由于部分或完全失效而导致车辆的排放超过法规的相应 OBD 限值。如果排放超标,OBD 系统应诊断出特定的故障,设置故障码,根据要求点亮发动机故障灯,通知驾驶员对车辆进行维护。

按美国法规标准要求,电控发动机的 OBD 系统可以监测到汽车发动机排放物 HC、CO 和 NO_x 或燃油蒸发污染值是否超过美国联邦试验过程(FTP)所规定的排放量的 1.5 倍,以及由此而引起电控系统或部件的故障。包括发动机随机缺火时引起的 HC 排放量的整体上升;催化转换器的净化效率下降到某个限值之下;系统检测出密封的燃油系统有空气泄漏;EGR 系统的故障引起 NO_x 排放量上升;某个关键传感器或其他排放控制装置失效等情况。例如,当汽车排放超过法定值或汽车电控系统出现故障时,故障指示灯 MIL(Malfuncation Indicate Lamp)闪亮,如图 7-1 所示,告之驾驶员汽车发动机电控系统出现故障或废气排放超标,并将故障以代码的形式存储在电控单元中,为汽车维修人员诊断和排除故障提供依据。

图 7-1　发动机故障指示灯

另外,由于装备 OBD-Ⅱ的车辆有严格的警示功能和修复后的测试循环,可以保证对其进行的维修基本上是“完全修复”。这与一般的基本修复相比,既可以保证车辆具有较高的有效率,又延长了使用寿命。

根据 OBD 的不同发展阶段,其系统功能也有所不同,OBD-I 主要功能是诊断与排放有关的零部件的完全失效,而 EOBD、OBD-Ⅱ除了对与排放有关的部件完全失效诊断外,还要对由于部件老化、部分失效引起的排放超标进行诊断。因此,EOBD、OBD-Ⅱ系统是真正意义上实现对在用车在整个使用寿命范围内的排放控制。EOBD、OBD-Ⅱ系统的功能具体可归纳为:

(1)保证车辆的排放水平在其使用寿命内不超过法规规定标准。当与排放相关的部件、子系统由于老化、部分或完全失效引起的排放恶化超过法规标准时,EOBD、OBD-Ⅱ系统就会设置相应的故障码,点亮故障灯,通知驾驶人员对车辆进行维护。因此,配备了 EOBD、OBD-Ⅱ系统的车辆对控制其排放水平提供了技术保证。

(2)减少在用汽车零部件故障引起的排放量增加。由于故障及时被发现和排除,使在用汽车可保持良好的技术状况,有利于降低汽车排放。

(3)减少车辆检测的次数,简化了在用汽车 I/M 程序。EOBD、OBD-Ⅱ系统对车辆运行中出现的故障码的设定和读取、故障灯的使用、出现故障时发动机及车辆运行参数的记录及车辆控制数据的通信方式等都有具体的标准和规定,有助于故障的检查与排除。

3. 车载自诊断系统特点

对于第一代车载诊断系统 OBD-Ⅰ,各个制造商是按照自己的标准进行设计,诊断插座的针数、安装位置、外形尺寸以及故障码的含义都不相同。第二代车载诊断系统的诊断插座(16 针)、安装位置和故障码含义符合美国汽车工程学会提出的标准,销往美国、美国国内生产的或我国采用美国技术生产的汽车都采用这个标准。

尽管各车系的 OBD-Ⅰ诊断座规格、种类不相同,但是大多数汽车的故障码由 2 位数字组成。随着车辆诊断功能的增加,其故障码的位数也在不断的变化。例如,奥迪和 1989 年以后宝马车系的故障码由 4 位数字组成。1992 年以后,福特车系的发动机故障码由 2 位数升为三位数,故障码由原来的 72 个增加到 160 个。福特车系的诊断座有 9 种,1993 年以后

由6+1针诊断座改为17+8诊断座。奔驰车系有圆形9针、38针诊断座和长方形8针、16针诊断座。丰田车系有方形23针、圆形17针和方形17针诊断座。

1993年以前的车载诊断系统（按美国标准称为第一代车载诊断系统OBD-Ⅰ），自成体系，不具通用性，不能使用统一的诊断仪器进行测试，这使汽车的售后服务及维修很不方便。1994年，美国汽车工程协会（SAE）提出了第二代车载诊断系统（OBD-Ⅱ）标准规范，经美国环境保护局（EPA）及加州环境资源局（CARB）的认证通过，要求各个制造厂商按照OBD-Ⅱ标准规范采用统一的诊断模式及诊断座。

OBD-Ⅱ是系列化标准，包含《诊断术语》（SAE-J1930），《诊断数据连接器（DLC）及其排列》（SAE-J1962），《诊断测试模式》（SAE-J2190），《诊断扫描仪器》（SAE-J1997），《诊断故障码》（SAE-J2012）和《通信协议标准》（SAE-J1850），以诊断标准化为目的而开发的车载诊断系统。

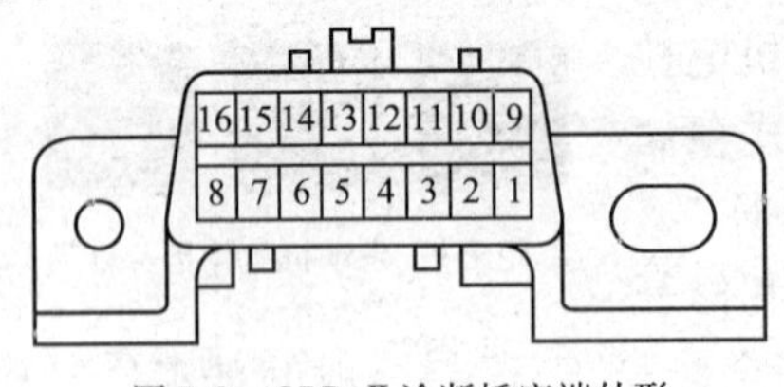

图7-2　OBD-Ⅱ诊断插座端外形

（1）诊断插座统一为16针，安装在仪表板的下方、烟灰缸后面或杂物盒下方。OBD-Ⅱ诊断插座外形，如图7-2所示。

按照ISO 15031—3（或SAE J1962）标准，OBD-Ⅱ和EOBD故障连接器结构基本一样。但是，OBD-Ⅱ和EOBD故障诊断插座略有差别。OBD-Ⅱ诊断插座端子的定义，如表7-1所示。

OBD-Ⅱ诊断插座端子定义　　表7-1

端子号	用途定义	端子号	用途定义
1#	提供给制造厂应用	9#	提供给制造厂应用
2#	SAE-J1850通讯标准资料传输端子	10#	SAE-J1850通讯标准资料传输端子
3#	提供给制造厂应用	11#	提供给制造厂应用
4#	车身搭铁端子	12#	提供给制造厂应用
5#	信号回路搭铁端子	13#	提供给制造厂应用
6#	提供给制造厂应用	14#	提供给制造厂应用
7#	ISO 9141通讯标准资料传输端子	15#	ISO 9141通讯标准资料传输端子
8#	提供给制造厂应用	16#	提供给制造厂应用

如果故障诊断连接插座在4、5、7、15和16号引脚有金属插头，则该车使用的是ISO 9141—2通讯协议；如果故障诊断连接插座在2、4、5和16号引脚有金属插头，而10号引脚没有金属引头，则这些车用的是ASE-J1850VPW（可变脉冲宽度调节）通讯协议；如果故障诊断连接插座在2、4、5、10和16号引脚有金属插头，则该车使用的是SAE-J1850PWM（脉冲宽度调节）通讯协议。OBD-Ⅱ和EOBD诊断插座的2、4、5、7、10、15和16插孔的功能是一致的。

（2）具有数值分析资料传输功能DLC。数据资料传输方式采用ISO 9141通讯标准和SAE-J1850通讯标准。

（3）故障码由5位字符组成，具有统一的含义。

例如，故障码P0123。其各个字符的含义如下：

第一位英文字母代表被测系统。P——动力传动系统（POWERTRAIN）；B——车身（BODY）；C——底盘（CHASSIS）；U——未定义。

第二位数字代表制定故障码的主体。0 代表 SAE 定义的故障码,1 为汽车制造商定义的故障码。

第三位数字代表被检测系统的子系统的故障码。例如,对于动力传动系统,其数字代表:0——全系统;1 和 2——燃油/空气控制系统;3——点火系统;4——辅助排放系统;5——怠速/转速控制系统;6——PCM 与输入/输出系统;7——变速器;8——非 EEC 动力控制系统。

最后两位是原厂故障码。

(4)具有用专用仪器直接读取和清除故障码功能。

(5)具有行车记录功能。这个功能可以利用解码仪,通过与 OBD-Ⅱ诊断座的连接,实现对车辆行驶过程中相关资料的记录和显示。即可以将汽车运行过程中各传感器和执行元件的工作参数直接随机显示出来,在行车过程中,逐一观察汽车各部分的工作状态。同时监测故障部位在行驶过程中的变化。

(6)具有重新显示记忆故障的功能。车载自诊断系统将检测到的各部分系统的工作状态参数进行记忆存储,包括故障码。当用解码仪与诊断系统相连接时,可以重新读取这些信息。通过与车辆技术状态的标准数据对比,如发动机点火次序、火花塞规格、点火提前角、怠速及排放等基本参数。

(7) OBD-Ⅱ标准规范通讯协议。根据 ISO 1503 标准,CAN 控制器局域网采用 ISO 15765—4 标准,OBD 和 EOBD 都使用 3 个基本的通讯协议,有的制造商在通讯模块协议上作了一些修改。

EOBD 系统其实源于 OBD-Ⅱ,要求与 OBD-Ⅱ基本相似,其主要区别有:

(1)排放限值不同。OBD-Ⅱ规定设置故障的 CO,HC,NO_x 排放限值是 FTP 法规规定的各污染物排放指标的 1.5 倍,而 EOBD 规定设置故障的 CO,HC,NO_x 排放限值分别是欧Ⅲ标准规定的 1.4 倍、2.0 倍和 4.0 倍。

(2)诊断内容不同。OBD-Ⅱ规定对燃油蒸发排放部分,应该诊断出燃油蒸发排放系统中任何直径大于 0.5mm 的泄漏,而 EOBD 系统只要求诊断燃油蒸发控制电路部分的故障。除以上主要区别外,OBD-Ⅱ与 EOBD 的基本区别,如表 7-2 所示。

OBD-Ⅱ与 EOBD 的基本区别 表 7-2

功　能	OBD-Ⅱ	EOBD
进行燃油箱及燃油系统的泄漏试验	是	不是
探测发动机不(发)点火的转速至	最人	4500r/min
故障发生经历多少个驾驶周期故障指示灯才亮	2	2-10
用故障指示灯显示汽车行驶距离	不是	是
使用的通讯协议	SAE J1850	ISO 9141—2

二、车载自诊断系统原理

1. 车载自诊断系统组成

车载自诊断系统作为汽车电控系统的组成部分,主要由软件和硬件共同实现。软件主要实现控制策略、故障诊断、故障码和系统标定,硬件指配置了实现诊断功能的传感器和执行器。

对电控发动机的控制系统来讲,其故障自诊断系统一般由故障识别和故障运行控制软件,故障监测电路(包括传感器)和故障运行后备电路(执行器)等组成。在一个典型的发动机控制系统的软件程序中,有关 OBD 的故障码的内容占整个软件的近 1/2,OBD 部分的标定与发动机控制部分的标定工作量基本相当。

OBD 系统进行故障诊断所需的硬件与控制系统的基本一致。以电控发动机 OBD 系统为例,其 OBD-Ⅱ系统硬件主要由各传感器、电子控制单元(ECU)、OBD 连接器插口、故障显示灯、执行器及线路等与废气排放控制相关的子系统组成,如图 7-3 所示。所有出现在发动机排放控制系统中与排放有关的部件、子系统都是 OBD 系统检测的对象。

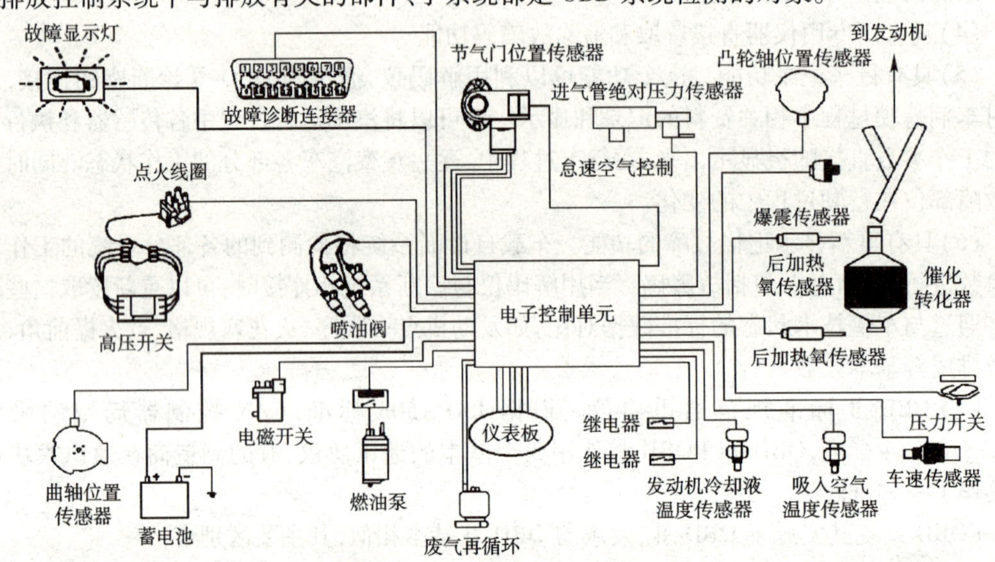

图 7-3　电控发动机 OBD 系统硬件组成

2. 车载自诊断系统管理软件

1)OBD-Ⅱ系统软件特点

汽车电控系统软件不仅有基本的功能性控制程序,而且还含有故障诊断管理程序。对这些管理软件各个厂家有不同的称谓,福特(Ford)称为诊断执行程序(Diagnostics Executive),而克莱斯勒(Chrysler)称为任务管理程序(Task Manage)。

由于对车辆运行状态的诊断是在一组特定的运行条件下完成的测试。例如,对发动机的监测条件包括发动机温度、转速和负荷、节气门位置和发动机起动后经过的时间等,以管理复杂的诊断测试程序。发动机排放性能的 OBD-Ⅱ系统软件可以通过以下监测程序或称监测器来完成,包括发动机缺火监测器、燃油系统监测器、综合部件监测器、催化效率监测器、废气再循环监测器、燃油蒸发控制系统监测器及二次空气喷射监测器等。

2)OBD-Ⅱ系统软件设计策略

以发动机排放性能的 OBD-Ⅱ系统监测器为例,说明诊断软件设计策略。了解诊断软件设计策略,有助于对故障码含义及其故障机理的认识。

(1)缺火监测。通过测试每个汽缸做功时对发动机转速变化的影响程度,对汽缸的缺火进行连续的监测。缺火判断分为两个阈值:A 类缺火和 B/C 类缺火。

如果有某个汽缸缺火,催化转化器因过热,导致蜂窝状陶瓷块很快就会融成为实心固体,使减少有害排放物的能力大大降低,动力性急剧恶化。缺火监测器发现某缸连续数次未点燃,PCM 即根据发动机工况,采取不同处理措施:

a. A 类缺火处理。发动机在 200r/min 状态下，一个缸缺火率为 2% ~20%，监测器便认为该缸缺火过度——A 类缺火。这时如果发动机负荷不大，PCM 模块会切断缺火汽缸的燃油供给，以限制催化转化器发热。这种情况下，PCM 模块最多同时关闭二个缺火汽缸的喷油器。如果发动机大负荷运行时发生上述缺火情况，PCM 模块并不关闭缺火汽缸的喷油器。如果缺火监测器已检测出一个甲类缸内缺火，而 PCM 模块还未来得及关闭喷油器，MIL 灯开始闪光。当 PCM 模块关闭喷油器后，MIL 灯将连续发光。

b. B/C 类缺火处理。发动机在 1000r/min 状态下，一个缸的缺火率为 2% ~3%，监测器便认为该缸缺火过度——B 类缺火。这种汽缸缺火会引起排放超标，但不会导致催化转化器过热。检测到一次 B 类缺火，一个未定的故障码(DTC)便被置入 PCM 模块的存储器中。若在下一个行驶循环中再次检测到这个故障，MIL 灯就会点亮。

缺火监测器是通过测量每个汽缸对发动机功率的贡献来判定这个缸是否点燃的。若汽缸缺火，与该汽缸相对应的曲轴加速度将因此降低。由此可见，只需测出某一瞬时的曲轴加速度，并与缺火监测器内的曲轴加速度标准值相比较，就能判定这一时刻所对应的汽缸是否正常点燃。

(2)燃油系统监测。这是最高优先级监测器。当系统闭环运行时，燃油监测程序将连续监测短期燃油修正和长期燃油修正。如果出现了进气真空泄漏、进气受阻、燃油压力不正确等，燃油控制的变化将超出短期或长期燃油修正表上预定的极限，燃油监测程序将记录一个未决故障码。在下一个驱动周期，如果故障重新出现，就置位故障码并点亮故障指示灯。否则，清除故障码。

(3)排放性能及部件监测。OBD-Ⅱ系统还可以监测氧传感器、三元催化转换器效率和燃油蒸发控制系统的密闭性等，这些是 OBD-Ⅱ系统的主要功能。

a. 催化器效率监测器。当催化转化器工作正常时，催化监测(CMS，Catalyst Monitor Sensor)氧传感器产生低频电压信号；假如催化转化器工作不正常，氧传感器发出电压信号的频率就会升高。当频率达到一定值时，就在 PCM 模块的 RAM 储存器中设定一个故障码。如果三个连续行驶循环发生同一故障，故障指示灯(MIL)点亮。

b. 废气再循环 EGR 系统监测器。在 EGR 系统中设一个压差反馈传感器。在 EGR 监测器工作过程中，PCM 模块首先检查传感器信号。如果这个传感器信号在正常范围内，监测器才继续进行后面的检测。

EGR 阀下方有一个量孔，这个量孔的上下方各用一根细的排气压力软管与 DPFE 传感器相连，如图 7-4 所示。

PCM 模块检查与传感器相连的 2 个压力软管的压力差。发动机怠速运转时，EGR 阀关闭，没有 EGR 气流，2 个软管的压力相同。如果此时 2 个软管的压力不同，说明 EGR 阀有故障，关不严了。当发动机进入中等负荷工况后，EGR 阀打开，EGR 气流流过量孔，量孔上游软管内的压力应比下游软管内的压力高。PCM 模块从 DPFE 传感器发出的信号，与在同样节气门位置同样转速范围内运转时的期望值相对比，来评定 EGR 气流是否正常。

在监测器任意一项检测中检测到一个故障，就会在模块的存储器中设置一个故障码(DTC 码)。假如在两个行驶循环中同样发生这个故障，故障指示灯就会点亮。

c. 燃油蒸发排放控制(EVAP)系统监测器。采用清除气流量传感器(PFS)，它安装在炭罐清除(CANP)电磁阀与进气歧管之间的真空软管中，如图 7-5 所示。每个行驶循环 PCM 模块都要监测 PFS 信号一次，以判断是否有燃油蒸气经电磁阀流入进气歧管。

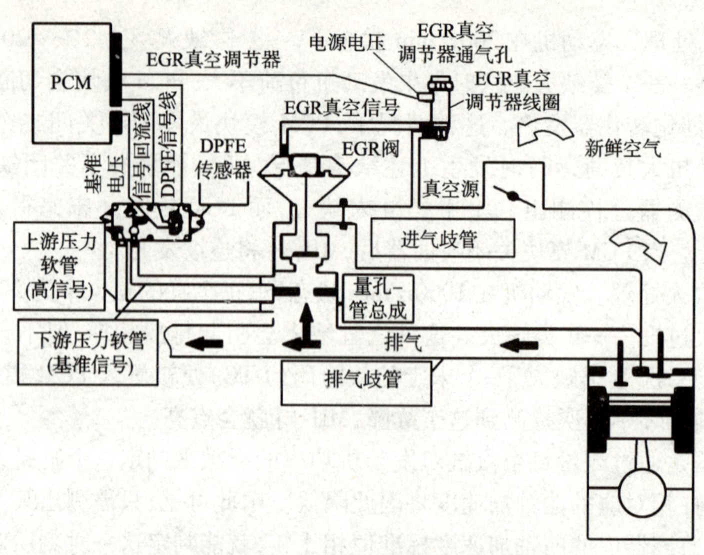

图7-4　配有压差反馈传感器的EGR系统图

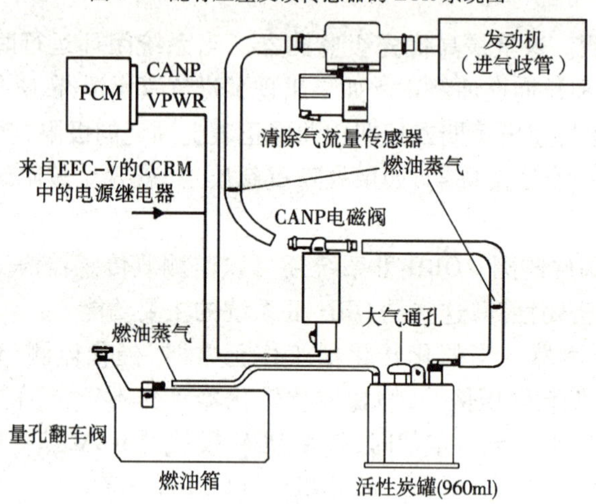

图7-5　配有清除气流量传感器的EVAP

另有一些EVAP系统配有燃油蒸气控制阀(VMV),安装在炭罐与进气歧管之间的真空软管中。PCM模块操纵VMV阀控制从炭罐流入进气歧管的燃油蒸气。PCM模块通过监测VMV阀的工作以判断EVAP系统是否能正常地清除燃油。

d.2次空气喷射(AIR,Secondary Air)系统监测器。在有些汽车上设有2次空气喷射(AIR)系统监测器,并对AIR喷射系统采用被动检测和主动检测2种方式监测。

在被动检测期间,从发动机起动到闭环运行,催化器上游氧传感器的电压被实时检测(在这段时间内,空气泵一般是运行状态)。一旦氧传感器的温度达到足以产生电压信号,而空气泵正把空气送入排气歧管时,传感器会输出低电压,AIR系统监测器即指示AIR系统合格。如果此时PCM模块正关断通向排气歧管的2次空气流,被动检测将寻求一个较高的氧传感器电压。如果EVAP系统已通过检测,即无需进一步检测AIR系统;如果EVAP系统未通过检测或检测无结论,则PCM模块中的系统就得进行主动检测,以确定AIR系统是否合格。

在主动检测期间,PCM模块在闭环工作状态下交替开通或关闭进入排气歧管的2次空气流,并监测催化器上游氧传感器的电压和短期燃油微调值。当进入排气歧管的空气流开通时,氧传感器的电压应降低。若此时短期燃油微调值指示混合气较浓,则显示2次空气喷射系统发生故障,点亮故障灯。若AIR系统在连续2次试车中均未通过主动检测,AIR系统监测器将点亮故障灯并把一个故障码存入PCM模块存储器中。

3)相关元器件监测

根据美国大气资源局条例,电控系统元器件失效后点亮故障指示灯,如表7-3所示。

美国大气资源局规定的应监测的动力系统元器件 表7-3

元器件类型	所属总成	元器件名称
传感器	发动机	凸轮轴位置传感器,爆震传感器,冷却液温度传感器,进气温度传感器,节气门位置传感器,进气歧管压力传感器,空气质量流量传感器
	变速器	挡位模式开关,涡轮速度传感器,车速传感器,油温传感器
执行器	发动机	点火控制器,怠速空气控制阀,燃油蒸气净化真空开关
	变速器	变矩器离合器控制电磁阀,换挡电磁阀A,换挡电磁阀B,3/2换挡电磁阀

(1)对传感器的监测。对于模拟信号输出的传感器,通过监测其模数转换的输入电压,以确定其开路、短路和超出范围的数值。例如,进气温度传感器、冷却液温度传感器、节气门位置传感器、进气歧管压力传感器和空气质量流量传感器等。

对于开关或频率信号输出的传感器,采用与之相关的另一传感器的输出数值相比较的方法,确定被监测的传感器是否正常。例如,对曲轴位置传感器与凸轮轴位置信号数值进行比较。如果由曲轴位置传感器监测到怠速不正确,则计算机就对怠速控制阀进行调整。如果这种调整超出规定的标准,则认为怠速控制阀出现故障。

例如,加热型氧传感器(Heated O_2 Sensor,简称 HO_2S)的监测器是在每个行驶循环中,至少要对所有 HO_2S 传感器的输出信号监测一次。监测器检查 HO_2S 传感器电压信号频率,如发现频率过低或过高,表明该传感器有故障;监测器先后几次改变燃油供应量,如传感器电压信号频率变化响应缓慢,也表明该传感器有故障;另外,还监测传感器信号的电压值是否高过正常值。

(2)对执行器的监测。对于执行器的监测是检测执行器驱动电路的开路和短路电压,几乎所有的执行器只要分别予以接地就可以接通,其电压接近于0V。

(3)综合监测器(CCM监测器)。对传感器和执行器也采用综合监测器进行监测,并且有2种策略监测各输入和2种策略监测各输出。

a. 监测输入的策略。监测输入的一种策略是通过用模、数转换器检查模拟的输入信号来确定某些输入设备的电气故障或超限值。以这种方式监测的输入信号有:下游 HO_2S 传感器;上游 HO_2S 传感器;进气质量流量(MAF)传感器;手动变速手柄位置(MLP)传感器;节气门位置传感器(TPS);发动机冷却液温度(ECT)传感器;进气温度(IAT)传感器。

监测输入的另一种策略是运用推理方法检查输入信号正确与否。监测器通过比较某个传感器的读数与其他传感器读数的计算结果来判断输入信号是否符合当时的实际情况。CCM监测器用推理方法检查下列输入:点火位置传感器(PIP);输出轴转速传感器(OSS);点火诊断监测器(IDM);汽缸识别传感器(CID);车速传感器(VSS)。

b. 监测输出的策略。CCM监测器中的输出状态监测器是通过监测PCM中输出驱动器内各输出线圈、继电器或执行器的电压来检查大部分输出。若输出关断,监测电压应该升高;而输出开通则监测电压应降低。用这种方式监测的执行器有:节气门全开空调自动切断器(WAC);换挡电磁阀1(SSl);换挡电磁阀2(SS2);变矩器离合器(TCC)电磁阀;加热型氧传感器(HO_2S)的加热器;高速风扇控制器(HFC);风扇控制器(FC);电子压力控制(EPC)电磁阀。

CCM监测器中的另一种输出状态监测是通过自学习反馈监测来完成的。例如,PCM模块输出操纵怠速空气控制(IAC)电动机的物理量(例如占空比脉冲等),通过对照由PCM模块对IAC电动机提供的闭环怠速转速的修正,检查由输入要求的怠速转速。

3. 车载自诊断系统监测模式

1)诊断模式分类

OBD-Ⅱ有6种诊断测试模式,即参数检测(PID, Parameter Identification)、读取故障码产生时现场数据记录也称访问冻结帧数据(Freeze Frame Data Access)、读取诊断故障码、动力系统控制重新起动监测(PCM, Powertrain Control Module)、氧传感器监测结果输出和对执行器控制输出状态诊断测试(OTM, Output State Mode)。

2)监测循环模式

OBD-Ⅱ标准要求发动机管理系统对每个受监视的电路,根据专门设置的运行条件检测其故障,设置故障码并控制MIL的状态(亮或熄)以及擦除故障码。通过暖机预热循环、驱动循环、MIL行程和OBD-Ⅱ测试循环等过程实现故障监测。

(1)预热循环(Warm-up Cycle)。预热循环是指发动机停止工作一段时间后重新运行,发动机冷却液温度最低从4℃升高到70℃。如果有关故障不再重复出现,大多数故障码在40个预热循环后被擦除,故障灯熄灭。

(2)驱动循环(Driver Cycle)。驱动循环与OBD-Ⅱ驱动循环不同。驱动循环包括发动机起动,汽车运行至少要进入闭环,还包括所需要的运行条件。这些条件有:开始并完成一个规定的OBD-Ⅱ监测器工作过程或证实一个症状或其修复。所谓的OBD-Ⅱ监测器工作过程是一个用来测试规定系统、功能或部件的操作。例如,计算机可在减速时打开或关闭EGR阀,并监测MAP传感器,以观测EGR阀是否工作;或在巡航时,计算机打开或关闭吸附罐净化,以观察氧传感器的信号,这样可以同时测试两个部件。

(3)OBD-Ⅱ行程(Trip)。包括汽车点火开关断开后,发动机重新起动,接着使汽车行驶。在结束OBD-Ⅱ行程阶段前,OBD-Ⅱ完成5个监测:缺火监测;综合监测器和燃油系统监测器从发动机预热开始连续监测;而EGR监测器的检测在发动机怠速和加速运转时进行;氧传感器监测器的监测在发动机预热后,以32~72km/h之间的某稳定车速行驶20s时进行。

当完成5个监测器的检验后,扫描检测仪显示"OK";反之,扫描检测仪则显示"NO"。

OBD-Ⅱ行程是指一种特定的驾驶方法,用于验证故障症兆或对该症兆进行维修效果验证。当然也用于检验OBD-Ⅱ系统中的监测器。

从发动机起动接着汽车行驶开始,到PCM程序进入闭环控制结束,完成一个行程。5个监测器的检测全部结束后,才能进行催化器效率监测器的检验。检测时,节气门开度保持不变,在64~96km/h范围内行驶80s。

(4)OBD-Ⅱ驱动循环(OBD-Ⅱ Drive Cycle)。OBD-Ⅱ驱动循环将满足所有OBD-Ⅱ监测所需要的运行条件,其运行过程由10个工况组成,运行状态的控制过程,如表7-4所示。运行完以上测试循环后,可以用OBD-Ⅱ扫描仪检查监测程序的完成情况和读取故障码。

OBD-Ⅱ驱动循环时汽车运行状态 表 7-4

工况	起动	预热	怠速 1	加速 1	匀速 1	匀速 2	减速 1	加速 2	匀速 3	减速 2
控制要求	一旦起动，在测试循环内不能停车	用任意方式驱动直到冷却液温度高于82℃，包括怠速		节气门开度 1/4，加速到 72km/h，关闭 A/C	48 ~ 64km/h 速度运行，节气门开度一定	32 ~ 72km/h 速度稳定运行	减速至怠速	节气门开度 1/2，加速到 88km/h	64 ~ 96km/h 速度运行，节气门开度稳定	减速至怠速
运行时间	—	大于 4min	45s	约 10s	大于 1min	大于 4min	约 10s	—	大于 80s	—
监测内容	OBD-Ⅱ行程(Trip)								—	
	缺火及燃油监测					—				
	—		氧传感器监测			—				
	—		综合部件和 EGR 监测						—	
	运行时间约为 10.25min								催化器效率	

(5)I/M 自检循环(Diagnostic Time Schedule for I/M Readiness)。车辆必须按照 I/M 准备诊断循环的规定运行，以完成自检。I/M 自检循环时汽车运行状态，如表 7-5 所示。

I/M 自检循环时汽车运行状态 表 7-5

工　况	怠　速	加速 1	匀速 1	减速 1	加速 2	匀速 2	减速 2
控制要求	同时打开 A/C 及除霜器	节气门开度 1/2，加速到 88km/h，关闭 A/C	以 88km/h 速度稳定运行	减速到 32km/h，离合器分离，但不制动	节气门开度 3/4，加速到 96km/h	以 96km/h 速度稳定运行	减速，不制动
运行时间	2.5min	—	3min	—	—	5min	—
监测内容	缺火、氧传感器加热器、二次空气喷射、燃油修正、燃油蒸发净化	缺火、燃油修正、燃油蒸发净化	缺火、ECR、二次空气喷射、燃油修正、氧传感器加热器、燃油蒸发净化	ECR、燃油修正、燃油蒸发净化	燃油修正、燃油蒸发净化	缺火、ECR、燃油修正、氧传感器加热器、燃油蒸发净化	ECR、燃油蒸发净化

3)相似条件(Similar Condition)。

一旦缺火或燃油系统故障而使故障灯点亮，汽车必须进行 3 个连续驱动循环，其中包括相似于第一次检测到故障点亮故障灯的运行条件。相似条件定义如下：

(1)发动机速度与原来相同，其变化在 375r/min。

(2)发动机负荷与原来相同，其变化在 10% 以内。

(3)发动机冷却液温度相同，即同为冷机或暖机。

三、OBD 诊断信息及输出方式

1. 信息类型

车载诊断系统可提供用于汽车故障诊断的信息主要包括:故障状态提示、故障码、与车辆运行状态相关的参数值及执行器状态等。其特点如下:

(1)诊断模式通用化。使用 OBD-Ⅱ扫描仪器可进行 OBD-Ⅱ诊断测试模式的测试;

(2)诊断信息多样化。除可获得故障码外,OBD-Ⅱ还可提供传感器检测数值、控制状态(开环/闭环)、控制参数和执行器通/断等信息。

2. 输出方式

1)故障灯

通常在第二个驱动循环中检查出与前一循环相同的故障时,故障指示灯会被点亮,但也有个别例外:

(1)发动机缺火。A 类缺火可能导致催化剂损坏,在首次出现缺火时,缺火监测器将使故障指示灯闪光。

(2)催化剂效率监测器在 3 个行驶循环中都检查出故障时,才点亮故障指示灯。

(3)对于缺火监测器和燃油系统监测器,如果同一故障在稳定条件下连续 3 个驱动循环中不重复发生,MIL 灯会熄灭。

(4)催化器效率、加热型氧传感器、EGR 和综合部件的监测器,如果相同的故障在以后连续 3 个驱动循环中不再出现,故障灯会熄灭。

2)故障码

故障码是根据 OBD-Ⅱ系统监测机制确定的一种诊断信息形式,它的产生及存储与故障类型相关。

故障诊断码存储的规则是 2 次驱动循环期间连续检查出同一故障,监测器立即把它分类,并把一个故障码存入 PCM 模块的存储器中。个别的如催化剂效率监测器则在 3 次驱动循环内发现同一个故障时,才设置一个故障码。

故障不再发生且故障指示灯已经熄灭,经发动机 40 个预热循环后,故障码才被擦除。未定故障码是虽然已经发生,但次数不足以点亮指示灯的故障代码。OBD-Ⅱ故障诊断系统置故障码与点亮故障灯条件,如表 7-6 所示。

OBD-Ⅱ置故障码、点亮故障灯及清除条件 表 7-6

监测器	监测模式	在每个驱动循环置位未决故障码次数	点亮故障灯存储故障码的单独连续驱动周期数	无故障清除未决故障码驱动周期类型与次数	无故障关断故障灯的驱动周期类型与次数	故障灯熄灭后清除故障码所需要预热循环次数
催化器效率	每 OBD-Ⅱ驱动循环 1 次	1	3	1	3	40
A 型失火	连续	—	1	—	3 (相似条件)	40
B/C 型失火	连续	1	2	1	3 (相似条件)	40

续上表

监测器	监测模式	在每个驱动循环置位未决故障码次数	点亮故障灯存储故障码的单独连续驱动周期数	无故障清除未决故障码驱动周期类型与次数	无故障关断故障灯的驱动周期类型与次数	故障灯熄灭后清除故障码所需要预热循环次数
燃油系统	连续	1	2	1	3 （相似条件）	40
氧传感器	每行程1次	1	2	1个行程	3个行程	40
EGR	每行程1次	1	2	1个行程	3个行程	40
综合部件	连续 （条件允许）	1	2	1个行程	3个行程	40

3）数据流

电控汽车的故障自诊断系统一般都具有运行状态记录功能，特别是记录车辆发生故障时，车辆运行状态的有关数据资料。通过故障扫描仪可将汽车运行中各种传感器和执行元件输入、输出信号的实际值连续的读取出来，这就是所谓的数据流。例如，当电控发动机出现故障时，利用故障扫描仪的数据流读取功能，就能进行发动机实际数据与正常值的比较，以确定超出正常范围和有偏差的参数。利用数据流功能较为准确地判断故障的类型和发生故障的部位。OBD-Ⅱ扫描仪可以读取的通用车系检测参数，如表7-7所示。

OBD-Ⅱ扫描仪可以读取的通用车系的检测参数 表7-7

总　成	参数性质	参数名称
发动机	输入信号	发动机转速、氧传感器电压（mv）、冷却液温度、进气温度、进气歧管压力、大气压力、节气门位置、空气流量、EGR开度
	控制参数	喷油脉宽（ms）、燃油修正系数、短期燃油修正值和平均值、长期燃油修正值和平均值、目标怠速、点火提前角、爆震推迟角度、目标EGR开度（%）
	运行状态	开环/闭环、燃油浓/稀标志、动力加浓通/断、氧传感器电压变动次数、发动机转速、节气门开度（%）、点火提前角、爆震状态、催化转换器高温状态、实际ECR开度（%）、EGR占空比（%），怠速控制阀位置、电池电压、燃油泵电压（V）、起动后运行时间
变速器与空调	输入信号	停车/空挡位置、PRNDL开关位置、车速、A/C请求
	控制参数	指定挡位
	运行状态	车速、制动开关通/断、TCC控制通/断、4挡开关通/断、A/C离合器结合/分离

应用OBD-Ⅱ扫描仪读取检测信息过程，如表7-8所示。

应用OBD-Ⅱ扫描仪读取检测信息过程 表7-8

顺　序	操　　作	示　　例
步骤1	选择OBD-Ⅱ功能键	如发动机诊断；底盘的悬架系统的诊断；安全诊断；车身电子诊断；OBD-Ⅱ功能
步骤2	识别诊断协议是EOBD还是OBD-Ⅱ	如SAE J1850 VPWM或SAE J1850 PWM或ISO 9141—2通讯协议

续上表

顺 序	操 作	示 例
检测模块1	检索汽车诊断数据：①模拟参数的输入和输出（如发动机冷却液温度）；②数字参数的输入和输出（如怠速开关）；③系统状态信息（如辛烷值代码）；④当前的计算值（如喷射时间）	列表显示所支持的系统/功能；检测模块3的先决条件
检测模块2	从检索模块1中检测出储存在车内的故障码数据和运行条件，如发动机转速，冷却液温度和发动机负荷	临界条件：例如 $n = 1200r/min$；$T_w = 22℃$；$T_L = 10\%$；$v = 0km/h$，规定故障码P0100
检测模块3	检索所有的故障码	列表显示所有故障码，指示灯（MIL）闪烁，如P0100（空气流动电路故障码），P1456（电子加热催化剂故障码）
检测模块4	清除OBD-Ⅱ故障码和储存在车内的数据	检测后，返回到储存车辆信息（Freeze Frame）数据状态
检测模块5	监视氧传感器，显示λ传感器试验值信号过程，例如λ探针1:0.35 ←——>0.87V	检查目前发动机运行的电压状况
检测模块6	检索不连续监测系统的测量值和储存在故障存储器中的故障，例如，油箱通风设备和第二空气循环系统	仅每一个发动机起动后的工况，例如，P0410“第二空气循环故障功能”
检测模块7	检索储存在故障存储器中还没有被显示的故障码	例如，P0133λ探针1＝慢速反应
检测模块8	监测系统和结构部件功能状态显示，例如，油箱通风设备的控制阀	仅为更准确的检测模块所设置
检测模块9	车辆信息数据的显示	例如：车辆识别，车辆号码或发动机代码，底盘代码，其他号码，里程数

4）执行器控制输出状态。

电控车辆允许通过故障扫描仪检测执行器接收控制输出信号时的动作状态，以确定执行器状态是否正常。

第三节　汽车故障诊断常用方法

一、汽车故障诊断概述

汽车技术状况诊断的目的是为了判断汽车和总成的技术状况，确定它是否能够继续运行并预测其续驶能力。汽车技术状况诊断的基本方法是利用诊断参数来判定对象的结构参数，对于比较简单的诊断对象只需要一个诊断参数即可以判断其技术状况；而对于复杂的系统，往往需用多个诊断参数方能诊断其技术状况。在这种情况下，诊断工作的任务就是在一个诊断参数或多个诊断参数不合格的条件下，找出作为主要原因的、概率最大的一个或几个结构参数，这就必须运用系统分析和动态分析的方法。

汽车或总成是一个复杂系统，在日常使用中往往需要两种不同深度要求的诊断，即整体诊断和局部诊断。整体诊断是对汽车、总成和系统的工作能力进行的诊断。局部诊断是对工作能力降低的原因的进一步诊断，并根据诊断结果确定需要维护或修理的部位。

1. 相关术语

按《汽车维修术语》(GB/T 5624—2005)关于汽车故障及其诊断的术语定义如下：

汽车诊断参数(Diagnostic parameters of vehicle)：诊断用的汽车、总成、机构及部件的技术状况参数。

汽车诊断作业(Diagnostic operation of vehicle)：汽车诊断过程中的技术操作。

汽车诊断技术规范(Diagnostic norms of vehicle)：对汽车诊断作业技术要求的规定。

汽车故障(Vehicle fault)：汽车部分或完全失去工作能力的现象。

完全故障(Complete fault)：汽车完全丧失工作能力，不能行驶的故障。

局部故障(Partial fault)：汽车部分丧失工作能力，即降低了使用性能的故障。

致命故障(Critical fault)：导致汽车或总成重大损坏的故障。

严重故障(Major fault)：汽车运行中无法排除的完全故障。

一般故障(Minor fault)：汽车运行中能及时排除的故障或不能排除的局部故障。

异响(Abnormal knocking)：汽车总成或机构在工作中产生的超过技术文件规定的不正常响声。

泄漏(Leakage)：汽车上的密封部位漏气(液)量超过技术文件规定的现象。

过热(Overheat)：汽车总成或机构的工作温度超过技术文件规定的现象。

失控(Out of control)：汽车总成或机构工作时，出现操纵失灵，无法控制的现象。

乏力(Lack of power)：汽车运行过程中，动力明显不足的现象。

污染超标(Illegal exhaust and noise)：汽车运行过程中产生的有害排放物和噪声超过技术法规或标准规定的现象。

费油(Excessive consumption of fuel and oil)：汽车燃料、润滑油(脂)消耗超过技术文件规定的现象。

振抖(Fluttering)：汽车工作中产生技术文件所不允许的自身抖动的现象。

故障树(Fault tree)：表示故障因果关系的逻辑分析图。

故障码(DTC：Diagnostic trouble code)，故障代码：汽车诊断中用以显示故障特征的数字符号。

随车诊断(OBD：On board vehicle diagnosis)，车载诊断，在板诊断：汽车电控系统的自诊断系统，具有实时监视、储存故障码及交互式通讯功能。

汽车诊断设备(Diagnostic equipment of vehicle)：完成汽车诊断作业的器械。

2. 汽车故障形成原因

汽车在使用过程中，由于各种各样的原因不可避免地要发生故障，使汽车的动力性、经济性、操纵稳定性、使用安全性等发生变化。汽车故障有的是突发性的，有的是渐进性的。当汽车发生故障时，能够用经验和科学知识准确快速地诊断出故障原因，找出损坏的零部件和部位，有利于汽车的使用。

汽车在使用中不发生故障是相对的，而发生各种各样的故障是必然的。汽车故障形成原因主要有：

(1)存在易损零件。汽车设计中不可能做到汽车上所有的零件都具有同等寿命，汽车本身有些零件为易损件。例如，空气滤清器芯、火花塞、机油等使用寿命较短，均需定期更换,如没有及时更换或提前损坏汽车就会发生故障。

(2)零件质量差异。汽车零件批量大,并由不同厂家生产,因此不可避免地存在质量差异。原厂配件使用中会出现问题,协作厂和不合格的配件装到汽车上更会出现问题。

(3)运行材料质量。汽车上的消耗品主要有燃油和润滑油等,这些用品质量差会严重影响汽车的使用性能和使用寿命,使汽车易发生故障。加入劣质汽油和劣质润滑油,对汽车和发动机的危害极大。

(4)使用环境影响。汽车的使用环境变化很大,涉及气温高低、风霜雨雪、道路不平使汽车振动颠簸严重,容易发生故障或引起突发性损坏。

(5)驾驶技术影响。驾驶技术对汽车故障的产生影响很大,使用方法不当影响更大。汽车不按规定走合和定期维护,或野蛮起动和驾驶等会使汽车损坏和出现故障。

(6)维修技术影响。汽车使用中要定期维修,除了故障要做出准确地诊断,才能修好。在汽车使用、维护、故障诊断和维修作业中,要求汽车使用、维修工作人员要了解和掌握汽车技术及高新技术。因此,汽车故障广泛地存在于汽车使用、维护和修理工作的全过程,对于每一个环节都应十分重视,特别是在使用中要注意汽车的故障,有故障要及时发现、及时排除,才能使汽车在使用过程中减少出现事故。

3. 常见故障症状

对于汽车常见故障,可根据经验或使用仪器对外观症状的异常来判断故障原因和部位。常见的汽车故障的表现形式和症状,如表 7-9 所示。

常见汽车故障的表现和故障症状　表 7-9

序　号	表　现	故 障 症 状
1	性能异常	动力性和经济性差,如最高行驶速度明显低,汽车加速性能差;汽车燃油消耗量大和机油消耗量大。乘坐舒适性差,如汽车振动和噪声明显加大。汽车操纵稳定性差,如汽车易跑偏,车头摆振;制动侧滑,距离长等。排放超标等
2	工况异常	使用中突然出现某些不正常现象,如行驶中发动机突然熄火;制动无效;冬季起动困难;发动机熄火后起动不起来等
3	声响异常	使用中发生的故障往往以异常响声的形式表现出来,如响声比较沉闷并且伴有较强烈的抖振时,故障比较严重
4	排烟异常	发动机烧机油排气呈蓝色;发动机燃烧不完全排气呈黑色;发动机排气呈白色,表示燃油中或汽缸中有水
5	操作异常	不能按驾驶员的意愿进行加速、转向和制动,如加速踏板、制动踏板、离合器踏板、转向盘以及换挡杆操作不灵活等
6	气味异常	制动器和离合器的非金属摩擦材料发出的焦味;蓄电池电解液的特殊臭味;电气系统和导线烧毁的焦糊味。漏机油的烧焦味和汽油味
7	过热	各部位温度超出了正常使用温度范围,如发动机冷却液过热,以散热器"开锅"表现最为明显;变速器过热、后桥壳过热和制动器过热等
8	渗漏	燃油、机油、冷却液、制动液、蓄电池液、转向机油、润滑油和制冷剂等漏液,电气系统漏电,进排气系统漏气等
9	外观失常	汽车停放于平坦场地上时,检查外观有时会发现汽车纵向歪斜或横向偏斜;灯光、信号、仪表失常;表面碰伤、擦痕损伤等

二、人工经验法

汽车故障千变万化，种类繁多，但是只要基本方法正确，思路清晰，方法得当，故障也容易诊断。顾名思义，人工经验法是凭维修人员的基本素质和丰富经验，对汽车故障做快速准确地判断。

汽车故障诊断的人工经验法基本上可以归纳为深问历程、慎察症状、细听异响、触感变化、辨嗅气味、试验求证、部件替换、分离检查和局部拆装等过程。这些步骤的应用都应有理论做指导，同时维修人员也应具备基本素质。所谓基本素质是汽车维修人员必须具有学习和掌握汽车新技术的能力，并将基本理论在实践中应用和加以理解，从而获得维修经验。目前，汽车技术的发展越来越快，新的技术越来越多，因此，必须努力学习并不断实践。

经验有个人所总结和积累的，也有从书本上和其他途径学习来的。只有将理论与实践相结合，才能更快的积累和丰富维修经验。对于疑难故障，在利用仪器和设备进行检测的过程中也要结合经验，灵活运用检测结果，对故障进行综合诊断。

1. 深问历程

中医诊病需要问、望、闻、切，汽车故障诊断也是一样。其中，深问也是快速诊断汽车故障的方法之一。例如，汽车发生故障时，应了解汽车使用年限或行驶里程。因为可以根据这些使用情况估计可能的故障原因。因此，维修人员一定要向使用者询问包括使用年限、使用情况、修理历史、发生故障时的症状以及发生故障后的状态，尽可能深入的了解与故障产生有关的信息。通过深入询问，初步判断故障可能发生的原因和部位。

2. 慎察症状

所谓慎察症状是对初步判断的故障发生部位进行仔细观察或模拟检测，这是人工经验法的最基本步骤。例如，发动机排气管冒蓝烟，如果是在使用过程中长期冒蓝烟，发动机使用里程又很长，一般可以判断为汽缸或活塞环磨损，配合间隙过大，机油通过活塞环与缸壁之间的间隙窜入燃烧室引起的；如果只是在发动机刚起动时冒出一股蓝烟，以后冒蓝烟又逐渐变得比较轻微，一般可以判断为发动机气门杆上的密封老化或内孔磨损使密封功能失效，有少量机油沿着气门杆漏入汽缸引起的。

在观察的过程中，还要用经验和理论做出周密的思考和推证，不能为表面现象所迷惑。有些故障现象对于有经验者不是立即就能确定故障原因，除仔细观察外，还可以进行模拟检验，才能由表及里的把握故障现象的本质。

3. 细听异响

用听觉诊断汽车故障是常用的简便方法。当汽车运行过程中，若发动机以不同工况运转时，汽车和发动机整体发出的声音虽然嘈杂，但有一定特点。当某个部位发生故障时，就会出现异常响声。有经验者可以根据发出的异常响声，判断汽车和发动机故障。例如，对发动机曲轴连杆机构、主传动器和传动轴等都可以根据异响判断故障。

汽车和发动机出现故障送修时，往往在停车状态下起动发动机，并使发动机以不同的转速运转，通过听觉检查判断发动机故障；对于底盘故障，可以用路试的方法使汽车以不同工况行驶，检查和听诊汽车故障。对于发动机的疑难故障，还可以借助听诊器和简单器具进行听诊。例如，可用听诊棒探听曲轴、活塞连杆机构以及配气机构的响声；用胶管从量油尺孔中插入到机油盘油面之上，可听清曲轴响声以及听到活塞环对口处的窜气的响声。

4. 触感变化

凭感觉器官来诊断汽车和发动机故障就像中医切脉一样,以传到人体上感觉到的汽车状态来判断故障。例如,凭行车中汽车的振动情况判断悬架系统和减振器的损坏情况;凭脚踏轮胎后的弹力判断出轮胎的气压;凭轮胎的偏斜和摆振情况判断轮毂轴承的紧固情况等。当发现发动机过热时,可用触摸散热器的上部和下部,以判断是节温器损坏还是散热器进水口堵塞;触摸水泵出水口胶管可以感到水流压力波动,说明水泵工作正常。用手指的压力检查传动带的松紧度,用手指感觉燃油泵的工作以及用手摸检查高压油管的供油情况等,都是经常用到的方法。

5. 辨嗅气味

汽车上不同的气味也代表着不同状态。例如,发动机排气的异味,表示发动机烧机油和发动机燃烧不完全。非金属材料烧糊的特殊气味,表示离合器摩擦片烧损或电线烧毁,要认真检查某处有无冒烟现象,或抚摸某处是否发热,以确定故障部位。发动机机油渗漏到运转的发动机上,温度高时会有异味;机油滴落在排气管上会发生更强烈的异味;发动机的异味容易从空调中进入车室中,可以明显嗅到。蓄电池漏电解液时会发出难闻的臭味;如果电解液消耗过多,汽车运行时发电机强行向蓄电池充电,会使蓄电池充电过热,蓄电池冒白烟,臭味更大。汽车上的其他工作介质泄漏,如动力转向机油、变速器油泄漏等都会发出异味,但要仔细辨嗅才能发现。

总之,汽车运行中一旦发生异味,或者异味较大时应停车进一步检查,以查清故障根源,采取相应的措施,使之消除异味,如系汽车故障则应排除或将汽车送修。

6. 试验求证

所谓试验求证就是以试验来证明汽车技术状态的变异程度,以确定故障原因和部位。例如,汽车制动系统不灵,可在汽车静止状态下踩下制动踏板,检测制动系统是否有相应动作。如果还判断不清的话,则可以路试,即在一定速度下进行制动,根据汽车制动后的反应和各制动器发出的响声等情况判断制动系统的故障。同样,对于转向系统的故障,可在原地操纵转向盘,由转向盘到车轮转动的转向动作判断转向系统的故障。如果判断不清,可进行汽车路试。有意识的在弯道上转动转向盘,根据转向反应和发生的异响判断转向系统的故障。对于发动机的故障,可以用不同的转速或加减速发动机,观察运转情况,检测相关技术状态参数。

7. 部件替换

所谓替换就是对可能发生故障的部位用合格的总成和零部件替换可能损坏的总成和零部件。应该指出的是,替换用的备件应是正常可靠的,或者新件也必须是合格品。如果不慎用坏件进行了替换,不但找不到故障,反而会使故障发生部位虚假化,增加诊断的难度,甚至导致或扩大故障范围。

例如,发动机的机油压力指示系统发生故障,初步判断压力感应塞损坏时,用备品替换原车上的感应塞。如果换后立即解决了故障问题,则是感应塞发生了故障。如果换件后故障现象仍然存在,那么故障不在这里。

对于疑难故障,可能要替换的部位很多。例如,对于发动机动力性不足的故障,可以替换新的空气滤清器,再重新试车;对于供油系统的故障,如果初步判断泵油压力不足时,可以替换个新的燃油泵等。汽车维修中有些常用的备品替换件,如大灯、小灯、继电器、熔丝等,遇到相关故障进行替换不失为一种简单、有效和可靠的故障判断方法。但是,合理有效的替换应是在对故障充分分析的基础上进行,应尽量避免盲目乱换,增加不必要的工作量。

8. 分离检查

所谓分离检查就是对电路、气路、油路等具有系统性的结构,分段或隔离进行检查,以确定故障部位。检查可以按照系统从动力源到执行机构的方式进行查找,也可以与前述逆序查找,或从中间向两端开始查找。

例如,对汽车的照明和指示系统的故障,可以按电源-熔丝-开关-继电器-电线-用电器的次序进行检查,即从源沿流的次序隔离查找。而有经验者一般按熔丝、继电器、灯泡、电线通断等次序隔离查找。对于制动系统的故障,可以按制动踏板-真空助力器-制动主缸-制动管路-感载比例阀-制动管路-制动轮缸-制动器的顺序进行检查。对于有经验者常从车轮制动器或制动主缸开始检查,而后检查其他部分;对于转向传动系统的故障,理论上应从转向盘-转向器-转向传动装置-转向车轮的次序进行检查,但也可以从转向传动机构的某处拆开,判断故障在转向器还是传动机构。

9. 局部拆装

所谓局部拆装就是已经判明故障发生在某个总成以后,还不能准确判断具体是哪个零件发生故障的时候,可以按照总成的工作原理,局部拆卸某部分进行检查。

例如,初步判断柴油发动机的某个汽缸不工作,可用单缸断油法来检查,即局部拆卸这个缸的高压油管接头,发动机运转中的转速和响声均发生变化就是表示这个缸工作正常;而无反应则是工作不正常。发动机动力性不足初步判断空气滤清器堵塞时,可以拆下空气滤清器芯,再进行发动机加速试验,如动力性在无空气滤清器情况下恢复,故障就是空气滤清器堵塞。

局部拆装实际上是使正常工作的总成或电路系统失去原来的功能,因此,在非正常工况下此拆装一定要慎重。当涉及安全项目时,要采取相应的安全措施。

三、仪表检测法

1. 车载仪表提示

仪器仪表是汽车故障诊断不可缺少的工具,有条件时应尽量使用。车载仪表可以有效的指示出汽车发生的相关故障。例如,制动警告灯点亮,说明制动系统有故障,应进行查找。汽车电压表指示电器系统的电压值,在行车中也可以准确判断发电机的发电和蓄电池的充电情况;当使用某个电气设备时候,电压表的某些反应可以判断用电设备工作是否正常等。此外,还有其他的故障自诊断系统的提示等。

2. 检测仪表量示

用量器、仪器及设备按照相关标准对汽车或各部件进行参数的量度是故障诊断不可缺少的方法。例如,用汽缸压力表可以测得汽缸压力及确定各缸的压力差;万用表可以检测汽车电气系统及其元器件的电压、电流、电阻等参数;用四轮定位仪测定汽车前轮定位参数;声级计测得汽车和发动机的噪声;烟度计、制动试验台、汽车转鼓试验台等都是汽车维修仪表和测试设备,可进行相关技术状态参数的检查。

四、模式识别方法

(1)统计方法。统计决策与估计理论特别适合于特征数值化的汽车运行状态识别与分析。统计方法对待识别客体可以用一个或一组数值来表征,即从传感器等数据采集装置得到的数据,经相应的预处理后表征该类客体并借以与异类客体相区分的、呈现统计特性的矢量集合。统计模式识别是基于客体的统计特性,研究各种划分特征空间的方法,并判定待识别客体的类属。

(2)句法方法。句法方法亦称结构模式识别,是建立在形式语言和计算机语言研究的成果之上并已发展成独立的科学分支。当待识别客体复杂且类别很多时,将导致统计数据剧增,难以得到表征该模式类的矢量集,或由于维数过高使计算不现实。但通过对模式进行结构描述和分析,可以寻找它们内在的结构特征,即将复杂模式逐级分解为若干简单的、易于识别的子模式的集合,并模仿语言学中句法的层次结构,运用形式语言进行模式识别。

统计模式识别和句法模式识别两种方法的区别,如表7-10所示。

统计方法与句法方法的比较　　表7-10

比较内容	统计方法	句法方法
模式生成基础	概率模型	形式语言
模式分类(识别描述)基础	估计/决策理论	语法分析
特征组织	特征矢量	初始数据和可测关联度
典型学习方法;有监督;无监督	密度/分布估计聚类	形式语言聚类
局限性	难于表达结构信息	难于学习结构规则

第四节　汽车故障诊断信息分析

一、汽车电器电子系统常见故障

1. 故障类型

汽车是多元技术、多种结构、多种材料、多类工艺及多个零件组成的产品,在使用过程中所发生的故障模式多样,机理多变。按照不同的特征进行分类时,其故障种类的数量有很大差别。按电子器件和系统性能故障分类,常见故障类型如表7-11所示。

汽车电器电子器件和系统常见故障及其表现形式　　表7-11

分类对象	故障名称	故障表现形式
电子器件	短路	器件或线路电阻为零
	断路	器件或线路电阻为无限大
	烧蚀	电流过大造成的器件损坏、端子和导线的氧化
	击穿	电压过高造成的器件损坏
	漂移	电器工作参数不稳定的现象
	过热	电流过大或散热不良造成的器件温度升高
	衰退	电器工作参数由于长时间工作而改变

续上表

分类对象	故障名称	故障表现形式
系统性能	失速	发动机自动熄火的现象
	无力	汽车或发动机动力不足
	缓升	汽车或发动机升速缓慢
	迟滞	汽车或发动机等总成对控制指令的响应时间长
	抖动	汽车或发动机等总成速度忽高忽低,且变化频率较快的现象
	波动	汽车或发动机速度在一定范围内变化,且变化频率较慢的现象
	打滑	汽车速度不随发动机转速升高而增加的现象
	过热	发动机或其他总成工作状态失调引起的温度升高
	振动	汽车、发动机等受不平衡力作用而产生的振动
	异响	工作过程中不正常的噪声
	超标	不符合标准(如,汽车及发动机的燃料消耗高)
	失标	设定的标准值(参数或位置)发生变化
	失信	无信号、无电压、无电流、无压力等
	失控	汽车、发动机或其他总成工作状态不能控制
	失效	汽车、发动机或其他总成不能工作的状态

2. 主要故障

根据2000年德国亚琛工业大学汽车研究所对1995年至1999年欧洲的142300辆汽车进行的电子元件及控制系统故障调查统计数据(表7-12),电子系统发生故障率比机械系统要高;并且,随着电子系统复杂程度的增加,故障发生的趋势变大。调查报告还显示,当汽车电控系统发生故障时,故障指示灯不闪亮的几率是11.8%。

根据2000年德国大众汽车公司的调查结果,在汽车电子系统故障源中,纯电子部件,如晶体管、集成电路和控制器等,故障率最小,仅占整个汽车故障发生的10%;其次是传感器与执行器,占15%;最大的故障源是电子器件的连接部分,特别是配线和连接器的故障,一般为导线折断、导线与连接器接触不良、连接器端子被拔出或没有插到底或配线搭铁等,占故障发生率的60%;其他故障原因占15%。

汽车电控系统主要故障比例 表7-12

故障发生部位	故障发生数量	故障发生比例(%)
ABS	2134	1.5
安全气囊	1707	1.2
发动机传感器	7542	7.2
警报系统	8538	6
电子控制单元	2846	2
故障总数	22767	16

二、故障诊断基本要求

1. 分析系统特点

1)设计特点

根据汽车电器设备与电子系统种类的不同,各有其相应的组成和工作原理,在进行电器设备与电子系统检修之前,检测人员应熟悉最基本的汽车电器设备与电子系统知识。例如,汽车线束中常配置易熔导线以保护线束,而不是保护某个特定的电器。需要特别指出的是,易熔导线不是熔断丝,它与熔断丝的不同之处在于其熔断反应较慢,是导线形式的保护器件。当易熔导线发生保护性熔断后,不像熔断丝那样容易发现,有些甚至在线束内,查找故障时要特别注意。除极个别情况外,所有电控汽车均是多用单线制连接,而以车身金属结构作为公共地线,所有电器均以"搭铁"形式与其连接。但是,电控系统元器件的接地,一般都与电器件接地分开。

2)控制特点

在汽车上已经得到广泛应用的计算机控制系统有:电控燃油喷射系统、自动变速器控制系统、防抱死制动系统、安全气囊系统、巡航控制系统、防侧滑系统及主动悬架系统等,甚至空调、音响等附属设施也用计算机进行集成控制。汽车控制的电子化给汽车操控提供便利的同时,也带来了新问题。一方面,汽车电控系统日趋复杂,使得汽车故障诊断日益困难;另一方面,电子控制系统的安全容错处理要求提高,汽车不能因为电子控制系统自身的突发故障导致汽车失控或者不能运行。针对这种情况,在进行汽车电子控制系统设计时,增加了故障自诊断功能模块,它能够在汽车运行过程中,不断监测电子控制系统各组成部分的工作情况,如有异常,根据特定的算法判断出具体故障,以故障码形式存储,同时启动相应故障运行模块功能,使有故障的汽车也能被驾驶到维修厂;维修人员可以利用汽车故障自诊断功能调出故障码,对故障进行快速定位和排除。

故障自诊断系统的监测对象是电控汽车上的各种传感器、电子控制系统以及各种执行元件,故障判断正是针对上述对象。故障自诊断系统共用汽车电子控制系统的输入信号,在汽车运行过程中监测输入信息。当某信号超出了预设的范围值,且在一定时间内不消失,故障自诊断系统便判断该信号对应的电路或元件出现故障,并把该故障以故障码的形式存入内部存储器,同时点亮仪表盘上的故障指示灯。

针对传感器、控制系统及执行元件的故障,故障自诊断系统采取不同的处理方法:

(1)当某传感器或电路产生故障后,其信号就不能再作为汽车的控制参数,为了维持汽车的运行,故障自诊断系统便从其程序存储器中调出预先设定的参数值,作为控制过程的输入参数,保证汽车可以继续工作。

(2)当电子控制系统自身产生故障时,故障自诊断系统便触发备用控制电路对汽车进行简单控制,使汽车可以开到维修厂。该功能被称作故障运行,又称"跛行"。

(3)当执行器件出现可能导致其他器件损坏或严重后果的故障时,为安全起见,故障自诊断系统采用预设的安全措施,自动停止某些功能的执行,这种功能称为故障保险。如:当点火电子组件出现故障时,故障自诊断系统就会切断燃油喷射系统电源,使喷油器停止喷油,防止未燃烧混合气体进入排气系统。

3)运用特点

(1)温度与湿度。温度的变化包括两个基本方面:一是外界环境温度,我国的气温变化

范围是 -40 ~ +40℃,二是条件使用温度,它是与汽车工作时间的长短、电子线路布置的位置及其自身的发热、散热条件等密切关联,例如,发动机冷却水温度可达 100℃以上,仪表板内壁温度可达 60℃以上,而排气管内温度可达 600℃以上(氧传感器即置于此)。对于电子元件来讲,这样高的使用温度往往是造成过热损坏的主要原因之一。除此之外,在寒冷地区工作的汽车,温度升速率较大,例如,汽车在寒冷地区起动后立即行驶,各部分温度急剧变化,冷却液温度从室外的 -30℃到起动 10min 后升到 +80℃左右,发动机油温也在起动 30min 后升到 80℃左右。所以电子设备的安装要考虑到所安装位置的温度环境。

湿度会增加水对电子元件的浸润作用,使电子元器件的绝缘性能下降,加速老化。

(2)电压波动。电压的波动来自两个方面,即电源电压波动和瞬时过电压。汽车电源波动是由于蓄电池放电程度不同,其输出电压变化较大,同时发电机调节器是用通、断的方式来控制发电机励磁电流,使输出电压在标准电压附近上下波动。这个波动范围应是从蓄电池端电压到调节器起作用的电压之间。例如,使用 12V 电源的汽车,低温起动时其蓄电池端电压可低到 9V,而发电机高速运转时,则可达 14.5V。

瞬时过电压是指由于电磁感应在短时间内产生的较高电压,也称脉冲电压。瞬时过电压产生的因素很多,主要是由于电器工作时的开关过程、触点的断合、点火脉冲等引起的。瞬时过电压的峰值虽然很高,但持续时间很短,对电器设备危害不大,但对电子元件危害较大。

(3)电磁干扰。现代汽车上的各个电器工作方式不同,因此,它们之间会产生电磁干扰。如点火系统、开关电磁器件等形式的脉冲,即是电磁干扰。通常所有汽车电器能在车上共同工作而不干扰其他的电器,同时也能抵抗其他电器干扰的能力称为汽车电器的相容性。

事实上,由于汽车电器间的相互干扰不可避免,因此,对汽车电子电路来说,重要的是电磁相容性。任何因素激发出的电路中的振荡,都会通过导线等以电磁波的形式发射出去,不仅干扰收音机、通讯设备,而且也会对车上具有高频响应特点的电子系统产生电磁干扰。因此,汽车上应用计算机(控制器)等电子设备,都应具有良好的电磁屏蔽措施,一旦屏蔽损坏,也会导致工作异常。

除车内干扰外,车外的收发两用机之类的无线电设备、雷达、广播电台等发射无线电波,也会干扰汽车上的仪器,甚至使电子控制装置失控。

(4)其他环境。振动和冲击是汽车行驶的特征,对电子设备的破坏是机械性的,容易造成脱线、脱焊、触点抖动、搭铁不良等现象。除此之外,汽车还会受到水、盐、油及其他化学物质的危害。

2. 基本诊断程序

诊断一般应遵循由表及里、由简到繁、先易后难的原则,按系统、分部位、分阶段的顺序分析,逐步缩小检测诊断范围。在未查出确切的故障原因与部位之前,切忌盲目拆卸与更换部件。正确地掌握诊断故障的程序,可以节省时间、人力和材料。因此,为了高效、准确地进行故障诊断,必须认真执行基本的诊断程序,即"问、查、试"。虽然与传统的诊断方法"看、闻、听、问、试"五个基本步骤有相似的地方,但是在诊断中所要求的操作内容不同。

1)问——了解故障产生状况

在进行故障诊断时,首先要对车辆产生故障时的状况进行询问。一般来说,驾驶员对自己的车辆状况了解得比较全面,可以提供故障产生的相关信息。在"问"时,要寻找关键、重要的现象询问,并且对驾驶员的回答要去伪存真,这需要检测人员掌握扎实的理论知识和丰富的实践经验,并对车辆基本结构、工作原理和使用性能有透彻的理解。

2)查——掌握车辆的具体状况

“查”是对车辆状况的基本检查,可获得车辆状况的基本信息。“查”是将传统诊断方法的“看、闻、听”进行综合,并结合必要的仪器检测。

对于“看”,主要有以下内容:

第一,检查仪表板上各种故障指示灯的亮灭。这可以初步判断是电控系统的故障,还是机械系统的故障。例如,轿车怠速抖动,加速性能不良,油耗大,无故障灯显示。通过检查发现,空气流量计导流网积尘,清洗后加速性能恢复正常。又如,轿车 ABS 灯点亮,这似乎是大故障,但经检查发现就是制动液缺少,补充制动液后故障灯熄灭。

第二,常规的“油、液、媒”的检查。即对发动机油、自动变速器油、转向助力油、齿轮油、制动液、冷却液以及空调冷媒的检查,其性状的变化反应了某些故障现象的存在。例如,轿车的自动变速器油液变紫,而且有少量的混浊物,导致行车中动力不足,加速慢。因此,自动变速器可根据油液的颜色初步断定故障的原因是自动变速器,而不是发动机动力不足。

采用“闻”的方法进行故障诊断,是一种辅助的判断。如通过对油液的“闻”可知油液的品质及系统基本的工作情况;对发动机的排气体的“闻”,可以初步判断发动机的工作情况,从而为故障判断提供辅助依据。比“闻”诊断方法的更精确的是各种分析仪,如废气分析仪、润滑油品质分析仪等。此外,“听”也同样是一种辅助的故障判断方法,主要是针对机械故障。

除了以上基本检查外,还要用仪器仪表进行深入的检测。对具有自诊断功能的汽车,可以利用不同的方法读取故障码和相关的故障状态信息。

3)试——确认车辆运行状态

如果对诊断情况没有感性认识,那么对故障的认识深度也会不足,而且判断的准确性也会有偏差。“试”有助于进一步确认故障部位和原因,是进行故障诊断的关键环节。“试”包括实际运行试验,也包括模拟试验。

以上诊断步骤可以采用交叉或循环进行,并且各阶段的诊断结果相互补充和印证。

3. 检查注意事项

(1)对传统汽车电器故障进行诊断检查时,往往可以用“试火”的办法逐一判明故障部位与原因。但是,汽车电控系统有许多电子元器件,不允许使用这种方法。因为“试火”产生的过电流,会给某些电路或元件带来意想不到的损害。因此,对汽车电控系统检测必须借助一些仪表和工具,并按规定的方法进行。

(2)不允许使用万用表的 R×100 以下低阻挡检测晶体管,以免造成电流过载。

(3)拆卸蓄电池电缆时,应先拆负极;安装蓄电池电缆时,应最后连接负极;应确保点火开关或其他开关都已关闭才可进行蓄电池拆卸,否则可能导致电子器件的损坏。

(4)更换烧坏的熔丝时,应使用相同规格的熔丝。用比规定容量大的熔丝,可能会导致电器元件损坏。

(5)靠近振动部件的线束应用卡子固定,将松弛部分拉紧,以免由于振动造成线束与其他部件接触;与尖锐边缘磨碰的线束部分应用胶带缠起来以免损坏。

(6)安装固定零件时,应确保线束不被夹住或被破坏。

(7)安装插接件时,应确保接插头牢固。

(8)检查操作时应采取防静电措施,避免对电子元器件的损伤。

三、故障码分析

OBD-Ⅱ系统可以采集汽车运行状态和控制参数等数据，这些数据包含着可用于故障诊断的信息。在应用这些故障信息进行故障诊断时，无论是应用故障码还是检测数据，都应针对故障症状所对应的工况，掌握工作状况监测机制和控制过程原理，使故障诊断建立在系统工作原理和传感器作用基础之上。但是，车载诊断系统仍然有监测不到的故障信息，或由于虚假信号及干扰信号造成的控制性能变异。当监测系统根本没有识别到这种差异时，还需使用示波器、废气分析仪和点火系统检测分析仪等对信号进行直接测量，以进一步验证输入信号的正确性和相关元器件的正常。根据工作原理并结合检测数据进行故障诊断，是电控系统故障诊断的最有效方法。

1. 故障码设定

故障码的设定是有一定条件的，即当自断系统检测到某一个或几个信号超出其设定条件时，计算机将产生故障码。通常汽车对故障码的设定主要有以下几种方法：

（1）阈值判定法。当输入信号超出规定的数值范围时，自诊断系统确认该输入信号出现故障。例如，水温传感器设计在正常温度范围 30 ~ 120℃内，输出电压为 0.3 ~ 4.7V。当检测出信号小于 0.15V 或大于 4.85V 时，判定为冷却液温度传感器信号短路、断路或传感器损坏故障。

（2）频率判定法。当输入信号在一定的时间没有发生变化或变化没有达到预先规定的次数，诊断系统就确定该信号出现故障。例如，氧传感器输出信号不仅要求有电压，而且要求有电压的变化，即要求电压的变化频率在一定时间内要超过一定的次数，某些车型要求要达到 8 次/10s。当小于此值时其故障自诊断系统会产生故障码，表示传感器响应过慢。

（3）状态判定法。当计算机向执行器发出指令后，检测相应的传感器或反馈信号的输出参数变化。若没有按照程序规定的状态变化，就确定有故障。例如，发动机控制单元发出开启废气再循环阀（EGR）命令后，检测进气压力传感器输出信号是否有相应变化，用以确定 EGR 阀有无动作。

（4）逻辑判定法。对两个或两个以上具有相互联系的传感器进行数据比较，当发现两个传感器信号间的逻辑关系违反设定条件时，就断定其一或两者有故障。例如，电控单元检测到发动机转速大于 3000r/min，而节气门位置传感器输出信号小于 5%，对于发动机这种关系不可能存在，就判定节气门位置传感器出现故障。

2. 故障码读取

故障码存储在随机存储器 RAM 中，它既可以长期保存，又可以随时清除。读取故障码的主要方式有：按照一定程序触发 ECU，故障码的仪表板上故障灯闪烁的方式显示；由仪表板上的显示屏直接显示故障码的数字和信息资料；跨接诊断座上某两个端子，用跨接指示灯的闪烁来读取故障代码；用专用检测仪连接到诊断座上，直接读取故障代码。

在上述四种方式中，故障码信息的显示方式实际上是两类，即故障灯或跨接指示灯的模拟显示；仪表板或扫描仪显示屏的数字显示。

1）故障灯指示

自诊断系统检测到的故障码，通过故障指示灯（MIL）闪烁时间的长短和次数来显示故障码。如果有多个故障信息，MIL 将按由小到大的顺序依次闪示。其中的代码所表示的故障，可以查阅维修手册，不同厂家或不同车型不尽相同。

2)扫描仪读取

扫描仪(Auto Diagnostic Scanning Tool)俗称解码器,分专用型和通用型两类。

(1)专用型扫描仪。各汽车生产厂家设计的专用型扫描仪,主要是为检测本公司所生产的指定车型。例如,福特公司的 STAR-11、克莱斯勒公司的 DRB-11、大众汽车公司的 V. A. G1551 和 V. A. G1552 及奔驰公司的 STAR2000 等。

专用型扫描仪除了可以准确读取故障码、清除故障码、动态数据分析、电脑编程匹配、元件测试、及时的升级,还可以对新车的各种新系统进行诊断。为配合检测工作,厂家一般还提供了详尽的原厂维修资料,如电路图、元件位置图、诊断步骤、技术服务公告、拆装图、维修步骤以及各种准确的技术参数等。

(2)通用型扫描仪。分为进口解码器和国产解码器两大系列。进口解码器常见的有美国施耐保(Snap-On)公司生产的 SCANNER(俗称红盒子)和欧瓦顿勒工具公司(Owatonna Tool Company)生产的 OTC 解码器,用于检测欧洲车的 EAAT3000 解码器及 Datascan OB91 解码器,与 OBD 自诊断系统相配套的各型 OBD-Ⅱ解码器。国产解码器主要有元征、修车王、金奔腾、金德和车博士等。

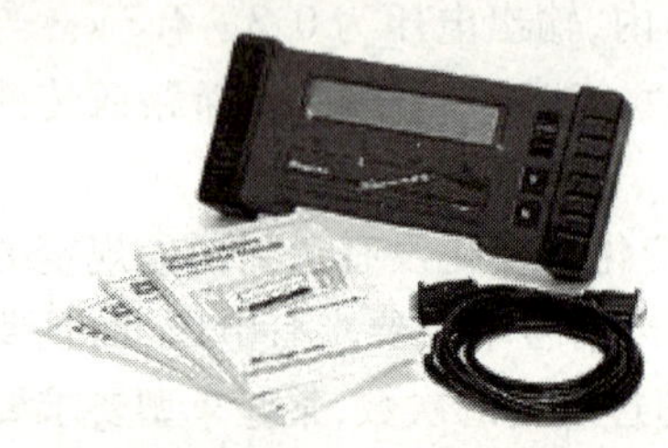

图 7-6　Snap-On 扫描仪

Snap-On SCANNER 是一种通用型诊断仪,如图 7-6 所示。可检测美洲、欧洲和亚洲的多种车型,如 BENZ、BMW、GM、FORD、CHRYSLER、JEEP、TOYOTA 和 VOLVO 等车型。测试的系统包括发动机、自动变速器、安全气囊、制动防抱死系统、车身防盗、空调和巡航系统等。具有读取故障码、清除故障码、动态数据分析和元件测试等功能。SCANNER 除可以读取存储在汽车计算机中的各种故障码、数据和特定参数外,在一些新的汽车系统中,SCANNER 还具有执行测试、参数更改和基准匹配等功能。

使用解码器读取故障码时,接好诊断接口线并按解码器提示的方法进行操作,就可读取故障码及有关故障码的解释。

3. 故障码清除

故障码储存在随机储存器(RAM)中,随机储存器与电源直接相连,使故障码长期保存。清除故障码需断开专门的与随机储存器连接的电路或者直接断开蓄电池。利用解码器清除故障码记忆时,可直接通过操作解码器上的按键,对记忆的故障码进行清除。

4. 故障码判别

1)故障码类型

故障码分为历史故障码和当前故障码两种。

(1)历史故障码又称间歇性故障码,它是过去发生但还未被清除的故障码。历史故障码的产生有两种情况:一种是故障已经排除,只是故障码未被清除。这类故障码被清除后,就不会再次产生。另一种是故障并未排除,只是当前没有发生。这类故障码被清除后,当故障再次发生时还会出现。所以,只有在彻底排除故障后,才能完全清除故障码。

(2)当前故障码是当前存在的故障所产生的故障码。对于持续性故障产生的当前故障码,不会被清除。

当前故障码是当前确实存在的故障,比较容易判断。而历史故障码比较难以诊断,因为历史故障码只是曾经发生的故障,而现在没有重现故障产生时的状态。对于历史故障码可能需要很长时间来监测其重现，或需要人为地创造可重现故障的条件，如进行加热或震动等。同时，还需要利用仪器监测故障出现瞬间各种状态数据参数的变化。因此，一般先解决当前故障码，而对于历史故障码作为故障诊断的参考。

2）故障码判别

历史故障码和当前故障码可以通过以下方法来判断：(1)读取全部故障码；(2)清除所有故障码；(3)选择相应的监测循环进行路试；(4)再读故障码。

第二次读出的故障码是当前故障码，第一次读取时存在，而第二次读取时没有的故障码，则是历史性故障码。

5. 故障码应用

1）应用方式

如果有与传感器相关的故障码存在，则应根据维修手册提供的故障码诊断流程进行检测，以确定故障部位。这是由于有些故障码的产生由其相关信号的状态来确定的，通过检测可以进一步确定故障部位。

如果有与执行器相关的故障码存在，则可以应用执行器状态检测模式测试执行器件的动作情况。如果属于性能劣化类故障码，例如，没有达到目标怠速、缺火和燃油系统混合比不正常，则应读取故障码所对应的现场数据记录，并进行相应的故障原因分析及部位确定。部分 OBD-Ⅱ故障码定义见表 7-13。

部分 OBD-Ⅱ故障码定义 表 7-13

故障码	故障定义	故障码	故障定义
P0101	空气流量计检测到的进气量不足	P0203	第三组喷油器控制线路不良
P0106	发动机起动时进气压力传感器无信号	P0204	第四组喷油器控制线路不良
P0107	进气压力传感器电压太低，断路或搭铁	P0300	发动机间歇性熄火
P0108	进气压力传感器电压太高，短路或真空度低	P0335	主控单元无法获得曲轴传感器信号
P0112	进气温度传感器电压信号太高	P0340	主控单元没获得凸轮轴传感器信号
P0113	进气温度传感器电压信号太低	P0406	EGR 位置传感器信号不良
P0117	发动机冷却液温度传感器电压信号太高	P0500	主控单元无法获得车速信号
P0118	发动机冷却液温度传感器电压信号太低	P0712	变速器油温太高
P0122	节气门位置传感器电压信号太低	P0713	变速器油温太低
P0123	节气门位置传感器电压信号太高	P0780	换挡信号不良
P0131	氧传感器信号电压太低，混合气稀	P0781	1-2 换挡故障
P0132	氧传感器信号电压太高，混合气浓	P0782	2-3 换挡故障
P0201	第一组喷油器控制线路不良	P0783	3-4 换挡故障
P0202	第二组喷油器控制线路不良	P0784	4-5 换挡故障

2）局限性

虽然故障码在排除故障过程中可起到一定作用，但是故障码也有局限性，主要有以下几方面原因：

(1)自诊断系统一般只能监测电控系统的故障，而对于机械系统很难发挥作用，所以，当汽车上各总成或机构中各种零件产生大量的自然磨损、变形、老化、疲劳及腐蚀时，自诊断系统不能起到诊断的作用。例如，发动机的配气相位失常、气缸压力下降、空气与燃油供给系统密封不良等;自动变速器的行星齿轮机构工作失常、液压控制系统堵塞、渗漏、压力不正确、各种阀门工作不良、换挡执行器运动不良等故障;电控执行器中的怠速控制阀、喷油器、电动燃油泵等因机械磨损等产生的各种功能故障。

(2)故障码与故障现象之间关系不确定。对于同一故障码,会有不同的现象。例如,出现进气温度传感器故障码时,只是表明与温度传感器相关元器件等出现了故障,进气温度传感器或线路有故障,但不一定能准确判定是哪个部件。有时,对应于这个故障码却不一定有故障存在,也可能是因为外界干扰、误操作或虚假信号的影响。

(3)有故障现象时,不一定有故障码。这是因为故障码是由自诊断系统定义,凡未定义故障都无法产生相应的故障码。当存在机械故障时,故障现象比较明显,但自诊断系统却不一定产生故障码。

整个控制系统是由许多子系统、各种传感器、执行器、电源及电路组成,故障码所包含的内容不单指该传感器或执行器出现故障,另外也表示该子系统的信号出现不正常的现象。至于故障产生的原因则可能出现在系统的任何一部分,如器件、接头、线路或电控单元。在使用自诊断系统提供的故障码时,必须综合分析工作原理、故障现象、元器件性质及设计参数等,才能正确判明故障产生的部位和原因。

四、数据流分析

数据流是指用检测仪器在特定时间所检测到的车辆运行状况参数记录数组。目前,国内外生产的乘用车的ECU中都有丰富的数据流存储与调用功能,但各个制造厂或检测仪器生产商提供的数据流结构各不相同。

1.格式与参数

1)序列式结构

别克系列数据流具有美洲车系数据流显示内容的主要特点,即参数全、数量多,有利于全面了解发动机及相关控制系统的工作状态。但是,数据量大,又给快速对比分析带来不便。别克系列电控发动机运行状态部分数据流列表,检测条件为:发动机怠速、冷却液温度达到正常温度、节气门关闭、驻车或空挡位置、附件关闭及未踩制动踏板见表7-14。

别克系列电控发动机运行状态的部分数据流及参数定义　　表7-14

序号	参数名称	单位或状态	典型数值	参数定义
1	3X曲轴传感器	r/min	变化	发动机转速1200~10000r/min时,转速计算信号。该信号从7X脉冲计算得到并通过点火装置控制模块ICM传送到动力系统控制模块PCM,用其计算发动机转速高于1200r/min时触发喷油器的脉冲
2	24X曲轴传感器	r/min	变化	发动机转速为0~1600r/min时的转速信号。24X信号输入到动力系统控制模块,计算得到的发动机速度应该与3X信号计算的发动机转速一致
3	空调高压压力	kPa/V	变化	显示数据范围为0.0~7.0V。空调系统制冷剂压力传感器信号,压力值表示空调A/C压缩机对发动机施加的负载。动力系统控制模块用该信息调整怠速并控制冷却风扇
4	空调继电器电路状态	正常/故障/无效状态	正常	显示正常(OK),故障(Fault)或无效状态(Invalid State),这些参数表示控制电路的状况

续上表

序号	参数名称	单位或状态	典型数值	参数定义
5	空调 请求信号	是/否	否	显示是或否。表示来自暖风和空调系统的控制请求输入状态,动力系统控制模块用空调(A/C)请求信号来决定是否请求空调(A/C)压缩机工作
7	空燃比	比例	14.2:1～14.7:1	显示0.0～27.4范围的数值。空燃比表示动力系统控制模块指令值。在闭环中,正常空燃比应大致在14.2～14.7之间;较低的空燃比表示较浓的混合气,可以在(混合气加浓)动力增强或三元催化转换器(TWC)保护模式时检测到;较高的空燃比值表示较稀的混合气,可以在减速模式时检测到
8	大气压力	kPa/V	65～110kPa	显示10～105kPa(或0.0～7.0V)范围的数值。大气压力数据由进气歧管绝对压力(MAP)传感器信号确定,该信号在节气门全开(WOT)状况时监控大气压力,用于调整燃油供给和点火提前,以补偿海拔高度的变化
10	空调 继电器命令	接通/断开	断开	显示ON(通)或OFF(断)。表示空调压缩机离合器继电器驱动器电路的控制指令状态。空调压缩机离合器被命令接合时,显示ON(通)
11	燃油泵 继电器命令	接通/断开	接通	显示ON(开)或OFF(关),表示燃油泵继电器控制电路的控制)指令状态
12	变速器挡位	挡位	驻车(P)	显示0～4范围的整数值。表示变速器所处的挡位
13	缺火循环数	计数	0～99	显示计数0～99范围的数值,表示发动机缺火次数
14	气缸1～6 喷油器电路	正常/常开/常关	正常	显示正常、常开或常关。这些参数描述每个喷油器的控制状态
15	减速 燃油切断	启用/ 未启用	未启用	显示启用或未启用。如果动力系统控制模块检测到的状态与减速燃油模式中操作相适合,则显示启用。当汽车行驶速度超过40km/h(25mile/h)时节气门位置突然减小,动力系统控制模块将指令减速燃油模式。在减速燃油模式时动力系统控制模块(PCM)将进入开环以及减小喷油器脉冲宽度,以便减少燃油输送量
17	期望怠速	r/min	由动力 系统控制	显示0～3187r/min范围的数值。表示动力系统控制模块指令的怠速值。动力系统控制模块基于发动机冷却液温度和发动机负荷等因素,将发动机保持在理想的怠速速度
—	—	—	—	—
42	燃油 修正学习	有效/无效	有效	显示有效或无效。当状态与长期(LT)燃油调节校正有效相适合时,燃油调节学习将显示有效。它表示长期燃油调节与短期(ST)燃油调节相对应;如果燃油调节学习显示无效,长期燃油调节将不与短期(ST)燃油调节相对应
43	氧传感器1	mv	0～1000 变化	显示0～132mV范围的数值,表示氧传感器输出电压。在闭环控制时,应在10mv(稀混合气)与1000mv(浓混合气)间有规律波动
44	怠速空气 控制位置	COUNTS	变化	显示0～255计数值。计数值大表示指令通过怠速空气通道的空气量多。怠速控制应能非常快速地随发动机负荷改变,以保持理想的怠速转速

续上表

序号	参数名称	单位或状态	典型数值	参数定义
47	点火模式	点火控制 IC/备用	点火控制	显示备用(BYPASS)或点火控制(IC)状态。表示从动力系统控制模块(PCM)备用信号输出的指令状态。当显示备用状态时,点火装置控制模块(ICM)控制点火提前角固定在上止点前10°(10°BTDC)。显示点火控制(IC)时,表示动力系统控制模块已请求点火提前角控制(IC模式)。点火装置控制模块(ICM)基于动力系统控制模块(PCM)到点火装置控制模块(ICM)备用电路状态确定正确的工作模式。当动力系统控制模块采用点火控制(IC模式),动力系统控制模块向点火装置控制模块备用电路提供5V电压。如果动力系统控制模块没有向备用电路提供5V电压,或是点火装置控制模块没有接受到,那么点火装置控制模块(ICM)将控制点火正时
48	喷油脉宽	ms	变化 1.5~3.5	显示0~1000mV。表示在发动机每个循环中,动力系统控制模块指令每个喷油器接通的时间。喷油器脉宽越大,喷射的燃油越多。喷油器脉冲宽度(IPW)应随发动机负荷增加而增大
49	爆震延迟	DEG	0	显示0.0~27.4°的数值。表示动力系统控制模块为响应爆震传感器(KS)信号而使点火控制模块减小的点火提前角的数量。当牵引力控制启用时,来牵引力控制模块的牵引力控制系统理想转矩信号,可能导致爆震延迟(Knock Retard)显示大于0.0°的值
50	长期燃油修正	%	0~10	显示-10%~+10%范围的数值。长期(LT)燃油调节由短期(ST)燃油调节值得到,并表示燃油传输的长期校正。0%的值表示燃油喷射量不需要补偿,以保持动力系统控制模块指令的空燃比。远低于0%的负值表示混合气过浓应减小燃油喷射量(喷油器脉冲宽度减小)。远高于0%的正值表示混合气过稀应进行燃油补偿(喷油器脉冲宽度增加)。因为长期燃油调节趋于遵循短期燃油调节;怠速时,炭罐清洗而引起的负数范围内的值应认为是不正常的。动力系统控制模块最大控制长期燃油调节认可范围在-10%~+10%。处于或接近极限值的燃油调节值表示混合气过浓或过稀
51	控制状态	开环/闭环	闭环	显示OPEN(开环)或CLOSED(闭环)。闭环表示动力系统控制模块根据氧气传感器电压控制燃油喷射量。在开环控制时,动力系统控制模块不参考氧传感器电压,而根据节气门位置(TP)传感器、发动机冷却液和空气流量传感器输入确定燃油喷射量
52	空气流量	g/sec		显示0.0~512g/s范围的数值,表示发动机进气量。
55	MIL命令	接通/断开	断开	组合仪表中显示ON(开)或OFF(关)。表示故障指示灯MIL的动力系统控制模块指令状态
56	汽缸1~6失火/当前	计数	0	显示0~198计数值。缺火当前计数值表示在最近200个曲轴转数中,检测到的每个汽缸内缺火的次数。计数器显示的数字为实际检测到的缺火事件数的两倍。计数通常可能显示某些启动数字,但这数字很小,所有汽缸接近相等
57	汽缸1~6失火/历史	计数	0	显示0~65535计数值。缺火历史记录计数器表示在每个汽缸中检测到的总缺火水平。计数器显示的数字为实际检测到的缺火事件数的两倍。在缺火诊断故障码(P03000)启用前,缺火历史记录计数器不会更新或有任何动作。缺火测试检测到故障时,缺火历史记录计数器将在曲轴每转200转更新一次

续上表

序号	参数名称	单位或状态	典型数值	参数定义
58	动力加浓	启用/未启用	未启用	启用表示动力系统控制模块已检测到适合于动力增强操作模式的条件，即当节气门位置增加较大以及负荷被检测到时，动力系统控制模块指令动力增强模式。当动力增强时，动力系统控制模块通过进入开环和增加喷油器脉冲宽度来增加燃油喷射量，以防止在加速过程中可能产生的降速
59	短期燃油修正	%	变化	显示 -10% ~10% 的数值。短期燃油调节表示通过动力系统控制模块响应燃油控制氧气传感器在 450mV 极限上下所消耗时间量，以便对燃油喷射量进行短期校正。如果氧气传感器电压主要保持低于 450mV，则表示较稀的混合气，短期燃油将增加到大于 0% 的正数范围，动力系统控制模块将增加燃油供给。如果氧气传感器电压主要保持在极限之上，短期燃油调节将减小到低于 0% 的负数范围，而动力系统控制模块将降低燃油喷射量，以改变浓混合气供油状态。在诸如过长的怠速时间和过高的环境温度条件下，炭罐清洗可能会引起正常操作时短期燃油调节出现负读数。动力系统控制模块最大控制长期燃油调节认可范围为 -10% ~ +10%
60	点火提前角	DEG	-64° ~ +64°	显示 -64° ~ +64°的数值。由动力系统控制模块在 IC 电路上发出点火正时角度指令。负值表示上止点之前（BTDC）或点火提前的角度。正值表示上止点后（ATDC）或点火延迟的角度。因为当备用模式时，点火装置控制模块（ICM）将点火提前角设置在固定的上止点之前 10°。当动力系统控制模块指令 IC 模式时，显示的点火提前角反映实际的正时值
—	—	—	—	—
64	节气门位置	%	0	显示 0 ~100% 的数值，节气门位置开度由动力系统控制模块通过节气门位置传感器电压计算得到。在怠速时，节气门位置为 0%；节气门全开（WOT）时，显示 100%
—	—	—	—	—
66	汽车车速	km/h	0	显示范围 0 ~255km/h，由车速传感器信号获取
—	—	—	—	—
71	故障码数	计数		显示当前汽车电脑中储存的故障码数
—	—	—	—	—
82	燃油修正单元		CELL #	燃油调整单元取决于发动机的转速以及流量传感器的读数，一个以转速对应于流量的图表分成 10 个单元。燃油调整单元表明目前运行所在的单元
83	氧传感器 2	mV	0 ~ 1132mV	表示监测催化转化器的氧传感器输出电压。如果催化转化器正在有效地工作，那么氧传感器 1 的信号要比氧传感器 2 所产生的电压高。当 PCM 检测到氧传感器 2 的电压超过一定水平，则表明催化器已不再有效地工作
84	氧传感器加热器命令	接通/断开	断开	加热型氧传感器需要在一定的温度上才能工作，一般在冷起动时，为了使发动机尽快进入闭环状态，必须对氧传感器进行加热，使其进入工作状态。通常状态下显示为 OFF

续上表

序号	参数名称	单位或状态	典型数值	参数定义
85	巡航禁止信号	是/否	是	显示“是”，表明 PCM 正在禁止巡航控制运行。在怠速时，应该显示“是”
86	巡航控制启用	是/否	否	表示巡航控制器输入状态。巡航打开时，不应该显示“是”，除非汽车是在巡航控制模式下运行

数据流参数的定义是利用数据流进行故障诊断的基础，只有正确理解参数的定义，才能有效地利用检测获得的数据结果。

2）组块式结构

用 VAG1552 型扫描仪可以直接测试大众系列各种车辆的运行数据，如奥迪 A4、A6、A8 和 C5，奥迪 100 和 200，捷达系列，宝来系列，桑塔纳系列及帕萨特系列等。用大众系列专用扫描仪检测数据的主要特点是：以数据块的方式显示检测结果；每组数据之间是相互关联的参数，有助于故障诊断。但是，显示器中没有数据说明，阅读非常不方便。V. A. G. 1552 型扫描仪可检测的系统及地址代码，如表 7-15 所示。

V. A. G. 1552 型扫描仪可检测的系统及地址代码 表 7-15

序号	地址码及其检测系统	序号	地址码及其检测系统
1	00 自动测试（查询和显示所有故障记忆）	15	34 悬架自动调平控制系统
2	01 发动机电控系统	16	35 中央门锁控制系统
3	02 自动变速器电控系统	17	36 驾驶员座椅调整控制系统
4	03 制动防抱死控制系统（ABS）	18	37 巡航控制系统
5	08 全自动空调/暖风电控系统	19	41 柴油泵电控系统
6	12 离合器电控系统	20	45 内部扫描系统
7	14 减振电控系统	21	51 电驱动
8	15 安全气囊控制系统	22	55 前照灯视野控制系统
9	16 动力转向控制系统	23	56 收音机与音响
10	17 仪表板	24	61 蓄电池控制
11	18 停车加热辅助电控系统	25	65 轮胎气压检测
12	24 驱动防滑控制系统	26	66 座椅 P 后视镜调整
13	25 防盗控制系统	27	71 蓄电池充电系统
14	26 电动车顶控制系统	28	76 辅助停车

每辆汽车具有哪些地址码可以查询，取决于车辆系统的配置。例如，捷达前卫（Ci）配备二气门电控发动机，可检测地址码 01 和地址码 25 所代表的系统；捷达王 AT，除了可检测地址码 01 和 25 以外，还可检测地址码 02 和 03 所代表的系统；对帕萨特与奥迪 A6 可用的地址码更多，所代表的系统也多，如表 7-16 所示。

V. A. G. 1552 型扫描仪可检测的常见车型的控制系统　　表 7-16

地址码及其系统	捷达			桑塔纳 2000			帕萨特 1.8			奥迪 A6		
	Ci	GTX ABS	AT	GLi	GSi	GSi 俊杰	GLi	GSi	T	1.8	2.4	2.8
01-发动机	●	●	●	●	●	●	●	●	●	●	●	●
02-自动变速器	—	—	●	—	—	●	—	●	—	—	●	●
03-ABS	—	●	●	—	●	●	—	●	●	●	●	●
08-全自动空调	—	—	—	—	—	—	—	—	—	●	●	●
15-安全气囊	—	—	—	—	—	—	—	—	—	●	●	●
18-停车加热	—	—	—	—	—	—	—	—	—	—	—	●
24-驱动防滑	—	—	—	—	—	—	—	—	●	—	●	●
25-防盗系统	●	●	●	—	●	●	●	●	●	●	●	●
35-中央集控锁	—	—	—	—	—	—	—	—	—	●	●	●
37-巡航系统	—	—	—	—	—	—	—	—	—	—	—	●
55-收音机与音响	—	—	—	—	—	—	—	—	—	●	●	●

不同的车型可显示的数据组的多少不同，仅就发动机控制系统（地址代码 01）而言，捷达前卫（Ci）可显示 13 个数据组，捷达王（GTX）可显示 20 个数据组，高尔夫只显示 5 个数据组，奥迪 A6（1.8T）可显示多达 28 个数据组。一般情况，每个数组由 4 个参数组成，并同步显示。用 V. A. G. 1552 扫描仪检测桑塔纳 2000GSi 数据组 01 数据块的显示内容，如图 7-7 所示。

Read	measuring	value	block　1→
815r/min	2.0ms	2.5°	13.0°BTDC

图 7-7　桑塔纳 2000GSi 数据组 01 数据块的显示内容

数据组 01 显示的内容是，第一段：发动机转速为 850r/min；第二段：喷油脉宽 2.0ms；第三段：节气门开度为 2.5°；第四段：点火提前角 13.0°。这个数据组中每个参数值是否正常，可与维修手册所提供的正常范围数据进行比较。对于图 7-7 所示检测结果的标准数据如下：

（1）发动机转速：正常怠速值为 800 ± 30r/min。若超出规定值，则应检查怠速。

（2）喷油脉宽：怠速时正常值为 1.0 ~ 2.5ms。若小于 1.0ms，可能是进气系统有泄漏或燃油系统压力过高。

（3）节气门开度：怠速时，正常值为 0 ~ 5°。若大于 5°，可能是节气门控制部件没有进行系统基本调整、节气门拉线过紧或节气门控制部件损坏。

（4）点火提前角：怠速时，正常值为 12° ± 4.5°。若小于规定值，发动机负荷过大。

2. 数据流应用

1）分析数据类型

数据流中的参数有 2 种类型，即数值型参数和状态型参数。

数值型参数是有单位和变化范围的参数，它通常反映的是电控系统各部件的电压、压力、温度、时间、速度等；状态型参数是那些反映执行状态的参数，如开或关、闭合或断开、高或低、是或否等，通常表示电控系统中的开关和电磁阀等执行元器件的工作状态。由此可见,自诊断系统提供的用于诊断的信息,既包括运行状态参数,又包括控制状态参数。基于车辆控制过程,可将控制状态参数分为输入和输出参数,而对于闭环控制过程,还涉及反馈参数。因此,利用参数检测模式和读取故障码产生的现场数据检测模式进行故障诊断,必须区分所获得的检测参数的性质。

2)确认数据性质

首先,在进行数据流分析时,应分清参数是电控系统中的传感器输入信号,还是给执行器的输出指令。输入信号参数可以是状态参数,也可以是数值参数。输出指令参数大部分是状态参数,也有部分是数值参数。

其次,数据流中的参数是按汽车的各个系统和车型分类,不同车型或不同系统的参数各不相同。在进行故障诊断时,应当将几种不同车型或不同系统的参数进行综合对照分析,明确参数含义、形式、单位和变化范围等具体内容。

再者,不同厂牌或不同车系的汽车,其数据流参数的名称和内容不完全相同,应根据维修手册进行确认,明确其含义。

3)选择逻辑方法

无论是应用故障码还是数据流进行故障诊断,都应针对故障症状所对应的工况,掌握状况监测机制和控制原理,使故障诊断建立在系统工作原理和传感器作用逻辑基础上。

(1)推理法——根据故障码产生与存储机制分析故障原因。虽然电控发动机具有自诊断功能,但是它并不检测全部元器件状态,如火花塞、高压线、PCV 阀、气门、节温器以及其他的计算机不控制的零部件等就不在检测之列。

这些不被监测部件的故障可能导致计算机误置故障码。例如,节温器打不开会导致发动机过热,较长时间的工作可能使计算机误认为是冷却液温度传感器或线路短路,结果在计算机中存储冷却液温度传感器及其线路故障码。当直接检测冷却液温度传感器及其相关的线路时,若检查结果正常,应当改变故障诊断思路,检查与过热相关的冷却系部件的状态。

(2)关联法——根据控制原理并结合检测数据分析故障原因。对于发动机不同的运行工况,计算机控制系统采用不同的控制方式,其中空燃比控制和怠速控制是典型的闭环控制方式,而暖机和节气门全开时,则采用开环控制。

空燃比控制是以氧传感器电压为输入信号,由计算机调节喷油量实现对理论空燃比的闭环控制。在闭环控制过程中,可能出现根据氧传感器电压值进行控制时,工作过程合理,但发动机工作性能变异的现象。有两种情形:其一,可燃混合气没有燃烧或没有完全燃烧。例如,火花塞或高压线漏电造成的点火失效,可燃混合气没有燃烧即被排放,排气管中的氧传感器同样检测到的是可燃混合气过稀的状态,因此计算机将发出指令使混合气加浓。其二,其他任何改变排气中氧含量的因素,都可能造成氧传感器信号不准确。例如,排气歧管周围泄露,使空气进入排气管中,氧传感器将检测到混合气为稀,计算机将予以加浓纠正。此外,氧传感器电极表面污染、空气进入孔和排气进入孔堵塞,都可能产生类似的故障现象。

对于上述故障,从检测数据的变化可以看出控制过程正确,但控制结果是不正确的。因此,在分析与控制过程相关的故障时,必须考虑控制方式对故障产生原因的影响。

(3)排除法——根据传感器的作用并结合检测数据分析故障原因。传感器输入信号是各种控制过程的基础,同一传感器可在不同工况的控制过程中起作用,而且其起作用的影响程度不同,亦即同一控制信号可能对不同工况的控制产生影响。例如,冷却液温度传感器信号对以下控制产生影响,即开环时对可燃混合气空燃比、点火正时、爆震、发动机怠速以及冷却风扇等控制。

此外,某一工况的控制也同时需要不同的传感器信息。例如,怠速控制需要以下控制信息:蓄电池电压、冷却液温度、节气门位置、空气质量流量、发动机转速、A/C 离合器信号、动力转向信号、P/N 开关信号以及车速等。

起动加浓、暖机加浓和大负荷加浓属于开环控制过程。在起动加浓过程中,主要以冷却液温度为控制信号;暖机加浓则使用冷却液温度、节气门位置、进气歧管压力和发动机转速信号。如果起动加浓过程正常,则可以证明冷却液温度传感器正常。因此,在处理有冷却液温度传感器信号起作用的控制过程故障时,可以认为冷却液温度传感器是正常的,此时应重点分析其他传感器检测数据的变化。

第五节　发动机电控系统的检测

一、概述

随着科学技术的进步,汽车的更新换代日益加快。现代汽车的最显著特点是机电一体化,而且电子控制多元化。不仅发动机采用电子控制燃油喷射(EFI)、电子控制点火(ESA)、怠速控制(ISC)和废气再循环(EGR)等系统或装置,而且电子控制自动变速器(ECT)、防抱死制动系统(ABS)、电子控制悬架系统(TEMS)、电子控制动力转向系统(ECPS)、电子控制四轮驱动系统(ASD、ASR、TRC)也都得到了广泛的应用。除此而外,用于汽车安全方面的还有安全气囊(SRS)、安全带预紧器、车距自动报警和防撞自动控制等系统。汽车技术的电子化主要原因是社会对汽车的油耗、排放及安全的要求越来越高,传统的技术已满足不了对汽车性能指标的严格限制。汽车采用电子控制的技术出发点主要有 3 个方面,即电子控制的自由度大、能实现较高精度的控制以及功能特性长期稳定。

汽车技术的提高也促进了汽车维修技术的进步,并对传统的汽车维修方法提出了挑战。首先是汽车维修设备与监测仪器的完备与普及;其次是汽车性能监测与故障诊断的电子化与智能化;再者就是维修技术的信息化。汽车电控系统的维修不仅需要以上的物质基础,而且还必须有掌握先进技术与理论知识的专业人才,因为汽车电控系统的修理不同于传统机械修理的大拆大卸,而更多的维修工作是电子仪器与元件的性能检测、故障诊断以及部件更换。

二、作业要求

(1)严禁在发动机高速运转时将蓄电池从电路中断开,以防产生瞬变过电压将微机和传感器损坏。

(2)当发动机出现故障,“检测发动机”警示灯(CHECK ENGINE)点亮时,不能将蓄电池从电路中断开,以防止电脑中存储的故障码及有关资料信息清除。只有当自诊断系统将故障码及有关信息资料调出后,方可将蓄电池从电路中断开。

(3)当诊断出故障原因,对电控系统进行检修时,应先将点火开关关掉,并将蓄电池搭铁先拆下。如果只检查电控系统,则只须关闭点火开关即可。

(4)跨接起动车辆或用其他车辆跨接本车时,须先断开点火开关,才能拆装跨接线。

(5)在车身上进行电弧焊时,应先断开电脑电源。在靠近电脑或传感器的地方进行车身修理作业时，更应特别注意。

(6)除在测试过程中特殊指明外，不能用指针式万用表测试电脑及传感器，应用高阻抗数字式万用表进行测试。

(7)不能用试灯去测试任何和电脑相连接的电气装置。

(8)蓄电池搭铁极性切不可接错，必须负极搭铁。

(9)电脑、传感器必须防止受潮，不允许将电脑或传感器的密封装置损坏，更不允许用水冲洗电脑和传感器。

(10)带有安全气囊系统的车，对安全气囊进行检修时，如果操作不当将会使气囊意外张开。因此必须严格按操作程序进行。

电控汽车的维修必须有足够多的信息支持，这些信息主要是来源于各类资料，而且也不能忽视各类技术支援系统和技术培训的作用。电控汽车的维修资料主要有书刊类和电子资料两大类，其中又有3种基本形式。第一种就是介绍基本原理、典型结构以及一般维修方面的各类图书(单本或综合手册)，它的特点是基础知识全面、系统完整，但针对性差。第二种就是信息量大的各类杂志，它的特点是能及时介绍各类新技术、新方法及新经验，时效性强，启发性大，对具体问题研究的比较深入，有利于掌握技术的发展与动态。第三种就是由生产厂家提供的维修手册，这对具体类型的维修，检测和诊断具有指导价值。一般的汽车维修手册的主要内容有：整车基本参数；整车结构；各部分的故障诊断接口以及故障码解释；整车各部件修理的拆卸、解体和安装工艺及其具体规程、技术数据；整车各部分的电路图；整车各部件的故障逻辑分析和诊断流程；采用工具和仪器；各螺栓的拧紧力矩和修理尺寸等。由此可见，汽车维修手册才是对具体车型修理最有价值的资料。

在电子类信息资料中，国内外比较有影响的就是美国米切尔公司(MICHELL)和美国奥帝特公司(ALLDATA)出版的包括世界各国生产的2500种车型的维修资料。这个资料尽管是维修手册的翻版，但内容更简练，使用也更方便。除此而外，还可以利用信息网络查询有关资料。

汽车电控系统的维修需要配备现代的维修设备和仪器。这些设备和仪器从原理、构造到功能都有较高科技含量，是保证汽车维修工艺规程实施的重要手段，特别是现代检测设备和诊断仪器已成为电控系统维修的必要支持，包括发动机分析仪、解码仪和四轮定位仪等。例如，汽车电控技术的广泛应用使汽车本身有了很强故障自诊断能力，为了获得汽车车内诊断系统存储的故障信息，就必须用专用仪器来读取故障码及工作状态参数，这为汽车故障的直接诊断和间接诊断提供了必要的条件。

电控发动机故障检查的主要任务是查找故障点，然后，再对有故障的零部件或机构进行调整、换件或修复。故障检查诊断程序，如图7-8所示。

三、模拟试验法

1.故障征兆模拟法

在电控发动机的故障诊断中往往遇到所谓的隐性故障，即有故障但没有明显的故障征兆。遇到此情况，必须进行全面分析，然后用模拟与车辆出现故障相同或相似的条件和环境进行试验，以便找出故障原因。

在故障征兆的模拟试验中，不仅要对故障征兆进行试验验证，而且还要找出故障的部位或零部件。因此，在试验前必须把可能发生故障的电路范围尽可能缩小，然后，再进行故障征兆的模拟试验。判断被测试的电路是否正常,同时也验证故障征兆。在缩小故障征兆的可能性时,应参考故障征兆一览表。

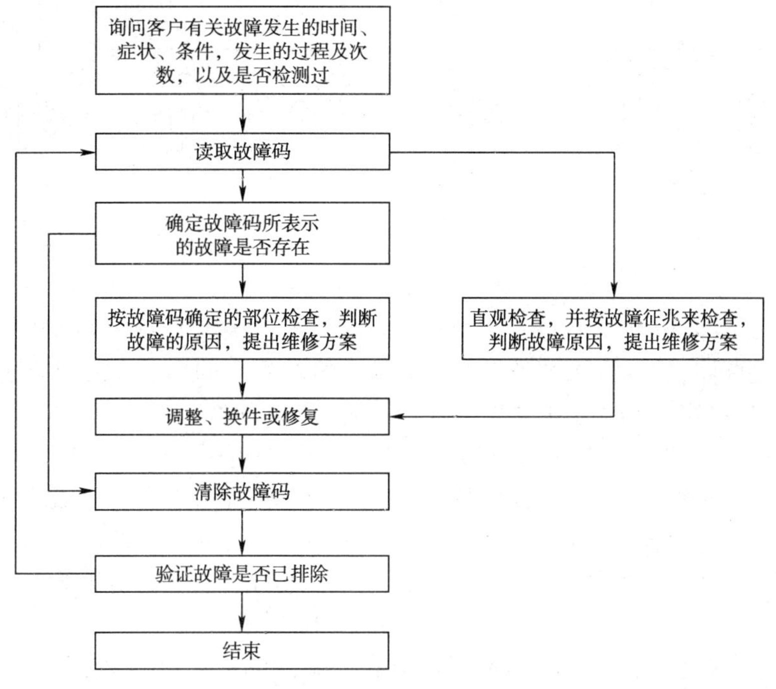

图 7-8　故障检查诊断程序

故障征兆的模拟试验方法主要有:

(1)振动法。振动可能是引起故障的原因时,即可以采用振动法进行试验,主要进行如下检查:在垂直和水平方向轻轻地摆动连接器和线束、连接器的接头、支架和穿过开口的连接器体等部位,都应仔细检查;用手轻拍带有传感器的零部件,检查是否失灵,但是,不可用力拍打继电器。

(2)加热法。当有些故障只是在热车时出现,可能是因为有关零件或传感器受热而引起的。可用电吹风或类似的加热工具加热引起故障的零部件或传感器,检查是否出现故障,但必须注意,加热温度不得高于60℃(温度限制在不致损坏电子元器件的范围内),不可直接加热微机中的元件。

(3)通电法。当怀疑故障可能是因用电负荷过大而引起时,可接通车上全部电气设备,检查是否发生故障。

2. 故障征兆一览表法

当故障既不能在诊断代码检查中得到验证,也不能在基本试验中得到证实,则可利用查找故障征兆一览表法来诊断发动机的故障。一般来说,各大汽车公司的维修手册都附有此表。

四、线路故障检查

1. 断路的检查

对图 7-9a)所示的配线若有断路或开路时,可用“检查导通”或“检查电压”的方法来确定断路的部位。检查导通方法,如图 7-9b)所示。

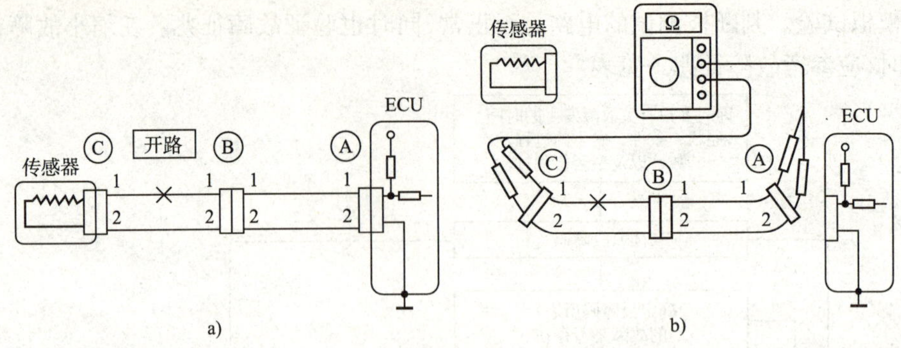

图 7-9　检查配线导通方法

(1)脱开连接器 A 和 C,测量 A、C 之间的电阻。若连接器 A 端子 1 与连接器 C 端子 1 之间不导通,则断路;连接器 A 端子 2 与连接器 C 的端子 C 的端子 2 之间导通,则无断路,从而检查出在连接器 A 的端子 1 与连接器 C 的端子 1 之间有断路。

(2)脱开连接器 B 测量连接器 A 与 B、B 与 C 之间的电阻。若连接器 A 端子 1 与连接器 B 端子 1 之间导通,则无断路,连接器 B 的端子与连接器 C 的端子 1 之间不导通,则断路,从而检查出在连接器 B 的端子 1 与连接器 C 的端子 1 之间有断路。

在电控单元 ECU 连接器端子加有电压的电路中,可用检查导通电压的方法检查断路故障。检查电控单元 ECU 接线端子电压方法,如图 7-10 所示。

在各连接器接通的情况下,依次测量电脑输出端子电压为 5V 时连接器 A 的端子 1、连接器 B 的端子 1 与车身之间的电压,若测量结果为:连接器 A 的端子 1 与车身之间 5V;连接器 B 的端子 1 与车身之间 5V;连接器 C 的端子 1 与车身之间 0V。则可判定在 B 的端子 1 与 C 的端子 1 之间配线有断路故障。

2. 短路的检查

如果配线短路搭铁,可通过检查是否与车身或搭铁线的导通来判断短路的部位,如图 7-11 所示。

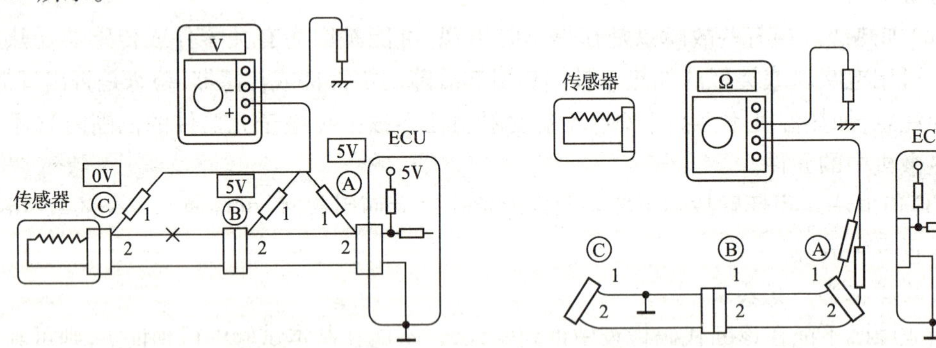

图 7-10　检查电控单元 ECU 接线端子电压方法

图 7-11　测量有无短路

(1)检查与搭铁线的导通情况。脱开连接器 A 与 C,测量连接器 A 的端子 1 和 2 与车身之间的电阻,如图 7-11 所示,若:连接器 A 的端子 1 与车身搭铁线之间导通;连接器 A 的端子 2 与车身搭铁线之间不导通。则可判定在连接器 A 的端子 1 与车身之间有短路搭铁。

(2)脱开连接器 B,分别测量连接器 A 和 B 的端子 1 和 2 与车身之间的电阻,如图 7-11 所示,若:连接器 A 的端子 1 与车身之间不导通;连接器 B 的端子 1 与车身之间不导通。则可判断出连接器 C 的端子 1 与车身之间有短路搭铁故障。

五、执行器检测

执行元件的故障也能引起发动机电子控制系统不能正常工作。因此，当故障代码指示某一电路有故障时，在检修过程中确认该电路中的执行元件的正常是非常重要的，由于执行元件通常是继电器、电机或电磁线圈，故大多数执行元件的检测程序比较简单。有些带有自诊断能力的系统，能够将计算机的输出信号变成执行元件作通、断电循环的试验，使执行元件动作。由于执行元件把电信号变成了机械运动，故执行元件动作时，能够看到或听到这种运动。

许多系统仍需要对执行元件逐个进行测试，大多数装置能够通过测量它们的内阻来检查。如果所测量的阻值不在厂家规定的范围内，该装置则需要更换。也可用跨接线将外电源（通常是蓄电池电源）接到执行元件上。如果元件能起作用，则系统能正常工作。发动机电子控制系统中，主要执行元件有燃油泵、喷油器等。点火开关接通后，燃油泵将运转几秒钟，然后停止，电子控制单元以此检查燃油泵工作是否正常。此时，可在燃油箱附近听到燃油泵运转的声音。电子汽油喷射发动机对于燃油的压力有一定的要求，如果燃油泵上作压力达不到要求，则会造成发动机动力性能差等故障现象的发生。

由于电子控制单元是通过改变喷油的脉冲宽度来调节喷油量的，故发动机运转时，可通过听诊法来判断喷油器是否工作。如果喷油器发出连续的“嗒嗒…”的声音，则证明该喷油器在工作。如果没有上述声音，则可能是喷油器电磁线圈开路或电子控制单元有故障。对于前者，可用电阻表检查喷油器的电阻来判断，该阻值一般为几欧至十几欧。若开路，则需更换。对于后者，可检查喷油器上的电源和控制喷油器工作的开关三极管等。打开点火开关，喷油器上应有12V的电压。否则，电子控制单元有可能有故障。喷油器的检查内容还包括：喷油的状态和漏油的情况。在正常的燃油压力下，通电时喷油器喷出的油雾应符合规定的要求；断电时，应无滴油的现象，否则应清洗或更换喷油器。喷油器的清洗，可用专门的设备，也可用化油器清洗剂进行清洗工作。

要按照厂家建议的程序对执行元件进行测试，测试方法不适当或电压过高，会严重地损坏这些装置。例如，直接将蓄电池电压加在喷油器上来检查其工作情况时，通电时间过长会使其电磁线圈过热而烧坏。另外，在进行任何测试工作之前，应将执行元件与电子控制单元断开。

1. 检修程序

装有电控燃油喷射发动机的汽车出现故障时，首先要确定的是点火系统还是燃油喷射系统的问题。在检查排除故障时，燃油喷射系统通常是最后检查的部位。电控燃油喷射系统的检修程序，如图7-12所示。

2. 油泵的检查

燃料系中应维持正常的燃料压力，一般为255～350kPa。但油压调压器失效会造成燃料压力过高，燃料泵磨损会导致压力过低。检查时，可先听燃料泵的声音。通常，在接通点火开关1～2s后泵开始运转，靠近燃油泵可听到其工作声音。如果事先在放油螺塞接头处安装好压力表，便可测得燃料压力值，此值应符合制造厂的规定。

如果燃料压力过低，应先查看滤清器是否过脏或被异物阻塞，再检查系统是否漏油。然后，应测量燃油泵两接线柱之间的电阻，用以判断泵内电机是否损坏。若上述各项均为正常，可怀疑泵内已磨损，应换用新泵。

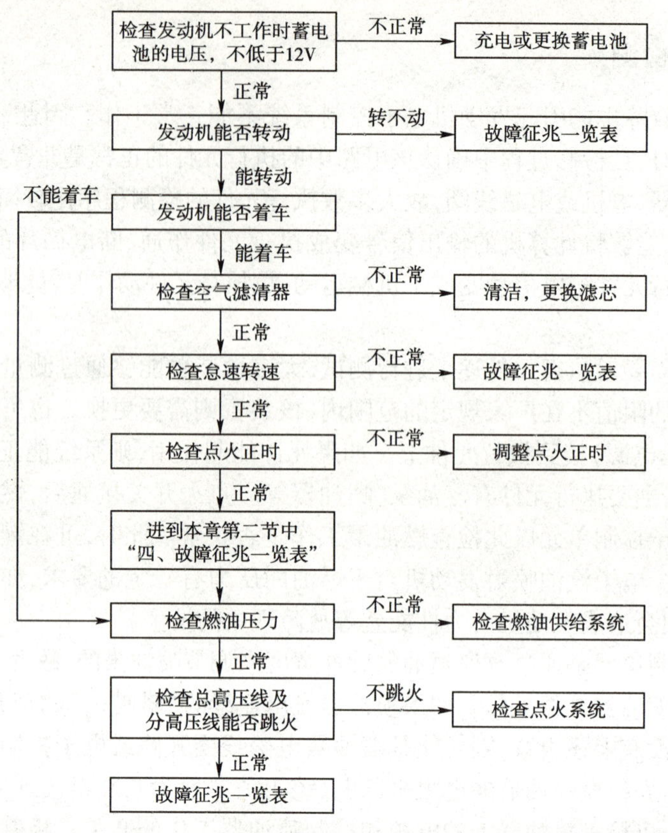

图 7-12　电控燃油喷射系统的检修程序

如果燃料压力过高,则应先检查调压器的回油管是否堵塞,对于真空式调压器还应检查真空管是否堵塞。如无上述故障,应检查调压器的性能,并重新调准调压值。

有的电动汽油泵除受点火开关控制外,还受空气流量计内的开关控制。因此,只有在发动机正常工作或起动后,空气流量计内有空气流动时,电动汽油泵才工作。这点在检查、维修时应予注意。

(1)油路卸压。在维修或更换汽油滤清器、喷油器、油压调节器和油管之前,首先必须卸压。否则在油路系统有油压的情况下进行拆卸,容易伤人或引起火灾。

卸压有用卸压螺塞卸压和运转时卸压两种方法。

①用卸压螺塞卸压。卸压螺塞按照在接近喷油器处的油管一端,先将盛油容器放置在卸压螺塞下部;用棉纱布包住卸压螺塞下部;逐渐旋松卸压螺塞,并使流出的汽油顺着棉纱布流入容器内,之后移走容器;更换新垫片装复卸压螺塞。

②运转时卸压。在发动机怠速运转时拆下汽油泵继电器的电导线,发动机熄火后起动1~2次,确保完全卸压;关闭点火开关,装置汽油泵继电器的电导线。

(2)检查油泵工作情况。将汽油泵诊断用接线盒内的端子短路,检测汽油泵是否有动作声,供油软管有否汽油压力脉动,以及汽油脉冲缓冲器头部螺钉是否动作,籍以确认汽油泵是否工作。

(3)测定汽油泵电阻值。如果按上述方法检查时,汽油泵仍不工作,则可进一步测定汽油泵电阻值。测定方法是将汽油泵的接线盒拨开,用万用表测定端子间的电阻,基准电阻值为2~3Ω。

如果电阻不正常,表明汽油泵本身仍有故障,应予修理。如果电阻值正常,则直接将蓄电池电压接汽油泵接线盒的正负端子,再看汽油泵是否工作。如果这时仍不工作,表明汽油泵内部发生故障,应予修理;如果这时汽油泵工作,说明汽油泵工作所需的电源电路断线或有其他故障。

(4)检查汽油泵继电器。有时汽油泵工作正常发动机起动时仍无汽油压力供给,这种情况大多是汽油泵继电器或电路有故障。检查方法如下:在起动发动机得同时,确认该继电器是否发出触点闭合得动作声。如果没有触点闭合动作声,应对该继电器单独进行检查。

3.喷油器的检查

喷油器故障主要有以下几种:喷油器针阀胶结,不喷油;喷油器接线座有油垢脏污使接触不良;喷油器裂纹溢油;喷油器其他元件损坏,致使不能正常工作。

发动机起动不良或运转不良可能时喷油器发生故障引起的,应对喷油器进行诊断与检查。检查按以下步骤进行:

(1)起动车辆检查发动机速度和性能,即逐一拔下与喷油器接线座相连的插件,若发动机速度和性能发生了变化,证明该喷油器是好的;若发动机速度和性能未发生任何变化,则该喷油器可能有问题。

(2)用万用表测量喷油器接线座两个端子间的阻值,判断其是否与标称电阻值相符:一般电流驱动的喷油器电阻值在3~6Ω左右,电压驱动的喷油器电阻值在12~15Ω。如果阻值不相符,则喷油器有故障;反之,应进行下一步检查。

(3)检查与喷油器相连接的线路有无故障。把12V的试验灯接在喷油器接插件两端之间,起动发动机,观察试验灯。如果试验灯不闪烁,则线路有故障,应检查喷油器的电源和搭铁线路;如果闪烁,则进行下一步检查。

(4)检查喷油器进油口是否堵塞。若堵塞,则需清洗或更换;否则,进行下一步检查。

(5)检查供油管路或供油总管寻找有可能限制燃油流向喷油器的堵塞物。如果有堵塞物,则应清洗或更换供油管路或供油总管;否则进行下一步检查。

(6)检查喷油器工作状况。把12V电源接到喷油器接线座的一个端子,把另一个端子重复地与搭铁接通和断开。如果每次接搭铁线时喷油器都能发生短促的"卡嗒"声,则喷油器良好;否则喷油器有故障,需要更换。

经过以上各项检查,就可以准确地判断出喷油器有无各种故障及其原因,然后对症进行修理。如果经诊断喷油器完好,就应寻找引起发动机起动不良或运转不良的其他原因,如点火系故障或电路故障等。

六、传感器检测

电子控制汽油喷射系统传感器主要有发动机转速传感器、冷却液温度传感器、进气温度传感器、空气流量传感器、节气门开度传感器、第一缸上止点位置传感器、氧传感器等。它们将发动机的负荷、速度、加速、减速、吸入空气量和温度、冷却液温度等变化情况转换成电信号,输入到控制器。控制器根据这些信息与存储在固定存储器(ROM)中的信息进行比较,然后输出一个控制脉冲,去控制喷油器针阀的开启时刻和持续时间,从而保证供给发动机最佳的可燃混合气。各种传感器的作用,如表7-17所示。

各传感器及其作用　　表 7-17

测量元件	作用
空气流量传感器	把吸入的空气量转变为电压或频率信号，根据这个信号决定基本喷油时间
节气门位置传感器	根据节气门的开度检测出怠速和负荷状态变化，并转化为电压信号
氧传感器	测量排气歧管内废气氧气浓度，并变化为电压信号
冷却液温度传感器	把冷却液温度状态转换成电压信号
进气温度传感器	把吸入空气温度状态转化成电压信号
曲轴转角传感器	将曲轴转角的变化转换为电压信号

1. 空气流量传感器

根据工作原理的不同，空气流量传感器有各种不同的类型，如热线式、热膜式、涡旋式，其输出信号又分为电压型和频率型等，应根据具体类型选用相应的检测仪器进行检查。传感器性能变差时，容易造成发动机加速不良、油耗过高、易熄火等故障。

2. 节气门位置传感器

由于节气门位置传感器位置失调或损坏，容易造成发动机无怠速，或加速时转速不能随之升高，甚至熄火等故障。

首先，检查各接线柱的导通状态。节气门在怠速位置时，怠速触点的接线柱应导通，或电压符合规定值。节气门开启后，怠速触点间应断开，或电压值随之增大。

其次，怠速触点或电压值的调整方法如下：

(1)起动后用手保持节气门位置，使发动机处于规定转速；

(2)松开传感器的固定螺钉，调整位置，使怠速触点接通，或电压值符合规定；

(3)调整合适后，拧紧固定螺钉。

3. 冷却液温传感器

将传感器悬置在烧杯中缓慢升高冷却液温度，测定冷却液温度与电阻值的关系，并确认是否与基准值相符。一般情况下，冷却液温度传感器电阻与温度关系为：0℃，4～7kΩ；20℃，2～3kΩ；40℃，0.9～1.3kΩ；60℃，0.5～0.7kΩ；80℃，0.3～0.4kΩ；100℃，0.1～0.2kΩ。

4. 进气温度传感器

拆下进气温度传感器线束的接头，使用高输入阻抗数字式万用表测试进气温度传感器的阻值，所得电阻测量值应在规定范围内。进气温度传感器在20℃时，对负温度系数传感器的电阻值为2～3kΩ。

5. 氧传感器

氧传感器的检查方法如下：将传感器的接线插头拆下，使电压表测针能直接触及传感器的插针。在发动机暖机运转时，传感器输出电压应大于基准值，即可燃混合气较浓时，氧传感器输出的电压较高；调整怠速时的空气流量，供给能维持发动机运转的稀混合气，这时传感器输出电压应低于基准电压值。

6. 曲轴转角传感器

对磁电式曲轴转角传感器，主要检查线路及其接触情况。对于光电式曲轴转角传感器，主要检查其配电线的导通情况。

七、ECU 的检测

汽车电子控制单元 ECU 是出故障较少的器件之一，因此，在判定电子控制单元有故障之前，应该检测其他可能有故障的元件。在对电子控制单元进行故障诊断之前，应先检查传感器和执行元件；检查连接控制单元的线路是否有短路和断路；检查连接件是否可靠（可将连接电子控制单元的插头拔下再重新插上）。

大多数制造厂家要求使用专门的测试设备来检测电子控制单元的工作情况，然而，有的装置可用电压表检查，或自诊断系统将电子控制单元的故障以故障码记录存储。

在检查汽车计算机控制系统故障时，常采用消除法进行诊断，即当所有其他系统元件工作正常时，才认为是电子控制单元有故障。电子控制单元是精密和价格较高的部件，检测和维修这些装置时，应严格按厂家要求进行。

电子控制装置对静电很敏感，在汽车座椅上滑动所产生的静电能够损坏电子控制单元和可编程只读存储器芯片，因此，要注意减少由于静电造成损坏的危险。在检修电子控制单元或有关的电子元件之前，应先将手作"搭铁"处理，把静电放掉。焊接电子元件时，应采用防静电的电烙铁。

尽管电子控制单元中有的元件损坏后，如稳压二极管、控制喷油器的开关三极管等，可用相同型号的元件更换。但像大多数传感器一样，电子控制单元出现故障后，大多数情况下是不能修复的。当发现电子控制单元有故障时，则应更换。

更换电子控制单元时，应更换相同型号的。由于汽车的生产年代和车型不一，不可能提供所需的更换件的信息。同一车型可能有许多不同型号的电子控制单元，所以，要记下有故障的电子控制单元的识别号码（一般标在其外壳上）。在汽车上拆卸电子控制单元时，应将点火钥匙关闭，蓄电池导线应拆开。

对于有的汽车（如福特、通用等公司的汽车），电子控制单元中的可编程只读存储器芯片是可以拆卸的。更换电子控制单元时，原来的可编程只读存储器芯片需要装到新的电子控制单元上，这是因为储存在可编程只读存储器芯片中的信息是需修汽车所特有的。更换可编程只读存储器芯片时应使用专门工具，将可编程只读存储器芯片从其插座上轻轻拔下。不要用手直接接触该芯片，手指上的油脂会对芯片的工作造成不利的影响。拆下芯片之前，要注意它的位置。许多制造厂家在芯片上作有记号，以确保其安装适当。在将可编程只读存储器芯片装入新的电子控制单元之前，要确保其安装位置正确。如果该芯片没装好，可能会损坏芯片。为避免用手直接接触，可用一个非金属的夹具夹住芯片，将芯片压入电子控制单元中相应的插座内，并轻轻地在芯片的四角上压一下，以确保其安装到位。

八、电控点火系统检测

点火系统和燃油供给系统的故障是十分常见的，特别对电控发动机而言，发动机不能起动、起动困难或失火，究竟是点火系统故障还是燃油喷射系统故障或其他系统故障往往是维修中首先要解决的问题。本节将阐述电控发动机电子点火系统的故障诊断、试验及维修要点。

1. 基本检查

在排除点火系统故障前，应进行基本检查。这些检查包括验证客户报修项目和读取故障代码，并检查与点火系统有关部件的状况等。

(1)检查蓄电池状态。如果蓄电池端电压过低,则会对电控单元和相关的元件产生严重的影响。

(2)检查电源正极线的连接情况。所有与蓄电池正极相连的导线牢固可靠。

(3)检查熔断丝。熔断丝是用来防止电气元件和电路线束免遭短路损坏,熔丝和它们之间的连接处必须无接触电阻。检查时可采用测量电压降的方法检测是否有接触电阻。

(4)检查负极搭铁线的连接情况。由于所有的线路形成回路,所以,有回路的负极搭铁线都必须连接得完好牢固。

(5)检查与控制系统相连线束的连接情况。与发动机或控制系统连接的导线,如果出现过热或褪色现象,就必须对其搭铁及短路情况进行彻底的检查。

(6)检查继电器。当继电器及其连接点不良时,有时会引起偶然故障,但这种故障一般不会设定相应的故障码。

(7)检查曲轴位置与转速传感器。对该传感器必须进行静态和动态检查,必须确保传感器安装正确,性能良好。

(8)检查点火系统高压线路元件。对点火系统高压线路可采用目测、采用发动机分析仪或示波器进行检查。对所有元件都必须仔细观察,查看是否有松动、脏污、潮湿和锈蚀等。

(9)检查气门间隙与火花塞。如果这两项不合格,就会严重危害发动机性能,必须严格遵守气门间隙调整程序,对火花塞的类型、质量和间隙都必须按技术标准进行查验。

(10)检查供油状况和空燃比。发动机起动时,供油系统压力必须符合技术规定。

2.故障分析

电控发动机如出现不能起动故障,可能是因点火系统、燃油供给系统、排放控制系统的故障所致。在进行点火系统维修前必须对系统进行诊断,当确定了故障确实在点火系统时,才能对其进行维修。

在进行系统诊断时,需利用电控发动机的自诊断系统。出现发动机无法起动或起动后熄火现象时,应首先观察发动机故障指示灯是否有故障码显示。由于发动机的燃油喷射系统与高能点火系统是相互关联的,如果PCM未能接收到高能点火参考信号,则不进行燃油喷射。

由电控点火系统元件失效引起的发动机故障见表7-18。

电控点火系统元件失效引起的发动机故障 表7-18

故障症状	故障原因
发动机曲轴转动但不能起动	·火花塞或高压故障 ·配电器或分火头故障(仅对有分电器的电子点火系统) ·曲轴位置传感器不良 ·汽缸识别传感器不良 ·点火线圈不良 ·点火开关不良 ·初级电路不良 ·发动机控制模块不良或点火控制模块不良
发动机怠速不良或熄火	·火花塞或高压线故障 ·配电器或分火头故障(仅对有分电器的电子点火系统) ·曲轴位置传感器不良 ·点火线圈不良 ·初级电路不良

续上表

故障症状	故障原因
发动机出现爆燃	·爆震传感器不良 ·曲轴位置传感器不良 ·发动机控制模块不良点火线圈不良 ·发动机过热

3. 系统检查

1)动力平衡测试

动力平衡测试是通过比较发动机任一汽缸与其他汽缸的工作状况而进行的测试。测试时,切断指定汽缸的燃油供给,使该缸不工作,引起发动机转速下降。根据转速下降情况,来确定发动机的工作情况。测试时,发动机应处于正常工作温度,且能正常起动。

2)工作状态检查

(1)次级电压是否正常的测试与检查,如表7-19所示。

(2)次级电压过高的测试与检查,如表7-20所示。

(3)所有汽缸次级电压相差过大的测试与检查,如表7-21所示。

(4)部分汽缸次级电压相差过大的测试与检查,如表7-22所示。

(5)次级电压过低的测试与检查,如表7-23所示。

(6)反向极性的测试与检查如表7-24所示。

次级电压是否正常的测试 表7-19

测试内容	结果	对　策
有次级电压显示吗?	有	点火系统正常
次级电压是否平稳? 平均电压正常稳定吗?	是	点火系统正常
次级电压　平均电压	否	见次级电压过高的测试

次级电压过高的测试 表7-20

测试内容	结果	对　策
次级电压是否平稳? 平均电压比正常值大吗? 次级电压	是	检查高压线或点火线圈的导线是否安装好;所有汽缸的火花塞间隙是否过大;旁电极与分火头之间间隙是否过大;高压线电阻是否过大
	否	见所有汽缸次级电压相差过大的测试

所有汽缸次级电压相差过大测试 表7-21

测试内容	结果	对　策
次级电压大于正常值吗? 次级电压	是	检查火花塞间隙是否过大或电极磨损,分电器盖或分火头是否安装不当
	否	见部分汽缸次级电压相差过大的测试

部分汽缸次级电压相差过大测试 表7-22

测试内容	结果	对　策
在一个或一个以上汽缸中依然存在次级电压过高吗?	是	检查高压线与分电器盖或分火头是否插紧;火花塞间隙是否过大;高压线是否断路
	否	见次级电压过低测试

次级电压过低的测试　　表 7-23

测试内容	结果	对　策
次级电压是否持续地过低，或在一个或一个以上汽缸的点火线发生倾斜？	是	检查火花塞是否脏污；火花塞间隙是否过小；火花塞间隙中是否有积炭
	否	见反向极性测试与检查

反向极性的测试与检查　表 7-24

测试内容	结果	对　策
次级电压波形极性反向吗？ 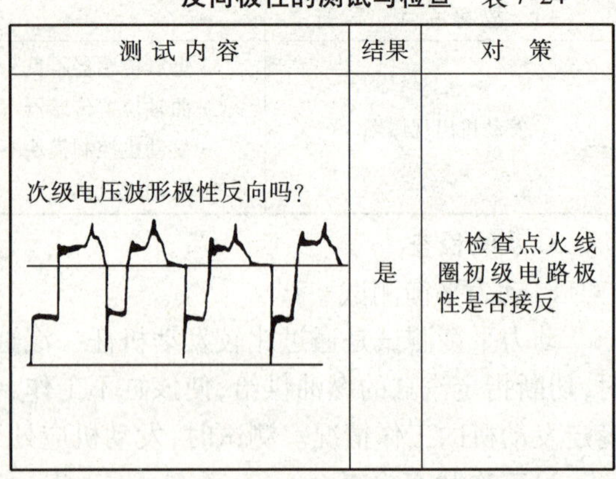	是	检查点火线圈初级电路极性是否接反

4. 部件测试

(1)高压线。检查高压线是否有漏电或者烧坏的迹象；用万用表 Ω 挡检查高压线的电阻值，电阻值应符合技术规范规定，如电阻值不符合规定，应更换高压线。

(2)曲轴位置传感器。当飞轮上的齿转过磁性传感器时，传感器产生感应电压。此电压信号通过导线传给点火系和控制模块。用万用表 Ω 挡测量传感器感应线圈的电阻值，其电阻值应符合规定，如电阻值不符合规定，应予更换。传感器磁隙应符合要求，检查时用一个无磁性的厚薄规，测量信号转子与感应线圈凸台之间的空气间隙，间隙应为 0.2 ~ 0.5mm，如不符合规定，应予以调整或更换。

(3)火花塞。检查火花塞间隙是否正确；火花塞是否有积炭；中心电极绝缘体是否有裂纹；电极是否烧坏或磨损；火花塞是否脏污。若中心电极烧损，则应更换火花塞。火花塞间隙，应符合技术规范规定值。

(4)火花塞测试。拆下第 1 缸火花塞的高压线，在火花塞端部装上火花测试器。用辅助装置转动发动机，并用火花测试器检查火花(对每缸火花塞均重复此步骤)。如所有汽缸均无火花，则应检查次级电路；如所有次级电路元件均正常，而发动机不能起动，应检查火花塞是否脏污，并清洁或按需要更换。如在上述测试中未发现故障，则应对发动机控制系统进行进一步诊断。

(5)点火线圈测试。用万用表 Ω 挡测量正极和负极接头之间的电阻。点火线圈一次侧电阻应符合规定，如果电阻值不符合规定，应更换点火线圈；用万用表 Ω 挡测试正极与高压接头之间的电阻，其电阻值应符合规定。

九、故障诊断实例分析

1. 常见诊断问题

1)自诊断系统不能识别传感器特性变异或机械性故障

有许多故障出现后，在自诊断系统中不记录故障码，这是由于电控单元在工作中只能识别传感器、执行器和线路的断路和短路。如果没有发现断路和短路，自诊断系统就不储存故障码。即使出现部分短路时，因线路中还有信号，自诊断系统仍无法识别，还会认为此时无故障。此外，自诊断系统对传感器特性偏移，也检测不出来。这时尽管有故障表现，但是自诊断系统却可能仍视为正常，即无故障码，也无故障指示灯闪烁。因此，应该依据故障征兆进行分析判断，继而对传感器进行针对性检测，以便找到并排除传感器故障。

例如，故障现象为：发动机怠速不稳，自诊断系统没有故障码输出。首先值得检查的便是空气流量传感器或进气压力传感器，因为这两个传感器的性能直接影响到对发动机基本燃油喷射量的控制。尽管此时没有显示相应的故障码，也应该对它们的数据流进行检查。当确认无故障后，应进行进气系统泄漏的检测，因为进气道泄漏也会导致空气流量传感器计量不准，使发动机怠速失调。

2）自诊断系统检测失误并可能导致产生错误故障码

自诊断系统设置故障码后，还应该与发动机的实际故障症状进行分析比较，以做到正确合理的判断，不应该将故障码当做排除故障的唯一依据。

例如，汽车装有三元催化转换器，如果使用过含铅汽油后可能出现以下现象：汽车经常会出现故障码，并显示是"水温传感器断路或短路"。此时，发动机的故障症兆是：无论发动机在冷车状态下或者热车状态下都不容易起动，并伴有怠速不稳、回火和发动机的转速始终不能提高现象。显然，这些故障与冷却液温度传感器的关系并不十分密切。在对冷却液温度传感器进行数据流检测后，并未发现任何故障。但是，当从汽车上拆下三元催化转换器并剖开后发现，三元催化转换器内部严重堵塞，因此可断定发动机故障是由此而引起。

3）汽车使用维修不当也能引发错误故障码

在对电控汽车实施维修时，由于维修人员维修不当或者操作失误，也会导致自诊断系统输出错误的故障码。例如，在发动机运转过程中，随意或者无意把传感器插接头拔下，每拔下一次传感器插接头，自诊断系统就会记录一次故障码。另外，若在上一次汽车维修时，由于操作不当而未能完全清除掉旧的故障码，那么原来旧的故障码将仍然保存其内。因此在对电控汽车维修时要注意上述问题，以免造成不必要的人为故障，给维修工作带来混乱和困难。

2. 故障诊断实例

发动机电控系统的故障诊断实例见表 7-25 和表 7-26。

故障诊断实例分析（一） 表 7-25

项　目	内　　容
诊断对象	捷达（2 阀）轿车
故障现象	热车起动困难，往往要起动很长时间，但偶尔也能起动
检测条件	正常怠速，冷却液温度正常
检测内容	首先，查看故障码，结果无故障码；然后，读取数据流，发现冷却液温度一直为 45℃
初步分析	冷却液温度传感器故障
原因确认	直接进行传感器检测
维修方法	换新的冷却液温度传感器
结论验证	数据流显示冷却液温度为 90℃

故障诊断实例分析（二） 表 7-26

项　目	内　　容
诊断对象	时代超人
故障现象	怠速不稳、加速无力，有时"窜动"
检测条件	怠速，冷却液温度正常

续上表

项　目	内　容
检测内容	读取数据流: 1. 进气量 4.58g/s,正常值:2.0 ~ 7.0g/s。 2. λ 控制值:-25%,正常值 -10% ~ +10%。 3. 氧传感器电压 0.859 ~ 0.950V 缓慢变化,正常值:在 0 ~ 1V 变动。 4. 节气门开度 6°,正常值:2° ~ 5°。
初步分析	从数据流上分析,氧传感器表现出故障状态,但是,λ 控制值也不正常
原因确认	λ 控制涉及进气量与混合气浓度,氧传感器反映混合器浓度变化缓慢,但进气量是因,混合器浓度是果。因此,先检查进气流量传感器。结果是空气流量不准,虚测进气量增大
维修方法	更换空气流量计
结论验证	再比较数据流相关参数,并进行试车,故障排除

第六节　自动变速器的检测

自动液力变速器是机电液相结合的产品,其结构和工作原理都比较复杂。当自动液力变速器出现故障或不正常工作状态时,首先应利用各种检测工具和方法,按照合理的程序和步骤查明原因,以便针对不同性质的故障,进行适当的修理。

一、自动变速器的检试

自动变速器的检试分为 5 个项目,即常规检验、油压检验、失速试验、时滞试验和道路试验。

1. 常规检验

常规检验的目的是检查自动变速器是否具备工作能力,其主要内容有发动机怠速检查、液压油品质和油面高度的检查以及节气门阀拉索紧度的检查。

1)怠速检查

通常装有自动液力变速的发动机其怠速为 700 ± 50r/min,过高过低均应予以调整。

2)液压油品质和油面高度检查

液压油品质和油面高度是自动液力变速器最基本的检查项目,也是决定自动变速器是否需要拆修的主要依据之一。首先,检查油量,若油面过高或过低应进行调整。然后,检查油的品质,可根据表 7-27 判断故障原因。

自动变速器油液质量判断表　　表 7-27

油液的外观	反映的情况或问题
清澈带红色	正常
已变色 (极深的暗红或褐色)	制动带或离合器总成损坏,通常由于变速器过热。在动力不足的情况下拖载很重的负荷,或很少换油,经常导致过热。但不要混淆了以下的情况:有些较新的油颜色呈暗红并有较重的气味
泡沫或多气泡 (颜色清淡)	油面太高,油被齿轮组搅动;内部空气泄露,与油液相混合而产生泡沫
油液中有固体残渣	制动带、离合器总成或轴承有缺陷。制动带材料或金属腐蚀的碎片粘在良油尺上。请专业技工检查变速器
似油膏覆盖在油尺上	变速器过热

3)节气门全开及节气门阀拉索的检查

节气门全开检查的主要目的是,当加速踏板踏到底时,节气门应全开,判断节气门能否全开,能否进行全程控制以及对强制低挡过程的影响。对节气门阀拉索检查的主要目的是对换挡点的检查。如果节气门阀拉索过紧,节气门阀过早地改变节气门阀调节压力,使汽车在高于正常车速的条件下才能换入高挡,换挡点滞后。相反,节气门阀拉索过松,可能导致换挡点提前,丰田车拉索的调整方法,如图7-13所示。

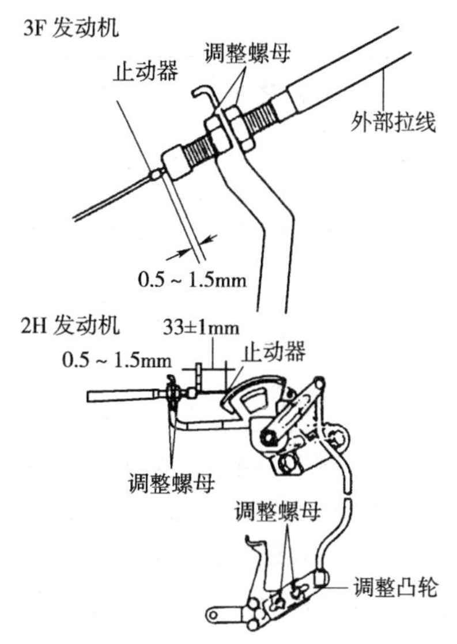

图7-13 丰田汽车自动变速器拉索的调整

4)控制开关的检查

主要是起动开关和超速挡开关的状态检查。当换挡手柄处于P挡或N挡,且点火开关处于起动位置时,若起动机能带动发动机旋转,则起动开关状态正常。超速挡开关可以采用静态和动态两种方法。对前一种方法是发动机熄火,打开点火开关,当接通超速挡开关时,查听变速器中电磁阀有无动作声响。后一种方法是进行路试,当车速达到60km/h以上时,打开超速挡开关,车速应明显上升,而发动机转速应有所下降。

2. 油压检查

油压检查的目的是通过测量各管路的油压,判断各泵、阀的工作性能以及密封性能的好坏。主油路油压检查的方法是:起动发动机使油温达到50~80℃,拉紧手制动,测量D挡和R挡怠速和失速时的油压数值并与规定值比较。丰田5ME汽车自动变速器的主油路油压值,如表7-28所示。

丰田5ME汽车自动变速器的主油路油压值 表7-28

发动机工作情况	主油路油压(单位)	
状态	D挡	R挡
失速	1.02~1.2	1.52~1.87
怠速	0.46~0.56	0.73~0.83

3. 失速试验

失速试验的目的是检查发动机输出功率的大小,变矩器导轮性能以及离合器及制动器是否打滑。

失速试验的方法是:

(1)用手制动或脚制动将车轮制动;

(2)换挡手柄处于D挡或R挡位置,油温应在50~80℃范围内;发动机怠速运转时,急踩加速踏板,使节气门全开,时间不超过5s,试验次数不多于3次;读发动机转速值,即"失速转速"。

失速转速一般为2300~2500r/min,试验结果和故障原因见表7-29。

4. 时滞试验

时滞试验的目的是进一步检查前、后离合器和制动器的磨损情况及控制油压是否正常,它是利用升挡和降挡的时间滞后值来分析故障。

时滞试验方法是:

失速试验结果和原因 表 7-29

试验结果	故障的原因及部位
D 挡和 R 挡相同且低于规定值	发动机功率不足,变矩器导轮的单向离合器打滑
D 挡和 R 挡相同且低于超过规定值	油泵油压过低,油量不足,油质过差,主油路油压过低等造成离合器和制动器打滑
D 挡高于规定值	离合器和制动器打滑
R 挡高于规定值	离合器和制动器打滑

(1)换挡手柄在 N 挡位置,油温为 50～80℃,拉紧手制动;

(2)分别从 N 挡换到 D 挡和 R 挡,时间间隔为 1min,使离合器和制动器恢复全开;

(3)用秒表测量有振感的时间,其标准值为:N→D,1.2s;N→R,1.5s。若时间过长,可能是离合器片或制动带鼓间隙过大或控制油压过低;时间短,可能是离合器片和制动带鼓间隙调整不当或控制油压过高。

5. 道路试验

道路试验的目的是进一步检查自动液力变速器的使用性能和换挡性能,并集中在换挡点、换挡冲击、振动、噪声及打滑等方面,有助于故障原因的确定和维修质量的监控。

(1)D 挡升降挡规律试验,主要检查不同节气门开度时的换挡车速是否符合规定。

(2)L 挡试验是在 D 挡高速行驶时换入 L 挡,并应有明显的制动作用,否则是低挡制动器失效。

(3)强制低挡试验是当汽车中速行驶且车速小于 70km/h 时,加速踏板踩到底,接通强制低挡开关,短时间内应有强烈的增扭反应,松开加速踏板后,又回到高速挡。

(4)R 挡试验是汽车停车后换入 R 挡,踩加速踏板,应能迅速倒车。

(5)P 挡试验,在大于 9% 的坡道上停车,换入 P 挡后松开手制动不溜车。

二、故障码的读取与清除

1. 故障码的读取

故障码的读取以丰田汽车的 EAT 为例,加以说明。点火开关拧至"ON"位置,同时接通超速开关,此时仪表板上"OD OFF"指示灯应熄灭。将检测插头的 TE1、E1 端子短接,此时"OD OFF"指示灯闪动,输出故障码。若同时有几个故障码,则数值小的先出现。

注意:只有在超速主开关接通时,才能读出故障码;若开关断开,那么"OD OFF"指示灯将一直亮着而不会闪动。丰田公司汽车的检测插头的防尘盖上,都有每个端子的位置图,从中可以找到 TE1、E1 端子。

2. 故障码的含义

丰田汽车自动液力变速器故障码的含义如表 7-30 所示。

3. 故障判断与排除

自动变速器按控制方式可分为液力式和电子式两大类型。电子式控制自动变速器具有自诊断系统,通过故障码可以判断有关的电器元件故障。液力控制自动变速器与电子式控制变速器除控制系统不同外,其传动部分基本相似。自动液力变速器常见故障及其原因如表 7-31 所示。

丰田汽车自动液力变速器故障码的含义 表7-30

代码	诊 断	故 障 范 围	备 注
38	变速器油温传感器	油温传感器与ECU之间的线束或插头 油温传感器 · ECU	
42	第一车速传感器(组合仪表板内)	第一车速传感器线束或插头 第一车速传感器 · ECU · 车速表	
44	后车速传感器(分动箱上)	后车速传感器线束或插头 后车速传感器 · ECU	四轮驱动
46	第四电磁阀	第四电磁阀线束或插头 · 第四电磁阀 · ECU	
61	第二车速传感器(自动变速器内)	第二车速传感器线束或插头 第二车速传感器 · ECU	四轮驱动
62	第一电磁阀	电磁阀线束或插头	
63	第二电磁阀	电磁阀 · ECU	
64	锁定电磁阀(又称第三电磁阀)	锁定电磁阀线束或插头 · 锁定电磁阀 · ECU	
65	第四电磁阀	第四电磁阀线束或插头 · 第四电磁阀 · ECU	
67	OD直接离合器转速传感器	OD直接离合器转速传感器线束或插头 OD直接离合器转速传感器 · ECU	
68	降挡开关	降挡开关线束或插头 · 降挡开关 · ECU	
73	中间差速器第一控制电磁阀	中间差速器第一控制电磁阀线速或插头 中间差速器第一控制电磁阀 · ECU	四轮驱动
74	中间差速器第二控制电磁阀	中间差速器第二控制电磁阀线速或插头 中间差速器第二控制电磁阀 · ECU	四轮驱动

电控自动变速器常见故障 表7-31

故 障 现 象	可 能 原 因	维 修 项 目
ATF变色或有烧焦气味	油质过差;变矩器故障	换油;换变矩器;分解、检查变速器
在任何前进挡或倒挡都不能动	换挡拉线或连杆机构失调;阀体或主调节阀故障;停车闭锁爪故障;变矩器故障;油泵滤网堵塞	重调手动换挡机构;检查阀体、停车闭锁爪;更换变矩器;清洁滤网;分解、检查变速器
换挡杆位置错误	手动换挡机构换调;手动阀或杆故障;变速器故障	重调手动换挡机构;检查阀体;分解、检查变速器
换挡啮合冲击	节气门拉线失调;阀体或主调节阀故障	重调节气门拉线;检查阀体
换挡啮合冲击	蓄压器活塞故障	检查蓄压器活塞;分解、检查变速器
1-2、2-3、或3-OD升挡,或从OD-3或3-2降挡然后换回到OD挡或三挡,都会发生时间滞后	电控系统故障;阀体故障;电磁阀故障;节气门拉线故障;速控液压阀故障	检查电控系统、阀体、电磁阀;重调节气门拉线;检查速控液压阀
1-2、2-3或3-OD升挡时打滑;急加速时打滑,起步时发抖或打滑	手动换挡机构失调;节气门拉线失调;阀体、电磁阀故障	重调手动换挡机构、节气门拉线;检查阀体、电磁阀
1-2、2-3或3-OD升挡时打滑;急加速时打滑,起步时发抖或打滑	变速器故障	分解、检查变速器

故障现象	可能原因	维修项目
1-2、2-3或升挡时象拖住、卡住或堵住一样	手动换挡机构失调;阀体故障	重调手动换挡机构;检查阀体;分解、检查变速器
二挡、三挡或OD挡无锁止	电控系统故障;阀体故障;电磁阀故障	检查电控系统;检查阀体、电磁阀;分解、检查变速器
降挡冲击	节气门拉线失调;节气门拉线和凸轮故障;蓄压器活塞故障;阀体故障	重调节气门拉线;检查节气门拉线和凸轮、蓄压器活塞、阀体;分解、检查变速器
滑行时无降挡	速控液压阀故障;阀体故障;电磁阀故障;电控系统故障	检查速控液压阀、阀体、电磁阀、电控系统
滑行时降挡来得太快或太迟	节气门拉线、阀体、速控液压阀、电磁阀、电控系统故障	检查节气门拉线、阀体、速控液压阀;分解、检查变速器;检查电磁阀、电磁系统
OD-3、3-2或2-1无降挡	节气门拉线失调;电磁阀、电控系统、速控液压阀、阀体故障	检查节气门拉线、电磁阀、电控系统、速控液压阀、阀体;分解、检查变速器
2或L挡位无发动机制动	电磁阀、电控系统、阀体故障	检查电磁阀、电控系统;检查阀体;分解、检查变速器
汽车在P挡位不能停住	自动换挡机构失调;停车闭锁爪、凸轮和弹簧失效	重调手动换挡机构;检查停车闭锁爪、凸轮和弹簧

第七节 其他控制系统的检测

一、防抱死制动系统的检测

装有防抱死制动系统的车辆,当防抱死制动系统出现故障时,系统仍有普通液压制动系统的功能。防抱死制动系统正常工作时,可以使车轮处于接近抱死而又未完全抱死的制动状态,提高汽车制动的稳定性,防止侧滑和甩尾,提高汽车行驶的安全性。

电子控制式防抱死制动系统由车轮速度传感器、电子控制器和制动压力调节器3大部分组成,其主要故障是系统失去制动防抱死功能。

防抱死制动系统性能常用的试验方法是:当汽车以35～40km/h以上速度行驶,如果紧急制动,ABS能防止车轮滑移,并感到制动踏板在连续的跳动,且还能听到ABS系统调节压力电磁阀发出的声响。如果制动时轮胎在地面上留下两条黑色条纹,或者向一侧滑移,则说明系统出现了故障。另外,如果制动时感觉不到制动踏板的连续跳动,并且ABS系统故障灯或制动警告灯突然点亮,则说明ABS系统发生了故障。

1. 诊前准备

检查储液罐中制动液液面高度和有无泄漏;检查驻车制动器是否完全放开;检查蓄电池电压;检查ABS电脑熔丝、电源继电器熔丝和泵电机熔丝;检查电机继电器、压力开关、调压阀、液面传感器和电脑连结器件之间的连结;检查接地状态。

2. 诊断方法

现代汽车电子控制防抱死制动系统都具有故障自诊断功能。当 ABS 的电脑(ECU)检测到系统有关元件的故障信息时,立即将仪表盘上的 ABS 警告灯点亮。它提示驾驶员 ABS 系统出现故障,同时将故障信息以故障码的形式存储在 ECU 的随机存储器中。当 ABS 系统出现故障后,要根据该车的制动防抱死系统种类、构造和车型的具体情况,查阅维修手册,按照设定的程序和方法进行故障诊断。

对于 ABS 系统的诊断,最好先从制动防抱死故障指示灯入手。当打开点火开关时,防抱死警告灯点亮,起动之后,防抱死警告灯应继续点亮 3 ~5s,然后熄灭,制动防抱死故障指示则相反,指示灯将一直点亮。如果防抱死制动系统工作正常,在行驶或制动时,制动防抱死故障指示灯不亮。踩制动踏板时有柔软感或踏板能移动一半行程,说明此时 ABS 系统正常。如果管路泄气就没有这种感觉,这时要检查踏板推杆和主油缸之间相应的连接部件。踏板行程增大可能是制动器摩擦衬片磨损过大,为此,要检查制动蹄片的磨损状态。若制动警告灯一直点亮,表示普通制动系统有问题,即液压部分有问题。它可能是漏液、压力不足造成的,也可能是压力动作开关或停车制动开关有问题。

在汽车运行中防抱死系统工作时或在干燥的路面上正常停车时出现电磁阀周期动作的现象,如果此时防抱死警告灯点亮,则表示车轮速度传感器有问题。

此外,当 ABS 系统的故障排除后,应将 ECU 所储存的故障码清除。清除故障码的方法对不同的车型有不同的程序。

二、安全气囊系统的检测

1. 自诊断电路

气囊报警灯设在组合仪表板中,标有“SRS”或“Air Bag”。在正常情况下,点火开关位于 ON 位置时,该灯亮起,SRS 系统即进入自诊断状态。如系统无故障,6s 后灯熄灭,SRS 系统即进入等待状态。汽车在行驶中,如 SRS 系统因振动、减速度或其他偶发性原因而产生故障(包括瞬间断路或短路),SRS 系统报警灯即点亮,此时应及时检测和维修。此外,故障代码的读取方法因车而异。

2. 操作要点

(1)已引爆过的 SRS 系统,其 SRS 的 ECU 和气囊不能重复使用,只能全部换新,也不能用其他车辆的零部件代替,目的是确保 SRS 系统的技术状态完好。

(2)检修 SRS 系统时,应将点火开关转到锁止(LOCK)位置,先拆下蓄电池的负极搭铁线,再拆下正极导线,等 3min 后开始作业(电容器放电完毕)。检修后,先连接正极导线,后连接负极导线,以确保安全。

(3)SRS 系统的接地线部位应清洁,连接牢固。线束有断路或损坏时,应更换线束总成,不要修补,以确保其使用可靠。

(4)碰撞传感器安装时,外壳上的方向标记应朝汽车的前方,固定螺栓一律换新。维修过程中,如传感器对 SRS 的 ECU 会产生冲击,应将它们拆开后再进行。

(5)只能用数字高阻抗(10kΩ/V 以上)万用表测量 SRS 系统的电路,其输出电流值应小于 10mA。千万不能测量气囊电热引爆管的电阻值。

(6)在断开 SRS 系统任何线束之前(黄色包扎)或使用电弧焊时,应先断开气囊插头,并用规定的专用红色短路插头插入其导线接头中,对 SRS 系统进行安全保护。有些汽车的气囊插头拔下后SRS系统就会自动进行安全保护。

(7)气囊拆下存放时，盖板应朝上，远离高温热源和油水，其环境温度应低于40℃。

(8)因维修需要而断开电源前，应先查清时钟、音响或防盗系统的密码，并作好记录，以便检修后重新设置。

(9)车辆报废或仅安全气囊报废时，应在远离维修现场处，采用安全措施引爆气囊，以防日后伤人。

1. 名词解释

(1)诊断技术；(2)汽车诊断；(3)故障诊断；(4)OBD-Ⅱ；(5)故障码；(6)诊断参数；(7)致命故障；(8)严重故障；(9)一般故障；(10)数据流

2. 车载自诊断系统的作用是什么？

3. OBD-Ⅱ诊断插座端子定义是什么？

4. 简述OBD-Ⅱ故障码构成的方法，解释故障码P0123各个字符的含义。

5. OBD-Ⅱ与EOBD的基本区别是什么？

6. 车载自诊断系统组成是什么？

7. 车载自诊断系统监测模式有哪些？各有什么特点？

8. 预热循环、驱动循环、OBD-Ⅱ行程、OBD-Ⅱ驱动循环及相似条件有何异同？

9. 汽车故障诊断信息有何类型？如何读取？

10. 如何读取与清除故障码？

11. 汽车常见故障症状有哪些？有何表现？

12. 应用人工经验法进行故障诊断时的基本步骤是什么？

13. 汽车电器电子系统常见故障有哪些？

14. 进行汽车电器电子系统的故障诊断时基本要求是什么？

15. 进行汽车电器电子系统的故障诊断时基本程序是什么？

16. 怎样区分历史故障码和当前故障码？

17. 故障码如何应用？具有什么局限性？

18. 数据流具有哪两种信息格式与参数？数据流如何应用？

19. 发动机电控系统检测的作业要求是什么？

20. 故障征兆模拟法有哪些？如何进行？

21. 线路故障有哪几种？如何进行检查？

22. 电控点火系统的基本检查包括哪些内容？

23. 自动变速器的常规检验包括哪些内容？如何进行？

24. 简述失速试验的目的与方法。

25. 简述时滞试验的目的与方法。

26. 简述自动变速器的道路试验的目的与方法。

27. 简述如何进行防抱死制动系统的检测。

28. 简述如何进行安全气囊系统的检测。

第八章 汽车修理工艺及修复方法

第一节 汽车修理工艺过程

一、修理作业分类

车辆修理按作业范围可以分为车辆大修、总成大修、车辆小修和零件修理。

(1)车辆大修是新车或经过大修后的车辆,在行驶一定里程(或时间)后,经过检测诊断和技术鉴定,用修理或更换车辆任何零部件的方法,恢复车辆的完好技术状况,完全或接近完全恢复车辆寿命的恢复性修理。

(2)总成大修是车辆的总成经过一定使用里程(或时间)后,用修理或更换总成任何零部件(包括基础件)的方法,恢复其完好技术状况和寿命的恢复性修理。

(3)车辆小修是用修理或更换个别零件的方法,保证恢复车辆工作能力的运行性修理。其主要任务是消除车辆在运行过程或维护作业过程中发生或发现的故障或隐患。

(4)零件修理是对因磨损、变形、损伤等而不能继续使用的零件进行的修理。

按《汽车运输业车辆技术管理规定》的规定,车辆和总成大修的送修标志是:汽车大修送修标志是客车(轿车)以车身为主,结合发动机总成;货车以发动机总成为主,结合车架总成或其他两个总成符合大修条件。

挂车大修送修标志是挂车车架(包括转盘)和货箱符合大修条件;定车牵引的半挂车和铰接式大客车,按汽车大修的标志与牵引车同时进厂大修。

总成大修送修标志分别为:发动机总成的汽缸磨损量,圆柱度达到0.175~0.250mm或圆度已达到0.050~0.063mm(以其中磨损量最大的一个汽缸为准);最大功率或汽缸压力较标准值降低25%以上;燃料和润滑油消耗量显著增加。

车架总成是车架断裂、锈蚀、弯曲、扭曲变形逾限,大部分铆钉松动或铆孔磨损,必须拆卸其他总成后才能进行校正、修理或重铆,方能修复。

变速器(分动器)总成是壳体变形、破裂、轴承孔磨损逾限,变速齿轮及轴恶性磨损、损坏,需要彻底修复。

后桥(驱动桥、中桥)总成是桥壳破裂、变形,半轴套管承孔磨损逾限,减速器齿轮恶性磨损,需要校正或彻底修复。

前桥总成是前轴裂纹、变形,主销承孔磨损逾限,需要校正或彻底修复。

客(轿)车车身总成是车身骨架断裂、锈蚀、变形严重,蒙皮破损面积较大,需要彻底修复。

货车车身总成是驾驶室锈蚀、变形严重、破裂,或货厢纵、横梁腐朽,底板、挡板破损面较大,需要彻底修复。

二、修理工艺过程

采用就车修理法时,其汽车大修工艺流程如图 8-1 所示。采用总成互换修理法时,汽车大修工艺流程,如图 8-2 所示。

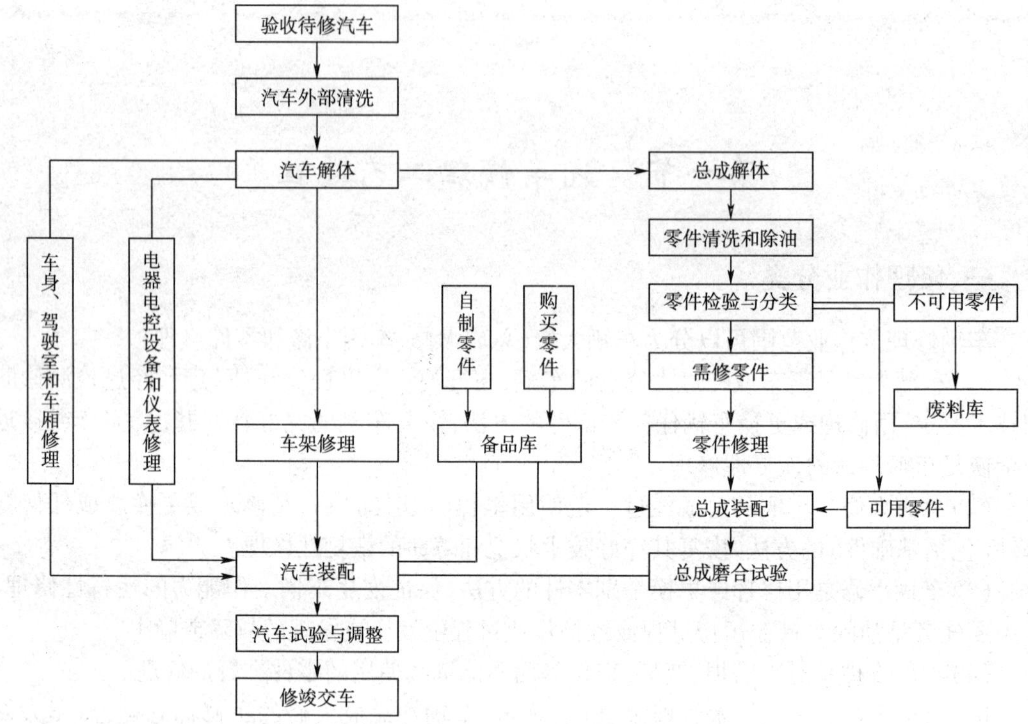

图 8-1　采用就车修理方法时汽车大修的工艺流程

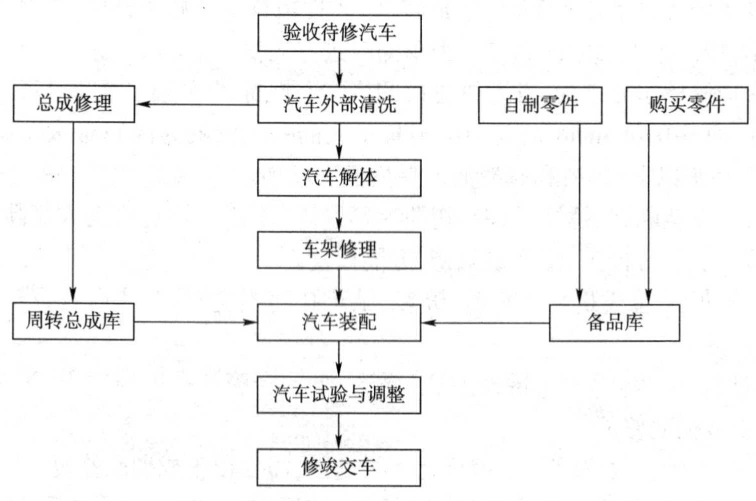

图 8-2　采用总成互换修理时汽车大修的工艺流程

第二节　入厂接收与外部清洗

一、入厂接收

汽车的接收、解体、清洗及零件检验是汽车大修工艺流程中的先期阶段，为以后的零件修复、汽车装配等作业提供必要的准备。它的工作质量如何，对汽车大修质量、大修成本和生产效率有重要的影响。

汽车或总成维修时应符合送修规定，经检测诊断，鉴定技术状况，确定维修作业范围和深度，估计修理工时、材料成本并确定修竣时间，然后办理交车手续以及签订维修合同。

1. 送修规定

按中华人民共和国交通部第13号令颁布的《汽车运输业车辆技术管理规定》规定：

(1)车辆和总成送修时，承修单位与送修单位应签订合同，商定送修要求、修理车日和质量保证等，合同鉴订后必须严格执行；

(2)车辆送修时，应具备行驶功能，装备齐全，不得拆换；

(3)总成送修时，应在装合状态，附件、零件均不得拆换和短缺；

(4)肇事车辆或因特殊原因不能行驶和短缺零部件的车辆，签订合同时，应作出相应的说明；

(5)车辆和总成送修时，应将车辆和总成的有关技术档案一并送承修单位。

2. 技术鉴定与检验

1)汽车整车技术鉴定

检测诊断与技术鉴定就是对汽车和总成在不解体情况下，利用仪器设备或人工对其检测诊断并通过向送修单位、驾驶员了解车辆使用和维修情况以及查阅车辆技术档案等过程，对车辆技术状况进行的综合鉴定。它是确定车辆修理作业范围和深度的依据。各项工作的主要内容包括：

(1)调查汽车使用情况。通过驾驶员或送修人员并查阅车辆技术档案，了解送修(维护)车辆的修理和维护情况、经常发生的故障、燃料的消耗、轮胎的磨损及车辆的动力性等方面的情况，作为判定车辆技术状况的初步依据。

(2)使用仪器设备进行检测诊断。车辆大修的检测诊断应在交通运输管理部门认定的设备比较先进、功能比较齐全的汽车综合性能检测站或维修企业进行。以便能全面检测，准确确定修理作业的深度和范围。检测诊断设备应能满足车辆在不解体情况下确定其工作能力和技术状况，以及查明故障与隐患的部位和原因。

检测诊断的主要内容包括：汽车的安全性(制动、侧滑、转向、前照灯等)、可靠性(异响、磨损、变形、裂纹等)、动力性(车速、加速性能、底盘输出功率、发动机功率、转矩和供油系、点火系状况等)、经济性(燃油消耗)及噪声和废气排放状况等。能表征上述内容的具体检测参数及其数值，除部分通用外，大都需根据不同车辆的结构特点、故障规律和使用条件通过大量的测试数据的记录和处理，再与标准技术状况对比来确定。

(3)汽车的外部检查与路试。除用仪器设备检测诊断外，还必须由人工进行汽车外部检查。必要时，还可由人工进行汽车路试。在不具备完善的检测诊断设备时，人工检查与路试就成了车辆入厂检验的主要手段。

车辆的外部检查，除进一步确定送修车辆的技术状况外，还可以判明送修车辆装备是否齐全,是否有拆换现象。检查的重点应放在车辆的关键基础件有无破裂、渗漏、变形等方面,尤其要注意车架和悬架机构有无明显的断裂、变形和连接松动等。另外,还要检查轮胎的损伤情况。

道路试验检查,可以进一步判明汽车发动机的动力性和技术状况,同时对底盘各总成的技术状况也可以准确掌握。路试检测的步骤大致如下:

①汽车起步前,查看各种仪表是否正常工作,检查转向盘、离合器和车轮制动器踏板自由行程,检查手制动器的状况。

②汽车起步时,检查离合器状况,判定其是否存在异响、打滑和发抖现象。

③汽车行驶中,尤其是在车速变换时,查听发动机和变速器等有无异响,变速器是否存在自动脱挡现象,传动轴及驱动桥是否有异响;是否有跑偏和不稳现象,转向操纵机构是否轻便灵活,制动是否正常;此外,还要注意整车的振动和车内噪声等。

(4)技术鉴定或评定。通过以上检测诊断并参照对驾驶人员的调查和技术档案的记录情况,最后由专职技术人员对车辆技术状况进行综合鉴定,并确定修理作业范围和深度或维护附加作业及小修项目。

根据以上结果,车辆和总成送修时,承修单位与送修单位应签订合同,商定送修要求、修理日、质量保证和价格等。合同签订后双方必须严格执行。

2)发动机分解前检验

为做到对发动机有针对性地修理,在发动机解体前应对发动机进行外部和动态的检测。检测的内容为检查发动机的密封情况、异响、汽缸压力等内容,根据检查结果,判断发动机的磨损状况并确定修理作业的内容及深度。

(1)检查密封部位泄漏。检查发动机各个结合面的密封情况,可以帮助确定发动机分解后对泄漏部位的修理内容;检查发动机所有胶管的密封和老化情况,可以确定是否更换;检查发动机漏油情况,确定油封和轴颈配合情况。

(2)异响的判断。起动发动机,逐渐提高发动机转速,注意倾听发动机有无异响。发动机敲缸响多发生在汽缸严重磨损需要大修时,响声一般发生在冷车怠速与怠速稍高的转速时,响声随转速呈有规律地变化,响声比较清脆;气门脚响多发生在气门调整不当、气门调整螺钉松动时,响声一般发生在怠速到中低速阶段,响声尖锐清脆并随转速变化,转速升至中高速时,响声逐渐被发动机噪声所掩盖;发动机窜气响发生在汽缸拉缸故障时,在怠速稍高时比较明显,响声随转速升高且有规律变化,发动机转速再度升高时,响声开始不清晰;连杆轴承响多发生在严重磨损的发动机上,响声在发动机加速时比较明显,响声随转速升高且在稍高负荷下容易辨别;曲轴轴承响也多发生在磨损严重的发动机上,响声表现的时机和特征与连杆轴承响声类似,但响声比较沉闷。

(3)测量汽缸压力。测量汽缸压力,可以确定汽缸密封程度。如果各缸压力均低于规定,说明汽缸磨损严重,需要进行大修;如果某个汽缸压力偏低,可能该缸存在着拉缸或气门密封不严等故障;如果相邻两汽缸压力过低且压力相同时,表明这两汽缸间的缸垫可能损坏。常见轿车发动机汽缸压缩压力见表8-1。

常见轿车发动机汽缸压缩压力 表8-1

车 型	桑塔纳	捷达
标准压力(kPa)	1000~1300	900~1200
磨损极限压力(kPa)	750	700
各缸最大压差(kPa)	300	300

二、外部清洗及设备

汽车在维修前均须进行外部清洗，清除尘土、油污和泥沙等。外部清洗一般采用压力为0.2～10MPa的冷水进行冲洗。对于密度较大的厚层污物，在水中加入适量的化学清洗剂并提高喷射压力和温度。清洗过的汽车可保证拆卸质量和工位的清洁。

1. 单枪射流式清洗机

这种清洗机是靠高压连续射流或汽—水射流的冲刷作用或射流与洗涤剂的化学作用相配合来清除污物。

采用射流清洗，当压力不变时，其生产率与清洗液的体积成正比；当喷嘴与被清洗表面距离为50～200mm时，射流压力最大，距离再增加，压力会急剧下降。

常温高压清洗机，工作压力为6MPa，喷液量为10L/min；移动式清洗机，工作压力为2～10MPa，喷液量为400～850L/h；根据需要按比例添加各种常温化学清洗剂。高温高压清洗机，工作压力为2～13MPa，流量为300～350L/h，工作温度范围为常温至120℃，喷枪喷嘴可喷出扇形或束形的高压冷水、高压热水或高压蒸汽。同时，可通过喷枪按钮控制按比例添加洗涤剂或防锈剂，汽—水射流清洗机组成，如图8-3所示。

图8-3　汽—水射流清洗机示意图

1-浮标室；2-供水管；3-水泵；4-燃料箱；5-燃料泵；6-高压变压器；7-喷嘴；8-火花塞；9-热交换器；10-热交换器蛇管；11-清洗剂箱；12-风机；13-电动机；14-水枪

2. 固定式大型汽车清洗设备

固定式大型汽车清洗设备一般设在室外，形成流水作业的清洗线，也有设在室内清洗间的。常见的有滚刷式和喷头式2种，它们大致相同。

1）滚刷式低压（0.5MPa以下）清洗设备

四刷式清洗机工作原理示意图，如图8-4所示。当汽车驶入自动化清洗站时，打开门形架上的喷嘴，开始喷水，淋湿车身。汽车驾驶室驶近Ⅰ、Ⅱ滚刷时，Ⅰ、Ⅱ滚刷转动出水，驾驶室通过Ⅰ、Ⅱ滚刷后，滚刷在气动机构的推动下，向车身靠拢，洗刷车身两侧，见图8-4b）。当车辆驶过Ⅰ、Ⅱ滚刷时，则Ⅰ、Ⅱ滚刷自动合拢，清洗车尾，见图8-4c）。车辆离开Ⅰ、Ⅱ后，滚刷自动复位。Ⅰ、Ⅱ滚刷的作用是清洗车两侧和车尾。当车头接近Ⅲ、Ⅳ滚刷时，Ⅲ、Ⅳ滚刷已出水，并洗刷车头，接着由车头慢慢顶开滚刷清洗车侧，见图8-4b）、c），直到车辆通过Ⅲ、Ⅳ滚刷到复位关闭位置。Ⅲ、Ⅳ滚刷的作用是从驾驶室清洗到车身两侧。当整车洗刷完毕后，让汽车向前移动，在专门设置的清水门型淋架处淋洗，使车身表面干燥后不产生水迹斑点。淋洗后可自然干燥。

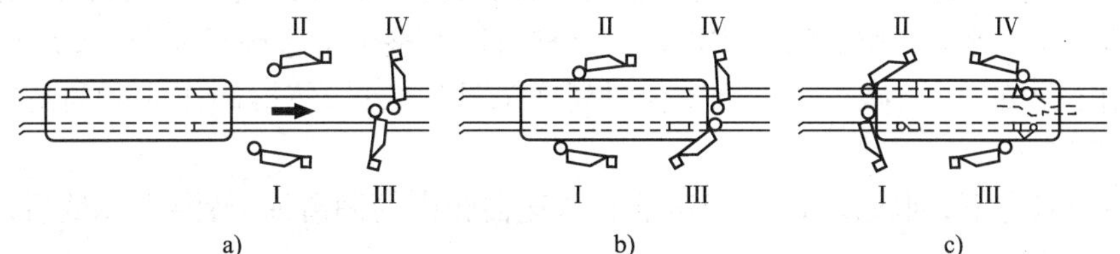

图8-4　四刷式清洗机工作原理

a）原始位置；b）Ⅰ、Ⅱ滚刷洗刷车侧，Ⅲ、Ⅳ滚刷洗刷车头；c）Ⅲ、Ⅳ滚刷洗刷车侧，Ⅰ、Ⅱ滚刷洗刷车头

2）喷头式低压清洗设备

汽车喷头式低压清洗设备，如图8-5所示。被清洗的汽车利用自身的动力开到清洗台上，在清洗台的底部有旋转喷头，用以清洗汽车底盘，在清洗台的两侧有直头喷水管，主要用以清洗汽车的两侧。在清洗台一侧的离心水泵将水压提高到0.2～0.4MPa，送至各喷水口。汽车清洗完毕后开下清洗台。

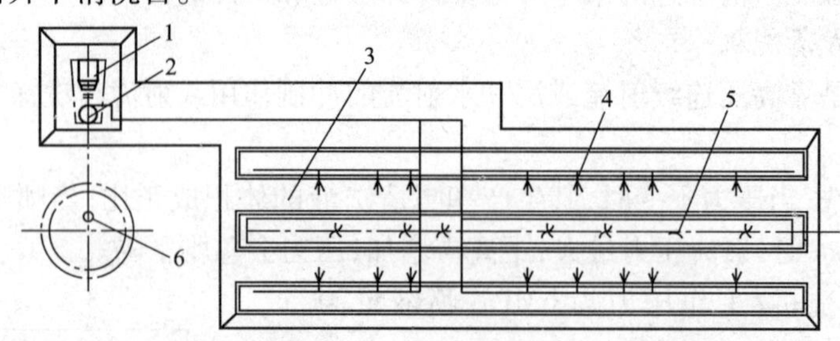

图8-5　汽车喷头式低压清洗设备

1-电动机；2-离心水泵；3-清洗台；4-直头喷管；5-旋转喷头；6-水井

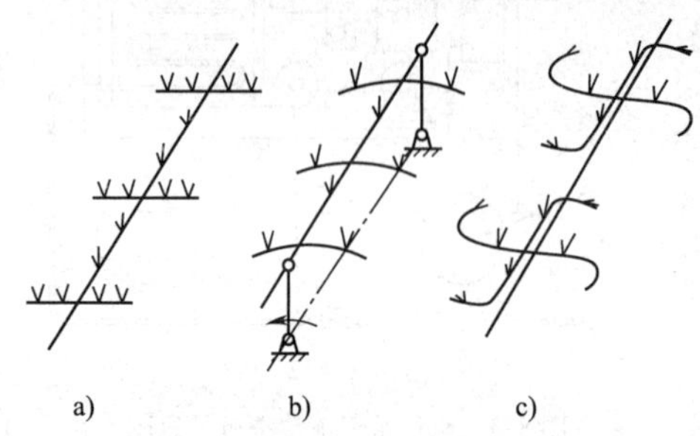

图8-6　汽车底盘用清洗喷头布置示意图

a）固定式喷水管；b）可变向的喷水管；c）旋转喷头

汽车外部清洗的喷水管布置种类有固定式门形管架、移动式门形管架等，其管架通过滚轮在地面的导轨上移动。为了清洗汽车底盘部分的油污，通常在清洗设备上装有能冲洗底盘的喷水管。喷水头有固定式和摇摆式，如图8-6所示。喷水头摇摆可由减速机驱动，也可用水流射出的反作用力带动。它的安装位置和数量根据设备的用途和功能不同而异。此外，外部清洗设备还可设有泥水分离器、沉淀池等，使水循环使用。

第三节　拆卸解体与零件清洗

一、拆卸解体

汽车经外部清洗后，进入拆卸工位，回收所有的润滑油和冷却液，将汽车拆成总成，然后再将总成拆成零件。汽车解体的工作质量，将直接影响到汽车和总成的修理质量和速度。汽车解体的质量和工作效率，在很大程度上取决于工艺程序的安排、劳动组织的形式、拆卸工具设备的选用和工人的操作技术，因此，应遵循如下原则和注意事项。

1. 拆卸程序

汽车的拆卸一般不是按照结构进行分类，而是将汽车划分为若干个拆卸单元按工作部位进行分工，以平行交叉作业的方式进行。这样可以使整个工序相互配合，减少工人在拆卸过程中工作位置的变换，减少了辅助工作时间和工具的数量，使拆卸作业顺利高效地进行。工艺程序如下：

（1）在热状态下，回收发动机、变速器及差速器壳内的润滑油，待温度降低后，再回收冷却液。

（2）拆去电气设备及各部分的导线。

（3）拆去发动机总成、变速器总成及传动轴后桥等总成。

(4)再将各总成放至各自的工作台上,接着拆成零件。

2. 拆卸原则

(1)拆卸前应熟悉被拆总成的结构,必要时应查阅资料,按拆卸工艺程序进行。严防拆卸工艺程序倒置,从而造成不应有的零件损伤。

(2)经检验鉴定确认技术状况良好、可再用一个大修周期的总成,不再解体。

(3)应遵守正确的拆卸方法,由表及里。按先总成后零件的顺序,先将汽车拆成各总成,然后,再由总成依次拆成组合件、零件。为了保证组合件的装配关系,拆卸时应核对原来的标记并做好记号。

(4)合理地使用拆卸工具和设备。拆卸时所选用的工具要与被拆卸的零件相适应,如拆卸螺母、螺钉应根据尺寸,选取合适的扳手、套筒或起子,尽可能不用活扳手;对于衬套、齿轮和轴承等应尽可能用专用拉器或压力机拆卸。

(5)拆卸时应为装配创造条件,对非互换的零件,应核对记号,且成对放置,以防装配时出现差错并应确保精度;对平衡要求较高的旋转零件,也应注意其装配记号;拆下来的零件应分类存放,以利于查找。

3. 连接件拆卸

汽车和总成的拆卸,主要是连接件的拆卸。在拆卸过程中除遵守一般的原则外,还应严格遵守操作规程规定。

1)过盈配合件拆卸

过盈配合件在拆卸中占有较大的比重。同时,在拆卸过程中要求不破坏它们的配合性质及不损伤其工作表面。所以,为了保证拆卸作业的工作质量,应尽可能采用专用设备。

过盈配合的拆卸方法与配合的过盈量大小有关。当过盈量较小时,如曲轴正时齿轮应尽量采用拉器进行拆卸。当过盈量较大时应用压力机拆卸。

在拆卸轴承的过程中,应使其受力均匀,压力(或拉力)的合力方向与轴线方向重合。作用力应作用在内座圈(或外座圈)上。防止滚动体或滚道承受载荷。

2)螺纹连接件拆卸

在汽车拆卸过程中,螺纹连接件拆卸的工作量占总拆卸量的50%~60%。为防止连接件损坏,要采用正确的拆卸方法;要选用尺寸合适的扳手或套筒,不宜采用活扳手。如果扳手开口过宽,会使螺帽棱角损坏。如果螺栓拧得过紧而不易拆卸时,不应采用过长的加长杆,否则易发生螺钉折断。

对于多个螺栓紧固的连接件拆卸,首先,应按规定的顺序将各螺栓拧松1~2圈,然后依次均匀拆卸,以免零件损坏和变形。对于拆卸后会因重力下落的零件,应使最后拆下的螺纹连接件既拆卸方便,又具有保持工件平衡的能力。在拆卸螺纹连接件时应尽量使用气动扳手或电动扳手。采用机械化工具,可以提高工作效率,降低劳动强度,提高拆卸质量和减少拆卸人员。

3)特殊螺纹连接件拆卸

对于双头螺栓可用偏心扳手进行拆卸,如图8-7所示。当转动手柄时,偏心轮将螺栓卡住,再继续扳动手柄,便可将螺栓拆下。双头螺栓也可以用一对螺母,旋入螺栓,并互相锁紧,然后用扳手把它连同螺栓一起拆卸下来。

4)断头螺钉拆卸

断头在工件内不太紧时,可用淬火多棱锥头钢棒插入螺钉内并将其旋出,如图8-8a)所示。也可在螺柱头部钻一小孔,在孔内攻反向螺纹,用反扣螺钉拧出断头螺钉,如图 8-8b)所示。断头螺钉高于机体表面时,可将高出的螺栓锉成方形或焊上一螺帽将其拧出,如图 8-8c)所示。

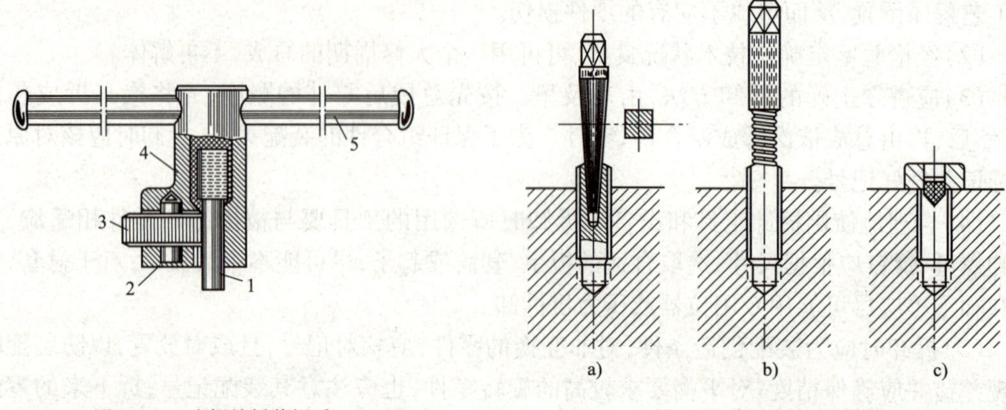

图 8-7 双头螺栓拆装扳手

1-双头螺栓;2-轴销;3-滚花偏心轮;4-扳手体;5-手柄

图 8-8 断头螺栓的拆除

二、零件清洗

汽车和总成拆成零件后,由于其表面的污物会直接影响修理质量、使用寿命和修理成本。因此,须进行零件清洗,以清除油污、积炭、水垢和旧漆层等。

1. 清除油污

在汽车维修企业广泛使用的清洗液中,大致有 3 种,分别是碱溶液、化学合成水基金属清洗剂和有机溶剂。

(1)碱溶液。碱溶液是碱或碱性盐的水溶液。它的除油机理主要是靠皂化和乳化作用。汽车零件表面上的油污有动植物油和矿物油两大类。动植物油和碱性化合物溶液可发生皂化作用,生成肥皂和甘油而溶解于水中。而矿物油在碱性溶液中不能溶解,而是形成乳浊液。碱离子的活动性很强,使矿物油形成小油滴。但油和金属的附着力很大,使油与金属脱离的不彻底,即使有时形成的油滴破裂,但油与金属重新吸附。为此应在清洗时加入乳化剂。

乳化剂是一种活性物质,能降低液体表面张力,它的结构模型如图 8-9 所示。其分子的一端呈极性,与水吸引,称亲水基;另一端呈非极性,与油吸引,称亲油基。所以,它既能吸附在油的界面上,又能吸附在水的界面上,降低了它们的表面张力,从而将油和水连接起来,防止它们的相互排斥。因此,油被乳化后分散成被水包围的细小颗粒,并悬浮溶液中形成乳浊液,从而将油污除去。清洗钢铁零件与清洗铝合金零件时的除油剂配方不同。

亲水基

亲油基

图 8-9 乳化剂分子模型

除油剂配方中主要成分及其作用如下:

苛性钠:起皂化的作用。由于它对有色金属有腐蚀作用,因而对铝、铜及其合金应控制在 2% 以下。

碳酸钠:起软化水的作用,并且维持溶液有一定的碱性。因为碱性是影响清洗效果的一个重要因素,它决定清洗液对油污的皂化能力,同时又能降低溶液表面张力和水的硬度。

硅酸钠:主要起乳化作用。它对金属有防腐作用,特别对铝、镁、铜及其合金有特殊的保护作用。硅酸钠在水溶液中水解生成胶体多硅酸。胶体多硅酸能提高溶液分散污物的能力,并防止污物再次沉积。

磷酸钠:磷酸钠能增加溶液对零件的湿润能力,并有一定的乳化和缓蚀作用。它可与水中的钙、镁离子结合生成难溶于水的并以沉淀形式自溶液中析出钙盐和镁盐。由于它的碱性较强,用量不宜太多。

重铬酸钾:在清洗液加入适量重铬酸钾,可防止金属除油后生锈。

碱性除油清洗液,一般加热至 80 ~ 90℃。油膜在高温溶液中黏度下降,由于表面张力和膨胀作用,油膜皱缩而破裂,形成小油滴。高温还能加速溶液的循环流动,可加速除油。但是,清洗液的温度也不能过高,否则会使蒸发量过多,热能消耗过大也不经济。

此外,机械搅拌作用能使溶液增加一些运动能量,冲击油污,有利于油污从金属表面上分离,使金属表面不断和新溶液接触,从而加速了除油过程。

零件除油后,需要用热水冲洗,去掉表面残留的碱液,防止零件被腐蚀。

(2)化学合成水基清洗剂。以表面活性剂为主的合成洗涤剂。有些加有碱性溶液,以提高表面活性剂的活性,并加入磷酸盐、硅酸盐等缓蚀剂。

表面活性物质能显著地降低液体的表面张力,增加润湿能力,其类型有离子型和非离子型两种。离子型又可分为阴离子,阳离子和两性表面活性物质。由于非离子型及阴离子型对硬水、酸、碱及其他金属离子都有较好的化学稳定性,因此,广泛用于水基金属除油剂。水基清洗剂清除油污的方法主要靠浸湿、乳化、分散和增溶等各种复杂过程的综合作用。大多数情况下,污物由二相构成——液相(油、树脂)和固相(尘埃、沥青等)。对于液相的油污使用液相乳化的方法,即与油污形成乳化液而除去。对于固相的油污使用固相分散的方法。污物固相分散是因污物微粒表面上活性物质的吸附引起的。由于清洗液表面张力小,因而能渗透到污物微粒的微小裂纹中,并使表面活性剂吸附在这些微粒的表面上。表面活性剂的吸附分子对微粒产生楔入压力,将其破碎。

化学合成水基金属清洗剂在 80℃ 左右时,清洗效果较好。在清洗油污时,要根据油污的类别、厚度和密实程度,金属性质、清洗温度、经济性等因素综合考虑,选择不同的配方。

(3)有机溶剂。是指煤油、轻柴油、汽油、三氯乙烯、丙酮和酒精等。有机溶剂清除油污是以溶解污物为基础的。由于溶剂表面张力小,能够很好地使被清除表面润湿并迅速渗透到污物的微孔和裂隙中,然后借助于喷、刷等方法将油污去掉。

有机溶剂对金属无损伤,可溶解各类油、脂。清洗时一般不需要加热,使用简便,清洗效果好,对金属无损伤。但它们大多数为易燃物,有些还对人身体有害,清洗成本也高,主要只适用于精密零件的清洗。目前使用的大多为轻柴油、汽油和三氯乙烯。三氯乙烯是一种无色透明、易流动、易挥发、在常温下带有芳香味的液体。它溶解油脂的能力很强,又不易燃烧。但它有毒性,使用时要采取严格的安全防护措施。

零件的清洗设备多采用隧道式和箱式清洗机。

2. 清除积炭

汽车发动机燃烧室中有关的零件上产生的积炭,将产生以下不良的影响:减少燃烧室容积,影响散热;燃烧过程会出现许多炽点,引起混合气先期燃烧;活塞环粘附在活塞环槽中,或将气门粘附在气门座上,使发动机特性变坏,甚至无法工作。并且积炭微粒的脱落还能污染发动机润滑系,导致早期磨损。为了恢复发动机正常工作性能,在大修时,必须彻底清除机件上的积炭。

1)积炭的形成过程

积炭是发动机燃油在高温和氧化的作用下形成的异物。积炭产生后,润滑油也会参与燃烧,使积炭形成加剧。发动机工作时,由于燃烧室供氧不足,使燃油和渗入燃烧室中的润滑油不能完全燃烧,产生的油烟和烧焦润滑油的微粒,混入润滑油中,在发动机内被氧化成一种稠胶状液体——羟基酸(分子中同时含有羟基-OH 和羧基-COOH 的化合物),并进一步被氧化成一种半流体树脂状的胶质,牢固地粘附在发动机零件上。此后,在高温的不断作用下,胶质物又聚缩成更复杂的聚合物(单体聚合反应生成物),形成硬质胶结炭,俗称积炭。

积炭的化学组分,可分为挥发物质(如油、羟其酸)和不易挥发物质(沥青质、油焦质、碳青质和灰分)。发动机的工作温度越高,压力越大,形成的积炭也越硬,越致密,与金属粘得越牢固。

2)清除积炭原理

在清除零件表面积炭的各种方法中,广泛应用的是化学方法。它是用化学溶液(俗称退炭剂)浸泡带积炭的零件,使积炭溶解或软化,再辅以洗、擦等办法将积炭清除。用化学方法清除积炭的过程就是氧化的聚合物膨胀和溶解的过程。退炭剂与积炭接触后,首先在积炭层表面形成吸附层,然后由于分子间的运动,以及退炭剂分子和积炭分子极性基的相互作用,就会使退炭剂分子逐渐向积炭层内层扩散,并能在积炭网状分子的极性基间生成键结合,使网状分子之间的极性力减弱,破坏网状聚合物的有序排列,使聚合物的排列逐渐变松。

另外,它只能使积炭产生有限的溶解,积炭并不能自动脱离金属表面而溶解在退炭剂中,还须配以机械作用清除积炭。

3)退炭剂配方

退炭剂按性质可分为无机退炭剂和有机退炭剂两种。多数退炭剂都由溶剂、稀释剂、活性剂和缓蚀剂 4 种成分组成。

(1)积炭溶剂:有强极性溶剂、碱金属皂类和碱类等 3 种。

强极性溶剂主要包括芳香基氯化衍生物、硝基衍生物和酚类。为降低成本,退炭剂很少用纯溶剂。碱金属皂类包括各种肥皂、油酸钾及碱性洗涤剂等。碱类包括苛性钠、磷酸三钠、氢氧化胺及碳酸铵等。苛性钠水溶液加入强极性溶剂会使退炭能力提高。

(2)稀释剂:加入稀释剂使稠粘的积炭溶剂稀释,可使固体药剂在其中容易溶解,同时也可降低退炭剂成本。无机退炭剂用水稀释,有机退炭剂一般用乙醇、苯、煤油和汽油等稀释。实际上,许多稀释剂也有退炭能力。

(3)缓蚀剂:缓蚀剂可以防止某些退炭剂中的碱性成分对有色金属的腐蚀。通常用硅酸盐、铬酸盐和重铬酸钾。一般用量只占退炭剂的 0.1% ~0.5%,过量会影响退炭效果。

(4)活性剂:活性剂能降低退炭剂本身的表面张力,使退炭剂与积炭有好的结合。活性剂有醇类、胺类、有机酸类和酚类等。

4)清除积炭工艺

(1)无机退炭剂除炭工艺。将原料配成混合液,加热至 90℃左右,把除炭的零件放入退炭剂中,浸泡 2 ~3h 时,积炭软化后,用毛刷、抹布擦拭,热水冲洗,冲后吹干。

(2)有机退炭剂除炭工艺。将工件放入退炭剂的密闭容器中,用蒸汽加热至 90℃左右,浸泡 2 ~3h 时,待积炭软化后,用毛刷刷掉、洗净。

3. 清除水垢

1)水垢形成过程及影响

发动机冷却系如长期使用未经软化处理的硬水,将使发动机散热器内、水套内积存大量的水垢。通常水垢由碳酸钙、硫酸钙和硅酸盐组成。各种盐类的份量由水质来决定,水的硬度愈大,含盐类份量愈多。由于冷却系内的硬水被加热,碳酸盐受热分解;硫酸盐、硅酸盐由于水蒸发,其浓度增加。当达到饱和状态时,就从水中析出,并沉积在水套、散热器等内表面上,积层就称为水垢。

水垢的导热系数极低,是钢铁的1/20~1/50。当水垢沉积在冷却系零件内表面上过多时,会产生以下影响:大大降低发动机的冷却强度,从而导致发动机过热;造成运动件膨胀,配合间隙变小,机械性能下降,甚至发生"卡缸"现象;可能产生垢下高温腐蚀,使零件磨损加剧,甚至产生烧蚀、裂纹等。另外,垢锈严重时,部分循环水道将被堵塞,冷却液流通不畅,发动机整体或局部高温,以致产生重大机械事故,使发动机无法工作。因此,必须及时地清除水垢。试验证明,汽车大修时,清除冷却系水垢,可以使发动机功率和燃料经济性指标提高4%~6%。

2)水垢清除原理

水垢的清除方法很多,但多数是采用酸洗法和碱洗法。通过酸或碱的作用,使水垢由不溶解的物质转化为可溶性物质。在选用酸或碱溶液时,要适应水垢的性质,最好经过化验确定。如碳酸盐类水垢,可用盐酸溶液或苛性钠溶液除垢,其反应如下:

$$CaCO_3 + 2HCl = CaCl_2(\text{溶于水}) + H_2O + CO_2\uparrow$$

$$CaCO_3 + 2NaOH = Ca(OH)_2(\text{溶于水}) + Na_2CO_3(\text{溶于水})$$

硫酸盐类水垢不易直接溶解于盐酸溶液,应用碳酸钠溶液处理,然后再用盐酸溶液清除,其反应如下:

$$CaSO_4 + Na_2CO_3 = Na_2SO_4 + CaCO_3\downarrow$$

$$CaCO_3 + 2HCl = CaCl_2 + H_2O + CO_2\uparrow$$

硅酸盐类水垢也不易直接溶解于盐酸溶液,一般用一定浓度(2%~3%)的苛性钠溶液进行清洗。如用盐酸溶液清洗,应添加氟化钠或氟化铵,使硅酸盐变成溶解于盐酸的硅胶。由于硅胶易附在水垢表面,为此,还必须采取循环酸洗来清除全部水垢。

除垢后,一般还有除锈的要求,所以,酸溶液比碱溶液效果好,但酸对金属的腐蚀作用较大。为减少腐蚀而又不削弱盐酸对水垢的作用,常在酸溶液中添加一定份量的缓蚀剂。缓蚀剂的作用主要是基于吸附原理,即它吸附在金属表面上形成防止金属继续溶解的保护膜,从而减少酸对金属的腐蚀;也可对铁锈溶解,起到除锈作用。

盐酸除垢溶液中,常用的缓蚀剂有:乌洛托平,一般用量为盐酸用量的0.5%~3%;若丁、02缓蚀剂用量一般为0.8%。

3)清洗钢铁零件上的水垢

对于含碳酸钙和硫酸钙较多的水垢,首先用8%~10%浓度的盐酸液加入3~4g/L的缓蚀剂(乌洛托平)并加热至50~80℃,处理零件50~70min。然后取出零件或放出清洗液,再用含5g/L的重铬酸钾溶液清洗一遍;或再用5%浓度的苛性钠水溶液注入水套内,中和残留的酸溶液,最后用清水冲洗干净。

对含硅酸盐较多的水垢,首先用2%~3%浓度的苛性钠溶液进行处理,温度控制在30℃左右,浸泡8~10h,放出清洗液,再用热水冲洗几次,洗净零件表面残留的碱质。

4)清洗铝合金零件上的水垢

将磷酸100g注入1L水中，再加入50g铬酐，并仔细搅拌均匀。在30℃左右，浸泡30～60min后，用清水冲洗，最后用80～100℃的重铬酸钾水溶液(浓度0.3%)冲洗即可。

4. 清除旧漆层

汽车钣金件的旧漆层既影响防锈功能，又不美观。因而在汽车大修时应尽量将其除掉，然后再涂上新漆。清除旧漆层可以用单独的溶剂，也可采用各种溶剂的混合液。清除漆层的各种溶液(俗称退漆剂)分为有机退漆和碱性退漆剂2种。

1)有机退漆剂

有机退漆剂主要由溶剂、助溶剂、稀释剂、稠化剂等组成。溶剂有芳烃、氯化衍生烃、醇类、醚类和酮类等；助溶剂可用乙醇、正丁醇等；稀释剂可用甲苯、二甲苯、轻石油溶剂等；稠化剂常用石蜡、乙基纤维素等。在有机退漆剂中加入稠化剂是为了延缓活性组分的蒸发，以保证有机退漆剂使用寿命。退漆剂同时又分低分子溶剂(二氯甲烷)及表面活性剂(甲酸和乙酸)，它们可使退漆剂经漆膜很快扩散并使漆膜和底漆一起剥落。处理时间20～40min，膨胀后用木板刮掉，再用稀释剂或汽油擦拭。

2)碱性溶液退漆剂

碱性溶液退漆剂主要成分为溶剂、表面活性剂、缓蚀剂和稠化剂，配成水溶液使用。

碱类主要用苛性钠、磷酸三钠和碳酸钠等；表面活性剂可用脂肪酸皂、松香水、烷基芳香基磺酸脂等；缓蚀剂用硅酸钠；稠化剂用滑石粉、胶淀粉、乙醇酸钠等。碱性溶液可使漆层软化或溶解。

第四节　零件检验分类

一、检验分类要求

1. 零件分类

零件检验分类的目的是通过检验确定零件的技术状况，并分为可用件、需修件或更换件。

(1)可用件。指合乎大修技术标准的零件，即大修许用件。

(2)需修件。指零件损伤已超过容许极限，通过修理可恢复到符合大修技术标准，称为需修零件。

(3)更换件。指不符合大修技术标准的零件，即零件的损伤已超过容许极限，无法修复或虽然可修并能恢复到符合大修技术标准，但所需成本不符合经济要求，称为更换件。

要做好零件检验分类工作，必须要有科学的零件检验分类技术条件和正确的检验分类方法，以及能保证检验精度的检验设备。

2. 技术条件

零件检验分类的技术条件是确定零件技术状况的依据，一般应包括以下内容：

(1)零件的主要特性，包括零件的材料、热处理性能以及零件的尺寸等；

(2)零件可能产生的缺陷和检验方法，并用图标明缺陷部位；

(3)缺陷的特征；

(4)零件的极限磨损尺寸、容许磨损尺寸和容许变形量或偏差；

(5)零件的报废条件;

(6)零件的修理方法。

零件可能出现的缺陷是编制零件检验分类技术条件的主要内容,不同的零件由于其工作条件不同、结构不同,其出现缺陷的规律是不一致的,必须根据统计调查资料来确定。汽车维修过程中,零件的质量检验是一道重要工序。它不仅影响修理质量,也影响修理成本。零件从汽车拆下经清洗后,需要通过检验确定技术状态进行分类。根据零件检验技术条件、将零件分为可使用的、需修件的和应更换的3类。对修后零件的质量,也应进行认真的检验,并保证达到规定的技术要求。

3. 检验内容

零件质量检验的主要内容有:

(1)几何形状精度。检验项目有圆度、圆柱度、平面度、直线度、线轮廓度和面轮廓度。检验时,一般采用通用量具,如游标量具、螺旋测微量具、量规和机械杠杆量仪等。

(2)相互位置精度。检验项目有:同轴度、对称度、位置度、平行度、垂直度、斜度以及跳动。检验一般采用心轴、量规与百分表等通用量具互相配合进行测量。

(3)表面质量。主要检查疲劳剥落、腐蚀麻点、裂纹及刮痕等。裂纹可用渗透探伤、磁粉探伤及超声波探伤等方法检查。

(4)内部缺陷。指零件内部有裂纹、气孔、疏松和夹杂等。其内部缺陷主要用射线及超声波探伤检查。

(5)机械物理性能。硬度、硬化层深度和磁导率等可用电磁感应法进行无损检验,硬度还可用超声波、剩磁等方法检验。零件的表面应力状态可采用X射线、光弹、磁性及超声波等方法测量。

(6)重量和平衡。活塞、连杆及活塞连杆组的重量差可用称重法检查;对于高速旋转运动的零件可利用平衡机进行静、动平衡检查。

二、隐伤检验

零件的隐伤是指肉眼看不到的隐蔽缺陷。对汽车的主要零件及有关安全性的零件,如缸体、曲轴、连杆、转向节、球头销、传动轴及半轴等。如果有裂纹或疲劳裂纹,若不及时发现,使用时有可能引起断裂而造成重大机械事故。因此,汽车、总成大修时,要进行零件隐伤的检验,以保证其使用可靠性。

在汽车零件检验中,根据其结构的不同,应用无损检验的方法有磁粉探伤、荧光探伤、着色探伤和水压试验等。

1. 磁粉探伤

所谓磁粉探伤是指钢铁等强磁性材料磁化后,利用缺陷部位所产生的磁极吸附磁粉的探伤方法。它是检查铁磁性材料零件表面开口裂纹及近表面缺陷的一种无损检测方法。

1)磁粉探伤原理

磁力线通过被检验的零件(铁磁性材料)时,零件被磁化,如果零件表面或近表面有缺陷,在缺陷部位的磁力线就会因缺陷不导磁而被中断,使磁力线偏散而形成磁极。此时,在零件表面撒上磁粉或撒上磁悬液,磁粉粒子便被磁化并吸附在缺陷处,从而显示出其位置形状及大小,如图8-10所示。

当缺陷方向与磁力线方向平行或角度很小时,缺陷切断磁力线的数目很少,缺陷的

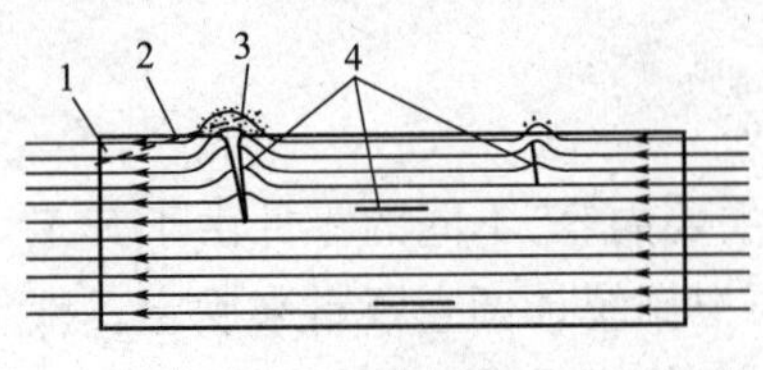

图 8-10　磁粉探伤原理

1-零件；2-磁力线；3-磁粉；4-缺陷（裂纹）

两边不会产生磁极，不能吸附铁粉粒子。所以，利用磁粉探伤时，必须使缺陷垂直于磁场方向。因此，在检验时，要估计缺陷可能产生的位置和方向，而采用不同的磁化方法。

2）磁化方法

横向缺陷要使零件纵向磁化，纵向缺陷要使零件横向磁化；对于与两种磁化方向都成一定角度缺陷，最好采用联合磁化法。

（1）纵向磁化法。被检验的零件置于马蹄形电磁铁的两极之间，如图 8-11 所示。当线圈绕组通入电流时，电磁铁产生磁通，经过零件形成封闭的磁路，在零件内产生平行零件轴线的纵向磁场，这样便可以发现横向缺陷。

（2）周向磁化法。周向磁化也称环形磁化或横向磁化，如图 8-12 所示。电流直接通过零件，则零件圆周表面产生环形磁力线，当缺陷平行于零件轴线方向时，便可形成磁极，吸附磁粉粒子，因而可以发现隐伤所在的部位。

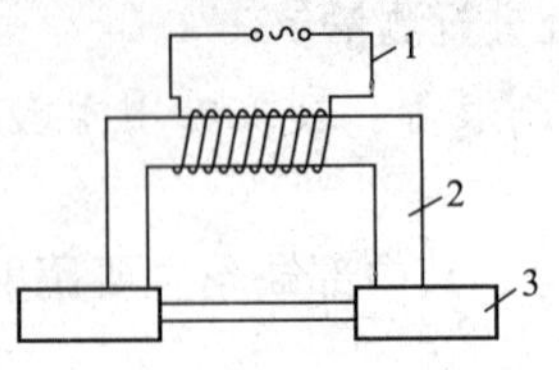

图 8-11　纵向磁化原理

1-磁化线圈；2-电枢；3-被检验零件

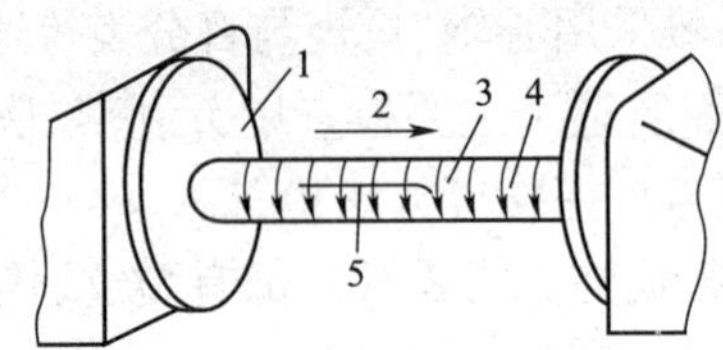

图 8-12　零件直接通电周向磁化法示意图

1-夹头；2-磁化电流方向；3-磁力线方向；4-被检零件；5-缺陷（裂纹）

（3）联合磁化法。联合磁化法也称复合磁化，如图 8-13 所示。利用磁场迭加原理对零件同时采用周向磁化和纵向磁化，使其产生既不同于周向磁化也不同于纵向磁化的效果，而是二者合成方向磁场的磁化方法。可以发现任意方向的裂纹或缺陷。目前，国产的固定式磁粉探伤设备均具备上述磁化功能。

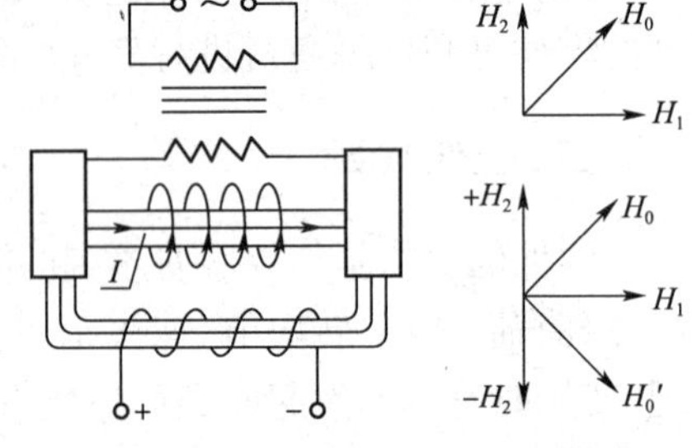

图 8-13　联合磁化原理图

3）磁化电流选择

磁化电流可以采用直流或交流，但交流磁粉探伤应用较多。因为交流电有集肤效应，可以提高表面缺陷探测的灵敏度，特别适用于检验表面疲劳裂纹；同时，使用交流电时可实现复合磁化，而且设备结构简单、价格便宜、易于维修。在联合磁化时，应该是周向磁化采用交流，纵向磁化采用直流。这样将产生方向变化的联合场，有利于发现任意方向的缺陷。

磁化电流的大小，对探伤的结果有重要的影响。电流过大，磁粉聚集太多，将难以鉴别真实的缺陷；电流过小，又不能显示出细微的缺陷。

利用交流周向磁化，以剩磁检查圆柱形零件表面缺陷时需要的磁场强度为 80～100 奥斯特，因此，可按下式计算电流：

$$I = Hd/4 = (20 \sim 25)d \quad (\mathrm{A}) \tag{8-1}$$

式中：H——圆柱形零件表面磁场强度，Oe（1000/4πA/m）；

d——零件直径，mm。

采用交流连续磁化检验法，需要的磁场强度为 20 ~ 30 奥斯特，其电流为：

$$I = (6 \sim 8)d \quad (A) \tag{8-2}$$

若采用直流电磁化，其电流强度一般可降低 30% ~ 50%。

上述确定的电流值是近似计算值。

4）磁粉探伤工艺

磁粉探伤工艺包括预处理、磁化、施加磁粉（或磁悬液）检查、退磁和后处理等。

（1）预处理。清除零件表面的油污、铁锈等。干法探伤时零件表面应干燥，使用油磁悬液时零件上不应有水分；有非导电覆盖层的零件必须做到能通电磁化，即要求应先将通电部位清洁；零件磁化时，应根据其所用材料的磁性能、零件尺寸、形状、表面状况以及可能的缺陷情况确定检验的方法、磁场方向和强度、磁化电流的大小等。

（2）磁化。磁化方式一般分为两种，即连续磁化法和剩余磁场法。前者是零件磁化和缺陷显示同时进行，即在磁化零件的同时，将磁粉或磁悬液施于被检零件的表面进行磁粉探伤；后者则是利用零件被磁化后的剩磁来检查其表面的缺陷，即先将零件磁化，然后撤去磁化电流或磁场，再施加磁粉或磁悬液进行缺陷显示。剩余磁场法适用于材料的剩余磁感应强度高的零件，而连续磁化法适用于各种铁磁性材料零件。

零件的形状对磁力线分布的均匀性有很大影响。如果对直径均匀的长轴作纵向磁化时，轴的两端电磁感应比中部大得多，不易发现中部隐伤。因此，对很长的轴要进行逐段磁化检验。对于外形不规则的零件，磁化时磁力线分布极不均匀。所以，在检查曲轴的纵向裂纹时，需要强大的电流作周向磁化；而在检验径向裂纹时，需要分段作纵向磁化。磁化后即可向零件被检表面施加磁粉或磁悬液显示其缺陷。

（3）施磁粉。通常是黑色四氧化三铁（Fe_3O_4）和红褐色的 γ - 三氧化二铁（$\gamma - Fe_2O_3$）。根据对被检零件施加磁粉的方式不同，有干法和湿法两种。干法是直接将干磁粉撒在被检零件表面上；而湿法则是将磁粉配成磁悬液，喷撒在被检零件表面上。而且，后者对表面缺陷的检测更为灵敏。

常用磁悬液为油磁悬液。它由 40% ~ 50% 的变压器油、50% ~ 60% 的煤油，再加入 20 ~ 30g/L 的磁粉配制成。

采用干法时，施加干粉的装置须能以最小的力呈均匀雾状的将干磁粉施加于被磁化零件的表面，并形成薄而均匀的粉末覆盖层。

采用湿法时，通常用软管或喷嘴将磁悬液施加到零件表面上。磁粉施加后，在零件上的磁粉粒子被吸附在裂纹处而形成磁痕，便是显示的缺陷，应做好标记。

（4）退磁。零件经磁化检验后，由于或多或少地会留下一部分剩磁，因此，必须进行退磁。否则，零件在使用中可能吸附铁磁性磨料颗粒，造成严重的磨料磨损等危害。

退磁就是将零件置于交变磁场中，并使磁场的幅值由大到小，并逐渐降到零，从而将其剩余磁场退掉。最简单的退磁方法是将零件逐渐从供给电流的螺管线圈中退出，或直接向零件通电并逐渐减小电流强度到零为止。

用交流电磁化的零件，可用交流电退磁也可用直流电退磁，而用直流电磁化的零件，只能用直流电退磁。用直流电退磁时应不断改变电流方向，同时将电流逐渐减小到零以获得交变的退磁磁场。

（5）后处理。零件探伤完毕后应进行的有关工作，如用油磁悬液检查零件，可用汽油或煤油等溶剂去掉零件上残存的磁粉。

5)磁粉探伤应用

磁力探伤能比较灵敏地查出铁磁性材料以及它们的合金(奥氏体不锈钢除外)表面裂纹和夹杂等缺陷。对于表面下的近表缺陷(2~5mm以内)在一定条件下也可以查出。在最佳检验条件下可以检出长度为1mm以上,深度0.3mm以上的表面裂纹;能检查出的裂纹最小宽度约为0.1μm。正因为它具有设备简单、测量准确等优点,在汽车修理企业中被广泛应用。

2. 荧光探伤

1)荧光探伤原理

利用紫外线照射使荧光物质发光来显现零件表面缺陷的一种探伤方法。荧光物质的分子可以吸收和放出光能,当其在紫外线照射时,每个分子都能吸收一定的光能。如果分子所吸收的光能较正常情况时多,则分子可以放出一定的光能,以恢复它的平衡状态,这就是可以见到的荧光。在裂纹处的荧光物质可以发出明亮的光,因此,可以很容易地发现裂纹。

为了检验零件表面的缺陷,在零件表面涂上一层渗透性好的荧光乳化液,它能渗透到最细的裂纹中去。经过一段时间以后,将零件表面的荧光乳化液洗去但缺陷内仍保留有荧光液,在紫外线的照射下而发光,从而可以确定缺陷的位置、形状和大小。

2)荧光渗透液

在荧光剂缺乏的情况下,可用矿物油作为代用品,如用0.25L的变压器油和0.5L的煤油及0.25L的汽油配制成混合液,再加入0.25g金黄带绿色的染料制成渗透液,紫外线照射时能发出绿黄色的光亮。

3)荧光探伤检验程序

荧光探伤前要除去零件表面的油污、锈斑,在水温20~40℃的温度下清洗并烘干,水分蒸发后便于荧光液的渗透;渗透处理时,将零件浸入荧光液中或将荧光液用毛刷涂在零件表面上,10~20min后,用1.5~2个大气压的常温水将荧光液从零件表面迅速洗掉,并用压缩空气吹干;显象处理时,首先将零件稍微加热,渗入零件裂纹内的荧光液便向表面扩散,然后用紫外线(水银灯)照射,根据荧光的颜色,可检查出裂纹的位置、形状和大小。荧光探伤几乎不受材料的组织和化学成分的限制,能有效地检查出各种表面开口的裂纹、针孔等缺陷。

3. 着色探伤

着色法和荧光法相似,只是渗透液内不加荧光染料,一般加入红色或橙色颜料,缺陷在白色显像剂衬托下显色,检查只在白光或日光下进行。

检查零件表面缺陷时,首先要清除被检零件表面的油污,用具有较强渗透能力和渗透速度的着色渗透液涂敷检验部位,渗透液迅速渗入微裂纹中,稍许后擦干净被检表面,再涂敷一层碳酸钙乳液(显像剂),溶剂挥发后,碳酸钙粉层便吸收留在裂纹内部的着色渗透液,从而显示出裂纹的位置、形状和大小。

着色渗透液可用65%的煤油和30%的变压器油及5%的松节油配制成混合液,再加少许红色或橙色颜料制成。显像剂可用溶剂和碳酸钙粉配制成。

着色法探伤不受材料的限制,能有效地检查出各种表面开口裂纹。方法简单,探伤准确,成本低,应用极其广泛。

4. 水压试验

水冷式发动机的汽缸体、汽缸盖和排气歧管等零件空腔壁上裂纹的检查所需水压试验装置,如图8-14所示。

试验时，先将汽缸盖连同橡胶质试验专用汽缸垫一起装在汽缸体上，缸体水套侧盖及各出水口处也应用橡胶垫及盖板进行封闭。然后，将其上有一与水压机出水管相连的管头的盖板以橡胶垫装在汽缸体前端进水口处，并向水套内压水。当水套内的水压力达到343～441kPa时，保持5min，不见汽缸体、汽缸盖、上水套部位有水珠渗出，即通过了水压试验。若有裂纹，则裂纹处会有水渗出。

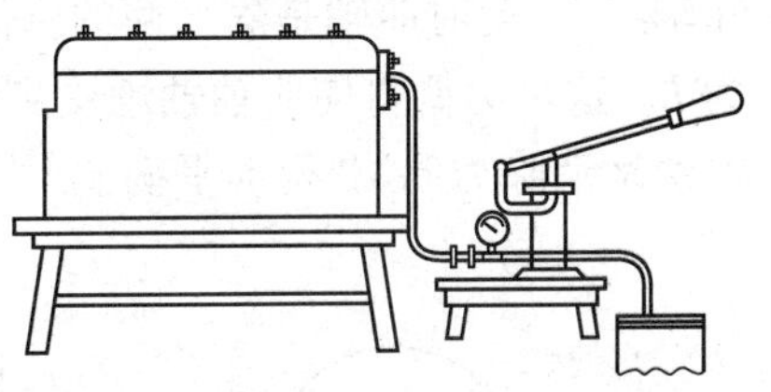

图8-14　汽缸体与汽缸盖的水压试验

三、平衡性检验

汽车上许多重要的高速旋转零件，如曲轴、飞轮、车轮、传动轴、离合器压板、带轮等，其质量不平衡将引起汽车的振动，并给零件本身和轴承造成附加载荷，从而加速零件磨损和产生其他损伤，以致直接影响汽车的使用寿命。所以，零件和组合件在装配前应进行平衡试验，以保证维修质量，提高汽车使用寿命。

1. 静平衡的检验

零件的静不平衡是由于零件的重心偏离了它的旋转轴线而产生，如图8-15所示。O-O线是圆盘的旋转轴线，圆盘的重心在B点。重心与旋转轴线的距离为r。假如把圆盘按图中所示的方式支撑在轴承上，它是不能随时静止的。由于力矩Q、r的作用，随时都有自转动的趋势，称这种现象为静不平衡状态。

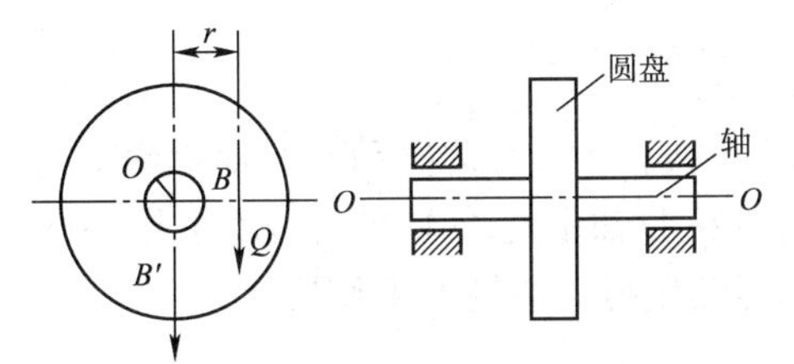

图8-15　零件的静不平衡示意图

当静不平衡零件旋转时，由于重心偏离了它的旋转轴线，因而产生了离心力，并可由下式计算：

$$F=\frac{Q}{g}r\omega^2=\frac{Q}{g}r\left(\frac{n\pi}{30}\right)^2 \qquad (8\text{-}3)$$

式中：Q——旋转圆盘的重力，N；

r——重心B距旋转中心的偏移量，cm；

n——圆盘的转速，r/min；

ω——圆盘的角速度，1/s。

由上式可以看出，离心力F与转速n^2成正比。因而随着转速增加，不平衡零件的离心力也增加，它将导致零件磨损加剧和产生其他损伤。零件的静不平衡检验是在一个专门的检验台架上进行的，如图8-16所示。在检验前应先调整螺钉4，使支架2的棱形导轨1处于水平位置，并调整好宽度，然后将装在被检验零件上的心轴平置在两导轨上。如果心轴滚动几圈后，零件如终停在一个静止点，则对应于心轴的最下方是重心偏离位置的方向，表示此零件静不平衡。如果心轴转动几圈后，能静止在任一点上，则表示静平衡。

消除静不平衡可以在与不平衡重量相对称的一侧附加一定的重量，也可以在不平衡重量一侧去掉一部分重量。

2. 动平衡的检验

通过静平衡检验的零件，可能是动不平衡的。两曲拐在同一水平面内的曲轴，两曲拐的重心为S_1和S_2，距曲轴轴线距离为r_1和r_2，且相等，如图8-17所示。因此，整个曲轴的重心在轴线上，此时曲轴是静平衡的。但当它旋转时，由于离心力 F_1 和 F_2 组成一个力偶，力偶臂为 L。这个力偶将使曲轴轴承受到附加载荷，产生动不平衡。在实际生产中可利用配重等方法来消除力偶，获得动平衡。

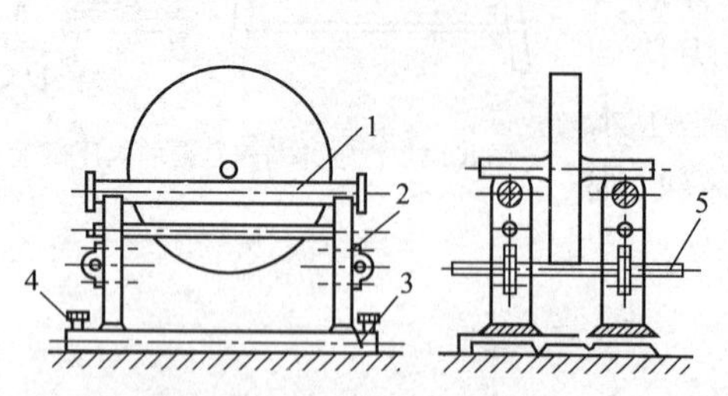

图 8-16　平行台式静平衡检验台架

1-棱形导轨；2-支架；3-支座；4-调整螺钉；5-牵制杆

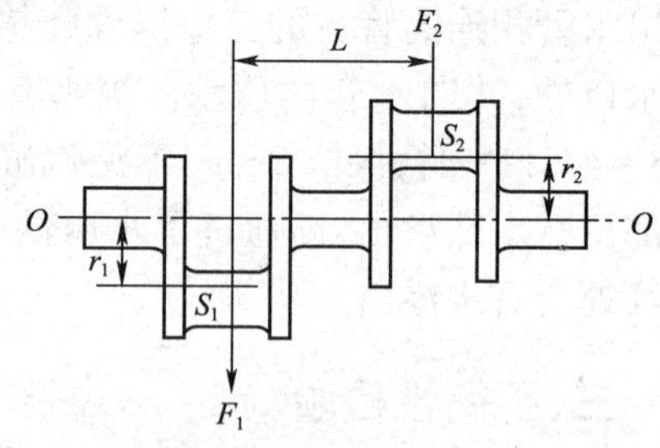

图 8-17　曲轴的动不平衡

如果零件是动平衡的，那么它一定是静平衡的，反之，零件是静平衡的，它有可能是动不平衡的。当动不平衡零件旋转时，由于零件沿长度方向上质量不均匀而产生的离心力，就是动不平衡零件旋转时所产生的附加力。这些附加力矩不但会减弱零件的强度，而且会使轴承载荷增加并引起振动。动不平衡零件检验应在专门的动平衡机上进行。

3. 典型零件平衡方法

1）曲轴

曲轴都有平衡重，有的发动机曲轴的平衡重与曲轴制成一体；有的发动机曲轴平衡重则用螺栓紧固在曲柄臂上。当采用去重法进行平衡时，可在曲轴平衡块上或曲柄臂上用钻孔或铣面的方法获得平衡。在修理和拆装发动机时，不要随便拆下曲轴的平衡块。

2）飞轮

发动机飞轮都要进行静平衡。当进行平衡时，可在飞轮平面上或圆柱面上钻孔以取得平衡。

3）离合器压板

离合器压板一般都进行静平衡，通常在离合器压板上钻孔取得平衡。

4）曲轴、飞轮及离合器总成

在曲轴、飞轮及离合器总成分别进行平衡检验后，再将它组装在一起进行平衡试验。当其不平衡度超过一定限度时应将总成拆散，分别进行静平衡试验，直到总成的不平衡度在允许的限度以内，再进行动平衡检验。如果不平衡，取得平衡的方法是在飞轮上去掉金属或在离合器壳上加平衡片。一般曲轴、飞轮及离合器总成上都作有记号，在修理时应注意按记号装配。

5）传动轴总成

在修理过程中，传动轴总成都进行动平衡试验。在传动轴轴等两端焊上平衡片或在十字轴轴承盖上加装平衡片，这样就可以取得一定的动平衡效果。

第五节　零件修复方法

汽车运行到使用性能严重恶化并进入极限状态时，约有 70% 以上的零件处于可用状态或稍加修理即可以继续使用。若将这些零件报废，将是一个很大的浪费。另外，使用修复件

不但可以减少零件储备费用,而且还可以解决一些备件短缺问题。在工业发达的美国、德国和日本等国很重视零件的再生。例如,美国卡特彼勒公司一个发动机再生厂,职工仅187人,年修发动机6000~10000台。其中主要零件的再生率,发动机缸体为60%、缸盖为80%、曲轴为70%、飞轮为80%、活塞为10%。零件再生品价格为新品的30%~65%。再生零件寿命相当于新品或超过新品。因此,零件修复对节约原材料、能源和降低成本具有重要意义。

一、机械加工修复法

1.修理尺寸法

修理尺寸法是将磨损的零件表面通过机械加工恢复其正确的几何形状,并与相配合零件恢复原配合要求的一种加工方法。汽车有多种主要零件可以采用这种方法进行修复,包括缸体、缸套、活塞、曲轴、轴瓦,转向节主销与主销轴承孔等。

待修复的零件可以有若干等级修理尺寸,修理尺寸的大小与级别的多少取决于汽车修理间隔期内零件的磨损量、加工余量以及材料强度和结构。例如,桑塔纳轿车发动机汽缸除标准尺寸外,还有每次加大0.25mm的四级修理尺寸,见表8-2。而捷达发动机汽缸只有一次加大0.5mm的修理尺寸,曲轴主轴颈和连杆轴颈有每次加大0.25mm的三级修理尺寸,见表8-3。

桑塔纳发动机修理尺寸 表8-2

尺寸名称	1.6L汽缸直径(mm)	1.8L汽缸直径(mm)
标准尺寸	79.51	81.01
第一次修理尺寸	79.76	81.26
第二次修理尺寸	80.01	81.51
第三次修理尺寸	80.26	81.76
第四次修理尺寸	80.51	82.01
每级加大尺寸	0.25	0.25

捷达发动机修理尺寸 表8-3

尺寸名称	AHP、ANL、ATK型发动机		
	汽缸直径(mm)	曲轴主轴直径(mm)	曲轴连杆直径(mm)
标准尺寸	81.01	54.00	48.80
第一次修理尺寸	81.51	53.75	48.55
第二次修理尺寸	—	53.50	48.30
第三次修理尺寸	—	53.25	48.05
每次加大尺寸	0.5	0.25	0.25

在实际修理过程中,由于车辆报废里程和报废年限的限制,修理的等级有所减少,如东风EQ1090型汽车汽缸一般只推荐采用0.5mm和1.0mm两级修理尺寸。每一级修理尺寸的级差对于同一种零件是定值,对于不同的零件则不尽相同,但以每级级差为0.25mm的最多。

1)轴类零件修理尺寸的计算

轴颈的修理尺寸的计算,如图8-18所示,设轴颈的基本尺寸为d_m,经使用磨损后的直径为d_w。

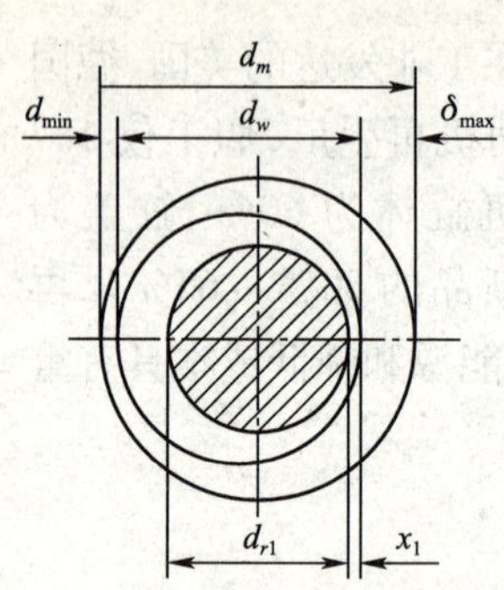

图 8-18　轴径的修理尺寸

由于沿圆周方向磨损不均匀，最小磨损量为 δ_{min}，最大磨损量为 δ_{max}，一般情况下最小磨损与最大磨损在同一直径方向上，则直径方向总磨损量为：

$$\delta=\delta_{max}+\delta_{min}=d_m-d_w \tag{8-4}$$

设 ρ 为轴颈磨损不均匀性系数，$\rho=\delta_{max}/\delta$，当磨损均匀时 $\delta_{max}=\delta_{min}$，则

$$\rho=\frac{\delta_{maz}}{\delta_{min}+\delta_{max}}=\frac{\delta_{max}}{2\delta_{max}}=0.5 \tag{8-5}$$

当只有单面磨损时，$\delta_{min}=0$。由此得出磨损的不均匀性系数 $\rho=0.5\sim1$。按图 8-18 所示状态，在不改变轴心位置情况下进行机械加工，加工后零件轴颈尺寸与其基本尺寸相差量为最大单侧磨损量 δ_{max} 与机械加工余量 x_1 之和的两倍，因此轴颈的第一级修理尺寸可以按下式计算：

$$d_{r1}=d_m-2(\delta_{max}+x_1) \tag{8-6}$$

式中：x_1——磨损最大侧机械加工余量。

根据最大单侧磨损量 δ_{max} 与 ρ 和 δ 的关系，即 $\delta_{max}=\rho\cdot\delta$，代入式(8-6)中得出：

$$d_{r1}=d_m-2(\rho\cdot\delta+x_1) \tag{8-7}$$

设上式中 $2(\rho\cdot\delta+x_1)=\gamma$，则 γ 称为修理间隔级差量。因此，轴颈各级修理尺寸的计算公式可写成如下形式：

$$d_{rn}=d_m-nr \tag{8-8}$$

式中：d_{rn}——分别为 d_{r1}，d_{r2}，…；

n——修理次数。

轴的修理次数可按下式计算：

$$n=\frac{d_m-d_{min}}{\gamma} \tag{8-9}$$

轴的最小直径是依据零件刚度、强度、载荷情况以及零件表面热处理状态等最低允许值来确定。

2）孔类零件修理尺的计算

孔类零件修理尺寸的计算，如图 8-19 所示，按轴颈修理尺寸的计算方法可求得内孔表面第一级修理尺寸：

$$D_{r1}=D_m+2(\delta_{max}+x_1)=D_m+2(\rho-\delta+x_1)=D_m+r \tag{8-10}$$

式中：D_m——孔的基本尺寸；

D_{r1}——孔的第一级修理尺寸。

孔的各级修理尺寸为：

$$D_m=D_{rn}+nr \tag{8-11}$$

式中：D_{rn}——可分别为 D_{r1}，D_{r2}，…。

设孔的最大允许寸为 D_{max}，则孔的允许修复修理次数为：

$$n=\frac{D_{max}-D_m}{\gamma} \tag{8-12}$$

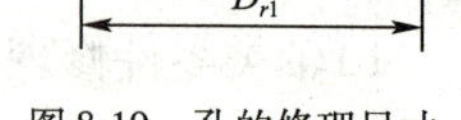
图 8-19　孔的修理尺寸

3）轴和孔修理尺寸计算实例

【案例 8-1】　6135 型发动机曲轴的连杆轴颈设计尺寸 $d_r=95$mm。根据统计测量的资

料得知$\rho=0.8$，$\delta=0.25$mm。轴颈最小允许直径$d_{min}=93$mm。选用磨损削加工，余量x取0.05mm。试确定各级修理尺寸。

解：修理间隔级差量为：

$$\gamma=2(\rho\cdot\delta+x)=2(0.8\times0.25+0.05)$$
$$=0.5(\text{mm})$$

允许修理次数为：$n=(95-93)/0.5=4$

各次修理尺寸为：

$d_{r1}=95-0.5=94.50(\text{mm})$　$d_{r2}=95-2\times0.5=94(\text{mm})$

$d_{r3}=95-3\times0.5=93.50(\text{mm})$　$d_{r4}=95-4\times0.5=93(\text{mm})$

【案例8-2】　某台东风EQ6100发动机，经过测量6个汽缸后，其中某缸磨损后的最大值$\phi=100.38$mm。选用搪缸和珩缸加工，加工余量$x=0.1$mm。试确定采用何级修理尺寸。

解：该汽缸恢复到正确几何形状的尺寸至少为：100.38+0.1=100.48(mm)

按该汽缸修理级差为0.25mm计，第一级修理尺寸100.25mm；第二级为100.50mm。显然，要加工搪磨到100.48mm，接近第二级修理零件尺寸，即：

$$D_{r2}=D_m+2\gamma=100+2\times0.25=100.50(\text{mm})$$

因此，可以采用第二级修理尺寸进行加工修理。

4）修理尺寸法的特点

（1）修理尺寸法使各级修理尺寸标准化，便于加工和供应配件，但修理时要按级差加工，往往加大了加工余量，使可修理的次数减少。

（2）修理尺寸法修复的零件通常是配合副中较贵重和结构复杂的那一种，更换的是与其配合的零件则是造价低的配件，这就大大延长了复杂贵重零件的使用寿命，且工作简单易行，经济性好。

（3）修理尺寸法是一种有限的修理方法。随着零件修理加工次数增加，其强度不断削弱，修理到最后一级时，零件尺寸也到了极限。若要继续使用，则需用其他方法恢复到基本尺寸。

2. 镶套修复法

镶套修复法是对局部磨损及损坏的零件，当其结构和强度容许时，可将其磨损部分车小（对轴）或搪大（对孔），再用过盈配合的方法镶套并经进行加工使其恢复到基本尺寸和技术要求的修复方法。有些零件在结构设计上就已经考虑了用镶套法进行修复，如发动机汽缸套。此外，还有气门座圈、气门导管、飞轮齿圈及各种铜套的镶配等。

1）材料选择

镶套的材料要根据镶套部位的工作条件来选择，如在高温下工作的部位，镶套材料应与基体一致或相近似，使它们线膨胀数相同；除此而外，材料热稳定性要好，以保证零件工作的可靠性。如镶气门座圈，就要选择与基体一致或膨胀系数相同的材料，像灰铸铁或耐热钢，但不能用普通钢，以防排气高温使普通钢氧化、脱皮。为了获得好的耐磨性能，也可采用比基体好的耐磨材料，镶套过盈量应选择合适，必要时要进行强度计算。因为过盈量太大，易使零件变形或挤裂，过盈量不足，又易松动和脱落。

2）过盈量确定

镶套时由于多是薄壁衬套，包容件受拉应力，被包容件受压应力。套不厚时（一般2～3mm），应力大小与相对过盈成正比。所谓相对过盈就是单位直径（为镶套的基本尺寸）上的过盈量。

如轴承孔镶套,若套外径基本尺寸为100mm,则其过盈量为0.05mm,即相对过盈为0.05/100 =0.0005,根据相对过盈的大小,镶套配合分为四级,分别为轻级、中级、重级及特重级,见表8-4。

镶套中的过盈配合　　表8-4

级　别	相对平均过盈	配合代号	装配方式	特　点	应　用
轻级	0.0005以下	$\frac{H_6}{r_5}$　$\frac{H_7}{r_6}$	压力机压入	传递较小力矩,保持相对位置受力大时,另行紧固	转向节指轴镶后焊牢,变速器中间轴齿圈,镶后焊牢
中级	0.0005~0.001	$\frac{H_7}{S_6}$　$\frac{H_7}{r_6}$　$\frac{H_8}{S_7}$	压力机压入	受一定力矩及冲击分组选择装配,受力过大时,仍需另行紧固	缸套、气门导管、变速器及后桥壳上孔、主销孔、变速器中间轴齿轮(加键)
重级 特重级	0.001 >0.001	$\frac{H_8}{S_7}$　$\frac{H_7}{u_8}$	压力机压入 温差法	受很大力矩,动负荷不加固,分组装配加热包容件,冷却被包容件	飞轮齿圈,气门座圈,转向节指轴(不焊)

为了保证镶套可靠,对重及特重两级别,必须验算结合强度和材料最大应力,并要通过试验后,再投入正式使用。

镶干式缸套,一般选用中级过盈配合即可。

镶气门座圈时,由于它承受高温和高频冲击,负荷较大,用重级过盈配合(修理时宜选用中级过盈配合)。

镶气门导管时,由于尺寸小,受力小,选用中级过盈配合,过大镶配时会使缸体承孔失圆甚至胀裂。

3)加工精度确定

为了保证准确的过盈量,配合面加工精度要求较高,常采用IT6、IT7,粗糙度$R_a2.5$ ~ $R_a1.25$。如镶缸套外圆表面粗糙度为$R_a1.25$,缸套承孔为$R_a2.5$,气门座圈外表面为$R_a2.5$,气门座圈承孔为$R_a2.5$。

如表面粗糙度过高,压入时表面凸凹处相互剪切,压入后实际过盈量减小。同时,由于表面粗糙,缸套与承孔实际贴合面积也减小,散热性能也差。零件粗糙度加工精度,应根据图纸要求选择。

4)镶套修复法特点

镶套修复法可以恢复基础件的局部磨损,延长基础件的使用寿命,采用镶套法可以使磨损的零件直接恢复到基本尺寸,为以后的修理提供了方便;而且镶套工艺简单,没有复杂的操作和加工;不需大型设备,所以成本低,质量容易保证。由于不需要高温,零件不易变形(注意过盈量不要过大)和退火。但是,它的应用仍然受到零件的结构和强度的限制。

3. 变形校正法

零件的校正是利用金属的塑性变形来恢复零件几何形状的一种加工方法。汽车上许多零部件在使用中会产生弯曲、扭曲和翘曲,在修复中都要校正,如前轴、传动轴、曲轴、凸轮轴和连杆等,常用的校正方法有压力校正和火焰校正两种。

1)压力校正

压力校正简称压校,它是汽车零件修复中常用的方法。一般是采用室温冷校,如果零件塑性差或尺寸较大,也可以进行适当的加热。

因为零件具有弹性,所以中碳钢制造的凸轮轴、曲轴在压校时所采用的反向压弯值一般是原来弯曲值的 10 ~ 15 倍,并需保持一段时间。这样压力撤销后,才能得到需要的反向塑性变形,使零件校直。零件的压力校正原理,如图 8-20a)所示。工件所受应力状态,如图 8-20b)所示。由图可见工件上部受压产生塑性变形,表面缩短,下部受拉也产生塑性变形,零件表面伸长,中部为弹性变形。这样产生的内应力使零件抗弯刚度下降,而且变形也不稳定,使用中容易回弹。为了使变形稳定,冷校后必须进行消除应力的热处理。

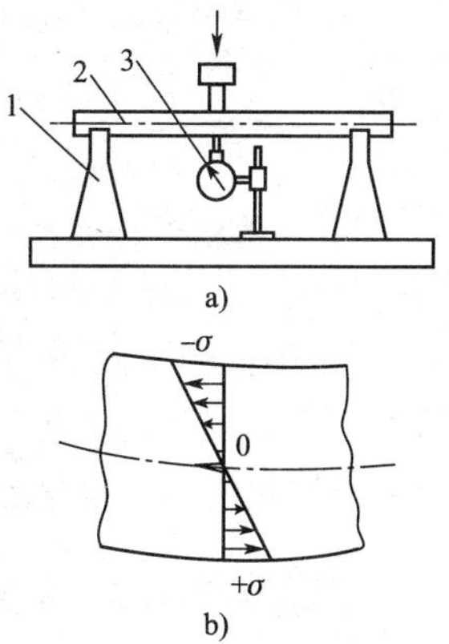

图 8-20　零件的校正

a)压力校正;b)工件应力

1-V 形块;2-轴;3-百分表

对于调质和正火处理的零件(连杆、前轴、半轴、半轴套管等),可在冷压后加热到 400 ~ 500℃,保温 0.5 ~ 2h;对于表面淬硬的零件(曲轴、凸轮轴),加热到 200 ~ 250℃,保温 5 ~ 6h,这样不会降低表面硬度。

有些汽车凸轮轴、曲轴是球墨铸铁制造的,由于塑性差,冷校时易折断,不宜采用冷压校正,工字梁校正需要用专门的设备。

零件经校正后,疲劳强度下降 10% ~ 15%,校正次数越多,下降幅度越大,因此只宜作 1 ~ 2次校正。

零件的校扭更为复杂,如曲轴、连杆和工字梁,一般需用专门设备。在扭曲的反方向加一个很大的扭矩,保持一定时间,并进行加热时效处理。同样,零件的校扭也会大大降低零件的扭转刚度,对于球墨铸铁和铸铁件均不能采用此法。

2)火焰校正

火焰校正是氧-乙炔热点校正的简称,它是一种比较先进的校正方法。其校正效果好,效率高,尤其适用于一些尺寸较大,形状复杂的零件。火焰校正的零件其变形稳定,对疲劳强度影响也较小。

火焰校正是利用气焊炬迅速加热工件弯曲凸起处某一点或几点,再急剧冷却的校正方法。当工件凸起点温度迅速上升时,表面金属膨胀使工件向下弯曲,上层金属受压应力。在高温下产生塑性变形,如它本来要膨胀 0.1mm,但由于受周围冷态金属的限制,只膨胀了 0.05mm,其余 0.05mm 产生了塑性变形。尽管冷却后仍要收缩 0.1mm,但由于塑性变形的 0.05mm 无法收缩,从而使收缩量大于膨胀量 0.05mm,那么表层就缩短了 0.05mm,使工件向上变曲,抵消了下弯,起到了校正作用,如图 8-21 所示。

火焰校正时,工件支撑在 V 形块上,如图 8-22 所示。用百分表检查弯曲情况,并用粉笔作好记号,然后使工件凸点朝上,用火焰将凸点迅速加热到 700 ~ 800℃,立即离开,用水迅速冷却。校正时,可在凸点处多加热几点,直到校直为止。

曲轴的火焰校正。在几个轴颈曲柄侧面选加热点,用各加热点校正的综合效果使曲轴校直。但由于加热点的选择、加热长度、宽度、深度都凭经验来确定,因此较难掌握。

对于塑性较差的合金钢零件、球墨铸铁及弯曲较大的工件,宜多选几个加热点。每点加热温度可稍低些,使工件均匀校直。不能使一点温度过高,以防应力过大而断裂。

火焰校正的关键是加热点温度要迅速上升,焊炬热量要大,加热面积要小。如果加热时间拖长,加热面积过大,整个工件断面温度都升高了,就降低了校正作用。

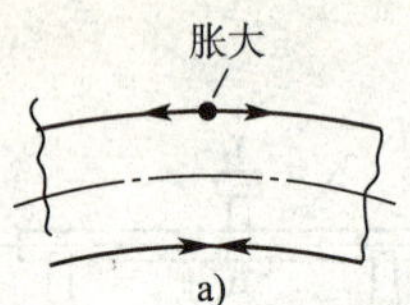

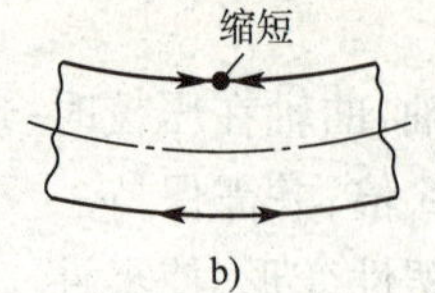

图 8-21 火焰校正的应力及变形
a)点加热时;b)冷却时

图 8-22 火焰校正
1-工件;2-V 形块;3-百分表

加热长度一般不宜超过工件长度的 70%;根据具体零件一般选择加热温度范围为 200 ~ 800℃,最高不超过 1000℃;加热深度,不得超过工件厚度的 60%,以 30% ~50% 为最好,但加热深度只能凭经验控制,所以也很难控制。

二、表面技术修复法

1. 喷涂技术

1)喷涂方法分类

喷涂技术是用高速气流将熔化的金属喷敷到零件的磨损表面上,以恢复其原来尺寸。常用的表面喷涂技术有电弧喷涂、气喷涂和等离子喷涂。各种喷涂所形成的喷涂层系由金属小颗粒撞击堆砌而成。每个小颗粒包有一层氧化膜,小颗粒之间以及小颗粒与基体金属都仅仅是机械地挤结在一起,没有熔合,因此,一般喷涂层的本身强度和喷涂层同基体的结合强度都不高(10 ~40MPa)。喷涂层中含有 10% 左右的孔隙,有利于润滑油膜的吸附,却不利于承受冲击载荷和较大的接触应力。

(1)电弧喷涂。以两根金属丝做电极等速向前送给,在其尖端产生电弧,熔化的金属由压缩空气喷敷到零件表面上。电喷涂的特点是成本低,质量稳定可靠,适用于修复曲轴轴颈。

(2)气喷涂。用氧-乙炔火焰熔化金属,由压缩空气喷敷到零件表面。气喷涂的特点和用途与电喷涂相同。

(3)等离子喷涂。用等离子电弧熔化金属进行喷涂。一般是由气流将金属粉末带入喷枪,经等离子电弧熔化喷敷到零件表面。等离子电弧温度高,能熔化电喷涂和气喷涂难以熔化的金属或非金属粉末。等离子喷涂设备复杂,粉末贵,用于喷涂需要高硬度或耐高温的零件。

合金粉末种类很多,可根据零件工作条件选用。如镍包铝或铝包镍粉末用于打底,可提高结合强度;镍基合金粉末用于抗磨损、抗腐蚀的零件;钴基合金粉末则用于在高温下工作的零件。合金粉末中除金属元素外,还含有硼、硅等强脱氧剂以降低合金熔点,熔解氧化膜形成的熔渣及硬化喷涂层。

2)喷涂层结构特点

喷涂时被雾化的材料颗粒群中,大部分颗粒处于熔融状态,颗粒在飞行时受到热和化学作用,表面产生硬化膜层。当撞击到零件表面以后,颗粒的硬化膜破裂,内部液态材料就流散开来,并且相互扩散,部分交叉熔合在一起。部分温度稍低的颗粒被撞扁,在喷涂的基体表面互相嵌塞和堆积,形成了多孔层状结构。

涂层中颗粒间的结合或颗粒与零件表面间的结合,以机械结合和物理结合为主,同时还有部分(金属材料)为冶金结合。

由于喷涂工艺有方向性,形成的涂层是层状的,因此,涂层的物理机械性能有方向性。

例如,垂直和平行方向中的拉伸强度不同。液态颗粒被撞扁、凝结收缩时,凝结的微小颗粒中保留有一定的残余拉应力。当涂层一层接一层形成后,每个颗粒中微小应力积聚在一起,在整个涂层中发展为一种有规则的应力。

涂层外层产生拉应力,基体有时也包括涂层内层产生压应力。在严重的情况下,这种应力足以撕裂涂层。喷涂前预热基体,可以减少或消除这种应力。

喷涂层化学成分常常是不均匀的。大部分颗粒由喷涂材料组成,而喷涂层内部包含有材料的氧化物。在空气中喷涂,无保护气体时,这种情况更为突出,但氧化物的强度可能比未氧化材料高。

大多数喷涂层都是多孔的,但超音速喷涂已能喷出孔隙最少的涂层。当用镍包铝粉打底,若厚度大于0.1mm时,喷涂层有较高的气密性,即使工作层是多孔的,底层对基体仍可起到保护作用。多孔性对零件表面储油以及隔热是有利的。用等离子喷涂时,涂层的孔隙率有很大的调整范围。碳钢(0.14%C)的普通电喷涂层内,孔隙占涂层体积的4%~20%。

3)喷涂层机械性能

喷涂层的机械性能与所用热源性质、喷涂材料、工艺等许多因素有关。但起决定作用的是喷涂材料的性能。

(1)硬度。钢涂层中由于氧化物的存在,以及急冷时产生的马氏体和托氏体淬火组织,颗粒被撞击产生的冷作硬化等,涂层硬度一般比原喷涂材料高。例如,80钢丝硬度为HB230,喷涂层的硬度为HB310。在喷涂方法及喷涂规范相同条件下,钢喷涂层硬度主要取决于喷涂材料的含碳量。涂层硬度随含碳量多少而增减,见表8-5。

涂层硬度与线材硬度含碳量的关系　　表8-5

线材中含碳量(%)	线材硬度(HB)	涂层硬度(HB)	硬度增加(%)
0.10	104	192	84
0.45	158	236	45
0.62	194	267	57
0.80	230	318	38

在喷涂过程中,喷涂材料中合金元素要部分被氧化烧损,见表8-6。碳元素的烧损对涂层硬度影响最大。采用丝材电喷涂比气喷涂温度高,碳氧化烧损比气喷涂也多。因此采用相同的喷涂材料,气喷涂层硬度比电喷层高。

喷涂材料中合金元素主要部分被氧化烧损比例表　　表8-6

化学元素	电金属喷涂			气金属喷涂		
	线材	涂层	损失/%	线材	涂层	损失/%
碳	0.72	0.43	33.3	0.72	0.71	0.39
硅	0.22	0.12	45.5	0.22	0.20	9.10
锰	0.23	0.12	48.8	0.23	0.18	22.8
硫	0.02	0.019	5.0	0.02	0.019	5.0
磷	0.016	0.014	12.5	0.016	0.012	25.0

在等离子喷涂中,对不要求耐高温而要求耐磨的表面,最好的硬化材料是碳化物与镍基合金的混合物。等离子喷涂铁基合金粉涂层组织的金相结构硬度也比较高,其主要相组织铁素体,显微硬度约为HV7500,宏观硬度可达HRC38~HRC40。采用氧-乙炔火焰喷涂313

铁基合金粉时,喷涂层宏观硬度约为HB250。这种涂层可作为常温下的耐磨涂层。

(2)耐磨性。喷涂层的耐磨性与喷涂层中某些相结构显微硬度、涂层宏观硬度有密切关系。涂层中的孔隙可以吸附储存润滑油,并在零件表面保持油膜,可降低摩擦系数和减少磨损。

喷涂的钢轴和淬火钢轴,与巴氏合金轴承配合时,在相同的运转条件进行摩擦对比试验的结果,如图8-23所示。当淬火钢轴在停止供油2.5~3h后,油膜破裂,摩擦系数迅速上升,并引起烧伤(图中曲线1);而喷涂的钢轴在停止供油运转21h后,摩擦系数才急剧上升(图中曲线2)。当使用掺有石墨的润滑油时,喷涂的钢轴在停止供油190h后,未见烧伤(图中曲线3)。

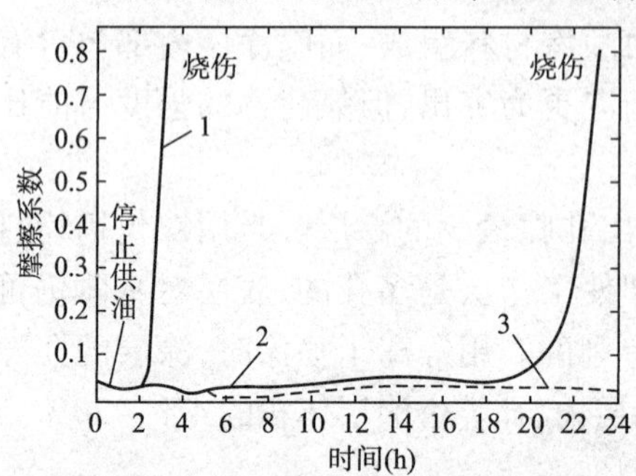

图8-23 淬火钢轴与喷涂钢轴的摩擦系数的变化

(3)对疲劳强度的影响。喷涂零件的疲劳强度,主要取决于喷涂前对被喷涂的表面加工或处理方法。试验表明:喷砂可以提高零件的疲劳强度,而车螺纹、镍拉毛、喷钼都会引起零件的疲劳强度的降低,见表8-7。

表面准备加工方法对零件疲劳强度的影响 表8-7

零件材料	零件直径(mm)	喷涂前疲劳强度(MPa)	喷涂后疲劳强度(MPa)					
			车 梯形螺纹	车 三角螺纹	阳极 机械加工	镍拉毛	喷钼	喷砂
钢45	9.48	2.52	1.88	1.94	1.5	2.12	1.75	3.19
疲劳强度	增加(+)% 降低(-)%		-25.4	-23	-40.5	-15.4	-30.5	+26.4

电加工方法(如镍拉毛)使零件疲劳强度降低,是因为零件表面在电弧或电火花放电作用下,被瞬间高温加热,热影响区内金属组织发生改变;冷却时,因收缩在表面形成拉应力,使疲劳强度降低。在喷钼打底时,高温钼颗粒与零件表面熔合,从而使零件疲劳强度降低。喷砂处理时,砂粒的撞击使零件表层产生压应力,从而使零件疲劳强度提高。

(4)结合强度。喷涂层中金属颗粒间的结合强度是比较低的。由于喷涂具有方向性,垂直于涂层方向比平行于涂层方向的抗拉力强度低5~10倍。涂层与基体间结合强度受工艺因素及表面处理方法影响较大。对基体表面进行粗糙处理,并进行严格的除油、除锈,对提高涂层与基体的结合强度有重要的作用。

对于金属材料采用喷钼和喷镍包铝粉打底,可大大提高涂层与基体的结合强度。若使用得当,钼层与基体间结合强度可高于钼层本身强度,通常钼底层厚度规定为0.05~0.1mm。采用喷镍包铝粉打底,形成的铝化镍涂层与基体的结合强度优于钼,可达到15~50MPa,铝化镍涂层的厚度一般为0.006~0.13mm。

4)喷涂设备

(1)电喷涂。用电弧作热源来熔化丝材金属的一种喷涂方法。主要设备有:电源、气源(空气压缩机)及喷枪等,如图8-24所示。

电喷枪工作原理,如图8-25所示。喷涂材料(金属丝)由送丝滚轮推动,经导管在喷枪头部相交,两前导管与电源的两极相接,在金属丝交点处产生电弧将金属丝熔化。同时,由压缩空气将熔化金属吹散成微小的小颗粒,喷射到零件表面形成涂层。金属丝熔化经历了电火花放电、电弧燃烧、电弧熄灭及电极短路4个阶段。空气压缩机应能提供压力为0.6～0.8MPa压缩空气，供气量每枪为1～1.5m^3/min。储气罐容积一般不少于300L，以消除供气的脉动现象。油水分离器用来除去压缩气空气中的油和水，保证压缩空气的洁净，提高喷涂层质量。

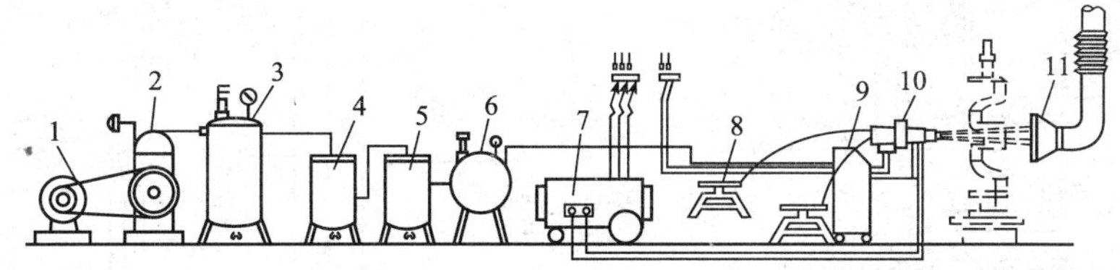

图8-24　金属电弧喷涂设备

1-电动机；2-空气压缩机；3-储气罐；4-油水分离器；5-空气过滤器；6-储气罐；7-电源；8-金属丝盘；9-控制柜；10-喷枪；11-吸尘罩

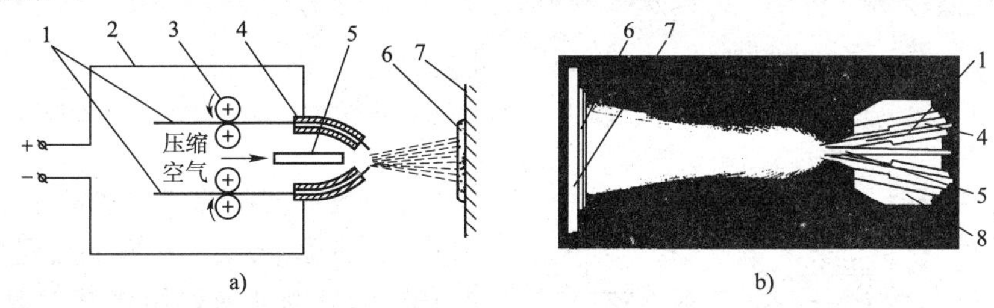

图8-25　电喷枪工作原理

1-金属丝；2-导线；3-送丝轮；4-导管；5-气喷嘴；6-喷涂层；7-零件；8-喷嘴

拉毛机是一种降压变压器，副边一端接镍板，另一端接被喷涂零件，如图8-26所示。它是利用电火花放电将镍熔化并粘附在被喷零件基体表面、形成蜂窝状粗糙面，以提高涂层与基体的结合强度。工作电压4～9V，电流100～340A。

喷砂枪的结构和工作原理，如图8-27所示。用0.4～0.6MPa的纯净压缩空气，喷砂枪能把砂粒（粒度为0.8～1.2mm刚玉）喷射到零件表面，靠砂粒的棱角冲击使表面粗糙。

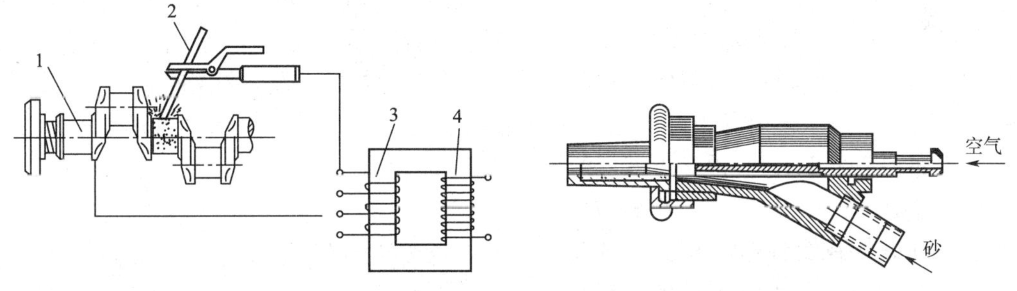

图8-26　拉毛机

1-试件（曲轴）；2-镍板；3-次级线圈；4-初级线圈

图8-27　喷砂枪

（2）气喷涂。一般用氧-乙炔火焰作热源来熔化喷涂材料（丝材或粉材）。气喷涂的主要设备，如图8-28所示。

用丝材为喷涂材料时，气喷枪的工作原理，如图8-29所示。氧与乙炔气体经混合喷出，点燃后形成火焰。金属丝（只需一根）由滚轮推动经喷嘴输送到喷嘴前火焰处，金属线被熔化后，由压缩空气吹散成微小的小颗粒，喷射到零件表面形成涂层。这种喷涂，金属丝熔化是连续的，熔化温度均匀，雾化颗粒也比较均匀，一般为30～100μm。颗粒的氧化程度比电喷涂小，仅为电喷涂的1/3～1/2。

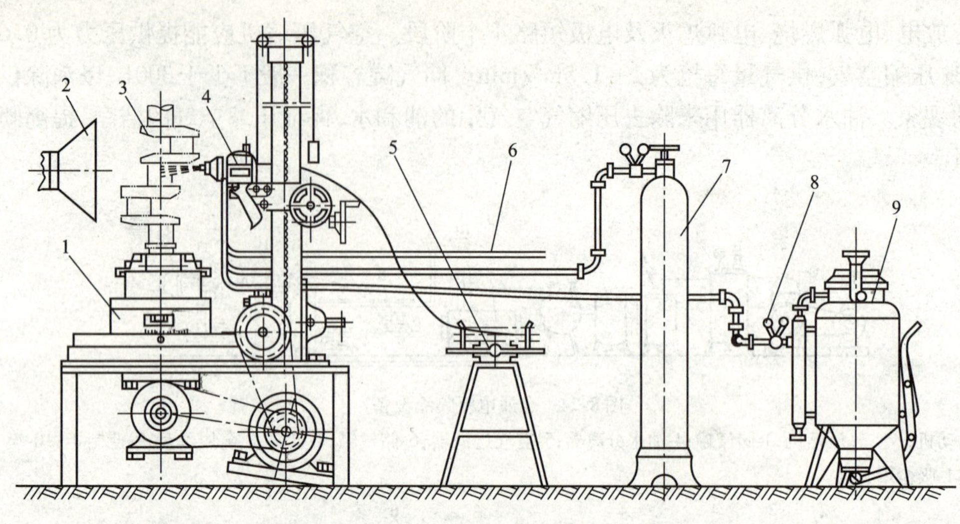

图 8-28　气喷涂设备

1-立式喷涂机;2-吸尘装置;3-试件(曲轴);4-气喷枪;5-金属丝盘架;6-压缩空气管;7-氧气管;8-乙炔压力调节器;9-乙炔发生器

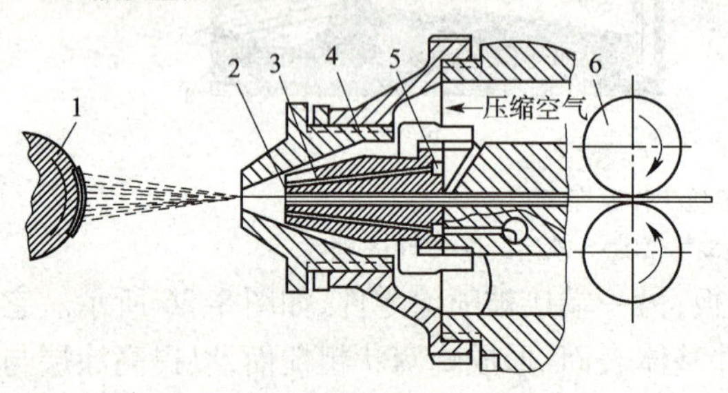

图 8-29　气喷枪的工作原理

1-试件;2-金属丝出口;3-氧-乙炔混合气出口;4-空气帽;5-混合室;6-送丝轮

(3)等离子喷涂。以等离子焰流(非转移弧)为热源,将喷涂材料加热到熔融状态,并利用焰流的高速作用将其喷射到经预处理的零件表面上形成涂层。

等离子焰流的温度(喷枪出口处)为12000~15000K(等离子弧的温度为15000~32000K),等离子焰流的温度分布,如图8-30所示。

等离子的焰流的流速可达3000m/s,粉末粒子喷射速度可达610m/s。高温高速的等离子焰虽然将合金粉末加热到熔融状态,但不会将合金粉末互相熔化混合。喷到零件表面时被打扁,并仍然保持合金粉的颗粒和成分。在颗粒与颗粒以及颗粒与基体之间,存在部分的冶金结合。该工艺要求很好地选择保护气体(如还原性气体氢和惰性气体氩等),以防止零件表面和合金粉氧化,提高覆盖层的质量。

用于喷涂的合金粉,粒度过小和过大都不会得到好的致密性覆盖层。一般用200~325目为宜。为了改善基体表层和覆盖层的膨胀和收缩条件,增加结合强度,零件一般要预热到150~200℃。

等离子喷涂的主要设备与等离子堆焊相同,主要有冷却水供给装置,气体供给装置,电源控制柜,送粉器及喷枪等。

等离子喷枪(又叫等离子发生器)结构示意及工作原理,如图8-31所示。等离子喷涂,不但火焰温度高,焰流温度高,

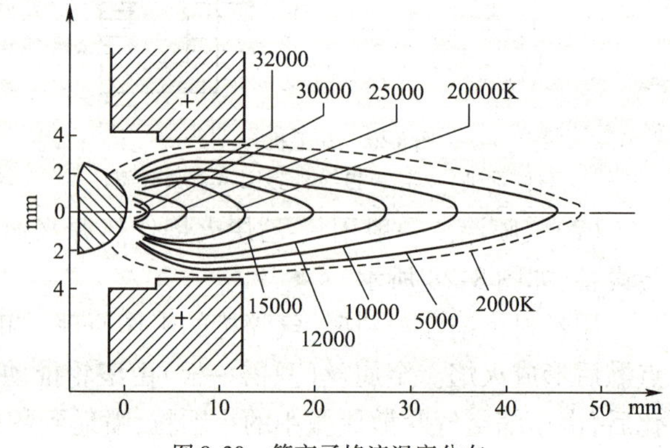

图 8-30　等离子焰流温度分布

注:氩气流量:10L/min,电流400A

焰流速度大，可以喷涂高熔点材料，而且涂层较电喷涂和气喷涂都细密。另外，在普通材料上可形成耐磨、耐腐蚀、耐高温、导电等各种性能的涂层，它已广泛地应用零件的修复和制造中。

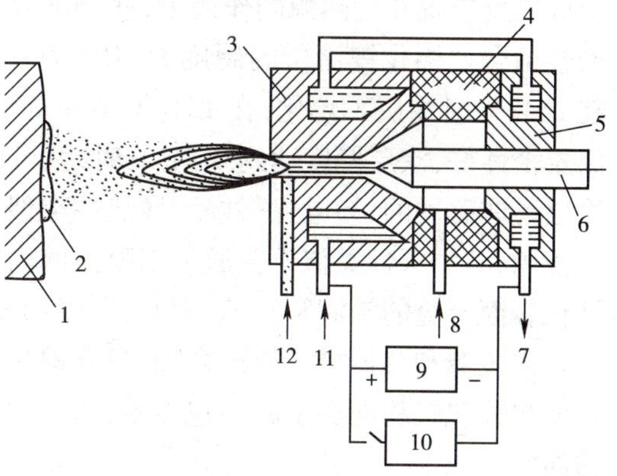

5）喷涂工艺

喷涂工艺过程主要包括：喷前表面准备、零件的喷涂和喷后处理等3个阶段。

（1）喷前零件表面准备。表面准备是喷涂工艺的主要工序。喷前零件表面状态对喷涂层与零件基体的结合强度影响较大，需要注意以下几点：

图8-31　等离子喷枪结构和工作原理示意图

1-零件；2-涂层；3-前枪体；4-绝缘套；5-后枪体；6-钨极；7-出水；8-进气；9-电源；10-高频发生器；11-进水；12-进粉末

①表面净化。要彻底清除零件表面的油污、锈层等污物。对各种铸件因组织疏松有孔隙，容易吸油应加热到超过喷涂时零件的温度（一般加热到350℃左右），烘干2～3h，以彻底除去表层的油污。

②表面加工。喷前加工的目的有：除去零件表面硬化层、消除不均匀磨损及保证涂层的厚度。动配合零件的表面，由于摩擦磨损的表层产生厚度不超过0.1mm具有塑性变形和残余应力存在的硬化层。喷前应通过加工除去，否则会降低结合强度。

③遮蔽处理。当喷涂表面有键槽、油孔时，可用竹或木塞堵塞，堵塞物应稍高于涂层厚度。为防止涂层冷却收缩从轴端脱落，可在轴端部车沟槽或燕尾槽等。

④粗糙处理。粗糙处理有3个目的：使涂层冷却收缩时的应力限制在局部的地方；增加结合面积；使涂层本身层片之间折叠，以达到提高涂层强度和涂层与基体的结合强度。

常用的方法有镍拉毛、车螺纹或喷砂等。对多数零件用60°V形刀具，切出螺距为0.5～1.5mm螺纹，深度为标准螺纹的50%即可。刀尖可做成圆形，以减少应力集中。但车螺纹和镍拉毛都会降低零件的抗疲劳性能。喷砂可以提高零件的疲劳强度，国外应用广泛。

（2）喷涂过程。喷涂过程控制是喷涂工艺过程的关键环节。

①预热。零件经除油和粗糙处理之后，应尽快进行喷涂。在喷涂时，先将零件预热，预热零件一般在100～250℃。预热可以减少涂层与基体的温度差，从而减少涂层与基体收缩的应力差，有利于提高涂层的结合力。

②喷涂过渡层（打底层）。为了提高涂层与基体的结合力，目前普遍采用先喷一薄层（0.06～0.13mm）过渡层，然后立即喷工作涂层。在丝材的电喷涂和气喷涂中，过渡层材料采用钼。在火焰粉末喷涂及等离子喷涂中，有些采用钼，多数采用镍包铝或铝包镍粉。

钼和镍包铝粉（或铝包镍粉）称为“自粘结”材料。它是指这种喷涂材料，在普通基体温度下，能与光滑的无孔表面产生微观冶金结合。

钼涂层作过渡层，只要有0.05～0.09mm厚，就可以和大多数金属材料粘结，如普通钢、不锈钢、铸铁、镁合金和大多数铝合金及铸钢。钼的熔点高达2600℃，大大高于它的氧化物的熔点（750℃），当钼的熔化颗粒飞行并撞击到零件的表面时，其表面的氧化物已气化消失。即使不完全气化，氧化膜也极薄极易被破坏，因此为金属分子间的结合创造了条件。有关研究证明，钼与基体材料的结合为熔合或扩散的冶金结合。

镍包铝粉（按重量80%镍，20%的铝）是在每颗铝粉末的周围包上一层镍。这种粉末加热到660～680℃时,镍和铝产生剧烈的放热反应,生成铝化镍和镍三铝。零件表面在火焰及放热反应等几种热源的作用下,使局部温度可达3000℃以上,可使镍扩散进入基体,获得冶金结合。铝化镍涂层的硬度为HRC20～HRC25,涂层与基体的结合强度为40～60MPa,在1648℃时涂层不熔化;在1316℃或更高的一些温度时,仍保持有足够的结合强度。这种涂层密性好,涂层厚度达到0.1mm时,就可以充分保护基体,免遭腐蚀气体的侵蚀。铝化镍涂层是非磁性的,导电性很好。导热性类似于不锈钢。铝化镍涂层本身也考虑作为耐磨涂层使用,其耐磨性类似于普通火焰喷涂的高铬,高碳不锈钢。铝化镍不受熔化的镍基、钴基硬化表面合金的浸润和浸蚀,因此,可以用在钎焊夹具,加热坩锅,铸勺等器具上。

镍包铝和其他材料的混合物,只要镍包铝粉含量不少于30%,还是属于"自粘结"材料。另外与镍包铝粉同类型的铝包镍粉,对氧-乙炔火焰喷涂,其使用性能远较镍包铝粉好,但价格高。

③丝材电喷涂和气喷涂的主要工艺参数。丝材电喷涂和气喷涂的主要工艺参数,如表8-8和表8-9所示。

金属喷涂工艺规范 表8-8

喷涂方法	喷嘴至零件距离(mm)	压缩空气压力(MPa)	电流(A)	电压(V)	乙炔压力(MPa)	氧气压力(MPa)
电喷涂	120～200	0.5～0.6	80～140	30～45	—	—
气喷涂	120～200	0.4～0.5	—	—	0.13～0.15	0.14～1.16

零件转速与喷枪进给量 表8-9

零件直径(mm)	零件转速(r/min)	喷枪进给量(mm/r)	零件直径(mm)	零件转速(r/min)	喷枪进给量(mm/r)
10～30	160	2.5	101～200	30	1.2
31～60	80	1.8	201～300	15	1.0
61～100	60	1.6	301～400	10	0.8

④氧-乙炔火焰粉末喷涂工艺参数。火焰参数的选择是在选定喷枪和粉末之后,通过调整供气压力和流量,以得到一个相应的火焰能量来保证粉末充分熔化。喷涂基本上使用中性焰,在给定乙炔气体压力和流量之后,只要调节氧化压力和流量使火焰成为中性焰即可。氧气压力和流量实际上是在一定的火焰量下的乙炔压力和流量的函数,不用单独选择。对于乙炔压力的流量,往往给定乙炔压力一个足够的数值(一般为0.06～0.1MPa),火焰能量的大小只需控制乙炔流量即可。

零件预热温度100～250℃,喷涂时零件温度一般不超过250℃。

送粉量由喷枪功率大小决定,喷涂距离一般选定为150～200mm。

⑤等离子喷涂工艺参数。等离子喷涂的工艺参数很多,但在设备和粉末已选定的条件下,生产中最重要的是电功率、气体流量、送粉量、喷涂距离和基体温度等参数。对耐磨涂层,这些参数选择正确与否,首先反应在涂层与基体的结合性能上。

等离子气体的选择确定了单位电弧弧长的电压降,喷枪结构和等离子气体的速度确定了电弧弧长。电压主要由喷枪和等离子气体确定,而电流的大小是允许调节的,因此输入功率可在一下范围内调节。一般对大多数喷涂层,采用15～25kW的功率就可获得高质量的涂层。当喷枪功率高到40kW时,可使喷涂速度加快,增加了喷枪每小时的喷粉量。气体流量与所使用的功率密切相关,等离子体的温度取决于所使用的电流值与等离子的气体流量。

粉末供给速率是最后影响涂层结构和沉积效率的参数。如果送粉速率大于喷枪所能加热粉末的能力,不仅沉积效率很快地下降,而且涂层本身还会含有未熔化的粉末。相反,送粉速率太低,则喷涂费用增高。

喷枪与工作距离一般要求不太严格,但在一定的场合保持不变。当然,喷枪与工作的距离会影响工件的温度。对大多数工件来说,喷涂距离在 100 ~150mm 范围内。

等离子喷枪产生等离子焰的效率约为 65% ,水冷喷枪和电极等热损失大约 35% 。这与丝材或粉末燃烧火焰喷枪的热输出量近似相等。尽管等离子火焰比燃烧火焰温度高得多,但火焰输出热量是由于选定的功率决定的。等离子火焰热辐射和热传导的损失大,因此,火焰在到达工件之前就有较多的热量损失掉了。

(3)零件喷后处理和加工。喷后处理和加工将影响喷涂层的质量和使用效果。

对间隙配合件的喷涂层,喷后应将零件在机油中浸泡 1 ~10h,使机油渗入涂层孔隙中。

由于喷涂层性质脆硬,结合强度较低,又需保持喷涂层表面的多孔特性,在选择加工方法、切削工具及加工规范时必须考虑此特点,以防止涂层加工时崩落、脱层和表面孔隙被堵塞。

车削常采用 YG6 或 YG8 硬质金刀头。磨削一般用粒度 46 目或 60 目,硬度为 ZR_2 或 ZR_1 的碳化硅砂轮,用皂化液冷却。对碳钢,车削速度为 0.2 ~0.34m/s;磨削时切削速度为 0.4 ~0.5m/s。

6)喷涂材料

(1)丝材。丝材主要用于修复和防腐,一般为钢、纯金属、耐磨、耐蚀及耐高温的复合喷涂丝。钢质丝材如 T12、T9A、80#及 70#高碳钢丝等主要用于修复磨损表面。纯金属丝材有锌、铝等,主要用于防腐。

(2)自熔性合金粉末。自熔性合金粉末就是在合金粉中加入适量的硼和硅等强脱氧元素。硼和硅能降低合金的熔点,增加了液态金属的流动性和湿润性。硼和硅与氧的亲合力强,喷涂时在高温下首先与氧化合,保护了金属元素免受氧化。硼和硅的氧化物还能与零件表面的氧化物在熔化时形成硼硅酸熔渣浮盖于金属表面。

按合金粉末中粉末基本元素组成及合金含量,自熔性合粉末主要有以下几种:

①镍基合金粉,又称镍铬硼硅系合金。其中含有一定量的铁和碳。

②铁基合金粉,又称铁镍硼硅系合金。属于此类的还有铁铬镍硼硅系及铁铬碳硼系等多种。

③钴基合金粉,又称钴铬钨硼系合金。

镍基和铁基是机械维修中应用较多的两种合金粉末。镍基和铁基涂层在常温下都具有较高的耐磨性,铁基的耐磨蚀性不如镍基。而镍基的价格比铁基高。钴基合金粉末不但具有高的硬度和耐磨性,而且具有很好的红硬性,适合于高温下耐磨层,但价格较高。这 3 种合金粉末,在喷涂时都广泛采用自粘结材料,如镍包铝、铝包镍或纯钼粉等材料作过渡层,以提高涂层与基体的结合强度。

7)涂层质量的影响因素

喷涂层质量的好坏与零件的喷涂前表面状态、喷涂规范以及喷涂材料等许多因素有关。

(1)喷涂前零件的表面状态。涂层与基体的结合强度在很大程度上取决于喷前的表面状态。零件表面污物以及氧化层清涂不净,将大大减弱涂层与基体间的结合力。对承受较大切向力的涂层,在不影响零件要求的抗疲劳性的情况下,零件表面应具有一定的宏观粗糙度,以提高结合强度。

零件喷涂前的预热温度不够或过高,都会增加涂层与基体冷却时的应力差,降低结合强度。预热温度的高低应根据零件形状、大小、喷涂材料、喷涂层的位置等因素决定。

(2)喷涂工艺参数。喷涂工艺参数选择不当,对涂层质量将产生较大影响。恰当的工艺参数应能使喷涂材料充分的熔化。熔化的金属颗粒飞行速度越大,温度越高,金属元素氧化损失少,就容易得到好的涂层。

在用丝材电喷涂和气喷涂时,在金属熔化速度不变时,熔融颗粒尺寸随压缩空气的压力增高而减少。空气压力过低(<0.4MPa),液态金属雾化较差,颗粒粗大,涂层结合强度降低。但空气压力过高(>0.6MPa),雾化颗粒太细,不仅动能小,冷却快,热能储备减少,而且氧化损失加大,涂层的结合强度也会降低。颗粒必须有足够的动量,才能穿过反射气流射击到零件表面。送丝速度与电弧电压或火焰功率必须相匹配。送丝速度太快,也会得到粗大的不均匀的颗粒。

喷涂距离太大,雾化金属颗粒到达零件表面时的速度减少,颗粒温度下降,氧化损失增加,使涂层结合强度降低。若喷涂距离太小,涂层和零件基体温度上升快,易形成局部过热。这样不仅零件易变形,还会使涂层冷却时的收缩应力过大,造成涂层开裂,硬度也会降低。

喷涂时应尽量使喷嘴和零件表面保持垂直,偏差愈大,金属颗粒愈易散失,结合强度也降低。

(3)喷涂材料。丝材在使用前必须清除表面油污,锈蚀物等。带油污丝材喷涂时,油污燃烧,烟灰夹入涂层会降低结合强度。对电弧喷涂,油污会引起导电不良,使电弧中断。粉末材料应注意防潮,必要时,喷涂前应进行烘干。

2. 喷焊技术

喷焊工艺是在火焰喷涂工艺基础上发展起来的。它是将喷涂层再进行一次加热重熔处理,在零件表面获得一层类似堆焊的涂层。喷焊的设备和操作都较简单,又能得到耐磨、耐腐蚀、抗高温氧化等多种性能的涂层。可用于旧件的修复,也可用于新件表面的强化、装饰等。

1)氧-乙炔火焰粉末喷涂(焊)。利用氧-乙炔火焰将粉末加热到熔化或半熔化的高塑性状态后,利用高压空气将其喷射到经过预处理的零件表面上形成涂层。主要设备有喷涂炬、空气和乙炔供给装置(乙炔)。喷涂炬结构示意,如图8-32所示。

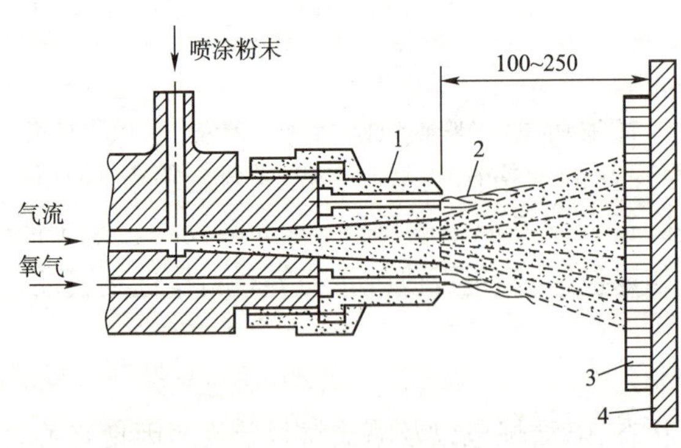

图8-32 气体火焰式粉末喷枪工作原理

1-喷嘴;2-气体火焰;3-涂层;4-基体

火焰粉末喷焊是20世纪50年代出现的一种修理方法。喷涂时,先以氧-乙炔火焰把零件表面加热到300℃左右,开始喷涂合金粉末,然后再用氧-乙炔火焰加热使喷涂层再次熔化,以提高喷涂层与基体的结合强度。

喷涂炬中主要有燃气输送与混合系统,粉末供给与输送系统两部分。为了扩大加热粉末的区域得到高能量的火焰,喷嘴多采用梅花形分布喷孔。工作时燃气由喷嘴四周的小孔喷出。粉末由氧气造成的负压被吸入并经喷嘴的中心孔喷出。火焰大小和性质可通过乙炔阀和氧气阀调节。送粉量由送粉氧气的流量及下粉阀门开启大小来调节。

喷涂粉末过程分两步进行。第一步先喷镍包铝或铝包镍粉末,即喷涂底层。厚度为0.06～0.13mm;第二步喷合金粉,即喷工作涂层。喷后需要加工的零件,要留0.2～0.3mm的加工余量。对厚涂层应进行多次喷涂,这样可获得更均匀的涂层。一次喷层厚度不要超过0.25mm。如果要求涂层厚度为0.25mm以上,最好分两次喷成。

粉末粒度一般在40～100μm范围内。粉末使用前应在100～150℃温度烘干1～1.5h。

2)喷焊层特点

(1)喷熔层与零件基体是完全熔合的,溶深很浅,约0.05mm,因而涂层冲淡率小,结合强度高达350～400MPa;

(2)喷焊层组织致密无孔,表面光滑,成形好,加工余量小;

(3)喷焊层薄而均匀,厚度可控制在0.1～23mm;

(4)可得到硬度达HRC35～HRC65的硬化涂层;

(5)重焊时零件表面温度达1000～1100℃,零件热影响区较大,变形倾向大,甚至引起金属组织变化,使应用范围受到一定限制。

3)喷焊工艺

(1)喷前零件表面准备。喷前零件表面准备是指零件表面喷涂前应彻底除油,除锈。表面硬度大于HRC30时,需经退火处理(可用氧-乙炔火焰加热);对电镀、渗碳、氮化等表面亦需去除,否则影响涂层与基体的结合强度。

(2)喷前预热。喷前预热温度应根据材料的性质而确定,碳钢一般需预热到270～300℃,合金钢预热到300～400℃。预热温度不应使零件变形和氧化。

(3)喷涂与重熔。喷涂与重熔有两种操作方法,其操作工艺如下:

①两步法。将喷涂和重熔分两步进行。第一步将合金粉用轻微碳化焰,喷涂在零件表面,形成一定厚度;第二步用中性焰或轻微碳化焰将涂层重熔。

重熔是为了将涂层金属全部熔化,使涂层金属在零件表面迅速扩散,与被加热到熔化或半熔化状态的零件表面形成焊合,并得到致密且均匀的喷焊层。重熔时,喷嘴与涂层表面距离为20～30mm;最好采用左向"焊法",火焰与零件表面成60°～70°夹角。当加热到涂层表面在火焰照射下,出现镜面反光现象时,说明熔化程度合适,重熔炬应立即向前移动,直至全部涂层重熔。

两步法适用于大面积及轴类零件喷焊。厚度易保持一致,操作人员容易掌握,应用较普遍。

②一步法。一般采用中性火焰,边喷边熔。当起始喷涂点被加热到暗红色(500～600℃)时,立即喷粉,合金粉在高温基体及火焰加热下很快熔化成为喷焊层。随着喷枪向前移动,新的表面又被加热到所需温度,合金粉连续不断地被送入熔池,同时有部分粉末喷射到原有的熔化层中被熔化,形成重叠层,直到所需喷焊层厚度。

一步法可以喷涂一些熔点较高和粒度较大的合金粉。粉末利用率较高,热影响区小(与二步法比较)。适用于小面积及形状不规则的零件。

4)喷焊设备

氧-乙炔火焰粉末喷焊设备,除喷焊炬与喷涂有部分不同外,其他氧气、乙炔供给装置,气体净化装置以及辅助装置,如干燥箱等与氧-乙炔火焰喷涂相同。

按喷焊时的操作方法，喷焊炬主要的两种：

(1)一步法用喷焊炬。采用氧气射吸造成的负压吸粉，并将合金粉带至混合室与氧-乙炔气混合，通过喷嘴前边中性焰加热到半熔化状态后，射到零件表面，其结构如图8-33所示。这种喷焊炬可以边喷边熔，也可在停止供粉后用于重熔。目前国内生产的型号有SPH-1/H，SPH-2/H，SHP-4/H等。型号中的数字表示每小时(h)的最大送粉量的千克(kg)数。

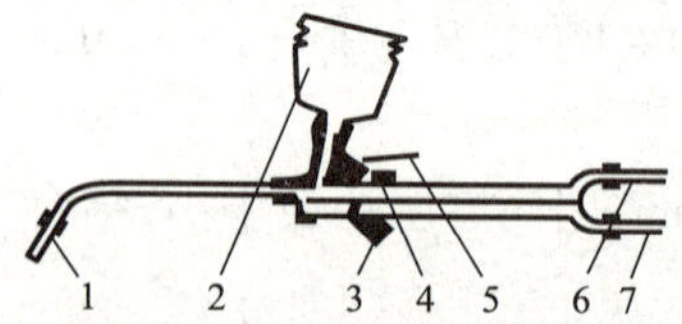

图8-33　合金粉末喷焊炬示意图
1-喷嘴；2-粉斗；3-乙炔阀；4-氧气阀；5-粉阀；6-氧气入口；7-乙炔入口

(2)两步法用喷焊炬。一般指喷涂喷焊两用炬和重熔炬。两用炬在火焰喷涂和喷焊时都可使用，所以称为两用炬。重熔炬没有送粉装置，为了增加熔热面积，大功率重熔炬在圆形喷嘴上的喷孔常做成梅花形，有些重熔炬喷嘴端部形式和被重熔零件表面的形状相吻合。

5)合金粉末材料

对喷熔合金粉末的要求主要有：

(1)合金粉应具有自熔性，熔点应低于被喷焊基体材料的熔点，以保证在基体金属表面被湿润的条件下，合金粉熔化并覆盖于基体表面，避免基体过热；

(2)应具有良好的液态流动性，以便脱氧和净化；

(3)喷层应具有足够的韧性和小的线收缩系数。避免在冷却时出现大的应力，使焊层开裂或剥落。喷焊用合金粉有镍基、铁基、钴基、铜基等，其性能指标及其应用，如表8-10所示。

喷熔合金粉末主性能指标及应用　　表8-10

合金类别	硬度(HRC)	熔点(℃)	特性及适用范围
镍基	30～40	990～1070	抗热蚀性、耐氧化性、耐急冷急热性、韧性、切削性能均良好。可用于铸铁、钢、不锈钢零部件的缺陷焊补
镍钴基	35～60	1070	摩擦系数小、耐热耐蚀性好、高温600～700℃耐磨性好。可用于工夹具、阀杆、曲轴等
钴基	42～50	1120～1200	高温性能好，700℃以下有较高红硬性以及耐燃气腐蚀和抗氧化能力，用于大功率柴油机高温排气阀及热加工模具
碳化钨	基体50～63 WC72	990～1230	适用于高温下严重磨损以及腐蚀和氧化强烈磨损综合作用的场合
铁基	HRB250～300	1030～1150	常温耐磨、耐蚀、可切削，价格低廉，适用于农业机械易损件修补
	50～60	1030～1200	难切削、高硬度、高耐磨、价格低廉

与喷涂用合金粉相比，硼、硅等自熔性元素含量要多一些。喷焊时，硼、硅一方面起助熔作用，使合金粉末的熔化温度降低；另一方面，硼、硅被氧化，分别生成B_2O_3和S_iO_2，在零件表面形成薄膜，这种膜既能防止合金中的镍铬铁等元素被氧化，又能与这些元素的氧化物形成硼酸盐和硅酸盐熔渣，从而获得氧化物含量低、气孔少的喷焊层。在喷涂粉中，涂层不重熔，硼硅含量应少一些，以免粉末熔化时排除的熔渣多，使涂层中留下过多的熔渣而降低涂层强度。

镍铬硼硅系自熔性合金目前应用较广，它基本上属于镍铬固溶体，本身就具有良好的抗氧化、耐酸蚀性能。合金粉里的碳元素与铬相结合，形成了碳化铬。它与硼化铬都是较硬的难熔化合物，所以，喷焊层具有较高的耐磨性。

一般来说，随着含碳量增加，硬度和耐磨性都有提高，但脆性增加，故含碳量不宜过高。在镍基粉末里，铁的含量一般不超过10%，最好低于5%。含铁量过高，合金层耐腐蚀性会大大的降低。

铁基合金粉末，是在镍基粉末的基础上发展起来的，成本较低，但耐蚀性不如镍基和钴基粉末。一些不重要的零件的修复，铁基合金粉末一般可满足要求。

6）喷熔层质量的影响因素

为了获得良好的喷熔层，必须使喷涂前零件表面洁净，预热温度适宜，喷焊后要缓慢冷却。除此之外，在喷涂和重熔时应注意以下几点：

（1）火焰调整。喷涂前把火焰调整到轻微的碳化焰，以防止粉末和基体金属表面在喷涂中过热氧化。重熔时火焰不宜太大或过于接近涂层。

（2）喷涂粉末时，喷嘴与零件表面距离为100～150mm。距离太近，粉末经火焰区受热不足，撞击到零件表面不易产生塑性变形，喷层孔隙率大，重熔后结合强度不高。反之，熔融的粉末到达零件表面时，动能太小，喷层同样不致密。另外距离大，火焰不能有效地保护粉末，粉末易氧化，重熔后喷焊层质量同样不好。

（3）在重熔时应及时排除液面上的硼酸盐和硅酸盐熔渣。重熔速度愈快愈好，以防止基体表面过熔。

（4）重熔结束时，喷焊炬应缓慢移开零件。特别是零件环形焊层的接头处，应注意避免产生缩孔和疏松。

3. 刷镀技术

刷镀是依靠一个与阳极接触的垫或刷（即镀笔），提供电解液的电镀方法。电镀时，刷镀工件与阴极做相对运动。关于刷镀，在我国曾出现多种名称，如金属涂镀、快速笔涂电镀、擦镀……等。现在国家标准已经正式采用"刷镀"这一名称。刷镀具有设备简单、工艺灵活、镀积速度块、镀层金属种类多、镀层与基体材料的结合强度高、镀层均匀、厚度范围宽（0.001～0.4mm）并可精确的控制、镀后一般不需要机械加工、对环境污染小等优点。可以用于轴、壳体、孔类、花键槽、轴瓦及深孔等各种形状零件的局部修复，并可在零件表面建立强化层、减磨层、防护层、装饰层等多种功能性涂层。

1）刷镀原理

金属刷镀的基本原理和工作过程，如图8-34所示。经过表面处理的工件6通过导线9与直流电源7的负极相连，镀笔4通过导线8与直流电源7的正极相连。

刷镀作业时，用外包吸水纤维的镀笔（阳极），吸满镀液并与工件（阴极）相接触，以10～20m/min的速度相对运动。这时镀液中的金属离子在电场力的作用下从工表面获得电子并沉积在工作表面上形成镀层。镀笔刷到哪里，哪里就形成镀层。随着刷镀时间的延长。金属镀层逐渐增厚，直至达到所需的厚度。如用化学反应表示，则：

$$M^{n+} + ne \rightarrow M$$

式中：M^{n+}——金属阳离子；

n——金属的化合价数；

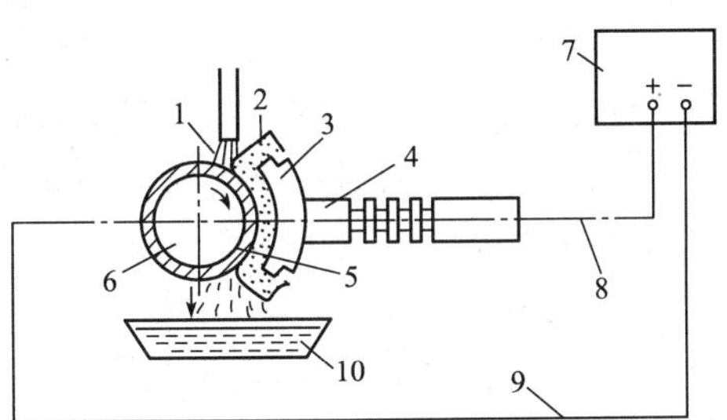

图8-34 金属刷镀的基本原理和工作过程

1-镀液；2-阳极气点；3-石墨阳极；4-镀笔；5-镀层；6-工件；7-电源；8-阳极电缆；9-阴极电缆；10-储液罐

e——电子；

M——金属原子。

如果把上述电流的极性交换，工件成为阳极，此时镀笔所刷到之处，工件表面的金属就要发生溶解。表面凸起部位的电流密度比凹部大，凸部的溶解比凹部快，于是工件表面就由粗糙变成平滑。这就是利用同一刷镀设备可进行去金属毛刺、刻蚀和电抛光的原理。

2）刷镀溶液

刷镀溶液的作用不同可分为表面准备溶液、电镀溶液、退镀溶液和钝化溶液四大类，汽车维护中最常用的是前两种。

表面准备溶液又称预处理溶液，包括电净液和活化液，其作用是除去待镀零件表面油污和氧化物以获得洁净的金属表面，为施镀金属作准备。

（1）电净液。电净液是无色透明的碱性水溶液，pH＞10，具有较强的除油作用，同时也具有轻度的去铁锈能力，适应于绝大多数金属材料的去油净化处理。

电净处理的实质是一种电化学除油过程。电净时，一般工件接负极（正接法），通电后，镀笔在工件上反复擦拭，零件表面折出的氢气撕破油膜，促使溶液中的化学物质与油发生皂化或乳化反应，起到去除油污的作用。对于某些超高强度钢或弹簧钢，工件应接正极（反接法）进行电净，此时，工件表面析出氧气，以避免发生氢脆。

对于钢铁件，电压10～20V，电净时间为30～60s；铜和黄铜，电压8～12V，电净时间为15～30s；对于白色金属，则只需在5～8V电压下电净5～10s。

电净液的主要成分是氢氧化钠、碳酸钠及磷酸三钠，少数电净液中加有缓冲剂（如乙酸钠）和少量非离子表面活性剂。常用的电净液配方，见表8-11。

常用的电净液配方 表8-11

成分和条件	配方1(g/L)	配方2(g/L)	配方3(g/L)
氢氧化钠	60	25	40
碳酸钠（无水）	40	22	40
磷酸三钠	—	50	160
氯化钠	—	2.5	5
pH	>14	≥13	≥11

（2）活化液。各种活化液均系酸性水溶液，pH在0.2～4不等。为了使用时便于区分，可将某些常用的活化液染成不同的颜色，例如，将2号活化液染成红色，将3号活化液染成蓝色。

活化液的作用是通过电化学和化学的方法（同时伴随机械摩擦运动），将经过电净除油后使残留在工件表面的氧化膜加以彻底的退除。对于中、高碳钢和铸铁件而言，还必须去除第一次活化泛出的黑色石墨碳渣，从而使被镀基体金属显露出其非常新鲜的纯净金属表面，使刷镀层与基体金属牢固地结合。

阳极活化工件接正极（反接法）。其活化机理是金属在阳极被电解液溶解，氧化物被析出或机械地剥离掉，从而露出基体金属。

阴极活化工件接负极（正接法）。其活化是靠阴极猛烈地析出氢气将氧化物还原或机械地剥离掉，露出基体金属。

由于各种基体材料表面的氧化膜杂质的性质各异，去除它们的活化电解液也就不同。为了便于使用，通常配成5种活化液：硫酸型活化液、盐酸型活化液、有机酸型活化液和铬活化液。各种活化液的性质、使用范围和工艺条件见表8-12。配制1号和4号活化液时必须注意将浓硫酸在搅拌下缓慢地沿着杯壁加入水中，绝不允许将水倒入浓硫酸，以免伤人。常用活化液配方见表8-13。

各种活化液的性质、使用范围和工艺条件 表8-12

体系	名称	性质	使用范围	工艺条件
硫酸系活化液	1号活化液	无色透明酸性 pH0.2~0.4	不锈钢、铬镍合金、低碳钢、高碳钢、纯的难熔金属或旧的镍铬层和铸铁	6~20V正接或反接，9~18m/min
	4号活化液	无色透明酸性 pH0~0.2	用于其他活化液活化后仍难以镀上的基体料，也用于去除金属毛刺和金属镀层的退除	8~20V反接
盐酸系活化液	2号活化液	无色透明酸性 pH0~0.4	铝和铝合金、不锈钢、高合金钢、高碳钢，也常用于去处金属毛刺和金属镀层的退除，但对钢的腐蚀快，用后要迅速冲洗	8~20V反接，9~18m/min
有机酸系活化液	3号活化液	淡绿色透明酸性 pH0~4	铸铁、高碳钢、特种合金；或对其他活化液活化后的金属表面除去残留的炭黑	15~25V反接，9~18m/min
硫酸-磷酸-氟硅酸体系	铬活化液	无色透明 pH0~0.5	用于铬或镍的基体或镀铬层的表面活化	6~14V正接

常用活化液配方 表8-13

成分和条件	1号活化液	2号活化液	3号活化液	4号活化液	铬活化液
浓硫酸	40mL/L			65mL/L	48mL/L
硫酸铵	100g/L			120g/L	100g/L
浓盐酸		42mL/L			
氯化钠		150g/L			
酒石酸钠			180g/L		
冰乙酸			10mL/L		
浓磷酸					3mL/L
氟硅酸					4mL/L
甲基红（0.1%酒精溶液）		5~10滴/L			
次甲基红（0.4%）			5~10滴/L		
甲基紫				5~10滴/L	
pH	0.5~0.8	0.5~0.8	3.8~4.2	≤0.2	≤0.5

金属溶液是刷镀溶液的主要组成部分，选用不同的金属溶液进行刷镀，便可获得各种不同性能（包括耐磨性、减磨性、防腐蚀性、导电性、钎焊性等）的镀层。

刷镀工艺与槽镀有很大的区别，因此给金属溶液提出了特殊的要求。与槽镀溶液相比，刷镀金属液具有如下几方面的特点：

（1）所含金属离子浓度比槽镀溶液高几倍至几十倍，以获得较高的电流效率和沉积速度；

（2）更多地采用有机络合物，以增大阴极极化值和分散能力；

（3）溶液具有较好的缓冲能力，在循环使用过成中pH值变化幅度很小；

(4)能在较宽电流密度和温度范围内沉积合格的金属镀层；

(5)极少使用剧毒的氰化物；

(6)某些溶液获得的刷镀层氢脆性很低(如低氢脆镉)，在高强度钢上刷镀后毋需烘烤处理。

金属溶液的品种很多，按酸碱度大致可分为酸型、碱型和中性3类，按其组成性质则可分为有机合成型和单盐型2类。

酸型金属离子的沉积速度比碱型的快1.5～3倍，缺点是绝大多数酸性镀液都不能用于疏松基体材料(如铸铁)，也不能用于锌或锡等易受酸浸蚀的基体金属。除了镍以外，所有碱性和中性镀液都有较好的使用性能。虽然，它们的沉积速度比酸性镀液慢，但它们的主要优点是：所得镀层晶粒细，致密度高；在边角、狭缝和盲孔等处都有较好的均镀能力；广泛适应于各种基体金属材料，不会损坏或破坏邻近的旧镀层；镀层上的液体干燥后不会留下腐蚀性痕迹。

金属有机络合溶液的主要成分是：主盐、络合剂和缓冲剂。主盐的作用是提供金属离子；络合剂的作用是使金属离子形成络合状态；缓冲剂的作用是稳定pH值。络合物离子性能稳定，对温度和电流密度适应性较宽，采用不溶性阳极，易于形成均匀、致密的镀层，但对pH值要严格控制。

单盐溶液的主要成分是主盐，为了防上刷镀过程中阳极钝化，加入一定量的钝化剂。如快速铁镀液中的主盐是F_eSO_4，防止阳极钝化的钝化剂是硫酸铝，缓冲剂是醋酸钠。另外，为使镀层平整光洁和防锈，又加入添加剂氧化钴。采用可溶性阳极，这样既可以阳极溶解补充Fe^{2+}，又解决了阳极钝化。

汽车维修时，应根据零件的性质，结构特点和工作条件选择金属溶液，常用的金属刷镀溶液及其应用见表8-14。

最常用的金属刷镀溶液 表8-14

名　称	应用与特点
特殊镍	用作各种过渡层、防腐和耐磨层。沉积速度慢，镀层细密，在各种金属上都有良好的结合力。(不含锌、锡、铅和镉类金属)
快速镍	用于恢复尺寸和提高耐磨性。沉积速度快，镀层有一定孔隙率，镀层硬度HRC50左右，耐磨性好
低应力镍	用作防腐涂层和夹心层，降低刷镀拉应力，不作耐磨层。沉积速度中等，刷镀层细密，压应力大
镍-钨合金	主要用于耐磨层。沉积速度中等，刷镀层细密，硬度HRC60左右
半光亮镍	主要用于表面装饰。沉积速度慢，表面细密光亮
快速铜	主要用于恢复尺寸。沉积速度快，但不能在钢铁上直接刷镀
碱铜	用于过渡层和改善工件表面性能，如钳焊性、防渗碳、防氧化。刷镀层细密，有良好的结合强度
半光亮铜	主要用于表面装饰。沉积速度慢，表面细密光亮
铁	主要用于恢复尺寸，改善导磁性，使修复后零件仍有钢铁颜色。沉积速度较快，具有一定耐磨性

3)刷镀工艺

刷镀的工艺流程为：表面准备(预加热、除油、除锈、非镀表层保护)→电净→水冲→活化→水冲→镀过渡层→水冲→镀工作层→水冲→镀后处理。

电净合格的标志是水冲后，被镀表面挂水(水膜连续)。电净时，被镀部位邻近表面同时进行电净处理，然后用水冲净电净液。

活化是刷镀质量的关键，必须认真做好，因为它决定工件与镀层是否能结合良好。活化合格的标志是：低碳钢表面呈银白色；中、高碳表面呈银灰色；铸铁表面呈深灰色。

刷镀时，为了提高工作层与基体的结合强度，工件经电净、活化后，根据零件材料性质选用特殊镍、碱铜或低氢脆镉作过渡层，厚度为0.001～0.002mm。

工作层则根据零件的不同需要和用途，参照表8-12和表8-14选活化液和镀液进行刷镀。

常用的刷镀液的主要工艺参数见表8-15。

4）刷镀层性能

（1）与基体金属结合强度。金属刷镀层在各种钢、铸铁、铝、铜等常用金属材料上，均有良好的结合强度。目前，对金属刷镀层结合强度进行准确定量测试是比较困难的。因此，一般是根据我国电镀行业定性试验标准和美国国家标准"金属镀层粘附强度的标准试验方法"进行定性试验，包括对刷镀层进行机械切削、弯曲、锉削、划痕、冷热疲劳等试验。

例如，利用拉片法和切片法，测得在一般的工艺水平上，镍镀层在钢铁工件上的结合强度，拉伸强度可达到70～140MPa，剪切强度可达90～140MPa。

几种金属刷镀溶液的主要工艺参数表 表8-15

刷镀溶液	金属离子含量（g/L）	工作电压（V）	阴阳极相对运动速度（m/min）	耗电系数（$Ah/dm^2\mu$）
专用镍	85(74)	10～18(8～15)	5～10(20～30)	0.774(0.42)
快速镍	50(59)	8～14(8～20)	7～12(20～30)	0.104(0.09)
特殊镍	68	5～12	25～30	0.11
铁合金	158	5～15	25～30	0.09
低应力镍	75	10～16	6～10	0.214
半光亮镍	62	4～10	10～14	0.122
镍-钨	85	10～15	4～12	0.214
镍-钨-"D"	80	10～15	4～12	0.214
高速铜	116(118)	6～16(4～15)	10～15(10～40)	0.073(0.09)
碱铜	62(64)	8～14(6～15)	6～12(10～20)	0.079(0.18)
高堆积铜	75	8～14	6～12	0.079
半光亮铜	62	8～10	10～14	0.0125
半光亮铬	70	8～10	10～14	0.037
中性铬	50	8～15	1～2	—
低氢脆铬	100	10～16	4～10	0.01
碱锌	95	6～16	4～10	0.02
铟	65	6～15	4～8	0.04

（2）硬度。由于刷镀层具有超细晶粒结构，镀后内应力较大，晶格畸变和位错密度大，所以，刷镀层的硬度比槽镀镀层的硬度高。

试验表明，快速镍、镍钨合金、镍钨"D"合金、快速铁、铁合金等，刷镀规范合理时，其硬度均可达到HRC50以上。能满足多数零件的使用要求，常用来做耐磨镀层或强化零件表面。

（3）耐磨性。金属材料的耐磨性，不仅与材料自身性能和硬度有关，还与载荷、润滑、温度、磨擦副的匹配等多方面因素有关。因此,应针对具体情况来评价刷镀层的耐磨性。

在磨损试验机上的试验结果表明,镍镀层、铁镀层、铁、镍合金镀层的耐磨性比42CrMo氮化、20Cr渗碳、45钢淬火处理的性能要好。其中,镍镀层耐磨性性能是45号钢淬火处理后的1.36倍,铁镀层是1.8倍,铁合金层是1.4倍。镍-钨合金类镀层的耐磨性比快速镍镀层要高一些。

(4)对基体疲劳强度的影响。刷镀层对基体金属的疲劳强度影响较大,一般下降30%~40%。不同的基体金属材料,疲劳强度降低的幅度不同。铸铁的疲劳强度下降幅度最小,中等强度的35CrMo钢下降24%~35%,高强度的50Cr钢疲劳强度降低更多些。刷镀后进行200~300℃低温回火处理可减少应力,降低对零件疲劳强度的影响。

三、焊接修复法

1. 铸铁件焊修

汽车的某些零件如汽缸体、离合器壳、变速器壳等常用的灰口铸铁(HT)制造;驱动桥壳、制动鼓、主减速器壳等常用可锻铸铁(KT)制作;有的曲轴、凸轮轴等则用球墨铸铁(QT)制作。这类零件的典型损伤是裂纹和螺孔损坏等,最常用的修复方法之一是焊修。

1)铸铁件焊修的特点

(1)易产生白口。焊修铸铁件的主困难之一是焊缝中容易产生白口,这是焊修金属冷却太快和石墨化元素烧失的结果造成的。碳在快速冷却中来不及以石墨状析出而停留在碳化铁中的化合状态,焊缝既硬又脆,难以加工。

(2)易产生裂纹。铸铁塑性差而发脆,焊接时由于冷热不均或冷却过快都会造成应力,当应力超过焊缝处强度时会产生裂纹。

(3)易产生气孔。铸铁焊接中所形成的熔点约为1400℃的难熔氧化物在焊缝熔池下结成一层硬壳,阻碍气体由熔化金属内向外自由溢出,从而产生大量气孔。

为克服铸铁焊修存在的上述问题,采取了几个方面的措施:预热;加石墨化元素;加塑性变形材料;特殊措施减应力。

2)铸铁件焊修方法

铸铁的焊修方法很多,各有特点。常用的方法按所用的设备和热源不同可分为气焊、电焊和钎焊;按对焊件预热的程度不同可分为热焊和冷焊。

(1)气焊。也称为氧-乙炔火焰焊。铸铁气焊的优点是熔池金属与母体材料相似。缺点是施焊速度慢,生产率低,零件受热变形大,且工作环境恶劣。

(2)电焊。也称电弧焊。铸铁电焊的特点是焊接速度快;生产率高,零件受热变形较小。缺点是焊缝的机械性能和加工性能比气焊差。

(3)钎焊。采用气焊的火焰加热,母材不熔化,焊后不易裂,加工性好。其强度因钎料而异。

(4)热焊。将工件预热到600~700℃,然后用氧-乙炔火焰施焊。热焊能保证焊接质量良好,但工艺复杂,所以较少使用。主要用于修复复杂的壳体零件。

(5)冷焊。焊件不预热或预热温度低于400℃的焊接。冷焊可用气焊也可采用电焊,方法比较简单,因此,在汽车修复生产中得到广泛的应用。

3)铸铁焊条选用

(1)气焊铸铁焊条。常用的气焊铸铁焊条有QHT1、QHT2两种。焊条断面为边长

4～5mm的方形，其成分和用途见表8-16。

气焊用铸铁焊条成分（%） 表8-16

牌 号	C	Si	Mn	S	P	用途
QHT1	3.3～3.9	3.0～3.8	0.5～0.8	≤0.08	0.15～0.4	薄件热焊或冷焊
QHT2	3.3～3.9	3.8～4.5	0.5～0.8	≤0.08	0.15～0.4	冷焊

气焊粉的统一牌号为“粉201”，熔点650℃，呈碱性，能将铸铁气焊时生成的高熔点SiO_2（约为1350℃）变为易熔盐类。焊粉可购买，也可以按硼砂56%、碳酸钾22%的比例配制。

（2）电弧焊铸铁焊条。常用的电弧焊铸铁焊条和牌号、性能和用途见表8-17。表中钢芯石墨化铸铁焊条（铸238）和铸铁芯石墨化焊条（208）施焊后，其焊缝为铸铁组织。铸116、铸117、铸308、铸408、铸607等焊条施焊后的焊缝为非铸铁组织。焊接为非铸铁组织的焊条与前一类相比较，其成本要高，其中镍焊条成本最高。

4）铸铁件电弧冷焊工艺

使用表8-17中电弧焊条的电弧冷焊工艺如下。

常用的电弧焊铸铁焊条 表8-17

序号	焊条名称	牌 号	焊芯组成	药皮类型	电源种类	焊缝机械性能			用 途
						σ_n/MPa	抗裂性	加工性	
1	铜	铸607	铜芯	低氢型	直流（反接）	100～130	好	差	受力小的非加工表面（水套裂纹）
	铁	铸612	铁芯	钛钙型	交直流				
2	镍基	铸308	Ni	石墨型	交直流、直流（正接）	250	好	可加工	机床、汽缸加工面、高强度铸铁、球墨铸铁、一般铸件、受力不大的加工面
		铸408	<Ni60% Fe40%	—		400～500	好	稍差	
		铸508	<Ni70% Cu30%	—		60～100	稍差	好	
3	高矾	铸116	H08	低氢型	直流（反接），交直流	400	尚可	可加工	高强度铸铁、球墨铸铁、可锻铸铁
		铸117	—	矾铁					
4	石墨化型	铸208	H08	石墨型	交、直流	150～200	较差	不稳定	拖拉机、机床、较大铸铁件、工件预热400℃
5	气化钢芯型	铸100（结427）	H08	氧化型	交、直流	150	差	差	一般灰铸铁件
6	钢芯球墨型	铸238	H08	石墨型加球化剂	交、直流	400	好	可加工	球墨铸铁件预热500℃，焊后正火，退火处理

（1）焊前准备工作。施焊于缸体、变速器壳之类的铸铁件前，应彻底清除油污、水垢等。查出裂纹的位置和方向，在裂纹两端各钻一个的ϕ4～5mm的止裂孔，坡口角度为60°～70°，底部为圆角度，坡口深度为铁厚度的2/3～4/5，如图8-35所示，然后，用汽油或丙酮刷洗并烘干。

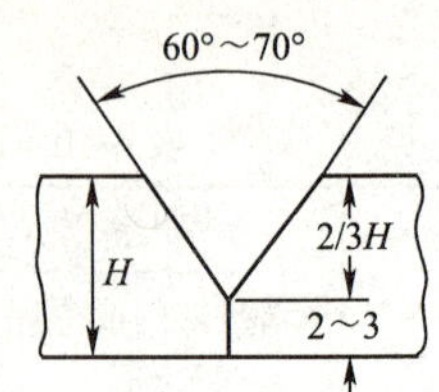

图 8-35　焊缝的坡口尺寸

(2)焊接电流选择。电流选择的基本原则是:在保证焊透的前提下尽量选择小电流。电流大,熔池深,母材金属成分和杂质向熔池里转移。不仅使焊缝性能改变,而且在熔合区产生较厚的白口层,如图 8-36 所示。电弧冷焊的施焊电流可按表 8-17 选择。

(3)施焊方法。施焊方法主要采用的是分段施焊法或分层焊。在施焊过程中为了减小焊补区与整体之间的温差,相应减小焊接的应力和变形,宜采用分段施焊法,如图 8-37 所示。图中 a 为一次长段施焊的应力;b 为分成四小段焊的应力分布。例如,焊汽缸体时,每段长可取 10 ~ 30mm。每焊完一段后立即用小锤从弧坑开始锤击焊缝,直到焊缝的温度下降到 40 ~ 60℃不再烫手时为止,然后再焊下段。

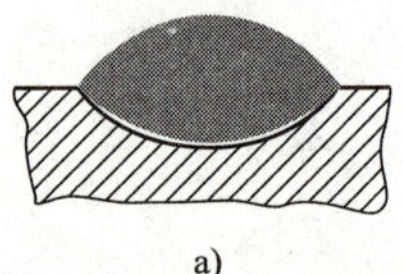

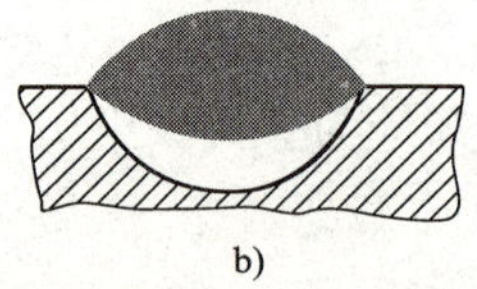

图 8-36　施焊电流对焊缝白口层的影响

a)小电流;b)大电流

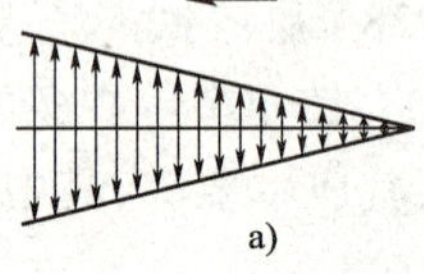

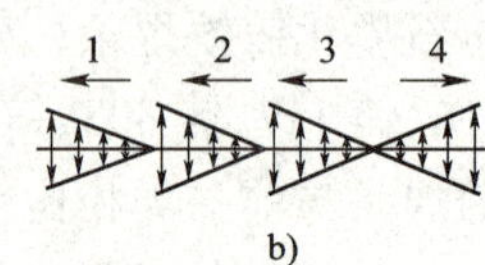

图 8-37　焊接应力分布图

a)长段焊;b)分段焊

分段施焊法施焊过程中,应注意的要点有:

a. 焊缸体、缸盖等形状复杂的零件应在室内避风处预热到 200 ~ 250℃后进行,这有利于提高焊接质量。

b. 当工件上的裂纹如图 8-38 所示的情况分布时,应从中心部位沿箭头所指方向向边缘焊补,以减小焊接应力和变形。

c. 对于受力不大而焊后不需切削加工的部位,如焊补汽缸体水套冻裂的裂纹,应选用铸铁焊条(铸 607,铸 612)。对于汽缸体、变速器壳、后桥壳之类的高强度铸铁件,应选用高钒焊条(铸 116,铸 117)进行焊补。

工件较厚时,一般采用分层焊,如图 8-39 所示。分层焊时,可采用较细的焊条和较小的电流,使后焊的一层对先焊的一层有退火作用。另外,当使用镍基焊条多层焊时,可以先焊两层镍基焊层作过度层,再采用低碳钢填满坡口,以解决贵重的镍合金。

5)铸铁零件气焊——“加热减应”焊

加热减应焊是指对铸铁件施焊时,在焊前和施焊过程中,用气焊火焰加热铸件的选定部位,使之不妨碍焊缝金属的膨胀和收缩从而减少焊缝应力的方法叫做加热减应焊法,被选定加热的部位称减应区。

一个中间有孔的零件,如图 8-40 所示,如直接在裂纹处施焊,焊后焊缝可能被拉裂,零件会产生较大变形,如果施焊前在减应区对称加热,使焊接区与减应区同时膨胀与收缩,便可减少焊接应力,防止产生裂纹。

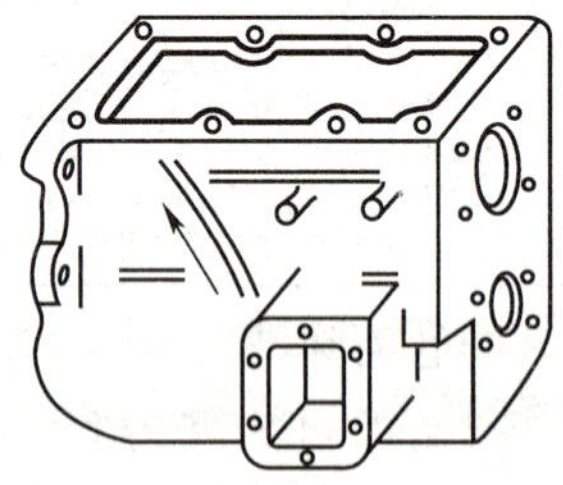
图 8-38　焊裂纹的施焊方向

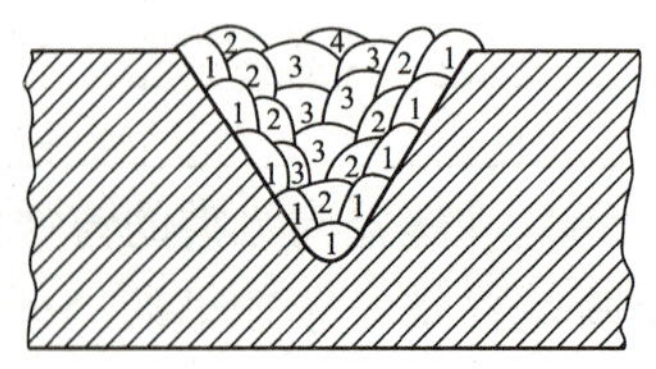
图 8-39　多层焊示意图

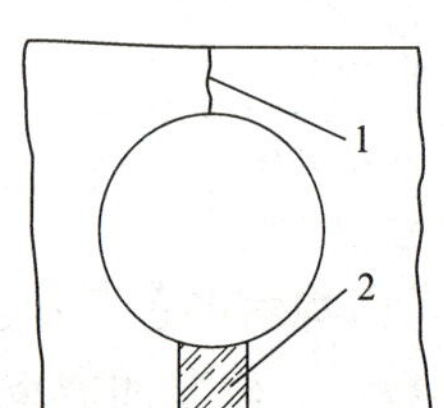

图 8-40　减应区的选定

1-裂纹;2-加热减应区

(1)减应区的选择原则。减应区应选择在裂纹延伸的方向;减应区应选择在零件棱角,边缘强度较大处。

(2)减应区的检验。主要是指减应区选择是否得当,可通过加热检验。

当减应区加热到500~700℃时,零件上待焊补的裂纹如胀开1~1.5mm,即说明减应区选择合理;反之裂纹紧闭,则选择不当。

(3)加热减应焊补前的准备。加热减应焊补铸铁的焊前准备与电弧冷焊相同,只是开坡口的角度比电弧焊时大(90°~120°),如图8-41所示。

(4)加热减应焊应用实例。对汽缸体上各汽缸之间裂纹采用加热减应焊的焊补情况,如图8-42所示。

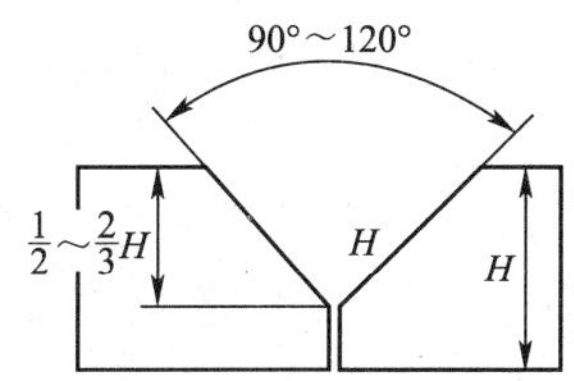

图8-41 加热减应焊的坡口

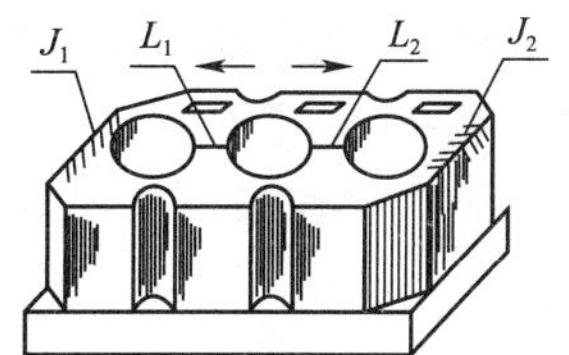

图8-42 汽缸体汽缸之间裂纹的焊补

焊补是采用QHT2型气焊铸铁焊条,201焊粉,中性火焰,熔敷速度约0.02kg/min,选择缸体左右边棱处J_1和J_2为减应区。

焊补裂纹L_1时,先用两把焊炬同时加热焊补区和减应区,当J_1达到400℃时即可施焊。在焊接过程中,J_1区温度应始终保持在400~500℃。焊补完成后仍加热J_1区,温度升高到700℃才停止,然后自然冷却到室温。

焊补的方向应按箭头所示,即指向减应区。如果反方向焊补则起不到减应的作用。

裂纹2的焊补过程与裂纹1相同,其减应区为J_2。

(5)加热减应法气焊铸铁零件的特点。焊缝质量高。焊缝材料、金相组织及机械性能都与母材相近,机械加工性能好;零件变形小。由于加热减应力,所以零件的焊补变形也很小;成本低,工人劳动条件好。

由于它不需要复杂的设备,又不需要昂贵的焊条,因而成本低。另外,由于零件只在选定加热区加热,所以工人受到的热辐射较少。几种焊修汽缸体方法的比较见表8-18。

汽缸体焊补比较表 表8-18

焊接方法	焊条材料	抗拉强度(MPa)	硬度(HB)	金相组织	变形	气孔
气焊冷焊(加热减应)	QHT1	180~200	170~240	细片珠光体+石墨+细小二元共晶	主轴承座孔没测出	无
气焊热焊	QHT1	160~180	140~200	铁素体+珠光体+石墨+二元共晶	上平面凹陷0.1mm	少量
电弧冷焊	铜铁	100~300	115~512	索氏体+大量二元共晶	小	多
电弧冷焊	纯镍	>250	—	奥氏体	小	少量

6)球墨铸铁的焊补工艺

球墨铸铁多用于制造曲轴、凸轮轴,活塞和后桥壳之类的零件,对于这些零件出现的裂纹和其他机械损伤也可用焊补法修复。但在焊接时,焊缝和熔合区基体金属将失去球化且易于形成白口,比一般灰铸铁更难焊接。因此,球墨铸铁的焊补需要采用特殊焊条和特殊的焊接方法。

(1)球墨铸铁电孤焊。使用钢芯球墨铸铁焊条(铸238)焊补时,在对小工作施焊前应预热到500℃左右,大工件预热700℃左右。焊后进行正火处理:工件加热到900~920℃,保温2.5h,炉内冷却到730~750℃保温2h取出自然冷却或退火处理;900~920℃保温2.5h,随炉冷至100℃以下出炉。由于这种焊条的药皮里含有石墨元素和球化剂,能使焊缝仍是球墨铸铁,从而提高了焊接的质量。

使用镍铁焊条及高钒焊条冷焊时,按以下原则选择焊条的直径和电流:焊条直径3.2mm,电流90~100A;焊条直径4mm,电流135~145A。在气温较低或工件厚度较大时,先预热到100~200℃,其效果较好。

使用钇基重稀土铸芯球墨铸铁焊条时,其焊接工艺与前述焊补铸铁件相同,但要选择与之相匹配的电流并检验焊接的质量。

(2)球墨铸铁气焊。气焊时可直接利用焊炬预热工件以防止产生白口。气焊的火焰温度比电弧焊低,镁的蒸发损失少。采用含镁量0.07%以上的铸铁焊丝,可保证得到球墨化的焊缝。焊丝成分:C3%~3.5%,Si3%~3.6%,Mn<0.045%,S<0.015%,P<0.7%,Mg0.07~0.12%。在焊接时采用中性火焰。气焊的焊缝质量较电弧焊高,适用于焊补要求较高的工作。

7)可锻铸铁的焊补工艺

可锻铁是白口铸铁零件经过几十个小时950~970℃高温退火得到的。白口铁里的碳化铁分解成球絮状石墨及铁素体和珠光体的基体。这种铸铁的机械性能接近铸钢,它的抗拉强度高,并能承受冲击及一定的变形。因此,汽车上许多受力和冲击负荷较大且形状复杂的零件,如后桥壳、制动蹄、制动鼓、转向蜗杆箱、变速器壳、主减速器壳以及钢板吊耳等常用可锻铸铁制造。

可锻铸具有强烈的白口化倾向。为了避免出现白口化,应在较低的温度下(即碳在退火中的分解温度在950℃以下)焊接可锻铸铁。用黄铜或高强度铜(钢40%~50%、锰9%~10%、镍3.5%~4%、锡0.4%~0.6%,其余为锌)作焊料,用硼砂作焊补剂进行硬钎焊,在受力不大的部位可收到较好的效果。

对于受力较大的部位,用电弧冷焊焊修。此时可选用纯镍焊条与高钒焊条。某些部位也可用结422普通低碳钢焊条以小电流焊补,为了增加焊修强度还可在裂缝处补焊一低碳钢板。

2.铝型材钎焊

现代客车车身及其附近的骨架中越来越多地使用了铝型材,由于近年钎焊技术的发展极大地提高了其结合强度,解决了熔焊变形及接头外观质量问题,因而在车身的修复中钎焊应用得越来越多,下面主要讲述铝型材的钎焊特点及工艺过程。

1)铝型材料钎焊的原理及特点

铝表面有一层难熔的氧化膜,它阻碍铝的熔化和焊合,钎焊则可在焊缝处母材不熔化的状态下达到焊合的目的。

铝型材钎焊是把材料热到适当温度,应用钎料使材料结合的一种焊接方法。所用钎料的液相线高于450℃,但低于焊缝母材金属的固相线温度。钎料依靠毛细吸附作用流布于接头的紧密配合面之间,在冷凝后即形成了焊缝,使整个截面接头一次焊成,使被焊工件牢固地联结在一起。

因此,钎焊必须同时符合下列3条准则:

(1)钎焊焊接零件时,基体金属不得熔化;

(2)钎焊焊料的液相线温度必须高于450℃;

(3)钎焊焊料必须能润湿基体金属表面并依靠毛细吸附作用被吸入或保持在接头中。

根据上述钎焊原理,铝型材的钎焊有如下特点:使得铝型材的焊缝具有良好的充填性、致密性和密封性。钎焊接头光滑、平整;焊接接头抗拉强度高。经测试,铝型材钎焊接头强度为110MPa,而铝合金气焊和氩弧焊为30~35MPa;与铝合金气焊和氩弧焊对比,加工费仅为铝合金气焊的8%左右,铝合金氩弧焊的5%左右。

2)铝型材钎焊的钎料与焊剂

(1)钎料。钎焊时填充焊缝使接头联结一在一起的材料称为钎料。钎料通常以粉末、膏状、丝材或薄片条等形式提供。薄片条钎料既可用手工送进,也可以预先放置在接头区。

为了保证焊接质量,除了前面所提及对钎料的要求外,还要求钎料的熔点低于母材,一般比母材低几十度;钎料本身应具有一定的机械强度,以满足对钎焊接头工作强度的要求;对于有外观要求的装饰件,要求焊缝颜色与母材相接近。目前所用的铝基合金钎材见表8-19。

铝基合金钎材 表8-19

合金元素(%)	Si	Cu	Mg	Mn	Zn	Fe	Al	熔点(℃)	备 注
L02	11.8	—	—	—	—	0.19	余量	580	流动温度
L04	11.0	1.0	0.4	0.5	—	0.19	余量	—	
L08	8~12	3~5	—	—	—	—	余量	570	流动温度
L19	4.5~5.0	11.3~12.3	—	0.25~0.27	20~25	—	余量	460	

(2)钎剂。以粉末形式供应的无机氯化物和氟化物盐类混合物。钎剂起到去氧化铝膜,改善钎料对钎焊金属浸润状况的作用,对钎剂的要求如下:钎剂要有良好的热稳定性,要求在熔化以后100℃的范围内能保持其作用;钎剂的熔点要比钎料低,以便在钎料熔化前消除钎缝中的氧化膜;针剂在施焊过程中要具有良好的流动性,便于浸润金属表面;具有去除和防止夹渣的能力。试验筛选的铝型材火焰钎焊用钎剂见表8-20。

钎 剂 配 方 表8-20

钎剂配方(%) / 配方型号	氯化锂 LiCl	氯化钾 KCl	氯化钠 NaCl	氯化锌 ZnCl	氟化钠 NaF	熔点(℃)
G06	15~30	30~50	25~30	7~12	8~12	440
G08	10~20	50~60	18~22	6~10	6~10	470

3)铝型材的火焰钎焊工艺

(1)清洗。钎焊前要用清洗剂清除焊接处的表面油污及氧化膜杂质,可用化学方法,也可用机械方法。

用化学法清洗时,可先用汽油或丙酮等有机溶液去除油污后,将工件放在60~70℃热水中冲洗干净,然后再将工件浸入60~70℃的5%~10% NaOH(火碱)水溶液中停留15~20min。浸蚀后,立即用冷水将表面的碱液冲尽,再浸入10%~30%的硝酸溶液中停留约1min,中和后再用热水或流动的水冲洗净并烘干。

用机械法清洗时,在用钢丝刷和刮刀之类的工具去除氧化膜可满足要求的情况下,尽量少用砂纸、砂布、喷砂等方法。因这些方法易使砂粒嵌入焊件表面，影响焊接质量。

(2)夹具和固定装置。为了保证钎焊接头位置正确和有合适的间隙，采用既适用又有一定强度的夹具和固定装置，有利于火焰加热和钎焊操作，且零件不致因膨胀的差异而发生离位现象，通常采用纯镍、不锈钢、特种合金钢或低碳钢制造的夹具和固定装置。

(3)施焊。首先将钎剂与水或酒精混合后以刷涂、浸渍和喷涂等方法施加到工件和钎料上去。机械化钎焊时可将钎料预先放置到接头处，而手工火焰焊则靠人工送进钎料。再用氧-乙炔火焰或石油液化气火焰在较大范围内对接头加热，使各部分温度上升到钎焊温度。对于氧-乙炔火焰必须控制其乙炔流量。氧气过量易产生氧化铝，而乙炔过多会出现气孔。因此，焊嘴应根据工件厚度和乙炔耗量来确定，可参照表8-21选用。

焊嘴与工件厚度的关系(%) 表8-21

焊件厚度(mm)	0.5~1	1~1.5	1.5~2	2~3	3~4
焊嘴号(L/h)	50~75	75~100	150~300	300~400	400~500

施焊时的加热温度必须严格控制到500~600℃。由于铝合金在加热熔化时无明显的颜色变化，很难预测。可将预热的钎棒一端醮上钎剂放在焊口上：若钎剂立即化为透明的流体则说明温度合适，即可施焊；若钎剂不能立即熔化，发粘、冒泡则表明温度偏低，应再加热。

(4)钎焊后清理。钎焊后必须清除残余的腐蚀钎剂。残余的钎剂形成一个硬而脆的壳层，可用热水溶解或化学清洗彻底除掉。将钎焊接头放入热水中浸渍以后，再在10%体积的硝酸和0.25%体积的氢氟酸浴槽中浸渍2~5min，可获得清除钎剂的良好效果。注意各种清洗方法最后都要用清水冲洗，以清除残余的清洗剂。

四、胶黏修复法

胶黏是利用黏接剂的黏接作用进行零件修复的方法。黏接剂种类繁多，汽车修理中常用的有机黏接剂有：环氧树脂、酚醛树脂、Y-150厌氧胶、J-39高强度黏接剂。无机黏接剂常用的是氧化铜胶黏剂。

用胶黏法修复零件工艺简单，设备投资少，生产成本低，不会引起变形和金属组织的变化。适用于金属及非金属零件破损的修复。

1)黏接原理

两种物体能被黏在一起是机械力、分子力及化学键力综合作用的结果。

(1)机械作用。任何固体材料的表面都存在着一定的粗糙度。胶黏剂渗入物体表面凹凸不平和孔隙中，固化后镶嵌在孔隙中的胶黏剂形成了无数微小"销钉"，起到机械连接的作用。

(2)分子吸附和扩散作用。分子间吸引力只有在分子间的距离接近到分子的直径大小时才呈现出来。液体胶黏剂使工件表面湿润，起到了分子之间互相贴近的作用。此外，胶黏分子与被黏件表面的分子的相互扩散作用也利于黏接。

(3)化学键作用。有的胶黏剂与被胶黏接材料表面的某些基本组成元素形成化学键，由化学键结合作用将两者紧密连接在一起。

综上所述，胶接界面发生的机械、物理或化学键作用都是产生黏附力的因素。然而，对于不同的胶接材料和工艺，各种作用的黏附力是不相同的。应针对被黏物的情况，增强黏附力以获得高的连接强度。

2)黏接工艺

对黏补零件应根据其损坏的程度、承受的载荷及工作温度与环境等选择黏接修复方案。如选用配方、确定黏接方法、接头形式和表面处理方法等。

(1)胶黏剂的选择。选用胶黏剂时应充分考虑被黏件的材料种类和性质,考虑被黏件的使用条件,被黏件允许的工艺条件并考虑如密封、导电、导磁等特殊要求。

(2)表面处理。常用的表面处理方法有除油处理、机械处理和化学处理。

(3)调配胶与涂胶。按所选择的胶黏剂的要求配胶。并可采用刷涂、刮涂和喷涂等方法涂胶。

(4)固化。根据不同的胶黏剂的要求,充分考虑固化压力、温度和应保持时间。

3)黏接强度的影响因素

影响黏接强度的因素很多,其中以胶黏前的表面准备最为重要,它是决定黏接结合强度的关键。黏接表面要做到无油、无锈,并要有一定的粗糙度以增加黏接面的机械连接作用。对于强度要求较高的重要零件,还应进行化学表面处理才能保证较高的黏接强度。不同材料黏合表面的化学处理方法如表 8-22 所示。

黏合表面的化学处理 表 8-22

黏接材料	化学处理剂的组成	处理方法
钢	100%的硅酸钠溶液或100%盐酸溶液	60℃,10min
	每1000g水中加30g马日夫盐	95℃,20min
不锈钢	浓盐酸52g,甲醛10g,30%过氧化钠2g,水45g	65℃,10min
铝及玻璃	重铬酸钠66g,90%硫酸666g,水1000g	70℃,10min
软铁、灰铸铁	硝酸锌70g,马日夫盐30g,磷酸7mL,水1000g	103℃,10min
铝合金	磷酸钠70g,马日夫盐15g,氢氧化钠25g,水1000g	80℃,25~10min
橡胶	浓硫酸擦洗表面2~5min,水洗烘干	室温5~10min
塑料	酚醛聚酯用砂轮抛光或火焰处理	—
木材	削斜面、增大胶合面、木材含水不能太高	—

此外,黏接表面的应能被胶黏剂湿润,并保持适当的固化温度。配方的比例要严格控制,因其对胶黏的质量影响很大。黏接表面不但应能被胶黏剂湿润,而且涂胶要均匀,迅速,并施加适当的压力。胶层厚度应控制在0.1~0.25mm,太厚或太薄都会影响黏接强度。

胶接的接头形式对于黏接强度影响也很大,由于用环氧树脂做胶黏剂,其抗剪和抗拉强度比较好,而抗剥离和抗冲击强度低。因此,在设计接头形状时,不仅要增加黏合面积,以提高强度,而且应对胶合件受力情况进行分析,使其尽可能少地受到剥离和冲击力,而多受些剪力和拉力。对有些损坏的部位,为了提高黏接强度,应有辅助的加强措施,如贴加布层或钢板,镶嵌燕尾槽、销钉以及金属扣键等。

固化时也需要在一定在压力、温度、时间等条件下进行。对不同的固化剂有不同的要求。此外,胶黏剂配方的比例要严格控制,因其对胶接的质量影响很大。

五、修复方法选择

每种零件修复方法都有它的特点和适用性。同一零件可采用不同的修复工艺,同一工艺可以修复不同的零件。因此,选择最佳的修复方法和工艺很有必要。所谓最佳修复方法是指该方法能保证零件具有高的使用可靠性，较长的使用寿命，而所用的劳动量和消耗的材料最少的修复工艺。所以，考虑到工艺和经济两方面因素，在确定合理的零件修复方法时，应遵循下列原则。

1）适用性

适用性又称工艺原则，该原则是针对具体需修复的零件去选择工艺。考查该工艺是否可行，是否能够达到零件的技术要求。所选择的修复工艺不仅能恢复零件的几何形状，而且要使修复的零件满足一定的使用性能，为此，要从以下几方面考虑。

(1)覆盖层的机械性能。覆盖层的机械性能指标主要是覆盖层与基体的结合强度、硬度、耐磨性及疲劳强度，表 8-24 列有各种工艺的性能指标。可供选择工艺时参考。覆盖层结合性的好坏直接影响工艺对某特定工作条件下零件修复的可行性。对于重载交变负荷情况下工作的汽车零件，宜选用结合度高的修复工艺；对于耐磨性有要求的汽车零件，宜选用修复层硬度高的修复工艺；对致密性要求高的零件，不宜用多孔性的覆盖层；喷涂层适宜有润滑的工况，对干摩擦条件下工作的零件宜选用喷焊修复。此外，选择工艺时应考虑零件的工作温度及介质条件。如镀铁层的耐蚀性较差，不宜在腐蚀介质环境中应用。对在较高温度下工作的零件，其覆盖层的耐热程度是必须考虑的。

(2)修复工艺能达到的覆盖层厚度。各种零件由于磨损的程度不同，要求恢复至标准尺寸所需的覆盖层厚度也不同，各种修复工艺所能达到的覆盖层厚度是有一定限度的，如表 8-23 所示。

各种修复工艺的性能指标

表 8-23

工 艺 名 称	覆盖厚度（mm）	结合力（N/mm）	工件变形量（mm）	生产率（kg/h）
金属喷涂	0.1～3.0	—	—	2.5～38
气体火焰喷涂	0.05～2.0	24.5	1.20～2.30	4～12.0
手工电弧堆焊	0.1～3.0	392～785	0.09～1.32	0.4～4.0
埋弧堆焊	0.5～20.0			1.8～45.0
气体保护焊	0.8～4.0	392～686	0.05～1.00	1.56～4.4
管状焊丝堆焊	2.5～3.0	—	—	2.0～20.0
振动堆焊	0.5～5.0	392～932	0.02～0.58	0.6～4.4
等离子堆焊	0.1～12.0	392～932	0.02～1.00	2.0～18.0
电脉冲堆焊	0.4～0.75	—	—	1.0～1.5
镀铬	0.05～1.0	245	0.00	0.007～0.025
镀铁	0.1～5.0	196	0.00	0.011～0.085
刷镀	0.001～2.0	68.6 以上	0.00	—
胶黏	0.05～3.0	19.6～41.2	0.00	—

(3)修复工艺对基体的影响。修复工艺过程对基体的影响主要指零件的变形情况，金相组织及机械性能的变化等。

2）耐久性

耐久性即零件的使用的寿命。如果定量的表示使用寿命，则用耐久性系数，即修复后零件的使用寿命与新件零件寿命的比值见表 8-24。此外，修复层的耐磨性也是要考虑的一方面。

3)技术经济性

综合考虑修复成本与零件修复后的使用寿命两方面因素,选择最有利的修复工艺,就是考虑其技术经济性。技术经济性指标使用下式表示:

$$C_b \leq K_g \cdot C_H \tag{8-13}$$

式中:C_b——零件修复的成本;

K_g——耐久性系数;

C_H——新零件的成本。

用各种工艺修复的零件耐久性系数见表 8-24。在选择零件的修复工艺时,除分析研究工艺的适用性,技术经济性及零件的耐久性外,还必须考虑当时当地的设备条件,技术水平等因素。

耐久性系数 表 8-24

零件修复的部位	耐久性系数					
	镀铬	镀铁	振动堆焊	埋弧堆焊	二气化碳气体保护焊	修理尺寸法
曲轴和凸轮轴轴颈	1.0~1.25	0.85~1.0	0.8~0.9	0.85~0.90	0.85~0.90	0.90~1.0
气门及气门杆	2.0~2.5	0.85~1.5	—	—	—	0.95~1.0
万向节十字头表面	0.9~1.0	0.80~0.95	0.85~0.95	—	0.9~1.0	—
轴承座孔	1.2~1.5	0.70~0.85	0.95~1.0	—	0.95~1.0	—
轴上的外螺纹	—	—	0.85~1.0	0.9~1.0	0.9~1.0	—

第六节 典型零部件修理工艺

一、壳体件修理

壳体零件主要是作为基础件起连接、支撑、定位作用,同时还有盛装润滑剂,保护相关零件的功能。壳体零件的损伤主要有变形、磨损和破裂等形式。

1.汽缸体修理

1)变形的检查与修理

汽缸体上平面翘曲检查可用平面度检验仪测量,如图 8-43 所示。或将平尺放在平面上,选择几个不同位置,观察漏光情况,并用厚薄规测量漏光处间隙大小,如图 8-44 所示。

平面度误差较大时需磨削或铣削加工整平。平面度误差较小时,可与汽缸盖互研消除。局部不平时,可刮削或锉削整平。

2)裂纹的检查与修理

表面上较大的裂纹可用肉眼直接观察。内部或微细裂纹常用水压或气压试验方法检查。表面裂纹一般用焊补、栽丝、补板、胶接等方法修理。内部水道裂纹目前暂无修理办法,汽缸体只有予以报废。

3)汽缸磨损的修理

发动机是否需要大修,主要取决于汽缸(缸套)的磨损程度。当汽缸磨损达到极限时,发动机的其他主要零件,如曲轴、凸轮轴和气门等也都接近使用极限,同时需要进行修理。

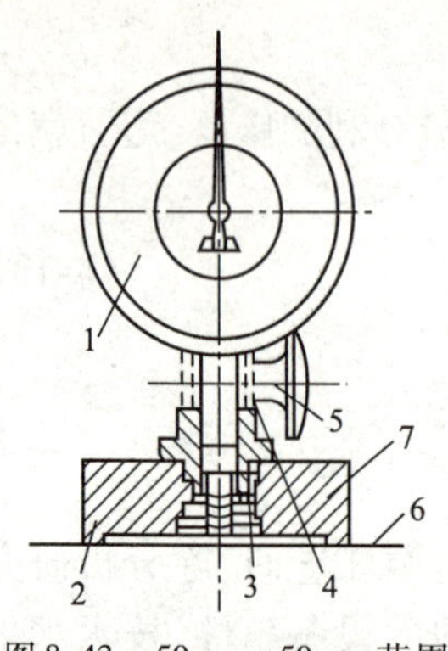

图 8-43　50mm × 50mm 范围内平面度检测仪

1-百分表;2-底座;3-表座;4-锁紧套;5-锁紧螺栓;6-被检平面;7-调零规

因此,汽缸磨损的修复显得十分重要。

汽缸磨损的修理主要采用修理尺寸法。其加工方式与孔的加工一样,所以,汽缸的镗削和珩磨将在孔类零件的修理中加以详细介绍。

汽缸拉缸超过规定时,也可按修理尺寸法进行镗磨加工修理,或采用刷镀修复。采用修理尺寸法加工至最大一级修理尺寸后,还可通过更换缸套并加工恢复至基本尺寸。

4)其他损伤的检查与修理

汽缸体主要安装孔有主轴承座孔、凸轮轴承座孔以及气门挺杆孔等。各安装孔可用内径千分尺测量。座孔磨损后,可镗削加大,镶套恢复至基本尺寸,或采用刷镀喷涂修复,然后,镗削恢复至基本尺寸。

高转速大功率发动机汽缸体主轴承座孔同轴度误差的检测,经常用径向跳动检测法来代替,且把最大径向跳动数值直接作为同轴度误差使用。这是由于在圆度误差很小时,径向跳动与同轴度误差相近似。

主轴承座孔同轴度误差较大时,需进行镗削修整。同轴度的测量方法,如图 8-45 所示。镗削座孔尺寸应根据轴瓦背镀层厚度来决定,这种修理方法比较可靠。中小功率发动机汽缸体主轴承座孔同轴度误差一般较小,用加厚合金轴瓦进行一次镗削就可以弥补座孔同轴度偏差。

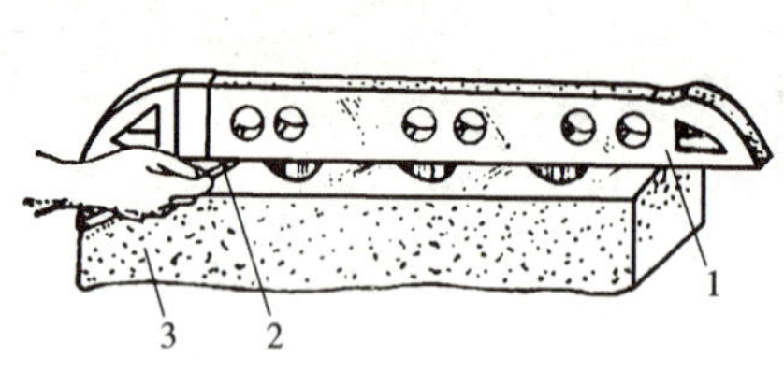

图 8-44　缸体平面的检查

1-检验平尺;2-厚薄规;3-缸体

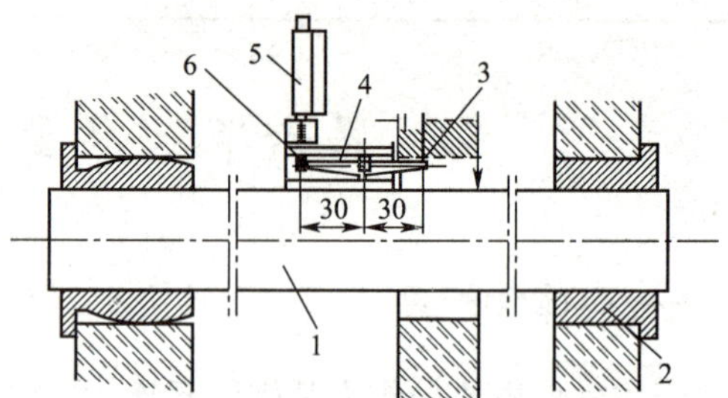

图 8-45　汽缸体主轴承座孔同轴度检测仪

1-定心轴;2-定心轴套;3-球形触头;4-等臂杠杆;5-百分表;6-本体

汽缸轴线与主轴承座孔轴线垂直度误差的检测可用汽缸垂直度检测仪,如图 8-46 所示。测量时,转动测量头 180°,两次读数之差,反映了汽缸轴线对主轴承座孔轴线在 70mm 长度上的垂直度误差。欲测汽缸全长 L 上的垂直度误差,只需将两次读数之差乘以 $L/70$ 即可。在汽车修理技术标准中规定:汽缸轴线对主轴承孔轴线的垂直度误差应不大于 100∶0.03,全长度上不大于 0.05mm。

垂直度误差较大时,需以主轴承座孔为基准对汽缸上平面进行磨削或铣削,然后以上平面为基准进行镗缸,从而恢复汽缸轴线对主轴承座孔轴线的垂直度。

2. 变速器壳体的修理

1)损伤及其检查

(1)壳体变形。壳体变形后将破坏轴承座孔之间、孔与壳体平面之间位置精度。最主要的是同一根轴前后轴承座孔的同轴度和第一轴、第二轴与中间轴之间的平行度;其次,是壳体的后端面与轴承座孔轴线的垂直度。上述各项位置精度较低,将使变速器传递转矩不均匀性加大,齿轮轴向分力增大。

变速器壳体的同轴度和垂直度检验与汽缸体的检验基本相同,这里不再详细介绍。

变速器壳体轴承座孔轴线的平行度和轴线与壳体上平面的平行度的检测,如图 8-47 所示。在检测前,应先检查壳体上平面是否符合技术要求,然后将平面部分放在平板上,将被测的变速器壳体的座孔中装上定心轴套和测量轴,用外径分厘卡测出轴间的距离,其距离的差值,便是两座孔中心线在全长上的平行度。同一测量轴两端的高度差即为轴承座孔与变速器壳体平面的平行度。但是,如果轴孔中心线出现水平方向偏移时利用这种方法不能测出它的平行度。

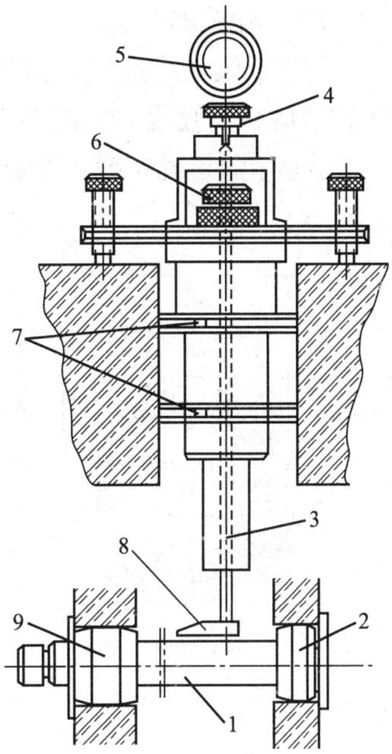

这种测量方法要求测量轴和定心套的加工精度很高,均按同一级精度制造。定心套与座孔的间隙,定心套与轴的间隙都影响测量精度。

为了适应不同尺寸的孔径,减少被测孔与定位套的间隙,通常将定位套的外径加工成 1:100 的锥形。

图 8-46　汽缸垂直度检测仪

1-定心轴;2-前定心轴套;3-测量杆;4-百分表触头;5-百分表;6-转动手柄;7-汽缸定心器;8-测量头;9-后定心轴套

(2)轴承座孔磨损。轴承座孔一般不易产生磨损,只有当轴承进入脏物或滚道严重磨损后,滚动阻力增大,或因缺油轴承烧蚀时有可能会引起轴承外座圈或轴套相对座孔产生轻微轻转动而磨损;轴向窜动量大也有可能加快轴承座孔的磨损。

(3)壳体裂纹。壳体裂纹一般情况属制造缺陷,有时也因工作受力过大而引起裂纹。检查时,壳体应清洗干净后以眼或放大镜观察表面裂纹,必要时可用煤油渗漏法检查。

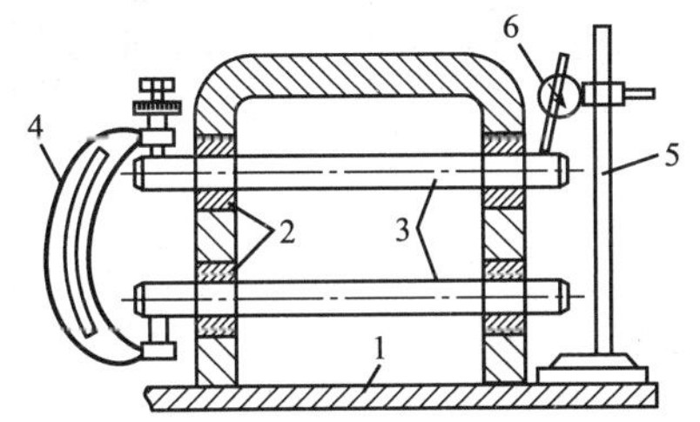

图 8-47　平行度的检测仪

1-平板;2-定心套;3-测量轴;4-分厘卡;5-高度尺;6-百分表

2)壳体修理方法

壳体变形的修正。若上平面翘曲或不平度超限较小时,可将壳体置于研磨平台上,用气门砂研磨修平;翘曲较大时,应该用磨削或铣削加工方法修平。此时,应以孔的轴心线为基准找平,以保证加工后的平面与轴心线的平行度。

若孔心距之间的平行度误差超限时,可用镗孔镶套的方法修复,以恢复各孔间的位置精度。裂纹焊补时应尽量减少壳体的变形和焊道产生白口组织。

二、孔类件修理

汽车上孔类零件很多,这里以汽缸和曲轴轴承孔为例介绍孔类零件的修理方法。

1. 汽缸修理

汽缸磨损或拉伤等缺陷超过规定时,通常是按修理尺寸法进行镗磨加工修理,加大至最后一级修理尺寸后,则可通过换镶缸套恢复至基本尺寸。

1)汽缸镗削

(1)定位基准选择。定位基准的选择包括两个方面的要求,即汽缸轴线与曲轴轴承座孔轴线的垂直度及与汽缸原轴线的位置度。

在镗缸时,确定汽缸轴线的位置度有两种方法,即同心法和偏心法,如图8-48所示。

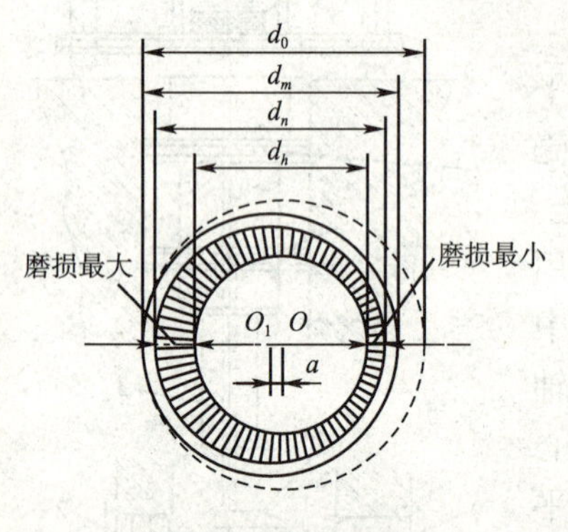

图8-48 同心法和偏心法

①同心法。以原汽缸轴线为镗削汽缸轴线的定心方法。这种定心方法,由于镗削汽缸的轴线与原汽缸轴线重合,故易于保证技术性能。但由于汽缸的偏心磨损,加工余量较大,往往使修理尺寸(d_0)较大而缩短了缸套的使用寿命。

②偏心法。即以汽缸磨损最大部位磨损圆的轴线为镗削汽缸轴线的定心方法。这种方法的加工余量较小,修理尺寸往往较小(d_n),汽缸使用寿命较长。虽镗后汽缸轴线位置较原汽缸轴线位置有所偏移(向汽缸磨损较大的一侧移一个距离a),但一般偏移量很小,不会影响曲柄连杆机构的运动,对有关零件的磨损也无明显影响。但若多次镗缸累积偏移量较大,这种影响不可忽视。

上述两种定心方法各有利弊,应视条件不同合理选择。对于镶有缸套的汽缸镗削,既可用偏心法也可用同心法定心,待镗至最后一级修理尺寸重新换套时,即使偏心法也可恢复至原汽缸中心,不致造成偏心过大;对未镶过缸套的汽缸一定要用同心法,用偏心法时,汽缸中再难以恢复原位置。

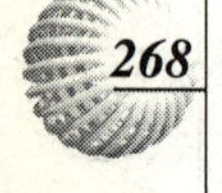

汽缸轴线与曲轴轴承座孔轴线的垂直度的要求必须予以保证,定位基准视镗缸机类型而定。

当使用固定式镗缸机时,一般是用汽缸体下平面作定位基准,确保轴线的垂直度。若其定心方法为同心法时,则可用定心锥在汽缸上端倒角处定心,如图8-49所示。偏心法时,可用定心杆在汽缸上部磨损最大处定心。

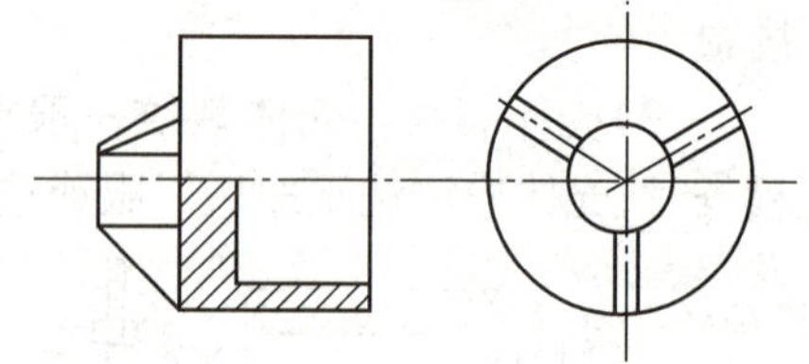
图8-49 定心锥

当使用移动式镗缸机时,用汽缸上平面和定心锥在汽缸磨损最大部位(偏心法)或汽缸下部磨损最小部位进行定心。

(2)镗缸加工要点。

①复查修理尺寸。镗缸前要再一次测量汽缸,复查确定的修理尺寸正确与否,并要检测活塞裙部的尺寸、圆度和圆柱度是否符合要求。确认后记录下各活塞实际尺寸并按由小到大的顺序排列。

②复查修整定位基准。作定位基准的平面、倒角及镗缸机工作台面均应清洁,并对缸体基准面予以检查修整。

③确定镗削量和进刀量。汽缸镗削应按所配活塞裙部最大直径的实际尺寸进行。镗削量P下式确定:

$$P = d_{max} + \delta - x_0 - D_{min} \tag{8-14}$$

式中:d_{max}——所配汽缸活塞裙部的最大直径,mm;

δ——配缸间隙,mm;

x_0——珩磨缸余量,一般取 0.03 ~ 0.05mm;

D_{min}——所镗汽缸的最小磨损缸径,mm。

镗削时的进刀次数和进刀量应事先计划安排好,以保证镗削质量。一般第一刀和最后一刀的进刀量各取 0.05mm。而且,最后一刀要用光刀慢走刀,以降低表面粗糙度。

④镗缸顺序。根据活塞的实际尺寸按由小到大的顺序相配镗削。同时,为防止热变形影响镗缸精度,应隔缸镗削。

⑤镗缸尺寸。大修时,同一台发动机各缸应镗至同级修理尺寸的同一组别。小修时,允许只更换个别缸套,但必须将其镗至与其他缸同组尺寸,以保证发动机工作的平稳性。

⑥定位要求。由于湿式缸套与汽缸体是间隙配合,且上端面高于汽缸体上平面。因此,镗削时,一方面原汽缸体上平面不能作定位基准(用移动式镗缸机时),另一方面需将汽缸套压紧。为此,可在原汽缸体上加盖一特别压板或在专用的镗削夹具上镗削。

(3)镗削加工技术要求。

①表面粗糙度。缸壁表面粗糙度应不大于 $R_a1.6$ ~ $R_a2.5$,干式缸套圆度误差应不大于 0.005mm,圆柱度误差应不大于 0.0075mm。显式缸套圆柱度误差应不大于 0.0125mm。

②垂直度。汽缸轴线对两端主轴承座孔轴线的垂直度误差应不大于 0.05mm。

③倒角。汽缸上口应留有倒角。

④珩磨余量。珩磨余量应有 0.003 ~ 0.05mm 的珩磨余量。

2)汽缸珩磨

汽缸镗削之后应用珩磨机进行珩磨。珩磨机带动珩磨头既做旋转运动又做往复运动,从而将汽缸表面磨成网状痕迹,如图 8-50 所示。由于珩磨过程中磨石消耗,需及时将磨石调出,通过调整以恢复和增大磨头磨削直径。

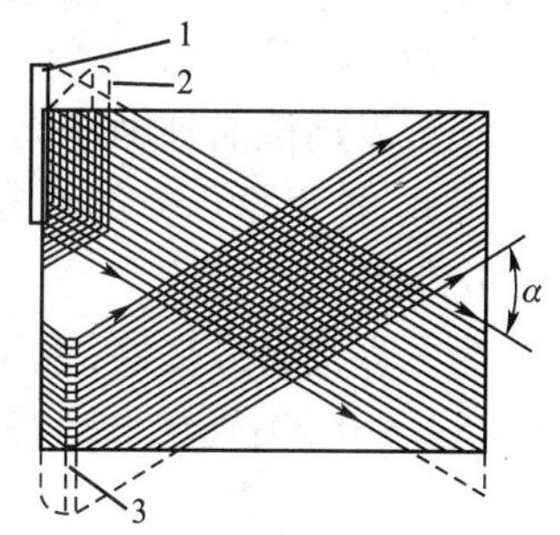

图 8-50 珩磨后的网状磨痕

1-珩磨头上位伸出长度;2-珩磨头旋转位移;3-珩磨头下位伸出长度

(1)珩磨工艺要点。

①磨石选择。磨石材料一般为绿色碳化硅,粒度有 180、240、320、400 几种。前两种用于粗磨,后两种用于精磨。

②往复行程。珩磨时若往复行程过大,磨石伸出汽缸长度过大,磨石将在离心力和切削力的作用下向外倾斜,使汽缸两端磨削量过大而呈喇叭口型,如图 8-51c)所示;若往复行程过小,磨石在汽缸中部重叠区过长,使汽缸中部磨削过多而呈腰鼓形,如图 8-51b)所示。

合理的往复行程应使磨石在两端各伸出 15 ~ 20mm,中间重叠区长度为 4 ~ 8mm,如图 8-51a)所示。

③磨头速度。一般粗磨时,往复速度为 15 ~ 20m/min;精磨时,往复速度为 20 ~ 25m/min。圆周速度一般取 60 ~ 70m/min。螺旋角 α 对珩磨质量有较大影响,试验表明 α 为 60°时的综合效果最佳。

④磨石压力及冷却剂。磨石压力一般取 0.1 ~ 0.5MPa。即磨头在汽缸中靠自重作用不能下落或稍紧一些为好。冷却剂一般选用煤油或煤油加 15% ~ 20% 机油。

此外,还应隔缸珩磨,以防受热影响珩磨精度。

(2)珩磨加工技术要求。表面粗糙度不高于 $R_a0.8$。干式缸套圆度误差不大于 0.005mm,圆柱度误差不大于 0.0075mm。湿式缸套圆柱度误差一般应不大于 0.0125mm。汽缸如有锥度,应上小下大,与活塞的配合间隙应符合出厂技术要求。

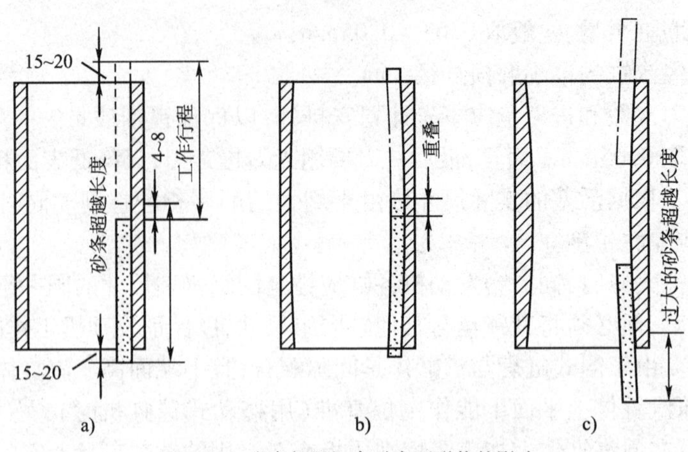

图 8-51　珩磨行程缸套对磨石形状的影响

3）汽缸镶套

汽缸用修理尺寸法修理超过最后一级时，可用换镶套法恢复至基本尺寸。

4）汽缸表面强化

为提高汽缸耐磨性延长发动机使用寿命，可应用激光热处理和压嵌碳化硅处理。其中，激光热处理工艺是：镗缸→珩磨→磷化→激光淬火→珩磨。压嵌碳化硅处理工艺是：精镗→粗珩磨→粗压→细压→抛光→清洗。

2. 曲轴轴承修配

现代发动机曲轴轴承大多使用滑动轴承，只有少数柴油发动机曲轴主轴承采用滚动轴承。因此，这里重点介绍滑动轴承——薄壁轴瓦的修配。

1）轴承配合要求

为了保证润滑良好，轴承与轴颈的配合表面要有正确的几何形状、足够的表面粗糙度 $R_a0.05$ ~ $R_a0.20$；轴承与轴颈只之间要有合适的配合间隙；配合接触面积应达 75% ~85% 以上。

2）轴瓦选配条件

（1）修理尺寸正确。应选配与轴颈同级修理尺寸的轴瓦。当维护时各轴颈已有少量磨损，但尚未超过修理级差，其圆度、圆柱度误差符合规定技术要求时，仍然可选用同级修理尺寸的轴瓦。

对于有加工余量的轴瓦，可通过镗削或刮削等方法修配。对于无加工余量的轴瓦，只允许直接选配使用。

（2）轴瓦余面高度合适。轴瓦装入座孔内，上、下两片轴瓦一端部应高出轴承座平面规定高度（余面高度），以保证轴瓦与座孔的过盈配合。一般余面高度为 0.05mm 左右。余面高度不足时应予更换，过高时可挫削无凸舌的一端，但应挫平。

（3）定位舌应完整、整齐。轴瓦自由状态时，其曲率半径应大于座孔曲率半径一个规定值，以保证轴瓦压入轴承座后可借自身弹力与轴承座贴合紧密。

3）垫片选用

轴瓦装入轴承座内，沿与结合面垂直方向的内径应等于轴颈直径与配合间隙之和。其内径不足时，除有规定外，可在座孔结合面加装适当厚度的垫片。

轴瓦余面高度过高时，可加装不压瓦的垫片；轴瓦余面高度合适时，在只能加装压瓦垫片。这种垫片不可多加，且其内边应与轴瓦内表面平齐，以防形成泄油沟槽。

4)轴瓦选配方法

轴瓦与轴颈配合的选配方法有直接选配法、镗削配瓦法和刮削配瓦法等。

(1)直接选配法。现代高速发动机轴瓦为薄壁多层镜面结构,无加工余量。因而只有采用直接选配法即根据曲轴轴颈的修理尺寸选配轴瓦,再通过光磨轴颈达到合适的配合间隙。这种方法效率高、配合质量好,是发展方向。但它要求轴承座孔的尺寸及形位误差、轴瓦的尺寸误差、轴颈的尺寸及形位误差均须符合技术要求。

(2)镗削配瓦法。镗削配瓦法是指利用镗瓦机镗削轴承,使轴承与轴颈完全达到配合要求的一种机械加工方法。

镗主轴承时,将汽缸体倒放和紧固在镗瓦机座上,装好各道主轴承盖,将镗杆置入轴承座孔和可调节支架的套内。在汽缸体两端主轴承座孔中装入定心套,镗杆从中穿过,找正和对中心,固定可调支架,取出定心套装好各道轴承即可进行镗削。

在镗削连杆轴承时,应先检查轴瓦,符合要求后装入座孔,并按规定力矩紧固。以加工好的连杆小头铜套和活塞销为定位基准,将其装卡在镗瓦机上,仔细找正镗杆与轴瓦的中心,以保证镗削后能得到均匀的合金层厚度。

(3)刮削配瓦法。刮削配瓦是指利用刮刀手工刮削轴承使轴承与轴径达到完全配合要求的一种机械加工方法。

刮削连杆轴承时,应先将装有连杆轴承的连杆装到连杆轴径上拧紧连杆螺栓螺母至转动连杆感到有阻力时为止。然后按工作时的转向转动连杆圈数(注意切勿反复转动,以免减磨合金疲劳剥离),再拆下连杆,并对轴承表面上的接触印痕用刮刀予以修刮。刮削时,对接触痕迹应刮大留小,刮重留轻。刮削方向应交叉进行,以免起棱。同时要边刮边试,以防刮松。刮至接触面痕迹达到整个轴承表面积的75%以上时即停止刮削,检查配合间隙。其方法是:将轴承表面涂有机油的连杆装到曲轴上,连杆螺栓按规定扭矩扭紧后,手握连杆小头猛沿圆周方向甩动,连杆能靠惯性自转1.5圈左右即认为松紧合适。若接触面积达到要求但配合过紧时,可加装适当厚度的垫片进行调整。

主轴承的刮配方法与要求同连杆轴承的刮削大致相同。首先检查和校准主轴承孔使轴线同轴。然后装上主轴承上瓦片和曲轴,并适当加垫片,再装上带轴承下瓦片的各轴承盖,拧紧轴承螺母。将曲轴转动数圈,拆下轴承盖并取下曲轴,观察各道主轴承上瓦片的接触痕迹。若各道主轴承上瓦片的接触基本均匀,便可上下轴瓦同时修刮。若各轴承上瓦片接触差异较大,则表示轴承不同轴。这时可酌情仅修刮各轴承上瓦片接触痕迹处,至各主轴承上瓦片的接触痕迹大致相同时即可认为各主轴承大致同轴了,使可根据接触印痕,同时修刮各主轴承上下瓦片。修刮至各道轴承的接触面积达75%以上,最后一道达85%以上时即停止刮削。再按规定扭矩拧紧各道轴承盖螺栓后,用双手搬转连杆轴径能转动曲轴,即认为松紧合适。接触面积合适而配合过紧时也可加装适当厚度垫片。

上述轴承装配时,应注意上下轴瓦不可错装,以免堵塞油道口。

三、轴类件修理

汽车上轴类零件很多,有直轴、阶梯轴、曲轴、凸轮轴和齿轮轴等,这里以曲轴、花键轴和凸轮轴为例,介绍轴类零件的修理。

1.曲轴修理

1)轴颈裂纹与检查

由于应力集中在轴颈圆角部位和油孔周围易产生裂纹，这种裂纹有时会导致曲轴的断裂。曲轴的断裂部位常发生在1、2、3处，如图8-52所示。

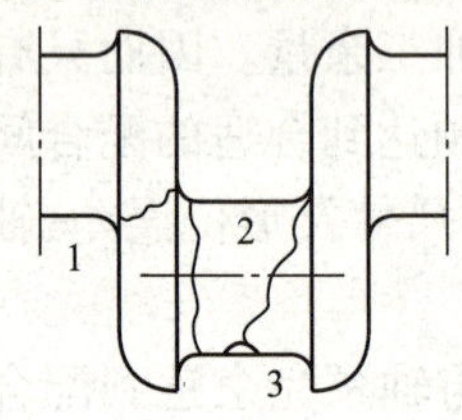

图8-52　曲轴断裂部位

轴颈表面裂纹常用磁粉探伤、荧光探伤等方法进行检查，发现上述裂纹，曲轴一般不进行修理。

2)曲轴弯曲校直

曲轴弯曲度较小时，经过磨削轴颈可以消除。曲轴弯曲度较大时(一般大于1.00mm)，则应进行校正(压力校正或火焰校正)。

3)轴颈磨损的修理

在轴颈圆度、圆柱度误差超过规定但其尺寸尚未达到最后一级修理尺寸时，可对轴颈采用修理尺寸法进行磨削修理。对于成本高的曲轴，当轴颈磨损到最后一级修理尺寸时，可采用喷涂等方法恢复轴颈尺寸，并需再进行光磨修理。

曲轴的磨削，是曲轴校正后在专用的曲轴磨床上进行的。

(1)修理尺寸确定。根据曲轴轴颈前一次的修理尺寸、磨损程度和加工余量选择适当级别的修理尺寸。

(2)磨削规范。磨削曲轴时，应先磨主轴颈，再磨连杆轴颈。因为主轴颈的中心线是确定和检查曲柄回转半颈的基准。

①磨削砂轮。一般可选用粒度为46#~60#，硬度为中软ZR_1或ZR_2，以陶瓷为粘结剂的氧化铝砂轮，直颈750~950mm。磨削金属喷涂的曲轴时，选用粒度为60#的中等硬度碳化硅砂轮。

②冷却液选用。为了防止烧伤轴颈，磨削时必须进行充分的冷却，并对冷却液进行磁性过滤。冷却液成分可采用：苏打水(1%苏打(Na_2CO_3)、0.25%亚硝酸钠($NaNO_2$)、其余为水)，乳化液(浓度为1%的油酸和磺化蓖麻油乳化液或2%~3%苏打(Na_2CO_3)和少量肥皂的水溶液)。

③磨削工艺参数。磨削时，曲轴转速、砂轮圆周速度和进给量，可参考表8-25。如果轴颈的磨削量较大，以粗磨、精磨两步法进行。粗磨时采用切入法，如图8-53a)所示，以提高生产效率。

曲轴的磨削规范参数　　表8-25

磨削级别	曲轴转速(r/min)	砂轮圆周速度(m/s)	横向进给量(mm/每次)	纵向进给量(mm/s)
粗磨	30~70	20~30	0.02~0.05	—
精磨	30~70	30~40	0.005~0.01	>10

精磨时应采用纵向进给法，如图8-53b)所示，以消除粗磨时留下来的痕迹。

(3)主轴颈磨削。在磨床上安装曲轴时，应当以飞轮突缘外圆表面及正时齿轮轴颈作为定位找正的基准。

曲轴装卡后，一般先磨中间的主轴颈，最后磨两端的。所有主轴颈应在一次装卡后磨完，不得中途松动夹具或再次装卡。

(4)连杆轴颈磨削。应以磨削后的主轴颈作为定位基准，并要保证原来要求的回转半径和分配角。

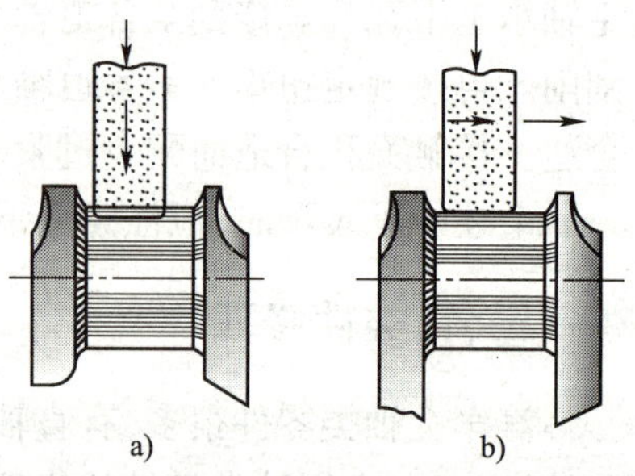

图8-53　曲轴磨削时的进刀方式
a)纵向进刀；b)横向进刀

进行连杆轴颈磨削时的装卡调整和平衡要求如下：

①基本调整。将磨床床头及尾座的拖板沿卡盘上的偏心标尺推偏，偏心距应等于曲轴的回转半径。然后将曲轴装卡在磨床的两卡盘内，用V形规和K形规(中心高度规)进行初步找正，使连杆轴颈中心线与磨床主轴中心线重合。

②补充调整。由于曲轴扭曲或连杆轴颈磨损程度相差较大，当用K形规检查时同一中心的各连杆高度(曲轴处于水平位置)，偏差超过0.15mm时，则应进行补充调整以减少连杆轴颈的磨削量，如图8-54a)所示。调整方法如下：轻轻放松两端卡盘，微量转动曲轴，使两连杆轴颈高度偏差对称于磨床主轴中心，如图8-54b)所示。经过这样调整磨削后，曲柄夹角可得到保证。

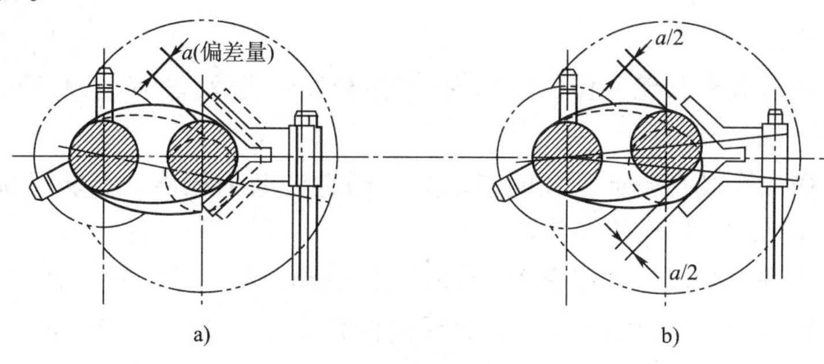

图8-54　连杆轴径磨削时的补充调整

③复查回转半径。曲轴安装调整后应复查回转半径，方法如下：以床面为基准，用游标卡尺测量主轴颈处于最高和最低位置时的高度，其差值的一半即为实际的回转半径 $R=(h_2-h_1)/2$，如图8-55所示。当测得的实际回转半径与标准回转半径有偏差时，应重新进行调整。

④平衡。磨削连杆轴颈时，由于磨床卡盘偏置，会引起曲轴回转时不平衡，所以必须用床头、尾座上的配重仔细地加以平衡。

对于只由床头驱动的曲轴磨床，平衡应分两步进行：首先单独进行推偏的尾座卡盘的平衡，即在尾座卡盘的另一侧加配重块并改变配重块的位置和数量使尾座卡盘得到平衡；第二步是在曲轴已装卡后，再利用床头的配重块对整个曲轴和床头卡盘一起进行平衡。

⑤磨削。曲轴经上述装卡调整和平衡后，即可磨削连杆轴颈。

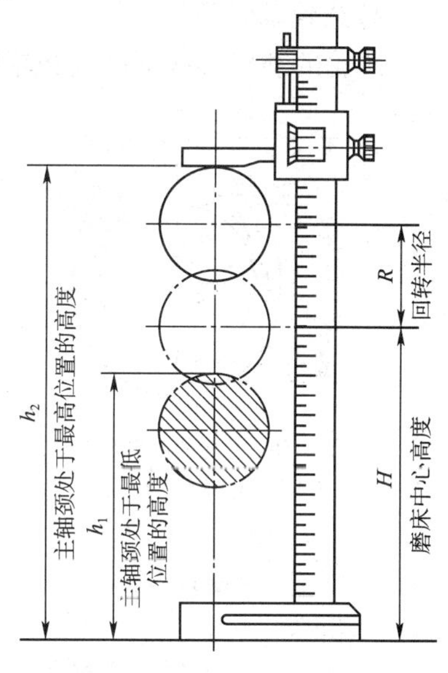

图8-55　曲轴回转半径的检查

磨削顺序一般是先磨两端轴颈，因为扭曲表现在两端偏差最大，磨削量也较大。如果个别连杆轴颈磨损较重，则应先从磨损最大的连杆轴颈磨起。待同一中心的各连杆轴颈磨完后，再放松卡盘，转动曲轴，对其余的连杆轴颈，也进行同样的装卡调整，然后磨削。

(5)砂轮的修整。砂轮在磨削过程中，由于磨料和冷却液中夹带的胶粘物质等，会使砂轮工作面逐渐堵塞，造成砂轮切削能力下降。这样在磨削时，横向进给就会产生较大的径向压力，使加工质量变坏。一般是每隔1～4工作小时用金刚石修整砂轮一次，每次修整量应不大于0.05～0.10mm。修整砂轮时，不但要修整外圆，还必须按曲轴轴颈的圆角半径修整砂轮圆角。

必须指出，砂轮回转时有很高的线速度，稍不平衡就会引起振动，在轴颈表面磨出鳞状痕迹。在必要时，应卸下砂轮，用专用的心轴及平衡架仔细地进行平衡。

2. 花键轴修理

花键轴的齿面损坏严重时，可用堆焊方法修复。齿面堆焊以堆焊非磨损的一侧的表面为好，因为可以使工作表面保持原有材料的性能。

堆焊后，首先对磨损一侧的齿面进行铣削，消除损伤痕迹，然后铣削有堆焊层的一侧。铣削时应注意键齿的位置精度要求。

3. 凸轮轴修理

1）损伤与检查

凸轮轴的损耗形式有凸轮工作面的磨损，擦伤和疲劳剥落，还有轴颈、偏心轮、齿轮的磨损，以及凸轮轴的弯曲变形等。

测量凸轮的最大高度与基面直径的差来判定凸轮的磨损程度。凸轮磨损后，其升程减小程度超过0.4mm以上时，应重新修整。

凸轮轴的弯曲变形是以凸轮轴的径向圆跳动来衡量的。若其最大值大于0.10mm，则应进行校正。凸轮轴校直后，中间各轴颈的径向圆跳动应不大于0.04mm。凸轮轴轴颈圆柱度误差超过0.015mm时，应按修理尺寸修磨。

2）凸轮轴修理

凸轮的磨修要保证恢复凸轮原有的几何形状，如图8-56所示。

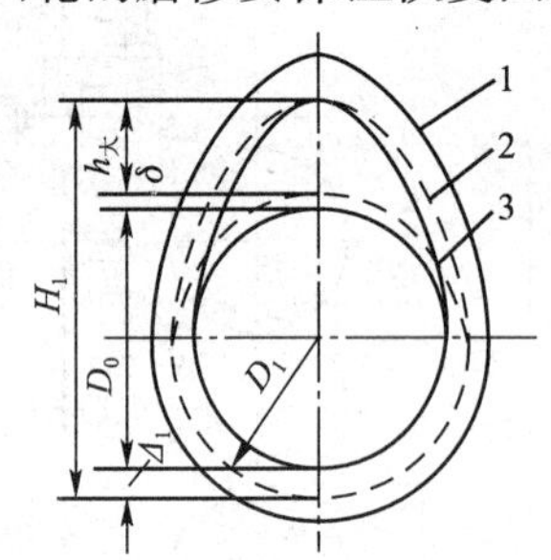

图8-56 凸轮的磨损及修复

H_1——凸轮磨修前凸轮高度，mm；

D_1——磨修前基圆直径 $D_1 = D_0 + 2\Delta_1$，mm；

D_0——磨修后实际基圆直径，mm；

Δ_1——磨削余量，mm；

δ——磨削后理论基圆与实际基圆之差，mm；

$h_大$——凸轮理论最大升程，mm。

1-凸轮出厂轮廓；2-凸轮磨修基准轮廓；3-凸轮磨修后轮廓

在磨修前要根据凸轮高度 H_1 及基圆 D_1 的测量结果计算确定凸轮的修理方法。当凸轮的升程减小量超过0.4mm，同时凸轮表面的累积磨损量与修理加工余量的和不大于0.5mm时，可直接在凸轮轴磨床上磨削。当超过上述数值时，可采用堆焊，而后按基本尺寸光磨。

磨修凸轮时，相当于沿标准凸轮各点法向方向均匀磨去一层金属 Δ_1，以恢复气门升起高度及配合相位。磨修后，凸轮表面剩余渗碳层厚度不应小于0.6～0.8mm。凸轮的磨削应在专用的凸轮轴磨床上进行。

凸轮磨修后硬度应不低于HRC45，凸轮基圆部分相对轴颈的同轴度应不大于0.08mm，凸轮的工作面与轴颈中心线平行度在凸轮长度上不大于误差0.03mm。

凸轮磨修时，除应保证凸轮形状、尺寸、精度外，还要保证各凸轮与正时齿轮键槽的夹角偏差，否则将影响配气相位的变化。

凸轮轴轴颈磨损，其圆柱度误差超过0.015mm时，应安分级修理尺寸光磨轴颈。磨削后其轴颈圆柱度误差应大于0.005mm。光磨轴颈的最小尺寸应大于凸轮总高度1～1.5mm，当凸轮磨损超限可采用堆焊、喷焊修复；轴径磨损超限可采用刷镀、喷涂修复。以便安装。

磨削规范：砂轮选用ZR1或ZR2，粒度46[#]～60[#]，转速为1034r/min；工件转速为16～32r/min；进给速度：粗磨时为0.01～0.02mm/r，精磨时为0.005～0.007mm/r。

按修理尺寸磨削轴颈时，还要按同级修理尺寸选配镗削轴瓦。

第七节　车身修复与喷漆工艺

汽车车身包括车身壳体、门窗钣金、车身附件等，是汽车车身加工技术和工业美学的集中体现，是汽车制造技术中较复杂和生产成本较高的部分。汽车车架是安装各总成、部件的基础，它影响汽车的装配质量和使用寿命。车身、车架受力很复杂，使用中易产生变形（弯、扭、歪斜）、裂纹及铆钉松脱等损伤，若不及时修理将导致更大的经济损失。因此，车身和车架的修复有很大经济价值。

一、车身结构及损伤形式

1. 车身结构

车身结构按其承载方式可分为承载式、半承载式、非承载式和整体式4种。为了减小汽车的整车质量和节约材料，大多数中级、普通级、微型轿车和部分客车常用承载式车身。

2. 车身损伤

车身损伤主要是指车身骨架（大客车）、壳体（轿车）及表面蒙皮的损伤。常见的损伤形式有变形、断裂、腐蚀、凹陷和刮伤等。

二、车身修理工艺过程

车身的修理工艺过程大致为：外观检查评定、拆卸、除漆、鉴定、钣金件修复或更换、装配和喷漆。这种工艺过程适用于组织任何类型的车身和驾驶室的修理。待修的车身经过外部清洗、初步检查和拆卸后，其壳体修复的主要工序见表8-26。

车身壳体损伤修复工序　　表8-26

序　号	工序名称和内容	设　备
1	损伤鉴定	量尺、样板、检验工具
2	零件拆卸	拆装工具
3	初步校正	车身校正台
4	去除损伤	风铲、气割
5	修补裂纹、穿孔	CO_2保护焊、气焊
6	清理焊纹、去应力	手锤、砂轮
7	精细校正	车身校正平台
8	零件安装	拆装工具
9	车身修整	喷漆工具

1. 检查与检测

轿车、微型车车身和车架的钣金修复比大型汽车困难，因此，其修复前检查就非常重要。

（1）发动机罩检查。发动机罩检查主要检查发动机罩左右挡泥板的间隙，并注意高度上是否有很大的误差，如图8-57所示。

（2）车门检查。车门检查主要检查车门开闭时相对其他部位有无刮碰。从车门打开直至停下应能圆滑地运动，车门关闭时应能可靠地锁紧。当车门关上时，图8-58中箭头所示的部位的间隙应无大误差。

图 8-57 发动机罩检查

图 8-58 车门检查

(3)行李舱检查。主要是检查行李舱盖与后挡泥板的间隙及高度应无很大误差。

(4)轿车车架检查。轿车车架是其车身的一部分。轿车车身车架的检查常用以下两种方法进行,其检测方法如下:

①车架中心尺检测法。把测量杆悬挂在车架基准尺寸主要测量点(基本为前、中、后)下,通过测量杆中心上、下或左、右的扭曲变形状况来检查弯曲或扭转情况,如图 8-59 所示。

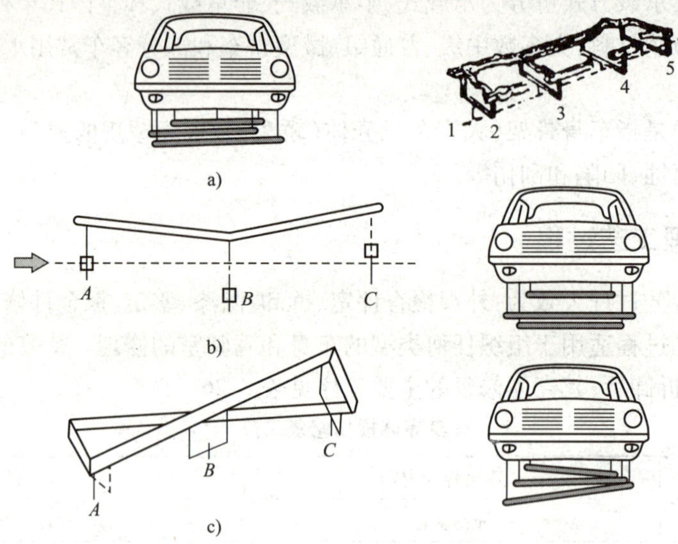

图 8-59 车架中心尺检测法

②直线跟踪计检测法。直线跟踪计由伸缩式或接头式长杆与在长杆上垂直安装的指示器所构成。将指示器接触被测对象,可测量其长度和高度变形值。用它可以确认是否符合车架基准尺寸图的尺寸,并可比较左右尺寸的变化。发动机室的测量如图 8-60 所示。

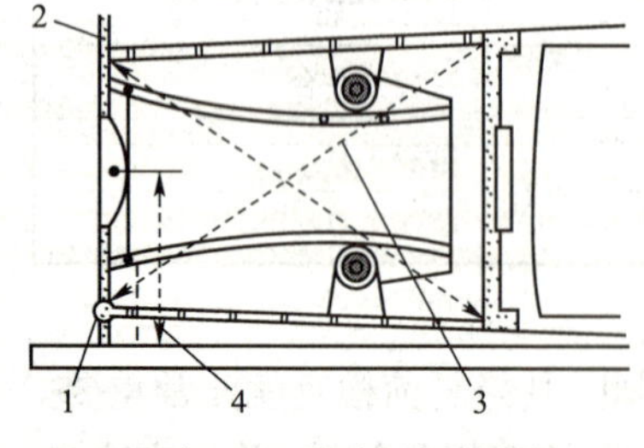

图 8-60 发动机室的测量

1-基准点;2-纵向基准面;3-对角线;4-横向基准面到中心距离

2. 矫正与加固

(1)矫正。车身车架的变形通常是由于机械事故造成的,如翻车造成车身框架扭曲,撞击出现的立柱及风窗框内凹和驾驶门框、侧窗框的变形等。车身车架的这种损伤,一般可用撑拉法进行矫正。矫正时在与发生事故作用力相反的方向施力。一般情况下可采用冷态矫正、局部加热消除内应力,并进行相应的时效处理。

采用撑拉法矫正时,要分析各部位受力的方向,找到受力点,分清主次,根据具体情况确定相应的矫正工艺。

汽车车身车架的矫正可采用移动式或固定式矫正台进行矫正。

(2)加固。车身车架局部损伤、断裂或产生裂纹时，允许加固修复。尤其是对经常出现损伤的部位，更应采取加固措施。但是随意加固构件，任意增大构件截面尺寸，将影响车身车架的受力状态，改变其应力分布，还可能大幅度地增加整车装备质量。因此，在车身车架修理过程中绝不可随意加固。

车身车架的加固主要采用焊补和铆接的方法；主要形式有镶套加固、帮盒加固、圆弧镶角及角板加固。

3. 蒙皮修理

车身蒙皮有内外之分。一般外蒙皮用金属薄板或聚酯树脂和玻璃糊制的玻璃钢材料；内蒙皮采用装饰板、玻璃钢或人造革及纤维制品材料。蒙皮板金的修理主要是指外蒙皮的修理。

车身蒙皮修理是以整形为主，制作为辅。蒙皮修理后，必须达到原来的表面形状，做到造型正确，线条分明，缝隙整齐，左右对称，圆顺光洁。总之，应做到整就如新。

1)蒙皮修理工具及设备。

车身蒙皮修理常用的工具如表 8-27 所示。

车身蒙皮修理常用的工具 表 8-27

工具类别	常用的工具和设备
划线工具	直尺、角尺、卷尺、划规、心冲等
剪切工具	手工剪刀、电动剪刀、龙门剪床、钢锯、錾子等
整形工具	各种锤具、撬具、工作平台、撑拉器、夹具、拆边机、滚平机、手提砂轮等
焊接工具	氧化炔焊接设备、二氧化碳气体保护焊设备、电焊机、点焊机等
拆装工具	手电钻、钳子、螺丝刀、各种扳手等

2)蒙皮常见损伤的修理。

(1)蒙皮裂纹修理。

金属蒙皮的裂纹可用 CO_2 气体保护焊或气焊修复。

施焊时，要采取正确的焊接工艺方法，尽量防止因焊接温度过高而引起的熔池塌陷、金属过烧及板面翘曲变形。例如裂纹较短时（其长度小于 50mm），应从裂纹尾部开始焊接，沿裂纹走向向外施焊；而裂纹较长时，则应间隔焊上几点，然后分段焊接。先焊图中 *AB* 段，次焊 *CD* 段，再焊 *BC* 段，最后焊 *DE* 段，如图 8-61 所示。

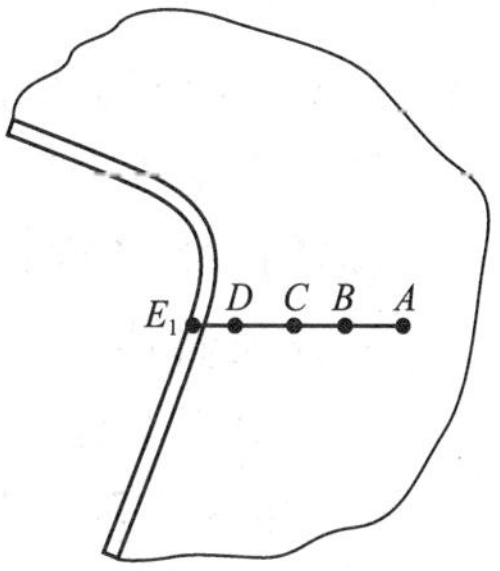

焊接结束后，应在焊缝内侧垫上垫铁，用手锤在外侧沿焊缝轻轻敲击，以清除焊接残余应力。

(2)蒙皮孔洞修理。

蒙皮局部锈蚀或严重机械损伤，无法焊修或整形修复时，可采用挖补或贴补方法修复。

(3)蒙皮凹凸修理。

图 8-61 蒙皮焊修

蒙皮凹凸性损伤的修理应以撞击时相反的顺序来修复。发生撞击时，蒙皮上有大的凹陷，其周围紧接着就是波浪区和一系列隆脊，如图 8-62a)所示。

撞击是 *A*，最后形成凸起 *C*。修复时应从 *C* 点着手修整，把垫铁放在隆起的顶点，用手锤敲打，并相应改变垫铁的位置，当隆脊基本敲平后，*B* 处的大部分凹陷将回弹，与板面原来轮廓相近。剩下的少量凹痕将再用一块弧度与板面一样的垫块，用手按在面板下面，再用手

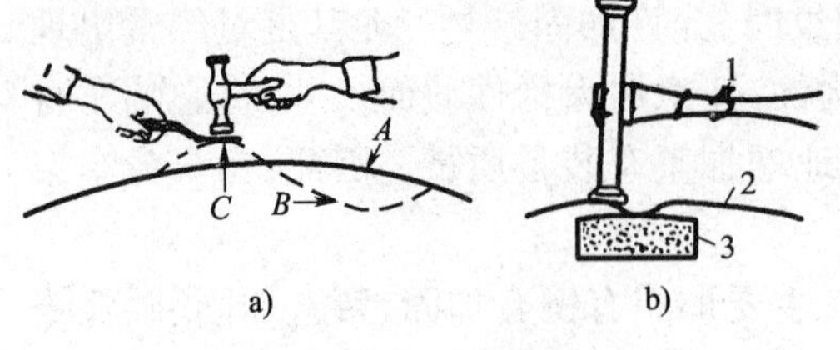

图8-62　钣金整平

1-锤;2-钣金件;3-垫铁

锤敲击凹痕的高点,如图8-62b)所示,

开始敲击时,用力应稍重一些,在修复的结束阶段,用力应轻些,而且应尽量减少锤击次数,并且勿在同一点上过多敲击,以免金属板面局部发生延长,使工作复杂化。

较大的弧形凹陷,可用撑拉工具把凹陷平面直接顶起,如有较大的延伸突起而不能用一般敲击方法来修复时,可采用热收缩的方法,即加热状态下使金属收缩;蒙皮撞击较轻且属于弹性变形的凹陷部分,可采用手按压,使之恢复原来形状。

(4)蒙皮脱焊修理。蒙皮板面发生脱焊,是因为焊丝和金属板面之间熔合不良引起的。焊缝的一般性脱焊,可在铲除焊缝处所堆积的焊料后重新施焊。焊接工艺可采取点焊也可采取塞焊。

4. 车架修理

1)车架检验

车架的检验一般可分为外观检查、尺寸精度及形位公差检测。

(1)外观检查。外观检查主要是用肉眼观察车架是否有锈蚀和裂纹,铆钉是否松动。并从外观上检查车架是否严重变形、弯曲、扭转、开裂、脱焊。用肉眼眼看不见的裂纹,可用水将车架清洗干净,在涂上滑石粉后用手锤敲打,找出裂纹。

(2)尺寸精度及形位公差检测。尺寸精度检测是按照相应产品图纸规定的要求进行的。一般采用通用量具就能测量。尺寸公差的测量包括车架总成的长、宽、高及各主要零件尺寸等。

形状位置公差要借助通用或专用量具相配合才能检测出正确的数据,主要内容包括直线度、平面度、垂直度和同轴度的检测。

(3)前轮定位参数检测。为了使汽车操纵稳定、前轮定位必须正确。由于车架的变形,使前轮定位参数受到影响。因此,在车架矫正后,应进行定位参数的检测。

2)车架矫正

车架经检查后,如发现弯曲、扭曲超过允许度,应进行矫正。仅个别部位产生不大的弯曲时,可直接在车架上矫正。如果损坏严重(如弯曲变形很大,并有裂纹或铆钉松动较多)时,则应将车架部分或全部拆散,予以矫正。不能恢复的构件应更换。

矫正应采用专用工具或在压力机上进行冷压矫正。如果车架局部弯曲很大,采用冷压法不易矫正时,可采用热矫法进行矫正。

3)车架修补

车架纵横梁在检验中如果发现有裂纹和断裂,应进行修理。修理方法有挖补,对接焊补,填焊和帮补等方法。

(1)挖补修理。汽车车架的挖补修理是将纵、横梁上的裂纹部位挖去,用对焊形式焊补一块材质和厚度与原车架材质和厚度相同的嵌接钢板。一般包括以下几种方法:椭圆形挖补;三角形挖补;菱形挖补;矩形挖补;混合挖补;切割挖补与嵌接板。其中,椭圆形挖补修理有取代其他挖补修理方法的趋势。

(2)对接焊补。汽车车架的对接焊补修理是截去梁上的损坏区段(端),将断面形状、尺寸与截去区段(端)完全相同的新梁,用对接焊接上。对接焊修理一般仅用于车架纵梁上裂纹的修理,且常用于车架纵梁前、后端 1.5m 范围内出现断裂或纵梁上断裂,裂纹束比较集中的区段。

按对接焊截去切口形式一般分为平口对接焊和斜口对接焊几种,如图 8-63 所示。

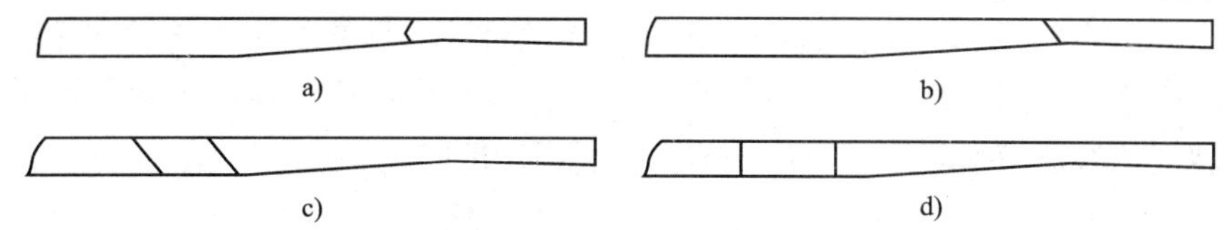

图 8-63　对接焊补的形式

a)曲折形斜切口;b)一边斜口对接;c)双边斜口对接;d)平口对接

(3)填焊和帮补。裂纹的填焊修理,首先应确定裂纹的始末端状态,如图 8-64 所示。

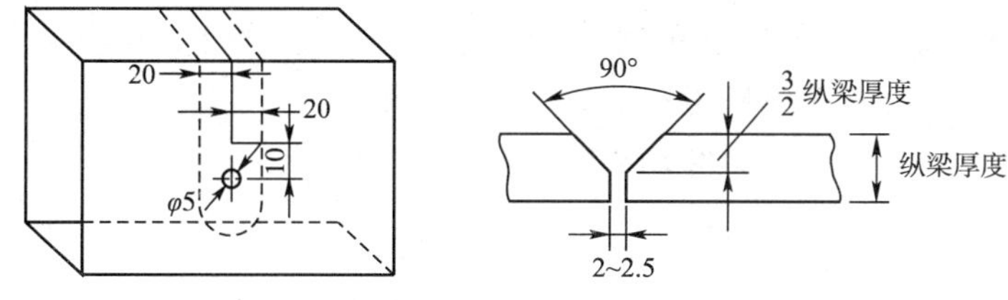

图 8-64　裂纹极限的确定及裂纹修切

确定裂纹始末端的简便方法是用砂纸打磨裂纹,直致露出金属光泽(打磨区左右宽约 20mm)再用 5 ~ 10 倍放大镜检查,即可确定裂纹始末端。在裂纹延伸方向距末端 10mm 处,钻一直径 3 ~ 6mm 的小孔,以防末端处产生应力集中,扩大裂纹。并按图开坡口,然后进行裂纹填焊。焊缝高度不能超过平面 1 ~ 2mm,焊后锉平。保证焊缝高度基本一致以减小焊修表面应力集中。

帮补修理就是局部加强法,一般采用加强板加强和焊嵌腹板的方法。

挖补修理和对接焊补修理是汽车车架修理普遍采用的方法。特别是挖补修理,由于其修理范围较广,不用特殊设备,工艺简单,成本低,不改变车架结构,不增加车架自重等优点;对接焊补修理只用于纵梁的修理,要求有较高的技术水平,且用于纵梁损坏较严重的部位。

三、喷漆工艺

车身的外表面一般都需要涂装一层或多层油漆,以使汽车具有良好的外观并提高车身的耐腐蚀性。所谓的涂装就是将涂料涂覆在基底表面上形成具有防护性、装饰性和特定功能涂层的过程。涂膜是一道或多道涂层所形成的连续膜层。整车修理喷漆与整车涂装工艺基本上是一致的,但是由于是单件和少量作业,因此,工艺过程还有些差别。应该根据原面漆的状况、修复区的面积和修复区在汽车的部位来确定。涂装过程分为表面处理和喷漆 2 个阶段。

1. 表面处理

表面处理的目的是使工件表面无油污及水分、无锈斑及氧化物、无粘附性杂质、无酸碱等残留物,并使表面有一定的粗糙度和稳定的保护膜。表面处理是涂装工艺中重要的环节,它关系到底漆的附着力、面漆的装饰性和使用寿命。表面处理包括脱漆、脱脂、除锈、打磨、磷化等。

(1)脱脂。一般采用溶剂擦洗。

(2)除锈。根据锈蚀的程度,使用砂布、钢丝刷等进行手工除锈。

(3)脱漆。是指清理或脱除旧漆膜。脱漆的方法可根据旧漆膜的状况和面积的大小来确定,一般是使用脱漆剂。

(4)打磨。在进行局部修补时,修补面要用砂纸打磨。打磨时要注意打磨方法,使补漆面的金属和旧漆膜之间平合,不应有台阶和附着不实的旧漆,从旧漆面向金属面平缓过渡,打磨成斜坡。如有旧漆附着不实时应该除掉,直到旧漆平实为止。

(5)磷化。对于露出金属的部位,一般应漆一道磷化漆。

2. 喷漆过程

(1)喷底漆。在磷化底漆干燥后,刷涂成喷涂底漆。

(2)刮腻子。刮腻子时,每道要尽量的薄,在打磨的斜坡处要填补平合。当需要刮补较厚的腻子时,不应一次填平,而应多次刮补。每次刮补都应该等上次的刮补层干后进行。修补用的腻子有4种,其用途及极限厚度如表8-28所示。

常用修补腻子的种类及极限厚度　　表8-28

种　类	钣金腻子	多用途腻子	硝基腻子	修饰腻子
极限厚度(mm)	10	1~3	0.1~0.3	<0.1

腻子实干后应注意在旧漆衔接部分是否有裂纹,腻子表面是否龟裂。另外,有一种修整底漆,即有底漆的作用又具有腻子的功能。在露出金属部分,可直接在金属表面涂修整底漆,再涂面漆。

①喷二道底漆。对于高装饰性涂装漆膜时,应喷二道底漆。

②喷隔离涂层。在不知道原面漆的类型时,为稳妥起见,应喷隔离涂层,以防止咬底。

③喷面漆。喷面漆时应在喷漆室内进行。喷漆室的温度、湿度和空气清洁度应符合面漆涂装的环境要求。

局部修补漆膜时,一般使用漆壶在上部的重力式喷枪,它可以喷涂少量油漆,减少浪费。

局部修补漆膜时,处理好新旧漆膜界面的过渡是关键。一般的做法是,在面漆干燥后,用中等粒度或细粒度的抛光剂仔细地擦拭和原来面漆重选部分并磨平,使其不存在着梯差。然后,用色漆与清漆按1:1配成面漆,以修补中心为圆心,喷枪向外倾斜,将边界喷成10~20mm宽的雾晕,最后在雾晕处喷涂少许稀释剂矫正雾晕并使其干燥。

四、玻璃钢及塑料件修理

1. 玻璃钢件修理

自20世纪50年代以,国外的玻璃钢车身来陆续得到发展,现在以大量地使用玻璃钢材料制造车身部件。玻璃钢车身如有损坏可以进行修补,修补时主要的问题是如何提高修补处的黏接强度。

为了提高修补的黏合强度,一般采用环氧树脂。它是一种含有环氧基的高分子化合物,目前已有各种不同牌号和规格的环氧树脂,修补时可选用黏度不大的品种,注意按照说明加固化剂,并在一定时间内使用。黏度较大时,可按规定加入稀释剂。为了提高固化速度,可在修补处用红外线灯局部加热。

修补时要注意将修补处清洗并磨成清洁表面,使黏接面尽量大些。注意表面层的质量、气泡的去除及层次结构的质量。关键结构部位有时可以适当加压,并注意固化安全。

2. 塑料板件修理

汽车钣金修理作业,不仅能修复金属板件,还必须熟练的掌握塑料板件的修理技术。

(1)塑料焊接。塑料的焊接主要采用热空气焊接法。焊接时一般都用热空气焊炬来加热塑料接缝使其软化,同时将加热的塑料棒压入接缝即可。塑料焊接的收缩量比金属高,因此,塑料焊接时必须掌握好热空气温度、塑料被加热程度、施焊的压力和焊接速度。

(2)塑料铆接。塑料板在某些情况下可以用铆钉接合。但绝不可用钣金作业铆钉来铆接塑料板。钢铆钉太硬,会胀开塑料板孔。一般用塑料铆钉、铝铆钉、黄铜铆钉或实心铜铆钉。

(3)塑料件螺栓连接。在某些情况下,塑料板可用螺栓连接。标准形式的钢或铝螺栓均可以采用。塑料板的两面都要加平垫垫好,以免螺栓头损伤板面。用螺栓接合塑料板时,钻孔要十分小心。要避免在受力很大的地方钻孔,并且扭紧力矩要适中。

(4)塑料黏接。塑料板也可以黏接。尽管目前焊接的方法最好,而且应用普遍。但是,用溶剂胶合将来可能更为普遍。黏接时,可将胶合剂涂在黏接的表面上,然后把两件迅速的胶合。将胶合的塑料夹住,并定位保持30min,24h后才可能完全的胶合。

第八节　总成及整车装配与磨合

一、总成及整车装配要求

汽车装配就是按照规定的技术条件,将零部件、总成安装在一起的过程。由于零件之间有一定的相互配合尺寸和位置要求,所以,汽车装配工艺和质量会直接影响整个汽车的维修质量,而且还可以检查发现前道工序中零部件总成和附件的加工装配质量等。汽车装配后应进行磨合与试验,以提高汽车的使用寿命和可靠性。

汽车在修理过程中,装配质量与汽车的最终修理质量是紧密相关的。因此,为保证车辆修理质量,装配时应充分注意以下的一些问题。

1. 严格的对零部件进行质量检验

在车辆修理过程中,用来进行装配的零件除了新件和大修过的零件以外,大部分是工作过但尚能够继续使用的零件,即可用件。对这些零件,不仅要进行几何尺寸的检查和表面质量的检查,还要特别注意形状位置误差的检查和隐蔽缺陷的检查,对某些高速旋转件还要进行平衡检查。为此,需要有相应的检验手段,建立相应的规范、标准及制度并进行严格检验。要严格防止将不合格的零件装入车辆,这是保证装配质量的前提。

2. 认真清洗零件和润滑零件表面

间隙配合的摩擦副中进入磨料,会造成严重的磨料磨损。对于某些形状复杂的零件如发动机缸体和曲轴等,在其油道中常有磨料颗粒伴随油污存在难以清除。因此,装配中要特别注意第二次清洗,即装配前清洗各油道,沟槽和拐角处并用压缩空气吹洗。还应注意相互摩擦运动的表面,必须施加一定数量的清洁润滑油,以避免试车时因缺润滑油而烧损零件表面。另外,保证装配环境的清洁,包括采取防尘措施。

3. 注意装配标志和零件互换性

对组合加工件、重要配合副、正时传动件和调整垫等应按规定的位置和方向(标记)装配,不可弄错,以免破坏其相互位置关系和配合特性及平衡状态等。如曲轴轴承和连杆轴承盖,曲轴、凸轮轴、活塞销的轴向间隙等。

4. 严格按着装配程序作业

车辆在装配过程中,因具体的零件、部件和总成在总体中的位置不同,应注意以下顺序:即先内后外、先重后轻,并注意基准面的装配。必须在了解其结构原理和装配顺序的前提下进行装配,前道工序装配的机件不应妨碍后续工序的装配工作。

5. 合理选用装配工装设备

要严格按照装配程序采用专用工具和设备进行装配。遇有装配困难时,不得强行使用加力杆,不得随意猛力敲打。应分析原因,排除故障。

6. 保证满足装配精度要求

车辆的装配精度一般要求较高,为了满足精度要求,许多配合件都不能采用完全互换法,而需依靠选配和修配以及部分的调整工作来保证。由于车辆结构复杂,所以,还应特别注意某些结构的尺寸链精度和互换精度。结构的尺寸链精度可以通过选配和必要的加工方法得到;传动精度可以通过调整或选配方法来达到。满足装配精度要求,是装配工作的重要环节。

例如,柴油发动机曲柄连杆机构的装配技术要求是活塞位于上止点时活塞顶部不高于缸体上平面0.9mm,不低于缸体上平面0.1mm。装配时最后形成的这个尺寸,不合乎技术要求,不仅会影响到压缩比,也可能使活塞顶碰缸盖。装配尺寸链的示意图,如图8-65所示。

$$N=(A_1+A_3+A_5+A_7)-(A_2+A_4+A_6+A_8) \quad (8\text{-}15)$$

式中:A_1——活塞销孔轴心线至活塞顶距离;

A_2——活塞销与连杆衬套轴心线距离(即间隙的一半);

A_3——连杆大、小端孔轴心线距离;

A_4——连杆轴颈与连杆轴承轴心线距离(即间隙的一半);

A_5——曲轴回转半径;

A_6——主轴颈与主轴承轴心线距离(即间隙的一半);

A_7——主轴承轴心线至缸体下平面距离;

A_8——缸体下平面至上平面距离。

对N值影响较大,同时又容易忽视的因素有:曲轴回转半径;连杆大、小端孔轴心线距离;活塞销孔轴心线至活塞顶距离等。当N值不符合技术要求时,应逐项复查组成尺寸链的各环,找出原因,予以排除。

7. 确保密封性以防三漏

①泄漏的影响。装配时应该密封的地方没有密封好,工作时就会出现三漏现象即漏油、漏气和漏水,这种现象一直是车辆维修中存在的难题。这种现象轻者造成能源损失,降低车辆工作能力以及造成环境污染,重者可能造成机械事故,所以,装配时应特别重视。

②泄漏的原因。一般是装配工艺不符合技术要求,也可能是由于密封件磨损、变形、腐蚀和老化等超出了规定的技术要求,而未被及时发现所造成的。

③确保密封性的措施。一般要根据零件承受的压力、温度和接触的介质选用密封材料。如纸质垫片只能用于低压、低温的地方,如变速器,驱动桥上的密封处。选用橡胶材料时,不但要考虑橡胶耐压和耐温能力;同时,还要考虑各种橡胶的耐油、耐酸等性能。石棉垫强度较低,却能耐高温,所以,多用于制造缸垫和排气管垫。

装配过程中要有适当的装配紧度并且压紧要均匀。若压紧度不足会泄漏或是工作一段时间后,由于振动和紧定螺钉被拉长而丧失紧度导致泄漏;压紧度过大,对于静密封的垫片来讲将会丧失弹力,导致垫片早期失效;而对于动密封来讲,会引起摩擦发热,增加摩擦功而加速磨损。

8. 绘制总成装配系统图

在考虑以上问题的基础上,可绘制总成装配系统图。总成是由零件、部件和组件组装而成的,为了清楚地表示总成各零部件的装配过程,可绘制总成装配系统图。在总成装配系统图中,每一个零件(或组件)可用一个方格表示,其中标明零件(或组件)的名称,编号及数量,并标注附加说明、调整要求、配合方法等。这样就可形成组件或总成的装配系统图。

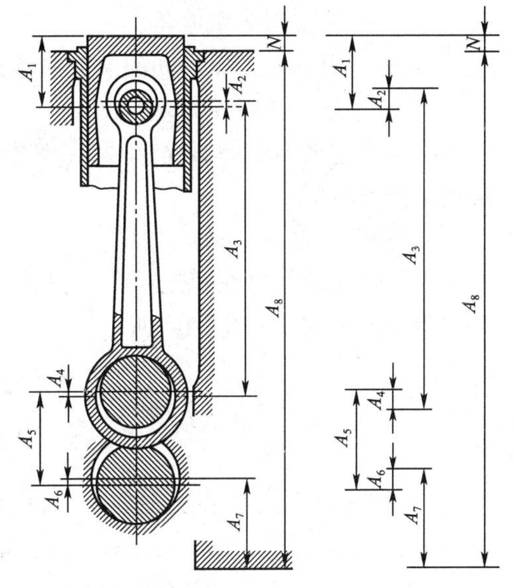

图 8-65　曲柄连杆机构尺寸链

二、典型装配原理与工艺

1. 螺纹连接件

螺纹连接件装配时的基本要求是正确紧固,可靠锁紧,对重要连接件的紧固力矩应符合装配技术条件规定的要求。对于螺栓组连接件,除了规定每个螺栓的紧固力矩外,还应规定合理的拧紧顺序和步骤。

1)预紧力

当螺栓、螺帽拧紧后,连接件被压缩而螺栓伸长,两者均产生弹性变形,它们之间的相互作用力称为预紧力。其作用是保证螺纹连接的可靠性、防止连接松动,保证连接件间有足够的摩擦力,使连接件间具有良好的密封性以及提高螺栓在动载荷下的耐疲劳强度。

预紧力是根据连接件的具体工作条件来确定的,各种连接件的预紧力在设计中已由材料和强度予以保证,在装配中是通过拧紧力矩来实现的。

2)拧紧力矩

螺母的拧紧力矩 M_t,并不能完全转化为螺杆上的预紧力,其中一部分消耗于克服螺母与支撑面间以及螺纹间的摩擦力矩,它们之间的关系是:

$$M_t = KP_0 d \times 10^{-2} \quad (\mathrm{N \cdot m}) \tag{8-16}$$

式中:d——螺纹的公称尺寸,mm;

P_0——预紧力,N;

K——拧紧力矩系数。

K 值可由下式获得:

$$K = \frac{1}{2}\left[\frac{d_1}{d}\tan(\lambda + \rho') + \frac{2f_c}{3d}\left(\frac{D_1^3 - d_0^3}{D_1^2 - d_0^2}\right)\right] \tag{8-17}$$

式中:d_1——螺纹中径,mm;

D_1——螺母六角头的内切圆直径,mm;

λ——螺纹升角;

ρ'——螺纹当量摩擦角；

f_c——螺母与支撑之间的摩擦系数；

d_0——螺纹孔直径，mm。

汽车上重要部位的螺栓、螺塞和螺母的拧紧力矩在装配技术条件中都有明确地规定，应按规定进行拧紧。

3）拧紧顺序

为了避免连接件在装配时变形，螺栓应按一定顺序拧紧。原则是从里向外，对称轮流分2～3次逐渐拧紧，如图8-66所示。

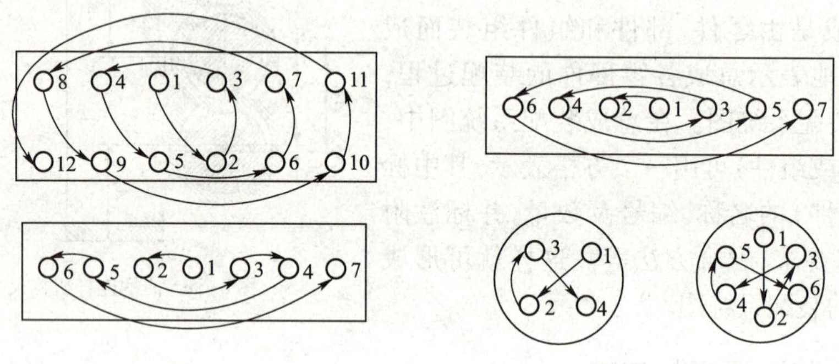

图8-66　拧紧螺栓的顺序

2. 过盈配合件

1）过盈配合装配基本要求

过盈配合副靠装配后材料的弹性变形在配合面间产生压力而获得固定的连接。过盈配合副的装配关键在于确定和控制过盈量。过盈量通常根据传递的扭矩和轴向力的大小，即必须满足最小的过盈量以及零件材料不产生塑性变形所允许的最大过盈量来确定配合尺寸的上下限，然后查表选择配合的种类。重要的过盈配合副还需经过试验方能确定。

汽车总成中的过盈配合副，其过盈量在技术文件中都有明确规定，装配中应予以保证。

过盈配合副装配保持一定的紧度，防止配合副间相互滑动；装配中不应损伤相配的零件。为此，在装配前应注意保持零件的清洁、检查零件配合面的尺寸公差和形位公差，必要时应测定实际过盈值并以分组选配法或修配法来达到配合要求。然后根据过盈量的大小和设备条件，选择适当的装配方法。

2）提高过盈配合副装配质量的措施

提高过盈配合副装配质量的措施主要有配合表面的粗糙度、表面润滑状况，压入速度、压力件结构以及压入时的操作工艺等。压配合表面的粗糙度过大，不仅使压入时的压力增加，而且压入后配合副的实际过盈量会减小，使连接强度下降；如果配合表面过分光滑，则配合面间的摩擦系数小，也会影响连接强度，因此，过盈配合副的配合表面应有适当的粗糙度。

在配合表面涂以润滑油可防止配合表面在压入时刻刮伤或咬死，常用的润滑油为机油和亚麻油。

提高压入速度可减少压入力，但会使压入方向不易控制，一般可将速度控制在2～4mm/s，而且需要控制压入行程。试验表明：压入速度增加至10mm/s时，其连接强度降低10%左右。

为防止零件压入时发生偏斜，孔口应有30°～45°倒角，轴端应有10°～15°斜角，压入时应尽可能采用导套和专用工夹具。

当配合过盈量较大时，装配应采用热胀或冷缩法。采用热胀法时，加热温度可根据材料的热膨胀系数和配合过盈量的大小，按下式计算：

$$T = \frac{\delta_{max} + \Delta}{1000\alpha \cdot d} + t \quad (℃) \tag{8-18}$$

式中：δ_{max}——最大量过盈量，μm；

Δ——保证装配时必要的间隙（μm），Δ 值一般取（0.001～0.002）d 或（1～2）δ_{max}；

α——零件材料的热胀系数，μm/m℃；

d——孔或轴的基本尺寸，mm；

t——室温（或被包容件的温度），℃。

采用热胀法时，加热温度和加热方式应防止引起零件变形和使材料性质变化。

3. 曲轴与轴瓦

1）轴瓦装配

轴瓦在装配前要检查其自由状态下的径向扩张量。为了使轴瓦能紧密地与座孔贴合，轴瓦在自由状态下的形状并非真正的半圆形，而是有一个向外的张开量，张开量的大小与轴瓦的厚度有关。当瓦片厚度小于 3.5mm 时，张开量为 0.5～1.5mm，厚度大于 3.5mm 时，其张开量为 0.1～0.6mm，翻边轴瓦为 0.2～1.2mm。

轴瓦装入座孔要有一定的过盈量。必要时轴瓦在装配前要对过盈量进行检查。检查时将瓦片放入座孔中，如图 8-67 所示。测量出瓦片一端高出座孔平面的高度，h 值应符合规定要求。

h 是保证轴瓦在紧固后产生摩擦自锁力的必要条件，若此值过小，工作时轴瓦会在座孔中窜动或转动，造成座孔的磨损。此外，还可能由于接触不良而使导热能力降低，由此造成轴承过热等。但此值也不宜过大，因为过大会使轴瓦产生塑性变形或皱曲，不仅配合被破坏，而且产生金属晶格滑移而强化，弹性降低，使摩擦自锁效应减弱。

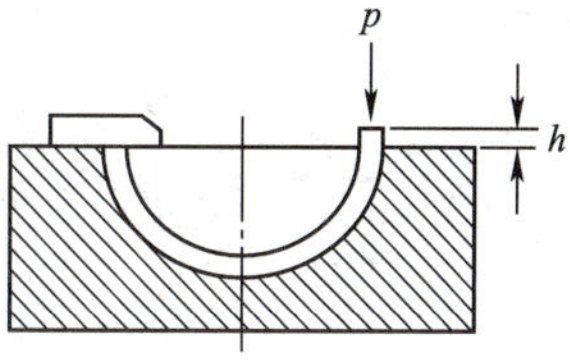

图 8-67　剖分式轴承过盈量检

轴瓦装配时，瓦背与座孔之间不允许加入任何垫片；不应堵塞油孔；锁定装置应在正确位置；螺栓拧紧力矩应符合规定数值。

2）曲轴装配

装配曲轴时，应在曲轴轴颈和轴瓦表面涂上机油。紧固主轴承盖时，应从中间轴瓦开始向两端分 2～3 次依次拧紧到规定的力矩。全部主轴瓦拧紧后，用手以 19.6N·m 左右的力矩使其转动时，应能灵活地转动，若过紧过松或局部发卡，应查明原因加以排除。其原因可能是轴承间隙小，轴瓦安装后变形，曲轴有弯曲，主轴瓦座孔同轴度偏大等。轴承间隙过大，可能是主轴瓦座孔磨损。还应检查曲轴轴向间隙。若符合规定，将螺母拧紧。

4. 传动副

齿轮传动副的装配时，求精确地保持啮合齿轮的相对位置使它们之间接触良好并保持一定的啮合间隙和啮合印。这样才能达到运转时速度均匀，没有冲击和振动，传动噪声小的要求。

1）圆柱齿轮副

（1）齿轮在轴上的定位。为了保证齿轮轴心线与轴的中心线的同轴度，齿轮与轴的配合一般为过渡配合。当同轴度要求较高时，则选用中级或轻级的过盈配合。扭矩的传递则是由键连接来完成。键与键槽两侧要留有一定的过盈，而顶平面与齿轮上槽底之间必须留有一定的间隙。对于直齿轮，如果是过盈配合，一般不宜加轴向定位，如果是过渡配合的斜齿轮，则必须进行轴向定位。

(2)齿轮啮合间隙的测量。齿轮运转时为了避免发生卡涩现象，有良好的润滑和散热以及不引起很大的冲击，在装配中要注意检查齿轮的齿侧间隙。侧隙的大小应根据齿轮副的工作条件、精度等级等来确定。装配时若齿轮侧隙过大，将导致齿轮工作时产生冲击、振动，加速齿轮的损坏。若侧隙过小，则传动阻力大，油膜不易形成，导致齿轮早期磨损。为了保证齿轮副能工作平稳，在装配技术条件中均规定了各齿轮副侧隙和齿隙差的要求，一般用厚薄规测量。影响齿隙变化的原因，除齿轮装配误差外，主要是齿面磨损及中心距的变化。当齿轮轴弯曲，相配零件不同轴时，也会产生类似情况。装配时应分析具体原因予以消除。

(3)啮合印痕的检查。齿轮啮合时，正确的啮合印痕，其印痕长度不小于齿长的60%，印痕应位于齿面中部，如图8-68所示。

影响圆柱齿轮啮合印痕的因素主要有：壳体轴心线不平行或轴心线间距变化，齿轮加工误差，齿轮轴弯曲，齿轮变形等。

齿轮啮合印痕的检查通常采用在主动齿轮齿面上涂一层薄红丹油，轮动齿轮副后，在被动齿轮的齿面上便会出现啮合印痕。图8-68为圆柱齿轮副啮合正确或不正确时的几种啮合情况。

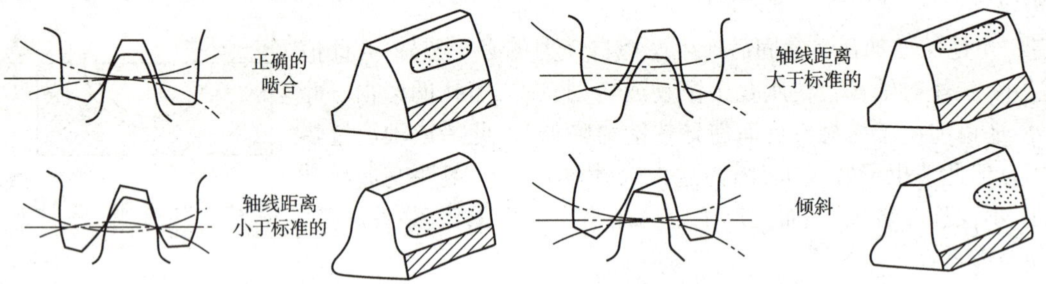

图8-68　齿轮的啮合印痕

2)正时传动组

正时齿轮副装配时，曲轴与凸轮轴正时齿轮记号应对正，如图8-69所示。

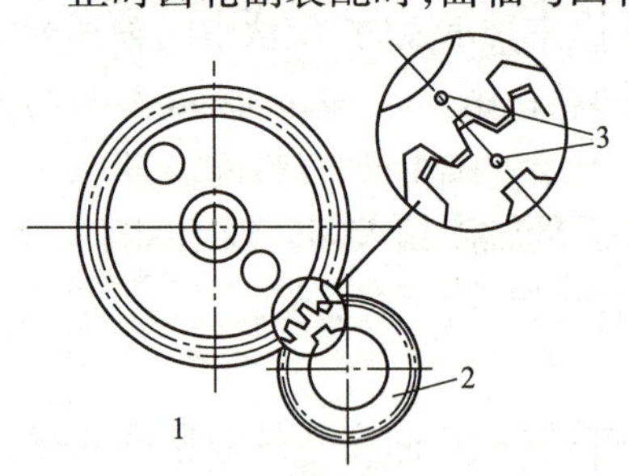

图8-69　对正时齿轮的标记

1-凸轮轴正时齿；2-曲轴正时齿；3-安装记号

链条传动时，记号应按规定装配。某型发动机的安装标记为曲轴与凸轮轴链轮上的标记，在二轴中心连线上且相背位置时，分别对准链条上的两标记。

安装时，曲轴转至正确位置，链条按标记套装于两正时链轮上。此时凸轮轴链轮的三只不等分固定螺栓孔位置应，如图8-70所示。然后转动凸轮轴，使凸缘上的三只螺栓孔与链轮的螺栓孔对正进行装配。

齿形皮带传动，有的记号标在曲轴、凸轮轴正时带轮和齿形皮带上，如图8-71所示。而有些与曲轴凸轮轴正时带轮相对应的记号在缸体、缸盖上或其他部位。如桑塔纳车的发动机即在中间轴带轮和气门室罩上。装配时均应使所有记号对正。

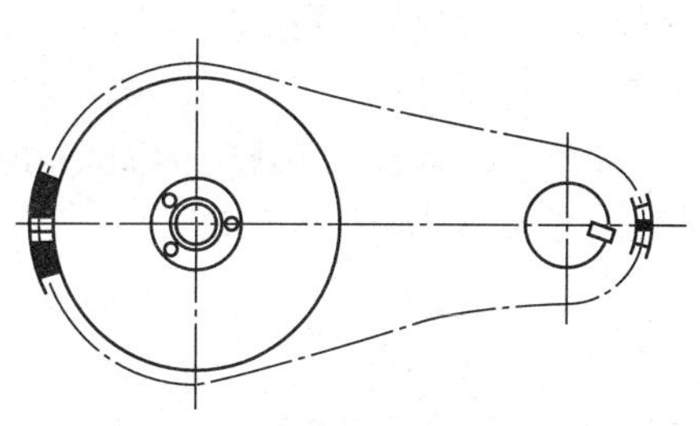

图 8-70　链条与链轮的标记

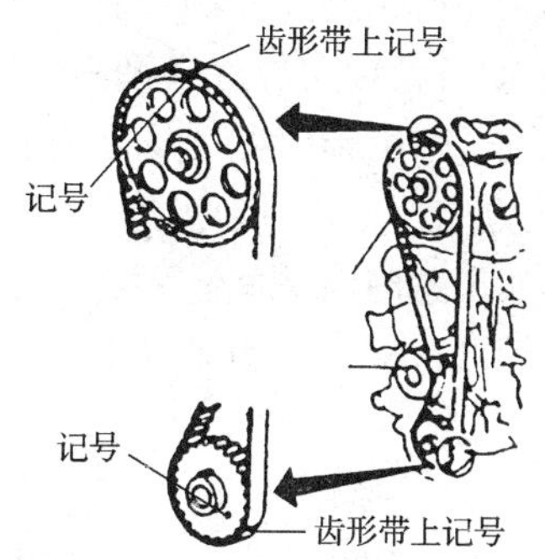

图 8-71　齿形皮带传动正时记号

对柴油机来说，在对正配气正时记号的同时，还需要对正喷油泵驱动齿轮正时记号。对用齿形皮带传动的顶置凸轮轴式柴油机配气正时与喷油正时记号，装配时必须使 3 处正时记号同时对正，如图 8-72 所示。

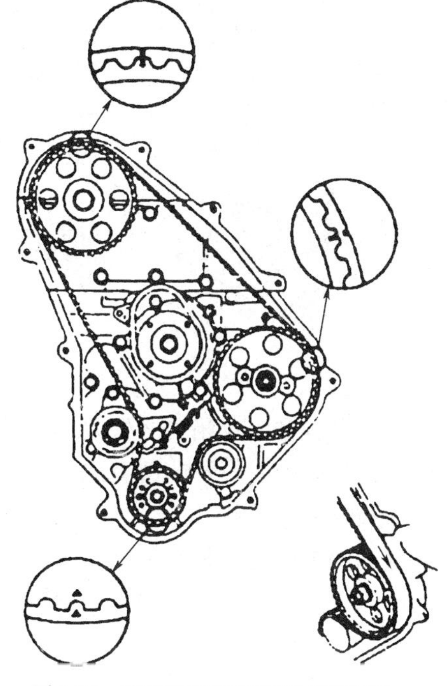

图 8-72　柴油机齿形皮带传动正时记号

3)圆锥齿轮

为了保证圆锥齿轮能正常啮合，在装配时必须使圆锥齿轮副的节锥顶和节锥母线互相重合。锥齿轮的啮合印痕、齿隙二者是相互关联的，通常若啮合印痕正确，齿隙一般也正确。故锥齿轮装配时应先调整啮合印痕，然后检查齿隙。

圆锥齿轮啮合的印痕，在正常工作时应位于齿的中部，其接触面积和位置应符合精度等级的规定。由于齿轮受载后轮齿会发生变形，因此在空载下检查时，啮合印痕的位置应视齿形曲线的不同而异。格利森制齿轮受载后齿面印痕向大端移动，则空载安装时正确的齿面印痕位置应略偏小端，如图 8-73 所示。

而厄利康锥齿轮受载后齿面印痕向小端移动，则空载安装时正确的齿面印痕应略偏大端，如图 8-74 所示。印痕的大小，在齿长方向一般为全齿长的 1/2 ~ 1/3，在齿高方向为全齿高的 1/2。因此，在维修中是通过在从动齿轮的轮齿(3 齿 ~5 齿)上涂红丹油后再转动主动齿轮来观察从动齿轮齿面上的印痕进行检查的。

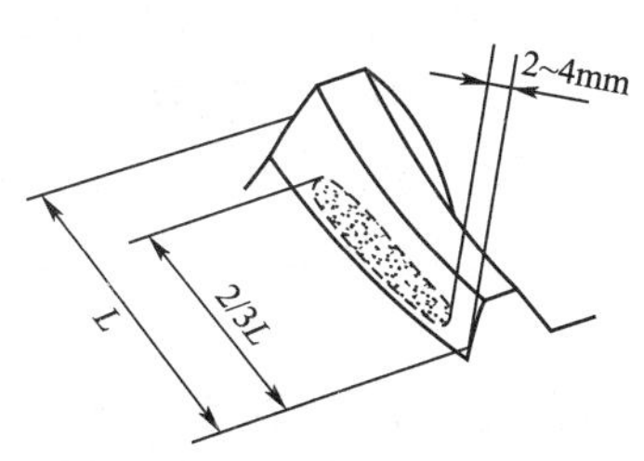

图 8-73　格利森制齿轮齿面印痕

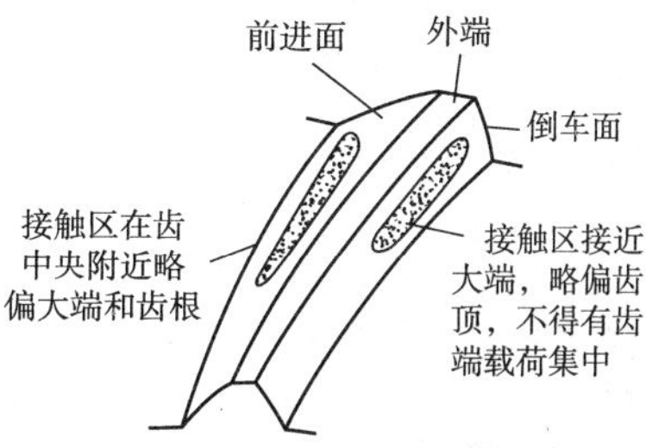

图 8-74　厄利康制延伸外摆线 N 型螺旋锥齿轮的齿面印痕

螺旋锥齿轮啮合印痕的调整，如图 8-75 所示。若齿面啮合印痕在齿高方向不正确，则用改变主动齿轮轴向位置来调整印痕，（如图 8-75b、c 中实线箭头所示），如果这时齿侧间隙不符合要求，则用轴向移动从动齿轮来调整（如图 8-75b、c 中虚线箭头所示）；若齿面啮合印痕在齿长方向不正确，则用改变从动齿轮轴向位置来调整印痕，（如图 8-75d、e 中实线箭头所示）。如果这时齿侧间隙不符合要求，则用轴向移动主动齿轮来调整（如图 8-75d、e 中虚线箭头所示）。双曲线齿轮啮合印痕的调整规律，如图 8-76 所示。

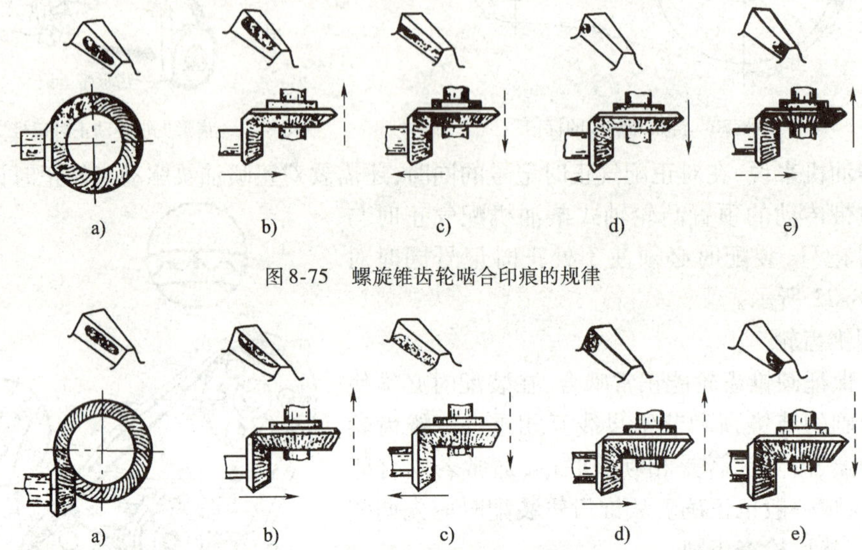

图 8-75　螺旋锥齿轮啮合印痕的规律

图 8-76　双曲线齿轮啮合印痕的调整规律

与螺旋锥齿轮相同之处是：若啮合印痕在齿高方向不正确时，两者的调整规律完全相同。这是因为齿轮轴向位置的改变对基节的变化的影响是一致的。若双曲线齿轮啮合印痕在齿长方向不正确，也通过轴向移动主动齿轮在调整。为了改变不正确啮合印痕，使主动齿轮移动的方向与调整螺旋锥齿轮时需轴向移动从动齿轮的方向一样。这种与螺旋锥齿轮不同的调整规律，是由于双曲线齿轮的几何特性所决定的。

5. 湿式汽缸套

在安装缸套前，应该仔细地将沉积物清除干净，检查缸壁的圆度和圆柱度，安装带对于内圆的偏斜程度及缸体相应配合的表面的平整性。缸套在装阻水圈之前，还要检查 2 项技术要求，如图 8-77 所示。其一是检查缸套凸出缸体平面的高度，其二是检查缸套在缸体安装孔内配合情况。

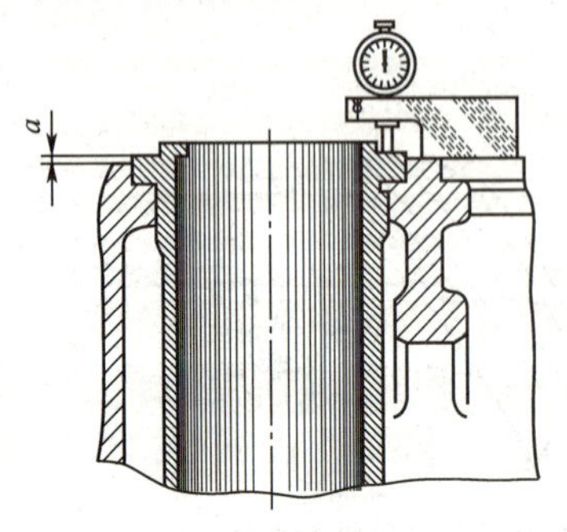

图 8-77　缸套凸出量的检查

阻水圈应耐油、耐热、弹性好。装前应修整毛边和棱角，装入槽后，应有合适的紧度，且高出槽外。装配时的变形余量大小要合适，若变形余量过大，余隙又不够容纳阻水圈的变形量，势必切坏阻水圈，造成漏水。此外，还会引起缸套下部变形。阻水圈的变形余量如图 8-78 中的 b 值，其值一般为 0.8 ~ 1.2mm。

缸套装入缸体之后，应进行如下内容的检查：缸套内径有无变形，一般允许有不大于 0.015mm 的圆度误差和圆柱度误差；复查缸套高出缸体平面的高度（图 8-77 中 a 值）是否符合

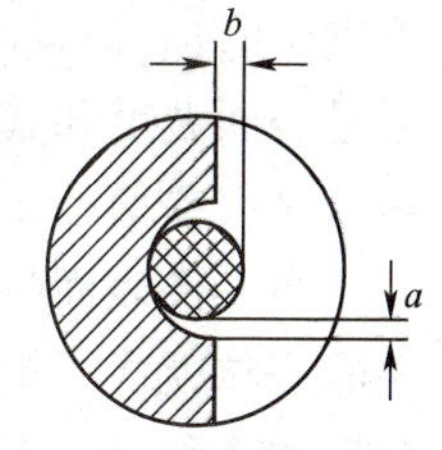

图 8-78　阻水圈在汽缸口的安装

规定;进行水压试验,水压为 0.15 ~ 0.2MPa,时间约 5min,缸套与缸体各结合处不得有渗漏现象。若上述项目中有一项不合乎技术要求,应拆下缸套,查明原因,排除故障后重新安装。

6. 活塞连杆组

1)活塞环

在安装活塞环时,应注意各道环切槽的位置和方向,首先要检查活塞环的端隙、侧隙和背隙是否符合规定。如有镀铬环,应装在活塞第一道环槽内。活塞环的内边缘切槽的一面应向上,装在第一环槽内,活塞环的外边缘切槽的一面应向下,装在第二、三道环槽内。

活塞环装好后应彻底清洗,并在环槽内涂薄薄一层机油。活塞环端口位置是:一与二道、三与四道活塞环之间相隔 180°角;而二与三道活塞环之间相隔 90°角;第一道活塞环端口位置应与活塞销座方向成 45°角,防止活塞环端口重叠。

2)活塞连杆组

将活塞连杆组装入汽缸,应注意活塞的安装方向,通常在活塞和连杆上都标明安装方向。无记号时,气门侧置式发动机的连杆大头喷油孔应朝向配气机构一侧;活塞膨胀槽应在膨胀行程受侧向力小的一侧。活塞方向对好以后,用活塞环箍扎紧活塞环,再用手锤木柄将活塞推入,使连杆大头落入连杆轴颈口。然后按规定力矩拧紧螺母,调整开口销孔,便于穿入连杆销钉。

三、总成磨合

1. 磨合的必要性

总成装配后,在使用前应进行磨合与试验。其目的是:改善各间隙配合副摩擦表面的表面质量,使其达到工作条件的要求,以延长使用寿命;检验零件再制造和装配中存在的问题并及时排除,以提高总成的可靠性;试验使用性能及恢复的情况。

例如,对于发动机各间隙配合副的配合表面,如汽缸与活塞环、曲轴轴颈与轴承等,虽经精加工,但仍留有微观不平的加工痕迹,表面形状和相互位置也必然有误差。因此,实际接触面积很小,只有名义接触面积的 1/100 ~ 1/1000。如果直接投入使用,工作负荷使单位实际接触面积上的压力很大,导致温度很高,并将产生破坏性的黏着磨损。典型的现象如拉缸、抱瓦等。另外,表面形状误差还使诸如活塞环与汽缸一类配合副密封不良。若直接投入使用,不仅漏气严重,使发动机工作性能降低,而且还会由于漏窜的燃气冲刷油膜而加剧配合副磨损。所以,发动机投入使用前必须进行磨合,以改善其零件表面的配合状况。

磨合的实质是摩擦副表面在允许负荷(载荷、速度)下,以磨料磨损或轻微的黏着磨损为主的有控制的磨损过程,它与发动机正常运转时的磨损是不同的。在这一过程中,接触表面的宏观和微观接触面积逐渐增加,直至建立起适合于工作条件要求的配合表面。

2. 影响磨合效果的因素

最佳磨合效果应以最小的磨损量在最短的磨合时间内达到适合工作条件的表面质量。影响磨合的主要因素有零件的表面状况,磨合用润滑剂和磨合规范。

1)表面状况

(1)表面粗糙度。对磨合质量的好坏起重要作用的是零件表面的原始粗糙度。如零件表面是经过精加工形成的很光滑的表面,它对于磨合是极为不利的。此时表面磨合时基本不发生磨损,而且磨合时间特别长或者可能发生黏着。所以,表面要有一定的原始粗糙度。但是表面波度和其他形状误差幅度应小于表面粗糙度幅度,通常认为表面粗糙度的最佳值是形状误差值的2倍。如表面粗糙度为0.5~1.25μm时,波度值应小于0.5μm。

当零件表面的粗糙度足够大时,其微观表面的凸点较脆弱,所以很快就被磨掉。然后产生的磨粒就成了第二磨合阶段中的磨料。此外,较高的原始粗糙度的另一个优点是可使磨合后的表面成为有迂回痕迹的表面,有助于保持油膜,从而改善润滑。但是表面又不能特粗糙。

通过实践知道,铸铁的活塞环与铸铁的汽缸表面如其原始粗糙度在1~1.5μm时,其磨合的效果比表面原始粗糙度为0.1~0.2μm时更好,其磨合时间短且润滑油消耗少。

如采用表面进行光滑镀铬的第一道压缩环,汽缸表面进行抛光,这时由于镀铬环有很高的抗腐蚀能力,他们之间的适油性很差,其磨合速度很慢,且润滑油消耗大。一般用珩磨法得到的网状表面最为合适。

(2)表面性质。零件表面性质不同,其磨合性也不同。如镀铬环硬度高磨合性差,而经磷化处理或有涂层的活塞环由于处理层具有多孔性且脆性较大,故既有较好的储油性又可防止黏着磨损。同时,又因其易脆断和脱落而具较好的磨合性。又如具有三层和四层结构的轴瓦,其表层为低熔点合金,接触点金属易产生微观熔化和软化而流向凹处,提高了磨合性。

2)润滑剂

要求磨合时采用的润滑剂有较好的油性、导热性和较低的黏度。较好的油性容易形成油膜,防止严重的黏着磨损;较好的导热性,可以降低摩擦表面的工作温度避免由此导致的油膜破坏;较低的黏度,使油的流动性好,加强了摩擦表面的冷却作用和清洗作用。同时,油膜破坏时又很容易恢复和补充,也容易补充到间隙小的部位。但润滑油黏度也不能过低,否则油膜强度低,易产生黏着磨损。

发动机磨合常用的润滑油SAE20或SAE30。它们一般可以满足上述性能的要求,但不是在所有情况下都是适宜的。对于轿车除按说明规定选用磨合润滑油外,也可采用该车辆冬季发动机润滑油作磨合油。合理选用润滑油的方法是通过磨合试验来确定。

3)磨合规范

磨合规范主要是指磨合时的负荷和转速。不同的磨合规范,零件表面达到所要求的技术状态时的金属磨损量不同,零件的使用寿命也不同,如图8-79所示。图中的两条曲线表示两种不同磨合规范使零件磨合期的磨损量不同,从而导致了零件的使用寿命不同。试验表明,最佳磨合规范可使磨合期的磨损量降低40%~60%,可见磨合规范对提高修理质量和使用寿命是十分重要的。

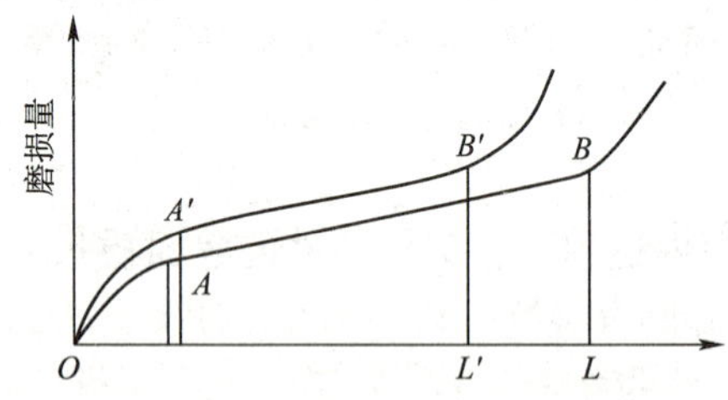

图8-79 磨合对零件使用寿命的影响

磨合规范对磨合质量有如下影响:

(1)负荷。磨合时负荷应从无到有,从小到大逐渐增加,从而使零件表面逐渐得到改善。若负荷过大,将发生过度磨损,使总磨损量增大;过小,则磨合效率低。

(2)转速。在一定负荷条件下适当增加磨合转速,不仅可提高磨料磨损速度,而且可提高热点温度,使微观黏着磨损速度提高,从而提高磨合速度。但转速过高,亦将发生剧烈磨损。而转速过低不仅磨合效率低，且摩擦表面润滑得不到保证（冷磨合）。所以，磨合过程中转速应在一定范围内由低到高逐渐增加。

不同车型及总成的最佳磨合规范是通过试验来确定的，或使用车辆制造厂规定的磨合规范。

3. 磨合工艺及规范制定

总成磨合分为冷磨合和热磨合两大类别。其中，热磨合又分为无负荷热磨合和有负荷热磨合2种形式。根据总成性质和工作条件的不同，磨合工艺可以采取不同的方式或组合形式。

1）磨合工艺

（1）冷磨合。在台架上以可变转速的外部动力装置拖动总成运转，称为冷磨合。根据零件加工精度和总成装配质量不同，选择磨合转速。

（2）热磨合。总成在一定的热负荷状态下（或一定的工作温度条件下），依靠自身动力或外部动力，进行加载或不加载条件的运转，称为热磨合。因此，热磨合的形式多样，工艺要求也不相同。例如，对于发动机的热磨合就可以分为无负荷热磨合和有负荷热磨合。

2）发动机磨合规范制定

（1）冷磨合规范。大量试验表明，冷磨合的起始转速应使磨合表面得到可靠的润滑。冷磨合开始转速 n_1 以400～600r/min为宜。也可根据发动机的额定转速 n_e 按下式确定：

$$n_1 = (0.20 \sim 0.23) n_e \quad (8\text{-}19)$$

然后，以200～400r/min的级差逐级增加转速。冷磨合终了的转速 n_2 一般为1000～1200r/min。也可以按下式确定：

$$n_2 = (0.40 \sim 0.55) n_e \quad (8\text{-}20)$$

当发动机额定转速较高时，取下限。

磨合转速初步选取以后，应通过试验最后确定。常用的方法是通过制取多个规范的磨合曲线来评定，如图8-80所示。磨合曲线是在磨合中每隔一定时间取一定量的润滑油，分析其中的含铁量。当含铁量基本不再增加时便增加转速，再继续试验所绘制的曲线。

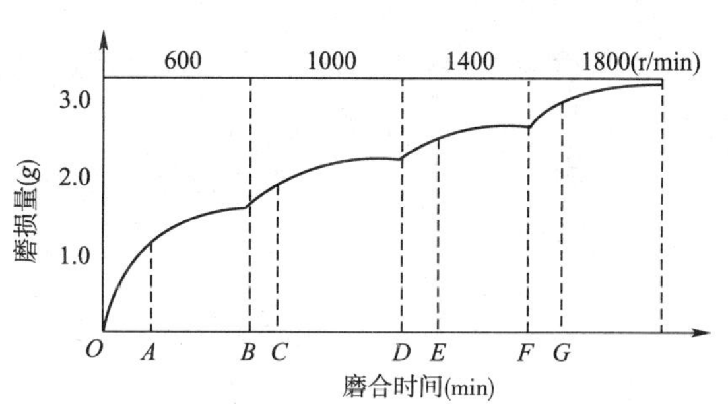

图8-80　发动机冷磨合曲线

从曲线可以看到，每种转速开始时磨损速度快，而后趋于缓慢，即表示磨合作用已明显减小或不起作用。为以最少的时间取得最好的磨合效果，磨合时间应取每段曲线中磨损较快的区段之和，即磨合总时间应为：

$$t = OA + BC + DE + FG \quad (8\text{-}21)$$

冷磨合时间还与零件加工质量和总成装配质量有关。加工精度和装配质量高，磨合时间可缩短；反之，应延长。一般冷磨合时间在2h以上。

冷磨合中应进行检查的有以下几点内容：

①机油压力应正常，气门、摇臂润滑正常。

②冷却水一般不要循环（使水泵不转动），水温最好控制在70℃左右。

③检查各零件工作情况，若有漏油、漏水现象或摩擦表面附近过热，各部有异常响声等不正常现象时应及时找出原因并排除。

冷磨合后应放出全部润滑油，加入清洗油（90%柴油和10%车用机油）运转5min，对各润滑油孔和油道进行清洗，然后放出，再加入发动机冬季用机油准备热磨合。

（2）无负荷热磨合。无负荷热磨合是在发动机冷磨合后装上全部附件起动发动机，在正常工作温度下不带负荷由低到高以不同转速运转。

在进行无负荷热磨合的同时，检查发动机（机油压力、水温和汽缸压力等）运转情况，进行必要的调整（如气门间隙和油、电路等），排除故障，为有负荷热磨合作好准备。

（3）有负荷热磨。有负荷热磨合是由试验台的加载装置对发动机由小到大逐渐加载增速的过程。通常，开始时所加的载荷为发动机额定功率 N_e 的10% ~20%，转速为800 ~1000r/min或 $0.40N_e \sim 0.57N_e$。运转一定时间以后，再递增转速和负荷。每一次增加负荷后的磨合时间，可根据转速变化情况确定。

由于摩擦阻力随磨合程度的完善而降低，所以，每增加一次负荷而油门或供油拉杆位置不动时，其转速随着磨合的进行会逐渐升高。当升至某一值基本不再升高时，即意味该工况组合下的磨合过程已结束。

四、性能检验

1. 检测内容

总成进行完磨合以后，应进行性能检测。例如，对于发动机应包括运转状况检查，即发动机在各种工况下应运转稳定，不得有过热现象；不应有异常响声；突然改变工况时，应过渡圆滑，不得有突爆、回火、放炮等异常现象。最后，应测试发动机的最大扭矩和最低燃料消耗率，对最大功率和负荷特性则进行检测，以确定发动机动力和经济性的恢复情况。发动机排放污染物限值和噪声应符合国家有关标准的规定。

2. 外观检查

（1）喷漆质量。发动机的外观应整洁，无油污。发动机外表应按规定喷漆，漆层应牢固，不得有起泡、剥落和漏喷现象。

（2）附件检查。发动机辅助起动、燃料供给、润滑、冷却和进排气系统的附件应齐全，安装正确、牢固。

（3）密封检查。发动机各部位应密封良好，不得有漏油、漏水、漏气现象；电器部分应安装正确、绝缘良好。

第九节　总装试车与验收交车

一、总装试车

1. 总装

汽车的总装是指以车架或车身为基础将各总成、组合件、合件及零件组装成汽车的过程。汽车总装完成后，启动试车，以检查汽车修理质量，此项检查称为修竣检查。修竣检查工作是否完善，对汽车将来的使用性能有很大的影响，必须引起注意。

汽车在总装配前，还应对各总成、组合件及连接零件进行检查，要求是具有良好的技术状况；在装配中应保持清洁和文明生产，注意安装的次序；对某些零件、合件进行辅助加工和

选配以及必要的调整;在工作中应正确使用工具和设备,防止损坏机件,保证人身安全。

总装的工作顺序,随汽车构造的不同而不完全一样,但主要的顺序则基本相同。汽车总装配的一般顺序如下:安装前后桥;安装制动系(包括传动系的各部件);安装发动机附离合器及变速器;安装离合器踏板与制动踏板;安装传动轴(注意万向节的方向);安装消声器;安装部分电气线路;安装驾驶室;安装转向器;安装汽油箱(不可使用气焊、电焊);安装保险杠、散热器、翼子叶、发动机罩及脚踏板;安装全车其余电器线路及仪表、电瓶、灯具、喇叭、高压线圈和调节器等;各部加注润滑油、液及润滑各润滑点;安装车厢。

以上顺序,根据不同情况,可以有所变动。可根据各地、各厂的工艺及设备情况而定。

汽车装配完成后,还应检查、调整离合器、制动踏板的自由行程、前轮前束、转向盘自由行程、点火正时、化油器、制动踏板间隙、手制动蹄盘间隙和轮胎气压等。这些检查、调整在装配中或装配后进行,行驶中发现问题,还需再次检查调整。

2. 试车

汽车总装后,应进行竣工试车,其目的是通过汽车外部整车的检查和路试,检查汽车的修理质量,以发现隐患和缺陷并及消除。此外,汽车在出厂前应进行最后一次综合性的全面调整。

汽车修竣后的试车包括:路试前的整车检查,汽车的路试及仪器试验,路试后的检查并消除故障和交车等四个阶段,现分述如下。

1)路试前检查

汽车路试前检验的目的在于:检查汽车装备配备情况及各总成、仪表的工作情况。检验工作一般是汽车在静止状态下进行外部检视。

汽车外部检视(整车检查)的具体项目和要求如下:

(1)油漆符合规定;

(2)各总成附件装备齐全;

(3)前轮定位,轮距、轴距,转向盘自由行程,离合器和制动踏板自由行程符合规定;

(4)各种管路接头安装正确;

(5)灯光信号标志齐全,有效光照符合规定;

(6)喇叭清脆洪亮无异响;

(7)仪表齐全,指示正常;后视镜安装良好;

(8)全部润滑油、滑脂、水、制动液和电解液加足,无渗漏;

(9)散热器、发动机、驾驶室及车厢连接支撑齐备,锁止可靠;左右翼了板对称,高度一致;

(10)货厢、驾驶室和大客车车身离地高度左右相差不大于20mm;

(11)轮胎是否齐备,胎压是否符合规定。

检查时从外到内、由四周到车下,逐一填表登记。

2)路试或台架检测

汽车外部检视合格后,应进行路试。有条件的可采用台架检测。路试应在干燥路面上进行,载重量和行驶速度符合要求。各项具体检查要求如下:

(1)起步时,离合器接合平稳,分离彻底,不打滑、不发抖、不发响;

(2)转向轻便、灵活,无跑偏和摇摆现象;最小转弯半径应符合规定;

(3)变速器换挡灵活,不跳挡、不乱挡、无异响;

(4)驻车制动符合要求；

(5)传动轴、驱动桥无异响；

(6)滑行试验结果符合要求；

(7)检查动力性能；

(8)测试燃料经济性；

(9)加速噪声符合规定；

(10)排放应符合规定；

(11)路试中，发动冷却液温度不应超过规定。

3)路试后检查

路试后检查的主要内容有：

(1)检查制动器、轮毂、变速器和驱动桥壳及传动轴中间轴承且不应过热；

(2)检查各部位，应无漏油、水、汽、电等现象；

(3)检查并紧固转向机各部螺栓，传动轴各部螺栓，轮胎螺母等，并检查其他各部螺栓。

二、验收交车

汽车路试所发现的缺陷被消除后，再进行汽车验收。验收工作可由厂里专门交接车的人员负责。汽车的验收除重新检查缺陷是否完全消除外，还应检查汽车的装备配备情况，并逐项填写验收单。

验收合格后，进行汽车各部补漆工作。并通知车主，根据交接车验收单与送修单位办理车辆交接手续，并由技术负责人和车主双方签字。

1. 名词解释

(1)车辆大修；(2)总成大修；(3)车辆小修；(4)零件修理；(5)磁粉探伤；(6)修理尺寸法；(7)自熔性合金；(8)刷镀；(9)热喷涂；(10)磨合

2. 简述采用就车修理法的汽车大修工艺过程。

3. 简述采用总成互换修理法的汽车大修工艺过程。

4. 车辆送修的规定有哪些？

5. 汽车整车技术鉴定有哪些内容？

6. 汽车拆卸程序和基本原则是什么？

7. 汽车连接件如何拆卸？试编制工序卡片。

8. 零件清洗剂有几类？清洗机理是什么？

9. 清除零件表面积炭的原理是什么？退炭剂配方的主要成分是什么？

10. 水垢形成过程及影响是什么？水垢清除原理是什么？

11. 零件检验分为几类？其目的是什么？

12. 零件检验分类的技术条件有哪些？试编制工艺卡片。

13. 零件质量检验的主要内容有哪些？

14. 简述磁粉探伤原理是什么？
15. 磁化方法有几种？有何特点？
16. 如何选择磁化电流？
17. 试编制磁粉探伤工艺卡片。
18. 简述荧光探伤原理是什么？
19. 简述着色探伤原理是什么？荧光探伤与着色探伤有何差别？
20. 发动机缸体水压试验如何进行？
21. 静平衡和动平衡的检验如何进行？
22. 捷达发动机汽缸和曲轴轴颈修理每级加大尺寸是多少？各有几级加大尺寸？
23. 修理尺寸法的特点是什么？
24. 镶套修复法的特点是什么？如何进行？
25. 变形校正法有几种？其基本原理是什么？
26. 喷涂方法分为几类？主要特点是什么？其基本原理是什么？
27. 喷涂层结构特点是什么？评价指标包括哪些？
28. 简述喷涂工艺过程。
29. 喷涂材料有几种类型？有何特点？
30. 影响涂层质量的因素有哪些？
31. 喷焊与喷涂有何不同？简述喷焊工艺过程。
32. 简述金属刷镀的基本原理。
33. 刷镀溶液有几种类型？有何用途？
34. 简述刷镀工艺过程。
35. 评价刷镀层性能的指标包括哪些？
36. 铸铁件焊修的特点是什么？
37. 铸铁件焊修的方法有哪些？
38. 简述铸铁件电弧冷焊工艺。
39. 简述铸铁零件“加热减应”焊工艺。
40. 简述可锻铸铁的焊补工艺。
41. 简述铝型材料钎焊的原理及特点。
42. 简述铝型材料钎焊的原理及特点。
43. 简述黏接原理是什么。
44. 简述黏接工艺过程是什么。
45. 影响黏接强度的因素有哪些？
46. 选择零件修复方法应考虑的主要因素有哪些？
47. 汽缸体变形的检查如何进行？
48. 汽缸镗削定位基准如何选择？
49. 镗缸加工的要点是什么？
50. 珩磨工艺要点有哪些？
51. 轴瓦选配方法有几种？各有什么特点？
52. 试编制曲轴修理工艺卡。
53. 试述车身修理工艺过程。

54. 试述喷漆工艺过程。

55. 总成及整车装配要求有哪些？

56. 简述磨合的必要性。

57. 简述影响磨合效果的因素有哪些？

58. 如何制定磨合工艺规范？

59. 验收交车有哪些要求？

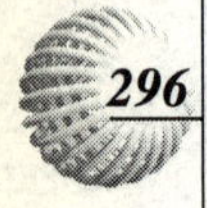

第九章　汽车维修生产与运作管理

第一节　生产与运作概述

一、生产系统

1. 系统结构

生产系统运行过程由输入、生产过程(转换)、输出、反馈等环节组成,如图 9-1 所示。生产系统运作过程既是物料消耗过程,同时也是生产对象的增值过程。

随着原材料和各种辅助材料的消耗,逐步改变生产对象的物理和化学性质,最终变为产成品。此外,生产过程还产生出边角废料、废气、废渣等副产品,过去这些副产品是用最简单的方式排放到大自然中。随着世界范围内对环保要求越来越高,对这些副产品的处理过程已成为生产系统的重要组成部分。

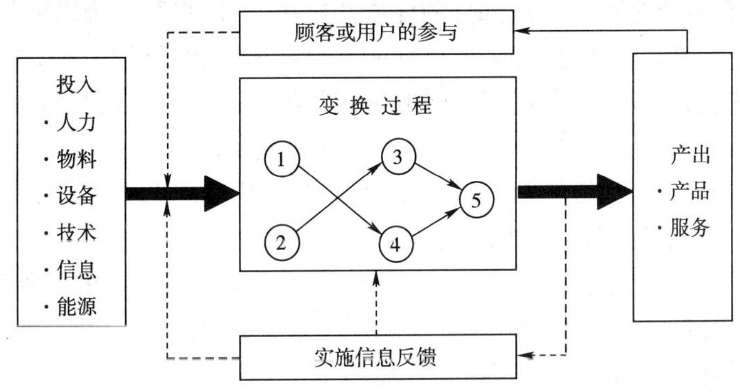

图 9-1　生产与运作活动过程

2. 生产过程

生产过程的基本内容是劳动过程,即劳动者利用劳动工具,按照一定的步骤和方法,直接或间接地作用于劳动对象,使其按预定的目的变成产品的过程。生产过程通常有以下三项基本活动:

(1)转换。通常称为加工过程或工艺过程。它的功能是通过加工工序的流动,转换工件的形态。工序是一个或一组工人,在一个工作场地上对同一种劳动对象连续进行加工的生产活动。如果超出一个工作地的范围,就是另外的工序。典型的加工工序有:变态工序(低熔点合金的配料熔化)、变形工序(铸、锻、模塑、冷拔、压力加工、高能成形等)、分离工序(金属切削、磨削、冲压、各种精加工)、连接工序(焊接、铆接、胶接)、热处理工序(淬火、退火、调质）、表面处理工序（喷镀、油漆、阳极化）以及装配工序等。

（2）运输。在工作场地之间移动工件，称作材料搬运。运输是生产过程的必要活动，它不直接创造使用价值和增加价值，但会增加生产成本。所以，应减少或消除这种活动。

（3）等待。包括库存、自然过程和生产过程中的停滞（等待）。通常等待是由于转换和运输功能之间的不平衡而产生的。在原材料供应时开始投入生产之间，生产过程中两个相继阶段之间、产品完工与发运之间都可能产生等待。

生产过程有狭义和广义之分。狭义的生产过程是指从原材料投入生产至生产出成品的全部过程；广义的生产过程是从生产技术准备至生产出成品的全部过程。

二、维修生产系统

1. 维修生产过程

车辆维修的生产过程需要进行合理的组织，对维修过程中的劳动者、劳动工具、劳动对象以及维修过程的各个环节、阶段和工序要合理安排，使其形成一个协调的系统，目标是使车辆在各种维修过程中的行程最短、时间最省、耗费最少、质量最高。

与一般生产过程相似，车辆维修过程也包括转换、运输和等待三个方面活动。由于维修生产作业对象和内容的不同，所以与产品制造工艺过程不同。例如，车辆维修的对象是受损伤的车辆、总成或零件，因此车辆维修工艺过程一般包括拆卸清洗、检验分类、损伤修复（镶套、喷镀、焊修、校正）、表面涂装（除锈、油漆）和装配试验等工序。同样，运输和等待与一般生产过程相似。降低维修过程的时间固然重要，但是也不能忽视缩短配件等待时间和缩短物流过程的意义。实际上，运输和等待时间在车辆维修中所占的比例较大，应给予足够的重视。

根据车辆维修生产过程各组成部分的性质和作用，可以将其分为以下几个过程：

（1）基本生产过程。是指直接改变劳动对象的物理和化学性质，使之成为主要产品的过程。对车辆修理来说，车辆零部件的拆卸、修理和组装各种工序就是基本生产过程。

（2）技术准备过程。是指在产品投入生产前所进行的全部生产技术准备工作过程。对车辆维修来说，主要包括工艺路线（过程）设计、工艺文件和工艺规程设计、工艺装备配置、材料消耗定额和工时消耗定额的制定等。

（3）辅助生产过程。是指为保证基本生产过程正常进行所从事的各种辅助性生产活动过程。它用产品或劳务直接为基本生产过程服务，如零部件制备、压缩空气供给等。

（4）生产服务过程。是指为基本生产、辅助生产等过程所进行的各种生产服务过程。如原材料、备件、工具等的供应、保管和运输等。

生产过程的各组成部分之间既相互区别，又密切联系，其中基本生产过程是主要的，其他过程都是围绕基本生产过程进行的。某一生产活动过程是属于基本生产过程，还是属于辅助生产过程，不是固定不变的。将生产过程划分为基本生产过程等几个组成部分，只是为了分清它们各自在企业生产过程中的地位、作用和相互关系。

（5）附属生产过程。在基本生产的基础上，进行边角废料利用，组织的附属性生产过程，也包括废水、废气和废渣的处理过程。

2. 生产过程组织

生产过程组织是将生产过程具体实施，基本内容包括生产过程的空间组织和时间组织。

（1）生产过程空间组织。指企业内部各生产单位（车间、工段、小组和工作场地）和设施

(仓库、管道和运输线等)的实际建立,以及它们的专业化形式和在空间的相对位置所结成的有机整体方式,也称为生产结构。为了与生产过程相适应,一般企业都建立基本生产部门、辅助生产部门、生产服务部门和生产技术准备部门。最小生产单位(车间、工段、小组),通常按工艺专业化和对象专业化两种基本形式来设置。

(2)生产过程的时间组织。生产过程时间组织的目标是减少时间损失,缩短生产周期,提高生产效率,降低在制品占用量,提高生产效益。生产过程的时间组织要求:①连续性;②比例性;③平行性;④节奏性;⑤适应性;

三、企业生产与运作

1. 生产与运作活动分析

所谓生产与运作是指使变换过程得以实现的手段,它与变换过程中的物质转化过程和管理过程相对应,包括物质系统和管理系统。物质系统是一个实体系统,主要由各种设施、机械、运输工具、仓库、信息传递媒介等组成。例如,一个汽车维修厂,其实体系统包括车间、车间内的各种维修设备、工具和检测仪器等等。管理系统主要是指生产与运作的计划和控制,以及物质系统的设计、配置等问题,其主要内容是信息的收集、传递、控制和反馈。

生产与运作活动是一个"投入—变换—产出"的过程,即投入一定的资源,经过一系列、多种形式的变换,使其价值增值,最后以某种形式的产出提供给社会的过程。可以说,这是一个社会组织通过获取和利用各种资源向社会提供有用产品的过程,投入包括人力、设备、物料、信息、技术、能源和土地等多种资源要素。产出包括两大类:有形产品和无形产品。前者指实物产品,如汽车、电视、机床、食品等各种物质产品;后者指某种形式的服务,如银行所提供的金融服务、邮局所提供的邮递服务、咨询公司所提供的设计方案和汽车维修企业提供的修理维护等。中间的变换过程,也就是劳动过程、价值增值过程。这个过程既包括使投入的各种物质资源进行转变的物质转化过程,也包括通过计划、组织、实施、控制等管理过程。变换过程也可以是多种形式的,例如:在机械工厂,主要是物理变换;在石油精炼厂,主要是化学变换;运输公司主要是位置的变换。有形产品的变换过程通常也称为生产过程;无形产品的变换过程有时称为服务过程,也称为运作过程。

图 9-1 中的虚线表示两种特殊的投入,一是顾客或用户的参与,二是有关生产与运作活动实施情况的信息反馈。顾客或用户的参与是指他们不仅接受变换过程的产出结果,而且在变换过程中,也参与其中。实施信息反馈与"投入"框图中"信息"投入的区别在于:后者是指生产运作系统外部的信息,例如市场变化信息、新技术应用信息等;而前者是指来自生产运作系统内部,即变换过程中所获得的信息,例如生产进度报告、质量检验报告、库存情况报告等。图 9-1 中心的圆圈表示变换过程中产品、服务或参与的顾客需要经过各个环节。

生产与运作活动的主体是各种各样的社会组织,包括各行各业的众多企业组织,也包括非盈利性的各种事业组织和政府部门(以下统称"企业")。社会正是由这些形式多样的组织而构成的,这些组织虽然形式、性质各不相同,但其共同的特点是,可以提供任何个人都力所不能及的产品或服务。任何一个组织都在以某种形式从事着某种生产运作活动,因此,任何一个组织都具有生产运作功能。习惯上把提供有形产品的活动称为制造型生产,而将提供无形产品即服务的活动称为服务型生产,即把有形产品的生产称作"Production",而将提供服务的生产称作"Operations"。目前,把提供有形产品的生产和提供服务的生产统称为"Operations"。

一个企业的产品或服务的特色与竞争力，是在转化过程中形成的，即是把输入资源按照社会需要转化为有用输出、实现价值增值的过程。因此，转化过程的有效性是影响企业竞争力的关键因素之一。输入则由输出决定，生产什么样的产品决定了需要什么样的资源和其他输入要素，输出是企业对社会做出的贡献，也是企业赖以生存的基础。

2. 生产与运作活动区别

人们最初对上述变换过程的研究主要限于有形产品的变换过程，即对生产制造过程的研究。从研究方法上来说，也没有把它当作上述的"投入—变换—产出"的过程来研究，而主要是研究有形产品生产制造过程的组织、计划与控制，其相关的学科被称为"生产管理学"（Production management）。随着经济的发展、技术的进步以及社会工业化信息化的进展，人们除了对各种有形产品的需求之外，对有形产品形成之后的相关服务需求也不断提高。而且，随着社会构造越来越复杂，社会分工越来越细，原来附属于生产过程的一些业务、服务过程相继分离并独立出来，形成了专门的流通、零售、金融、房地产等服务行业，使社会第三产业的比重越来越大。此外，随着生活水平的提高，人们对教育、医疗、保险、理财、娱乐、人际交往等方面的要求也在提高，相关的行业也在不断扩大。另一方面，系统论的发展使人们能够从更抽象、更高的角度来认识和把握各种现象的共性。人们开始把有形产品的生产过程和无形产品即服务的提供过程都看作一种"投入—变换—产出"的过程，作为一种具有共性的问题来研究。这种变换过程的产出结果无论是有形还是无形，都具有下述特征：

（1）能够满足人们的某种需要，即具有一定的使用价值；

（2）需要投入一定的资源，经过一定的变换过程才能得以实现；

（3）在变换过程中需投入一定的劳动，实现价值增值。

有形产品的制造过程和无形产品的服务过程都可以看作一个"输入—转换—输出"的过程，但是，这两种不同的转换过程以及它们的产出结果有很多区别，主要表现在以下五个方面：

（1）产品物质形态不同。制造业企业所提供的产品是有形的、可触的、耐久的，而服务业所提供的产品是无形的、不可触的，寿命较短，例如一个主意、方案或某种信息。制造业所提供的产品是一种可以库存的产品，它们可以被储藏、运输，以用于未来的或其他地区的需求。这样，在有形产品的生产中，企业可以利用库存和改变生产量来调节与适应需求的波动。而服务是不能预先"生产"出来的，也无法用库存来调节顾客的随机性需求。为了达到满意的服务水平，其人员、设施以及各种物质性准备都要在需求到达之前完成，而当实际需求高于这种能力储备时，服务质量立刻下降（如排队等待时间加长、拥挤、甚至取消服务等）。因此，服务业企业在其运作活动中受时间的约束更大，其运作过程的运作能力管理比制造业更困难。

（2）顾客参与程度不同。制造业企业的顾客基本上不接触或极少接触产品的生产系统，主要接触流通业者和零售业者。但对于服务业企业来说，顾客需要在运作过程中接受服务，其本身往往就是投入的一部分。例如，在医院、教育机构、百货商店、娱乐中心等等，顾客在提供服务的大多数过程中都是介入的，这就对运作过程的设计提出了不同要求。也有一些服务业企业，在其组织内的某些层次与顾客接触较多，而在其他层次较少，有明显的"前台"与"后台"之分，例如，邮局、银行、保险公司、航空公司等。在这种情况下，还需要分别考虑对前台和后台采取不同的运作管理方式。因此，制造生产过程基本上不需要顾客参与，但服务则不同，顾客需要在运作过程中接受服务，有时，顾客本身就是运作活动的一个组成部分。

(3)顾客需求响应时间不同。制造业企业所提供的产品可以有数天、数周甚至数月的交货周期,而对于许多服务业企业来说,必须在顾客到达的几分钟内做出响应。由于顾客是随机到达的,就使得短时间内的需求有很大的不确定性,因此,服务业企业要想保持需求和能力的一致性,难度是很大的。从这个意义上来讲,制造业企业和服务业企业在制定其运作能力计划,进行人员和设施安排时,必须采用不同的方法。

(4)运作场所尺度规模不同。制造业企业的生产设施可远离顾客,从而可服务于地区、全国甚至国际市场,比服务业组织更集中规模更大的设施、更高的自动化程度和更多的资本投资,对流通、运输设施的依赖性也更强。而对服务业企业来说,服务不可能被运输到远地,其服务质量的提高有赖于对最终市场的接近与分散程度,设施必须靠近其顾客群,从而使一个设施只能服务于有限的区域范围,这导致了服务业的运作系统在选址、布局等方面有特殊要求。

(5)质量标准及度量方法不同。由于制造业企业所提供的产品是有形的,其产出的质量易于度量。而对于服务业企业来说,大多数产出是不可触的,无法准确地衡量服务质量,顾客的个人偏好也影响对质量的评价,因此,对质量的客观度量有较大难度。

制造业和服务业还有一些其他差别,可概括为表9-1。这里需要指出的是,任何规律都有例外,该表所示的只代表两种极端情况。事实上,很多企业的特点介于这两个极端之间,也有很多差别仅只是程度上的差别。例如,越来越多的制造业企业都在同时提供与其产品有关的服务,它们所创造的附加价值中,物料转换部分的比例正逐渐减小。同样,许多服务业企业经常是成套地提供产品和服务,如汽车4S店同时从事汽车销售、配件销售、技术咨询和信息反馈活动。

制造业与服务业的区别 表9-1

行　业	制造业	服务业
主要区别	产品是有形的、耐久的 产出可储存 顾客与生产系统极少接触 响应顾客需求周期较长 可服务于地区、全国乃至国际市场 设施规模较大 质量易于度量	产品无形、不可触、不耐久 产出不可储存 顾客与服务系统接触频繁 响应顾客需求周期很短 主要服务于有限区域范围内 设施规模较小 质量不易度量

对企业提供产品或服务的系统进行设计、运行、评价和改进的各种管理活动称为生产与运作管理。运作系统的设计包括产品或服务的选择和设计、运作设施的定点选择、运作设施布置、服务交付系统设计和工作设计。运作系统的运行主要是在现行的运作系统中如何适应市场的变化,按用户的需求,生产合格产品和提供满意服务。运作系统的运行主要涉及生产计划、组织与控制三个方面。对运作管理的要求归结起来包括六方面,概括为TQCSFE,即时间(Time,T)、质量(Quality,Q)、成本(Cost,C)、服务(Service,S)、柔性(Flexibility,F)和环境(Environment,E)。

3. 生产与运作活动目标

生产运作管理的目标可概括为:"在需要的时候,以适宜的价格,向顾客提供具有适当质量的产品和服务。"生产与运作活动是一个价值增值的过程,是一个社会组织向社会提供有用产品的过程。要想实现价值增值,要想向社会提供"有用"的产品,其必要条件是,生产运作过程提供的产品,无论有形还是无形,必须有一定的使用价值。产品的使用价值是指它能够满足顾客某种需求的功效。人总是有多种需求的,这些需求的内容因人而异,因时而异,当某种产品在人需要的时候满足了人的某种要求,则实现了其使用价值。因此,产品使用价值的支配条件主要是产品质量和产品提供的适时性。

产品质量包括产品的使用功能、操作性能、社会性能(指产品的安全性能、环境性能以及空间性能)和保全性能(包括可靠性、维修性)等内涵,这是生产价值实现的基本要素。

产品提供的适时性是指在顾客需要的时候提供给顾客产品的时间价值,如果超过了必要的时期,就会失去价值,在服务业中尤其如此。这二者就构成了生产价值实现的必不可少的两大"功效"要素。而产品的成本以产品价格的形式,最后决定了产品是否能被顾客所接受或承受。只有当回答是肯定的时候,生产价值的实现才能最终完成。

由此可见,作为产品使用价值支配条件的质量和适时性,再加上成本,这三个方面就构成了生产运作价值的实现条件。这些条件决定了企业生产运作管理的目标必然或只能是:"在需要的时候,以适宜的价格,向顾客提供具有适当质量的产品和服务。"

由于技术进步和新产品对生产系统功能的要求,使企业不断面临生产系统的选择、设计与调整。对于提供无形产品的非制造业企业来说,其运作过程的核心是业务活动或服务活动。在当今市场需求日益多变,技术不断进步,尤其是信息技术飞速发展的形势下,同样面临着不断推出新产品、提供多样化服务的课题,从而也面临着不断调整其运作系统和服务提供方式的课题。因此,无论是制造业企业还是非制造业企业,其生产运作管理的职能都在扩大。在这样一个职能范围内,生产运作管理中的决策内容可分为三个层次:

(1)生产运作战略决策。决定产出什么,如何组合各种不同的产出品种,为此需要投入什么,如何优化配置所需要投入的资源要素,如何设计生产组织方式,如何确立竞争优势,等等。

(2)生产运作系统设计决策。生产运作战略决定以后,为了实施战略,首先需要有一个得力的实施手段或工具,即生产运作系统。所以接下来的问题即是系统设计问题。它包括生产运作技术的选择、生产能力规划,系统设施规划和设施布置、工艺设计和工作设计等。

(3)生产运作系统运行决策。即生产运作系统的日常运行决策问题,包括不同层次的生产运作计划、作业调度、质量控制、后勤管理等。

4. 生产与运作系统的构建

生产与运作系统的构建包括企业地址选择、生产规模与技术层次决策、设施建设、设备选择与购置、生产运作系统总平面布置、车间及工作地布置等。其目的是以最快的速度、最少的投资,建立起最适宜企业生产的、能形成企业固定资产的生产系统主体框架。

由于服务业的生产和经营都是在某个位置的空间范围内以一定的组织方式进行的,其地址选择不仅直接影响到生产经营成本和市场竞争力,而且关系到其生存与发展。因此,合理的选址是现代服务业经营与发展的战略要求。

第二节　维修生产计划

一、生产计划概述

1. 计划体系

生产计划是为实现企业生产目标,对未来一定时期内的生产作业活动和各项资源的使用做出的统筹安排。狭义生产计划概念是指生产系统的运行计划,规定了一定时期内生产、提供产品或服务的品种、质量、产量和进度，是进行生产作业活动的纲领和依据；广义生产计划是指包括生产系统的建立和运行计划。

生产计划分为长期、中期和短期。短期计划的特点是具体、详细，内容包括作业指派、作业排序、设备负荷、生产量和采购量；中期计划是衔接长期和短期计划的中间计划，主要内容包括人员计划、生产量、配件库存和外协计划等；长期计划是企业的战略性计划，包括生产能力提升、厂址选择、设施布置、发展计划、作业系统设计等。

生产计划是根据一定时期的市场需求，考虑企业现有生产能力和资源供应条件，进行综合平衡的结果。生产计划关系到顾客的满足程度，企业营销计划和财务计划的实现，是企业物资采购、人力资源和成本计划的重要依据。计划决定了企业资源的合理利用，影响到企业的效率和效益。

2. 计划内容

(1) 总量生产计划(APP-Aggregate Production Planning)或年度生产计划。规定一年左右时间内各月对生产总量(产值、综合产量单位)的需求，主要作用是寻求各月的人力水平、工作时间、库存水平以及外协数量的最佳组合。

(2) 主生产计划(MPS-Master Production Scheduling)或出产进度计划。主生产计划确定具体产品在半年左右时间内各周的出产量，其计划期限为6至8周。

(3) 物料需求计划(MRP-Material Requirement Planning)。分解MPS中的最终产品或项目，确定产品各级零部件制造或采购的数量、时间以及完工日期。

(4) 投入/产出计划(作业计划)与控制。是关于详细需求的计划和报告，是MRP的具体化，用于指导日常的生产和采购活动。生产控制(Production Activity Control)进行每天工作现场活动的具体进度安排和控制，采购计划涉及具体采购项目的计划与控制。

3. 计划平衡

企业必须寻求在需求和能力之间的平衡，尽可能地满足需求，又尽量充分地利用能力，保证计划的可行性和有效性，因此，在编制各种计划时，要确定相应的能力需求。

(1) 粗能力计划(RCCP, Rough-Cut Capacity Planning)。粗能力计划对应于主生产进度计划，用于核实MPS的可行性，只证实MPS所需的一些主要资源和能力是否具备。

(2) 能力需求计划(CRP, Capacity Requirement Planning)。能力需求计划对应于物料需求计划，用于核实MRP是否可行，并与其可用能力进行比较，对RCCP的不充分性予以补充。

4. 计划指标

1) 主要指标

(1) 品种指标。计划期内生产的产品品种数。

(2) 质量指标。计划期内各种产品应达到的质量标准。

(3) 产量指标。计划期内应生产的各种产品的数量。

(4) 产值指标。用货币量表示的计划任务量。

2) 指标平衡

(1) 计划任务与生产可能性的平衡。平衡是指积极的平衡措施，积极平衡是指对薄弱环节要采取措施，提高其适应计划水平的程度。主要包括以下内容：任务与能力平衡、任务与劳动力平衡、任务与物资供应平衡、任务与外协件的平衡、任务与生产技术准备的平衡。

(2) 计划指标间的平衡。主要包括产量指标与利润指标间及其质量水平和利润指标间的平衡。

用盈亏平衡分析法可确定产品盈亏平衡点的产销量，再结合销售收入与产销量的关系，确定各种产品最佳产销量水平。

年总成本：$C = F + VQ$

年利润额：$E = S - C = PQ - F - VQ = Q(P - V) - F$

盈亏平衡点产销量：$Q_0 = F/(P - V)$

其中，S 代表销售收入；F 代表年固定费用；V 代表单位产品变动费；P 代表销售价格；Q 代表年产销量。

5. 生产能力

生产能力是指生产系统在一定的时期内、一定的技术组织条件下，经过综合平衡所能生产的产品数量。

1）生产能力分类

（1）正常生产能力。在一定的资源条件下，经济效益最佳时的生产能力。

（2）最大生产生产能力。在市场需求急剧增加的情况下，能够达到的最大生产能力。

（3）短期需求生产能力。针对当前的需要而考虑的生产能力。

（4）长期需求生产能力。与未来市场需求相适应，未来较长时期需要的生产能力。

2）生产能力确定

生产能力取决于生产资源的可利用程度。调整生产能力的方法包括：加班加点；增加人员、设备；提高工作效率；更改工艺路线；增加外协处理等。调整生产负荷的方法主要有：修改计划；调整批量；推迟交货期；撤销订单；交叉作业等。

6. 作业计划

作业计划是生产计划的具体化计划，是生产计划的拓展。在时间上，它把年度计划任务从年具体化到月、周、天、工作班的任务；在对象上，把产品为单位的计划，细分为组成产品的各种零部件生产任务；在执行单位上，把企业的任务细分到车间、工段班组，直至每个工作地。

期量标准就是对加工对象在生产过程所规定的时间和数量上的标准。“期”就是指时间，包括：生产周期、生产提前期、生产间隔期等；“量”就是指数量，如生产批量、在制品数量等。期量标准也称为作业计划标准，是编制作业计划的基础，不同生产类型的期量标准内容是不同的。

生产周期是指从原材料投入生产起到最后完工为止的整个生产过程所经历的全部日历时间。确定生产周期是编制计划的基础。生产周期包括零部件的生产周期和产成品的生产周期。产成品的生产周期包括：毛坯生产、零件加工、部件装配、产成品总装等生产阶段生产周期的总和，再考虑各阶段之间的保险期。

二、维修生产计划编制

维修生产管理中的一个重要环节就是编制维修生产计划。合理的维修计划有利于合理地安排人力、物力和财力，保证生产顺利进行，并能缩短修理停车时间，减少维修费用和停车损失。所以，维修计划是做好维修管理、增强预见性、减少盲目性的有效措施。

维修计划的目标是以最低费用、最少消耗使汽车修复后能在规定的寿命期间内，按规定的性能运行并达到最大的可利用率。维修计划的制定常采用统筹法，又称为网络分析技术，它是利用统筹图来进行网络分析。

运用统筹图对工艺过程进行分析，其目的不仅是着眼于缩短工期，而是通过时间费用分析探求以最短的时间和最小的费用来完成大修工作的最佳方案。

众所周知，汽车维修的成本是由直接费用和间接费用组成的，这两种费用都与维修停厂周期有关。一般来说，缩短维修停厂周期，会使直接费用增加，间接费用减少。而延长维修停厂周期，则产生相反的效果。因此，维修时统筹图的优化，就是要使维修成本（直接费用与间接费用的总和）最少，并寻求与最低维修成本相对应的维修停厂周期，即最佳维修停厂周期。

在统筹图分析中，主要是分析直接费用与维修停厂周期间的关系。直接费用包括直接生产人员的工资和附加费、材料费、工具费等，与计划中各工作的延续时间有关。缩短维修停厂周期，就要相应地增加直接费用。直接费用与维修停厂周期关系的最简单表示方法，如图 9-2 所示，用连接折线上的 A、B 两点的直线来表示，A 点表示直接费用 C_n 为最小，但与此费用相对应的时间 T_n 称为正常时间。B 点是维修停厂周期为最短的时间，与此相应的费用称为最短时间费用 C_c。从图 9-2 中可求出单位时间费用的费用率 C：

$$C = \frac{C_c - C_n}{T_n - T_e} \tag{9-1}$$

所谓费用率，是指缩短单位时间所需增加的费用，由于 AB 之间近似地取成直线，所以，单位时间费用率是固定的。不同工序的 C 值是不同的，C 值愈大，意味着工作持续时间增加一天所增加的费用也愈大。因此，要缩短时间，首先要缩短位于关键线路上 C 值最小的某一工序的持续时间。按上述原则对统筹图进行调整并计算出不同方案的直接费用、间接费用和总费用并绘制成图 9-3。由图 9-3 可见，总费用曲线呈下凸形曲线，最低点即可决定最优费用时间值。

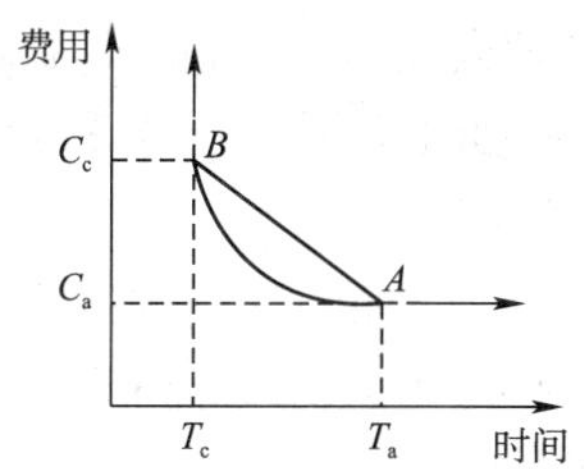

图 9-2　维修停厂周期与直接费用的关系

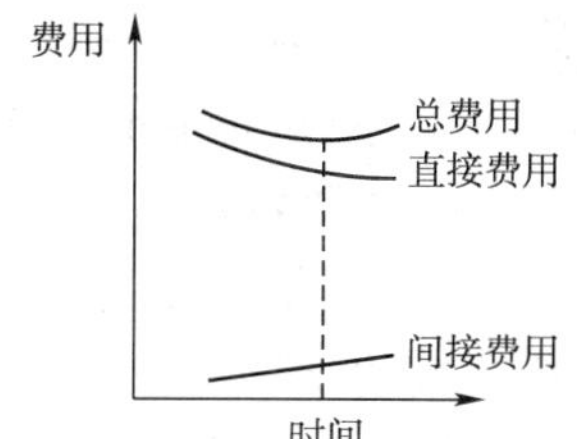

图 9-3　维修停厂周期—费用曲线图

第三节　维修生产组织

一、劳动组织

劳动组织就是科学地组织劳动者之间的分工与协作，把劳动工具、劳动对象有机地结合起来，使所有人员协调地进行工作，充分发挥劳动者的技能和积极性，不断提高劳动生产率。

合理地组织劳动，是保证企业正常生产的条件。社会化大生产要求既要有科学的劳动分工，又要有严密的协作。为保证生产顺利进行，必须把劳动者合理地组织起来，正确地处理它们之间的关系，以及他们与劳动工具、劳动对象之间的关系。

1. 劳动组织内容

企业劳动组织的内容概括起来有以下六个方面的相关内容：

(1)搞好劳动分工协作和员工配备；

(2)确定先进合理的人员构成；

(3)完善和改进劳动组织形式；

(4)组织多设备管理；

(5)合理安排工作时间和工作轮班；

(6)组织好工作地。

企业进行生产劳动组织管理时,主要就是围绕着上面所述的六个方面内容开展工作。

2. 劳动组织的任务

企业劳动组织工作的主要任务主要包括以下三个方面：

(1)在合理分工与协作的基础上,正确配备员工,发挥劳动者的专长和积极性,提高生产率；

(2)正确处理劳动力与劳动工具、劳动对象之间的关系,保证有良好的工作环境和工作条件；

(3)根据生产发展的需要调整劳动组织。采用合理的劳动组织形式,保证提高劳动生产率。

3. 劳动分工原则和形式

劳动分工一般以工作简化、合理有序为原则。劳动分工应有利于劳动者较快地掌握业务和技术,提高劳动训练程度;有利于缩短产品生产周期,降低产品生产成本。

合理的劳动分工对企业生产的发展和经济效益的提高有着积极的作用,但劳动分工过细也会带来一些弊病,例如:劳动者工作易单调乏味,影响劳动者工作情绪;分工过细也给劳动调配带来困难,易造成劳动负荷不均等问题。

企业常见的劳动分工的主要形式有：

(1)按职能分工。一般分工为工人、技术人员、管理人员、服务人员及其他人员。

(2)按专业分工。这是在职能分工下的一种分工,如工程技术人员和管理人员可以分为设计人员、工艺人员、计划人员、财会人员和统计人员等。

(3)按技术分工。这是在专业和工种内部按业务能力和技术水平高低进行的分工。如技术人员分为技术员、助理工程师、工程师和高级工程师,工人分为若干等级,例如,汽车维修企业生产工人可划分为初级、中级、高级、技师和高级技师。

(4)按工种分工。不同的企业由于生产工艺的差别,需要配置不同工种的工人,例如,在汽车维修中,按作业内容可以分机修、电器、钣金、喷漆等工种。

(5)按基本工作和辅助工作分工。基本工作一般指直接实现工艺过程的工作。辅助工作一般是不直接实现工艺过程的工作,只为基本工作服务的工作。

4. 劳动协作及组织形式

劳动协作是指把生产工作的各组成部分紧密地联系起来,形成整体活动。协作以分工为前提,分工以协作为条件。

企业中的劳动协作有空间协作和时间协作两个方面。空间的协作形式有车间之间、车间内部、生产小组之间、工作场地之间及工作组内部的协作;在时间上的劳动协作主要是指工作轮班。

1)工作场地组织

工作场地是进行生产活动的场所,工作场地组织工作就是要在一个工作场地上,把劳动者、劳动工具和劳动对象科学地组织,正确处理它们之间的相互关系,使机、物之间进行合理

的布局与安排,以促进劳动率的提高,是空间协作的主要内容。合理组织工作场地的要求是:

(1)便于工人进行操作,减轻劳动强度,节省工时,提高劳动效率,保证劳动质量;

(2)充分利用工作地的装备,节约生产面积和各种材料的消耗;

(3)有良好的工作环境和劳动条件,保证工人的安全和健康。

工作场地组织的内容包括:合理地装备和布置工作地;保持工作地的正常秩序和良好的工作环境,正确地组织工作地的供应、服务工作。

2)工作轮班组织

工作轮班组织是劳动协作的时间联系形式。企业各生产单位根据工艺性质不同、生产任务多少,采用不同的轮班制度。

单班制是指每天只组织一个班生产,工人都在统一时间上下班。多班制是指每天组织两班或两班以上轮换生产。由于某些工艺特点,生产过程必须连续的不断进行,要组织三班或四班交叉制。工艺过程可以间歇地进行,按生产任务要求也可以组织两班制或三班制生产。

二、汽车维修生产组织方法

1. 工艺组织方法

汽车维修工艺的组织方法直接影响到汽车维修质量、修理成本、生产率和停厂车日。汽车维修企业应根据生产纲领、设备条件、技术水平及材料供应等具体情况合理安排维修工作。汽车维修就其基本工艺组织方法而言,可分为就车修理法和总成互换修理法两种。

(1)就车修理法。就车修理法是指汽车在维修过程中,除更换报废的零件外,原车的零件、合件、组合件及总成经修复后仍装回原车。由于零件、合件、组合件及总成在维修过程中所需时间不同,维修装配的连续性经常受影响,整车的装配需以维修时间最长的总成来确定。因此,停厂时间比较长。但是对生产量不大、维修车型复杂的企业,采用这种方法进行汽车或总成的维修工作具有普遍意义。

(2)总成互换修理法。总成互换修理法是指汽车在维修过程中除车架(或带架车身)外,其余需修的总成都可以换用周转储备总成中预先修好的(或新的)总成,而替换下来的总成另行安排修理以备下次换用。这种方法由于利用了备用总成,保证了汽车维修工作的连续性,从而大大缩短了汽车的在厂车日。因此,有可能对汽车装配和某些总成的修理组织流水作业,达到优质高产低消耗的目的。这种修理方法适于规模较大、承修车型比较单 ,并且有一定周转总成的修理企业。

2. 劳动组织方法

汽车维修就其劳动组织方法来说,不管采用就车修理法,还是总成互换修理法,都可采用综合作业或专业分工两种方法。

(1)综合作业法。综合作业法是指整个汽车的维修作业,除了个别零件的修配加工(如锻造、木工、机械加工等)由专门车间配合外,余者全部由一个工组单独完成。这种维修作业的劳动组织方法,由于每个组的作业范围较广,对工人的技术要求较高,所以不易提高操作的熟练程度;另外,拆装的延续时间一般较长,维修质量也不易稳定。因此,只在生产量不大,承修车型比较复杂的小型汽车维修企业采用。

(2)专业分工法。专业分工法是将汽车修理划分为若干作业单元(按工种、部位、总成或工序等)每一个单元由一个工人或一个工组专门担负,作业单元分的越细,专业化程度便越高。这种作业方法易于提高工人单项作业的技术熟练程度,并有可能大量利用专用工具,从而达到提高工效、保证质量、缩短在厂车日和降低成本的目的。

3.维修作业方式

汽车维修作业方式可分为固定作业和流水作业两种形式。

(1)固定作业方式。固定作业方式指汽车的解体和装配是以一辆汽车的车架为主,固定在一定的工作位置上完成的。一般适用于生产规模不大或承修车型比较复杂的修理企业。

(2)流水作业方式。流水作业方式是汽车的解体和装配在流水线的各个工作站(工位)上逐步完成的。一般适用于生产规模较大或承修车型比较单一的修理企业。

三、现场管理

1.现场管理要求

生产现场是指生产作业的场所,包括基本生产车间和辅助部门的作业场所。生产现场集中着人力、各种原材料和辅助物料、设备及工艺装备。

加强生产现场管理的必要性主要体现在以下几个方面:

(1)提高企业的竞争力的基础;

(2)提高企业效益的重要途径;

(3)有利于全面提高企业素质和管理水平。

生产现场管理的要求是:环境整洁;纪律严明;设备完好;物流畅通有序;信息准确及时;生产均衡有效。

2.开展5S活动

通过开展5S活动,即整理(Seiri)、整顿(Seiton)、清扫(Seiso)、清洁(Seikeetsu)和素养(Shisuke),达到生产现场的管理要求。

1)整理

整理活动就是把要与不要的物品分开,把现场不需要的物品,如用剩的材料、边角料、垃圾、废品、工人生活用品等,坚决清理出生产现场。其预期目标是:

(1)改善和增加作业面积;

(2)现场无杂物,通道无阻塞;提高工作效率;

(3)减少磕碰机会,保障安全,提高质量;

(4)消除混放、混料等差错事故;

(5)改变作风,提高工作情绪。

2)整顿

整顿活动就是把需要的物品定量、定位放置。其预期目标是:

(1)物品摆放有固定地点和区域,减少寻找时间;

(2)物品摆放要合理,如根据物品的使用频率,确定其位置,减少运输距离和运输工作量;

(3)物品摆放目视化。不同区域、不同状态物品用不同颜色和标识。

3)清扫

清扫活动就是对现场地面、工作台、过道、窗户、墙壁的清扫,设备日常维护,实现工作现场整洁、卫生,设备润滑良好,表面无灰尘、无污垢。要求坚持不懈,自行清扫,不增加专门的清洁工；

4)清洁

清洁活动就是维护前三个阶段的成果，保持现场完美和最佳状态。其预期目标是：

(1)车间现场保持整齐、清洁，提高工人劳动情绪；

(2)工人本身整洁，统一着装，服装及仪表要整洁；

(3)工作环境不受污染，现场光线明亮、空气流通、有害物和气体受控达标。

5)素养

素养活动就是努力提高员工素养，养成严格遵守规章制度的习惯和作风，人员素质的提高是开展5S管理并取得预期效果的关键。其预期目标是：

(1)建立一支良好的管理人员和工人队伍；

(2)不包庇落后、不掩盖问题，积极改进现状。

3. 目视化管理

通过文字、图形等非语言方式，将生产指令、操作规程、生产状态等管理内容目视化。主要包括：

(1)布置存放目视化：便于寻找，节省时间；

(2)生产指令目视化：督促作用；

(3)操作规程目视化：提醒作用；

(4)生产状态目视化：催促作用；

(5)生产成果目视化：示范、激励作用；

(6)生产问题目视化：警示、鞭策作用；

(7)现场管理目视化：通俗易懂、深入人心；

(8)生产目标目视化：目标明确，努力方向。

第四节　维修资源管理

一、物质资源

1. 库存及其控制

库存(Inventory)无论对于制造业和服务业都极其重要。库存一方面占用大量的资金和空间，增加了生产系统运行成本，减少了企业的利润；另一方面它能防止短缺，平滑波动，避免生产过程的中断，使生产过程均衡地进行。科学地管理库存能够使库存既能满足生产过程的需要，又能最大限度地降低占用费用。

1)库存作用

(1)缩短订货单的供货周期。对订货量小、订货次数多、订货时间随机的用户，保持适量的库存，可满足随时订货和随时提货的要求。

(2)稳定供应、平滑波动。需求不稳定，带来生产不均衡，同理，生产过程出现问题也将使供应脱节，因此一定量的库存，就像蓄水池，把市场和生产系统隔离开，起到缓冲的作用。

(3)防止生产中断。生产过程一般包含多个环节，任何一个环节出现故障和问题，都将影响到整个生产系统的正常运行，在易出故障的车间和工序之间设置合理的库存，可有效地

避免或减少这种生产中断。

2)库存分类

(1)单周期库存和多周期库存。单周期需求是指需求仅发生在比较短的一段时间内,或库存时间不能太长的需求,也称为一次性订货量问题,一般发生在下面两种情况:偶然发生的物品需求;经常发生,但周期短、数量不确定的物品需求。对这类物品的控制问题,称为单周期库存问题。多周期需求是指在足够长的时间里对某种物品重复的连续的需求,其库存需要不断地补充,如原材料、零配件等。

(2)独立需求库存和相关需求库存。来自用户的对企业产品和服务的需求为独立需求。独立需求最明显的特点是需求的对象和数量不稳定,只能通过预测方法粗略地估计。

企业内部物料转化过程中各环节之间所发生的需求称为相关需求。该需求可根据对最终产品的需求以及产品的结构而精确地计算出来。两类需求都是多周期需求,而单周期需求不考虑相关或独立的问题。

3)备件订货

备件是指为缩短修理停车时间而事先准备好的各种零部件。备件的库存管理是维修管理的重要组成部分。维修实践证明,维修备件的库存管理是一项技术性强、涉及因素多、条件复杂的工作。在我国,大多数维修企业都存在着库存储备量过大的突出问题,严重影响了资金利用率和周转率。因此,要从我国的实际情况出发,在总结经验的基础上,进一步研究库存管理的理论和方法,搞好汽车维修中的备件库存管理和控制,以提高维修企业的经济效益。

一辆汽车由许多零件和总成组成,哪些应列为备件要由汽车的类型、保有量、使用条件、修理企业生产能力和地区的配件供应情况而定。一般可参照以下内容:

(1)所有标准件和外购件,如轴承、密封件、紧固件、传动带、油封等。

(2)消耗量大的易损件。

(3)消耗量不大,但制造周期长,加工复杂的零件。

(4)传动系统的部分零件,如变速器的齿轮、花键轴、拔叉等。

(5)保持汽车功能作用的主要运动件,如曲轴、轴瓦、凸轮轴等。

由于汽车种类繁多,型号复杂,必须在实际工作中注意积累资料,不断摸索,才能正确地确定哪些零件作为备件。

备件存储的数量界限就是储备定额。经济合理的储备定额要满足下列3个条件:

(1)满足维修工作的需要,并适应配件市场供求的波动;

(2)具有应付意外需求的能力,也就是在必要的消耗量之外,适当多设置一些储备点,以便在发生某种意外需求时(如验收不合格或不能如期交货等),不致出现库存告急的状况;

(3)不超量储备,避免积压。

最佳的存储额是在满足以上条件的前提下,使备件存储费用最低。备件存储费用涉及下列几种费用:

(1)存储费。包括占用资金的利息,存储期物品流失和变质的损失费,以及保管费、折旧费等。

(2)备件订购费用。包括采购配件时所需差旅费、合同费等,另外还包括自制备件时所需的机具调整费。

(3)缺货损失费。由于备件短缺,使有故障汽车不能及时修复所造成的损失,主要是采取紧急措施发生的费用及延误工期的赔偿费用等。

要制订某种零件经济合理的储备定额,需要有一定的资料依据,如月平均消耗量、订货周期、订货费用、物资的保管费用等。这些资料的取得主要是根据以往的经验数据。

储备定额的计算可根据不同的订货方式确定。通常的订货方式有以下两种:

(1)定量订货方式。随时可以订货的零配件,而且每批的订货量大致相同,可以采用定量定货方式。在这种情况下,经济订货批量是使订货费用与储存费用之和,即由总库存费用小而得出的。

定量订货方式库存管理的关键是控制好"三量一点",即安全库存量、经济订货量、最大库存量和订货点,使库存不积压,也不致供应紧张。这种方式虽不如一次订货省事,但是比较经济。

(2)定期订货方式。定期订货方式是指备件订货的时间是固定不变的,但订货的数量可以根据需要量和库存情况而定,因此,它没有经济批量的问题。一般维修企业常常是按月或季度提出采购计划。这种方式适用于一些使用量很少、需求随机性很大、价格高的备件,如发动机机体、后桥壳体等。储备的原则是适当地确定一个储备量,不需要计算。

2. 物料需求计划

物料需求计划(Material Requirement Planning)理论是由20世纪60年代IBM公司的约瑟夫·奥利佛博士提出的把对物料的需求分为独立需求与相关需求的概念,即产品结构中物料的需求量是相关的,其基本思想是在需要的时候,提供需要的数量。

物料需求计划简称为MRP,是对生产计划的各个项目所需的全部制造件和全部采购件的网络支持计划和时间进度计划。

物料需求计划主要解决以下五个问题:

(1)要生产什么?生产多少?(来源于MPS)

(2)要用到什么?(根据BOM(Bill of Materials)展开)

(3)已经有了什么?(根据物品库存信息、即将到货或产出信息)

(4)还缺什么?(计算出结果)

(5)何时安排?(计算出结果)

物料需求计划MRP逻辑流程,如图9-4所示。

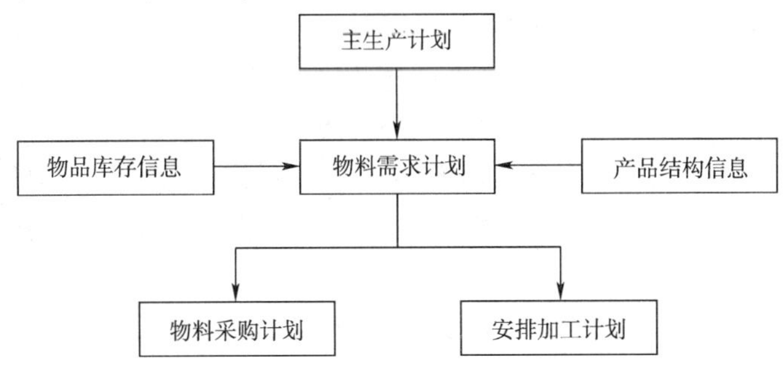

图9-4　物料需求计划MRP逻辑流程

MRP理论认为主生产计划与物料需求计划(MRP)应该考虑能力的约束,或者对能力提出需求计划,在满足能力需求的前提下,才能保证物料需求计划的执行和实现。在这种思想要求下,企业必须对投入与产出进行控制,也就是对企业的能力进行校检、执行和控制。

制造资源计划(Manufacturing Resources Planning)也称为MRPⅡ,是由美国著名生产管理专家奥列弗·怀特(Oliver W·Wight)1977年提出的一个新概念。MRPⅡ是对企业资源进行有效计划的一整套方法,围绕企业的基本经营目标,以生产计划为主线,对企业的各种资源进行统一的计划和控制,使企业的物流、信息流、资金流畅通的动态反馈系统。

二、人力资源

1. 人员素质

汽车维修企业技术水平的高低,标志着企业生产力的水平,直接影响着汽车维修质量和维修成本,关系到企业的生存与发展。技术的特点之一是具有多元性,因此,作为汽车维修人员必须具备以下基本素质:

(1)掌握汽车构造与新技术知识。汽车构造是从事汽车维修的人员必须掌握的基础知识。构造知识缺乏,就无法进行汽车故障诊断,维修时无疑具有极大的盲目性。这不但会延长维修时间,还会造成维修失误,使维修成本增加。因此,对汽车维修人员最基本的要求是掌握汽车构造知识。

此外,汽车技术在不断进步与发展,汽车的新结构、新技术应用日益广泛,如燃油电子喷射系统、无触点电子点火系统、自动变速器、冷暖空调、ABS制动系统、真空增压伺服系统以及各种液压、电子调节控制系统等,在国内外汽车上的应用已相当普遍,这对汽车维修人员提出了更高、更全面的要求。维修人员如果对这些系统的结构、类型、性能、控制原理以及部件在汽车上的安装位置与相互关系都不清楚,又缺乏相应的电子电路检测知识,其就无从着手,而且盲目操作极易使这些系统元器件损坏,使维修成本增加。

(2)熟练使用设备、工具和仪器。只有正确熟练地使用设备和工具,才能减轻劳动强度,缩短维修工时,提高维修质量,降低维修成本。缺乏设备、器具的使用知识,就不能对使用的设备和器具及时进行调整与检修,使检测失真,诊断失误,量值误差增大,造成误工或返工,使维修成本上升。对于新型汽车维修设备,更需要有熟练的操作使用技能和调整维修及结构知识,否则,就不能发挥先进设备的优越性及其最大潜在能力。因此,维修工必须要有熟练运用设备和仪器的能力,以利提高修车率,保证维修质量,降低维修成本。

(3)良好的清洁生产行为。实践证明,清洁程度对降低汽车维修成本具有重要影响。汽车是一种复杂精密的机器,它的许多零部件总成对工作环境和工作介质有很高的清洁度要求。如高压泵、喷油嘴、电子喷射系统、液力机械变速器、液压元件等都是精密偶件总成,对脏物相当敏感;又如废气涡轮增压、轴承、轴瓦、传动齿轮、离合器、制动器摩擦片、电子元件等,如有泥土、脏物和尘埃,都会造成零部件的表面刮伤、烧蚀,使其早期失效,故障率增加。如果清洁度不够,还会使检测和维修失误,造成维修质量差,经常返工,无效劳动增加,导致维修成本增加。汽车维修作业中的清洁意识,是指要用经济效益的观点认识到场地清洁、工具清洁、机件清洁、着装清洁与使用设备、量具、仪表检测汽车故障、各种参数、间隙配合是同样重要。

(4)主动的技术创新意识。汽车维修是体力劳动与智力劳动相结合的工作,如何使体力型工作转化为智力型工作,要求维修人员必须有一定的创新能力。其主要原因如下:其一,面对繁重而复杂的维修项目,要善于思考。采取不规范的作业方式来维修,可能导致零部件的损伤;其二,要有逻辑思维、推理判断能力。在判断汽车故障时,若不能根据故障现象系统地进行逻辑思维，推理分析，而是盲目拆检，就可能使原来的故障未能排除，新的故障又可能产生，导致诊断难度增大，维修成本急剧增加；其三，要能根据所积累的经验，设计、制作简单实用的维修工具，帮助解决和克服在维修过程中较难解决的问题，以提高工作效率，降低维修成本；其四，面对新年型车辆，应具有合理安排维修作业程序、提出维修方案、改进修理技术并能将工作中积累的经验和技术知识逐步条理化或理论化的能力。

(5)综合的质量控制能力。维修质量的保证，重在过程监控。如果对所遇到的意外故障或较难解决的技术问题，不能及时给予指导决策将问题在现场解决，就会延长维修时间，甚至会导致维修失误，返工率提高，使维修成本上升。如不能根据生产现场多变的情况研究分析工序，清除不利因素，编制合理的工艺规程，提供最佳的维修工艺，就不能提高维修技巧，完善维修过程，提高维修质量。因此，质量控制能力与技术水平对维修质量和维修成本具有极其重要的作用。

2. 劳动定额

1)维修工时

在汽车运输企业中，对维修作业班组或技工个人工时的计核是车辆维修管理中的一个重要工作。国家标准 GB 5624—85 规定了"汽车维修平均工时"的定义："报告期内，汽车某类维修作业所耗工时的平均值"。由于维修作业的施工时间取决定于多个因素，如车型构造、作业项目、工艺设备、工人技术熟练程度及管理等，因此，根据本地区实际情况颁布了地方性的统一汽车维修工时定额，所谓工时定额是指规定的该修理项目的工作时间(工作量)，并不等于实际施工时间。

2)基础数据

根据车辆维修工时管理的主要目的将数据分为两大类，即维修基础数据和维修作业记录。维修基础数据主要包括依据地方条例规定的维修项目及其定额工时、维修人员要求、维修车辆规定等信息。维修作业记录包括维修项目、维修人员、维修车辆、起始作业日期、作业天数、作业人数、质量分类、工时分类和工时比率等。由于维修作业是多人同时进行的多项目工作，应避免对信息的重复输入。

企业基于上述数据的统计分析，可以制定具体维修工作的劳动定额。

3. 人员培训

企业的相关部门(人员)应结合生产情况，适时开展技术学习和技术练兵活动，使员工不断汲取新知识、新技术，为生产经营服务。充分利用企业内部设施，开展多种形式的学习活动，营造"人人刻苦钻研技术，个个争当生产能手"的浓厚氛围。鼓励职工开展自学、互帮互学活动，对学有成就的视情作适当奖励。坚持持证上岗制度，对有资质要求的岗位，应组织人员参加专业培训和考核，在取得相应资格证书后，方可上岗工作。

三、信息资源

1. 信息的价值

信息(Information)是人类社会和自然界中需要传送、交换、存储和提取的抽象内容，与物质和能量相比具有一些特殊的性质，主要包括作用的无形性、描述的无限性、可共享性和可量度性等。信息在生产活动中起着重要的作用，如汽车是应用具体的物质、消耗一定能量并注入足够信息后，经过相应的制造系统而生产出的产品，并且在全寿命周期内，始终都有信息的输入和输出，如图 9-5 所示。

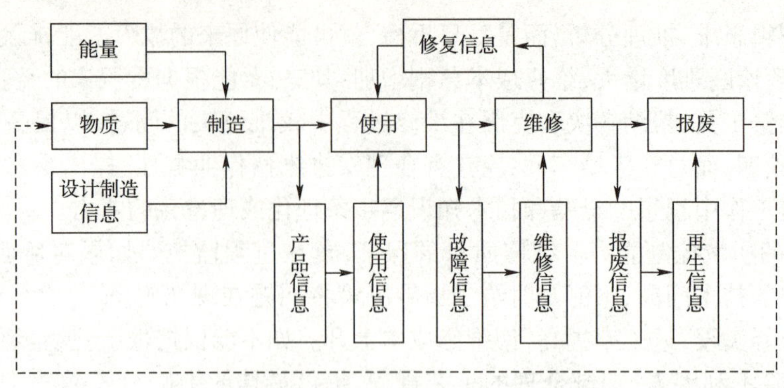

图9-5　产品全寿命周期内信息变化过程

从图9-5中可以看出，信息反映着产品的状态，决定产品在全寿命周期内的进程。产品在制造、使用、维修到最后报废的全寿命周期运动中，当由一个状态转变为另一个状态时，都需要有信息的输入，同时，也有新的信息输出。信息的输入改变了产品的状态，而信息的输出反映着产品状态的变化。

信息的价值主要体现在通过能量的消耗使物质的形态发生变化的物化结果。汽车之所以比制造它的原材料有更高的价值，究其原因主要是由于在设计制造过程中输入了信息，使产品的信息含量远高于原材料的信息含量。又如，加工后的零件比加工之前的毛坯唯一增加的就是它所包含的信息量。从复杂性或精度上来看，零件比毛坯所含的信息多。零件加工过程虽然消耗了一定的物质和能量，这只是物质形状的改变与能量状态的变化，并不是零件增值的真正原因。

同制造过程相比，维修过程所消耗的物质和能量可能更少，有时甚至不消耗任何物质和能量。然而，依照信息论的观点，维修生产同样也需要信息输入。因此，维修信息的输入使维修生产增值，或者说信息使维修生产获得了价值。

2. 信息对维修的影响

维修过程所需要的信息主要包括故障诊断信息、维修工艺信息以及配件供应信息等。维修生产离不开这些信息，或者说没有这些信息，维修过程将不能进行下去，维修生产不能完成。信息对维修生产的制约作用，在现代维修企业中显得十分突出。

汽车产品在全寿命周期过程中，其技术状态都由物流、能流和信息流的输入/输出所决定，如图9-6所示。汽车是制造信息的物化与集成。产品经制造系统而获得了制造信息，使其具有一定的使用功能，并体现出使用价值。同时，制造信息也转化为产品信息。当产品投入使用以后，由于产品在使用过程中不可避免地产生磨损、老化及各种各样的故障，这实际上是所包含的信息量的耗散与熵含量的增加。汽车维修就是再度注入信息或负熵，使之恢复原有的产品信息，再现其使用价值。当汽车所包含的信息量耗散到一定的程度时，由于不能再度注入或再度注入已不经济时，其寿命周期也就结束了。因此，汽车的维修过程就是将维修信息物化在有故障的汽车之中，使其恢复使用功能，具有使用价值，从而延长使用寿命。

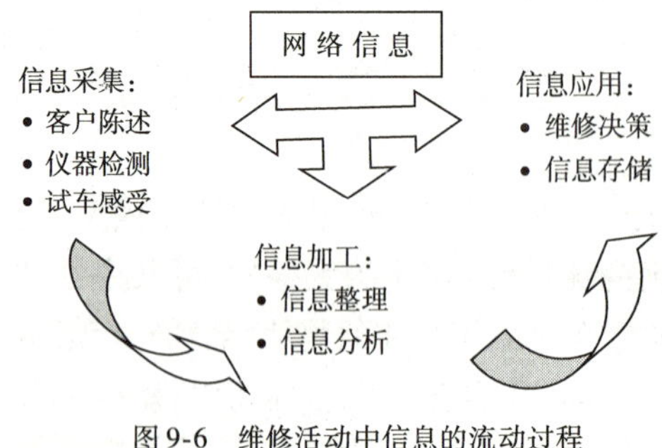

图9-6　维修活动中信息的流动过程

汽车维修过程可以概括为使用具体的物质、消耗一定的能量和应用足够的信息，将汽车故障消除并使其功能恢复的过程。图 9-6 是表示维修活动中信息的流动过程。

维修生产所需信息量迅速增加,对信息处理能力也要相应地提高。计算机技术及其应用为其提供了必要条件。同时,各类维修专家系统,智能型检测诊断仪器使得各类信息得到了充分的利用。因此,维修过程的信息化将是维修生产发展的必然方向。

事实上,维修资源只有依靠准确的信息才能得到合理与有效的利用。因此,信息的收集、处理和分析是现代维修管理的基础。维修管理决策与信息有直接的关系,而且维修管理决策按其权限范围的不同大体可分 3 个层次,即维修战略决策、战术决策和业务活动决策。如维修体制的确定、维修方法的制定、维修网点的规划布局等,属维修战略决策;维修周期的调整、维修方针和维修手段的改革等,属维修战术决策;维修计划的制定、送修和报废、修理工艺的选择、配件材料的补充及人力和设备的安排等属于维修业务活动决策。任何决策事先都要通过各种方式收集与决策问题有关的信息,作为决策的基础。通过决策者的分析、判断和推理,提出多种解决问题的方案,从中择优做出决策并付诸实施。在实施过程中又产生新的信息,它反馈回来再修改决策或重新制订决策。所以,决策的过程同时也是一个信息反馈的过程,如图 9-7 所示。

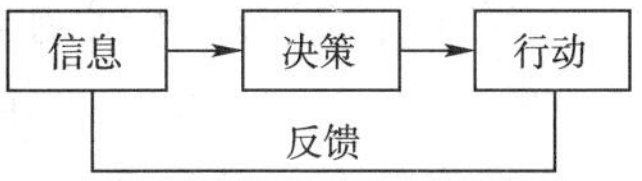

信息 → 决策 → 行动

反馈

图 9-7　信息反馈流程图

由此可见,管理过程事实上也是一个信息流动的过程,信息系统是为支援决策系统而产生的。维修管理人员通过了解情况、调查研究、电信文函来往等方式都能获取信息。因此,收集和处理信息是维修管理机构的一项职能。总之,必须建立维修信息收集处理系统才能适应现代化管理的要求。

维修信息的作用主要有以下几个方面:

(1)能及时掌握汽车故障的规律,以便采取措施保证汽车可靠运行;

(2)能从定期(或定里程)维修或事后维修逐步过渡到视情维修;

(3)掌握维修动态和技术水平,不断提高维修能力;

(4)能及时向设计制造部门进行质量反馈,不断提高汽车的设计制造质量。

3. 维修信息分类

维修信息可分为技术信息和管理信息两类。技术信息指维修说明书、维修规程、技术标准、工艺要求、改装图纸以及涉及维修的各种技术数据,如油耗、功率、温度、压力、间隙、振动等。维修管理信息则指维修次数、使用寿命、维修工时、维修费用,备件需求、材料消耗量等。

维修管理数据主要有 7 类,包括:

汽车状况——包括汽车的型号、出厂日期、维修次数、最近修理日期、工作时间、检修原因等。

运行数据——包括运行时数(或里程)、停车时间等。

维修工作数据——包括工时消耗、维修项目、维修类别、维修进度等。

人员组织数据——包括维修人员和管理人员姓名、数量、技术等级等。

材料供应数据——包括零部件库存量,材料消耗,备件及材料的品种和数量,修复件入库量等。

维修设备数据——包括维修设备仪器状况、利用率等。

维修费用数据——包括维修人员工资、设备折旧费、材料费、工时费等。

随着汽车电子技术日新月异的发展,依赖维修技术信息对汽车故障进行正确、快速诊断,已成为汽车维修生产中必不可少的支持。目前,维修技术信息的传递方式主要有 3 种:

(1)书刊资料。以书刊形式传递的维修资料全面，费用较低，但信息传递速度相对滞后。主要发布形式有两类：

①一次性出版物。如单一车型的维修手册、多车型的维修资料汇编、专项系统的维修技术方法指导等；

②连续性出版物。如期刊、杂志和技术公报等。根据不完全统计，在汽车保有量较大的国家中，与汽车维修技术相关的连续出版物的数量分别为：日本140多种；美国60多种；德国和英国和40多种；法国30多种。

(2)光盘资料。维修信息容量大、更新速度快，费用较高。主要以CDROM形式出版，每月或每季度更新。通常会遇到由于物理媒介的错误或损坏而无法使用维修技术信息。

(3)网络资料。维修技术信息是通过互联网(Internet)或一个较大的组织内的内联网在线传送的。这种信息始终是最新的，查询十分方便，并包含媒体信息，如电影剪辑和虚拟现实动画，这些资料以可视化方式向维修人员提供技术信息。

4.汽车维修信息化

目前，汽车维修行业在经营中面对的问题是：第一，维修企业相对固定、服务对象相对分散；第二，汽车制造技术在不断发展，而汽车维修企业技术与设备相对滞后。针对上述问题，汽车维修业在经营理念上应采取以下策略：利用现代技术手段来弥补维修行业分散性经营，以及维修技术和设备相对滞后的不足。而这种有效的手段就是维修信息、技术资料、故障咨询及故障检测诊断的网络化。

从国外汽车维修行业来看，技术资料查询、故障检测诊断和技术培训网络化已全面普及。以美国汽修行业为例，其维修信息综合管理、专家诊断、人员培训、技术资料光盘化与网络化以及检测诊断智能化，已成为维修行业的基本特征，早在20世纪80年代末90年代初，就已全面实行。

欧洲汽车专家预测，未来进入市场的载货汽车将具有先进的信息共享功能，例如，对载货汽车进行维修所需的重要资料及其历史记录，将被储存在单独的车载电子单元中，其他所有对载货汽车进行管理的电子单元，都可以使用这些资料。随着联成网络的电子单元传送信息可用性的提高，远程故障诊断将逐步发展起来，先进的移动通信设备将促进其发展速度。那时，车载自诊断和车下诊断能力之间的差别将会减少。

此外，汽车维修网络化突破了传统传媒单向交流的方式，极大方便了汽修企业与客户相互交流，突破了时间性、地域性等限制。通过网上问答，就可以调查客户对维修企业的满意程度和要求。与客户建立起"一对一"的亲密关系，可以更好地对目标市场研究。

网络化可以使车主、维修企业、汽配汽保商有效地联系起来，提供一个有效的交流、服务关系。同时，还是维修企业以最低成本对外宣传、扩大企业影响及树立企业形象的最佳方式。

近年来，随着计算机网络技术的发展，如何依托以现代化手段来更好地为国内汽车维修业服务，已成为迫切需要解决的问题。目前，信息的多元化及其信息技术的发展，正在改变着汽车维修的方式。汽车维修信息化的发展趋势是：

(1)维修信息的多媒体化和网络化。即维修信息不仅是以传统的书刊资料的形式传播，更主要的是以电子版资料和网络信息形式传播，例如，为使零部件位置、组装细节及其本身可视化效果更加逼真生动。

(2)诊断仪器的网络化和智能化。通过维修网络，维修人员可以快速地获得所需资料。

当汽车嵌入具备自诊断能力的检测系统时,所提供的与现代维修设备的接口和 Internet 的接入能力,可帮助维修人员获得必要的信息,从而提高维修工作效率。

汽车维修业信息化的发展,必将前所未有地改变着传统的汽车维修业经营方式,它将支持分散在各地的维修企业协同汽车制造商共同提高产品维修质量和服务水平,使汽车的维修资料能最快、最全面地传达到维修行业中去,这将大大提高维修效率,使制造商、维修企业和车主之间的联系更加密切。因此,随着我国汽车维修业向着生产组织的专业化、经营方式的协作化和技术支持的网络化方向发展,信息化将是其必然的选择。

5. 汽车维修信息网络化

汽车维修信息化的前提是维修信息的网络化,这是维修信息来源多元化导致的必然结果。同时,由于信息技术的不断更新、公用数据交换网络的不断拓宽,使信息网络技术迅猛发展,这为汽车维修信息网化提供了有利的技术支持。

汽车维修信息不仅来源于汽车制造商,而且还来源于维修企业以及维修信息咨询业。就汽车制造商来说,其所提供的汽车维修信息具有最原始性和权威性,其维修信息的提供方式将以共享性、示教性和及时性为特点。但汽车维修企业所提供的维修信息则具有特殊性和实用性,因而,其维修信息的网络化应以规范性、准确性和交换性为主。此外,由于维修信息咨询业是以信息的综合性和商业性为特点,因此,在汽车维修信息的网络化时,将具有系统性、权限性和知识性的特征。

汽车维修信息化有不同的层次,维修信息网络化也会有不同的方式:

(1)以汽车制造商信息网络系统为主体的汽车维修信息网络化;

(2)以汽车维修咨询专业网站为模式的汽车维修信息网络化;

(3)以汽车维修企业信息化为基础的汽车维修信息网络化。

为了最大限度地满足汽车维修企业的信息收录和交换,同时实现局域网的管理和信息交流,可采用传统的多用户管理系统作为操作平台,选择高效率的数据库,为目前还不够完善的汽车维修行业的信息收录和查询,提供软件环境。就维修企业来讲,其信息化网络建设应遵循以下原则:

(1)采用先进的数据库管理系统。数据库是网上资源的重要组成部分,其管理系统的选择,直接影响系统的组成和用户的服务质量。例如,采用多用户数据库管理系统(ACCESS),不仅具有较强的安全性,而且还可以利用它提供的一些统计和查询语言 SQL 编写软件,实现对数据库的动态调用,从而实现对数据库信息的分类查询和动态发布。

(2)建立良好的用户界面。例如,系统操作平台可选择当今最为流行的操作系统,提供关键词索引等方便用户的非常友好的信息查询接口,用户只要按要求输入查询条件,提交后就会得到相应的信息。

(3)选用多种信息发布方式。系统的信息可以通过 WWW 服务器、电子邮件(E-mail)服务器和文件传送协议(FTP)等多种方式实现信息传递功能。

(4)提供良好的内部使用性。采用局域网管理系统,可以实现远程信息交流和计算机远程管理。其主要任务是网络系统管理、数据库管理、用户管理和信息资源的建设并对外服务。

6. 汽车维修信息集成化

汽车维修的信息化不仅需要网络化,而且也需要信息的集成化。汽车维修信息集成系统是将维修企业管理、维修网络信息以及维修仪器设备(例如基于计算机控制的发动机分析仪、排放分析仪和四轮定位仪等)的信息进行集成。首先,该集成系统应具有信息共享的功能,如各个子系统可以查询、使用维修企业管理子系统具有的车辆档案、维修记录、配件库存等资料;其次,系统还允许在局域网(LAN)或广域网(WAN)进行远程诊断,以便更有效地利用昂贵的诊断仪器和信息资源。

维修信息系统集成系统可采用开放型结构体系(Open Architecture System For Integrated System,OASIS)。技术上,SIS 是应用程序接口(API)的规格和方法学建立用于汽车维修的无缝集成诊断系统。应用上,OASIS 能使不同的检测仪器和通信工具协调一致的工作。当进行故障诊断时,维修人员通过"询问"的方式在线检索数据库,在问与答的过程中使问题得以解决。

例如,丰田汽车公司开发的 OASIS EDGE 系统,设计时考虑到对异步各平台的 Microsoft Windows 操作,Oasis Egde 桌面管理器实现了所有应用程序之间的多任务的控制。程序设计语言是 Visual Basic,使用 Netscape 或 Microsoft 的网络浏览器。它要求每个设备成为小型 Http Web 对象服务器,通过以太网,用标准协议与其用户进行通信。一台计算机如果支持一种浏览器,并有一个以太网卡,就能成为一台排放分析仪、四轮定位仪、灯光校准仪、服务登录及技术信息查询站等。这样,每位维修人员都可同时对维修厂内的或另一个厂内的甚至世界范围内的每一台昂贵的专用设备进行访问。

第五节　维修质量管理

一、质量管理体系

1. 质量管理任务

1)质量概念

GB/T 6583 对质量的定义为:反映实体满足明确和隐含需要的能力的特性总和。实体可以是活动或过程、产品、组织、体系或人,以及上述各项的任何组合。组织可以是公司、集团公司和商行等企业,具有其自身的职能行政管理机构,以及事业单位或社团等。质量不能只理解为具体产品的质量,还包括工作质量和服务质量。

(1)产品质量。是指产品合适一定的用途、满足需要所具备的自然属性或特性。对汽车产品来说,通常是指动力性、经济性、可靠性、安全性、平顺性以及环保性等。

决定和影响产品质量的因素有人、设备、材料、加工、检测和环境的因素。这些因素涉及企业各个部门、各个环节及每个职工。

(2)工作质量。是指为保证产品质量和提高使用价值所采取的技术水平与组织的完善程度。

(3)服务质量。是指企业满足用户或顾客服务需求方面的特性,常用服务环境、设施、项目、时间、态度和满意度等评价。

2)质量管理任务

质量管理的发展分为以下三个阶段:质量检验(Quality Testing)、统计质量控制(SQC,Statistical Quality Control)和全面质量管理(TQM,Total Quality Control)。

根据 GB/T 19001 标准要求,企业质量管理的主要任务是:确立质量方针,建立质量体系,分配质量职能和明确质量责任,使产品在形成过程中各阶段的影响因素都处在受控状态，保证达到产品质量要求，满足用户期望。

质量方针是企业最高管理者正式颁布的总的质量宗旨和质量方向，具体规定了产品的性能、适用性、安全性和可靠性及其有关的关键质量要素目标，其实施则是通过质量管理来完成。质量管理的核心是建立质量体系，是通过要素规定的质量活动进行运转，包括质量控制和质量保证活动，以确保质量目标的实现。

企业开展质量管理和建立健全质量体系，可采用等同于 ISO 9001 国际标准的 GB/T 19001《质量管理体系—要求》进行。企业建立有效的质量管理体系的显著性标志是：第一，实行全面质量管理；第二，通过了 ISO 9000 系列认证。

中华人民共和国交通部令第 28 号《汽车维修质量管理办法》1991 年 6 月开始施行，要求加强汽车维修行业质量管理，建立汽车维修质量管理体系，确保汽车维修质量。

2. 质量体系要素

质量体系是为实施质量管理所需的组织结构、程序、过程和资源。质量体系所涉及的要素以及对这些要素要求的深度，以及所达到的质量目标，或保证已确定的产品要求能实现为度。质量体系要素按其作用和性质可分为四类：

(1)质量管理要素。包括管理职责、质量体系原则和质量成本三个要素。

(2)质量环要素。包括营销质量、设计质量、采购质量、生产质量、生产过程控制、产品验证、搬运和生产后的职能七个要素。

(3)辅助要素。包括测量和试验设备的控制、不合格产品控制和纠正措施三个要素。

(4)基础要素。包括质量文件和记录、人员、统计方法的应用、产品安全和责任四个要素。

质量管理要素是建立或优化质量体系的基础，应在质量环要素、辅助要素和基础要素中充分体现出来。如质量方针、质量目标和企业最高管理层的职责是每个企业的质量体系首先要明确的前提，因为建立或优化质量体系的目的，就是贯彻企业的质量方针，实现质量目标。

质量环要素是质量体系的主体，可以根据市场情况、产品类型、生产特点、用户需求等来选择相应的要素和采用这些要素的程度。具有代表性的质量环是：营销和市场调研——设计/规范的编制和开发设计——采购——艺开发和策划——生产制造——检验、试验和检查——包装和储存——销售和分发——安装和运行——技术服务和维护——用后处置。这与全面质量管理(TQC)提出的影响产品质量的“八大质量职能”(市场调研，产品开发、设计，采购，生产技术准备，制造，检验，销售和售后服务)内容相近。

质量体系要素由实施的目的、质量活动及其职权、责任、执行的程序文件、活动之间接口等六项内容组成。质量活动包括质量控制(QC)和质量保证(QA)两个紧密相联而性质不同的活动。质量控制是为了控制影响质量因素所采取的作业技术；质量保证是为了满足质量要求所提供的有计划、有系统的活动(包括活动过程、活动结果和数据记录等)。质量控制是质量保证的基础，质量保证有利于促进质量控制。

3. 质量体系文件

质量体系文件是企业建立质量体系并保持其持续有效运行的基础，是企业生产合格产品、评价质量体系、进行质量改进的重要依据。典型的质量体系文件层次，如图 9-8 所示。

(1)质量手册。阐述质量体系的文件，具有企业在质量管理方面的立法性质，它既要指导质量体系的运转，又作为企业质量体系认证的依据。

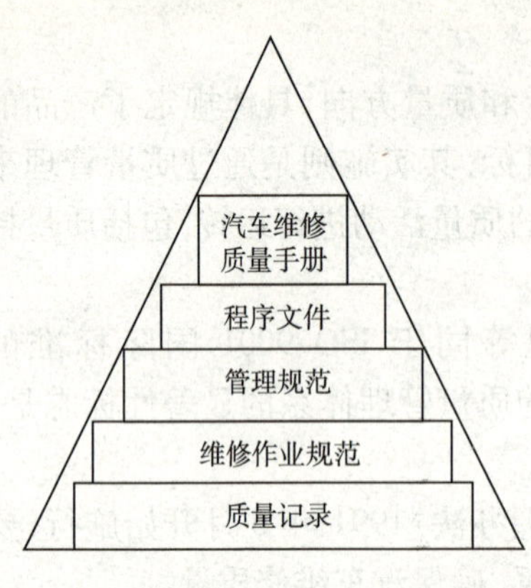

图 9-8　汽车维修质量管理体系文件层次

（2）程序文件。质量体系运转实施的文件，包括开展活动的目的、范围、职责、实施步骤和记录方式等内容。

（3）规范文件。阐明要求的文件，主要包括管理规范和作业指导书。

管理规范是阐明管理要求的文件，即为确保其管理与作业过程的有效策划、运行和控制所需的文件。虽然 ISO 9001 标准没有强制规定，但是，它也是质量管理体系文件之一。

作业指导书是阐明作业要求的文件，它是详细描述如何执行和记录的文件。同时，作业指导书还描述如何使用材料、设备、文件命名和文件，包括接受准则。

作业指导书不同于程序文件，程序文件可以引用规定活动如何实施的作业指导书。书面程序通常描述交叉不同职能活动，而作业指导书通常用于单一的职能任务。

（4）质量计划。是对特定的项目、产品、过程或合同，规定由谁及何时应使用哪些程序和相关资源的文件。具体地说，质量计划是针对某产品所采取的专门质量措施文件，包括质量目标、各阶段的责任和权限分配、指定的特定程序、试验、验证、检查和审核大纲及指定的其他措施等内容。

（5）质量记录。是阐明所取的结果或提供所完成活动的证据文件，即记录质量活动过程和结果的文件，为证实、追溯、采取纠正措施和质量改进提供依据。

4. 质量体系建立

质量体系的建立受各种需求、具体目标、所提供产品特性、所采用的生产过程以及企业规模和结构的影响。因此，质量体系的结构或文件应有企业特色。

1）确定体系模式

质量管理体系是指在质量方面组织和控制的管理体系。2000 版 ISO 9000 标准提出了以过程为基础的质量管理体系结构模式，即在建立实施质量管理体系以及改进其有效性时采用过程方法。这种结构模式比以要素为基础的结构模式更切合实际，并把层次分析法中的质量管理体系要素全部容纳到这种结构模式之中来。

组织质量管理体系应考虑四个重要组成部分：

（1）管理职责。包括相关方的需求和期望、质量方针、策划、职责、权限与沟通、管理评审等项内容。

（2）资源管理。包括人力资源、信息资源、自然资源、财务资源、基础设施、工作环境、供方及合作关系等各项内容。

（3）实现过程管理。包括与相关方有关的过程、设计和开发、采购、生产与服务运作、测量和监视装置的控制等项内容。

（4）测量、分析与改进。包括顾客和其他相关方满意程度测量和监视、内部审核、过程监测和测量、产品监测和测量、不合格品控制、数据分析、纠正和预防措施、持续改进等项内容。这种体系结构模式将质量管理体系四个重要组成部分有机地联系起来，具有很强的可操作性。

为使组织有效运作，必须识别和管理众多相互关联的活动，通过使用资源和管理，将输入转化为输出的活动可视为过程。通常,一个过程的输出直接形成下一个过程的输入。组织内诸过程的系统应用,连同这些过程的识别和相互作用及其管理,可称之为"过程方法"。

过程方法的优点是对诸过程的系统中单个过程之间的联系以及过程的组合和相互作用进行连续控制。过程方法在质量管理体系中应用时,强调以下要求:

(1)理解并满足要求;

(2)需要从增值的角度考虑过程;

(3)获得过程业绩和有效性的结果;

(4)基于客观的测量,持续改进过程。

以过程为基础的质量管理体系模式,如图 9-9 所示。

在采用过程方法时,应运用下列 PDCA 方法进行运作:

P(Plan)——计划。根据用户的要求和组织的方针,为提供结果建立必要的目标和过程。

D(Do)——实施。实施过程。

C(Check)——检查。根据方针、目标和产品要求,对过程和产品进行监视和测量,并报告结果。

A(Action)——处置。采取措施,以及持续改进过程业绩。

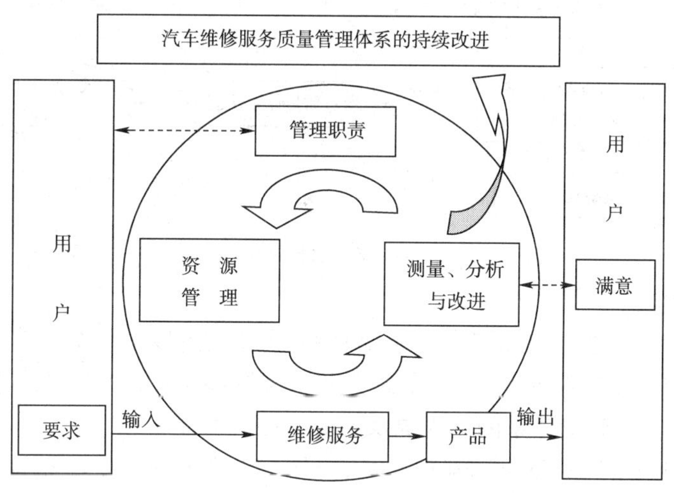

图 9-9　以过程为基础的质量管理体系模式

2)选择推动方式

采用 ISO 9000 族标准,建立质量目标,可以采用"受益者推动"或"管理者推动"方式。

(1)受益者推动方式。受益者是在经济组织的绩效和供方组织的运行环境方面有共同利益的一个人或一组人。受益者推动方式就是首先根据用户或其他受益者提出的直接要求,实施 ISO 9001 标准。在此同时或在此以后,还应开展质量管理工作,获得进一步的改进,并以所选择的质量保证模式作为核心结构,建立一个更加全面的质量体系。例如,部分汽车生产厂会对其特约维修站提出质量体系认证要求,特约维修站在规定的时间内必须完成认证。汽车生产厂为了保证维修站认证的有效性,甚至会要求其维修站必须在其指定的机构中选择认证机构和咨询机构。受益者推动方式,如图 9-10 所示。

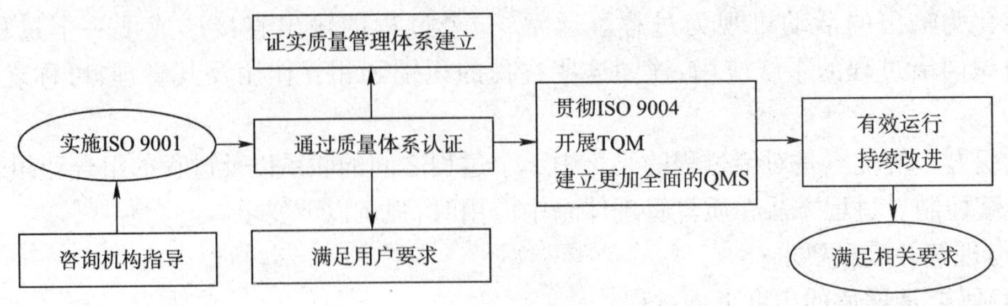

图 9-10　受益者推动方式

(2)管理者推动方式。管理者推动方式是指组织的管理者"对正在出现的市场需求趋势作出预测,首先使用 ISO 9004 标准及有关其他支持标准(如 ISO 10012 等),为建立一个质量体系所需要的质量管理方法提供指导,以便提高其质量成就,此后在任何顾客要求之前作为一个预备措施,应该尽可能获得认证,以证实质量体系的适宜性。"这就是说,在管理者推动方式中,一个组织首先是依据 ISO 9004 标准及其他相关标准,建立质量管理体系,以满足市场需求及其发展趋势。为了证实所建立质量管理体系的适宜性,再尽可能通过质量体系认证。例如,部分维修企业为了加强内部管理,适应市场需求,主动要求进行 ISO 9000 质量体系认证。管理者推动方式,如图 9-11 所示。

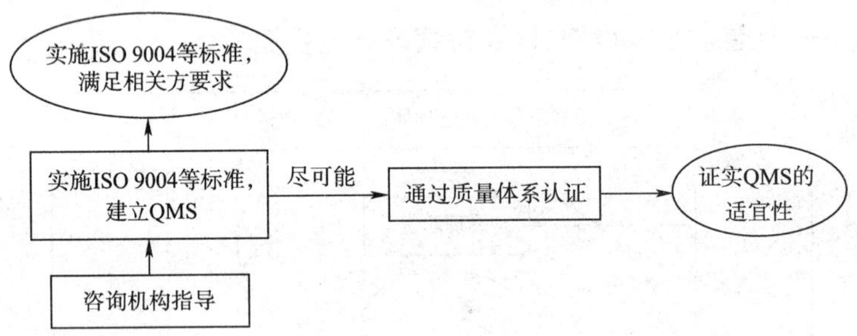

图 9-11　管理者推动方式

3)构建运行体系

建立一个全面、合理、适用和有效的质量体系,需要通过以下基本步骤:

(1)调研总结。通过现场考察、开座谈会和查阅资料文件,全面、系统的总结企业质量管理的经验与教训,为质量体系的建立提供必要的资料基础。

(2)标准培训。培训对象包括管理人员、全体工人和专业人员。培训内容针对不同的对象有差别,对管理人员进行 ISO 9000 族标准内容与适用范围,以及 ISO 9001 和 ISO 9004 标准的相关内容等培训;对全体工人进行 ISO 9000 族标准基本知识培训,使他们理解和掌握 ISO 9000 族标准的基本知识、基本概念、基本内容和基本要求;对专业人员进行 ISO 9000 族中专用标准的培训,如对内审员应提供内部审核方面标准的培训。

(3)体系策划。体系策划式建立质量体系的关键步骤,应依据 ISO 9001 或 ISO 9004 标准要求,逐项根据企业实际情况,确定过程要素与相应的过程控制文件。

(4)编制文件。质量体系文件的编制应在质量管理专家的参与下,组织既懂管理,又懂技术,理解 ISO 9000 族标准内容且又熟悉文件编写方法的人员承担编写任务。同时,在编写过程中不断征求各方面的意见,在保证文件质量的前提下,有利于文件的具体实施。

(5)资源调配。根据质量体系有效运行的需求,调配相关的人力资源和物力资源,改善质量体系运行工作环境。

(6)运行试验。质量体系文件发布后,都有试运行和文件验证期。通过试运行,验证体系文件的正确性;通过修改文件,提高文件执行的有效性。

(7)内外审核。内部审核就是每年编制内部审核计划,安排内审员对质量管理体系覆盖的每个部门、每个过程要素进行认真审核。外部审核就是接受质量体系认证机构或产品需求方的审核。通过内外审核和诊断,不断发现缺陷,以保证质量体系的有效性。

(8)改进完善。质量管理体系应随生产环境的变化不断改进,并采取各种措施不断完善质量体系。

上述八个步骤并不是孤立分割、相互独立的八个阶段,而是相互联结,甚至有时重复交叉的工作。因此,应根据实际情况,系统安排,以建立科学有效质量体系的目的。

5. 质量体系认证

汽车维修企业通过贯彻 ISO 9000 标准并有效的执行,是提高现有的管理能力、维修质量和服务水平的管理方法。ISO 9000 标准应是一个企业进行质量管理的最基本要求,汽车维修企业应结合自身的实际条件开展相应的工作。维修行业即使借鉴 ISO 9000 标准进行质量管理,也还要通过 ISO 9000 质量体系认证。因为维修企业虽可按照 ISO 9000 标准要求进行质量管理,若不经第三方审核,即认证机构的审核,不能表明企业已符合了 ISO 9000 标准的要求,也不能给企业相关方(包括顾客、汽车生产厂),甚至社会提供信任。因此,维修企业只有通过质量体系认证,才能被承认具有较高的质量管理水平。

质量体系认证是依据质量体系标准(即 ISO 9001)和相关管理要求,经认证机构审核确定并通过颁发质量体系注册证书,来证明某一组织质量体系运作有效,其质量保证能力符合体系标准的质量活动。汽车维修企业作为一个独立的组织,可进行质量体系认证。

二、维修质量评价

1. 维修质量标准

维修质量管理是通过管理活动对影响维修质量的各种因素进行系统性控制,主要内容包括确定维修质量标准、分析影响质量的因素以及控制和监督维修质量等。

维修质量标准作为维修质量管理的依据,是指导维修作业和维护客户权益的具有"法律"意义的文件。汽车的质量标准常因对象不同所选指标各有差异,但最终总要体现在汽车的动力性、可靠性、安全性、经济性等质量特性上。

一般来讲,汽车所有质量特性,在设计阶段就已经决定。在汽车投入使用之后,一旦发生故障或性能劣化,通过维修能恢复到规定的性能水平,即达到了维修质量标准。但是,汽车技术的不断进步,对汽车质量的要求也是随时间、地点、条件而不断变化,因而制订出的维修质量标准不可能一成不变,要根据具体情况不断地修改、提高和完善。与汽车维修质量相关的国家标准有《商用汽车发动机大修竣工出厂技术条件》(GB/T 3799—2005)《汽车维护、检测、诊断技术规范》(GB/T 18344—2001)和《汽车修理质量检查评定标准》(GB/T 1546—1995)等。

2. 维修质量评价体系

汽车维修质量评价应包括三个方面,即维修产品质量、维修工作质量及维修服务质量。对汽车维修产品质量评价指标体系,如图 9-12 所示。

在图 9-12 中,对外观质量的评价具体可用涂层漆膜特性、车身损伤修复程度等指标;安装质量可以用连接件拧紧力矩达标率、调整参数的合格率等指标进行评价。

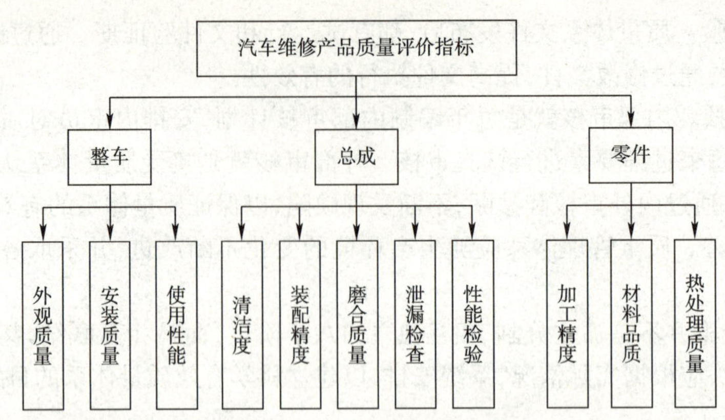

图 9-12 汽车维修产品质量评价指标体系

3. 维修质量分析方法

在维修质量管理中,常用相关数据对维修质量水平进行分析。常用的分析方法有:

(1)分类法。通过分类将不同质量的数据进行统计,以找出规律,从错综复杂的因素中发现问题和解决问题的途径。

(2)排列图法。也称主次因素图或巴雷特图,是用来找出主要质量问题的一种方法。排列图有一个横坐标,表示若干影响质量因素;有两个纵坐标,分别表示频数和累计频数百分比。画图时,按出现质量问题的频数大小,从左至右顺序排列;频数直方图表示质量因素影响的大小,累计频数百分比表示质量因素影响的强度。通常根据累计频数百分比将影响因素分为三类:A 类因素为 0 ~ 80%,也称主要因素;B 类因素为 80% ~ 90%,称一般因素;C 类因素为 90% ~ 100%,称为次要因素。

(3)因果分析图法。主要用于质量问题原因的分析。

(4)直方图。数据分布的一种表现形式,它是在一定数量的样本数据基础上,经过分组和计算后绘出的图形。

(5)控制图法。也称管理图,是分析判断产品质量是否稳定的方法。

三、维修质量保证

依照《汽车维护、检测、诊断技术规范》(GB/T18344—2001)规定,对竣工出厂的车辆实行质量保证期制度。

质量保证期按以下规定执行:

(1)汽车和危险货物运输车辆整车修理或总成修理质量保证期为车辆行驶 20000km 或者 100 日;二级维护质量保证期为车辆行驶 5000km 或者 30 日;一级维护、小修及专项修理质量保证期为车辆行驶 2000km 或者 10 日。

(2)摩托车整车修理或者总成修理质量保证期为摩托车行驶 7000km 或者 80 日;维护、小修及专项修理质量保证期为摩托车行驶 800km 或者 10 日。

(3)其他机动车整车修理或者总成修理质量保证期为机动车行驶 6000km 或者 60 日;维护、小修及专项修理质量保证期为机动车行驶 700km 或者 7 日。

以上质量保证期中行驶里程和日期指标,以先达到者为准。质量保证期从车辆竣工出厂或签发竣工出厂合格证之日起开始计算。

质量保证期内,因维修质量原因造成机动车无法正常使用进厂返修的车辆,免返修工料费。

在质量保证期内，机动车因同一故障或维修项目经两次修理仍不能正常使用的，负责联系其他机动车维修业户，并承担相应修理费用。

以上质量保证期仅适用于车辆竣工出厂后，托修方严格执行驾驶操作规程和车辆走合期规定，合理使用、正常维护的情况下出现的质量问题。

第六节　汽车维修技术经济分析

一、技术经济分析方法

1. 技术经济分析程序

维修是一项技术活动，也是一种投资过程，可以采取多种技术方案。在这些可行的技术方案中，其优劣归根到底取决于能否取得较好的经济效果。所以，经济效果是任何一项技术最重要的衡量标准之一。

维修技术的评价可分为技术评价、经济评价和社会评价。进行技术经济分析的方法很多，基本上可以分成3种类型。第一类是方案比较法，它借助于一组能从各方面说明方案技术经济效果的指标体系，对实现同一目标的各种可行方案进行技术经济比较，从中选出最优方案的一种方法。另外两种类型是价值分析法和系统分析法。这里主要介绍方案比较法。

第一步，建立各种可行的技术方案，明确维修所要达到的目标。实现同一目标，一般有多种可行方案，究竟哪种方案最优，则需要通过分析、比较和选择。因此，进行技术经济分析，首先就是要提出技术方案，如修复曲轴，可用金属电弧喷涂，也可以用镀铁，还可以用CO_2保护焊等多种工艺方法，采用何种方案，应当根据调查研究的结果和掌握的全部资料进行周密分析。有些技术缺乏充分的资料或尚未完全过关，一般不应将其列为可行方案。

第二步，分析各个可行方案在技术上、经济上的优缺点。这种分析是建立在对各个方案透彻了解的基础上，所以，专家评审法是经常采用的方法之一。在对方案进行分析时，必须从整体利益出发，考虑各方面因素的相互联系和影响，对每个方案进行全面、具体的分析，正确评价其优缺点，并作为定量分析的基础。

第三步，对技术方案进行经济评价，即建立反映技术方案各项技术经济指标和参数变量之间关系的经济数学模型，并求解。经济数学模型的形式很多，必须根据实际需要，正确确定应采用哪些技术经济指标和参数。一般的数学模型都由目标函数和约束条件（如反映经济效果的投资收益率、资源限制等）组成。求解经济数学模型，可根据模型的复杂程度采用图解法、表上作业法或用计算机求解法等。

第四步，对技术方案进行综合评价。在求得每个方案的目标函数值后，可对各方案进行比较，从中找出最优方案。但是每个方案的优缺点，并不是都能用数量表示的，或者说并非都能通过经济数学模型反映出来。因此，必须同时考虑那些不能数量化的因素。只有进行全面的分析和评价，才能优选出技术上先进，经济上合理的最佳方案。

2. 技术经济评价指标

在分析不同方案的技术经济效果时，首先应确定评价的依据和标准，也就是要利用一系列技术经济指标来衡量方案的优劣。只用个别指标衡量它的技术经济效果，往往达不到全面和准确地进行评价的目的，以致造成盲目肯定或轻易否定的决策错误。所以，必须考虑与维修措施方案有关的技术、资金、时间、效益等诸多因素，建立一套相互联系、相互补充、并针对多种因素进行综合评价的指标体系，才能对方案的技术经济效果作出全面的评价。

构成指标体系的指标是多种多样的，下面对一些常用的指标，按劳动成果、劳动消耗、时间因素及其他综合关系进行分类，见图9-13所示。

3. 技术方案经济评价方法

技术方案经济评价的方法很多，各有优缺点和适用范围。技术方案经济评价方法分类见表9-2。

在技术经济分析中最常用的方法是方案比较法。对两个以上技术方案进行比较，首要的环节是要使各方案的实施条件等同化，即满足可比性。然后才能运用数学手段进行综合运算、分析和对比，从中选出最优方案。由于每个方案涉及的因素是极其复杂和多样，所以不可能做到绝对等同化，况且其中还包括一些不能定量表达的因素。因此，在实际工作中只能对经济效果有较大影响的主要方面实现可比性的要求。

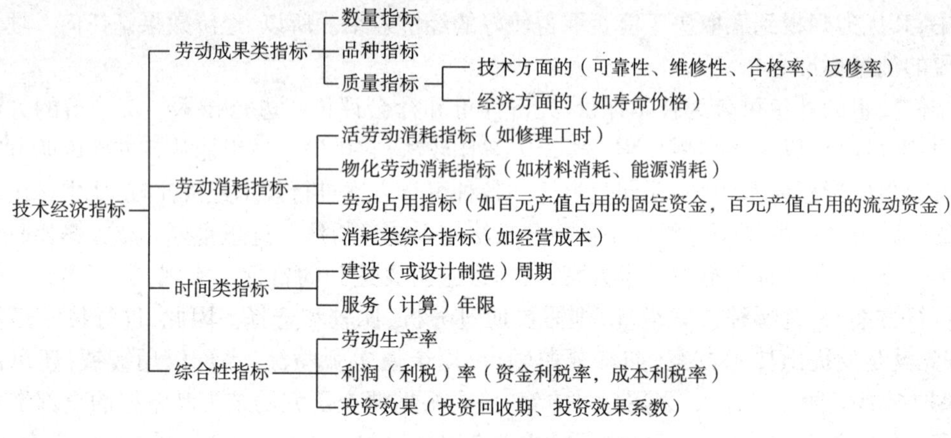

图9-13 常用技术经济指标

技术方案经济评价方法简表 表9-2

时间因素 / 投资效果计算与评价方法 / 追求目标		静态	动态	
			按各年经营费用相同计算	按逐年现金流量计算
维修效果	投资回收期	·投资回收期法 ·追加投资回收期法 ·财务报表法	投资回收期地(PB法)	
	投资收益率法	简单投资收益率法	内部收益率法(IRR法)	·净现值法(NPV法) ·现值指数法(NPVR法)
维修耗费	总费用	总算法	现值总费用比较法(PW法)	
	年费用	年计算费用法	年成本比较法(AC法)	

二、汽车大修的经济界限

大多数汽车在其寿命周期内，总要经历几次大修。但修理并不能无止境地延续，总是有一定限度的，否则会产生种种弊病。

其一，大修不能完全补偿和恢复汽车的有形磨损。汽车在大修中，仅更换了部分零部件，未更换的零部件虽能继续工作，但其材料已有一定磨损、腐蚀，且材料也开始疲劳老化，必然导致汽车总成的性能、配合副的精度和效率以及整体功能的下降。因此，汽车的有形磨损虽经大修，仍将趋于劣化，其劣化过程如图 9-14 所示。随着使用期限的延长和大修次数的增加，汽车的劣化幅度加大，速度加快，主要表现为：精度、效率越来越低；性能越来越差；能利用的零件越来越少；修理周期也不断缩短。这样的汽车继续修理，必然成为生产发展的障碍。

其二，大修不能补偿汽车的无形磨损。汽车无形磨损的主要标志是技术落后。技术落后是随着时间的推移而不断加剧的，现有的汽车通过大修即使能够恢复到原有水平，与技术进步了的新汽车相比，仍然意味着落后。无形磨损的情况参看图 9-14。当今汽车技术日新月异，汽车无形磨损的速度大大加快，如果长期依靠维修，陈旧的汽车势必然阻碍技术的进步。

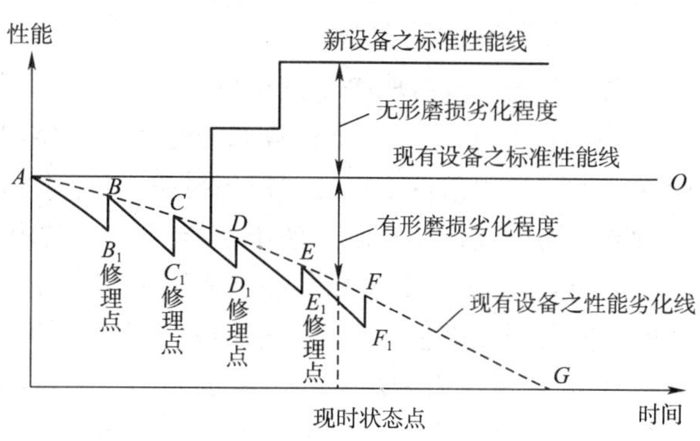

图 9-14　汽车产品劣化程度图

其三，长期大修导致维修和使用费用提高。对技术陈旧的汽车，长期进行修理在经济上是不合理的。尽管汽车在大修中可能利用原有的大部分零件，但大修的成本仍然是很高的，比如一台中型汽车一次大修的费用就相当于新车价格的 50% ~60%，而且一次比一次高。经过多次大修的汽车，性能严重劣化，使用费用也将随着增加；日常维护和小修的频数增加；技术故障所造成的停工损失和次品损失增加。因此，继续使用旧汽车，是十分不经济的。

衡量汽车大修的经济界限，最起码的条件是大修一辆汽车的费用不超过该种汽车的制造成本，即：

$$R < K_n - K_L \tag{9-2}$$

式中：K_n——新汽车价值；

K_L——汽车残值；

R——大修费用。

如果汽车在大修之后，技术性能与同种新汽车没有差别，则上式对衡量大修的经济性是合理的。但从上述分析可知，汽车会随着长期使用和修理而性能不断劣化，与新汽车相比，使用费用可能增加。在衡量时，如果仅以修理费和购置费对比，显然是不全面的。

为此给出汽车大修经济界限的另一个条件，即以修过的汽车的单位作业成本高于具有相同用途新汽车的单位作业成本作为不再进行大修的经济界限。表示为：

$$C_{zimin} < C_{Z1} \tag{9-3}$$

式中：C_{Z1}——新汽车第一次大修前的单位作业成本。

三、汽车修理的经济效益分析

1. 汽车修理的效益分析

汽车在使用过程中，由于自然磨损或其他损伤的缘故，会逐渐地丧失其工作性能，当达到修理极限时就必须进行修理。汽车修理的任务就是以最低的消耗来补偿和恢复汽车丧失的功能。但是，汽车修理对丧失功能的汽车不总是有效的。这就要求修理前应先分析汽车修理的经济效益，它与汽车的损坏程度、修复工艺和费用、修复后的使用效果和更新的可能性等有关。

汽车在使用过程中，随着技术状况的变化，要求不同深度和层次的修理。在不同条件下，修理的深度与广度是否适宜，以及汽车使用到极限状态后，进行彻底修理在经济上是否合理，必须利用汽车寿命周期费用的评价方法进行分析。汽车修理的效益主要体现在以下几个方面：

1）汽车修理的社会效益

汽车的使用效益取决于汽车设计、制造、使用和维修的各个环节。为保证良好的使用效益，汽车设计和制造时应充分考虑提高汽车的使用经济性、可靠性和可维修性。汽车使用时应根据不同使用条件正确地使用与维护，充分发挥车辆的效能，以取得较好的经济效益和社会效益。而修理是恢复汽车使用性能、延长汽车使用寿命、保持社会运输力的主要措施。任何一个国家，汽车的更新都是按经济使用寿命进行的。汽车使用到极限状态时，不可能不加分析的就予报废更新。汽车修理的方式因不同国家的生产水平、消费结构和体制的不同而有所不同，但汽车修理却是必不可少的。按照目前我国生产力的发展水平，以及国民经济对汽车运输业的发展需要，汽车修理作为一种手段，并不是可有可无的权宜之计，它是满足社会运输力要求，提高汽车运输效益的重要措施。统计资料表明，扩大生产更新车辆的投资额，通常是大修同样数量车辆所需投资额的 6 ~7 倍。因此，认真组织好汽车修理生产，对发展汽车运输业无疑是十分重要的。

2）汽车修理的经济效益

汽车在使用过程中，其潜在的工作能力会随着行驶里程的增加而逐渐劣化，如图 9-15 所示。为了延缓这种劣化必须定期对汽车进行维护和修理，当汽车使用到时刻 T 时，由于达到了极限状态，汽车的潜在工作能力已全部丧失，理论上可将二条曲线所包络的面积视为汽车的潜在工作能力。但是，在实际工作过程中有各种随机因素和干扰的影响，上述变化过程是很难用确切的函数式来描述的。

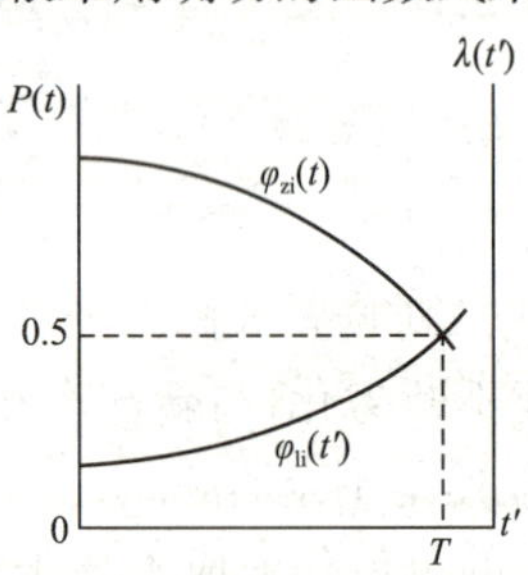

图 9-15　汽车潜在工作能力变化曲线

在实际工作过程中，大量的统计资料表明，汽车进入极限状态时，有 65% ~75% 的零部件可继续使用，而且需修的零部件中也只有约 25% 的工作表面处于不良状态；70% 以上的工作表面可重复利用。如果将这类零件报废，就会白白浪费 50% ~70% 的物化劳动。而且在废件回炉熔化和再加工的过程中，有 50% ~60% 的金属会被氧化烧损和切削掉，造成资源的浪费。而修理正是防止这种浪费，使零部件未被利用的物化劳动得以充分利用的有效手段。修理是一种创造使用价值的再生产过程。

统计资料表明，中型载货汽车的制造成本中，制造零件的材料和加工费用占 70% ~75%，而在修理成本中材料和加工费用仅占 6% ~9%。由此可见，汽车修理可节约大量的资源和物化劳动。

2. 汽车修理的经济效益计算

汽车修理效益的分析是以社会生产发展速度和生产效率提高以及修理生产水平为基础，它直接涉及汽车的合理使用期限，是一个较为复杂的问题。

计算汽车修理经济效益，通常是通过更新车辆和修复车辆的使用费用的对比分析和定量计算而获得。如前所述,汽车在使用期内的费用可分为2大类;第一类是偿还汽车的购置费用;第二类则是在使用期内汽车的使用维修费用。

如果汽车达到极限状态后采用更新的方案,则购置新车的费用和在使用期(t 年)内汽车的使用费用按下式计算:

$$S_H(t) = Q_H - S_0(t) + \sum_{i=1}^{t} d_i \beta_i C_i \tag{9-4}$$

式中:Q_H——新车的购置费用,元;

$S_0(t)$——汽车在使用 t 年后的残值,元;

β_i——考虑到新车随行驶里程增加,运输效率下降的系数;

C_i——修正到同一效率和同一使用期限的新车,在第 i 年的使用维修费用;

d_i——考虑到资金的利率、汽车使用到 i 年时的换算系数。

d_i 值为:

$$d_i = \frac{1}{(1+E)^{iz}} \tag{9-5}$$

式中:E——换算系数,$E=0.10$;

i——换算到 z 年度的年代;

z——将费用换算到的那个年度。

如果当汽车使用到极限状态后;采用大修的方案,则消耗的总费用为大修费用和修复车辆在使用期内的维修费用之和,即:

$$S_p(t) = Q_p + \sum_{t+1}^{2t} d_i \beta_{pi} C_{pi} \tag{9-6}$$

式中:Q_p——汽车大修费用,元;

β_{pi}——考虑到大修后,修复车随行驶里程的增加,运输效率下降的系数;

C_{pi}——修正到同一效率和使用期限的修复车辆,第 t 年的使用维修费用。

如果当汽车使用到极限状态后,用新型号的汽车进行更新,则购置新型号汽车及其在使用 t 年中的总费用可按下式计算:

$$S_m(t) = Q_m - S_0(t) + \sum_{l=1}^{t} \alpha_i \beta_{mi} c_{mi} \tag{9-7}$$

式中:Q_m——修正到同一运输效率和同一使用期限的新型号汽车的价格;

β_{mi}——考虑到新型号汽车随使用行程的增加,其运输效率下降的系数。

β_{mi}的值为:

$$\beta_{mi} = \frac{Q_t}{Q_0} = (1 - bt_i) \tag{9-8}$$

式中:Q_0——新型号汽车在第一年使用时的运输生产率;

Q_t——汽车在第 t 年度的运输生产率;

b——运输效率的衰减系数;

C_{mi}——修正到同一运输生产率和同一使用期限的新型号汽车,在 t 年度的使用维修费用,元。

将汽车价格换算到同一效率时,应考虑的效率增长系数:

$$K'_m = Q'_m \eta_n = Q'_m \frac{q_H}{q_m} \tag{9-9}$$

$$\eta_n = \frac{q_H}{q_m} \tag{9-10}$$

式中：Q'_m——新型号汽车的价格；

q_H——老型号汽车每小时的运输生产率；

q_m——新型号汽车每小时的运输生产率。

当新型号汽车的价格与使用至极限状态的行驶里程均高于老型号汽车时，需要引入一修正系数来加以调整。即：

$$K_m = Q'_m \eta_n \frac{L_H}{L_m} \tag{9-11}$$

式中：L_H——老型号汽车使用至极限状态的行驶里程；

L_m——新型号汽车使用至极限状态的行驶里程。

只有当修复汽车在使用期限内的单位费用比其他方案的但单位费用都低时，汽车大修才能获得经济效益：

$$\frac{S_p(t)}{L_p} < \frac{S_H(t)}{L_H} \tag{9-12}$$

综上所述，分析汽车大修经济效益必须不断地收集有关方面的信息，并在动态规划的基础上，找出最好的解决方案，以获得可靠的结果。同时由于分析汽车大修经济效益是一个较为复杂的问题，因此，汽车每使用1年，都应进行效益分析，并根据分析结果提出最佳的处理方案。

第七节　汽车维修企业规划设计

一、汽车维修企业选址

1. 选址的重要性

选址是企业生产与运作系统规划和设计的重要内容之一。任何一个生产运作系统都是由建筑物、设施、设备等各种物质要素构成的，是生产运作系统的空间实体形态的具体表现。生产运作系统的规划与设计，就是运用科学的方法和手段对生产运作系统的各种物质要素进行合理的选择和布置，使其形成一个有机系统，能够用最经济的方式和最高的效率生产产品或提供服务。其中，企业地址选择是生产与运作系统规划的第一步，也是十分重要的一步。

选址是指确定企业设施地理位置的过程。它不仅对一个新建企业重要，也是老企业因经济、技术原因而需要改扩建或搬迁所必须解决的一个首要问题。企业选址的重要性表现在以下几方面：

第一，企业地址一旦选定，就要投入大量的资金进行设施建设，许多资金就会变成为固定成本，以致很难加以改变。若选择地址发生错误，必然造成巨大的经济损失和人力、物力的大量浪费。

第二，企业选址对于企业建成后的生产与运作成本、产品和服务质量都有极大而长久的影响，一旦选择不当，带来的不良后果往往难以消除。例如，选址不当可能导致增加过多的运输费用，人力资源缺乏，原材料、燃料和动力供应困难，丧失市场竞争优势等问题。

对于服务业，一个不良的位置可能导致顾客丧失或付出很高的经营成本。如果要在选定的地址改善上述不利状况，十分困难，因为许多不利因素不是通过企业自身加强或改善管理等其他措施所能弥补的，除非迁移到另外一个条件合适的新地址，但这要付出相当大的代价。因此，在进行选址时，必须充分考虑多方面因素的影响，慎重地进行决策，绝不能草率行事。

2. 选址的影响因素

选址包括两个方面的问题：一是选位，即选择什么地区，南方还是北方，沿海还是内地、国外还是国内；二是定位，即在地区确定后选定具体的地点位置。影响选址的因素很多，在此按照选择地区和选定位置把这些因素分成两大类来进行分析。值得指出的是这两大类因素并非截然分开而是有密切联系的，在选址时应当结合起来共同考虑，以求得一个合理的、满意的选址方案。

企业选址实际上是生产与运作过程的一种空间组织形式。影响企业地址选择的主要因素包括：自然资源条件（土地资源、气候条件、水资源和物料资源等），社会环境条件（劳动力资源，基础设施条件，生产与运作协作条件等），基础设施条件，地方政策法规以及产品市场销售地距离和服务半径等。在企业选址过程中应坚持的主要原则是费用最小、人才集聚、接近市场和长远发展等。汽车维修服务企业的选址主要考虑定位，而区位的影响较小，但也不应忽略。

1）汽车维修企业区域选址时应考虑的主要影响因素

（1）市场条件。将服务企业地址选择在靠近服务的目标市场区域，有利于接近用户，便于拓展服务市场，并可提供快捷服务。对于汽车维修服务来讲，这个市场实际上包括客户市场、配件市场和维修市场三个方面。

（2）配件供应。出于对保证供应与成本方面的考虑，汽车维修服务企业的地址应尽可能靠近汽车配件供应市场，如某市或地区的汽车配件批发中心市场，是汽车配件的主要集散地。

（3）交通运输。汽车服务企业应尽量选择在铁路、海港、高速公路或其他交通运输条件较好的地区，而且市内交通应该比较方便。

（4）人力资源。不同地区的人力资源状况是有很大差别的，其教育水平、文化素质、劳动技能、工资费用都不同，也是企业选址时必须考虑的重要因素之一。汽车维修服务与其他服务相比较是技术相对密集的行业，需要相当水平的技术工人和技术人员，应在这类人员集中的地区选址。工资成本对汽车服务企业也是非常重要，因此，汽车维修服务企业选址时，要考虑该地区既能提供符合要求的人力资源，又要人力成本较低。

（5）基础设施。基础设施主要指企业生产运作所必需的供水、供电、供气、排水等公共系统的保证。对于任何一个企业来说，基础设施也是在选址时需要予以认真考虑的必要条件。从广义上讲，基础设施还要包括“三废”处理、邮电通信和生活服务设施等。对汽车维修服务企业来说，应重视环境保护和生产安全要求。

（6）气候条件。气候条件是指温度、湿度、气压、风向等气象因素。许多企业愿意在气候适宜的地方建厂，不仅可以降低通风、采暖、除湿、降温的费用，还能避免由于气候原因造成的停工待料、延误交货、无法正常生产等造成的损失。汽车维修服务企业在选址时，不仅必须面对气象条件这种客观因素，而且还必须提出应对气象条件变化的具体措施。

（7）社会文化及生活环境。显而易见，企业所在地区应具有良好的住房条件，学校医院,体育娱乐设施,能给职工提供良好的家居、购物、教育、交通、娱乐、治安、消防和医疗保健服务的生活环境,无疑能使职工减少许多后顾之忧,提高工作效率,也会大大减轻企业办社会的负担。

(8)政治经济及法律政策。在某些地区建厂办企业,可能会得到一些特殊的政策上的优惠待遇,如减免税收、低息贷款和土地使用费低等条件。

2)汽车维修企业具体定位时应考虑的主要影响因素

(1)扩展可能。除了根据企业规模规划所需面积外,还应留有扩展的余地。要考虑到将来企业发展,进行技术改造,改建或扩建所需要土地面积。

(2)环境保护。选择具体位置时应认真考虑企业对周围环境可能造成的危害,尽量把企业建在对环境影响最小的地方。如有严重噪声,排放有毒废气、废水和废渣的企业就不应建在居民区附近。由于人们对环境保护日益关注,那些造成污染、破坏社区生活质量的企业,若不很好地解决保护环境和生态平衡问题,将会受到居民的普遍反对和排斥。因此,企业在选位时应优先考虑“三废”治理问题,否则将来会造成经营成本的上升,甚至导致被迫关、停、并、转的严重后果。

(3)地质条件。包括地面是否平整,地层结构、负重水平是否符合企业未来布置各类设施的承重要求。

此外,服务企业地址的选择还要考虑一些其他因素,如科技依托条件、协作单位的距离、公共设施费用、社区人文条件等。

3.选址的主要步骤

选址是一个十分复杂的决策过程,受到众多因素的影响,这些因素远远不止上述所列出的这些因素。如何在决策过程中分清主次、抓住关键,作出最好的选择,不仅要有科学的分析方法,进行全面的评价,而且还必须遵循一定的程序和步骤。具体来说,选址通常包括下列步骤:

(1)确定选址目标。选址有三种基本情况:一是新建企业的选址;二是由于生产经营的发展需要改建或扩建,需要另选新址或在原地扩建;三是由于企业需要搬迁,另选一个合适的地址。这三种情况的选址目标是不同的,考虑的因素重点也有区别。第一种情况比较单纯,往往以投入最少、产出最大、效益最好为选址的决策目标。第二种情况因为受到企业现有经营因素的影响,除了要考虑费用效益外,还要权衡与原有的生产运作设施之间的关系,以如何整体优化布局为目标。第三种情况则应分析迁厂的具体原因是什么,要达到什么样的目标,是扩大规模、获取资源、降低成本还是由于环境保护问题,此时,选址目标应与解决的主要问题联系起来。

(2)收集数据、分析各种影响因素,拟定初步候选方案。除了上面提到的选址、选位的各种影响因素的具体资料数据外,还要掌握当地政府部门有关经济发展规划、土地征用、工商税务、资源使用方面的情况和信息。在收集数据的基础上,对各种影响因素逐一加以分析,分清主次,进行权衡取舍,找出最重要的因素并分析对实现目标的影响程度,然后拟出初步的候选方案。

候选方案的个数应根据可供选择的地区范围、具体条件、存在问题、解决的难易程度来决定。应当注意,为了便于方案的比较选择应列出各候选方案明显的优点和突出的问题。

(3)对候选方案进行详细的分析评价。为了比较各候选方案的优劣,要运用定性、定量的分析方法或者定性定量相结合的方法进行方案评价。选址方案的评价方法很多,主要有比较法、专家意见法、费用效益分析法、分级加权法、重心法、选址度量法以及线性规划法等。具体采用那种方案，要视评价的因素而定，如社会文化因素、政治、法律、政策、扩展性等，难于用明确的数值表示，则只能进行定性分析；而涉及费用、成本、效益、税金等因素的经济性评价，则可用定量方法来进行分析；而有些定性评价因素，如市场、原材料、人力资源、基础设施、交通运输等，为了便于比较，则可以将其转化为量化数值进行分析。

(4)综合分析，确定最终选址方案。在对每一个侯选方案进行详细评价之后，就可以得出各个方案优劣程度的结论，或者找到一个方案明显优于其他方案。选定方案后应准备详细的论证材料，报请有关上级部门批准。

二、汽车维修企业设计

1. 设计任务书编制

设计任务书是将企业的建设要求、发展方向以及必要资料进行综合汇总的技术文件，它是设计部门进行企业设计的主要依据。

2. 设计任务书主要内容

(1)建设性质。说明企业是新建、改建还是扩建等。

(2)建设目的。说明企业建设的必要性、企业服务对象、服务范围以及服务车辆构成情况等。

(3)生产纲领。说明本企业所要进行维修服务的车辆型号、项目名称和年维修量。

(4)企业制度。说明企业的生产制度和管理组织制度等规章。

(5)厂点情况。说明选址区域面积、地形、气象、水文地质资料；水、电、气和劳动力资源等。

(6)协作关系。说明可能与那些企业进行生产协作。

(7)建筑期限。说明建设竣工期限，分期建设的顺序，将来发展前景以及投资的控制目标等。

3. 设计任务书附加资料

(1)图纸要求。比例不小于1:2000的建设地区地图。图纸必须注有交通线路、电力网、煤气管路、给排水管网、暖气管路等基础设施配置；标注已有的和正在建设的全部企业、机关及住宅区等。比例为1:500或1:1000的建筑场地地形图，应标明等高线。

(2)物料供给。选址地区的建筑材料等的市场供给情况。

(3)相关批文。有关机构同意拨给土地，批准进行建设，允许用水、电、暖及排水等公用设施。

(4)协作合同。与有关企业进行生产协作的协议书或合同书。

4. 企业初步设计

企业设计一般分为初步设计、工艺设计、技术设计和施工设计4个阶段。当采用典型设计或重复建设，并在实际使用中获得良好效果的设计时，可以免去技术设计。每个设计阶段的内容、方法和目的各不相同。

1)初步设计任务

初步设计是根据设计任务书和其他设计资料进行的全面调查研究和设计计算，其目的是证明该项目在技术上的可能性和经济上的合理性。在初步设计部分中，需要确定企业的工人数、厂房面积、水和动力消耗量、设备和低值生产用具的概算价值，并且要设计各车间和办公室的平面布置草图以及厂区总平面布置草图。如果采用两阶段设计，初步设计要做出主要设备的计算和设备平面布置，并作出设备、低值生产用具的财务概算，以及建筑工程费（包括土建、暖气、煤气、给排水、照明等）的财务概算，主要技术经济指标等。

2）初步设计工艺计算

（1）生产任务与生产纲领确定。生产任务是指汽车维修服务企业所承担的工作，生产纲领则指企业的设计生产能力，即任务量。大的汽车维修服务企业可能同时承担车辆大修、总成大修、汽车改造、零件修配、旧件修复以及其他任务。在计算生产纲领时，常把生产任务换算成标准车型或直接计算出年工作量。

（2）各种作业时间定额的确定。在进行汽车维修服务企业初步设计时，只采用扩大时间定额计算全年的工作量，从而计算出企业的生产工人数。时间定额的选取要考虑相应作业过程的先进性、现实性和可能性，进行生产运作后可以在较短的时间内（1～2年）能够达到设计标准。因此，它与现有企业所采用的定额有差别。为了便于计算，不同车型的时间定额可折合成标准车型。有总成需要维修时，也需要折合成整车。

时间定额的确定方法有两种，一种是先整车后工种，一种是先工种后整车。先整车后工种是指先确定整车的维修服务工时，然后再按各总成、组合件所占的工时比例系数分，配到每个工种。如果有这方面的资料，计算起来比较方便，可以减少设计工作量。先工种后整车，是指先确定各工种的时间定额，然后把各工种的时间定额累计起来确定整车的维修服务时间定额。在缺少资料的情况下，该种方法可直接调研确定。

三、汽车维修企业平面布置

1. 生产型企业总平面布置

总平面布置是企业设计的一个重要组成部分，它的任务是根据选定的地址，按工厂的性质、规模和生产工艺的要求，对建筑物、构筑物、运输道路、厂房方位、上下管道和厂区绿化等进行合理的布置，使厂区的布置适合生产工艺的需要，并且经济合理，环境优美。

1）厂区平面布置原则

（1）合理划分厂区（厂前区、生产区、生活区）和设置道路；

（2）足够的灵活性（适应变化、考虑发展）；

（3）充分利用厂区面积，节省占用面积；

（4）美化绿化厂区环境（绿化、整洁、美观）；

（5）符合安全、防火、卫生和环保（三废排放、噪声干扰）；

（6）与周边环境协调（建筑外型、出入口衔接）。

2）厂区平面布置内容

（1）厂区划分。在进行总平面布置时，首先要对厂区进行合理的划分。

规模较小的汽车维修企业，厂区划分比较简单。一般划分为生产区、辅助区、厂前区和生活区等几大部分。生产区主要由汽车维修、修旧制配等生产厂房组成，一般以汽车修理车间为中心，布置其他的生产车间和辅助部门。

规模较大的汽车维修企业，可以分为几个主修车间，如汽油车修理车间、柴油车修理车间；大中型汽车修理车间、小型车修理车间；发动机修理车间、底盘修理车间、汽车总装车间等。

辅助区主要由动力部门和仓库等组成。布置动力站房时，应该考虑靠近客户，同时也应注意防火安全距离和环境卫生的要求。

厂前区一般包括大门、门卫、传达室、行政办公楼。同时,也可以根据企业的地理位置和环境,厂前区也可以是从事汽车配件经营、汽车美容等经营场所。生活区一般设在厂外,但个别生活用建筑物考虑厂区的大小和职工生活的方便,也可以设置在厂内,如职工食堂、浴室等。

(2)建筑物布置。在进行建筑物布置时,应考虑生产工艺流程的需要。另外,还要考虑节约用地,充分利用地形、地质条件;考虑远近结合,合理划分厂区,满足安全生产、防火、卫生和环境美化。在满足生产工艺流程的前提下,厂区的建筑物布置还要考虑如下要求:

①合理缩小建筑间距。在企业区域面积中,建筑间距、道路等往往占着很大比重。汽车修理厂,仅建筑间距一项就约占全厂面积的40%,故在满足卫生、防火、安全等要求的条件下,应合理的缩小建筑物间距,减少占地面积,缩短地上地下工程管线长度,降低土建费用。

②厂房集中布置或适当合并。厂房集中布置或车间加以合并的目的是节约用地、减少运输量、节省劳力和降低投资费用。车间的合并,必须按其性质和要求,将同类型的车间,如汽车零件修复、零件配制、机械加工车间等,可以考虑合并,金属材料、配件库和工具库等也可以合并。

在厂房合并时,应注意以下几点:第一,工艺要求,要满足生产工艺的要求,并考虑扩建和工艺改造的可能性,为以后的发展留有发展空间;第二,互相影响,要消除生产上的互相影响;第三,管线敷设合理,地上地下管线敷设合理;第四,通风、采光、卫生和消防等要求,不能过分的影响通风、采光、卫生和消防等要求,对生产噪声比较大的车间,最好不要合并营造;第五,利于生产管理,能适应工厂管理机构的组织形式,要有利于生产管理。

车间合并形式有:水平方向合并(将几个生产性质相近的车间合并成联合车间);垂直方向合并(多层车间);混合方向合并(单层、多层合并相结合)。上述三种合并方式各有优缺点,应视生产性质和需要而定,如多层厂房,适合零件重量轻的、工作噪声振动小的车间。多层营造也可以考虑把配件库、工具库、办公室、职工休息室、客户休息室布置在上层。

(3)长年主导风向影响。将产生火源的热加工间、锅炉房等布置在全厂的下风向,散发有害气体的工间布置在全厂的下风向,并尽量远离厂区,位于厂区的后面或侧面。易燃品存放库也应该布置于全厂下方向。

(4)工厂动力站所设置。变电所、压缩空气站、乙炔发生站、氧气(瓶)站、蒸汽站,要注意靠近主生产厂房或用量大的工间。

2.服务型企业平面布置

服务企业的布置形式可以分为工艺专业化和产品专业化两种形式,以前者居多。例如,百货零售商店,它的平面布置有两条要求,一是能使顾客进店后很容易找到自己想要商品的柜台;二是店面的走道布置不能太拥挤。这种布置的好处是视线更开阔,顾客进入店铺后在主干道上就可以看清通道上方的标志,查找货物比较方便。汽车维修服务企业的布置应遵循工艺专业化形式。

由于服务业的服务过程和消费过程合为一体,消费者会对整个服务过程提出质量要求,因此服务业还十分强调环境的布置,如办公用具的式样、颜色、室内的灯光、墙壁的色彩和图案等。服务企业平面布置的目的就是要使店面的每平方米的净收益达到最大。在实际应用中,这个目标经常被转化为这样的标准,如“最小搬运费用”或“产品摆放最多”,同时应该考虑到还有其他许多的人性化因素。

一般而言,服务场所布置应考虑三个方面:环境条件,空间布置及其功能性,徽牌、标志和装饰品。

(1)环境条件。环境条件是指服务区的背景特征,如噪声、音乐、照明和温度等,这些既会影响员工的表现,也会影响顾客对服务的满意程度、顾客的逗留时间以及顾客的消费程度。虽然其中的许多特征主要是受建筑设计(照明布置、吸音板和排风扇的布置等)的影响,但建筑内的布置也会产生影响,例如,待修区卫生条件差;夏天无空调;环境比较嘈杂等。

(2)空间布置及其功能性。在空间布置及其功能性中有两个非常重要的方面,即设计出顾客的行走路径以及将商品分组。行走路径的设计目的就是要给顾客提供一条路径,使他们能够尽可能多的看到商品,并沿着这个路径按需要程度安排各项服务。通道也非常重要,除了要确定通道的数目之外,还要决定通道的宽度。布置一些可以吸引顾客注意力的标记,可以使顾客沿着经营者所设想的路线走动。当顾客沿着主要通道行进时,为了扩视野,沿主通道分布的分支通道可以按照一定的角度布置。此外,将顾客们认为相关的物品放在一起,而不是按照商品的物理特性或货架大小与服务条件来摆放商品。

(3)徽牌、标志和装饰品。徽牌、标志和装饰品是服务场所中有重要意义的标识物,这些物品与周围环境常常体现了建筑物的风格。由于汽车品牌众多,标志的设置应能够使人从很远的地方就可以看到它。

3.汽车4S店的布置

4S是一种以"四位一体"为核心的单一品牌的汽车特许经营模式,包括整车销售(Sale)、零配件(Sparepart)、售后服务(Service)及信息反馈(Survey)。也有汽车3S品牌专卖店的称谓,但主要指4S中的前面三个S,反映在建筑设计平面布置里也主要是前3个S。

1)设计要求

汽车品牌专卖店建造的规模主要是依据所选址的结果来估计年销售数量和售后服务量而定,如VOLVO分为7级;相对而言,由国内汽车厂家组织设计的4S店模式分档相对较粗略,如通用别克、一汽马自达等只分为3级。

汽车销售维修服务4S店一般分为五个功能区域,即展示厅、维修保养车间、钣金油漆车间、新车库、备件仓库。

4S店根据建设规模可分为旗舰店和标准店不同档次,例如,某品牌汽车的4S旗舰店占地面积约11050m^2,建筑面积4070m^2,展厅面积1290m^2;标准店占地面积约为9380m^2,建筑面积3435m^2,展厅面积1175m^2。对旗舰级4S店设计的具体要求为:展厅中可用作展示面积不少于800平米;展厅中的综合服务区为两层式结构,后面的部分(包括维修保养车间、钣金油漆车间、新车库、备件仓库)的二层作为停车场;展厅前的绿化带上设置两个框式结构的绿化架;展厅前的绿化带靠近马路边设置15m高的标志牌;展厅设计充分考虑自然采光和灯光照明的综合运用以及完善的通风系统;展厅可同时展示10款车型,每款车型展位面积在25m^2左右。中、大客车考虑在新车库中进行展示。其他方面的设计可参考"本田"、"福特"、"奥迪"、"通用别克"等知名品牌的4S店样式。

2)建筑基地

基地按地域位置主要分为城市周边和市区两类。城市周边的4S店用地比较宽裕,建筑以单层为主,且多采用钢结构,这样可以提高车间修理车位的利用率,展厅布置自由,施工速度快。室外停车分区也较充分,还可以考虑二手车的停放展示场地。

市区的4S店,受场地的限制,往往以二层乃至多层的建筑形式出现,钢结构为主。由于升降机、楼梯等垂直交通、框架柱网的关系,修理车位利用率要损失25% ~30%。室外停车位一般较少。其中在国外,市区的4S店还存在着由其他建筑改造而来的形式。

建筑基地尽可能要求方整,应满足4S店各种功能布局的要求。矩形平面的建筑具有最大的适应性,所以绝大多数的营销店都采用规整矩形的基地平面。在考虑基地场地的大小、形状与形态等有关问题外,同时还应考虑周边道路情况。建筑形态与地块的整体利用率的研究可以降低4S店的投资成本,一般先取其最小值进行假想。例如,城市周边基地多为长方形或前小后大形,一般以5 ~7m的车道绕建筑环通,四周布置停车位;忽略绿地率指标,建筑密度一般占40% ~50%。基地内停车位的配制一般有:新车停放区,售后维修停车区(维修停车区、快修停车区、竣工停车区)、客户停车区、服务车停车区、试乘试驾区、员工停车区、二手车停放区。对特殊形状或室内场地,可以依据基本设计原理进行重新整合。

3)场地设施

作为汽车销售服务网络的终端,4S店是直接与消费者接触的建筑设施实体形式,所有功能组合在一起,形成"前店后厂",专卖专修品牌的专营模式。单个营销店建筑的选址多选在城市或近郊开阔的道路两侧或道路转角处,保证汽车展示空间的外向型特征,使经过的潜在消费者一览无余地观察到店内展示的内容。

总平面布局上需要充分考虑内外分区、动静分区以及消防疏散和场地设计等要求,同时要兼顾汽车品牌标识的展示和室外绿化景观的设计,力争吸引潜在的消费者。某品牌汽车4S服务店总平面布置,如图9-16所示。

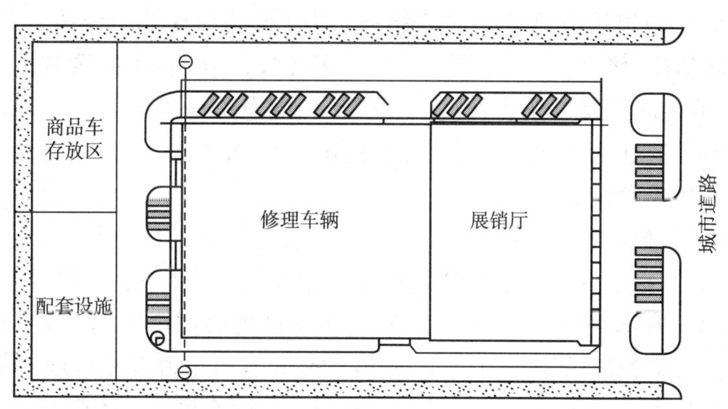

图9-16　某品牌汽车4S店总平面布置图

汽车4S店作为一种建筑模式,是一种商业建筑与展示建筑的综合,销售展示的是这个时代工业设计的精品,具有鲜明的时代特征。汽车作为现代制造工业产品的代表,永不疲倦地追逐着时尚,很少体现传统文化。所以,汽车4S营销服务店的设计应是当代建筑风格的体现、现代最新潮流形象和最新科学技术的完美体现,如图9-17所示。

4)功能与分布

汽车4S品牌专卖店的平面布置与功能关系主要包括:

(1)展厅部分。完成新车展示与销售功能。是形象和理念体现的中心。设有展示车

图 9-17　奇瑞汽车 4S 店外形实景

位、总接待台、洽谈散座与洽谈室、儿童活动区、配件展示、销售办公室、新车交付区等。

(2)维修接待。进行维修接待、零配件展示与销售。形象和信誉的第二展示层次,主要分为:

①维修接待区。对维修车辆进行登记、预检。一般设有 1 ~ 2 个预检工位,就近进行维修接待,并能方便车辆的进出,预检完成后又能直接驶入维修车间。客户一般不宜直接进入维修车间,维修接待与车间之间通过调度室内部联系。

②客户休息区。客户休息区除布置舒适、可配套咖啡吧、影视屏幕等外,一般要求有一面可以直接看见车间的玻璃墙,以显示厂家的技术操作的规范性与可信任的设计理念。同时,维修接待与客户休息区还要完成与零配件展示(部分安排在展厅里)与销售功能,设有展示架和精品屋,并配备收银处。

维修接待部分与展厅的关系,根据厂家的理念和经销商的地方习惯可分为:共用型、链接型、分离型。共用型的维修接待统一由展厅入口进入,客户休息区和展厅空间连通,供展厅客户共用,同时维修客户也可以方便观看新车。链接型的维修接待一般单独设出入口,不经过展厅,但通过客户休息室并联进入展厅,观看新车。分离型的维修接待,客户休息区域则完全不与展厅连通,维修客户流线和展厅客户流线完全分离。

(3)零配件库。储备一定数量的汽车零配件,以供客户选购、修理车辆时换用。同时对事故、损耗零部件进行保存归档,反馈给厂家检查。

配件库需要有直接的进货门,另有配件管理办公室、车间领货窗口,有条件的也面向维修接待部分开发货窗口。

(4)维修车间。对售后车辆进行保养服务、事故修理和局部组装改进等。除按工艺流程设置洗车位、修车位、修理用房、工具间、废品库等外,还配备车间管理办公室、工人休息室、更衣沐浴室、卫生间等辅助用房,以及空压机房、配电房等配套用房。车间设计对采光照度要求高,并且需要良好的通风,一般设有单独的车间出入口。市中心等用地较紧张的地块,车间可放在二楼或设计成多层。

(5)管理办公。经销商的办公区,同时管理联系着各个功能分块,主要有办公室、接待室、会议室、员工培训教室等。受地块建筑密度的限制,此部分一般放在楼上。

(6)旧车交易。在国外的汽车 4S 品牌专卖店往往也会考虑旧车交易,先由二手车交易区进行验车收购,再单独放置于室内或室外进行展示,也可令辟新车展厅一部分共用。

某品牌汽车 4S 店一层平面布局,如图 9-18 所示。汽车展示、营销、维修服务,作为汽车营销店的主要功能,其外向型特征依次减弱。这就决定了汽车营销店平面布置上的一种普遍规律,即展示在前,临街布置,相对开放;而汽车维修服务部分在后,相对封闭;汽车及零配件销售的办公室和洽谈室位于两者之间,便于联系二者的功能。依据这一普遍规律所设计出的 4S 汽车营销店,基本布局极其相似。同时考虑到不同品牌的 4S 汽车营销店在组织模式上的相似性,其建筑规模也基本一致,这样不同品牌很容易形成统一的整体,便于城市规划部门的统一规划,便于城市景观的协调一致,也有利于体现不同汽车品牌之间的公平竞争原则。

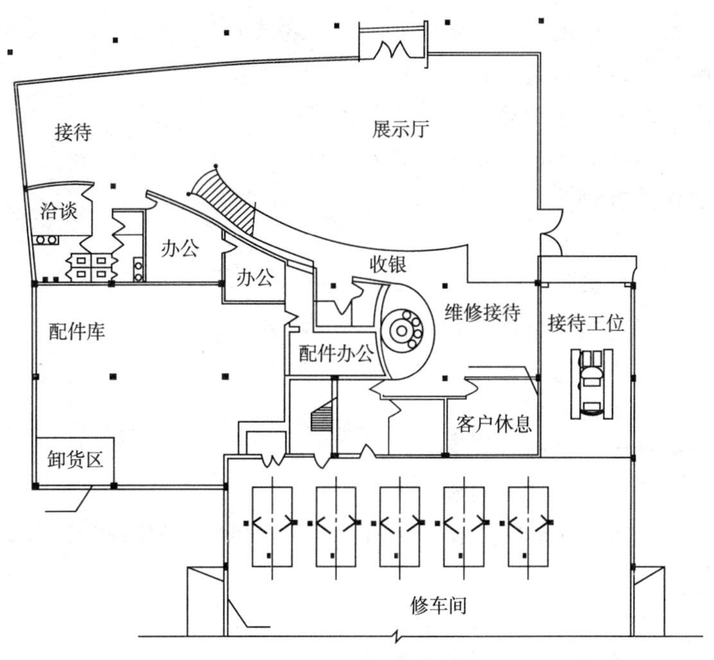

图9-18　某品牌汽车4S店一层平面布局

1. 名词解释

(1)生产过程;(2)运作过程;(3)生产能力;(4)劳动组织;(5)就车修理法;(6)总成互换修理法;(7)综合作业法;(8)专业分工法;(9)固定作业;(10)流水作业;(11)维修工时;(12)服务质量;(13)产品质量;(14)工作质量。

2. 生产过程三项基本活动的内容是什么?

3. 车辆维修生产过程各组成部分的性质和作用是什么?

4. 生产过程组织包括哪两个方面? 主要内容是什么?

5. 生产过程与运作过程有何区别?

6. 有形产品的制造过程和无形产品的服务过程有何区别?

7. 如何构建生产与运作系统?

8. 如何编制维修生产计划?

9. 劳动组织包括哪些内容?

10. 5S 活动包括哪些内容? 如何开展 5S 活动?

11. 目视化管理包括哪些内容?

12. 维修资源包括哪些? 如何利用维修资源?

13. 通常的订货方式有几种?

14. 对汽车维修人员的素质有何要求?

15. 信息对维修的影响有哪些?

16. 维修管理数据主要有哪些?

17. 维修技术信息的传递方式主要哪些？有何特点？

18. 如何理解汽车维修信息化？

19. 试论述汽车维修信息网络化的关键技术有哪些？

20. 汽车维修信息集成化的途径是什么？

21. 质量管理任务有哪些？

22. 质量管理要素有哪些？

23. 质量环要素有哪些？

24. 质量体系文件包括哪些内容？

25. 怎样建立质量体系？

26. 怎样进行质量体系认证？

27. 维修质量分析方法有哪些？

28. 维修质量评价体系的主要内容？

29. 按《汽车维护、检测、诊断技术规范》(GB/T 18344—2001)规定，竣工出厂的车辆的质量保证期是多少？

30. 如何进行汽车维修技术经济分析？

31. 汽车维修企业选址的影响因素有哪些？

32. 简述汽车维修企业选址的主要步骤是什么？

33. 汽车维修企业设计任务书主要内容是什么？

34. 企业设计分为几个阶段？初步设计的主要内容是什么？

35. 厂区平面布置的原则是什么？

36. 厂区平面布置包括哪些内容？

37. 汽车销售维修服务4S店一般分为几个功能区域？各有什么要求？

第十章　汽车维修服务需求及发展

第一节　汽车维修救援服务

一、基本要求

随着在用车辆数量的急剧增加，发生故障或事故的车辆也在增加，导致了道路交通的拥堵加剧。尽快建立起完善、规范的汽车维修救援服务网络，提供汽车维修救援市场服务需求，是汽车维修行业满足社会发展要求和汽车消费需求的重要工作之一。交通部发布的《机动车维修管理规定》（交通部令2005年第7号）中也明确的将救援维修服务列入汽车维修经营活动范围。

为积极推进现代道路运输业的发展，《交通运输"十二五"发展规划》中提出了"满足居民个性化出行需求的服务能力显著增强，基本形成覆盖面广、反应及时的维修救援网络以及区域性汽车租赁网络"，以及"推进机动车维修救援网络建设。规划建设全国机动车维修救援网络，完善区域性救援服务网络，加快建设机动车维修救援信息服务系统，提高救援响应速度，50公里以内1小时内实现救援"的要求。

二、国内外现状

1. 国外概况

国外的汽车救援工作已进入了良好的运行状态，如国际汽车旅游联盟（AIT），全世界在AIT注册的会员俱乐部有138个，总部设在瑞士，是从事以汽车救援业务为主的汽车俱乐部，分为北美、南美、欧洲和亚太四个大区，共拥有2亿多会员。该网络有统一的特服号码，会员制品牌连锁，服务规范，注重企业形象和企业文化统一。德国的汽车维修保养俱乐部（ADAC），属交通部管理，主要负责机动车维修救援工作。在本国各城市以及欧洲大部分国家和亚洲部分国家设立了分公司，其组织形式为会员制。配备了救援指挥车、救援巡逻车和救援工程车等，有统一的救援标志"ADAC"和救援电话号码，设置救援标志牌和救援电话。还有澳大利亚汽车协会（NRMA）、国外一些保险公司、通信运营商（如Nextel、Onstar、AT—T的SUNCOM公司等）、汽车制造企业以及高速公路等部门等都积极参与了汽车维修救援，共同完成救援服务。不同组织提供的服务有差异，如一些保险公司提供短期驾车出行保险服务，跨国汽车制造企业大规模实施汽车紧急救援计划，对新销售汽车在其约定时间或行驶里程内实行救援服务。

国外机动车维修救援服务目前已形成比较完善的服务体系，救援服务效率较高，如汽车在行驶途中车主发出求救信息,救援汽车在半个小时内即可赶到现场,对会员提供救援服务。国外维修救援普遍重视救援效果及用户满意度,并经常进行市场调查和评价,而且认真接受用户投诉,每年都聘请专业咨询服务公司进行效果评估,不断完善服务体系以提高服务水平。

2. 国内概况

我国大部分省、市相继组建了汽车维修救援网络,汽车维修救援工作普遍取得了较好成效。目前国内的汽车维修救援网络组建与运营方式主要有以下两种类型:

(1)管理机构推动模式。由各地区运输管理机构组织建设汽车维修救援网络,将管辖区域内符合条件的汽车维修企业统一组织起来,纳入救援服务网络系统中。分级设立汽车维修救援中心、汽车维修救援站,布设汽车维修救援网点。统一汽车维修救援电话号码,完善救援装备和设施,健全管理制度。在各级道路运输管理机构政策引导下,维修企业参与的积极性高,开展全方位的服务使车户满意、企业受益。其特点是覆盖范围广,可为全省提供优质、快捷的服务。但是,区域性强,没有形成全国性的网络系统。

(2)专业机构自主经营模式。这些企业大多采取了俱乐部会员制的形式开展救援服务。大多数专业救援机构都配备救援装备,设置流动救援车辆及队伍,统一救援电话号码,积极发展会员,也取得了很好效果。但是,侧重于对会员提供服务,服务项目比较单一。

三、业务范围

汽车是由发动机、底盘、车身和电气设备四个部分组成,零部件多达上万个,引发故障的原因众多。某些故障可能随时发生,导致车辆抛锚在不可预见的地点。除了车辆故障造成的不能行驶以外,意外的困境或事故造成的车辆不能行驶也需要救援。因此,汽车救援是现场恢复车辆安全行驶能力,借助相应装备使车辆摆脱困境或进厂维修的服务需求。

汽车维修救援业务指当车辆发生故障或事故造成车辆不能继续行驶时,需要的现场服务,包括在不解体条件下,排除影响汽车行驶故障、更换备胎和送油;对在现场无法恢复行驶能力的车辆实施专业化的拖车;在法律允许的条件下的开锁;车辆陷入井口、深沟,事故翻车等摆脱困境的救助。

总之,汽车维修救援业务范围是:提供全天候、网络化的汽车维修救援服务,包括接受求救,求救信息处理,现场处置,现场急修、拖带、送油和换胎等;附加服务,如配件急送、技术咨询、代办保险等;信息反馈服务,为企业和机构提供数据统计、信息汇总等。

四、运营条件

1. 服务要求

汽车各类突发故障是使车辆抛锚的主要因素,因此突发性是救援服务需求的主要属性。驾车出行时,由于车辆本身的机械、电气、轮胎等原发性故障,造成汽车不能行驶,如在隆冬季节的早晨,由于电瓶原因而不能使发动机起动,是北方寒带地区常见现象。统计结果表明,年发生救援需求的车辆(次)数,一般占保有量的9%~10%。

对突发性故障的预见性差,发生时驾驶员往往措手不及。为了及时帮助驾驶员在故障现场恢复行驶,建立有效的救援保障系统是十分必要的。车辆救援保障系统应满足以下要求:

(1)呼救通畅。呼救通畅就是要有便捷可靠呼救平台,如统一的呼救号码、兼容的通信终端、简便的呼叫过程、无故障的通信线路等。

(2)服务快捷。要在尽可能短的时间内达现场,救援应该不受地域限制,并在约定时间内到达现场,而且救援人员与设备须同时到达等。

(3)施救可靠。现场救援人员与设备应具备专业水平。

(4)费用合理。合理的收费标准;合法的收费程序等。

(5)质量保障。要有统一的服务规范、技术标准和现场作业程序等。

(6)投诉处理及时。管理部门或救援机构应该向用户明示投诉渠道,实施公正的、第三方的投诉处理并及时的反馈给客户等。60%以上的路面恢复行驶能力,是国际最低的服务指标。过多的拖车服务,会质疑救援机构的服务目的和技术能力。对服务质量与收费等的投诉,应及时处理和反馈。汽车救援服务流程,见图10-1所示。

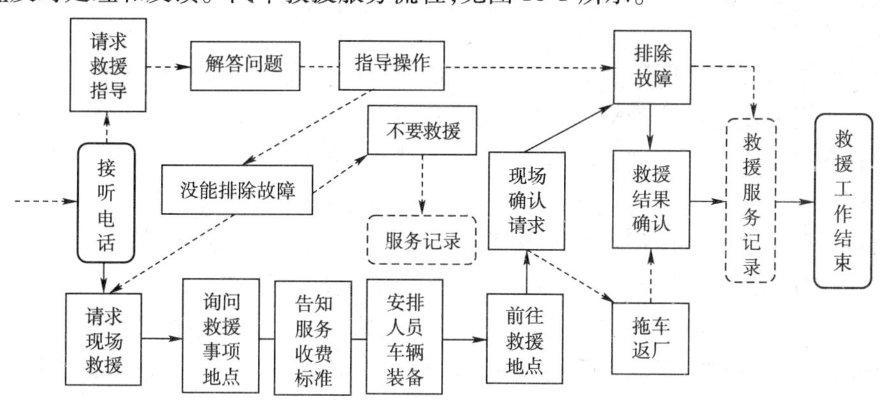

图10-1　汽车救援服务流程

2. 装备条件

维修救援企业除有一定数量的有汽车修理经验、故障诊断能力及熟悉服务区域交通环境等基本素质的人力资源外,还必须有一定数量的专业救援车并配备相应的设备与工具,包括通信设备、故障诊断电脑、各种修理工具、起动蓄电池和搭接电缆等。此外,还要有一定数量的专业拖车,具备两轮拖、四轮拖、背负式拖车的能力。事实上,汽车救援行业的活动本质是技术+装备+服务的综合型服务行业。

汽车维修救援需要形成专业化的体系,只有这样才能积极的采用新技术、新装备、新工艺,不断提高服务质量和装备水平,有利于促进汽车维修救援工作的现代化。

3. 网络组建

汽车维修救援是维修行业对社会服务的一种延伸,《机动车维修管理规定》也明确要求推进汽车维修行业信息化建设和维修救援服务网络化建设,以提高维修行业整体素质,满足社会需要。

国外机动车维修救援服务已形成比较完善的服务网络体系,救援服务效率较高。例如,汽车在行驶途中发出求救信息,救援汽车在半个小时内即可赶到现场。国外维修救援普遍重视救援效果及用户满意度,并经常进行市场调查和评价,而且认真接受用户投诉,每年都聘请专业咨询服务公司进行效果评估,不断完善服务体系,提高服务水平。

汽车维修救援服务网络建设的基本原则是:

(1)统一的汽车维修救援企业的服务标准和服务规范,包括制定统一的企业管理规章制度,制定统一的救援工作流程,制定统一的救援服务规范。

(2)统一的特服电话号码,申请汽车维修救援专用特服电话号码。

(3)统一的汽车维修救援的信息管理网络系统标准,即统一的汽车维修救援信息管理网络系统标准(计算机信息管理系统及语音呼叫应答系统),救援车辆统一设置 GPS 卫星定位系统,便于开展统一、高效的汽车维修救援服务,同时为交通管理部门对维修救援企业市场监管提供方便。

(4)统一的服务形象,包括统一的汽车维修救援企业标识,统一的汽车维修救援车辆样式,统一的汽车维修救援工作人员着装。

汽车维修救援网络不应是封闭式的区域网,而应是开放型。在一定范围内网络覆盖区域越大,其网络的服务功能越强,网络的运作成本越低,网络的吸引力越大。由此应尽快形成全国网络,以更好地发挥汽车维修救援网络的服务功能。

4. 技术要求

从汽车维修救援网络的发展要求出发,通信上应全省或全国统一救援电话号码,有条件的救援中心也可利用电台作为辅助手段,还可利用 GPS 卫星定位系统发出救援请求和指挥救援。要在救援中心内部实现计算管理(如会员管理、财务管理、统计等)的基础上,实现省域乃至全国汽车维修救援系统联网,不断提高救援信息处理水平和网络管理水平。

紧急救援服务也是智能运输系统研究的一个方面,涉及服务功能、服务方式、运营主体、各部门之间的分工协作,救援事件监控、求救方式、有关的通信技术、通信信息标准,救援组织和管理等方面,充分利用高科技手段,来重点解决城市及干线公路救援中存在的问题。不同国家分别制定了各自的发展框架、组织结构、体系,以便规范发展、完善救援服务。

第二节　事故汽车维修服务

一、事故车辆损伤特征分析

1. 事故车辆维修需求及特点

随着汽车保有量的增加,事故汽车维修量也在增加。资料表明,每年我国事故汽车的修理量已占汽车维修总量的40%左右。在满足对事故汽车进行修理服务需要的同时,也需要依靠汽车维修技术保障事故汽车修复质量,并以技术标准规范事故汽车的修理过程。由于事故汽车的损伤程度较大、损伤机理复杂,而且造成零部件损伤的不确定因素很多,因此事故汽车的修复方法和过程不仅具有特殊性,而且质量检验标准还与一般维修的差异性。针对这些实际问题,交通运输部颁布了《事故汽车修复技术规范》(JT/T 795—2011),其目的是通过规范事故汽车修复的工艺过程、配件换修等要求,以控制对事故车辆修复过程每个环节的质量,并达到规定的质量保证期。

2. 事故车辆损伤形式与部位

造成事故汽车损伤的主要原因是碰撞,而且有正面碰撞、侧面碰撞及后面碰撞之分。但是,也有因车辆倾覆、坠崖、水淹和火灾等造成的车辆损伤。不同原因造成的事故车辆的损伤形式、位置、程度具等有不同的特征和比例,而且造成零部件损伤原因的随机性更强。

根据造成事故汽车损伤的过程和性质,损伤形式分为直接损伤和间接损伤。直接损伤是汽车直接与其他车辆或物体发生碰撞产生的车身及其他部件的损坏,其特征为两物体直接碰撞时,在接触点造成零部件的破碎、擦伤、撞痕、裂痕或脱落。间接损伤是在碰撞冲击力的作用下，碰撞接触点之外零部件的间接损坏，其特征为构件的弯曲、扭曲、断裂、折叠、移位以及装配关系的破坏等。造成间接损伤的原因可分为相连性、相邻性和惯性损伤等形式。

相连性损伤是碰撞冲击力作用于碰触点后，通过相连零部件对力的传递作用所造成的损伤。根据力的传递特性，除传力零部件自身吸收部分能量外，撞击力通过可传力的相连接零部件依次传递，造成相连接构件不同程度的损伤，形成以变形、压碎、扭曲、折叠、剪断或撕裂等为主要形态的损伤。相邻性损伤是部分零部件发生较大变形损伤后，造成对相邻零部件的破坏。与相连性损伤的区别是，造成损伤的零部件并不直接承受冲击载荷，而是受到相邻零部件变形造成的挤压破坏，以压溃、刺穿或变形等为主要特征。惯性损伤是汽车发生碰撞时，由于惯性的作用使人或物被抛起，与车身或部件发生二次碰撞造成的损坏，主要损伤形态是击碎和局部变形等为主要特征。

汽车发生碰撞事故时，撞击能量可被障碍物、彼此车身变形及零部件损坏所吸收。因此，基于力的传递特性和能量衰减规律，正面碰撞损伤强度大，其次为侧面碰撞和后面碰撞。根据对事故形态、损伤部位、维修项目、修换的零部件及其他相关信息的统计分析，正面碰撞事故占总数的63.8%，侧面碰撞占25.5%，后面碰撞和倾覆、坠崖、火灾事故等的比例相对较少。车辆碰撞后，车身部件损伤概率最大，电器部件和系统次之，最小的是行驶系统、转向系统、制动系统和发动机总成。按照车辆类型分别对损伤部位的统计分布情况，见表10-1所示。

主要车型损伤部位分布统计情况 表10-1

车型 / 项目	货车		轿车		客车	
	调查数	比例（%）	调查数	比例（%）	调查数	比例（%）
车身及附属设备	187	67	486	91	210	82
发动机	94	34	274	51	36	14
转向系	121	43	163	30	94	37
行驶系	144	51	211	39	128	50
传动系	42	15	70	13	29	11
制动系	100	36	127	24	107	42
电气系统	172	61	264	49	145	57

二、事故汽车修复要求及工艺过程

1.事故车辆及其零部件修复与更换要求

1）技术可靠

（1）更换和修复的零部件应达到原有的技术性能；

（2）修复方法不得改变原零部件应有的属性和特点；

（3）技术标准及其检验方法应保证原有的使用性能。

2）经济合理

（1）在保证技术可行性的条件下，对损伤零部件应“以修为主，换件为辅”；

（2）在保证修复质量的基础上，合理降低修复成本，提高作业效率；

（3）在保证安全性的前提下，达到车辆正常使用性能要求。

3）权益公平

（1）保持公正性，对事故车辆定损正确；

（2）兼顾各方利益，合理制定修复方案；

（3）遵守法规标准，修复质量应有保障。

2. 事故车辆修复工艺流程

事故车辆的修理流程包括进厂检验、修理作业和竣工检验3个基本过程。

1）进厂检验

进厂检验是事故汽车修复工作的重要环节，主要有损伤诊断、损伤等级评定和确定修复作业项目三项主要内容。

通过对事故车辆系统、深入的拆检，以确定修理工作量、预算修理成本和计划修竣时间。因此，应对车辆零部件、总成或系统的损伤状况进行充分分析，根据损伤部位确定受损件范围及损伤程度，划分损伤等级并确定作业项目。事故车辆损伤诊断记录单可参考JT/T 795—2011附录A的形式和内容。

损伤等级是表征事故汽车整车损伤程度的重要指标，其评定是确定事故汽车损伤程度的过程。承修单位可以根据损伤等级确定修复方案、作业项目，并根据损伤等级确定质量保证期和签发合格证。

依据《事故汽车修复技术规范》（JT/T 795—2011）中4.1.2款的规定，损伤等级评定的原则主要是以车身（含驾驶室）总成、发动机总成、变速器总成、驱动桥总成、非驱动桥总成、车架（承载式车身）总成、制动系统及转向系统等总成或系统损伤的数量为界定依据，并应充分分析事故造成的零部件损伤状况以及对功能的影响程度。对事故汽车整车损伤等级划分方法应按JT/T 795—2011附录B的规定进行。

对可修复的损伤车辆，根据损伤程度的大小、修复作业难度及工作量的大小分为：Ⅰ级损伤、Ⅱ级损伤和Ⅲ级损伤三个等级。

Ⅰ级损伤：指车架（或承载式车身）和发动机总成之一损坏的或非承载式车身总成、变速器总成、驱动桥总成、非驱动桥总成、制动系统及转向系统中3个（含）以上总成（或系统）损坏的。

Ⅱ级损伤：指非承载式车身总成、变速器总成、驱动桥总成、非驱动桥总成、制动系统及转向系统中1个（含）以上总成（或系统）损坏的。

Ⅲ级损伤：指未构成总成（或系统）损坏的。

根据损伤诊断结果，确定维修项目、修换配件项目。根据受损等级制定修复计划，确定修复工艺。

2）修理作业

修理作业主要包括车辆拆解、零件清洗、检验分类、车架/车身校正、车身板件更换、焊接/黏结、喷漆涂装及装配等作业，修理作业过程应符合JT/T 795—2011中5款中的各项要求。按照相关标准要求及车型维修技术手册进行修理，对涉及安全、节能、环保的关键工序建立质量控制点；对各总成及零部件技术参数进行检测，填写过程检验单。

过程检验合格的可根据标准要求及车型维修技术手册进行整车装配；对过程检验不合格的作业，应重新进行修理。过程检验内容应依据JT/T 795—2011附录C的规定进行。

事故汽车特别是Ⅰ级损伤事故汽车，修复过程相当于汽车的“再造”，对修复工艺有很高的要求。因此,修复过程的质量管理对恢复整车性能具有重要的作用。对涉及车辆运行安全的零部件检测、修理和装配过程应有更严格的要求,如车架、车身、安全带、安全气囊、转向机构、制动系统以及电子控制系统等,应是事故汽车修理过程检验的重点。对发动机、转向机构、传动机构、行走机构、制动机构、车身及附件、电气系统等技术状况的恢复程度,要及时进行过程检验。

3)出厂检验

(1)竣工检验。应从外形尺寸和整车性能恢复的程度,对事故汽车修复质量进行综合评价。几何尺寸是对车架、车身修复质量的评价指标,超差将直接影响整车装配质量和车辆行驶性能。因此,对车辆外廓尺寸参数(长、宽、高)、整备质量、轴距左右差、对称部位离地高度差等参数应进行严格检测,确保车辆外观、外形恢复完好。竣工检验内容应依据JT/T 795—2011 附录 D 的规定进行。

对于整车性能,应对汽车的安全性(制动、侧滑、转向、前照灯等)、可靠性(异响、紧固、焊接等)、动力性、经济性、排放性能及噪声和密封性进行评价。检验方法可根据维修企业的实际条件选择路试或台架试验,对于不具备检验能力的承修单位可以委托有资质的维修企业、综合性能检测机构进行检测。

(2)路试后检查。进行路试后应进行车辆静态检查,主要包括液压元件、管路及线路的泄漏、摩擦副的发热、紧固件的松紧等,要求各连接部件无漏水、漏油、漏气现象,变速器、分动器、驱动桥润滑的油温度以及发动机机油温度正常,制动鼓、轮毂和传动轴中间支撑轴承等处不得有过热现象(相对大气温度小于 20℃ 为宜);再次检查并拧紧转向机构各部螺栓、传动轴万向节凸缘连接螺栓、前后钢板弹簧 U 型螺栓、半轴螺母及轮胎螺母,各种螺栓、螺母拧紧力矩均应符合原设计要求。

3. 损伤件的修复与更换配件要求

事故车辆修理所需零部件的品质,特别是涉及安全性的部件,是事故车辆修复质量的重要影响因素。为了使汽车性能得到最大程度的有效恢复,JT/T 795—2011 中第 6 款中,提出的配件修换要求如下:

(1)整车生产厂有明确规定要求更换的,应予以更换。

(2)附录 E 中规定的相关零部件损坏后,应予以更换。

(3)车身结构件损坏以弯曲变形为主应进行修理,折曲变形为主应进行更换。

(4)车身板件有严重折曲变形或撕裂的,应予以更换。

(5)车门防撞杆、防撞梁、中柱加强板和前后保险杠加强梁等超高强度车身板件,损坏后在冷态下不能校正的,应予以更换。

(6)连接车身与车架、车身板件之间的车身紧固件损坏后,应予以更换。

(7)电子元件、控制单元撞击损伤、烧蚀的,或经检测功能失效的,应予以更换。

(8)因事故造成线束破损、烧蚀、断裂的,应更换相应的线束总成。

(9)在事故中发生作用的安全气囊,涉及的相关安全部件应予以更换;未发生作用的安全气囊,应按整车生产厂的要求检验合格后方可使用。

(10)因事故功能失效的安全带应予以更换;未发生作用的安全带,根据 GB 14166 规定的相关方法检验合格后方可使用。

(11)所更换的零部件均应符合原设计要求。

其中,第(2)项是 JT/T 795—2011 中附录 E 中规定的相关零部件,见表 10-2。

关键零部件列表　　表 10-2

总成或系统		关键零部件名称
发动机总成	柴油机	缸体、缸盖、喷油泵、曲轴、凸轮轴、轴瓦、连杆、起动机、发电机、散热器
	汽油机	缸体、缸盖、曲轴、凸轮轴、轴瓦、连杆、起动机、发电机、散热器
变速器总成	手动变速器	壳体、齿轮、轴、离合器、同步器
	自动变速器	壳体、齿轮、轴、离合器（自动变速器用液体耦合器）、油泵
驱动桥总成		半轴、减振器、悬架弹性元件、差速器、轴承、主减速器
非驱动桥总成		悬架弹性元件、减振器、轴承
制动系统	液压制动	制动总泵、制动分泵、助力器、ABS 控制单元、制动鼓（盘）、制动摩擦片、制动软管
	气压制动	制动阀、制动气室、助力器、ABS 控制单元、制动鼓（盘）、制动摩擦片、制动软管
转向系统		转向器、转向器摇臂、转向助力器、转向管柱、转向节、转向节臂、拉杆球头（销）

三、事故车辆修复质量保证期

事故车辆承修企业应严格执行维修质量保证期制度，加强进厂检验、损伤诊断、过程检验和竣工检验工作，认真记录与分析检验数据及结果，并归档备查。对一级损伤和二级损伤的事故，汽车检验合格后，应签发竣工出厂合格证。

由于事故汽车损伤的特殊性和修复项目的复杂性，应根据损伤等级确定质量保证期。按 JT/T 795—2011 第 7 款质量保证的规定，事故汽车修复质量保证期自维修竣工出厂之日起开始计算，以质量保证期中行驶里程或日期先达到者为准：

（1）一级损伤、二级损伤和涉及漆面部件的三级损伤的事故汽车：20000km 或者 100 日；

（2）三级损伤（漆面部件除外）的事故汽车：2000km 或者 10 日。

四、事故车辆维修企业基本条件

1. 设备设施

（1）基本设备：车辆升升机、车身外形修复机、点焊机、二氧化碳保护焊机、轮胎动平衡机、小型车辆车身、大型车辆车架校正台以及喷漆烤房等设备。

（2）主要仪器：四轮定位仪器、前照灯检验调整仪器、汽车万用表、故障扫描检测仪、废气分析仪、侧滑仪等必要仪器。

（3）必备设施：维修车间和停车场地面积等与修理量相适应，安全、环保设施符合要求。业务接待、顾客休息条件良好，现代化办公条件满足事故车辆维修业务管理和经营运作要求。

2. 人员素质

（1）主要负责人应具有中级以上技术职称，对事故车辆维修和车辆保险相关业务熟悉。

（2）按比例配备符合二类以上（含二类）资质的汽车维修企业要求的技术和管理人员，有掌握事故汽车损伤诊断、修理过程检验、竣工检验以及车辆性能检测技术的专业人员。

（3）负责保险事故车辆维修业务的接待人员，应接受过保险公司组织的相关培训。

(4)维修操作人员应具有良好的职业道德和专业技术，工作精益求精。

3. 管理制度

(1)建立完善的企业规章和管理制度，包括企业经营管理、维修质量管理、安全文明生产、车辆维修档案、配件采购保管、处理客户投诉、道德风险防范等。

(2)制定严格的车辆入场检验规程，应明确要求车辆交接双方当事人签字确认事故汽车损伤诊断单，并在规定的时间内送达指定的保险公司或机构。

(3)签订并认真履行车辆维修合同。合同内容应包括：维修项目、维修方式、维修费用、维修工期、验收标准和方法、质量保证期、违约责任等，由合同当事人签字确认。对新增维修项目应签订补充合同。

(4)建立健全汽车维修质量保证体系，全面贯彻执行国家标准、行业标准和企业标准，在质量保证期内，对保险车辆的修理质量负责。

4. 服务水平

对事故车辆进行维修时，一般情况下都涉及车主、保险公司和维修企业三方面。由于维修企业在此过程中处于第三方的地位，因此，为使保险事故车辆及时得到修复，提高保险和汽车维修服务质量，维护保险事故车辆相关当事人的合法权益，事故车辆维修企业应做到：

(1)优质服务。以“质量第一，用户至上”的观念，努力满足客户的合理需求。

(2)诚信服务。按照中国汽车维修行业协会制定的《全国汽车维修诚信企业》标准，在保险公司与被保险人签订的保险车辆定损协议基础上，签订并确实履行汽车维修合同，认真执行维修标准，严格按工艺规程进行操作。不擅自减少作业项目，杜绝假冒配件。

(3)及时服务。承修车辆在合理使用、正确维护状况下因维修质量原因造成车辆无法正常使用的，应当无偿返修，不故意拖延或无理拒绝。

(4)全程服务。建立客户档案，定期跟踪回访，主动征求意见，耐心解答用户咨询，解除用户疑虑。

(5)协作服务。建立与保险公司顺畅的沟通渠道，主动配合保险公司做好客户保险索赔手续告知事项，积极协调并处理好与保险公司及保险客户的关系。

(6)公平服务。按照车辆修复工时定额标准和保险公司与被保险人签订的定损协议书确定的事故车辆修复金额结算费用，当有客户在保险项目之外需要增加维修项目时，应将保险赔偿项目与其提出的增加维修项目分列，单独开具机动车维修发票并附打印结算清单。

(7)公正服务。遵守国家法律、法规和规章，端正经营行为，维护客户正当权益。

(8)公开服务。全面公开汽车维修作业规范、收费标准、监督电话；自觉接受行政监督、舆论监督、社会监督、用户监督、保险公司和行业协会监督。

第三节　基于I/M制度的汽车维修服务

一、I/M制度简介

1. I/M制度建立过程

为减轻汽车尾气对环境的危害，许多国家都在努力研究在用车的排放控制措施。国外对在用车的排放控制主要是通过检查和维护制度(I/M：Inspection and Maintenance Programs)的实施来控制在用车的排放污染。

美国是世界上汽车生产和使用量最大的国家之一,随着汽车保有量的激增,由汽车尾气排放引起的大气污染问题日益凸显。1967 年,通过第一个美国联邦清洁空气法,建立了空气质量标准;1970 年,重新修订清洁空气法,1977 年,联邦清洁空气法的修正案要求各州遵循联邦排放标准,敦促加州和其他州建立汽车检测制度,1990 年,在联邦清洁空气法的修正案中,美国环保局(EPA)强制实行加强型排放试验计划,要求取消私人检测站的汽车检测业务(加州每年 480 百万美元的行业)。EPA 建议,为避免试验与修理检测站间潜在利益冲突,加州汽车用户要在 200 个试验集中检测站进行烟度检查检测。对于不遵守要求的州,联邦政府有可能扣留 50 亿美元的联邦公路投资。

1996 年 9 月,EPA 最终评审加州可执行州计划,包括加强 I/M 计划。1997 年 11 月,根据高污染汽车防治计划,在加强 I/M 计划地区,15% 的汽车要送到特别授权的检测站,第一批高污染车 1500 辆,以后按检测站能力还要增加车数。1997 年 12 月,所有加强I/M 地区检测站开始安装带底盘测功机的 BAR97 排放检侧系统。老设备仍然可以使用到 1998 年下半年,以便检测技术人员熟悉新设备。此外,高污染汽车认证计划开始实施,即允许检测站认证本站修理后的高污染汽车,而不是将车辆像原来那样送到授权的检测站去认证。

1998 年 1 月,加州新法律生效,新法规定:1973 年及以前的汽车免除检测,检测周期两年一次的地区 4 年以下的新车免除检测。新法律建立了汽车修理资助计划,为低收入的汽车用户资助部分因排放引起的维修费用。1998 年 6 月,要求加强 I/M 地区检测站使用底盘测功机进行 ASM 试验,增加了对 NO_x 检测。但是,常四轮驱动/全轮驱动以及牵引控制的车辆不能在底盘测功机上试验,加州所有地区排放维修成本豁免费为 450 美元。

另外,由于 EPA 发布 I/M 制度时,联邦 OBD(On Board Diagnostics)认证标准还没有公布,因此,在 1996 年 8 月 6 日,EPA 对 1992 年发布的 I/M 制度进行了修订,明确将 OBD 引入到在用车的检查要求中,同时对 OBD 检查的内容及判定标准进行了规定。1996 年 8 月 6 日,在 CAA 法案的 207(b)节中,OBD 被正式确立为 I/M 中法定的简易检查。由于法规要求对评估在用车的 OBD 性能并不实用,因此,1998 年 EPA 对 OBD-I/M 作了进一步的修订,要求最迟在 2001 年 1 月 1 日前,在 I/M 项目中应进行 OBD 检查。在上述研究评估的基础上,EPA 在 2001 年 4 月 5 日对 OBD-I/M 的检查要求进行了最后修订,并通过《Federal Register》发布 7 个最终标准。修订的目的就是更新并简化各项要求,取消一些可能妨碍 OBD-I/M 检查效率的规定。

在国外 I/M 制度的实施主要有两大模式:美国、加拿大的 I/M 制度只是针对汽车排放污染物控制,而欧洲、日本的检测/维修体系(I/M)既包括对车辆排放的检测控制,也包括了对汽车安全性能的检测。

加拿大的 I/M 制度和美国基本一致,其立法内容包括标准项目必须完全执行,严格检测,不合格要进行维修。维修操作时不仅要求成本低,还要对车辆正常使用影响最小,以使 I/M 制度能最大限度降低机动车排放量。加拿大政府在立法中明确规定执行 I/M 制度的地区全部车辆都必须检测,检测合格后发合格车辆运行许可证,同时还包括具有法律效力的处罚:

(1)防止损坏规定。将拆除排放控制系统及部件的行为,拆去铅封又自行重封的行为和对排放净化系统不利和损坏的任何行为都视为非法。

(2)替代燃料要求。改换了燃料的车辆应当保持原有的一切排放控制装置和系统,还应当满足尾气排放指标达到与使用汽油时至少相同。

(3)零部件选用条件。管理部门应当允许车主安装由汽车配件市场销售的催化转换器等排放净化产品,但这些产品必须经过环保和有关部门的鉴定和认可,产品上应有鉴定标签,并且应当优先选用原装的原厂产品。

(4)对管理部门约束。管理部门不允许推荐净化、节油产品,通过立法来限制那些无效果的产品,以避免产生司法官司等问题。

在欧洲,1992 年欧洲共同体对在用车检测技术法规 77/143/EEC《关于协调各成员国机动车及其拖车车辆性能测试法律的理事会指令》(该法规包括对在用车安全、环保等所有检测项目的要求)的修订指令 92/55/EEC 中,提出了对在用车进行污染物排放检测的要求,从此欧共体有了统一的在用车排放标准。该指令要求成员国在 1 年之内,按照该指令制定本国的法规,并要求车辆定期检验时必须进行排放检测。为了使达到欧Ⅲ和欧Ⅳ排放标准的车辆得到有效的检查,欧盟分别于 2001、2003 年对 77/143/EEC 进行了大幅修订,指令规定了满足欧Ⅲ和欧Ⅳ排放标准车辆的在用汽车的排放标准,严格排放限值,并要求检查车载诊断装置(OBD)。

2. I/M 制度的主要内容

1)I/M 制度基本框架

前已叙及,美国是大约从 20 世纪 70 年代末就开始实施 I/M 制度,由于刚开始并没有制定统一的制度,使得各地执行 I/M 制度的形式和目的不尽不同,导致在实施效果上具有较大差异。为此,美国环保局在 1992 年以立法形式正式确立 I/M 制度为治理轻型在用车排放超标的法规,即 1992 年 11 月 5 日公布的《美国高级 I/M 制度检测工艺排放指标限值、质量控制和仪器设备标准(IM240)》。

I/M 制度是一套十分严格而完整的制度,包括以下内容:(1)立法和政策;(2)基本规范参数;(3)测试程序和有关政策:(4)测试设备;(5)质量控制和保证;(6)维修技术的鉴定和人员的培训;(7)信息认识及其关系。

2)I/M 制度执行机构类型

美国承担 I/M 执行机构(包括检测与维护单位)的类型有两种形式:

(1)独立式。所谓独立是指检测与维护单位各自独立,检测单位仅负责对车辆进行定期检测,不能进行修理。而修理单位只承担对不合格车的诊断修复,不具备排放检测认证权力。

(2)综合式。指检测与维护单位合二为一,既有权对在用车排放进行检测认定权力,也可以对不合格车辆进行即时修复。这种形式对车主来说方便,但是在实施上必须有监督措施,否则很容易使制度流于形式,达不到预期治理排气污染问题的效果。

3)I/M 制度中的测试方法

目前,在用车 I/M 制度中采用的测试方法共有 5 类 7 种,即无负载工况法:怠速法、双怠速法;稳态加载工况法:ASM5015、ASM2525;瞬态加载工况法:IM240,V-MASS;遥感检测法:RSD;车载诊断系统:OBD。

4)I/M 制度检测的类型

I/M 制度一般分为以下两种检测类型:

(1)基本型。基本型的 I/M 制度的检查包括 3 项内容:①无负荷排放测试(怠速和双怠速);②油箱盖压力检查;③目测。

(2)加强型。加强型 I/M 制度的检查包括 5 项内容:①有负荷排放测试,包括 I/M240(瞬间排放测试),ASM(稳态加载工况法),V-MASS(在用车排放测试)等不同方法;②燃油蒸发系统的吹清气流检测;③压力检测;④目测检查;⑤车载自诊断系统,简称 OBD(On Board Diagnostics)。

5)质量管理体系

(1)质量控制体系。I/M 制度有着严格的质量控制体系,对于 I/M 检测机构使用的仪器必须经过权威部门认证,每种仪器设备的功能、精度、标定有严格要求。例如,美国加州规定用于 I/M 制度检测的设备都必须通过汽车维修局 BAR 的认证才能在 I/M 检测机构使用。

(2)质量保证体系。I/M 制度除了具备严格的质量控制体系外,还具有完善的质量保证体系。I/M 制度的最高管理机构(中心)要定期对承担 I/M 实施机构的人员、工作记录、设备以及业务能力进行检查。

6)人员培训与认证

I/M 制度规定所有检测和维护人员必须先经过培训、考核,合格后颁发上岗证才能上岗工作,并且有效期为 3 年,有效期满后需重新培训、考核。

7)I/M 制度的评价与宣传教育

评价委员会定期公布评价结果,实施机构不断宣传 I/M 制度的功效,政府各部门教育引导车主及时进行检测与维护。

3. I/M 制度执行的效果

美国的 I/M 制度至今已经实施了近 40 年,随着汽车保有量的大幅增加,汽车排放物在总排放物中所占的百分比并没有随之增加。由此可见,实施在用车的 I/M 制度是控制在用车排放污染最经济与有效的方式。

据统计,目前排放超标在用车数量占车辆总数的 10% ~15%,这部分车辆的排放量占在用车辆排放污染总量的 50% 左右。采用 I/M 制度可以有效的控制高污染车辆对大气污染的总量和分担率,例如美国执行 I/M 制度以来,汽车排放污染总量降低了近 50%。因此,实施 I/M 制度能够有效地降低在用车辆的排放污染。

4. 建立 I/M 制度的必要性

随着车辆行驶里程的增加,其排放净化能力会逐渐下降。因此,建立有效的在用车辆 I/M 制度使汽车在排放污染控制性能得到及时维护与修理,以保持其良好的技术状况,是减少在用车排放污染的根本途径。首先,通过排放检测是可以发现因调整不当或机械故障导致的高排放车辆;其次,是可以发现汽车排放控制装置的非正常工作和人为破坏,确定机动车的故障根源,以便于对车辆进行维护,使排放控制系统在汽车全生命周期中始终有效。另外,通过实施 I/M 制度还可以促进新车的质量管理,如通过检测数据统计分析可以发现某一车型达标率偏低,将此信息及时反馈给质量监督部门或制造商,以加强产品质量的监控。

二、现行汽车维修制度与 I/M 制度的关系

1. 两种制度的差异性

1)强制维护的目的不同

现行的二级维护的主要目的是保证在用车辆的行驶安全性、经济性、动力性和可靠性,

而 I/M 制度的目的则在于控制高污染车辆，以降低在用车辆的排放污染总量。

2)强制维护的对象不同

1990 年 10 月，交通部颁布实施的《汽车运输业车辆技术管理规定》(简称 13 号部令)，以"定期检测、强制维护、视情修理"的原则，提出对道路运输车辆强制进行二级维护的要求。1998 年，交通部又颁布了《道路运输车辆维护管理规定》(简称 2 号部令)，针对道路运输车辆的维护及检测管理提出具体的要求。因此，相关管理规定只针对道路运输车辆，而对目前占保有量比例较大的私家车还未有具体的、直接的强制性维护规定，只是当车辆的安全技术检验或排放性能检测不合格时才要求进行维修。尽管国外的 I/M 制度也是要求对检测不合格的车辆进行强制维修，但是 I/M 制度是对所有在用车辆都要执行的制度。

3)强制维护的作业重点不同

目前，我国现行的在用车检测维护技术标准是以《汽车维护、检测、诊断技术规范》(GB/T 18344—2001)为依据，关于涉及车辆排放的控制，仅在汽车二级维护前的检测项目及技术要求中，规定了对排放性能进行检测并且排放物浓度不能超过相关的国家标准。在二级维护附加作业项目中，规定在排放不合格时，应附加检修点火系和供油系，检查三元催化转化器和 EGR 阀等与排放控制相关的作业项目。事实上，I/M 制度则重点在于进行与排放性能相关系统、总成或零部件的检修，是有针对性的专项维护。

2. 两种制度的相容性

1)制度原则的一致性

尽管我国现行的维修制度与 I/M 制度在目的、对象和作业重点上有差异，但在"定期检测、强制维护、视情修理"的原则具有一致性，而且，随着汽车新技术和新装置的应用，车辆需要更加严格的 I/M 制度来保证其排放净化能力的有效发挥。

2)作业内容的相关性

在我国强制实施的道路运输车辆二级维护制度的作业项目中，有 I/M 制度所有要求的基本内容。因此，可以将 I/M 制度作为二级维护制度的组成部分，在车辆二级维护作业中将 I/M 制度所要求的作业内容与之相结合并同时实施。但是，应将车辆排放系统及相关零部件列为二级维护作业的重点之一。而且，在强化车辆排放状况的检测以及排放系统相关零部件维护作业的技术规范性、配备满足车辆排放检测性能要求的仪器设备以及重视维修人员的相关技术培训等前提条件下，才能有效的实施 I/M 制度。

3)维修企业的认证性

由于导致车辆排放控制性能变化的原因复杂且影响因素众多，因此造成的尾气排放恶化可使排放中有害物成倍或十几倍的增加。所以，实施 I/M 制度是以对车辆定期进行排放检测为前提，并对不合格车辆重点进行与排放相关的维护修理，通过有针对性的维护修理作业使车辆保持良好的技术性能状况，才能达到对在用车辆排气污染物排放量的有效控制。因此，对于检测不合格的非营运车辆(私家车、公务车等)，应到具有必要的排放检测仪器设备、维修技术能力和作业规范的维修企业或经过认定的维修企业，进行针对排放检测不合格车辆的专项维护修理。

三、实施 I/M 制度对汽车维修业的影响

首先，交通运输是我国节能减排三大重点领域之一，交通运输行业能源消费量约占全社

会能源消费总量的8%，汽、柴油等石油制品的消耗量占总量的三分之一以上。由于影响交通运输节能减排的因素众多，作为道路运输主要装备的汽车技术状态及其变化的影响是不可忽视主要因素。其次，为保持在用车辆的在运输过程中处于最佳的技术状态、及时控制燃料经济性和排放性的劣化，国内外针对汽车技术的不断进步对车辆维修技术、质量控制以及管理制度等方面都进行了深入系统的研究与实践。其中，国外实施I/M制度已成熟，许多发达国家都是依靠执行严格的I/M制度来控制在用汽车排放污染并取得了良好的效果。所以，我国对在用汽车的排放污染控制的方式上有可以借鉴的成功经验。因此，实施I/M制度对我国汽车维修业的管理、技术进步和服务需求都将产生一定的推动作用，其影响主要表现在以下几个方面：

(1)促进汽车维修行业管理体制与机制的创新；

(2)促进汽车维修企业质量管理体系的全面建立；

(3)促进汽车维修企业人员技术素质的不断提高；

(4)促进汽车维修企业仪器设备技术性能的升级；

(5)促进汽车维修服务需求的增加和市场的扩大。

总之，深入持久地开展节能减排工作，是交通运输行业可持续发展的必然要求。根据《交通运输“十二五”发展规划》和《公路水路交通运输环境保护“十二五”发展规划》等提出的全行业开展节能减排的要求，通过实施I/M制度以加强对车辆维修活动的管理和促进维修技术的进步，既可以提高交通运输行业节能减排的贡献率以及保障车辆维修取得节能减排的实际效果，也可以促进绿色车辆维修技术的推广和车辆维修质量的同步提升。

1. 汽车维修救援服务的基本要求是什么？

2. 汽车维修救援服务业务范围是什么？

3. 汽车维修救援服务运营的条件包括哪些方面？

4. 汽车维修救援服务的服务要求是什么？

5. 汽车维修救援服务的组网要求是什么？

6. 事故车辆的损伤原因主要是什么？

7. 事故车辆的损伤形式有哪些？简述其过程和特点？

8. 简述事故车辆及其零部件修复与更换的要求。

9. 事故车辆修复的工艺流程包括几个阶段？

10. 事故车辆修复检验分为几类？侧重点是什么？

11. 依据《事故汽车修复技术规范》(JT/T 795—2011)，事故车辆的损伤等级如何划分？

12. 依据《事故汽车修复技术规范》(JT/T 795—2011)，损伤件的修复与更换配件要求有哪些？

13. 事故车辆维修企业的服务水平应达到什么标准？

14. 建立I/M制度的主要目的是什么？

15. 简述I/M制度的基本框架。

16. I/M制度执行机构分为几种类型？各有什么特点？

17. I/M 制度中的车辆排放测试方法有哪几种?
18. I/M 制度检测的类型分为几类?
19. 我国现行的汽车维修制度与 I/M 制度的差异点有哪些?
20. 我国现行的汽车维修制度与 I/M 制度的相容点是什么?
21. 我国实施 I/M 制度对汽车维修业的发展有哪些影响?

参 考 文 献

[1]储江伟.汽车维修工程学[M].哈尔滨:东北林业大学出版社,2000.

[2]郭可察,蔡俊.汽车运用与修理[M].北京:人民交通出版社,1980.

[3]高延龄.汽车运用工程[M].北京:人民交通出版社,1990.

[4]戴冠军.汽车维修理论[M].北京:人民交通出版社,1991.

[5]徐绪森,等.装备维修工程学[M].北京:国防工业出版社,1994.

[6]杨万凯.可靠性技术与管理[M].北京:人民交通出版社,1989.

[7]杨德华.汽车检测与诊断技术[M].南京:江苏科学技术出版社,1994.

[8]陈学楚.维修基础理论[M].北京:科学出版社,1998.

[9]刘馥.汽车修理工作理论[M].北京:装甲兵技术学院,1983.

[10]赵俊臣.汽车修理工艺学[M].北京:人民交通出版社,1986.

[11](英)D.斯科特,等.工业摩擦学[M].北京:机械工业出版社,1982.

[12](日)高木昇.可靠性基础数学[M].北京:国防工业出版社,1977.

[13]欧阳汉.钣金修理[M].哈尔滨:黑龙江科学技术出版社,1994.

[14]戴羽锦.工程机械修理学[M].北京:中国铁道出版社,1985.

[15]王德丰.汽车运用学[M].北京:中国林业出版社,1992.

[16]金如霆.汽车维修理论[M].西安:汽车运输研究,1986(4).

[17]戴冠军.汽车维修工程[M].北京:人民交通出版社,1999.

[18]徐志军.高级轿车故障码详解[M].北京:国防工业出版社,2006.

[19]洪生伟.汽车维修服务质量体系[M].北京:中国标准出版社,2003.

[20]王之政.汽车维修企业规划设计实务[M].北京:人民交通出版社,2005.

[21](美)Dick H. King.发动机计算机管理系统——汽车电喷技术[M].北京:电子工业出版社,1999.

[22]美国汽车撞伤修理协会(I-CAR).汽车撞伤修复技术[M].北京:高等教育出版社,1997.

[23]刘元鹏,许书权.事故汽车修复技术规范的研究[J].交通标准化.2011(15).

[24]蔺宏良.西安市实施在用汽车检测与维护(I/M)制度方案与技术研究[D].长安大学,2007.